U0492652

经时济世
继往开来
贺教育部
重大攻关项目
成果出版

季羡林
时年九十有八

教育部哲学社會科学研究重大課題攻關項目

“十三五”国家重点出版物出版规划项目

中国社会保障制度整合与体系完善重大问题研究

RESEARCH ON MAJOR ISSUES IN THE INTEGRATION AND IMPROVEMENTS OF CHINA'S SOCIAL SECURITY SYSTEM

丁建定
等著

中国财经出版传媒集团
经济科学出版社
Economic Science Press

图书在版编目（CIP）数据

中国社会保障制度整合与体系完善重大问题研究/丁建定等著. —北京：经济科学出版社，2019.5

教育部哲学社会科学研究重大课题攻关项目“十三五”国家重点出版物出版规划项目

ISBN 978-7-5218-0432-4

Ⅰ. ①中…　Ⅱ. ①丁…　Ⅲ. ①社会保障制度-研究-中国　Ⅳ. ①D632.1

中国版本图书馆 CIP 数据核字（2019）第 057970 号

责任编辑：白留杰
责任校对：蒋子明
责任印制：李　鹏

中国社会保障制度整合与体系完善重大问题研究
丁建定　等著
经济科学出版社出版、发行　新华书店经销
社址：北京市海淀区阜成路甲 28 号　邮编：100142
总编部电话：010-88191217　发行部电话：010-88191522
网址：www.esp.com.cn
电子邮件：esp@esp.com.cn
天猫网店：经济科学出版社旗舰店
网址：http://jjkxcbs.tmall.com
北京季蜂印刷有限公司印装
787×1092　16 开　28.5 印张　560000 字
2019 年 5 月第 1 版　2019 年 5 月第 1 次印刷
ISBN 978-7-5218-0432-4　定价：99.00 元

课题组主要成员

王三秀　柯卉兵　郭　林
王超群　李　薇　杨　斌

编审委员会成员

总　序

哲学社会科学是人们认识世界、改造世界的重要工具，是推动历史发展和社会进步的重要力量，其发展水平反映了一个民族的思维能力、精神品格、文明素质，体现了一个国家的综合国力和国际竞争力。一个国家的发展水平，既取决于自然科学发展水平，也取决于哲学社会科学发展水平。

党和国家高度重视哲学社会科学。党的十八大提出要建设哲学社会科学创新体系，推进马克思主义中国化、时代化、大众化，坚持不懈用中国特色社会主义理论体系武装全党、教育人民。2016 年 5 月 17 日，习近平总书记亲自主持召开哲学社会科学工作座谈会并发表重要讲话。讲话从坚持和发展中国特色社会主义事业全局的高度，深刻阐释了哲学社会科学的战略地位，全面分析了哲学社会科学面临的新形势，明确了加快构建中国特色哲学社会科学的新目标，对哲学社会科学工作者提出了新期待，体现了我们党对哲学社会科学发展规律的认识达到了一个新高度，是一篇新形势下繁荣发展我国哲学社会科学事业的纲领性文献，为哲学社会科学事业提供了强大精神动力，指明了前进方向。

高校是我国哲学社会科学事业的主力军。贯彻落实习近平总书记哲学社会科学座谈会重要讲话精神，加快构建中国特色哲学社会科学，高校应发挥重要作用：要坚持和巩固马克思主义的指导地位，用中国化的马克思主义指导哲学社会科学；要实施以育人育才为中心的哲学社会科学整体发展战略，构筑学生、学术、学科一体的综合发展体系；要以人为本，从人抓起，积极实施人才工程，构建种类齐全、梯队衔接的高校哲学社会科学人才体系；要深化科研管理体制改革，发挥高校人才、智力和学科优势，提升学术原创能力，激发创新创造活力，建设中国特色新型高校智库；要加强组织领导、做好统筹规划、营造良好学术生态，形成统筹推进高校哲学社会科学发展新格局。

哲学社会科学研究重大课题攻关项目计划是教育部贯彻落实党中央决策部署的一项重大举措，是实施"高校哲学社会科学繁荣计划"的重要内容。重大攻关项目采取招投标的组织方式，按照"公平竞争，择优立项，严格管理，铸造精品"的要求进行，每年评审立项约40个项目。项目研究实行首席专家负责制，鼓励跨学科、跨学校、跨地区的联合研究，协同创新。重大攻关项目以解决国家现代化建设过程中重大理论和实际问题为主攻方向，以提升为党和政府咨询决策服务能力和推动哲学社会科学发展为战略目标，集合优秀研究团队和顶尖人才联合攻关。自2003年以来，项目开展取得了丰硕成果，形成了特色品牌。一大批标志性成果纷纷涌现，一大批科研名家脱颖而出，高校哲学社会科学整体实力和社会影响力快速提升。国务院副总理刘延东同志做出重要批示，指出重大攻关项目有效调动各方面的积极性，产生了一批重要成果，影响广泛，成效显著；要总结经验，再接再厉，紧密服务国家需求，更好地优化资源，突出重点，多出精品，多出人才，为经济社会发展做出新的贡献。

作为教育部社科研究项目中的拳头产品，我们始终秉持以管理创新服务学术创新的理念，坚持科学管理、民主管理、依法管理，切实增强服务意识，不断创新管理模式，健全管理制度，加强对重大攻关项目的选题遴选、评审立项、组织开题、中期检查到最终成果鉴定的全过程管理，逐渐探索并形成一套成熟有效、符合学术研究规律的管理办法，努力将重大攻关项目打造成学术精品工程。我们将项目最终成果汇编成"教育部哲学社会科学研究重大课题攻关项目成果文库"统一组织出版。经济科学出版社倾全社之力，精心组织编辑力量，努力铸造出版精品。国学大师季羡林先生为本文库题词："经时济世　继往开来——贺教育部重大攻关项目成果出版"；欧阳中石先生题写了"教育部哲学社会科学研究重大课题攻关项目"的书名，充分体现了他们对繁荣发展高校哲学社会科学的深切勉励和由衷期望。

伟大的时代呼唤伟大的理论，伟大的理论推动伟大的实践。高校哲学社会科学将不忘初心，继续前进。深入贯彻落实习近平总书记系列重要讲话精神，坚持道路自信、理论自信、制度自信、文化自信，立足中国、借鉴国外，挖掘历史、把握当代，关怀人类、面向未来，立时代之潮头、发思想之先声，为加快构建中国特色哲学社会科学，实现中华民族伟大复兴的中国梦做出新的更大贡献！

教育部社会科学司

摘　要

本书基于“社会保障制度内容、结构与层次体系三体系”的整体分析框架，运用“社会福利与服务需求力、承受力、配置力与获得力四力协调”的局部分析框架，采用文献研究和社会调查研究相结合的研究方法，重点研究中国养老保险制度、医疗保险制度、社会救助制度和社会福利制度等关键性社会保障制度的整合与体系完善，尤其是关注哪些制度需要新建，哪些制度需要做出局部调整或内涵的延伸，哪些制度之间需要衔接，哪些制度之间需要实现相互协调。本书共分八章：

第一章导论。主要讨论本书的研究应用价值与学术价值，系统梳理和评价了现有研究状况，比较具体地介绍了本书的分析框架、研究思路与基本方法，简要阐述了本书研究的总体目标、具体目标与本书核心观点。

第二章社会保障制度整合与体系完善的基础。主要研究内容为，中国社会保险制度、社会救助制度、社会福利制度的发展是中国社会保障制度整合与体系完善的制度基础；中国共产党对社会保障制度理念、目标、功能、道路以及反贫困等的认识是社会保障制度整合与体系完善的理论基础；中国政治、经济、社会环境的发展变化是社会保障制度整合与体系完善的影响因素。

第三章养老保险制度整合与体系完善的重大问题。重点研究中国必须推进基础养老金的全国统筹，提升基本养老保险制度筹资的有效性，建立基本养老保险制度待遇的合理调整机制，构建适应中国国情的延迟退休年龄政策机制，推进城乡居民、城镇职工基本养老保险制度的整合与衔接，推进企业年金与职业年金制度以完善多层次养老保险制度体系。

第四章医疗保险制度整合与体系完善的重大问题。重点研究中国推进城乡居民、城镇职工基本医疗保险制度的整合与衔接，进一步完善基本医疗保险制度的参保与筹资机制，合理推进分级诊疗制度，建立基本医疗保险费用有效控制制度，进一步完善城乡居民大病保险制度与职工补充医疗保险制度，在总结试点工作的基础上适时推行长期护理保险制度。

第五章失业与工伤保险制度体系完善的重大问题。重点研究中国失业保险制度必须实现从失业保障到兼顾失业保障与就业促进的转变，工伤保险制度必须实现从工伤保障到兼顾工伤保障与工伤预防的转变，劳动政策必须实现从劳动保护到兼顾劳动保护与收入保护的转变，同时还要推进失业保险、工伤保险、劳动保护等制度与其他社会保障制度的衔接。

第六章社会救助制度整合与体系完善的重大问题。重点研究中国社会救助制度的时代任务应从贫困救助转变为通过精准扶贫实现贫困人口脱贫和奔小康，最低生活保障制度应从“分类施保”转变为“按标施保”，加快建立和完善以救急难为主的临时救助制度体系，推进医疗、教育、住房等专项救助制度的整合与体系完善，强化社会救助制度与相关社会保障制度的衔接。

第七章社会福利和服务整合与体系完善的重大问题。重点研究中国社会福利与服务的重心应该从关注福利制度的实施到重视服务体系的建立和完善，准确把握老年、儿童、妇女与残疾人福利与服务的需求力，增强老年、儿童、妇女与残疾人福利与服务的承受力，强化老年、儿童、妇女与残疾人福利与服务资源的配置力，提升老年、儿童、妇女与残疾人福利与服务的获得力。

第八章社会保障管理体制整合与机制完善的重大问题。主要研究中国社会保障财政管理上应从财政补贴制度为主转变为建立社会保障预算管理制度，行政管理上应从行政多头管理转变为按功能整合行政管理，管理手段上应在加快信息化建设的基础上提升业务经办能力，风险管理上应从外部风险管控转变为内部风险预防，宏观政策方面还需要构建政策调整机制并完善社会保障法制。

Abstract

The analysis framework of this research is based on "content, structure, and level system—three-dimensional social security system", while "demand, allocation, endurance and acquisition—four force coordination" is used to analyze in social welfare and social services. Literature research and social survey is the method adopted in this research. The research of this book mainly focuses on the integration and improvement of old-age insurance, medical insurance, social assistance system, especially on what new systems need to be built, what systems should make changes and what systems need to be connected and coordinated between these systems, which are key roles in the social security system. This book is divided into eight chapters:

Chapter one will discuss the application value and academic value, present a literature review of existing research, introduce the analysis framework and methodology, and elaborate main objectives and core ideas.

Chapter two is the foundation of the integration and improvement of social security system, including social insurance, social assistance and social welfare. The perception of the Communist Party of China on social security system concept, objectives, function, pathway and anti-poverty is the theory foundation, while the development of political, economic and social context is the influence factors.

Chapter three mainly focus on the integration and improvement of old-age insurance. It is necessary to bring pension schemes under national unified management, improve the effectiveness of raising funds, establish a reasonable pension adjustment system, adopt delayed retirement age policy based on national conditions, accelerate the integration and connection of insurance for urban employeesand for rural and non-working urban residents, move faster to the development of enterprise annuity and occupational annuity, which can enrich multi-level pension system.

Chapter four pays attention to the integration and improvement of medical insurance. Promoting the integration of basic medical insurance for urban employees and for rural and non-working urban residents, improving the participation and funding mechanism, facilitating hierarchical medical treatment system, setting up cost control system, improving serious disease insurance and employees supplementary medical insurance and implementing long-term care based on previous experience are top priority in medical industry.

Chapter five lays emphasis on the integration and improvement of unemployment insurance and work-related injury insurance. Currently, Unemployment insurance and work-related injury insurance should both combine its own original duty to future employment promotion and injury prevention respectively. For labor policy, it should combine both labor protection and income protection, and at the same time, it should promote the connection between unemployment insurance, work-related injury insurance and the other social security system.

Chapter six will attach importance to the integration and improvement of social assistance. The priority task of social assistance has transferred from poverty assistance to targeted poverty reduction, which can alleviate poverty and lead to a moderately prosperous society. The implementation of subsistence allowances system should be changed from classified insurance to standard insurance. It is also imperative to speed up the establishment of temporary assistance, promote the integration of medical, education and housing insurances and strengthen the connection between social assistance and related social security system.

Chapter seven's content is the integration and improvement of social welfare and social services. The focus of social welfare and social services should shift from implementation to the establishment and improvement. In order to improve social welfare and social services, it is necessary to grasp elderly, children, women and disabled people's basic welfare and service's needs, to increase their income capacity, strength the allocation of social welfare and social services resource and enhance their accessibility to social welfare and social services.

The last chapter, chapter eight, is about the integration and improvement of social security management system. Financial management on financial subsidy system should give priority to the establishment of social security budget management, while administrative management should begin from multi-section management into a functional integration. Moreover, management system needs to accelerate the construction of the information to improve its competitiveness. For risk management, external risk control management should be transformed into the internal risk prevention. In terms of macro policy, it also needs to establish policy adjustment mechanism and improve social security legal system.

前 言

本书是2013年度教育部哲学社会科学研究重大课题攻关项目“中国社会保障制度整合与体系完善研究”（项目号：13JZD019）的最终成果。该项目立项以后，中国社会保障制度改革与发展的重要内容之一，就是以城乡居民基本养老保险制度整合、城乡居民基本医疗保险制度整合、机关事业单位人员养老保险制度并轨为标志的社会保障制度整合。这既表明该课题的现实性与必要性，也为该课题研究带来很大的不稳定性与难度。

课题组先后召开十次会议，讨论研究基本框架、重点内容与调研内容，最终形成一个基本的共识：沿用课题申报时所采用的社会保障制度内容体系、结构体系与层次体系三体系的分析框架作为基本分析框架，同时把社会福利与服务需求力、承受力、配置力与获得力四力协调的分析框架作为部分内容的分析框架。重点研究养老保险制度、医疗保险制度、社会救助制度、社会福利制度等关键性制度中的重大问题，兼顾失业保险与工伤保险、社会保障管理制度整合与体系完善的研究，并开展中国社会保障制度整合与体系完善的基础的研究。

在此基础上，课题组逐渐形成了基本的研究框架，确定了关键性制度中的重大问题，并先后在黑龙江省、辽宁省、陕西省、西藏自治区、新疆维吾尔自治区、重庆市、河南省、湖北省、江西省、广东省等省市自治区，开展有关中国社会保障制度整合与体系完善的调研，取得了一些重要的数据、资料与信息。

本书的基本研究思路与整体框架由该项目首席专家丁建定教授提出，课题组成员尤其是其主要成员讨论确定。写作分工如下：丁建定教授：摘要、前言、第一章、第二章、研究结论；王三秀教授：第六章；柯卉兵副教授：第八章；郭林副教授：第三章；王超群副教授：第四章；李薇副教授：第七章；杨斌副教授：第五章。全书由丁建定教授修改定稿。在此，谨向各位课题组主要成员亦是作者表示感谢！

本研究的顺利开展还需要感谢赵曼教授、卢海元先生、张亮教授等的大力支持！感谢为课题组调研提供诸多便利的各省市自治区及其地方政府职能部门的领导与工作人员！感谢参与研讨或者调研的团队成员！还要感谢关心和支持该课题研究的同行专家以及经济科学出版社的老师与领导！

希望本书能够为中国社会保障制度体系的发展与完善有所裨益。其所存在的错误与疏漏之处也请读者批评指正！

丁建定

2019年2月16日

目录

Contents

Contents

第一章

导　论

第一节　研究的应用价值与学术价值

一、应用价值

本书有助于实现社会保障制度整合与体系完善提出的新要求。党的十八大报告明确提出，“统筹推进城乡社会保障体系建设。”“要坚持全覆盖、保基本、多层次、可持续方针，以增强公平性、适应流动性、保证可持续性为重点，全面建成覆盖城乡居民的社会保障体系。”“改革和完善企业和机关事业单位社会保险制度，整合城乡居民基本养老保险和基本医疗保险制度……实现基础养老金全国统筹……完善社会救助体系，健全社会福利制度。”[①] 党的十九大报告中进一步明确指出，“加强社会保障体系建设。按照兜底线、织密网、建机制的要求，全面建成覆盖全民、城乡统筹、权责清晰、保障适度、可持续的多层次社会保障体系。全面实施全民参保计划。完善城镇职工基本养老保险和城乡居民基本养老保

① 胡锦涛：《坚定不移沿着中国特色社会主义道路前进为全面建成小康社会而奋斗》，人民出版社2012年版，第36－37页。

险制度，尽快实现养老保险全国统筹。完善统一的城乡居民基本医疗保险制度和大病保险制度。完善失业、工伤保险制度。建立全国统一的社会保险公共服务平台。统筹城乡社会救助体系，完善最低生活保障制度。坚持男女平等基本国策，保障妇女儿童合法权益。完善社会救助、社会福利、慈善事业、优抚安置等制度，健全农村留守儿童和妇女、老年人关爱服务体系。发展残疾人事业，加强残疾康复服务。坚持“房子是用来住的、不是用来炒的”定位，加快建立多主体供给、多渠道保障、租购并举的住房制度，让全体人民住有所居。”[①] 党的十八大与十九大对社会保障制度建设所提出的新要求的实现，都与现行社会保障制度的整合直接相关，旨在通过社会保障制度整合实现体系完善。本书研究的重点就是通过剖析中国现行社会保障制度在哪些方面存在制度缺失，在哪些方面存在制度之间的割裂，在哪些方面存在制度之间的冲突，在哪些方面存在保障水平过低等突出和关键性问题。进而通过制度新建、制度整合、制度协调及待遇调整，实现中国社会保障制度体系的完善。显然，有助于实现党对新时代社会保障体系建设和完善的新要求。

本书有助于准确把握中国社会保障制度整合与体系完善中的关键问题。中国社会保障制度内容体系已经初步建立，但是，社会保障制度在内容体系方面尚有缺失，在结构体系方面碎片化严重，在层次体系方面责权关系不合理。这些问题不仅表现在不同项目的社会保障制度中，更表现在不同群体的社会保障制度中，成为中国社会保障制度发展和完善的主要障碍，进而影响到社会保障制度促进社会公平功能的有效发挥。本书研究直接瞄准现行社会保障制度中的关键问题，揭示社会保障制度内容体系方面的缺失，结构体系方面的割裂化，层次体系方面的责权不均衡。解决哪些社会保障制度项目需要新建，哪些社会保障制度需要整合，哪些社会保障制度之间需要衔接或者协调，哪些社会保障制度中的责权关系需要调整。从而准确把握中国社会保障制度体系完善中的关键问题。

本书有助于准确把握中国社会保障制度整合与体系完善的关键领域。中国社会保障制度体系在内容体系方面包括社会保险、社会救助和社会福利制度。在结构体系方面事实上存在农村居民社会保障制度、城镇居民社会保障制度、城镇企业职工社会保障制度、机关事业单位社会保障制度之间的区别，还存在农民工社会保障制度等。在层次体系方面包括社会保障制度中的国家责任、单位、集体责任和个人责任等。不同群体的社会保障制度中还存在内容的差别与责权关系的差别。这使得中国社会保障制度呈现出高度差别性，因此，中国社会保障制度整合

---

① 习近平：《决胜全面建成小康社会夺取新时代中国特色社会主义伟大胜利》，人民出版社 2017 年版，第 47 页。

与体系完善必须准确把握关键领域，只有通过关键领域的制度整合，才能实现整个社会保障制度体系的完善。根据对社会保障制度覆盖人群及其主要功能的分析，认为养老保障制度、医疗保障制度、社会救助制度和社会福利制度是中国社会保障制度的主要内容。这些社会保障制度对保证大部分社会成员的基本生活、促进社会公平发挥关键作用。因此，着力研究养老保障制度、医疗保障制度、社会救助制度和社会福利制度等的整合与体系完善，同时兼顾其他社会保障制度的整合与体系完善以及不同社会保障制度之间的协调，从而准确把握中国社会保障制度整合与体系完善的关键领域。

本书有助于科学选择中国社会保障制度整合与体系完善的主要途径。实现中国社会保障制度体系完善有多种途径与措施，尤其是针对不同的社会保障制度来说，其体系完善的途径与措施也存在不同，有的社会保障制度体系的完善需要通过建立新制度来实现，有的社会保障制度体系的完善需要通过制度整合的途径加以实现，有的社会保障制度体系的完善需要通过制度之间的衔接来实现，有的社会保障制度体系的完善只需要做出局部调整或内涵延伸即可实现，这就需要根据不同社会保障制度及其功能做出准确的选择。在选择养老保障制度、医疗保障制度、社会救助制度和社会福利制度等关键领域的同时，将对策研究的重点确定为如何通过社会保障制度整合以实现制度体系的完善，着力研究养老保障制度整合、医疗保障制度整合、社会救助制度整合和社会福利制度与服务整合，同时关注关键社会保障制度中新建制度、局部调整、制度衔接等完善途径以及不同社会保障制度之间的协调，从而准确选择中国关键性社会保障制度整合与体系完善的主要途径。

二、学术价值

本书有助于进一步揭示社会保障制度发展与体系完善的一般规律。现代社会保障制度发展的一般规律和实践经验是，各国首先建立社会保险、社会救助、社会福利等社会保障制度的内容体系，接着进入社会保障制度整合与协调阶段，旨在建立和完善社会保障制度的结构体系，在内容体系和结构体系建立和发展过程中，逐步关注社会保障责权关系的调整，旨在建立和完善社会保障制度的层次体系，进而实现社会保障制度体系的完善。

中国社会保障制度经过40年的改革，已经初步建立起社会保险、社会救助和社会福利制度等社会保障制度内容体系。但是，中国社会保障制度不仅存在一些制度项目的缺失，更存在严重的割裂与碎片化，这在城乡之间、群体之间、不同职业之间、不同项目之间的社会保障制度方面均表现出来，严重影响中国社会保障制度增进公平性、适应流动性与保证可持续性的目标的实现。此外，中国社会保障制度责权关系也存在严重的不合理，这同样表现为城乡人群之间、不同职业之间、不同项目之间的社会保障制度责权关系差异显著。中国社会保障制度体系的完善既需要建立一些新的社会保障制度，也需要合理调整社会保障制度的责权关系，更需要对现行社会保障制度进行整合。这不仅符合中国社会保障制度体系完善的需要，也进一步揭示和验证了社会保障制度发展与体系完善的一般规律。

本书有助于促进社会保障研究服务于社会保障制度建设的需要。中国社会保障制度研究经过40年的改革与发展，已经取得显著的成就，针对中国社会保障制度改革和发展中的重大理论问题、现实问题、制度选择等，学术界进行了深入的研究。但是，相对于中国社会保障制度发展的需要来说，社会保障制度研究还不能够适应制度建设和发展的要求，社会保障制度研究还未能很好地对中国社会保障重大制度选择提供全面系统的对策和建议。中国社会保障制度整合与体系完善，是关系到中国社会保障制度现阶段和将来可持续发展的重大问题，也是社会保障学术研究新的重大课题。本书研究将针对社会保障制度整合与体系完善进行深入研究，提出直接、有效和可操作的对策建议，以助推中国社会保障制度体系的完善，并促进社会保障学术研究更好地服务于中国社会保障制度建设的需要。

第二节　现有研究状况综论

一、国外研究现状评述

西方国家历史上曾多次针对社会保障制度的特定发展阶段提出一些战略性的报告，其中尤其以第二次世界大战和战后社会保障制度整合与体系完善的战略性政策报告最为重要。最著名的有1942年英国的《贝弗里奇报告》，奠定了英国福利国家的基础。1944年瑞典社会民主党的《战后工人运动纲领》，描绘了瑞典福利国家的蓝图。1944年法国全国抵抗委员会发布的《全国抵抗委员会纲领》，提出了战后法国社会保障制度整合与体系完善的基本框架。1963年英国的《社会保障的新领域》，提出英国社会保障制度整合与体系完善的基本原则。1986年日本的《社会福利改革基本构想》，提出日本社会保障制度整合与体系完善的总体框架。1992年美国的《致美国人民的新契约》，提出了美国社会保障制度改革与体系完善的新原则。1994 年英国工党的《新英国》，提出了英国社会保障制度改革与体系完善的新思路等。这些研究报告与政策文件分别提出了西方不同国家不同阶段的社会保障制度体系完善的目标，对促进西方各国社会保障制度体系的完善产生了重要影响，也为我们从事中国社会保障制度整合与体系完善研究提供了可资借鉴的资料。

著名国际组织关注通过社会保障制度整合以实现制度体系的完善。2007 年，国际社会保障协会决定将“更具活力的社会保障”确定为今后社会保障事业的发展方向，并将社会保障制度一体化、社会保障获得的便捷性、社会保障制度发展的可持续性等，作为社会保障制度未来发展的目标，强调不加区分地为全体居民提供统一的社会保障，将原有社会保障制度覆盖范围之外的人群，全部纳入社会保障制度计划之内，特别是农民和非正规就业者。该协会的建议旨在通过社会保障制度结构调整，实现社会保障制度体系的完善。2007 年，国际劳工组织也提出扩大社会保障制度覆盖范围的相关建议，重申各国政府更应该为弱势群体提供最基本的社会保障，发展中国家社会保障事业发展的核心就是要扩大社会保障制度的覆盖面，把应该参加社会保障制度的人群切实纳入社会保障制度范围。显然，著名国际组织都十分关注社会保障制度结构体系的整合，以期通过社会保障制度结构整合，实现社会保障制度体系的完善，进而推进社会保障制度公平化。

许多著名学者重视通过社会保障制度整合以实现制度体系完善的研究。戴维·马士兰德、埃里克·艾因豪恩、梅耶尔松·马丁和考夫曼等提出应该通过福利国家的根本性和战略性变革以实现其持续性和健康性发展。[①] 格兰德、菲尔奈斯、埃里克森和国际劳工局等认为社会保障制度未来的发展应该努力实现共同责任机制。[②] 霍斯金斯、吉尔伯特等对 21 世纪社会保障制度的体系完善与政策选择进行了系统论述，认为 21 世纪的社会保障制度在制度理念、政策选择、目标定位、管理手段等方面都应该进行战略性转变。[③] 可见，有关社会保障制度整合与体系完善的研究同样受到国外著名学者的关注，并取得一些有价值的研究成果，但是，相关研究成果比较宏观。

显然，社会保障制度整合与体系完善研究受到国外学术界、政府部门和国际

---

① David Marshiland, Welfare or Welfare State? London, 2006; Eric Einhorn, Modern Welfare States. New York, 2009; Meyerson Martin, The Welfare State in Crisis. Stockholm, 2002;［德］考夫曼：《社会福利国家面临的挑战》，王学东译，商务印书馆 2004 年版。

② Julian L., Grand. Privatization and the Welfare State. London, 1987; Norman Furniss, Futures for the Welfare State. Indiana, 1986; Robert Erikson, Welfare in Transition. Oxford, 1987; 国际劳工局：《社会保障：新共识》，中国劳动社会保障出版社 2004 年版。

③ ［美］达尔默·D. 霍斯金斯：《21 世纪初的社会保障》，侯宝琴译，中国劳动社会保障出版社 2004 年版；［美］吉尔伯特：《社会福利的目标定位》，郑秉文等译，中国劳动社会保障出版社 2004 年版。

组织的高度重视，并取得了一定的共识，认为社会保障事业发展的重点，在于如何通过制度整合实现社会保障制度内容体系、结构体系与层次体系的完善。但上述政策报告与研究成果主要从不同侧面对社会保障制度完善进行阐述，直接针对社会保障制度整合的理念、目标、原则及路径的专题研究成果并不多见，一些研究成果过于宏观地探讨整个西方乃至全球社会保障制度体系的完善，缺乏对主要西方国家社会保障制度尤其是制度整合与体系完善的国别性专题研究。本书将根据研究内容的需要，探讨西方典型国家社会保障制度整合与体系完善的理念、目标、原则与路径，总结其基本模式、基本经验与一般规律，探寻其对于中国社会保障制度整合与体系完善有价值的经验与借鉴，从而避免中国社会保障制度整合与体系完善过程中出现失误。

二、国内研究状况述评

1. 关于社会保障制度统筹、整合与体系完善的相关研究。

关于城乡社会保障制度统筹、整合与体系完善的宏观路径研究。王国军提出了“三维社会保障体系”理论，并对城乡社会保障一体化进行了实证分析。[①] 李迎生为中国城乡社会保障制度的发展设计了一个“有差别的统一”的“城乡整合模式”。[②] 林毓铭提出首先将农民工纳入城镇职工养老保险制度，再分阶段逐步将农民工纳入到其他社会保险制度之中。[③] 景天魁指出从建立城乡统筹的最低生活保障制度、公共卫生和大病统筹制度着手，来实现城乡统筹的社会保障制度的协调发展。[④] 杨翠迎认为，建立城乡统筹的社会保障制度要分阶段、分步骤进行，实行城乡有别的社会保障制度发展策略。[⑤] 薛兴利等提出了“制度统一、标准有别”的城乡社会保障制度统筹发展路径。[⑥] 郑功成和米红均提出了社会保障制度体系从覆盖到衔接的“三步走”战略。[⑦] 方菲提出，统筹城乡社会保障制度的路径在于消除“碎片化”，弥合“断裂化”，破除“区隔化”，树立整体构划理

① 王国军：《中国城乡社会保障制度衔接初探》，《战略与管理》2000 年第 2 期。

② 李迎生：《构建城乡衔接的社会保障体系》，《中国人民大学学报》2008 年第 6 期；李迎生：《探索中国社会保障体系的城乡整合之路》，《浙江学刊》2001 年第 5 期。

③ 林毓铭：《城乡社会保障一体化：将进城农民纳入城镇养老保险体系》，《调研世界》2003 年第 10 期。

④ 景天魁：《从小福利迈向大福利：中国特色福利制度的新阶段》，《理论前沿》2009 年第 11 期。

⑤ 杨翠迎：《中国社会保障制度的城乡差异及统筹改革思路》，《浙江大学学报》2004 年第 3 期。

⑥ 薛兴利：《城乡社会保障差异分析与统筹对策》，《山东农业大学学报》2006 年第 3 期。

⑦ 郑功成：《为建立完善的社会保障体系而努力》，《群言》，2008 年第 5 期；米红等：《从覆盖到衔接：论中国和谐社会保障体系“三步走”战略》，《公共管理学报》2008 年第 1 期。

念。[①] 何平等提出了统筹发展城乡社会保障的目标、重点和体系框架。[②] 丁建定提出和谐社会建设需要构建内容、结构与层次体系完善的社会保障制度，探讨了中国社会保障制度发展中的目标、体系、道路、功能与水平等核心理论问题。[③] 汪国华提出，要从破除城乡二元体制入手，实现城乡社会保障制度统筹发展，避免农村社会保障制度的滞后性阻碍社会保障体系进步。[④] 林闽钢从“目标—路径”的分析视角出发，认为中国的社会保障体系已到达“制度优化”阶段，提出四位一体的社会保障制度发展路径。[⑤] 黄清峰认为中国农村地区的社会保障制度正在由路径依赖向路径突破转变，我国社会保障制度进入新的改革期。[⑥] 郭林指出要借助国家治理现代化的契机推动社会保障制度发展，同时推动社会保障文化建设。[⑦] 杨林认为，要从优化社会保障制度水平、加强社会保障制度领域立法完善性入手，促使城乡社会保障制度向公平性路径推进。[⑧] 戴卫东提出中国社会保障体系的“包容性”发展理论，并对社会保障制度中的政治民主进行了论证。[⑨] 桂晓红提出在全球化经济背景下我国社会保障制度建设要符合国情。[⑩]

关于城乡社会保障制度统筹、整合与体系完善的具体对策研究。林闽钢阐述了城乡社会保障体系协调发展的总体目标、实现路径和突破重点。[⑪] 关信平提出促进我国社会保障一体化建设的政策建议。[⑫] 白维军、童星指出，将养老保险统筹层次与模式定位为“稳定省级统筹，促进全国调剂”是较为现实的政策选择。[⑬] 杨影指出，必须构建城乡社会保障一体化的机制，打破城乡社会保障体制的二元结构，实现劳动力资源配置市场化，建立健全社会保障法律、法规，明确社会保障主体的责任，完善社会保障机构，创新社保基金管理模式，拓展渠道筹

① 方菲：《从失衡到均衡：统筹城乡社会保障制度路径研究》，《理论探讨》2009 年第 6 期。

② 何平等：《统筹城乡社会保障制度发展的思考》，《劳动保障世界》2010 年第 2 期。

③ 丁建定：《我国和谐社会建设需要合理的社会保障制度》，《人口与经济》2009 年第 3 期；《中国社会保障制度整合与体系完善综论》，《学习与实践》2012 年第 8 期。

④ 汪国华：《城镇化与城乡社会保障制度统筹发展研究》，《天府新论》2013 年第 2 期。

⑤ 林闽钢：《中国社会保障制度优化路径的选择》，《中国行政管理》2014 年第 7 期。

⑥ 黄清封，刘艺戈：《农村社会保障制度变迁的演进逻辑与路径选择》，《社会保障研究》2014 年第 3 期。

⑦ 郭林：《论国家治理现代化目标下的社会保障制度优化路径》，《华中师范大学学报》2015 年第 7 期。

⑧ 杨林等：《中国城乡社会保障的制度差异与公平性推进路径》，《学术月刊》2016 年第 11 期。

⑨ 戴卫东：《中国社会保障制度建设的包容性发展》，《中国软科学》2016 年第 9 期。

⑩ 桂晓红：《经济全球化背景下农村社会保障制度完善路径》，《农业经济》2017 年第 5 期。

⑪ 林闽钢：《我国社会保障体系协调发展战略研究》，《苏州大学学报》，2011 年第 5 期。

⑫ 关信平：《论我国社会保障制度一体化建设意义及相关政策》，《东岳论丛》2011 年第 5 期。

⑬ 白维军，童星：《“稳定省级统筹，促进全国调剂”：我国养老保险统筹层次及模式的现实选择》，《社会科学》2011 年第 5 期。

集社会保障基金。① 李红浪认为，需要从政府主导、加强制度建设、社会各主体参与、积极发展商业保险和慈善事业等方面构建我国城乡社会保障体系。② 申曙光指出，统筹推进城乡社会保障体系，需要改革和完善城镇社会保险制度，整合城乡居民基本养老保险和基本医疗保险制度，实现基础养老金全国统筹，完善社会救助体系。③ 赵晓芳认为，要基于城乡统筹和群体公正的视角推进制度建设，遵循程序正义原则，逐渐整合碎片化社会保障制度。④ 刘立刚和薛惠元提出从扩大社会保险的覆盖面、提升社会保险统筹能力、探索社会保险基金投资方法、健全乡镇低保等角度来完善社会保障制度建设。⑤ 郑功成认为要尽快完善我国社会保障制度的顶层设计，妥善处理社会保障与其他层次保障的关系，全面深化社会保障制度发展。⑥ 邢伟指出，针对我国社会保障制度存在的问题，要从完善城乡社会保障制度衔接、增强社会保障投入对老年群体的支付能力、合理安排公共财政等角度出发，建立完善的社会保障统筹机制。⑦ 青连斌提出要以《社会保障法》为基础完善中国社会保障的制度体系建设。⑧ 徐强等认为我国社会保障制度需要在缩小居民收入差距、减轻家庭负担、满足困难群体需求及落实义务教育等方面得到提升。⑨ 贾玉娇从福利国家的视角指出，我国社会保障事业应注重制度与经济发展的关系，提高社会保障制度普惠水平，调整政府缺位、越位行为，提高社会保障资源体系的配给效率。⑩ 高和荣指出社会保障的理论基础是底线公平，要在公平性基础上推进社会保障制度建设，提高社会保障制度质量。⑪

2. 关于养老保障制度整合与体系完善的相关研究。

关于养老保障制度整合与体系完善的整体思路研究。杨翠迎提出建立多元、多支柱的城乡养老保险制度发展模式。⑫ 岳宗福指出，城乡养老保险制度的一体

---

① 杨影等:《我国城乡社会保障一体化机制之构建》,《学术交流》2012 年第 12 期。

② 李红浪:《和谐社会背景下构建城乡社会保障体系的思考》,《江西社会科学》2012 年第 12 期。

③ 申曙光:《社保“十二五”，三题待解》,《社会观察》2012 年第 8 期。

④ 赵晓芳:《社会保障碎片化：危害、成因与弥合路径》,《中共福建省委党校学报》2013 年第 2 期。

⑤ 刘立刚、薛惠元:《论社会和谐稳定与社会保障制度建设——以湖北省为例》,《社会保障研究》2013 年第 5 期。

⑥ 郑功成:《中国社会保障改革：机遇、挑战与取向》,《国家行政学院学报》2014 年第 6 期。

⑦ 邢伟:《社会保障制度建设面临的新形势和新要求》,《宏观经济管理》2014 年第 11 期。

⑧ 青连斌:《推进社会保障制度的法制化建设》,《中国特色社会主义研究》2017 年第 3 期。

⑨ 徐强张开云李倩:《我国社会保障制度的建议设绩效评价——基于全国四个省份 1600 余份问卷的实证研究》,《经济管理》2015 年第 8 期。

⑩ 贾玉娇:《走向治理的中心：现代社会保障制度与西方国家治理——兼论对中国完善现代国家治理体系的启示》,《江海学刊》2015 年第 5 期。

⑪ 高和荣:《底线公平：社会保障制度建设的内在根据》,《社会科学辑刊》2016 年第 3 期

⑫ 杨翠迎:《建立和完善农村社会保障体系》,《西北农林科技大学学报》2007 年第 1 期。

化必须解决养老资金的便携性问题、养老关系的接续性问题以及养老资金产权的明晰性问题。[①] 刘昌平提出了城乡基本养老保险制度统筹发展两步走战略：第一步是实现城乡两类养老保险制度之间有效衔接，第二步是通过城乡两类养老保险制度合并以实现社会养老保险制度城乡统筹。[②] 戴卫东提出了城乡基本养老保险制度统筹发展的三步走战略：建立多层次的基本养老保险制度体系，逐步衔接城乡居民养老保险制度，整合最低生活保障制度的养老功能，实施城乡老年津贴制度，统筹城乡基本养老保险制度形成国民基本养老保险制度，扩大城乡老年津贴制度覆盖面并提高其待遇水平。[③] 赵春玲等提出应打破目前养老保险制度的碎片化状态，建立以公平为导向的全国一体的养老保障体系。[④] 袁涛等也提出了实施策略：首先统一建立城乡居民的社会养老保险，其次建立“居保”与“城保”一体化的待遇计发办法，最后提高统筹层次，实行养老保险全国统筹。[⑤]

关于养老保障制度整合与体系完善的具体对策研究。邓大松等提出新农保制度在与其他相关制度衔接和协调中应遵循养老利益、行政简化、适应性、有效激励和城乡统筹等原则，进行制度替代与制度整合，逐步增加财政支出责任、提高保障水平、扩展覆盖面，消除社会保障制度的碎片化。[⑥] 李伟认为，加大政府财政补贴力度、提高养老金待遇水平、增设高档次缴费标准、处理好制度衔接问题等是推进城乡居民基本养老保险制度的关键。[⑦] 谭中和提出了采取“折算年限”、“补差”或“分段计算”方法，解决城乡养老保险关系转移接续的思路。[⑧] 李佳、陈世金等提出城乡基本养老保险制度间账户转换路径、缴费年限确定方法及待遇调整的标准。[⑨] 薛惠元等提出要采取逐步整合的办法，将相关制度分别逐步整合至城乡居民基本养老保险和城镇职工基本养老保险，完成机关事业单位养老保险与城镇职工基本养老保险并轨，最后实现城乡养老制度的衔接和整合。[⑩] 李琼等认为充足的资金是统一城乡居民基本养老保险制度的重要条件，并且从多方面提

---

① 岳宗福：《城乡养老保险一体化的制度设计与路径选择》《山东工商学院学报》2009 年第 3 期。

② 刘昌平：《社会养老保险制度城乡统筹之路探索》，《社会保障研究》2009 年第 2 期。

③ 戴卫东：《统筹城乡基本养老保险制度十个关键问题》，《现代经济探讨》2009 年第 7 期。

④ 赵春玲、刘朋伟：《基于公平视角的我国养老保险制度问题及成因分析》，《现代管理科学》2014 年第 5 期。

⑤ 袁涛、张忠朝：《养老保险城乡统筹实施路径反思》，《现代管理科学》2016 年第 5 期。

⑥ 邓大松等：《制度替代与制度整合：基于新农保规范分析》，《经济学家》2011 年第 4 期。

⑦ 李伟：《新型农村社会养老保险财政补贴存在的问题及对策探讨》，《农村经济》2011 年第 9 期。

⑧ 谭中和：《城乡养老保险关系转移接续问题研究》，《社会保障研究》2011 年第 2 期。

⑨ 李佳，陈世金：《河北省新农保制度的激励机制研究》，《人口与经济》2012 年第 2 期。

⑩ 薛惠元、张微娜：《建立城乡统一的社会养老保险制度》，《税务与经济》2014 年第 3 期。

出了提高城乡居民基本养老保险制度筹资能力的政策建议。[①] 睢党臣等基于对“新农保”和“城居保”并轨问题的思考，从制度建设、政府责任和参保居民三个维度，提出了大力推进城乡居民养老保险的政策建议。[②] 王振军提出了城乡居民社会养老保险的优化方案，采用名义账户制，提高个人最低缴费年限，采取个人缴费和省级财政补贴的双筹资渠道，并对该方案的相关参数取值后就其待遇标准和政府财政补贴经济负担进行了估算。[③] 可见，学术界针对养老保障制度整合提出了具体的对策建议，但相关研究成果主要关注城乡养老保障制度之间的整合，关于城镇养老保障制度整合、养老保障制度与养老服务的协调的研究成果尚不充分。

关于发展养老服务完善养老保障制度体系的研究。赵丽宏提出居家养老服务体系必须走政府、社区、家庭和个人相结合之路，即老年人个人自助、家庭支助、社会化服务相结合。[④] 董春晓认为居家养老服务应引入多元主体的供给，形成一种互补的多元供给主体模式。[⑤] 杨宜勇提出构建一种基于家庭资源、社区资源、政府资源三方面互动，生活服务、健康服务、精神服务三位一体的中国特色居家养老服务体系。[⑥] 董红亚认为，社会养老服务体系建设应为老人提供有效照护，以居家为基础，机构为支撑，社区为平台，社会服务为依托。[⑦] 关信平认为，养老服务应形成质量提升、入住意愿加强、养老服务机构数量增加、经营状况改善、服务质量进一步提升的良性循环。[⑧] 穆光宗提出机构支持、家庭支持和社会支持“三结合”，亲情化、福利化、专业化和社会化是“品质养老”的可靠保障。[⑨] 丁建定指出，居家养老服务要确立尊重老年人选择意愿、确保老年人生活质量以及家庭、社会与政府共同担责等基本理念；坚持自力为主、居家与社区为辅，居家为主、社区与机构为辅，家庭为主、政府与社会支持为辅等理性原则。要合理界定居家养老服务的基本关系，理性选择居家养老服务方式，逐步建立居

① 李琼，汪慧：《统一的城乡居民基本养老保险筹资机制构建研究》，《甘肃社会科学》2015 年第 2 期。

② 睢党臣、董莉、张朔婷：《对城乡居民养老保险并轨问题的思考》，《北京社会科学》2014 年第 7 期。

③ 王振军：《新形势下城乡居民社会养老保险的优化设计》，《人口与经济》2017 年第 1 期。

④ 赵丽宏：《城市居家养老生活照料体系研究》，《学术交流》2007 年第 10 期。

⑤ 董春晓：《福利多元视角下的中国居家养老服务》，《中共中央党校学报》2011 年第 4 期。

⑥ 杨宜勇等：《论我国居家养老服务体系的发展》，《中共中央党校学报》2011 年第 5 期。

⑦ 董红亚：《我国社会养老服务体系的解析和重构》，《社会科学》2012 年第 3 期。

⑧ 关信平等：《当前城市民办养老服务机构发展中的问题及相关政策分析》，《西北大学学报》2012 年第 5 期。

⑨ 穆光宗：《我国机构养老发展的困境与对策》，《华中师范大学学报》2012 年第 2 期。

家养老服务的政策支持体系，并不断改善居家养老服务的基础环境。[①] 郭林提出养老服务体系建设不仅要注意民营资本的参与，同时也要注重评价和监管机制。[②] 黄佳豪等提出我国养老服务与医疗服务服务应该衔接，采取“医养结合”供给主体的服务方式，拓宽服务的供给渠道，设定以老年人需求为基础的服务，完善政府管理机制，加大资金投入。[③] 陈莉等基于“互联网 +”大背景下，提出应该采取以社区为依托的智慧社区养老服务体系，强调了政府在该体系中的重要作用，不仅要搭建智慧社区养老服务平台，化解养老服务供需问题，同时也要对社区自身的管理制度做出相应调整。[④] 王阳亮从政府购买养老服务角度切入，认为不仅仅要对购买养老服务的属性和内容进行规范，还要提高信息透明化程度，完善相关社会组织的治理制度。[⑤]

3. 关于医疗保障制度整合与体系完善的相关研究。

关于医疗保障制度整合与体系完善宏观路径的研究。胡晓义认为，要把分散的医疗保险制度进行有效的衔接和整合，以有利于医疗保险利益的续接。[⑥] 顾昕认为，可以打破三大公立医疗保险身份制，构成缴费、给付、服务水平各不相同的三层次公立医疗保障制度体系。[⑦] 王东进提出构建覆盖城乡的医疗保障制度体系的“三步走”战略：把城镇职工基本医疗保险、城镇居民基本医疗保险、新型农村合作医疗与医疗救助制度等四项制度的框架建立起来，为医疗保障制度的衔接和转换打好基础；提高统筹层次，实现参保人员的自由选择和流动；基本建立起覆盖城乡的医疗保障制度体系。[⑧] 王保真等提出整合医疗保障管理资源，克服多头管理的弊端，建立统一规范的经办机构等是统筹城乡医疗保障管理体制的必然趋势。[⑨] 朱俊生认为，医疗保障制度整合与衔接的重点在于城镇居民基本医疗保险制度与新型农村合作医疗制度的并轨。[⑩] 翟绍果、仇雨临等提出城乡医疗保

---

① 丁建定：《居家养老服务：认识误区、理性原则与对策建议》，《中国人民大学学报》2013 年第 2 期。

② 郭林：《民营资本参与养老服务体系建设的研究现状与思考》，《华中师范大学学报》2014 年第 2 期。

③ 黄佳豪，孟昉：《“医养结合”养老模式的必要性、困境与对策》，《中国卫生政策研究》2014 年第 6 期。

④ 陈莉等：《智慧社区养老服务体系构建研究》，《人口学刊》2016 年第 3 期。

⑤ 王阳亮：《政府购买养老服务：属性、问题与对策》，《哈尔滨工业大学学报》2017 年第 4 期。

⑥ 胡晓义：《中国社会保障制度析论》，《中国社会科学院研究生院学报》2009 年第 5 期。

⑦ 顾昕：《通向全民医保的渐进主义之路》，《东岳论丛》2008 年第 1 期。

⑧ 王东进：《构建覆盖城乡的医疗保障体系的战略步骤》，《中国劳动保障》2008 年第 8 期。

⑨ 王保真：《统筹城乡医疗保障的实质及发展趋势》，《中国卫生政策研究》2009 年第 8 期。

⑩ 朱俊生：《扩面与整合并行：统筹城乡医疗保障制度的路径选择》，《中国卫生政策研究》2009 年第 12 期。

障制度需在筹资、管理、支付、服务和环境方面的统筹衔接和路径设计。[①] 郑功成指出要优先整合管理体制与经办机制；坚守制度整合公平、质量与可持续的基本目标；加快整合步伐、促进制度公平与实现机制创新。[②] 申曙光从全民医保的内涵和基本要求出发，进一步提出实现城镇职工医疗保险和城乡居民医疗保险制度整合的思路、战略重点与步骤，为我国医疗保障制度改革提供方向性的理论依据。[③] 孙淑云指出以立法为契机，顶层设计整合城乡基本医保制度体系，同时，整合城乡基本医保的法律规范应体现"有差别的统一"。[④] 李长远认为城乡统筹是医保制度定型稳定与可持续发展的首要目标，并对其进行了模式与政策分析。[⑤] 袁涛等指出当前阶段我国居民医保的城乡统筹由于缺乏全国层面制度顶层设计，各地的统筹进展以地方行政力量推动为主，追求的形式公平大于实质公平，要加强顶层设计，强化公平正义的理念。[⑥] 严妮等在城乡居民医疗保险制度整合的背景下，提出全民医保的实现路径，即"三步走"建立均等化的基本医疗保险；"多层次"建立不同收入人群的差异化医保；明确政府和市场在全民医保中的责任分工。[⑦]

关于医疗保障制度整合与体系完善的具体对策研究。仇雨临等指出统筹城乡医疗保障的核心在于公平筹资和均等受益；统筹发展方向是分阶段、有步骤地化异趋同，最终实现构建城乡居民健康保障体系的目标；统筹发展的政策路径可从制度框架、筹资机制、经办资源、管理体制、转移接续等方面展开。[⑧] 陈埙吹等提出了医疗救助与基本医疗保险制度衔接的结构框架，即政策衔接、组织管理、技术设计和服务管理。[⑨] 党敏恺认为，新农合与居民医保相衔接应以农村务农人员、失地农民、城镇非职工居民为切入点，以循序渐进为基本原则，以统筹兼顾、动态衔接为核心内容，分项目、分人群、分区域、分阶段地推进，最终实现城乡医疗保障制度的统筹发展。[⑩] 殷俊等认为，应实现城镇居民医疗保险和新农

---

① 翟绍果，仇雨临：《城乡医疗保障制度的统筹衔接机制研究》，《天府新论》2010 年第 1 期。

② 郑功成：《城乡医保整合态势分析与思考》，《中国医疗保险》2014 年第 2 期。

③ 申曙光：《全民基本医疗保险制度整合的理论思考与路径构想》，《学海》2014 年第 1 期。

④ 孙淑云：《顶层设计城乡医保制度：自上而下有效实施整合》，《中国农村观察》2015 年第 3 期。

⑤ 李长远：《统筹城乡医疗保障制度的典型实践模式及优化策略》，《社会保障研究》2015 年第 3 期。

⑥ 袁涛等：《从形式公平到实质公平：居民医保城乡统筹驱动路径反思》，《社会保障研究》2016 年第 1 期。

⑦ 严妮，胡瑞宁：《全民医保：基于城乡居民医保整合背景下的制度反思》，《社会保障研究》2017 年第 3 期。

⑧ 仇雨临，郝佳：《城乡医疗保障制度统筹发展的路径研究》，《人口与经济》2011 年第 4 期。

⑨ 陈埙吹等：《医疗救助制度与基本医疗保险制度衔接的优化模型研究》，《中国卫生经济》2011 年第 9 期。

⑩ 党敏恺：《论新农合与居民医保衔接的基本框架》，《前沿》2012 年第 13 期。

合衔接，进而探索城乡居民医疗保险和城镇职工医疗保险衔接，实现城乡三大医疗保险制度衔接。[①] 张翠娥等探讨了统筹城乡医疗保险制度的路径：统一制度运行模式、新农合与城镇居民医疗保险并轨为城乡居民医疗保险、城乡居民医疗保险与城镇职工医疗保险并轨为国民基本医疗保险、推行全民基本医疗保险。[②] 林闽钢提出通过国民健康保险制度改革，使医疗保险待遇统一，达到“有医无类”：应逐步取消个人账户，并入统筹基金；在整合现有医疗保险制度上对所有参保人按照经济收入的固定比例征税。[③] 顾海探讨了统筹城乡医疗保障制度的实施路径：将城乡医保统筹分为机构职能整合、制度整合、信息整合三个过程，并提出具体的整合框架与建议。[④] 何文炯提出在加强制度整合衔接协调方面需要整合新农合与城居医保制度、设计医疗保障各制度之间的衔接与协调机制；在优化制度设计方面需要适时适度提高法定退休年龄、制定基本医疗保险最低缴费年限政策、建立基本医疗保险基金储备；在改进运行机制方面需要进一步完善筹资机制、提高基金风险意识，加强支付管理。[⑤] 王丽丽等指出整合城乡基本医保的发展方向：以城乡经济社会化一体化为理论基础；以整合“碎片化”基本医保制度为实施平台；以社会保障公平为价值诉求；以统筹城乡为基本原则；以城乡基本医保体制一体化和基本医保制度统一为目标。[⑥] 张再生等构建了一套医疗保险制度评价体系，在收集医疗保险制度相关信息前提下，该体系按照评价原则、标准和程序构建科学合理的评价指标，综合利用定性和定量研究对医疗保险制度内容的制定、运行过程和运行结果进行全面分析。[⑦] 顾昕针对医疗保险制度整合过程中的碎片化问题，提出从社会医疗保险想全民公费医疗转型的方案，并在转型期试行介于社会医疗保险和全民公费医疗之间的全民健康保险。[⑧]

关于发展医疗服务完善医疗保障制度体系的研究。顾昕指出，新农合的巩固、公共财政投入向农村地区的倾斜、社会资本的进入、公立医院的法人化有助于农村医疗事业的发展。[⑨] 梁建英设计了一种实现新型农村合作医疗服务有效供给的机制，目的在于诱导新农合成员对该制度的价值做出如实评价，从而按照一

---

① 殷俊，陈天红：《中国城镇居民医疗保险和新型农村合作医疗衔接路径探讨》，《社会保障研究》2012 年第 3 期。

② 张翠娥等：《统筹城乡基本医疗保险制度的路径研究》，《卫生经济研究》2013 年第 2 期。

③ 林闽钢：《中国社会保障制度优化路径的选择》，《中国行政管理》2014 年第 7 期。

④ 顾海：《中国统筹城乡医疗保障制度模式与路径选择》，《学海》2014 年第 1 期。

⑤ 何文炯：《建设更加公平可持续的医疗保障制度》，《中国行政管理》2014 年第 7 期。

⑥ 王丽丽，孙淑云：《整合城乡基本医保制度研究范畴之诠释》，《中国行政管理》2015 年第 9 期。

⑦ 张再生，徐爱好：《医疗保险制度评价指标体系构建及其应用研究》，《中国行政管理》2015 年第 1 期。

⑧ 顾昕：《中国医疗保障体系的碎片化及其治理之道》，《学海》2017 年第 1 期。

⑨ 顾昕：《当代中国农村医疗体制的变革与发展趋向》，《河北学刊》2009 年第 3 期。

个合理的比例在中央政府、地方政府以及农民个人之间分摊医疗费用，优化医疗资源配置。[①] 李燕凌等提出了以人为本、农民自愿参合自愿选择、公平与效率兼顾、基本公共卫生服务均等化、低收入人口优先受益、多元并举与政府为主相结合、政府增加投入与严格监管相结合、坚持逐渐实现城乡统筹、坚持逐渐扩大保障范围、依法管理与加强服务相结合等十大原则。[②] 林闽钢等根据外国的经验与模式提出我国医疗服务体系纵向整合的发展方向和政策建议。[③] 陈云良提出公共卫生服务与基本医疗服务是两种性质不同的服务，不宜用一部法律来统一规定，因此，全国人大《基本医疗卫生保障法》的立法模式是不适宜的，应当单独出台《基本医疗服务法》，将基本医疗服务从私人产品向国家义务演变。[④] 申曙光等从事前的谈判机制、事中的结算机制及事后的评价机制等几方面着手，探讨如何加强医保对医疗服务的制衡与监管。[⑤] 邹晓旭等借鉴发达国家与发展中国家的经验，提出构建分级医疗服务体系，并提出构建中的重点问题：注重医疗保险制度在分级体系中的重要作用；各级医疗机构应分工明确专一、非重叠；医疗服务提供方的组成应多元化；部分专科医生亦可担当基层医疗服务提供者的角色；政府在该体系中有不可推脱的责任。[⑥]

4. 关于社会救助制度整合与体系完善的相关研究。

关于社会救助制度整合与体系完善的理念与原则研究。林艳琴认为，救助立法需要树立正确的社会救助价值观，将追求公平和可持续发展等作为立法原则，以促使受助人群自立作为立法的出发点，同时规范社会救助管理部门和救助人群的权利和义务。[⑦] 吕明晓以社会救助的权利化、福利化、绩效化为发展维度，提出社会救助制度的发展方向。[⑧] 罗利丽分析了社会救助理念、贫困生成机制、社会结构、政策取向等方面发生的变化，提出了创新农村社会救助制度的思路和对策。[⑨] 邹海贵认为，社会救助制度中政府责任的正当性首先源于国家的公共性本质，其次源于现代社会分配正义的价值诉求。[⑩] 姬升峰提出社会救助制度法制化、

① 梁建英，张帆：《新型农村合作医疗服务有效供给的定价机制研究》，《价格理论与实践》2009 年第 11 期。

② 李燕凌，李立清：《新型农村合作医疗制度再创新的基本原则探讨》，《中国卫生经济》2010 年第 12 期。

③ 林闽钢，张瑞利：《医疗服务体系的纵向整合模式及其选择》，《苏州大学学报》2014 年第 4 期。

④ 陈云良：《基本医疗服务法制化研究》，《法律科学》2014 年第 2 期。

⑤ 申曙光，魏珍：《论医疗保险对医疗服务的制衡与监管》，《湖南师范大学学报》2014 年第 4 期。

⑥ 邹晓旭等：《分级医疗服务体系构建：国外经验与启示》，《中国卫生经济》2015 年第 2 期。

⑦ 林艳琴：《论和谐社会下的社会救助制度之完善》，《东南学术》2011 年第 3 期。

⑧ 吕明晓：《中国社会救助制度的发展方向》，《社会保障研究》2011 年第 4 期。

⑨ 罗利丽：《社会转型视域下农村社会救助制度的思考》，《特区经济》2011 年第 10 期。

⑩ 邹海贵，曾长秋：《罗尔斯差别原则对弱势群体利益的关注》，《天津大学学报》2010 年第 5 期。

理念人性化、政策配套化、标准科学化、范围扩大化、管理规范化、监督多元化、手段信息化、城乡一体化、资源整合化的发展趋势。[①] 林嘉提出社会救助法应当秉持发展性、多元性、补充性和程序性等现代社会救助理念。[②] 李薇等认为应构建主体多元化的社会救助制度层次体系，要通过对城乡最低生活保障制度的整合和对城乡专项救助制度的协调以建立公平性社会救助制度，保证城乡处境相同的所有社会贫困成员享有内容一致、水平接近的基本生活保障的制度安排。[③] 杨珂提出构建积极型城市社会救助制度，使城市社会救助制度集生计保障、积极脱贫和人力资本发展等多功能于一体。[④] 关信平提出了构建积极社会救助制度的基本要求，即重视社会救助在整个社会政策体系中的作用，确定积极的社会救助制度目标，重视激励机制以提升贫困者的社会活力，重视社会救助在贫困者人力资本建设和经济与社会发展中的积极作用。[⑤] 郑功成提出了我国社会救助制度深化改革的取向：优化制度结构、明确政府责任、健全法制规范、完善救助机制、发挥相关政策联动性以及建立脱贫激励机制。[⑥] 彭华民认为中国政府的发展理念是推动社会救助制度理念转型的动力。在现阶段以民生事业为关键的社会建设理念下，社会救助通过嵌入社会建设，与教育、就业、收入、社会保障、健康、社会治理政策紧密结合在一起，可提升其救助效果。[⑦] 刘宝臣认为现行社会救助制度与扶贫开发制度已经出现许多交叉和融合，应着力推进两者的整合。[⑧] 岳经纶提出当前社会救助制度面临新的挑战，需要在政策理念、制度设计、资源配置等方面继续完善和创新，进一步提升社会救助的综合效益。[⑨]

关于社会救助制度整合与体系完善的具体对策研究。顾昕提出以最低生活保障制度为轴心，为贫困人群提供医疗、教育、住房、司法、就业等方面的综合性援助。[⑩] 童星认为，社会救助制度建设首先要实现城乡全覆盖，标准逐步趋向统

---

① 姬升峰：《中国社会救助制度发展研究》，《社会福利》2012 年第 3 期。

② 林嘉等：《论社会救助法的价值功能及其制度构建》，《江西社会科学》2013 年第 2 期。

③ 李薇等：《主体整合：构建中国多元化社会救助制度》，《社会保障研究》2013 年第 2 期；李薇，丁建定：《结构整合：构建中国公平型社会救助制度》，《社会保障研究》2014 年第 5 期。

④ 杨珂：《积极型城市社会救助制度的构建》，《劳动保障世界》2013 年第 3 期。

⑤ 关信平：《朝向更加积极的社会救助制度》，《中国行政管理》2014 年第 7 期。

⑥ 郑功成：《中国社会救助制度的合理定位与改革取向》，《国家行政学院学报》2015 年第 4 期。

⑦ 彭华民：《中国社会救助政策创新的制度分析：范式嵌入、理念转型与福利提供》，《学术月刊》2015 年第 1 期。

⑧ 刘宝臣，韩克庆：《中国反贫困政策的分裂与整合：对社会救助与扶贫开发的思考》，《广东社会科学》2016 年第 6 期。

⑨ 岳经纶：《加强社会救助资源整合与政社合作提升救助综合效益》，《中国社会报》2016 年 1 月 7 日。

⑩ 顾昕等：《超越剩余型福利模式：论社会安全网的城乡一体化》，《浙江学刊》2006 年第 5 期。

一，设计一套城乡无缝衔接的通道以便于人群的流动。[①] 代恒猛提出要构建部门协作、制度统一、城乡统筹的社会救助制度体系。[②] 吴学军强调建立多层次、立体化的新型社会救助制度体系，必须加大城乡统筹力度，建立社会救助资源的配置机制和社会互助机制，形成一体化的社会救助管理体制。[③] 林闽钢提出既要实现社会救助制度横向的整合，即救助制度的互联、互补、配套，也要实现社会救助制度纵向的整合，即城乡社会救助的一体化，弥补农村社会救助制度空缺的同时，有条件的情况下尽快向城乡社会救助制度的一体化迈进，进而实现城乡社会救助制度的协调发展。[④] 李春根主要从法律、管理、资金、制度、技术等路径，对统筹城乡社会救助制度进行了设计。[⑤] 丁建定论述了社会救助法必须准确把握救助目标与理念、财政责任机制、内涵与外延、标准调整机制等核心问题，并提出了建立城镇综合型社会救助制度的原则与路径。[⑥] 程肇基等认为应考虑地情、社情、人情的基本特点，通过重点关注绝对贫困人群、技术支持相对贫困人群、分类救助“特殊”贫困人群的方法以实现社会救助制度从“碎片化”走向积极整合。[⑦] 谢增毅结合我国现行社会救助制度面临的困境以及国外社会救助制度的发展趋势，提出我国应当根据本国实际和国外经验，出台社会救助法，确立科学合理的社会救助体系，贯彻城乡一体化、救助与发展相结合的原则，完善社会救助的基本制度，以法治方式织牢保障困难居民基本生活的安全网。[⑧] 谢勇才等提出我国社会救助制度应当由生存型救助走向发展型救助，从转变救助理念、改善救助方式、提高救助标准、扩大救助范围、增加救助内容、健全救助主体以及提升救助效率等方面来完善我国社会救助制度。[⑨] 韩克庆强调中国社会救助制度的未来发展，应当首先厘清政府—市场—社会的边界。在新的发展阶段，着重处理好政府、市场、社会三者的关系，把政府能力、社会动力、市场活力都激发出来。[⑩] 李敏认为社会救助政策的整合是一个系统工程，需要实现三个渐进的目标：

---

① 童星：《社会救助是城乡统筹的突破口》，《中国社会保障》2009 年第 9 期。

② 代恒猛：《社会救助政策的转型与整合》，《当代世界社会主义问题》2009 年第 9 期。

③ 吴学军：《关于建立新型城乡社会救助体系的思考》，《前沿》2006 年第 10 期。

④ 林闽钢：《中国社会救助体系的整合》，《学海》2010 年第 4 期。

⑤ 李春根：《论城乡一体化社会救助体系的构建》，《财政研究》2010 年第 3 期。

⑥ 丁建定：《关于我国社会救助法几个问题的思考》，《苏州大学学报》2011 年第 5 期；《构建我国城市居民最低生活保障标准调整机制的几个理论问题》，《中南民族大学学报》2009 年第 4 期；《构建我国新型城市居民社会救助制度的基本原则与途径》，《东岳论丛》2009 年第 2 期。

⑦ 程肇基，邓大松：《社会救助改革：从碎片化走向积极整合》，《江西师范大学学报》2014 年第 3 期。

⑧ 谢增毅：《中国社会救助制度：问题、趋势与立法完善》，《社会科学》2014 年第 12 期。

⑨ 谢勇才，丁建定：《从生存型救助到发展型救助：我国社会救助制度的发展困境与完善路径》，《中国软科学》2015 年第 11 期。

⑩ 韩克庆：《中国社会救助制度的改革与发展》，《教学与研究》2015 年第 2 期。

其一，实现管理的规范化；其二，实现项目的衔接化；其三，实现区域的统一化。三个目标逐步实现，社会救助整合的目标才能彻底实现。① 岳经纶提出三点建议以加强社会救助资源的整合。一是进一步理顺社会救助管理职能，建立健全政府领导、民政部门牵头、有关部门配合的社会救助工作协调机制；二是加强各类专项救助制度的衔接；三是加强社会救助制度与社会保险制度、社会福利制度之间的协调。②

5. 关于社会福利制度整合与体系完善的相关研究。

关于社会福利制度整合与体系完善的理念、目标的研究。郑功成指出，当前亟待重新审视社会福利的重要性与不可替代性，在坚持国民福利与国民经济同步发展的条件下，客观检视现行社会福利制度安排的缺陷，真正走出一条适合国情的中国式社会福利事业发展道路。③ 田北海等指出，社会福利社会化的价值理念是：福利目标由最低标准向社会质量转变、福利对象由被动受助者向能动主体转变、福利主体由独力支撑到多元合作转变、福利机制由行政主导型向民主对话型转变、福利政策模式由消极被动向积极主动转变。④ 彭华民指出，社会福利体系要从需要满足的目标群体、目标定位、福利政策、行动协调原则及相关资源等方面进行发展创新。⑤ 林闽钢从发展目标的多面向和发展政策的整体性提出构建"中国式的福利社会"，发展目标的多面向是均衡的多元分担机制、普遍的国民待遇、可持续的社会发展；发展政策的整体性是目标干预的整体性、发展维度的整体性和能力建设的整体性。⑥ 熊跃根提出，应从三个方面来重塑福利体制：建立和发展新型福利体制的责任共担的模式，通过风险管理确立国家、非营利部门与家庭的福利三角关系，建立和发展新型社会契约下的公民权利保障机制。同时他认为，依赖建立缴费的城乡统筹的社会保障制度、通过实施政府担责的托底型社会救助和激发民间慈善实践的发展是中国推进混合福利制度建设的三项核心内容。⑦ 毕天云指出，社会福利体系建设创新的目标是建立普遍整合型社会福利体系，"普遍型"体现在社会福利对象广泛性、内容全面性、类型综合性、主体多元化和方式的多样性。"整合型"主要包括社会福利主管部门整合、福利制度整

---

① 李敏：《社会救助政策"碎片化"表现及其整合》，《人民论坛》2016 年第 8 期。

② 岳经纶：《加强社会救助资源整合与政社合作—提升救助综合效益》，《中国社会报》2016 年 1 月 7 日。

③ 郑功成：《中国社会福利的现状与发展取向》，《中国人民大学学报》2013 年第 2 期。

④ 田北海：《社会福利社会化的价值理念》，《探索与争鸣》2009 年第 8 期。

⑤ 彭华民：《论需要为本的中国社会福利转型的目标定位》，《南开学报》2010 年第 4 期。

⑥ 林闽钢：《西方"福利社会"的理论和实践》，《江苏社会科学》2010 年第 4 期。

⑦ 熊跃根：《中国福利体制建构与发展的社会基础》，《经济社会体制比较》2010 年第 5 期；熊跃根：《新时期我国社会福利制度的建构与社会治理实践的发展》，《社会工作与管理》2014 年第 3 期。

合、城乡之间的整合和福利类型的整合。底线福利制度是各种社会福利制度中最基础、最重要、最紧迫的，其根本性和优先性决定了它是支撑整个社会福利制度的基石。① 易艳阳认为，社会福利是为了改善和提高全体社会成员的物质生活和精神生活所提供的全面社会服务，其具体目标可分为减少障碍、增强能力与提供资源三个层面。②

关于社会福利制度整合与体系完善的具体对策研究。彭华民认为，应形成新的组合式普惠型社会福利，即普惠型福利为主，选择型福利为辅。③ 王春光指出，“适度普惠”的原则缺乏现实基础，更重要的是要给民众提供表达社会福利需求的机制和渠道。④ 夏艳玲认为，社会福利社会化需要明确小政府、大社会的福利理念，积极引导非营利组织的参与，加强立法，建立适度普惠型的社会福利制度。⑤ 郑功成指出，在政府主导下，通过建立项目完整、保障功能强、社会化运行、多层次发展的社会福利体系，全面满足城乡居民的社会福利需求，实现中国社会福利体系从照顾弱者向普惠全民的转变。⑥ 景天魁指出，社会福利制度发展的重点是逐步实现制度整合，并进一步实现体系整合，迈向中国特色福利社会。有步骤地推进社会保障和社会福利的制度整合，实现社会保障和社会福利在制度内外和体系内外的协调和均衡。⑦ 田云章和任行认为，未来的社会福利体系需从前期的伞状保护型福利体系向组合式普惠型社会福利体系转型，在顶层设计上，要重视福利体系的整合性；在福利结构上，需增加国家基本福利，减少地方叠加福利；在推进措施上，要提高保障项目的精准性。⑧ 丁建定认为，中国社会福利制度的完善，首先应该逐步完善不同类型的福利制度，不断完善生活性社会福利制度，逐步构建发展性社会福利制度，稳步发展幸福性社会福利制度，进而逐步走向国民福利制度。⑨

国内学术界近年来的相关研究已经取得一些重要的成果，这些成果从不同的

① 毕天云：《论普遍整合型社会福利体系》，《探索与争鸣》2011 年第 1 期；毕天云，朱珠：《社会福利公平与底线福利制度建设》，《云南民族大学学报》2013 年第 5 期。

② 易艳阳：《制度，体制抑或体系？——社会福利相关概念辨析》，《社会福利》2015 年第 2 期。

③ 彭华民：《中国组合式普惠型社会福利制度的构建》，《学术月刊》2011 年第 10 期。

④ 王春光：《城乡一体化视野下的中国社会福利问题研究》《中共福建省委党校学报》2011 年第 8 期。

⑤ 夏艳玲：《社会福利社会化：国际比较与启示》，《开放导报》2011 年第 3 期。

⑥ 郑功成：《中国社会福利改革与发展战略：从照顾弱者到普惠全民》，《中国人民大学学报》2011 年第 2 期。

⑦ 景天魁：《社会福利发展路径：从制度覆盖到体系整合》，《探索与争鸣》2013 年第 2 期。

⑧ 田云章，任行：《从社会福利制度流变看中国社会福利结构体系发展》，《陕西理工大学学报》2017 年第 2 期。

⑨ 丁建定，何二毛：《论中国社会福利制度类型的完善》，《贵州社会科学》2015 年第 6 期。

侧面、视角和方法对社会保障制度整合与体系完善问题进行的探讨，成为本书研究的重要基础。但是，现有相关研究成果也存在一定的不足，并具有如下主要特点：第一，在研究视角方面。主要从城乡社会保障制度统筹发展的视角，关于通过城乡社会保障制度整合以实现制度体系完善的研究视角关注不够。第二，在研究框架方面。大部分研究成果基于对具体社会保障制度的分析，运用一定的解释框架来分析和构建中国社会保障制度整合与体系完善的基本框架的成果不充分。第三，在研究内容方面。主要关注城乡社会保障制度整合与体系完善，而关于城镇社会保障制度整合、相关社会保障制度新建、不同社会保障制度之间的协调、基本社会保障服务体系的发展和完善等的研究成果不多。第四，在研究深度方面。主要关注城乡社会保障制度统筹发展的整体研究，关于城镇社会保障制度、农村社会保障制度各自的制度整合与体系完善的研究成果不多。

本书研究以通过社会保障制度整合实现制度体系完善为研究视角，运用社会保障制度三体系的解释框架，对养老保障制度、医疗保障制度、社会救助制度和社会福利制度等社会保障制度关键领域整合进行深入研究，把握和提出社会保障制度关键领域整合与体系完善的突出问题、实践探索、基本目标、主要原则、基本路径及其配套机制，促进中国社会保障制度体系完善。

第三节　分析框架、研究思路与方法

一、分析框架

本书研究所运用的基本分析框架，是由笔者基于社会保障制度体系的历史研究和整体分析所提出的“社会保障制度三体系”的分析框架。该框架认为社会保障制度体系应包括内容体系、结构体系与层次体系三个体系。内容体系是指社会保障制度的基本项目构成，它表明社会保障制度对社会问题的覆盖程度，反映社会保障制度对社会风险的预防和保障能力；结构体系是指社会保障制度的对象构成，它表明社会保障制度对社会成员的覆盖程度，反映社会成员享受社会保障权益的普遍程度和社会成员享受社会保障制度的公平程度；层次体系是指社会保障制度主体的责权关系，它表明社会保障制度各主体参与社会保障制度的程度，反映在社会保障制度中政府、社会组织与个人的责权关系。社会保障制度内容体系是基础，结构体系是核心，层次体系是关键。

该框架认为，社会保障制度体系发展的规律是：各国首先建立社会保险、社会救助、社会福利等社会保障制度内容体系，接着开始进入通过制度整合等手段，完善社会保障制度结构体系，同时，将基本社会保障服务引入社会保障制度体系，并根据社会保障制度内容与结构体系的变化，合理调整社会保障责权关系，完善社会保障制度层次体系，进而实现整个社会保障制度体系的完善。该分析框架对于本课题研究具有较强的解释力。根据该分析框架分析中国社会保障制度体系，可以做出如下准确的判断：目前，中国社会保障制度内容体系基本建立，开始进入社会保障结构体系的完善阶段，而社会保障制度整合正是完善制度结构体系的必要途径，在完善社会保障制度结构体系的过程中，需要调整社会保障制度中的责权关系，从而完善社会保障制度层次体系。与此同时，还需要关注新的社会保障制度的建立、部分社会保障制度的局部调整以及不同社会保障制度之间的衔接或者协调等。

此外，在分析和研究中国社会福利制度与服务的整合与体系完善时，运用的是笔者提出来的社会福利服务资源“四力协调”的分析框架，该分析框架认为，社会福利制度与福利服务的实际效果取决于福利与服务资源的配置力，福利与服务资源的资源配置力受到需求者的自理状况所决定的需求力，需求者的收入状况所决定的承受力，需求者的满足状况所决定的获得力的影响，因此，社会福利与服务的完善必须重视基于需求力、承受力和获得力的资源配置力。通过关注老年、儿童、妇女、残疾人福利及服务的需求力，重视老年、儿童、妇女、残疾人的承受力，提升社会福利与服务资源的配置力，进而增进老年人、儿童、妇女、残疾人福利与服务的获得力。

二、基本思路

基于“社会保障制度三体系”的整体分析框架和“社会福利与服务四力协调”的局部分析框架，采用文献研究和社会调查研究相结合的研究方法，通过中国社会保障制度体系现状评估，探讨社会保障制度整合与体系完善的现实基础及必要性。在整体思路的基础上，重点研究中国养老保障制度、医疗保障制度、社会救助制度和社会福利制度等关键领域中制度整合与体系完善。与此同时，还要关注社会保障制度关键领域中，需要建立哪些新的社会保障制度，哪些社会保障制度需要做出局部调整或内涵的延伸，哪些群体的同类社会保障制度之间需要衔接，不同类型的社会保障制度之间需要实现相互协调。

三、研究方法

基础研究方法是文献研究方法。文献资料收集的范围是现有国内外关于社会保障制度整合与体系完善的研究著作与论文，中国中央政府关于社会保障制度整合与体系完善的重要政策法规，国内各地政府部门有关社会保障制度整合与体系完善实践探索的政策文件及经验报告，有关中国社会保障制度的官方统计数据，学术界与有关政府部门关于中国社会保障制度的调查数据与调查报告等。文献研究方法的应用范围主要是研究和探讨中国社会保障制度整合与体系完善的制度基础、影响因素和主要问题，国外社会保障制度整合与体系完善的实践模式及其经验启示，国内各地关于社会保障制度整合与体系完善的实践探索，社会保障制度整合与体系完善的理论基础，使本书研究既体现对已有研究成果的借鉴，也体现对中国社会保障制度实践的继承与创新相结合。

重要研究方法是社会调查方法。社会调查的主要方法是召开座谈会、机构探访、深度访谈等。社会调查对象主要包括社会保障部门管理人员、农村居民、农民工、城镇居民、企业职工、事业单位职工与机关公务员等，社会调查的主要目的是为了获得关于社会保障制度整合与体系完善的更多、更深和更好的意见和建议。本书课题组在 2016 年下半年至 2018 年上半年，先后开展中国社会保障制度整合与体系完善专题调研。主要调研情况如下：2015 年 4 月，在重庆市璧山区青杠老年养护中心、湖北省武汉市、鄂州市进行社会养老服务体系建设与养老服务产业化调查；2016 年 7 月，在西藏自治区残疾人联合会进行残疾人社会保障与服务体系建设调研；2016 年 8 月，在黑龙江省人力资源和社会保障厅和伊春市人力资源和社会保障局进行东北老工业基地基本养老保险基金统筹、基本医疗保险待遇、就业状况调查；2016 年 9 月，在湖北省荆州市人力资源与和社会保障局进行城乡居民基本医疗保险制度整合、分级诊疗与费用控制的调研；2016 年 10 月，在湖北省荆门市进行长期护理保险制度试点、统一城乡居民基本医疗保险制度的调研；2016 年 10 月，在河南省南阳市卧龙区人力资源和社会保障局进行新型农村社会养老保险制度、新型农村合作医疗制度、精准扶贫和精准脱贫、城乡居民最低生活保障制度的调研；2016 年 11 月，在深圳市民政局和深圳市南山区民政局进行社会养老服务体系建设、社区养老服务、养老服务标准调研；2016 年 12 月，在辽宁省抚顺县民政局进行老工业区城乡居民最低生活保障制度、乡镇敬老院建设调研；2017 年 7 月，在新疆维吾尔自治区人力资源和社会保障厅以及喀什地区、昌吉州人民政府进行就业、教育、养老服务、反贫困调查；2017 年 11 月，在陕西省榆林市人力资源和社会保障局进行社会保障与养老服务体系调查；2018

年1月，在广州市老人院、广州恩善社会服务服务中心（越秀长者服务中心）进行公办养老服务机构管理与服务标准化、社区居家养老服务体系建设调研。

四、研究手段

定量分析。主要运用计算机、社会统计软件（SPSS）等，对相关统计年鉴、相关社会调查报告、国内有关高校、科研院所和调查机构已经建成的关于社会保障的数据库等获得的相关数据进行分析处理，为本课题研究提供基础性数据与资料来源。

定性分析。在定量分析的基础上，必须对社会保障制度整合与体系完善的突出问题、基本目标、基本原则、基本路径与配套措施等做出定性分析与研究，尤其是需要对社会保障制度整合与体系完善的关系、制度整合的关键领域、范围和程度等做出定性研究。

实地考察。主要用于综合把握国内关于社会保障制度整合与体系完善的实践探索与经验模式。近年来，国内开始对社会保障制度整合进行实践探索，一些探索甚至形成相关模式。这些实践探索与经验模式对本书研究具有直接意义。本书研究必须对相关实践探索与经验模式进行实地考察，分析其出现的背景，研究其探索的路径，把握其探索的领域，总结其探索的经验。只有这样才能使本书研究建立在国内实践经验的基础上，从而更加符合基本国情和社会保障制度发展的实际。

第四节　研究的目标与核心观点

一、研究的目标

系统评估中国社会保障制度体系，全面论述社会保障制度整合与体系完善的基础和必要性，解决中国社会保障制度为什么必须通过制度整合等关键途径才能实现体系完善。中国社会保障制度内容体系已经初步建立，但是，社会保障制度在内容体系方面尚有缺失，在结构体系方面碎片化严重，在层次体系方面责权关系不合理。本书研究运用社会保障制度三体系的解释框架，对社会保障制度内容体系、结构体系与层次体系进行评估，对影响社会保障制度整合与体系完善的经济、政治、社会因素的分析，直接瞄准目前社会保障制度体系中的突出问题，揭示社会保障制度内容体系方面的制度缺失，结构体系方面的割裂，层次体系方面的责权不均衡，进而揭示哪些社会保障制度必须通过制度整合才能实现制度体系的完善，哪些社会保障制度必须建立新的制度才能实现制度体系的完善，哪些社会保障制度需要通过局部调整或者内涵的延伸才能实现制度体系的完善，哪些社会保障制度之间需要通过衔接或者协调才能实现制度体系的完善，哪些社会保障制度需要调整责权关系进而实现制度体系的完善。

重点研究中国养老保障制度、医疗保障制度、失业与工伤保险制度、社会救助制度和社会福利制度等社会保障制度整合与体系完善，解决中国社会保障制度整合与体系完善的重点领域。通过对以城乡居民基本养老保险制度整合为基础的养老保障制度整合与体系完善，以城乡居民基本医疗保险制度整合为基础的医疗保障制度整合与体系完善，以最低生活保障制度为核心的社会救助整合与体系完善，社会福利制度与社会福利服务的整合与体系完善等，探讨养老保障制度、医疗保障制度、失业与工伤保险制度、社会救助制度和社会福利制度与服务整合与体系完善中的重大问题，以期通过对中国社会保障制度关键性领域的制度整合与体系完善的重点研究，推动中国整个社会保障制度体系的完善。

准确把握中国社会保障制度整合与体系完善的总体思路，客观分析社会保障制度整合与体系完善的主要途径，解决通过什么思路和途径，实现社会保障制度整合与体系完善。通过中国社会保障制度整合与体系完善的制度基础、理论基础与宏观环境的变化把握制度整合与体系完善的现实基础及其必要性。重在探讨养老保障制度、医疗保障制度、失业与工伤保险制度、社会救助制度和社会福利制度与服务等社会保障制度体系完善中的制度整合、制度新建、制度调整、制度衔接与协调等多种途径及其对体系完善的功能和作用。

二、核心观点

中国已经基本建立起社会保障制度体系，但其内容体系存在缺失，结构体系严重割裂，层次体系差异显著，加之中国经济、社会与政治环境的发展变化，使得社会保障制度体系进入通过制度整合实现体系完善的阶段。养老保障制度、医疗保障制度、失业与工伤保险制度、社会救助制度、社会福利制度与服务等是社会保障制度整合与体系完善的关键领域。实现社会保障制度内容体系、结构体系与层次体系的完善是社会保障制度整合与体系完善的总体目标。部分社会保障制度的新建或者局部调整、基本社会保障制度的多种途径整合、社会保障制度责任的合理划分与制度内涵的适度延伸是社会保障制度整合与体系完善的基本路径。

社会保障制度整合与体系完善的基础表现为制度基础、理论基础及影响因素。社会保障制度的发展与完善是中国社会保障制度整合与体系完善的制度基础。中国共产党对社会保障制度功能目标、制度理念、发展道路及对扶贫开发与反贫困的认识构成了中国社会保障制度整合与体系完善的理论基础。经济、政治、社会因素共同构成了社会保障制度整合与体系完善的宏观环境。新时代中国社会保障制度所面临的宏观环境发生了巨大的变化，社会保障制度整合与体系完善应建立在新的宏观环境上。

养老保险制度改革进行顶层设计的核心问题主要有设立全国统筹的基础养老金、提升基本养老保险的筹资有效性、建立基本养老保险待遇调整机制、构建合理的延迟退休年龄政策机制、推进基本养老保险制度的整合与衔接以及建立多层次的养老保险体系等。推动基础养老金制度实现全国统筹是养老保障体系改革的聚焦点，保证养老保险基金来源的可持续性是确保养老保险制度可持续运行的重要因素，构建制度性的基本养老金调整机制对于保障退休人员的生活质量意义重大，构建渐进式延迟退休年龄机制是形成和完善中国养老金制度体系的有效举措，推进基本养老保险制度的整合与衔接是社会保障制度体系完善的核心内容之一，多层次养老保险制度的完善对于满足老年群体多样化的养老需求具有重要作用。

基本医疗保险筹资方面应逐步淡化并取消职工医疗保险个人账户，职工医疗保险缴费由企业和个人分担，建立可持续的居民参保缴费机制；基本医疗保险管理方面应实行地市级统筹，建立全国单一的基金池，基本医疗保险各项待遇应由统一的机构支付，并逐步实行待遇均等化；加快推进三保合一试点，将基本医疗保险基金、医疗救助资金、生育保险资金、工伤保险资金以及公共卫生资金整合为基本医疗保障资金，尽快整合职工医疗保险与生育保险制度，优化大病保险制度设计，由同一机构经办基本医疗保险和大病保险；应实行大小病统包，提高对医生人力服务的支付标准；应放开全科医生准入门槛，提升存量全科医生质量等。长期护理保险应依托基本医疗保险经办机构，从基本医疗基金中划拨基金，不宜限制受益人年龄，但应定位于迫切需要长期护理服务的人群，待遇水平不能设置过高。商业健康保险应定位于提供基本医疗保险不覆盖的医疗服务项目，或者为参保人提供更加快捷、个性化和高质量的医疗服务内容。

失业保险应扩大到农民工、灵活就业人员、低收入劳动者，提高失业保险统筹层次，完善失业保险浮动费率制度，降低失业保险享受条件。应适度提高失业保险替代率，发挥失业保险基金预防失业与促进就业功能。应构建“生活保障 + 预防失业 + 促进就业”为主要内容的中国特色的雇佣保险制度。工伤保险应覆盖农民工、小微企业职工、灵活就业人员及各类未受雇于企业的志愿者、义工等。

应简化工伤认定程序，建立第三方工伤认定机构，完善工伤认定制度。应做好工伤保险费率设计的基础工作，合理确定工伤保险缴费率及差距，完善工伤保险浮动费率机制，加大工伤保险费征缴力度，完善工伤保险待遇给付法律，重视工伤保险待遇给付中的特殊照顾，明确工伤“双重赔偿”的解决办法。应树立“补偿、预防与康复兼顾”的理念，完善工伤预防法律，设计合理的费率机制，完善工伤预防管理，监督机制，借力“互联网+”推进工伤预防，同时应扩大工伤康复供给，医疗康复、职业康复和社会康复均衡发展，构建工伤康复多元化筹资机制。

社会救助制度整合与体系完善首先要实现从贫困救助到精准扶贫的转变。应注重贫困线的动态调整，既要通过“兜底线、织密网、建机制”精准保证贫困者的基本生存，又要通过消除能力贫困达到其最终脱贫的目标。通过制度整合实现社会救助的发展功能、服务功能及风险预防功能等功能的有机整合；低保制度应实现由“分类施保”到“按标施保”的创新发展，完善政府相关责任和低保待遇确定与调整机制，加快城乡低保在资金使用及管理等方面的整合，从而使按标施保策略得到进一步完善；临时救助制度体系应完善政府相关责任机制与救助对象类型等制度设计，同时探索建立临时救助制度与低保制度、专项救助制度等制度的衔接机制；促进专项救助制度的整合与体系完善。加强城乡医疗救助制度的整合，促进医疗救助与医疗保险、低保及健康服务的整合衔接。促进住房救助制度的整合与体系完善。特别值得重视的是推进社会救助与社会保险的有效衔接，促进最低生活保障与失业保险及医疗保险的衔接，临时救助与相关社会保险制度的衔接，低保与就业的有效衔接。

社会福利制度与服务体系整合与完善的首要目标是从关注福利制度到重视服务体系。以制度项目的增加和整合为基础，以制度对象的覆盖面扩展为核心，以制度提供主体的多元化为补充的社会福利制度的完善；以需求群体导向为重点，以政府主导基本公共服务为基础的社会福利服务体系的建立；以项目构成的对应性、制度覆盖人群的同一性为内容的社会福利与服务的有效衔接；在福利供给内容、结构、层次方面提升社会福利与服务的共享性；以关注社会福利与服务资源的需求力、重视社会福利与服务资源的承受力、提升社会福利与服务资源的获得力为路径提升社会福利与服务资源的配置力。通过关注老年福利的需求力、重视老年人的承受力、提升其配置力和获得力进而整合老年福利制度，推动优势老年福利与服务资源共享、均衡配置老年福利与服务供给资源、保障特殊老年人群体的福利与服务供给，使得城乡老年福利与服务体系均衡发展。通过内容维度的一体化、结构维度的一体化、层次维度的一体化整合发展普惠型儿童福利制度与服务体系。通过关注妇女福利与服务的需求力、重视其承受力、提升其配置力、提升其获得力进而完善妇女福利制度与服务体系。残疾人福利制度与服务体系的完善包括残疾人福利制度的完善、残疾人服务体系的完善、残疾人福利服务与其他社会保障制度的衔接、城乡残疾人福利制度与服务体系的一体化。

社会保障制度整合与体系完善离不开社会保障管理体制的整合与完善。财政管理要做到从财政补贴到社会保障预算的系列改革，提升财政补贴的公平性，建立社会保障预算制度，完善社会保障转移支付制度，建立社会保障审计制度。行政管理要做到从多头管理到按功能整合，政府相关管理部门的功能必须重新协调与整合，中央政府与地方政府的社会保障责任划分存在诸多问题，亟待重新厘清边界，同时还要建立现代社会保障制度管理问责机制。经办管理要做到从信息化到经办机构能力的提升，加强社会保障制度信息化建设，加强标准化建设，社会保障转移接续机制的建立，重点在于解决养老保险在不同地区之间以及城乡之间的转移接续问题。风险管理要做到从外部风险管控到内部风险预防，社会保障监管机制应该是包括外部监管和内部监管在内的“五位一体”的监管机制。政策调整要逐步从即时措施过渡到机制构建，包括提升社会保障政策制定的有效性、评估社会保障制度实施的有效性、建立社会保障政策的调整机制、提升社会保障制度建设的法制化等等。

三、具有新意之处

恰当地运用笔者提出的社会保障制度“三个体系”与社会福利与服务“四力协调”的分析框架。在对中国整个社会保障制度进行分析时运用社会保障制度三体系的分析框架，研究内容体系的缺失，探讨结构体系的割裂，揭示层次体系的不合理，强调中国社会保障制度整合的目的是实现包括内容、结构与层次体系在内的整社会保障制度体系的完善。关于中国社会福利服务的研究主要运用社会福利与服务“四力协调”的分析框架，通过关注老年、儿童、妇女、残疾人福利及服务的需求力，重视老年人、儿童、妇女、残疾人的承受力，提升社会福利与服务资源的配置力，进而增进老年人、儿童、妇女、残疾人福利与服务的获得力。

明确地揭示社会保障制度整合与体系完善的内在关系。根据中国社会保障制度目前存在的关键问题，明确提出通过社会保障制度整合实现制度体系完善的基本思路，即制度整合是手段，体系完善是目标，把社会保障制度整合作为实现制度体系完善的核心途径，同时关注实现社会保障制度体系完善的相关途径，准确把握哪些社会保障制度需要通过制度整合以实现体系完善，哪些社会保障制度需要通过建立新的制度或者改革现行制度以实现体系完善，哪些社会保障制度需要通过责权关系调整以实现制度体系的完善。

客观地把握社会保障制度整合与体系完善的合理程度。根据中国社会保障制度体系中不同制度项目的功能与地位，中国社会保障制度未来发展的政策定位等，合理选择养老保障制度、医疗保障制度、失业与工伤保险制度、社会救助制度与社会福利制度与服务等作为中国社会保障制度整合与体系完善的主要领域，并适度关注其他社会保障制度项目的整合与体系完善。在此基础上，根据社会保障制度的一般规律，中国社会保障制度现实与未来预期等，提出哪些社会保障制度要整合，哪些社会保障制度要衔接，哪些社会保障制度要协调，哪些社会保障制度要统一，哪些社会保障制度将保持独立性等。

清晰地提出一些有助于中国社会保障制度整合与体系完善的具体建议。强调提升基本养老保险缴费的有效性，推动基础养老金制度实现全国统筹，构建制度性的基本养老金调整机制，构建渐进式延迟退休年龄机制；逐步淡化并取消职工医疗保险个人账户，加快推进三保合一试点，由同一机构经办基本医疗保险和大病保险，长期护理保险依托基本医疗保险基金与经办机构；失业保险应扩大到农民工、灵活就业人员、低收入劳动者，构建“生活保障 + 预防失业 + 促进就业”为主要内容的中国特色的雇用保险制度；工伤保险应覆盖农民工、小微企业职工、灵活就业人员及各类未受雇于企业的志愿者、义工等；推进从贫困救助到精准脱贫的转变，低保制度实现由“分类施保”到“按标施保”，促进专项救助制度整合与体系完善，特别是推进社会救助与社会保险的有效衔接；关注社会福利与服务的需求力、承受力、配置力与获得力之间的协调，推动优势社会福利与服务资源共享，均衡配置社会福利与服务供给资源，保障特殊群体的福利与服务供给，使得城乡社会福利与服务体系均衡发展；推进从财政补贴走向社会保障预算，从多头管理走向到按功能整合行政管理，重点解决养老保险转移接续问题，政策调整要逐步从即时措施过渡到机制构建。

第二章

社会保障制度整合与体系完善的基础

第一节　社会保障制度整合与体系完善的制度基础

一、中国社会保障改革的起步

1978年以后，中国社会保障制度进入新的发展时期。1978年，国务院颁布《关于安置老弱病残干部的暂行办法》和《关于工人退休、退职的暂行办法》。1980年，国务院发布《关于老干部离职休养的暂行规定》。1981年，中央军委颁布《关于军队干部退休暂行规定》。1982年，国务院、中央军委发布《关于军队干部离职休养的暂行规定》，同年，中共中央发布《关于建立老干部退休制度的决定》。1983年，国务院发布《关于高级专家离休退休若干问题的暂行规定》和《关于延长部分骨干教师、医生、科技人员退休年龄的通知》。1985年，国务院发布《关于发给离休退休人员生活补贴费的通知》。这一系列政策及文件使得退休制度重新恢复并逐步完善起来。

随着我国开始实行经济体制改革，特别是随着从计划经济到建立社会主义市场经济的理论与实践的不断发展，传统的单位养老制度不再适应中国社会发展的需要，养老金制度改革势在必行。1984年，全国各地开始实行退休费社会统筹改革试点。1986年，国务院发布《国营企业实行劳动合同制暂行规定》，国家对劳动合同制工人的退休养老实行社会统筹，退休养老金的来源由企业和劳动合同制工人共同缴纳，退休金收不抵支时，国家给予补贴。这标志着我国单位养老制度的结束，实施社会养老保障制度。

1991年，国务院发布《关于企业职工养老保险制度改革的决定》，明确规定养老金制度实行社会统筹，费用由国家、企业与个人共同负担，基金实行部分积累，并鼓励发展企业补充养老保险。1993年，国务院发布《关于企业职工养老保险统筹问题的批复》，肯定一些部门的职工养老保险实行行业统筹。至此，社会统筹养老保险制度模式的基本原则得以确定。

1986年，为了配合国营企业用工制度改革，国务院出台《国营企业职工待业保险暂行规定》，开始迈出企业职工失业保险的改革步伐，该规定用“待业”表述失业问题，待业保险仅适用于宣告破产企业的职工；面临破产企业法定整顿期间被精简职工；企业终止、解除劳动合同的工人；企业辞退的职工。待业保险所需费用由企业按其职工总工资的1%缴纳，并接受财政补贴，职工个人不承担待业保险缴费义务。此后，有关部门发布一系列相关法令与法规，进一步探索建立完善的待业保险制度。这些法规主要有：1989年，劳动部发布《国营企业职工待业保险基金管理办法》，1990年，劳动部发布《劳动部关于使用职工待业保险基金解决部分企业职工生活问题的通知》，1991年，劳动部与国务院联合发布《关于对关停企业被精简职工实行待业保险的通知》。企业职工待业保险制度改革逐步向前发展。

从20世纪80年代开始，中国医疗保险制度改革经历一条从改革传统医疗保险制度，到社会统筹与个人账户相结合的新型社会保险模式的试点，进而在全国推行统账结合医疗保险制度的发展道路。早在20世纪80年代初期，一些地区或企业为了缓解医疗费用的压力，便开始进行医疗保险改革的探索。80年代中后期，各地政府也开始医疗保险制度改革探索。在此基础上，中央政府也开始探索改革传统医疗保险制度的有效途径。1984年，卫生部与财政部联合下发《进一步加强公费医疗管理的通知》，提出积极稳妥改革公费医疗制度的原则。1988年，经国务院批准，多部门参加的国家医疗制度改革研讨小组成立，并提出医疗保险制度改革的方向是：逐步建立适合中国国情，费用由国家、单位、个人合理负担，社会化程度较高的多形式、多层次职工医疗保险制度。

1989年，国务院决定在丹东、四平、黄石、株洲四城市进行医疗保险制度改革试点，试点的一项重要内容是尝试实行医疗保险社会统筹。1992年，劳动部拟定《关于企业职工医疗保险制度改革的设想》和《关于实行大病医疗费用社会统筹的意见》，提出逐步扩大企业职工医疗保险的覆盖面，建立医疗保险基金，实行国家、企业、个人三方合理分担医疗保险费，并建立医疗费用控制机制等。同年，《国务院关于职工医疗制度改革的决定》（讨论稿）出台，其所确定的改革目标是建立医疗保险基金，实行社会医疗保险制度。

二、中国社会保障制度改革的深化

20 世纪 90 年代中期，中国社会保障制度改革开始进入深化阶段。在养老金制度改革方面。中国养老金制度改革表现为基本养老保险制度改革。1995 年 3 月，国务院发布《关于深化企业职工养老保险制度改革的通知》，决定实行社会统筹与个人账户相结合的养老保险模式，逐步形成基本养老保险、企业补充养老保险、个人储蓄性养老保险相结合的多层次养老保险制度，标志着统账结合的中国特色养老保险模式的出现。但是，在各地建立统账结合养老金制度试点的同时，也遇到一系列问题，如制度模式差别大，政策、标准和措施不一，统筹层次低使养老基金缺乏调剂性，企业负担重等。1997 年，国务院发布《关于建立统一的企业职工基本养老保险制度的决定》，对企业职工养老保险实行统账结合的具体方式与比例，养老保险费的征缴标准，养老保险待遇标准，养老保险基金的管理与监督，新旧制度的衔接等问题做出了统一规定，企业承担养老保险的缴费比例为工资总额的 20% 左右，个人承担的缴费比例为本人工资的 8%。企业缴费的一部分用于建立社会统筹养老基金，一部分划入个人账户，个人缴纳的养老保险费全部计入个人账户。

1998 年，国务院发布《关于实行企业职工基本养老保险省级统筹和行业统筹移交地方管理有关问题的通知》，要求基本养老保险实行省级统筹，行业统筹被取消，基本养老保险属地管理原则得以确认。2000 年，国务院发出《关于印发完善城镇社会保障体系试点方案的通知》，决定在基本养老保险制度方面实行社会统筹账户与个人账户分户，社会统筹基金与个人账户基金分账，决定做实个人账户，养老保险基金与资本市场对接，企业缴纳的养老保险费全部计入统筹基金，个人缴纳的基本养老费全部计入个人账户，职工退休后所享有的基本养老金由两部分构成，即来自统筹基金的基础养老金和来自个人账户积累的个人账户养老金。2005 年 12 月，《国务院关于完善企业职工基本养老保险制度的决定》发布，对个人账户的规模及基本养老金的计发办法做出调整：从 2006 年 1 月 1 日起，个人账户规模统一由本人缴费工资的 11% 调整到 8%，全部由个人缴费形成，单位缴费不再划入个人账户，基础养老金依据缴费每满 1 年按 1% 计发。

2010 年 10 月 28 日，中华人民共和国第十一届全国人民代表大会常务委员会第十七次会议通过《中华人民共和国社会保险法》，自 2011 年 7 月 1 日起施行，该法规定：省、自治区、直辖市人民政府根据实际情况，可以将城镇居民社会养老保险和新型农村社会养老保险合并实施。2011 年 7 月，第三批扩大新农保试点和首批城镇居民养老保险试点工作启动。同年 10 月，人力资源和社会保障部办公厅发布《关于做好当前新型农村和城镇居民社会养老保险试点工作的通知》，推进两试点工作，决定 2012 年全面启动两试点工作。2013 年 5 月，《人力资源和社会保障部办公厅关于职工基本养老保险关系转移接续有关问题的函》就北京市人力资源和社会保障局关于跨省流动就业参保人员延长缴费问题、人事档案及视同缴费年限核查认定问题、核定缴费基数问题做出指示，这也为其他地区职工基本养老保险关系转移接续指明方向。为了促进城乡养老保险制度衔接，2014 年 2 月，人力资源和社会保障部与财政部发布《城乡养老保险制度衔接暂行办法》。企业职工基本养老金制度趋于完善。

同时，机关事业单位基本养老金制度开始改革。2008 年 3 月，国务院发布《关于印发事业单位工作人员养老保险制度改革试点方案的通知》，要求山西、上海、浙江、广东、重庆五省市开展试点，试点的主要内容包括：养老保险费用由单位和个人共同负担，退休待遇与缴费相联系，基金逐步实行省级统筹，建立职业年金制度，实行社会化管理服务等。2011 年 3 月 22 日，中央下发《分类推进事业单位改革实施指导意见》，对包括机构改革、人事制度改革、收入分配改革、财政和养老保险制度改革提出了明确的改革方向，通过综合配套改革，深化推进机关事业单位养老保险改革。同年 7 月，国务院办公厅出台《关于印发分类推进事业单位改革配套文件的通知》。2015 年 1 月，国务院发布《机关事业单位工作人员养老保险制度改革的决定》，改革现行机关事业单位工作人员退休保障制度，逐步建立独立于机关事业单位之外、资金来源多渠道、保障方式多层次、管理服务社会化的养老保险体系。

中国养老金制度改革也表现为补充养老保险制度改革，包括企业年金和职业年金制度的建立。1995 年 12 月，劳动部发布《关于建立企业补充养老保险制度的意见》，鼓励企业在按规定缴纳基本养老保险费后，根据本单位经济效益情况为职工建立补充养老保险，并由企业和个人自主选择经办机构。1997 年，国务院发布《关于建立统一的企业职工基本养老保险制度的决定》，明确各地区和有关部门要在国家政策指导下大力发展企业补充养老保险，同时发挥商业保险的补充作用。2000 年，国务院发布《关于印发完善城镇社会保障体系试点方案的通知》，正式将企业补充养老保险更名为“企业年金”，确定采取个人账户管理方式，东北三省试点地区和文化体制试点改革的单位企业缴费在职工工资总额 4% 以内部分可以计入成本，在税前列支。2004 年，劳动部发布《企业年金试行办法》和《企业年金管理试行办法》，对企业如何建立企业年金制度以及企业年金基金的管理和监督做出规定。2005 年，劳动部发布《企业年金基金管理机构资格认定暂行办法》《企业年金基金管理运作流程》《企业年金基金账户管理信息系统规范》《企业年金基金管理机构资格认定专家评审规则》。2007 年 1 月，劳动部发布《关于推进企业职工基本养老保险省级统筹有关问题的通知》，进一步明确省级企业职工基本养老保险统筹工作的重点。同年 4 月，劳动和社会保障部发布《关于做好原有企业年金移交工作的意见》，规定所有由社会保险经办机构、原行业管理以及企业自行管理的原有企业年金，均应移交给具备资格的机构管理运营。2013 年 12 月，财政部、人力资源和社会保障部与国家税务总局发布《关于企业年金职业年金个人所得税有关问题的通知》，明确企业年金和职业年金缴费的个人所得税、年金基金投资运营收益的个人所得税、领取年金的个人所得税处理的办法。企业年金制度初具雏形。

伴随着机关事业单位养老保险制度改革，职业年金制度逐步建立。2008 年 3 月，国务院发布《关于印发事业单位工作人员养老保险制度改革试点方案的通知》，试点的主要内容之一是建立职业年金制度。2011 年 7 月，国务院办公厅出台《关于印发分类推进事业单位改革配套文件的通知》，《事业单位职业年金试行办法》作为配套文件之一出台。2015 年 3 月，《国务院办公厅关于印发机关事业单位职业年金办法的通知》，对职业年金如何建立、管理、运营和监督等问题做出规定。

在失业保险制度方面。1993 年，国务院颁布《国营企业职工待业保险规定》，将待业保险的适用范围扩大到七类人群：依法宣告破产企业职工；面临破产企业在法定整顿期间被精简的职工；按国家规定被撤销、解散企业的职工；按国家规定停产整顿企业被精简的职工；终止或解除劳动合同的职工；企业辞职、除名或开除的职工；依照法律、法规与省市自治区人民政府规定，享受失业保险的其他职工。待业保险缴费基数以职工工资总额而不是标准工资为准。个别地方开始尝试职工个人缴纳待业保险费。

为更好地解决国有企业下岗职工的生活保障问题，1998 年，国务院颁发《关于切实作好国有企业下岗职工基本生活保障和再就业工作的通知》，建立国有企业下岗职工基本生活保障制度。所有存在下岗职工的国有企业必须建立再就业服务中心，按规定标准给下岗职工提供基本生活保障，并帮助下岗职工实现再就业。下岗职工由再就业中心管理并提供基本生活保障的最长时间为 3 年，期满后仍未实现再就业者，要依法解除与原单位劳动关系，转为正式失业。

1999 年，国务院公布《失业保险条例》，正式使用失业保险取代待业保险。失业保险基金由单位与个人分担，单位所承担失业保险缴费率由原来相当于工资总额的 1% 提高到 2%，个人所缴费用相当于工资的 1%。失业保险适用于城镇各类企事业单位，包括国有企业、城镇集体企业、外商投资企业、城镇私营企业、城镇其他企业、非企业化管理的事业单位。失业保险金的标准基本上应低于当地最低工资、高于当地城镇居民最低生活保障线。累计缴纳失业保险费 1 – 5 年者，失业后领取失业保险津贴的最长期限为 12 个月；累计缴费 5 – 10 年者，最长领取期限为 18 个月，累计缴费 10 年以上者，最长领取期限为 24 个月。《失业保险条例》的颁布实施，标志着我国失业保险制度的最终建立。

同年，劳动和社会保障部发布《关于做好国有企业下岗职工基本生活保障失业保险和城市居民最低生活保障制度衔接工作的通知》，规定失业保险金的标准要低于下岗职工基本生活保障标准，城市居民最低生活保障标准要低于失业保险金标准。国有企业下岗职工在再就业服务中心期满未实现再就业的，与企业解除劳动合同并可申领失业保险。失业人员享受失业保险待遇期满仍未实现再就业，可申请城市居民最低生活保障金。

进入 21 世纪，中国加快了失业保险制度法制化建设的步伐。2000 年，国务院发布《关于完善城镇社会保障体系的试点方案》，决定于 2001 年 7 月开始在老工业基地和国有企业集中的辽宁实行下岗职工基本生活保障、失业保险制度和城镇居民最低生活保障制度并轨试点。其后，国有企业下岗职工基本生活保障制度和失业保险制度、城镇居民最低生活或保障制度并轨工作全面推进，失业保险制度开始进入规范化发展阶段。2002 年开始，与失业保险配套的政策法规相继发布，包括 2002 年的《关于建立失业保险个人缴费记录的通知》，2004 年的《关于建立失业登记和失业保险监测制度的通知》《关于建立失业登记和失业保险监测制度的通知》，2006 年的《关于印发优化失业保险经办业务流程指南的通知》，2009 年的《关于做好失业动态监测工作有关问题的通知》等。

在失业保险基金支出方面，2006 年 1 月，《关于适当扩大失业保险基金支出范围试点有关问题的通知》，决定自 2006 年 1 月起在北京、上海、江苏、浙江、福建、山东、广东 7 省、直辖市开展适当扩大失业保险基金支出范围试点；2009 年 7 月，《关于延长东部 7 省（市）扩大失业保险基金支出范围试点政策有关问题的通知》发布。在失业保险统筹层次方面，2010 年 9 月《关于进一步提高失业保险统筹层次有关问题的通知》指出，提高失业保险统筹层次，当前工作重点是在设区的市实行基金全市统筹。在费率调整方面，2015 年 2 月，人力资源和社会保障部与财政部发布《关于调整失业保险费率有关问题的通知》决定，从 2015 年 3 月 1 日起，失业保险费率暂由现行条例规定的 3% 降至 2%，单位和个人缴费的具体比例由各省、自治区、直辖市人民政府确定，在省、自治区、直辖市行政区域内，单位及职工的费率应当统一。在制度衔接方面，2005 年 4 月，《关于进一步做好失业调控工作的意见》决定，积极稳妥推进国有企业下岗职工基本生活保障向失业保险并轨；同年 7 月，《关于进一步做好在国有企业重组改制和关闭破产中维护职工合法权益工作有关问题的通知》指出，对符合条件的职工，要及时提供失业保险待遇；2010 年 10 月，《关于做好当前失业保险工作稳定就业岗位有关问题的通知》指出，失业保险基金结余较多、支撑能力较强的统筹地区，可全部实施“一缓一降两补贴”①，同时要加大使用失业保险基金稳定就业岗位补贴政策的力度，工作重点向中小企业和民营企业倾斜；2011 年 4 月，《关于做好淘汰落后产能和兼并重组企业职工安置工作的意见》指出，淘汰落后产能和兼并重组企业的失业人员，在领取失业保险金期间，可以按有关规定享受由失业保险基金支付的职工基本医疗保险待遇；同年 6 月，《关于领取失业保险金人员参加职工基本医疗保险有关问题的通知》规定，领取失业保险金人员应按规定参加其失业前失业保险参保地的职工医保，由参保地失业保险经办机构统一办理职工医保参保缴费手续；2014 年 11 月，人力资源和社会保障部、财政部、国家发展和改革委员会、工业和信息化部联合发布《关于失业保险支持企业稳定岗位有关问题的通知》，明确对采取有效措施不裁员、少裁员，稳定就业岗位的企业，由失业保险基金给予稳定岗位补贴。

1993 年以后，中国医疗保险制度改革也进入建立社会统筹和个人账户相结合的新型医疗保险制度阶段。1994 年初，国务院选择职工大病统筹做得比较好的江苏镇江与江西九江进行统账结合的试点工作。1996 年，国务院发布《关于职工医疗保障制度改革扩大试点的意见》，指出医疗保险改革目标是：建立适应社会主义市场经济体制，提高职工健康水平的社会统筹医疗基金与个人医疗账户相结合的社会医疗保险制度，并使之逐步覆盖城镇全体劳动者。

1998 年底，国务院颁布《国务院关于建立城镇职工基本医疗保险制度的决定》，从 1999 年 1 月开始建立城镇职工基本医疗保险制度，到 1999 年底基本完成任务，我国新型医疗保险制度正式在全国范围内开始建立。决定明确指出，基本医疗保险基金实行统账结合模式，由单位与个人共同负担，单位缴纳的医疗保险费相当于总工资的 6% 左右，其中的 30% 用于建立个人账户、70% 建立社会统筹基金，个人缴费在起步阶段相当于工资的 2%，以后根据情况提高，个人缴费全部记入个人账户。城镇基本医疗保险的适用范围为各类企业、机关、事业单位、社会团体、民办非企业单位及其职工，城镇职工基本医疗保险起付标准原则上控制在当地职工平均年工资的 10%，最高支付额原则上控制在当地年均工资的 4 倍，起付线以下的医疗费由个人账户与个人支付承担，起付线以上封顶线以下部分主要由社会统筹基金支付，个人也要负担一定比例。超过封顶线以上部

① 一缓一降两补贴：根据人社部 2009 年《关于进一步做好减轻企业负担稳定就业局势有关工作的通知》，允许困难企业在一定期限内缓缴社会保险费，阶段性降低四项社会保险费率，享受社会保险补贴和岗位补贴。

分，可以通过商业医疗保险等补充形式解决。2003 年，国务院转发《关于建立新型农村合作医疗制度的意见》，提出从 2003 年开始进行新型农村合作医疗的试点工作，新型农村合作医疗制度的资金来源于财政与个人，其中中央财政每年对中西部地区除市区外参加新农合的农民每年按人均 10 元进行补助，地方财政提供不低于 10 元的补助，农民个人每年缴费 10 元，新农合基金主要补助参加新型农村合作医疗农民的大额医疗费用或住院医疗费用。

2007 年，国务院颁布《关于开展城镇居民基本医疗保险试点的指导意见》，指出城镇居民医疗保险制度的覆盖范围包括不属于城镇职工基本医疗保险制度覆盖范围的中小学阶段的学生（包括职业高中、中专、技校学生）、少年儿童和其他非从业城镇居民，缴费来源包括家庭缴费与政府补贴，费用支付范围为参保居民的住院和门诊大病医疗支出范围。2011 年 7 月实施的《中华人民共和国社会保险法》规定，参加职工基本医疗保险的个人，达到法定退休年龄时累计缴费达到国家规定年限的，退休后不再缴纳基本医疗保险费，按照国家规定享受基本医疗保险待遇，并规定国家建立和完善新型农村合作医疗制度和城镇居民基本医疗保险制度。2012 年，中国共产党第十八次全国代表大会提出，统筹推进城乡社会保障体系建设，整合城乡居民基本医疗保险制度。同年，国家发展和改革委员会、卫生部、财政部等部门联合发布《关于开展城乡居民大病保险工作的指导意见》，确定大病保险保障对象为城镇居民医保、新农合的参保（合）人。大病保险采取向商业保险机构购买的方式运行，按照实际支付比例不低于 50% 的标准对城镇居民医保、新农合补偿后需个人负担的合规医疗费用给予保障。

积极推进城乡最低生活保障制度建设。1997 年，国务院发出《关于在全国建立城市居民最低生活保障制度的通知》，决定在全国建立城市居民最低生活保障制度。要求 1998 年底以前，地级以上城市要建立起最低生活保障制度，1999 年底以前，县级市和县政府所在地的镇要建立起最低生活保障制度。1999 年，国务院发布《城市居民最低生活保障条例》，正式建立规范的城市居民最低生活保障制度，使中国社会保障制度逐步得以完善。

农村最低生活保障制度得以建立。2005 年，《中共中央、国务院关于推进社会主义新农村建设的若干意见》，提出要在有条件的地方探索建立农村最低生活保障制度。2007 年，国务院颁布《关于在全国建立农村最低生活保障制度的通知》，确定农村最低生活保障制度的保障标准为维持当地农村居民全年基本生活所需的吃饭、穿衣、用水、用电等费用，资金发放原则上按照申请人家庭年纯收入与保障标准的差额发放，也可以在核查申请人家庭收入的基础上，按照其家庭的困难程度和类别分档发放。

2001 年，《关于进一步加强城市居民最低生活保障工作的通知》颁布，2010

年，《关于进一步加强城市低保对象认定工作的通知》发布，2011 年，《关于进一步规范城乡最低生活保障标准制定和调整工作的指导意见》颁布，2012 年，《关于进一步加强和改进最低生活保障工作的意见》《城乡最低生活保障资金管理办法》和《最低生活保障审核审批办法（试行）》颁布，2014 年，《最低生活保障工作绩效评价办法》《民政部关于居民家庭经济状况核对信息系统建设的指导意见》发布，2015 年，《中央财政困难群众基本生活救助补助资金管理办法》《民政部关于加快推广应用全国最低生活保障信息系统的通知》发布，城乡最低生活保障制度不断完善。

探索建立临时救助制度。2014 年 10 月，为解决城乡困难群众突发性、紧迫性、临时性生活困难，根据《社会救助暂行办法》有关规定，国务院发布《关于全面建立临时救助制度的通知》决定全面建立临时救助制度。该通知指出，临时救助是国家对遭遇突发事件、意外伤害、重大疾病或其他特殊原因导致基本生活陷入困境，其他社会救助制度暂时无法覆盖或救助之后基本生活暂时仍有严重困难的家庭或个人给予的应急性、过渡性的救助。2015 年 3 月，民政部和财政部发布《关于在全国开展"救急难"综合试点工作的通知》，进一步明确临时救助在"救急难"工作中的功能和作用，不断完善临时救助政策措施。

三、党的十八大以来社会保障制度的新发展

党的十八届三中全会通过的《中共中央关于全面深化改革若干重大问题的决定》，对深化社会保障制度改革提出具体要求。指出，建立更加公平可持续的社会保障制度。坚持社会统筹和个人账户相结合的基本养老保险制度，完善个人账户制度，健全多缴多得激励机制，确保参保人权益，实现基础养老金全国统筹，坚持精算平衡原则。推进机关事业单位养老保险制度改革。整合城乡居民基本养老保险制度、基本医疗保险制度。推进城乡最低生活保障制度统筹发展。建立健全合理兼顾各类人员的社会保障待遇确定和正常调整机制。完善社会保险关系转移接续政策，扩大参保缴费覆盖面，适时适当降低社会保险费率。研究制定渐进式延迟退休年龄政策。加快健全社会保障管理体制和经办服务体系。健全符合国情的住房保障和供应体系，建立公开规范的住房公积金制度，改进住房公积金提取、使用、监管机制。健全社会保障财政投入制度，完善社会保障预算制度。加强社会保险基金投资管理和监督，推进基金市场化、多元化投资运营。制定实施免税、延期征税等优惠政策，加快发展企业年金、职业年金、商业保险，构建多层次社会保障体系。积极应对人口老龄化，加快建立社会养老服务体系和发展老年服务产业。健全农村留守儿童、妇女、老年人关爱服务体系，健全残疾人权益

保障、困境儿童分类保障制度。

深化医药卫生体制改革。统筹推进医疗保障、医疗服务、公共卫生、药品供应、监管体制综合改革。深化基层医疗卫生机构综合改革，健全网络化城乡基层医疗卫生服务运行机制。加快公立医院改革，落实政府责任，建立科学的医疗绩效评价机制和适应行业特点的人才培养、人事薪酬制度。完善合理分级诊疗模式，建立社区医生和居民契约服务关系。充分利用信息化手段，促进优质医疗资源纵向流动。加强区域公共卫生服务资源整合。取消以药补医，理顺医药价格，建立科学补偿机制。改革医保支付方式，健全全民医保体系。加快健全重特大疾病医疗保险和救助制度。鼓励社会办医，优先支持举办非营利性医疗机构。社会资金可直接投向资源稀缺及满足多元需求服务领域，多种形式参与公立医院改制重组。允许医师多点执业，允许民办医疗机构纳入医保定点范围。

党的十八届五中全会通过《中共中央关于制定国民经济和社会发展第十三个五年规划的建议》，更加全面地提出了关于社会保障制度的新任务。指出，人民生活水平和质量普遍提高。现行标准下农村贫困人口实现脱贫，贫困县全部摘帽，解决区域性整体贫困。坚持共享发展，着力增进人民福祉。按照人人参与、人人尽力、人人享有的要求，坚守底线、突出重点、完善制度、引导预期，注重机会公平，保障基本民生，实现全体人民共同迈入全面小康社会。增加公共服务供给。坚持普惠性、保基本、均等化、可持续方向，从解决人民最关心最直接最现实的利益问题入手，增强政府职责，提高公共服务共建能力和共享水平。加强义务教育、就业服务、社会保障、基本医疗和公共卫生、公共文化、环境保护等基本公共服务，努力实现全覆盖。加强对特定人群特殊困难的帮扶。

推进健康中国建设。深化医药卫生体制改革，实行医疗、医保、医药联动，推进医药分开，实行分级诊疗，建立覆盖城乡的基本医疗卫生制度和现代医院管理制度。全面推进公立医院综合改革，坚持公益属性，破除逐利机制，建立符合医疗行业特点的人事薪酬制度。优化医疗卫生机构布局，健全上下联动、衔接互补的医疗服务体系，完善基层医疗服务模式，发展远程医疗。促进医疗资源向基层、农村流动，推进全科医生、家庭医生、急需领域医疗服务能力提高、电子健康档案等工作。鼓励社会力量兴办健康服务业，推进非营利性民营医院和公立医院同等待遇。

统筹救助体系，强化政策衔接，推进制度整合，确保困难群众基本生活。积极开展应对人口老龄化行动，弘扬敬老、养老、助老社会风尚，建设以居家为基础、社区为依托、机构为补充的多层次养老服务体系，推动医疗卫生和养老服务相结合，探索建立长期护理保险制度。全面放开养老服务市场，通过购买服务、股权合作等方式支持各类市场主体增加养老服务和产品供给。支持残疾人事业发展，健全扶残助残服务体系。

建立更加公平更可持续的社会保障制度。实施全民参保计划，基本实现法定人员全覆盖。坚持精算平衡，完善筹资机制，分清政府、企业、个人等的责任。适当降低社会保险费率。完善社会保险体系。完善职工养老保险个人账户制度，健全多缴多得激励机制。实现职工基础养老金全国统筹，建立基本养老金合理调整机制。拓宽社会保险基金投资渠道，加强风险管理，提高投资回报率。逐步提高国有资本收益上缴公共财政比例，划转部分国有资本充实社保基金。出台渐进式延迟退休年龄政策。发展职业年金、企业年金、商业养老保险。

健全医疗保险稳定可持续筹资和报销比例调整机制，全面实施城乡居民大病保险制度。改革医保支付方式，发挥医保控费作用。改进个人账户，开展门诊费用统筹。实现跨省异地安置退休人员住院医疗费用直接结算。整合城乡居民医保政策和经办管理。鼓励发展补充医疗保险和商业健康保险。鼓励商业保险机构参与医保经办。将生育保险和基本医疗保险合并实施。

在此基础上制定和发布的《中华人民共和国国民经济和社会发展第十三个五年规划纲要》，对“十三五”期间社会保障制度的发展做出具体部署。坚持全民覆盖、保障适度、权责清晰、运行高效，稳步提高社会保障统筹层次和水平，建立健全更加公平、更可持续的社会保障制度。实施全民参保计划，基本实现法定人员全覆盖。完善筹资机制，分清政府、企业、个人等的责任。适当降低社会保险费率。实现职工基础养老金全国统筹。健全参保缴费激励约束机制，建立基本养老金合理调整机制。推出税收递延型养老保险。建立更加便捷的社会保险转移接续机制。划转部分国有资本充实社保基金。大幅提升灵活就业人员、农民工等群体参加社会保险比例；统筹推进城乡社会救助体系建设，完善最低生活保障制度，强化政策衔接，推进制度整合。加强社会救助制度与其他社会保障制度、专项救助与低保救助统筹衔接。构建综合救助工作格局，丰富救助服务内容，合理提高救助标准。建立健全社会救助家庭经济状况核对机制，努力做到应救尽救、应退尽退。健全以扶老、助残、爱幼、济困为重点的社会福利制度。建立家庭养老支持政策。做好困境儿童福利保障工作。发展公益性基本殡葬服务。建立健全残疾人基本福利制度，实现残疾人基本民生兜底保障。建立以居家为基础、社区为依托、机构为补充的多层次养老服务体系。支持面向失能老年人的老年养护院、社区日间照料中心等设施建设。全面建立针对经济困难高龄、失能老年人的补贴制度。推动医疗卫生和养老服务相结合。全面放开养老服务市场。

党的十八大以来，党和政府关于中国经济社会发展的重要部署对精准扶贫与精准脱贫提出更加明确的要求。党的十八届届五中全会通过《中共中央关于制定国民经济和社会发展第十三个五年规划的建议》，指出实施脱贫攻坚工程。农村贫困人口脱贫是全面建成小康社会最艰巨的任务。必须充分发挥政治优势和制度优势，坚决打赢脱贫攻坚战。实施精准扶贫、精准脱贫，因人因地施策，提高扶贫实效。分类扶持贫困家庭。实行低保政策和扶贫政策衔接，对贫困人口应保尽保。提高贫困地区基础教育质量和医疗服务水平，推进贫困地区基本公共服务均等化。建立健全农村留守儿童和妇女、老人关爱服务体系。实行脱贫工作责任制。加大中央和省级财政扶贫投入，发挥政策性金融和商业性金融的互补作用，整合各类扶贫资源，开辟扶贫开发新的资金渠道。把革命老区、民族地区、边疆地区、集中连片贫困地区作为脱贫攻坚重点。

《中共中央国务院关于打赢脱贫攻坚战的决定》对新时期脱贫攻坚提出具体要求，指出到2020年，稳定实现农村贫困人口不愁吃、不愁穿，义务教育、基本医疗和住房安全有保障。确保现行标准下农村贫困人口实现脱贫，确保贫困县全部摘帽。并对社会保障在脱贫攻坚中的作用的发挥提出了具体要求。实施健康扶贫工程，保障贫困人口享有基本医疗卫生服务，努力防止因病致贫、因病返贫。对贫困人口参加新型农村合作医疗个人缴费部分由财政给予补贴。新型农村合作医疗和大病保险制度对贫困人口实行政策倾斜，门诊统筹率先覆盖所有贫困地区，降低贫困人口大病费用实际支出，对新型农村合作医疗和大病保险支付后自负费用仍有困难的，加大医疗救助、临时救助、慈善救助等帮扶力度，将贫困人口全部纳入重特大疾病救助范围，使贫困人口大病医治得到有效保障；对无法依靠产业扶持和就业帮助脱贫的家庭实行政策性保障兜底。加大农村低保省级统筹力度，低保标准较低的地区要逐步达到国家扶贫标准。尽快制定农村最低生活保障制度与扶贫开发政策有效衔接的实施方案。将所有符合条件的贫困家庭纳入低保范围，做到应保尽保。加大临时救助制度在贫困地区落实力度。提高农村特困人员供养水平，改善供养条件。加快完善城乡居民基本养老保险制度，适时提高基础养老金标准，引导农村贫困人口积极参保续保，逐步提高保障水平。有条件、有需求地区可以实施“以粮济贫”。

党的十八大以来，党对新时期中国社会保障制度提出的新要求并做出的新部署，直接推进了中国社会保障制度的新发展。

第一，推进社会保障制度整合、衔接与协调，更大程度上促进公平，增强制度的实施效果，更好地保障和改善民生。2014年的《国务院关于统一城乡居民基本养老保险制度的决定》指出，将新农保和城居保两项制度合并实施，在全国范围内建立统一的城乡居民基本养老保险制度。2015年末，在全国基本实现新农保和城居保制度合并实施，并与职工基本养老保险制度相衔接。2020年前，全面建成公平、统一、规范的城乡居民养老保险制度，与社会救助、社会福利等其他社会保障政策相配套，更好保障参保城乡居民的老年基本生活。同年的《社会救助暂行办法》实施城乡统一的社会救助制度，并强调社会救助制度与其他社会保障制度相衔接。2015 年的《国务院关于机关事业单位工作人员养老保险制度改革的决定》指出，逐步建立独立于机关事业单位之外、资金来源多渠道、保障方式多层次、管理服务社会化的养老保险体系。实行社会统筹与个人账户相结合的基本养老保险制度。基本养老保险费由单位和个人共同负担。参保人员在同一统筹范围内的机关事业单位之间流动，只转移养老保险关系，不转移基金。参保人员跨统筹范围流动或在机关事业单位与企业之间流动，在转移养老保险关系的同时，基本养老保险个人账户储存额随同转移。2016 年的《国务院关于整合城乡居民基本医疗保险制度的意见》指出，推进城镇居民医保和新农合制度整合，逐步在全国范围内建立起统一的城乡居民医保制度，城乡居民基本医疗保险制度实行覆盖范围、筹资政策、保障待遇、医保目录、定点管理和基金管理六统一。

第二，着力推进针对低收入群体的社会保障制度，提升全体人民共享发展成果的水平，补齐全面建成小康社会，保障和改善民生的短板。2014 年的《社会救助暂行办法》指出，社会救助制度坚持托底线、救急难、可持续。国家对共同生活的家庭成员人均收入低于当地最低生活保障标准，且符合当地最低生活保障家庭财产状况规定的家庭，给予最低生活保障；对无劳动能力、无生活来源且无法定赡养、抚养、扶养义务人，或者其法定赡养、抚养、扶养义务人无赡养、抚养、扶养能力的老年人、残疾人以及未满 16 周岁的未成年人，给予特困人员供养；对基本生活受到自然灾害严重影响的人员，提供生活救助；保障医疗救助对象获得基本医疗卫生服务；对在义务教育阶段就学的最低生活保障家庭成员、特困供养人员，给予教育救助；对符合规定标准的住房困难的最低生活保障家庭、分散供养的特困人员，给予住房救助；对最低生活保障家庭中有劳动能力并处于失业状态的成员给予就业救助；对因火灾、交通事故等意外事件，家庭成员突发重大疾病等原因，导致基本生活暂时出现严重困难的家庭，或者因生活必需支出突然增加超出家庭承受能力，导致基本生活暂时出现严重困难的最低生活保障家庭，以及遭遇其他特殊困难的家庭，给予临时救助。2015 年的《国务院关于全面建立困难残疾人生活补贴和重度残疾人护理补贴制度的意见》规定，困难残疾人生活补贴主要补助残疾人因残疾产生的额外生活支出，对象为低保家庭中的残疾人，有条件的地方可逐步扩大到低收入残疾人及其他困难残疾人。重度残疾人护理补贴主要补助残疾人因残疾产生的额外长期照护支出，对象为残疾等级被评定为一级、二级且需要长期照护的重度残疾人，有条件的地方可扩大到非重度智力、精神残疾人或其他残疾人，逐步推动形成面向所有需要长期照护残疾人的护理补贴制度。

第三，着力推进养老服务和健康服务等的发展，构建养老保险与养老服务、医疗保险与健康服务、养老服务与健康服务衔接、协调的基本社会保障制度新体系。2013 年的《国务院关于加快发展养老服务业的若干意见》规定，到 2020 年，全面建成以居家为基础、社区为依托、机构为支撑的，功能完善、规模适度、覆盖城乡的养老服务体系。生活照料、医疗护理、精神慰藉、紧急救援等养老服务覆盖所有居家老年人。同年的《国务院关于促进健康服务业发展的若干意见》规定，到 2020 年，基本建立覆盖全生命周期、内涵丰富、结构合理的健康服务业体系，基本满足广大人民群众的健康服务需求。医疗服务能力大幅提升，医疗卫生服务体系更加完善，形成以非营利性医疗机构为主体、营利性医疗机构为补充，公立医疗机构为主导、非公立医疗机构共同发展的多元办医格局。康复、护理等服务业快速增长。各类医疗卫生机构服务质量进一步提升。健康管理与促进服务水平明显提高。2015 年，国家卫计委、民政部等部委联合发布的《关于推进医疗卫生与养老服务相结合的指导意见》指出，把保障老年人基本健康养老需求放在首位，对有需求的失能、部分失能老年人，以机构为依托，做好康复护理服务，着力保障特殊困难老年人的健康养老服务需求；对多数老年人，以社区和居家养老为主，通过医养有机融合，确保人人享有基本健康养老服务。推动普遍性服务和个性化服务协同发展。到 2020 年，覆盖城乡、规模适宜、功能合理、综合连续的医养结合服务网络基本形成，基层医疗卫生机构为居家老年人提供上门服务的能力明显提升。所有养老机构能够以不同形式为入住老年人提供医疗卫生服务，基本适应老年人健康养老服务需求。2016 年，国务院办公厅发布《关于全面放开养老服务市场提升养老服务质量的若干意见》指出，到 2020 年，养老服务市场全面放开，养老服务和产品有效供给能力大幅提升，供给结构更加合理，养老服务政策法规体系、行业质量标准体系进一步完善，信用体系基本建立，市场监管机制有效运行，服务质量明显改善，群众满意度显著提高。

第四，扶贫开发与反贫困取得重要成就。党的十八大以来，中国扶贫开发政策不断发展和深度实施，并极大地提升了中国扶贫开发政策的效果与国际影响力。中国农村贫困人口大幅减少。按现行国家农村贫困标准测算，全国农村贫困人口由 2012 年的 9 899 万人减少到 2016 年的 4 335 万人，累计减少 5 564 万人，年均减少贫困人口 1 391 万人；全国农村贫困发生率由 2012 年的 10.2% 下降到 2016 年的 4.5%，下降 5.7 个百分点，平均每年下降 1.4 个百分点。贫困地区农村居民收入稳步增长。2013 – 2016 年，贫困地区农村居民人年均收入名义增长 12.8%，年均实际增长 10.7%，比全国农村平均水平高 2.7 个百分点。其中，2016 年，贫困地区农村居民人均可支配收入为 8 452 元，名义水平是 2012 年的 1.6 倍，实际水平是 2012 年的 1.5 倍。农村居民人均可支配收入与全国农村的差距在不断缩小。2016 年，贫困地区农村居民人均可支配收入是全国农村平均水平 12 363 元的 68.4%，比 2012 年提高了 6.2 个百分点。贫困地区社会保障水平全面提升。2016 年，全国农村享受低保人数为 2 635.3 万户计 4 586.5 万人，全国农村低保平均标准 3 744.0 元/人·年，比 2015 年增长 17.8%。全国农村享受特困人员救助供养的人数为 496.9 万人，比上年减少 3.9%；全年各级财政共支付农村特困人员救助供养资金为 228.9 亿元，比上年增长 9.0%。中国的扶贫开发还为全球减贫事业做出显著贡献。按照现行农村贫困标准测算，1978 - 2016 年，中国农村贫困人口减少 7.3 亿，贫困发生率从 97.5% 下降至 4.5%。按照每人每天 1.9 美元的国际极端贫困标准，1981 - 2013 年，中国贫困人口减少了 8.5 亿，占全球减贫总数的 69.3%。中国贫困人口的减少使得东亚的极端贫困率从 1990 年的 61% 下降到了 2015 年的 4%。①

第二节　社会保障制度整合与体系完善的理论基础

一、对社会保障制度功能认识的发展

建立合理的个人收入分配和社会保障制度。改革开放初期，中国共产党的工作重心开始转移到以经济建设为中心，从而开始了中国经济体制改革的进程。打破平均主义、提高经济效率成为经济体制改革的最初目标与基本途径，反对平均主义成为中国共产党在这一时期的经济主张的核心内容，这在 1984 年的《中共中央关于经济体制改革的决定》中得以集中和明确的体现。该决定指出："历史的经验告诉我们：平均主义思想是贯彻执行按劳分配原则的一个严重障碍，平均主义的泛滥必然破坏社会生产力。当然，社会主义社会要保证社会成员物质、文化生活水平的逐步提高，达到共同富裕的目标。但是，共同富裕决不等于也不可能是完全平均，决不等于也不可能是所有社会成员在同一时间以同等速度富裕起来。如果把共同富裕理解为完全平均和同步富裕，不但做不到，而且势必导致共同贫穷。只有允许和鼓励一部分地区、一部分企业和一部分人依靠勤奋劳动先富起来，才能对大多数人产生强烈的吸引和鼓舞作用，并带动越来越多的人一浪接一浪地走向富裕。"②

---

① 黄承伟：《党的十八大以来脱贫攻坚理论创新和实践创新总结》，《中国农业大学学报》2017 年第 7 期。

② 中共中央文献研究室：《十二大以来重要文献选编》（中），人民出版社 1986 年版，第 577 - 578 页。

20世纪90年代初期，中国经济体制改革经历十年进程，其在促进经济快速发展的同时所引发的社会问题开始显性化，促使中国共产党必须思考和阐述经济体制改革与收入分配、社会保障制度之间的关系，从而使得中国共产党对社会保障制度的功能的认识开始发生变化，这在1993年的《中共中央关于建立社会主义市场经济体制若干问题的决定》中得以明确体现。该决定提出，要"建立合理的个人收入分配和社会保障制度。"并对社会保障制度的功能做出比较明确的表述："建立多层次的社会保障体系，对于深化企业和事业单位改革，保持社会稳定，顺利建立社会主义市场经济体制具有重大意义。""重点完善企业养老和失业保险制度，强化社会服务功能以减轻企业负担，促进企业组织结构调整，提高企业经济效益和竞争能力。"① 显然，20世纪90年代初，中国共产党开始认识到建立合理的社会保障制度体系的必要性，但是，基于经济建设的中心地位，中国共产党虽然认识到社会保障制度的政治与社会功能，但却突出了社会保障制度的经济功能。

加快建设与经济发展水平相适应的社会保障体系。世纪之交，中国经济体制改革向纵深发展，提高经济效益和增强企业竞争力成为突出的目标，国有企业改革进入攻坚阶段，服务和推进经济体制改革成为包括社会保障制度在内的许多社会政策的出发点和落脚点，这势必影响中国共产党对社会保障制度功能的认识。这在1999年的《中共中央关于国有企业改革和发展若干重大问题的决定》中可以清楚地看出。该决定指出："下岗分流、减员增效和再就业，是国有企业改革的重要内容。要把减员与增效有机结合起来，达到降低企业成本、提高效率和效益的目的。""加快社会保障体系建设，是顺利推进国有企业改革的重要条件。"② 显然，该决定更加突出了社会保障制度的经济功能，并将社会保障制度建设定位于顺利推进国有企业改革的条件。

"减员增效"势必导致经济增长与收入分配、经济效率与社会公平之间的不协调，从而有可能引发社会问题的突出化，促使中国共产党必须反思经济发展与改善民生的关系，对社会保障制度功能的认识，再次成为中国共产党必须做出合理判断和明确回答的问题。于是，中国共产党在认真总结以往认识的基础上，结合经济发展的基本要求与民生改变的普遍需求，对社会保障制度功能进行新的思考和定位，并在2003年的《中共中央关于完善社会主义市场经济体制若干问题的决定》中得以明确表达，该决定提出，"加快建设与经济发展水平相适应的社

① 劳动和社会保障部，中共中央文献研究室：《新时期劳动和社会保障重要文献选编》，中国劳动社会保障出版社、中共中央文献出版社2002年版，第137－138页。

② 劳动和社会保障部，中共中央文献研究室：《新时期劳动和社会保障重要文献选编》，中国劳动社会保障出版社、中共中央文献出版社2002年版，第414－415页。

会保障体系。”① 这不仅表明中国共产党对建立和完善社会保障制度必要性认识的发展，而且表明中国共产党已经正确认识到社会保障制度与经济发展的关系。显然，世纪之交，中国共产党对社会保障制度功能的认识存在一个显著变化的过程，这就是从突出强调社会保障制度的经济功能，转变为强调社会保障制度建设与经济发展水平的关系，从而在一定程度上确认了社会保障制度功能的综合性。

社会保障是保障人民生活、调节社会分配的一项基本制度。中国共产党第十六次全国代表大会以后，随着中国共产党对社会主义市场经济认识的不断全面和深入，如何在经济发展的基础上实现民生的改善，从而推动和促进社会主义和谐社会建设，成为党在新时期必须要面对的重大问题。社会保障制度功能问题必然成为中国共产党所必须深入思考和定位的一个重要问题。中国共产党在总结改革开放以来关于社会保障制度功能认识的经验与教训的基础上，对社会保障制度功能进行了重新定位，并集中体现在 2006 年的《中共中央关于构建社会主义和谐社会若干重大问题的决定》之中。该决定明确指出：“完善社会保障制度，保障群众基本生活。”② 该决定表明党对社会保障保障制度功能的认识发生重大变化，社会保障制度的基本目的是保障群众的基本生活，经济体制改革依然是党的工作重心，但不再强调社会保障制度作为经济体制改革的经济性功能，而其促进社会公平与民生幸福的社会性功能得以肯定并受到高度重视。

党的十七大以后，中国社会保障制度体系建设和国民经济与社会发展的实践，推动着中国共产党对重大社会问题、重大社会政策的认识不断发展，从而使得中国共产党对社会保障制度功能的认识走向全面、科学和成熟。这突出表现在中国共产党第十八次全国代表大会报告即《坚定不移沿着中国特色社会主义道路前进为全面建成小康社会而奋斗》之中，该报告明确指出：“社会保障是保障人民生活、调节社会分配的一项基本制度。”③ 可见，党对社会保障制度功能的认识提升到一个新的高度，社会保障制度不再被作为推动经济体制改革的工具，也不再仅仅是为了保障人民群众的基本生活，而是为了保障人民生活和调节社会分配，不是保障人民生活和调节社会分配的一项特殊或者临时制度，而是一项基本制度。

改革开放以来，中国共产党对社会保障制度功能的认识过程，即是中国共产

---

① 中共中央文献研究室：《十六大以来重要文献选编》（上），中央文献出版社 2005 年版，第 476 页。

② 新华月报社：《时政文献辑览（2006.3－2007.3）》，人民出版社 2007 年版，第 40 页。

③ 胡锦涛：《坚定不移沿着中国特色社会主义道路前进为全面建成小康社会而奋斗》，人民出版社 2012 年版，第 36 页。

党对中国特色社会保障制度本质属性的认识过程。中国共产党对社会保障制度功能认识的发展变化，决定了中国共产党对中国社会保障制度体系建设基本要求和政策主张的变化，从而直接影响到中国特色社会保障制度体系建设和完善的实践探索。

二、对社会保障制度目标认识的发展

保障和改善民生。保障和改善民生是社会保障制度建设和发展的重要目标。改革开放以来，随着经济社会的发展，中国共产党越来越重视保障和改善民生，逐步建立起保障和改善民生的思想理论体系。早在改革开放初期，邓小平同志就重视和强调改善民生。他指出，我们搞四个现代化，因为经验不足，会面临多方面的困难。如改造一个企业就要减人，减下的人怎么安置，这也是困难。又如我们要建立退休制度，这是很正确的，但是也会有很多人思想抵触，这也是很大的困难。[①]

江泽民同志强调指出，改革开放的重要目的是改善人民生活。加快改革开放和经济发展，目的都是为了满足人民日益增长的物质文化需要。随着生产发展和社会财富的增加，城乡居民的实际收入、消费水平和生活质量要有明显提高。[②]一定要使群众得到应该得到的、看得见的物质利益，而且随着经济的发展，要使群众得到的、看得见的物质利益不断有所增加。不能做好这方面的工作，是无法向党、向人民交代的。[③]

胡锦涛同志同样强调保障和改善民生。他指出，要牢牢把握保障和改善民生这一根本目的。保障和改善民生，既是满足人民日益增长的物质文化需求的必然要求，也是加快转变经济发展方式，扩大消费的必然要求。要加强保障和改善民生工作的制度建设，增强公平性、透明度、可持续性。[④] 提高人民物质文化生活水平，是改革开放和社会主体现代化建设的根本目的。要多谋民生之利，多解民生之忧，解决好人民最关心最直接最现实的利益问题，在学有所教、劳有所得、病有所医、老有所养、住有所居上持续取得新进展，努力让人民过上更好生活。[⑤]

保障和改善民生也是习近平总书记强调的重要社会保障制度目标。习近平总

① 《邓小平文选》（第二卷），人民出版社 1994 年版，第 230 页。

② 中共中央文献研究室：《十四大以来重要文献选编》（上册），人民出版社 1999 年版，第 32 页。

③ 中共中央文献研究室：《江泽民论有中国特色社会主义》，中央文献出版社 2002 年版，第 112－113 页。

④ 《胡锦涛文选》（第三卷），人民出版社 2016 年版，第 575－576 页。

⑤ 《胡锦涛文选》（第三卷），人民出版社 2016 年版，第 640 页。

书记指出："做好经济社会发展工作，民生是'指南针'"。要全面把握发展和民生相互牵动、互为条件的关系，通过持续发展强化保障和改善民生的物质基础，通过不断保障和改善民生创造更多有效需求。① "让老百姓过上好日子是我们一切工作的出发点和落脚点。""多做一些雪中送炭、急人之困的工作，少做些锦上添花、花上垒花的虚功"。② 习近平总书记还指出，抓民生要抓住人民最关心最直接最现实的利益问题，抓住最需要关心的人群，一件事情接着一件事情办、一年接着一年干，锲而不舍向前走。要多谋民生之利，多解民生之忧，在学有所教、劳有所得、病有所医、老有所养、住有所居上持续取得新进展。③ 改革开放以来，中国共产党关于保障和改善民生的一系列重要认识，为中国社会保障制度的建设和发展指明基本的目标。

全面建成小康社会。邓小平同志早在 1979 年就提出了小康社会的目标。他指出，我们的四个现代化的概念，不是像西方那样的现代化的概念，而是"小康之家"。到 20 世纪末，要达到第三世界中比较富裕一点的国家的水平，比如国民生产总值人均 1 000 美元，也还得付出很大的努力。就算达到那样的水平，同西方来比，也还是落后的。中国到那时也还是一个小康的状态。④

江泽民同志指出，提高人民生活水平，是改革开放和发展经济的根本目的。在经济发展的基础上，使全国人民过上小康生活，并逐步向更高的水平前进。⑤ 在党的十六大报告中，江泽民同志系统阐述了全面建设小康社会的目标，其中与人民生活和社会保障直接相关的目标是：城镇人口的比重较大幅度提高，工农差别、城乡差别和地区差别扩大的趋势逐步扭转。社会保障体系比较健全，社会就业比较充分，家庭财产普遍增加，人民过上更加富足的生活。社会秩序良好，人民安居乐业。⑥

胡锦涛同志在党的十八大报告中明确提出了全面建成小康社会的奋斗目标，其重要方面就是，人民生活水平全面提高。基本公共服务均等化总体实现。就业更加充分。收入分配差距缩小，中等收入群体持续扩大，扶贫对象大幅减少。社会保障全民覆盖，人人享有基本医疗卫生服务，住房保障体系基本形成，社会和谐稳定。⑦

---

① 《习近平论扶贫工作——十八大以来重要论述摘编》，《党建》2015 年第 12 期。

② 《习近平总书记系列重要讲话读本》，学习出版社、人民出版社 2014 年版，第 109 – 111 页。

③ 《习近平总书记系列重要讲话读本》，学习出版社、人民出版社 2014 年版，第 112 – 113 页。

④ 《邓小平文选》（第二卷），人民出版社 1994 年版，第 237 页。

⑤ 中共中央文献研究室：《十五大以来重要文献选编》（第一册），人民出版社 2000 年版，第 29 – 30 页。

⑥ 《江泽民文选》（第三卷），人民出版社 2006 年版，第 543 – 544 页。

⑦ 《胡锦涛文选》（第三卷），人民出版社 2016 年版，第 626 页。

习近平总书记关于全面建成小康社会的论述，为中国社会保障制度的发展和完善确立了重要目标。他指出，“我们已经确定了今后的奋斗目标，这就是到中国共产党成立 100 年时全面建成小康社会。”[①] 全面建成小康社会，强调的不仅是“小康”，更重要的也是更难做到的是“全面”。“小康”讲的是发展水平，“全面”讲的是发展的平衡性、协调性、可持续性。如果到 2020 年我们在总量和速度上完成了目标，但发展不平衡、不协调、不可持续问题更加严重，短板更加突出，就算不上真正实现了目标，即使最后宣布实现了，也无法得到人民群众和国际社会认可。全面小康，覆盖的领域要全面，是五位一体全面进步。全面小康，覆盖的人口要全面，是惠及全体人民的小康。全面小康，覆盖的区域要全面，是城乡区域共同的小康。[②] 全面建成小康社会是中国共产党提出的第一个“百年”奋斗目标，这一目标既是中国经济社会发展的指引，也是中国社会保障制度发展和完善必须服务的方向。

满足人民美好生活的需要。习近平总书记明确提出，要把不断满足人民对美好生活向往作为党的奋斗目标。“我们的人民热爱生活，期盼有更好的教育、更稳定的工作、更满意的收入、更可靠的社会保障、更高水平的医疗卫生服务、更舒适的居住条件、更优美的环境，期盼孩子们能成长得更好、工作得更好、生活得更好。人民对美好生活的向往，就是我们的奋斗目标。”[③] 在党的十九大报告中，习近平总书记指出，带领人民创造美好生活，是我们党始终不渝的奋斗目标。必须始终把人民利益摆在至高无上的地位，让改革发展成果更多更公平惠及全体人民，朝着实现全体人民共同富裕不断迈进。保障和改善民生要抓住人民最关心最直接最现实的利益问题，既尽力而为，又量力而行，一件事情接着一件事情办，一年接着一年干。保障群众基本生活，不断满足人民日益增长的美好生活需要，不断促进社会公平正义，形成有效的社会治理、良好的社会秩序，使人民获得感、幸福感、安全感更加充实、更有保障、更可持续。[④]

习近平总书记进一步指出，中国特色社会主义进入新时代，这个新时代，是决胜全面建成小康社会、进而全面建设社会主义现代化强国的时代，是全国各族人民团结奋斗、不断创造美好生活、逐步实现全体人民共同富裕的时代。中国特色社会主义进入新时代，我国社会主要矛盾已经转化为人民日益增长的美好生活需要和不平衡不充分的发展之间的矛盾。我国稳定解决了十几亿人的温饱问题，

---

① 《习近平谈治国理政》，外文出版社 2014 年版，第 44 页。

② 《习近平谈治国理政》（第二卷），外文出版社 2017 年版，第 78 – 81 页。

③ 《习近平谈治国理政》（第二卷），外文出版社 2014 年版，第 4 页。

④ 习近平：《决胜全面建成小康社会夺取新时代中国特色社会主义伟大胜利》，人民出版社 2017 年版，第 45 页。

总体上实现小康，不久将全面建成小康社会，人民美好生活需要日益广泛，不仅对物质文化生活提出了更高要求，而且在民主、法治、公平、正义、安全、环境等方面的要求日益增长。同时，我国社会生产力水平总体上显著提高，社会生产能力在很多方面进入世界前列，更加突出的问题是发展不平衡不充分，这已经成为满足人民日益增长的美好生活需要的主要制约因素。[①] 总之，不断满足人民美好生活的需要，是中国共产党的奋斗目标，中国特色社会保障制度的发展和完善，则是不断满足人民美好生活的需要的重要制度保障。

改革开放以来，伴随着对中国特色社会主义建设的认识的发展，结合中国特色社会保障制度建设和发展的现实，中国共产党对社会保障制度目标的认识不断发展和深化，提出了保障和改善民生，全面建成小康社会，进而不断满足人民美好生活的需要等一系列目标。中国共产党对中国特色社会保障制度目标的认识，直接影响和推动了中国特色社会保障制度体系建设和完善。

三、对社会保障制度理念认识的发展

就业是民生之本的理念。改革开放以来，随着经济体制改革的不断深入，就业问题成为影响民生与社会稳定的重要问题，中国共产党在经济社会发展的实践中，不断提升关于促进就业与失业保障的认识，逐步确立就业是民生之本的社会保障基本理念。江泽民同志明确提出就业是民生之本。他指出，要结合本地区经济社会发展的需要和下岗失业人员的特点，有组织地开发一批适合下岗失业人员从事的就业岗位。要有针对性地开展面向下岗失业人员的职业介绍和职业指导。解决就业困难群众的再就业问题，必须提供更有针对性的就业服务，进一步把工作做细做实。要充分重视职业培训在促进再就业工作中的重要作用。要提高再就业培训的针对性、实用性和有效性。要积极开展再就业援助。政府的资金和政策要集中用于帮助最困难的群众实现再就业，政府开发的公益性就业岗位主要应用来安排他们，并采取提供就业援助、社会保险补贴和岗位补贴等更加优惠的扶持政策。要继续巩固“两个确保”，搞好“三条保障线”的衔接，切实做到应保尽保。[②]

胡锦涛同志同样强调就业是民生之本。他指出，要始终把就业、再就业工作作为一件关系全局的大事来抓，认真落实中央关于促进就业、再就业的政策措

① 习近平：《决胜全面建成小康社会夺取新时代中国特色社会主义伟大胜利》，人民出版社 2017 年版，第 11 页。

② 《江泽民文选》（第三卷），人民出版社 2006 年版，第 508 - 509 页。

施，切实解决存在的突出问题，切实取得实实在在的效果。发展是促进就业、再就业的根本途径。要通过发展社区服务业、劳动密集型产业、中小企业、公益性事业等就业容量大的行业和企业，培养新的就业增长点，实现发展经济和扩大就业的良性互动。要加强就业技能培训，切实提高劳动者就业技能和竞争能力。要进一步做好就业再就业服务工作，大力改善公共职业介绍服务的设施和手段，建立健全再就业援助制度，规范劳动力市场秩序，为出境就业再就业创造良好环境。[①]

习近平总书记明确提出必须崇尚劳动、造福劳动者。他指出，要维护和发展劳动者的利益，保障劳动者的权利。要坚持社会公平正义，排除阻碍劳动者参与发展、分享发展成果的障碍，努力让劳动者实现体面劳动、全面发展。[②] 在党的十九大报告中，习近平总书记进一步指出，就业是最大的民生。要坚持就业优先战略和积极就业政策，实现更高质量和更充分就业。大规模开展职业技能培训，注重解决结构性就业矛盾，鼓励创业带动就业。提供全方位公共就业服务，促进高校毕业生等青年群体、农民工多渠道就业创业。破除妨碍劳动力、人才社会性流动的体制机制弊端，使人人都有通过辛勤劳动实现自身发展的机会。完善政府、工会、企业共同参与的协商协调机制，构建和谐劳动关系。[③] 改革开放以来，中国共产党逐步提出一系列关于促进就业、保障失业人员基本生活、实现体面劳动的思想，成为中国社会保障制度发展的基本理念。

共享发展理念。邓小平同志指出，各项工作都要有助于建设有中国特色的社会主义，都要以是否有助于人民的富裕幸福，是否有助于国家的兴旺发达，作为衡量做得对或不对的标准。[④] 我们允许一部分人先好起来，一部分地区先好起来，目的是更快地实现共同富裕。正因为如此，所以我们的政策是不使社会导致两极分化，就是说，不会导致富的越富，贫的越贫。[⑤] 坚持社会主义的发展方向，就要肯定社会主义的根本任务是发展生产力，逐步摆脱贫困，使国家富强起来，使人民生活得到改善。社会主义的特点不是穷，而是富，但这种富是人民共同富裕。[⑥]

江泽民同志十分强调共同富裕。他指出，实现共同富裕是社会主义的根本原

---

① 《胡锦涛文选》（第二卷），人民出版社 2016 年版，第 181 - 182 页。

② 《习近平谈治国理政》，外文出版社 2014 年版，第 46 页。

③ 习近平：《决胜全面建成小康社会夺取新时代中国特色社会主义伟大胜利》，人民出版社 2017 年版，第 46 页。

④ 《邓小平文选》（第三卷），1993 年版，第 23 页。

⑤ 《邓小平文选》（第三卷），人民出版社 1993 年版，第 171 - 172 页。

⑥ 《邓小平文选》（第三卷），人民出版社 1993 年版，第 264 - 265 页。

则和本质特征，绝不能动摇。[①] 允许一部分地区一部分人通过诚实劳动和合法经营先富起来，带动和帮助其他地区和其他群众，最终达到全国各地区的普遍繁荣和全体人民的共同富裕，这是我们必须长期坚持的一个大政策。[②] 在整个改革开放和现代化建设的过程中，都要努力使工人、农民、知识分子和其他群众共同享受到经济社会发展的成果。使他们不断得到看得见的物质文化利益。[③]

胡锦涛同志在党的十七大报告中指出，要始终把实现好维护好、发展好最广大人民的根本利益，作为党和国家一切工作的出发点和落脚点，走共同富裕道路，促进人的全面发展，做到发展为了人民，发展依靠人民，发展成果由人民共享。[④] 共同富裕是中国特色社会主义的根本原则。要坚持社会主义基本经济制度和分配制度，调整国民收入分配格局，加大再分配调节力度，着力解决收入分配差距较大问题，使发展成果更多更公平惠及全体人民，朝着共同富裕方向稳步前进。[⑤]

习近平总书记全面系统论述了共享发展的理念。他指出，"共享理念实质就是坚持以人民为中心的发展思想，体现的是逐步实现共同富裕的要求。"共享发展的内涵主要有 4 个方面。一是共享是全民共享。这是就共享的覆盖面而言的。共享发展是人人享有、各得其所，不是少数人共享、一部分人共享。二是共享是全面共享。这是就共享的内容而言的。共享发展就要共享国家经济、政治、文化、社会、生态各方面建设成果，全面保障人民在各方面的合法权益。三是共享是共建共享。这是就共享的实现途径而言的。共建才能共享，共建的过程也是共享的过程。四是共享是渐进共享。这是就共享发展的推进进程而言的。[⑥] 习近平总书记还指出，广大人民群众共享改革发展成果，是社会主义的本质要求，是社会主义制度优越性的集中体现。我们必须坚持发展为了人民、发展依靠人民、发展成果由人民共享，做出更有效的制度安排，使全体人民朝着共同富裕方向稳步前进。[⑦] 共享发展理念是新时代中国经济社会发展的五大理念之一，也是新时代中国社会保障制度发展和完善的重要理念之一。

---

① 《江泽民文选》（第一卷），人民出版社 2006 年版，第 466 页。

② 中共中央文献研究室：《十五大以来重要文献选编》（上册），人民出版社 2000 年版，第 685 – 686 页。

③ 中共中央文献研究室：《江泽民论有中国特色社会主义》，中央文献出版社 2002 年版，第 111 – 112 页。

④ 《胡锦涛文选》（第二卷），人民出版社 2016 年版，第 624 页。

⑤ 《胡锦涛文选》（第三卷），人民出版社 2016 年版，第 625 页。

⑥ 《习近平总书记重要讲话文章选编》，中央文献出版社、党建读物出版社 2016 年版，第 402 – 404 页。

⑦ 中共中央文献研究室：《十八大以来重要文献选编》（中），中央文献出版社 2016 年版，第 827 页。

社会公平正义理念。改革开放以来，中国共产党逐步认识到促进社会公平正义对于保障和改善民生、维护社会和谐稳定的重要意义，并系统提出了关于促进社会公平正义的思想理论。胡锦涛同志不仅提出了社会公平正义的重要性，而且提出了公平正义的保障体系。他指出，维护和实现社会公平正义，涉及最广大人民根本利益，是我们党坚持立党为公、执政为民的必然要求，也是我国社会主义制度的本质要求。要把维护社会公平放到更加突出的位置，综合运用多种手段，依法逐步建立以权利公平、机会公平、规则公平、分配公平为主要内容的社会公平保障体系，使全体人民共享改革发展成果，使全体人民朝着共同富裕的方向稳步前进。① 胡锦涛同志在党的十八大报告中进一步指出，必须坚持维护社会公平正义。公平正义是中国特色社会主义的内在要求。要在全体人民共同奋斗、经济社会发展的基础上，加紧建设对保障社会公平正义具有重大作用的制度，逐步建立以权利公平、机会公平、规则公平为主要内容的社会公平保障体系，努力营造公平的社会环境，保证人民平等参与、平等发展权利。②

习近平总书记十分强调社会公平正义理念在社会保障制度乃至经济社会发展中的地位。关于社会公平正义的本质内涵。他指出："公平正义是中国特色社会主义的内在要求，"③ 全面深化改革必须以促进社会公平正义、增进人民福祉为出发点和落脚点。这是坚持我们党全心全意为人民服务根本宗旨的必然要求。必须着眼创造更加公平正义的社会环境，不断克服各种有违公平正义的现象，使改革发展成果更多更公平惠及全体人民。④ 关于促进社会公平正义的决定性要素。他指出，实现社会公平正义最主要的还是经济社会发展水平，我们要在不断发展的基础上尽量把促进社会公平正义的事情做好。⑤ 关于社会公平正义的重要保证。他指出，制度是社会公平正义的重要保证。我们要通过创新制度安排，努力克服人为因素造成的有违公平正义的现象，保证人民平等参与、平等发展权利。要把促进社会公平正义、增进人民福祉作为一面镜子，审视我们各方面体制机制和政策规定。要加紧建设对保障社会公平正义具有重大作用的制度，逐步建立以权利公平、机会公平、规则公平为主要内容的社会公平保障体系。⑥ 改革开放以来，中国共产党关于社会公平正义的一系列思想理论的提出，确立了中国社会保障制度建设和发展的另一基本理念，成为中国社会保障制度建设和发展的重要理论基础。

① 《胡锦涛文选》（第二卷），人民出版社 2016 年版，第 291 – 292 页。
② 《胡锦涛文选》（第三卷），人民出版社 2016 年版，第 623 – 624 页。
③ 《习近平谈治国理政》，外文出版社 2014 年版，第 13 页。
④⑤ 《习近平总书记重要讲话文章选编》，中央文献出版社、党建读物出版社 2016 年版，第 97 页。
⑥ 《习近平总书记重要讲话文章选编》，中央文献出版社、党建读物出版社 2016 年版，第 96、98 页。

改革开放以来，中国共产党对社会保障理念的认识经历一个逐步发展和完善的过程，从就业是民生之本的理念，发展到促进社会公平正义的理念，再进一步发展到实现共享发展的理念这一发展和完善的过程，即是中国共产党对中国特色社会保障制度基本功能与本质属性的认识过程，也是中国共产党对符合中国国情的社会保障理论的探索过程。中国共产党对社会保障理念认识的发展，推动了中国特色社会保障制度体系建设和完善。

四、对社会保障制度发展道路认识的发展

社会保障制度的中国特色。改革开放以来，伴随着经济社会的发展变化，中国共产党逐步探索建设中国特色社会保障制度的道路，在此基础上，比较系统地提出了有关中国特色社会保障制度建设的思想理论体系。邓小平同志在 1978 年就指出，工会要努力保障工人的福利。我们的国家还很落后，工人的福利不可能在短期间有很大的增长，而只能在生产增长特别是劳动生产率增长的基础上逐步增长。但是，这决不能成为企业领导不关心工人福利的借口，尤其不能成为工会组织不关心工人福利的借口。工会要努力改善工人的劳动条件、居住条件、饮食条件和卫生条件，同时要在工人中间积极开展各种形式的互助活动。①

江泽民同志系统地论述了建设有中国特色的社会保障制度的必要性与现实意义。他指出，加快建立多层次的社会保障体系，特别是抓紧建立和完善养老、失业、医疗保险制度。这对于深化企业改革，保持社会稳定，顺利建立社会主义市场经济体制，具有重大意义。② 在党的十四大报告中，江泽民同志明确提出，建立社会保障体系，实行社会统筹和个人账户相结合的养老、医疗保险制度，完善失业保险和社会救济制度，提供最基本的社会保障。③ 社会保障工作直接关系到坚持党的全心全意为人民服务的宗旨，关系到维护人民群众的切身利益，关系到保证改革开放和经济建设稳定发展的大局。④

胡锦涛同志在党的十七大报告中明确提出建立覆盖城乡居民的社会保障体系，保障人民基本生活。他指出，社会保障是社会安定的重要保证。要以社会保险、社会救助、社会福利为基础，以基本养老、基本医疗、最低生活保障制度为

---

① 《邓小平文选》（第二卷），人民出版社 1994 年版，第 137 - 138 页。

② 中共中央文献研究室：《十四大以来重要文献选编》（中册），人民出版社 1999 年版，第 1375 页。

③ 中共中央文献研究室：《十五大以来重要文献选编》（上册），人民出版社 2000 年版，第 24 页。

④ 劳动和社会保障部、中共中央文献研究室：《新时期劳动和社会保障重要文献选编》，中国劳动社会保障出版社、中共中央文献出版社 2002 年版，第 354 页。

重点，以慈善事业、商业保险为补充，加快完善社会保障体系。[①] 要加快建立覆盖城乡居民的社会保障体系。这是坚持立党为公、执政为民的具体体现，是推动科学发展、促进社会和谐的重要工作，是保增长、保民生、保稳定的重要任务，也是保持国家长治久安的重要条件。把加快完善社会保障体系作为实现好、维护好、发展好最广大人民根本利益的重要工作扎实推进，努力使全体人民学有所教、劳有所得、病有所医、老有所养、住有所居，不断促进社会和谐。[②]

在党的十九大报告中，习近平总书记系统论述了新时代中国特色社会保障制度建设的新方向，他指出，要加强社会保障体系建设。按照兜底线、织密网、建机制的要求，全面建成覆盖全民、城乡统筹、权责清晰、保障适度、可持续的多层次社会保障体系。全面实施全民参保计划。实施健康中国战略。人民健康是民族昌盛和国家富强的重要标志。要完善国民健康政策，为人民群众提供全方位全周期健康服务。积极应对人口老龄化，构建养老、孝老、敬老政策体系和社会环境，推进医养结合，加快老龄事业和产业发展。[③] 改革开放以来，中国共产党关于建立和完善中国特色社会保障制度的必要性及其重大意义的论述，成为指导中国社会保障制度建设和发展的思想理论基础。

社会保障制度的城乡统筹。改革开放以来，随着中国城乡经济社会的发展变化，中国共产党逐步认识到统筹城乡经济社会发展的重要性，逐步强调社会保障制度及公共服务的城乡统筹发展。江泽民同志指出，千方百计增加农民收入，是当前农业和农村工作的一项重要任务。全国实现小康，重点和难点都在农村。农村实现小康，关键是增加农民收入。要从调整优化结构、增加农业投入、扩大以工代赈、促进农产品流通等方面采取综合措施，开辟农民增收的新途径新领域。[④] 贫困地区尽快脱贫致富，是实现第二步战略目标的重要组成部分。[⑤]

胡锦涛同志指出，要进一步加强统筹城乡发展工作。没有农民的小康，就没有全国人民的小康，没有农村的现代化就没有全国的现代化。建立健全农村社会化服务体系和支持保护体系。要继续加强扶贫开发工作，提高扶贫开发成效，加快扶贫地区脱贫步伐。要加强农村教育，要把改善农民群众生产生活条件，提高他们生活水平，作为一件大事来抓。[⑥] 要加大农村扶贫开发力度，因地制宜实行整村推进的扶贫开发方式，继续对缺乏生存条件地区的贫困人口实行易地扶贫，

---

① 《胡锦涛文选》（第二卷），人民出版社 2016 年版，第 643 - 644 页。

② 《胡锦涛文选》（第三卷），人民出版社 2016 年版，第 211 - 212 页。

③ 习近平：《决胜全面建成小康社会夺取新时代中国特色社会主义伟大胜利》，人民出版社 2017 年版，第 47 页。

④ 《江泽民文选》（第二卷），人民出版社 2006 年版，第 442 页。

⑤ 《江泽民文选》（第一卷），人民出版社 2006 年版，第 235 页。

⑥ 《胡锦涛文选》（第二卷），人民出版社 2016 年版，第 68 - 69 页。

对丧失劳动能力的贫困人口实行救助制度。①

习近平总书记也十分重视社会保障制度的城乡统筹发展。他指出，改革开放以来，我国农村面貌发生了翻天覆地的变化。但是，城乡二元结构没有根本改变，城乡发展差距不断拉大趋势没有根本扭转。根本解决这些问题，必须推进城乡发展一体化。必须健全体制机制，形成以工促农、以城带乡、工农互惠、城乡一体的新型工农城乡关系，让广大农民平等参与现代化进程、共同分享现代化成果。推进城乡要素平等交换和公共资源均衡配置。② 中国共产党关于统筹城乡经济社会发展尤其是统筹城乡社会保障制度发展的认识和思想，对于中国社会保障制度的进一步完善产生了直接而又重大的推动作用。

社会保障制度的可持续。随着中国经济社会的发展变化和社会保障制度的逐步发展，如何实现社会保障制度在保障和改善民生的基础上能够可持续发展，成为中国社会保障制度长远发展面临的重要问题。中国共产党逐步认识并提出了社会保障制度可持续发展的思想。邓小平同志指出，我们只能在发展生产的基础上逐步改善生活。发展生产，而不改善生活，是不对的；同样，不发展生产，要改善生活，也是不对的，而且是不可能的。逐步改善人民的生活，提高人民的收入，必须建立在发展生产的基础上。解决这类问题，步子一定要稳，要对群众很好地进行引导，千万不能不负责任地许愿鼓动。③

江泽民同志指出，建立社会保障体系要把握以下几个原则：一是从国情出发，与国民经济发展水平以及各方面承受能力相适应，首先保证人们基本生活的需要；二是坚持公平与效率相结合，权利与义务相对应，兼顾国家、企业、个人三者利益；三是要积极稳妥，注意新老体制的衔接和过渡，避免出现大的波动。④

胡锦涛同志十分强调社会保障制度的可持续发展。他在党的十八大报告中指出，“要坚持全覆盖、保基本、多层次、可持续方针，以增强公平性、适应流动性、保证可持续性为重点，全面建成覆盖城乡居民的社会保障体系。”⑤ 以社会保险、社会救助、社会福利为基础，以基本养老、基本医疗、最低生活保障制度为重点，以慈善事业、商业保险为补充，统筹协调做好各项工作，实现社会保障事业可持续发展。⑥

习近平总书记非常关注社会保障制度的可持续发展，并从多个方面对这一问

① 《胡锦涛文选》（第二卷），人民出版社 2016 年版，第 461 – 420 页。

② 《习近平谈治国理政》，外文出版社 2014 年版，第 81 – 82 页。

③ 《邓小平文选》（第二卷），人民出版社 1994 年版，第 257 – 258 页。

④ 江泽民：《论“三个代表”》，人民出版社 2002 年版，第 91 页。

⑤ 胡锦涛：《坚定不移沿着中国特色社会主义道路前进为全面建成小康社会而奋斗》，人民出版社 2012 年版，第 36 – 37 页。

⑥ 《胡锦涛文选》（第三卷），人民出版社 2016 年版，第 211 – 215 页。

题进行了系统具体的论述。关于社会保障发展与经济发展的关系。他指出，要处理好发展经济和保障民生的关系，既要在经济发展的基础上不断加大保障民生力度，也不要脱离财力作难以兑现的承诺。要坚持量入为出，积极调整财政支出结构。前一阶段，根据财政收入增长很快的形势作了一些承诺，现在看来要从可持续性角度研究一下，该适度降低的要下决心降低。①

关于社会保障水平的合理性。他指出，我国仍处于并将长期处于社会主义初级阶段，改善民生不能脱离这个最大的实际提出过高目标，只能根据经济发展和财力状况逐步提高人民生活水平，做那些现实条件下可以做到的事情。决不能开空头支票，也要防止把胃口吊得过高，否则，结果只会适得其反，就有可能落入“中等收入陷阱”。② 我们要坚持从实际出发，收入提高必须建立在劳动生产率提高的基础上，福利水平提高必须建立在经济和财力可持续增长的基础上。③

关于养老保险制度的可持续。他指出，构建公平、可持续的养老保险制度至关重要。要完善个人账户，坚持精算平衡，增强社保缴费激励，提高收付透明度，提高统筹层次，有序推进基本养老保险制度改革。④ 关于社会保险费率的合理性。他指出，目前，一些企业的‘五险一金’相当于职工工资的百分之四十左右，大大超过一些发达国家水平，要研究精简归并‘五险一金’，当前可适当降低企业住房公积金缴付比例，需要时再回归常态。⑤ 关于住房保障体系的可持续。他指出，加快推进住房保障和供应体系建设，要处理好政府提供公共服务和市场化的关系、住房发展的经济功能和社会功能的关系、需要和可能的关系、住房保障和防止福利陷阱的关系。从我国国情看，总的方向是构建以政府为主提供基本保障、以市场为主满足多层次需求的住房供应体系。⑥ 中国共产党关于社会保障制度可持续发展的思想，为中国社会保障制度未来的建设和发展指明了方向。

改革开放以来，伴随着对中国特色社会主义建设认识的发展，中国共产党对中国特色社会保障制度发展道路的认识不断发展和深化，不仅提出了建设有中国特色的社会保障制度的必要性，而且提出了社会保障制度的城乡统筹发展和社会保障制度的可持续发展等重要思想理论。中国共产党对中国特色社会保障制度发展道路的认识，成为推动中国特色社会保障制度发展的重要理论基础。

---

① 《习近平总书记重要讲话文章选编》，中央文献出版社、党建读物出版社 2016 年版，第 274－275 页。

② 《习近平总书记系列重要讲话读本》（2016 年版），学习出版社、人民出版社 2016 年版，第 214 页。

③ 《习近平总书记重要讲话文章选编》，中央文献出版社、党建读物出版社 2016 年版，第 325 页。

④ 《习近平总书记重要讲话文章选编》，中央文献出版社、党建读物出版社 2016 年版，第 322 页。

⑤ 《习近平总书记重要讲话文章选编》，中央文献出版社、党建读物出版社 2016 年版，第 316 页。

⑥ 《习近平谈治国理政》，外文出版社 2014 年版，第 192－193 页。

五、对扶贫开发与反贫困认识的发展

从“救济式扶贫”到“开发式扶贫”。江泽民同志高度重视解决贫困人口生活问题的重要性。他指出，解决农村贫困人口的温饱问题，关系到整个国家经济和社会的协调发展和长期稳定，关系到社会主义的优越性和党在人民群众中的威信。这不仅是个经济问题，也是一个政治问题。① 江泽民同志进一步指出，加快贫困地区的发展步伐，不仅是一个经济问题，而且是关系国家长治久安的政治问题，是治国安邦的一件大事。②

江泽民同志明确强调扶贫工作必须从救济式扶贫转向开发式扶贫，并且要实施政府扶贫与社会扶贫相结合的方针。他指出，改革开放以来，我国扶贫工作在思路上的一个重大转变，就是由传统的救济式扶贫转向开发式扶贫。走开发式扶贫的路子，增强自我发展能力，才能稳定地走上脱贫致富的道路。要把政府扶贫同全社会扶贫结合起来，这应当作为今后扶贫工作中的一条重要方针。③

江泽民同志对扶贫开发的不断深入进行了系统论述。他指出，基本解决农村贫困人口的温饱问题这项任务完成以后，扶贫开发仍然不能放松，要继续抓下去。当然，这是在更进一个层次上的扶贫开发。21 世纪继续开展扶贫开发，要首先解决剩余贫困人口的温饱问题，巩固扶贫成果，使已经解决温饱的人口向小康迈进，同时在稳定解决温饱的基础上，全面推进贫困地区经济社会发展。江泽民同志还强调扶贫开发必须纳入整体经济社会发展战略与共同富裕的民生目标一起考虑。他指出，扶贫开发这项工作，必须同我们对 21 世纪整个经济发展战略的考虑结合起来，同加快中西部地区建设、缩小东西部地区发展差距，实现共同富裕的目标结合起来。扶贫开发是贯穿整个社会主义初级阶段的一项重要任务。④

江泽民同志十分强调扶贫开发中贫困地区与人口自我发展能力的提升。他指出，解决中国的所有问题，最根本的要靠发展。解决贫困地区的问题，最根本的也要靠发展。坚持开发式扶贫的方针，要努力改善贫困地区的生产条件、生活条件和生态条件，提高群众的科技文化素质，充分利用当地自然资源和劳动力资源，发挥比较优势，促进生产的发展，促进群众生活的改善，并逐步增强自我积累和自我发展的能力。最重要的就是要不断增强贫困地区自我发展的能力。这是

① 中共中央文献研究室：《江泽民论有中国特色社会主义》，中央文献出版社 2002 年版，第 136 页。

② 中共中央文献研究室：《十四大以来重要文献选编》（下册），人民出版社 1999 年版，第 2030－2031 页。

③ 中共中央文献研究室：《江泽民论有中国特色社会主义》，中央文献出版社 2002 年版，第 137 页。

④ 中共中央文献研究室：《十五大以来重要文献选编》（中册），人民出版社 2000 年版，第 854 页。

开发式扶贫的真谛所在。[①]

从“扶贫攻坚”到“大扶贫格局”。胡锦涛同志鲜明地提出了扶贫开发的总体目标和需要重点突破的任务。他指出，到2020年，深入推进扶贫开发的总体目标是：稳定实现扶贫对象不愁吃、不愁穿，保障其义务教育、基本医疗和住房。贫困地区农民人均纯收入增长幅度高于全国平均水平，基本公共服务主要领域指标接近全国平均水平，扭转发展差距扩大趋势。[②] 胡锦涛同志指出，为了实现上述目标，扶贫工作必须要在以下四个具体方面有大的突破。一是生产条件有大改变。贫困地区基本农田、农田水利等基础设施明显改善，人均基本口粮田得以保障，农户特色增收项目得到落实，特色优势产业快速发展，特色支柱产业体系初步形成。二是生活条件有大改善。贫困地区农村饮水安全保障程度和自来水普及率进一步提高，全面解决无电行政村和无电人口用电问题；实现具备条件行政村通沥青（水泥）路，实现村村通班车；扩大农村危房改造规模，群众居住条件得到显著改善。三是社会事业有大发展。贫困地区基本普及学前教育，义务教育水平进一步提高，普及高中阶段教育；县乡村三级医疗卫生服务网基本健全，县级医院医疗能力和水平明显提高，新型农村合作医疗参加率稳定在90%以上，贫困地区群众获得公共卫生和基本医疗服务更加均等。四是社会保障水平有大提高。农村最低生活保障制度、五保供养制度、临时救助制度进一步完善，实现新型农村社会养老保险制度全覆盖，农村社会保障和服务水平进一步提升。[③]

胡锦涛同志论述了扶贫开发的主要途径和基本手段。他指出，做好新阶段扶贫开发工作，要坚持开发式扶贫方针，同时实行扶贫开发和农村最低生活保障制度有效衔接，把扶贫开发作为脱贫致富的主要途径，把社会保障作为解决温饱问题的基本手段；坚持统筹城乡发展，坚持扶贫开发与推进城镇化、建设社会主义新农村相结合，与生态环境保护相结合，促进经济社会发展与人口资源环境相协调。[④]

胡锦涛同志非常强调在集中连片贫困地区实施扶贫攻坚。他指出，要着力推进集中连片特殊困难地区扶贫攻坚。这是新阶段我国扶贫开发工作重点。中央把集中连片特殊困难地区作为新阶段扶贫开发工作重点，是根据我国国情和新阶段扶贫开发面临的形势做出的重大决策，主要是考虑到这些地区生态环境脆弱，生存条件恶劣，自然灾害频繁发生，基础设施和社会事业发展明显滞后，贫困程度深，改变落后面貌必须举全国之力打一场攻坚战。着力解决制约发展的瓶颈问

① 中共中央文献研究室：《江泽民论有中国特色社会主义》，中央文献出版社2002年版，第140－141页。

②③④ 《胡锦涛文选》（第三卷），人民出版社2016年版，第567页。

题，促进基本公共服务均等化，从根本上改变集中连片特殊困难地区面貌。①

胡锦涛同志明确提出实施专项扶贫、行业扶贫与社会扶贫相结合的大扶贫格局。他指出，要着力巩固和发展专项扶贫、行业扶贫、社会扶贫的大扶贫格局。专项扶贫要按照省负总责、县抓落实、工作到村、扶贫到户的要求，组织实施好易地扶贫搬迁、整村推进、以工代赈、产业扶贫、就业促进、扶贫试点、革命老区建设等重要工程；行业扶贫要密切结合各行业业务职能，把改善贫困地区发展环境和条件作为本行业发展规划的重要内容；社会扶贫要加强定点扶贫，推进东西部扶贫协作，发挥军队和武警部队作用，动员企业和社会各界参与扶贫。②

从“精准扶贫”到“精准脱贫”。以习近平同志为核心的党中央提出了精准扶贫、精准脱贫的新战略。习近平总书记的系列重要讲话，就精准扶贫、精准脱贫的一系列重大问题进行了全面系统的论述。关于精准扶贫与精准脱贫的重大意义与目标任务。习近平总书记指出，消除贫困是全面建成小康社会的要求。消除贫困、改善民生、实现共同富裕，是社会主义的本质要求。对困难群众，我们要格外关注、格外关爱、格外关心，千方百计帮助他们排忧解难，把群众的安危冷暖时刻放在心上，把党和政府的温暖送到千家万户。……全面建成小康社会，最艰巨最繁重的任务在农村、特别是在贫困地区。没有农村的小康，特别是没有贫困地区的小康，就没有全面建成小康社会。③

习近平总书记明确提出脱贫攻坚的目标。他指出，“到2020年稳定实现扶贫对象不愁吃、不愁穿，保障其义务教育、基本医疗、住房。”要加大投入力度，把集中连片特殊困难地区作为主战场，把稳定解决扶贫对象温饱、尽快实现脱贫致富作为首要任务。④ 新时期脱贫攻坚的目标集中到一点，就是到2020年实现“两个确保”：确保农村贫困人口实现脱贫，确保贫困县全部脱贫摘帽。⑤

关于提升扶贫与脱贫的精准度。习近平总书记指出，扶贫开发贵在精准，重在精准，成败之举在于精准。各地都要在扶持对象精准、项目安排精准、资金使用精准、措施到户精准、因村派人（第一书记）精准、脱贫成效精准上想办法、出实招、见真效。要坚持因人因地施策，因贫困原因施策，因贫困类型施策，区别不同情况，做到对症下药、精准滴灌、靶向治疗。要因地制宜研究实施“四个一批”的扶贫攻坚行动计划，即通过扶持生产和就业发展一批，通过移民搬迁安

---

① 《胡锦涛文选》（第三卷），人民出版社2016年版，第570页。

② 《胡锦涛文选》（第三卷），人民出版社2016年版，第571页。

③ 《习近平谈治国理政》，外文出版社2014年版，第189页。

④ 《习近平论扶贫工作——十八大以来重要论述摘编》，《党建》2015年第12期。

⑤ 《习近平总书记重要讲话文章选编》，中央文献出版社、党建读物出版社2016年版，第283页。

置一批，通过低保政策兜底一批，通过医疗救助扶持一批，实现贫困人口精准脱贫。[①]

关于建立效果良好的脱贫攻坚机制。习近平总书记指出，脱贫攻坚要取得实实在在的效果，关键是要找准路子、构建好的体制机制。第一，要解决好“扶持谁”的问题。扶贫必先识贫。建档立卡在一定程度上摸清了贫困人口底数，但这项工作要进一步做实做细，确保把真正的贫困人口弄清楚。只有这样，才能做到扶真贫、真扶贫。[②] 第二，要解决好“谁来扶”的问题。推进脱贫攻坚，关键是责任落实到人。要加快形成中央统筹、省（自治区、直辖市）负总责、市（地）县抓落实的扶贫开发工作机制，做到分工明确、责任清晰、任务到人、考核到位，既各司其职、各尽其责，又协调运转、协同发力。[③] 第三，要解决好“怎么扶”的问题。开对了“药方子”才能拔掉“穷根子”。要按照贫困地区和贫困人口的具体情况，实施“五个一批”工程。一是发展生产脱贫一批，二是异地搬迁脱贫一批，三是生态补偿脱贫一批，四是发展教育脱贫一批，五是社会保障兜底一批。[④] 第四，要解决好“如何退”的问题。精准扶贫是为了精准脱贫，目的和手段关系要弄清楚。要加快建立反映客观实际的贫困县、贫困户退出机制，努力做到精准脱贫。[⑤]

习近平总书记还系统论述了社会保障制度在扶贫攻坚与精准脱贫中的兜底作用。他指出，到2020年，难免还有这样的贫困人口，要有社会保障来兜底。这就涉及农村扶贫标准和农村低保标准相衔接的问题。要统筹协调农村扶贫标准和农村低保标准，按照国家扶贫标准综合确定各地农村低保的最低指导标准，低保标准低的地区要逐步提高到国家扶贫标准，实施“两线合一”，发挥低保先兜底作用。还要加大其他形式的社会救助力度，对因灾等造成的临时贫困群众要及时给予救助，加强农村最低生活保障和城乡居民养老保险、五保供养等社会救助制度的统筹衔接。[⑥]

关于强化脱贫攻坚中的社会合力。习近平总书记指出，扶贫开发是全党全社会的共同责任，要动员和凝聚全社会力量广泛参与。要坚持专项扶贫、行业扶

---

① 《习近平论扶贫工作——十八大以来重要论述摘编》，《党建》2015年第12期。

② 《习近平总书记重要讲话文章选编》，中央文献出版社、党建读物出版社2016年版，第287页。

③ 《习近平总书记重要讲话文章选编》，中央文献出版社、党建读物出版社2016年版，第288-289页。

④ 《习近平总书记重要讲话文章选编》，中央文献出版社、党建读物出版社2016年版，第290-291页。

⑤ 《习近平总书记重要讲话文章选编》，中央文献出版社、党建读物出版社2016年版，第292-294页。

⑥ 《习近平总书记重要讲话文章选编》，中央文献出版社、党建读物出版社2016年版，第292页。

贫、社会扶贫等多方力量、多种举措有机结合和互为支撑的“三位一体”大扶贫格局，健全东西部协作、党政机关定点扶贫机制，广泛调动社会各界参与扶贫开发积极性。要加大中央和省级财政扶贫投入，坚持政府投入在扶贫开发中的主体和主导作用，增加金融资金对扶贫开发的投放，吸引社会资金参与扶贫开发。要积极开辟扶贫开发新的资金渠道，多渠道增加扶贫开发资金。①

在党的十九大报告中，习近平总书记进一步指出，坚决打赢脱贫攻坚战。让贫困人口和贫困地区同全国一道进入全面小康社会是我们党的庄严承诺。要动员全党全国全社会力量，坚持精准扶贫、精准脱贫，坚持中央统筹省负总责市县抓落实的工作机制，强化党政一把手负总责的责任制，坚持大扶贫格局，注重扶贫同扶志、扶智相结合，深入实施东西部扶贫协作，重点攻克深度贫困地区脱贫任务，确保到2020年我国现行标准下农村贫困人口实现脱贫，贫困县全部摘帽，解决区域性整体贫困，做到脱真贫、真脱贫。②

从“救济式扶贫”到“开发式扶贫”，从“扶贫攻坚”到“大扶贫格局”，从“精准扶贫”到“精准脱贫”等比较系统的扶贫与脱贫思想体系，是中国共产党在不断推进扶贫开发实践，系统总结扶贫开发经验基础上，提炼出的符合中国国情的扶贫开发思想和理论体系。改革开放以来中国共产党对扶贫开发认识的不断发展，不仅极大地推动了中国扶贫政策与扶贫事业的发展，也极大地提升了中国扶贫开发政策的效果。

综上所述，改革开放以来，随着中国经济社会的发展变化，中国共产党对社会保障制度重大理论问题的认识逐步发展和深化。在社会保障功能认识方面，经历一个从建立合理的个人收入分配和社会保障制度，到提出加快建设与经济发展水平相适应的社会保障体系，到提出完善社会保障制度，保障群众基本生活，进而明确提出社会保障是保障人民生活、调节社会分配的一项基本制度；在社会保障制度目标的认识方面，中国共产党提出了保障和改善民生，全面建成小康社会，满足人民对美好生活的需要等一系列符合中国国情的社会保障制度建设和发展目标；在社会保障制度理念的认识方面，中国共产党提出了就业是民生之本，促进社会公平正义，共享发展等系统的社会保障制度发展理念；在社会保障制度发展道路的认识方面，中国共产党强调社会保障度的中国特色，社会保障制度的城乡统筹发展，社会保障制度的可持续发展等；在扶贫开发和反贫困的认识方面，中国共产党提出了从“救济式扶贫”到“扶贫开发”，从“扶贫攻坚”到“大扶贫格局”，从“精准扶贫”到“精准脱贫”等。中国共产党对社会保障制

① 《习近平论扶贫工作——十八大以来重要论述摘编》，《党建》2015年第12期。

② 习近平：《决胜全面建成小康社会夺取新时代中国特色社会主义伟大胜利——在中国共产党第十九次全国代表大会上的报告》，《求是》2017年第21期。

度重大理论问题的认识过程，即是中国共产党对中国特色社会保障制度本质属性的认识过程，也是中国共产党对符合中国国情的社会保障理论的探索过程，为中国特色社会保障制度的整合与体系完善提供了系统的理论基础。

第三节　社会保障制度整合与体系完善的影响因素

一、社会保障制度整合与体系完善的经济因素

经济体制对社会保障制度产生直接的影响。1978 年以来，中国由计划经济体制逐渐向社会主义市场经济体制转变，进入新时代，社会主义市场经济体制改革不断深入。市场经济遵循优胜劣汰的规则，企业以竞争为准则，为适应这种变化，中国进行了相应的经济体制改革。在城市，国有企业通过实施劳动合同制向以现代企业制度为中心的独立经济实体转变，在农村，开始了家庭联产承包责任制的改革。在国有企业改革的过程中，大量的工人下岗失业，城市贫困问题凸显。在农村推行改革的过程中，集体经济受到削弱，依靠集体经济维系的五保供养制度和合作医疗制度受到严重影响。

经济体制改革使得社会保障制度发生显著变化。第一，经济体制改革使得社会保障制度内容体系不断完善。依据市场经济的运行规则，失业现象不可避免，市场经济体制改革过程中国有企业下岗工人数量增加，中国因此建立了应对失业问题的失业保险制度，并在此基础上，逐步建立起养老保险、医疗保险、工伤保险和生育保险制度。经济体制改革带来的城市贫困问题，迫使中国出台相应的社会政策，城市最低生活保障制度也因此出现。国有企业改革的推进则使得无偿分配住房的政策终止，最终出现了公积金制度、廉租房制度、经济适用房制度以及公共租赁住房制度。第二，经济体制改革使得社会保险制度模式由“企业保险”向“社会保险”转变。1978 年以后，经济体制改革推进国有企业改革的步伐，传统的企业保险存在诸多问题，如新老企业之间劳动保险负担不均、劳动保险保障程度不等、劳动保险板块分割等，中国因此开始了社会保险社会统筹的探索工作，并将其作为国有企业改革的配合措施得以推行。同时，社会福利社会化方向得以确定。改革开放前，企业福利依赖于各个企业的经营状况，经营良好的企业福利较好，经营较差的企业福利较差，企业福利存在明显的板块分割现象。改革开放后，为了推进国有企业改革，企业福利也开始向社会化方向转变。第三，经

济体制改革使得社会保障制度的责权关系发生变化，促使社会保障制度层次体系不断完善。改革开放后，为配合国有企业改革，中国开始从责权关系上对社会保障制度进行调整，明确个人、企业和政府在社会保障制度中的责权关系，建立了社会统筹与个人账户相结合的养老保险制度和医疗保险制度，规定个人必须缴纳养老保险费和医疗保险费。

经济增长幅度对社会保障支出增长幅度具有重要影响。社会经济是社会保障的物质基础，社会经济增长是社会保障水平提高的必要条件。[①] 在不考虑其他因素的情况下，当一国经济增长处于较高水平时，社会保障制度就有充分的物质基础，因而可以提供较高水平的社会保障。当一国经济增长处于较低水平时，社会保障缺乏必要的物质支持，社会保障水平较低。1978－2011 年，中国经济增长呈现平稳、高速增长的态势，2012 年以来，我国经济发展进入新常态。1979－2016 年，中国经济平均增长速度为 9.6%。中国经济增长幅度与社会保障支出间关系密切。1995－1998 年，中国经济增长速度放慢，经济增长速度由 10.9% 降到 7.8%，五项社会保险支出增长幅度也由 29% 降到 22.23%。2003－2007 年，中国经济增长速度较快，经济增长速度由 10% 增加到 13%，五项社会保险支出增长幅度也由 15.7% 增加到 21.8%。[②] 同时，中国经济增长幅度也与财政社会保障支出有密切关系。1978－2016 年，中国国内生产总值由 3 678.7 亿元增加到 744 127.2 亿元，财政社会保障支出总额由 1978 年的 18.91 亿元增加到 2016 年的 21 591.45 亿元。[③]

经济全球化对社会保障制度产生重要影响。1978 年以来，中国实行了对外开放的政策，外商投资企业在中国发展较快，为了妥善解决外商投资企业职工的社会保障问题，中国积极推进扩大社会保险覆盖面的工作。1997 年，中国颁布的养老保险法规提出基本养老保险制度要逐步扩大到城镇所有企业及职工。2011 年，开始实施的《中华人民共和国社会保险法》，规定外国人在中国境内就业的，参照本法规定参加社会保险。同年的《在中国境内就业的外国人参加社会保险暂行办法》，确定了外国人在中国参加社会保险的办法。经济全球化推进了中国国际社会保险协定的立法进程。1990－2006 年，中国公民境外就业人数由 5.8 万人增加到 78 万人。境外就业人数的增加促使中国签订双边社会保险协议，2001 年的《中华人民共和国与德意志联邦共和国社会保险协定》和 2003 年的《中华人民共和国与大韩民国互免养老保险缴费临时措施协议》是一个良好的开端，2011

---

① 丁建定：《西方国家社会保障制度史》，高等教育出版社 2010 年版，第 12 页。

② 根据《中国统计年鉴》（2011 年）中的国内生产总值，养老保险、医疗保险、失业保险、工伤保险和生育保险支出数据计算。

③ 1978 年数据来源于《中国统计年鉴》（1999），2016 年数据来源于《中国统计年鉴》（2017）。

年，中国与日本启动社会保险协定的谈判工作。2012 年，中国与韩国签订社会保障协定。2013 年，习近平提出建设“新丝绸之路经济带”和“21 世纪海上丝绸之路”的合作倡议。“一带一路”成为经济全球化的重要体现，促使“一带一路”沿线国家社会保障的合作。2013 年，中国与丹麦签订社会保障协定。2015 年，中国与瑞士、加拿大签订社会保障协定，并与法国开展社会保障谈判。2016 年，中国与芬兰、荷兰签订社会保障协定。

收入分配对社会保障制度体系完善具有很大影响。社会保障制度是调节收入分配的重要制度安排。社会保障制度对收入分配的调节作用表现在，社会保险与职业福利可以影响和改变初次分配格局，社会保障是再分配领域中调节收入差距的关键因素，慈善公益事业的第三次分配作用可对收入分配起到补充作用。① 社会保障制度具有缩小收入差距的功能。然而，社会保障制度设计不合理也会扩大收入差距。1985 - 2005 年，中国社会保障制度的发展以城市社会保障制度建设为中心，城市转移性收入大大高于农村转移性收入，社会保障制度对收入差距的调节作用不明显，甚至表现出扩大城乡社会成员收入差距的特点。2006 年以来，中国积极推进社会保障制度整合的进程，扩大城乡社会保障制度转移支付规模，城镇居民人均转移性收入由 2005 年的 2 650.7 元增加到 2012 年的 6 368.1 元，农村居民人均转移性收入由 2005 年的 147.42 元增加到 2012 年的 833.18 元。社会保障对城乡收入差距的调节作用有所增加，城乡转移支付后的收入比由 2005 年的 3.86 降到 2012 年的 3.54。另外，中国慈善事业发展滞后，使得慈善事业不能较好的发挥缩小收入差距的作用。2016 年，中国慈善捐赠额为 1 392.94 亿元，占 GDP 的比例仅为 0.19%，慈善捐赠规模较小使得慈善事业对补充社会救助、社会福利基金的作用难以有效发挥，导致第三次分配缩小收入差距的目标难以实现。

收入分配制度的变迁对社会保障制度产生重要的影响。不同的收入分配制度会形成不同的收入分配格局，从而影响社会保障制度的发展。当收入分配制度较为合理时，收入差距缩小，社会保障收入再分配功能不明显。当收入分配制度不合理时，收入差距扩大，从而使得社会保障制度的再分配功能受到重视。1978 - 1987 年，中国分配制度的调整主要是对计划经济时期的平均分配原则进行修正，收入分配制度主要是破除绝对平均主义，鼓励一部分人先富起来。1987 - 2001 年，中国收入分配制度主要遵循效率优先、兼顾公平、多种生产要素参与分配的原则。2002 年以来，中国收入分配制度更加强调公平，提出初次分配与再分配都要体现公平。② 与此相适应，中国城乡社会成员收入差距发生变化。1978 -

① 郑功成：《论收入分配与社会保障》，《黑龙江社会科学》2010 年第 5 期。

② 武力：《新中国收入分配制度的演变及绩效分析》，《当代中国史研究》2006 年第 7 期。

1985 年，城乡居民收入差距比由 2.57 降到 1.86。1985－2000 年，城镇居民收入与农村居民收入差距比由 1.86 增加到 2.79。2000－2010 年以来，尽管中国在分配领域更加强调公平，但长期以来实施的收入分配制度的时滞效应以及中国社会保障制度收入再分配效应不明显，收入差距仍在扩大，城镇居民收入与农村居民收入差距比由 2.79 增加到 3.23。党的十八大以来，中国加大收入分配差距的调节力度。十九大报告指出，促进收入分配更合理、更有序，扩大中等收入群体，增加低收入者收入，调节过高收入，取缔非法收入，缩小收入分配差距。在此背景下，2017 年，城镇居民收入与农村居民收入差距比下降到 2.71（见表 2－1）。

表 2－1　　1980－2017 年中国城乡居民收入状况

年份	城镇居民家庭人均可支配收入（元）	农村居民家庭人均可支配收入（元）	城乡居民人均可支配收入差距（倍）
1980	477.6	191.3	2.50
1990	1 510.2	686.3	2.20
2000	6 280.0	2 253.4	2.79
2010	19 109.4	5 919.0	3.23
2017	36 396.0	13 432.0	2.71

资料来源：2017 年数据来源于国家统计局网站，其他年份数据来源于《中国统计年鉴》。资料来源：中华人民共和国国家统计局：《中国统计年鉴》（1996），中国统计出版社 1996 年版，第 279 页；中华人民共和国国家统计局：《中国统计年鉴》（2011），中国统计出版社 2011 年版，第 328 页。

收入分配制度的变化影响社会保障制度的发展。在收入分配制度注重效率优先的背景下，社会保障制度收入再分配的调节作用没有受到重视，社会保障制度的发展表现出为追求效率的社会经济政策配套的特点，社会保障制度发展较为缓慢。在收入分配差距扩大的情况下，中国收入分配制度开始注重公平理念，社会保障制度发展较快，社会保障制度的再分配功能受到重视。

劳动力市场对社会保障制度体系完善具有重要影响。就业体制变迁使得社会保险模式发生变化。1978－1986 年，城市经济体制改革的实施使得统包统配的就业管理体制开始松动，形成了统包统配与合同制并存的双轨制的就业体制，即劳动力自由流动的市场运行机制和政府控制的行政管理机制并存的情况。受双轨制的影响，中国进入探索社会保险社会统筹的准备阶段。1986 年以来，中国开始对新招收的工人全面实施劳动合同制，以市场调节为主的就业管理体制逐步形成。就业体制的转变使得社会保险模式发生变化。1986 年以来，中国开始对传统的企业保险制度进行改革，建立与市场经济相适应的社会保险体系成为改革的目标。

就业体制的转变推动失业保险制度的建立和发展。1986 年，中国开始在企业中实施劳动合同制。为了配合劳动合同制的顺利实施，1986 年，中国颁布《国营企业职工待业保险暂行规定》，初步建立了待业保险制度。劳动合同制的实施引起严重的失业问题。到 1997 年，下岗人数为 940 万人，1998 – 2000 年，中国国有企业下岗职工达 2 137 万人。[①] 在此背景下，中国不断完善失业保险制度，1998 年的《关于做好国有企业下岗职工基本生活保障、失业保险和城市居民最低生活保障制度衔接工作的通知》，提出促进下岗职工社会保障制度的衔接，1999 年的《失业保险条例》将失业保险覆盖范围进一步扩大（见表 2 – 2）。

表 2 – 2　　2000 – 2016 年中国城镇登记失业人数及登记失业率

年份	城镇登记失业人数（万人）	登记失业率（%）
2000	595	3. 10
2002	770	4. 00
2004	827	4. 20
2006	847	4. 10
2008	886	4. 20
2010	908	4. 10
2015	966	4. 05
2016	982	4. 02

资料来源：中华人民共和国国家统计局：《2000 – 2016 年国民经济和社会发展统计公报》。

劳动力市场分割导致社会保障制度分割。劳动力市场分割使得劳动力被固定在某一特定部门或领域，进而催生了分割的社会保障制度。中国劳动力市场分割表现为劳动力市场的城乡分割、劳动力市场的部门分割、正式劳动力市场与从属劳动力市场的分割。由于户籍制度、行政立法法规的影响，劳动力市场出现城乡分割状况，使得中国社会保障制度具有明显的二元特点，形成了农村社会保障制度和城市社会保障制度的分割。在部门分割与社会保障方面，中国劳动力市场的部门主要有机关、事业单位和企业，由此形成了机关事业单位社会保障制度、城镇企业职工社会保障制度的分割。另外，正式劳动力市场与从属劳动力市场的分割使得社会保障制度呈现碎片化现象。正式劳动力市场指可以获得现代雇用条件的劳动力市场，在这个市场上，劳动力不仅可以获得较为合理的工资，而且可以

① 黄安余：《经济转型中的中国劳动力市场》，上海人民出版社 2010 年版，第 241 页。

获得包括社会保障在内的福利（休假、培训、晋升等），该市场主要存在于城市正规部门的国有、集体以及现代企业制度部门。[①] 在从属劳动力市场上，工资水平较低，福利待遇较差，该市场就业群体典型的代表为农民工。从中国各个地区社会保障制度发展来看，有的地区建立了单独的农民工社会保障制度，有的地区采取农民工参加城镇企业职工社会保障制度或农村社会保障制度的安排，由此导致社会保障制度碎片化问题较为突出。

劳动力市场歧视使得社会保障制度出现公平失衡现象。中国劳动力市场歧视主要表现为劳动力市场的户籍歧视、地域歧视、性别歧视、工资歧视等。以劳动力市场的性别歧视为例。1995 - 2016 年，女性就业人员在城镇单位就业人员中所占比重为 37.2% - 43.1%，女性就业人员比重低于男性。2016 年，女性平均月薪仅为男性的 77%。女性经济地位较低将会导致在社会保障制度上女性处于不利地位。由于中国城镇企业职工养老保险制度的覆盖群体为城镇劳动者，女性参与工作比重较低使得社会保障制度在不同性别群体的覆盖上存在差异，女性收入比重低于男性使得女性缴纳社会保险的基数低于男性从而造成女性社会保险收益较低。

财税体制对社会保障制度体系完善具有重要影响。财政收支与社会保障制度关系密切。稳定的财政收入是社会保障制度持续、稳定运行的基础，财政收入为社会保障制度的发展提供了充足的经济支持。1998 - 2003 年，中国财政收入由 9 875.95 亿元增加到 21 715.25 亿元，社会保障财政支出由 595.63 亿元增加到 2 655.91 亿元，社会保障财政支出占财政收入的比重由 6.03% 增加到 12.23%，增加了 6.2%。2004 - 2016 年，中国社会保障财政支出由 3 116.08 亿元增加到 21 591.45 亿元，财政收入由 26 396.47 亿元增加到 159 604.97 亿元，社会保障财政支出占财政收入的比重由 11.8% 增加到 13.5%，增加了 1.7%。总体而言，1998 - 2016 年，中国社会保障的支出与财政收入呈现正向关系，伴随着财政收入的增加，中国社会保障财政支出增加。[②]

财政转移支付为中国社会保障制度良好运行提供了重要的经济支持。财政支持是中国新型农村社会养老保险制度和新型农村合作医疗制度资金来源的主要方面。在新型农村合作医疗制度运行中，财政每年对参加新型农村合作医疗农民的资助由 2003 年的 20 元增加到 2016 年的 420 元。在新型农村社会养老保险制度运行中，财政既补“入口”，又补“出口”，中央财政对基础养老金的补贴由 2009

① 李建民：《中国劳动力多重分割及其对劳动力供求的影响》，《中国人口科学》2002 年第 2 期。

② 根据《中国统计年鉴》（1999 - 2017 年）财政收入、财政支出和社会保障支出数据计算所得，1998 - 2006 年以前社会保障财政支出为抚恤和社会福利救济费支出、社会保障补助支出和行政事业单位离退休经费支出之和，2007 - 2016 年社会保障财政支出为社会保障与就业支出。

年的55元/月增加到2014年的70元/月，2018年全国城乡居民人均基础养老金达到每月124元。政府财政形成全国社会保障基金的重要来源。2000－2016年，财政拨入全国社会保障基金由200亿元增加到700.6亿元，共拨入全国社会保障基金7 959.61亿元。伴随着财政支出规模的扩大，社会保障财政支出增加，社会保障财政支出在财政支出中的比重提高。1998－2016年，财政支出由10 798.18亿元增加到187 755.21亿元，社会保障财政支出由595.63亿元增加到21 591.45亿元，社会保障财政支出在财政支出中的比重由5.52%增加到11.5%，增加了5.98%。

财政体制改革对中国社会保障制度产生重要影响。财政体制改革使得中央政府和地方政府的财政收入和支出发生变化，进而影响到中央政府和地方政府社会保障财权的变化。1978－1993年，中央财政收入由175.77亿元增加到957.51亿元，地方财政由956.49亿元增加到3 391.44亿元，中央财政和地方财政收入均在增长，但中央财政收入规模小于地方财政收入规模。1994年，中国实施分税制改革，分税制改革以税收法规形式划分了中央和地方政府的财权范围，但由于当时社会保障制度尚处于改革探索之中，分税制并没有对社会保障事权在中央政府和地方政府之间划分进行详细界定，从而导致各级政府权责划分不清，在中央政府和地方政府的利益博弈中，中央政府倾向于加大地方政府的社会保障事权，而没有建立起在社会保障制度领域的财政转移支付机制。[①] 因此在社会保障制度中形成了中央政府和地方政府财权和事权不平衡的现象。1998－2016年，中国财政收入中中央财政比重由49.5%下降到45.34%，财政支出中中央财政支出比重由28.9%下降到14.6%，社会保障财政支出中中央财政支出比重由4.21%下降到4.12%；财政收入中地方财政收入比重由50.5%增加到54.66%，财政支出中地方财政支出比重由71.1%增加到85.4%，社会保障财政支出中地方财政支出比重由95.79%增加到95.88%。[②]

财政政策调整影响社会保障制度的发展。1993－1997年，中国实施适度从紧的财政政策，财政政策调整的重要内容是促进国有企业改革，因此为国有企业改革配套的社会保险制度取得了较快的发展。中国积极完善企业职工养老保险、医疗保险和失业保险制度。1997－1998年，中国实施积极财政政策，主要进行了收入分配政策的调整。作为收入分配主要政策的社会保障制度也取得了较快的发

① 柯卉兵：《分裂与整合：社会保障地区差异与转移支付研究》，中国社会科学出版社2010年版，第245页。

② 中华人民共和国国家统计局：《中国统计年鉴》（2011），中国统计出版社2011年版，第278页；1998－2006年社会保障财政支出数据为抚恤和社会福利救济费支出、社会保障补助支出和行政事业单位离退休经费支出之和，2007－2010年社会保障财政支出数据为社会保障与就业支出。

展，中国提高了失业人员的救济标准，提高城市最低生活保障标准，扩大社会保障财政支出规模，社会保障财政支出由1998年的595.63亿元增加到2004年的3 116.08亿元。2003－2004年，中国实施了稳健的财政政策，作为稳健财政政策的主要内容，中国积极推动社会保障制度的发展，逐步完善教育救助制度，积极推动最低生活保障制度、城乡医疗救助制度的发展，社会保障和就业支出由2005年的3 698.86亿元增加到2008年6 804.29亿元。2008年下半年开始，中国再次实施积极财政政策，加大社会保障转移支付的力度，社会保障财政支出由2008年的6 804.29亿元增加到2016年的21 591.45亿元。[①] 2017年，中国继续实施积极财政政策，继续实施减税降费政策，扩大财政支出规模，落实更加积极的就业政策，促进教育均衡发展，继续提高退休人员基本养老金标准、城乡居民基本医疗保险财政补贴标准及基本公共卫生服务项目年人均财政补贴标准。

二、社会保障制度整合与体系完善的政治因素

党的执政理念对社会保障制度体系完善具有直接的影响。科学发展观提高了社会保障制度在国家经济社会政策中的地位。改革开放以来，在以经济建设为中心的目标驱使下，中国进行了城乡经济体制改革，生产力取得较快增长，GDP总值跃居世界前列，但中国经济增长模式是一种依靠资源大量投入的粗放式增长模式，对资源、环境形成了巨大的压力，同时引发了较多的社会问题，收入差距、弱势群体等社会问题凸显，社会建设事业发展缓慢。在此背景下，中国政府提出科学发展观。科学发展观的内涵是坚持以人为本、树立全面、协调、可持续的发展观，促进经济社会和人的全面发展。在科学发展观指导下，要统筹城乡发展、区域发展、经济社会发展、人与自然发展、国内发展和对外开放。科学发展观不仅要重视经济发展，而且重视社会发展，要求缩小城乡差距、区域差距，合理发挥政府收入再分配的职能。在科学发展观的指导下，社会保障制度成为经济和社会政策的重要组成部分。

科学发展观使得社会保障制度结构体系不断完善。科学发展观的要义之一是树立协调的发展观，要求统筹城乡发展、区域发展。在科学发展观的指导下，为了统筹城乡发展，中国加快建立农村社会保障制度的步伐。2003年，新型农村合作医疗制度和农村医疗救助制度建立。2007年，农村最低生活保障制度建立。2009年，中国试点推行新型农村社会养老保险制度。农村社会保障制度的完善促使城乡社会保障制度协调发展。科学发展观还要求缩小不同群体的收入差距，

① 中华人民共和国国家统计局：《中国统计年鉴》（2017），中国统计出版社2017年版。

因而政府不断提高中低层社会成员的社会保障给付水平。以养老金给付水平调整为例，中国不断提高城镇企业职工养老金水平。2001 年、2002 年、2004 - 2007 年的基本养老金调整比率以占上一年度企业在岗职工名义平均工资增长率的比例为标准，分别为不超过 60%、50% 左右、45% 左右、60% 左右、100% 左右和 70% 左右，而 2008 - 2011 年的调整比率直接规定为 10% 左右。① 2012 - 2015 年，养老金调整比率为 10%，2016 年与 2017 年调整比率分别为 6.5% 和 5.5%。城镇企业职工养老金的调整有助于缩小企业职工与机关人员、事业单位人员养老保险差距，有助于社会保障制度的结构公平。

以人为本的执政理念促使中国加快社会保障制度的发展。以人为本将满足人的需求、改善人的生活、促进人的发展作为经济社会发展的目的。在以人为本的执政理念下，经济增长、社会发展是实现人的全面发展的手段。以人为本的执政理念要求重视社会成员的需求、改善社会成员的生活水平、促进社会成员的全面发展。社会保障制度是一种满足社会成员需求、保障社会成员基本生活、提升社会成员幸福度的重要制度。因此，以人为本的执政理念促进中国加快社会保障制度体系的发展。在以人为本的执政理念指导下，民生事业获得较快发展，社会保障制度内容体系不断完善。

以人为本的执政理念要求促进人的全面发展，而社会成员的发展包括物质生活的提高、精神生活的改善、服务支持的提供。从以人为本执政理念出发，中国社会保障制度不再仅仅关注社会成员的物质需求，而是兼顾物质需求、精神需求和服务需求，并从这三种需求出发不断完善社会保障制度内容体系。2000 年以前，中国社会保障制度中，社会保险制度的发展成为重点，社会保险制度以物质支持为主要方式来满足社会成员的物质需求。2000 年以来，在以人为本的执政理念指导下，中国积极发展社会救助、社会福利、补充社会保障制度和社会保障服务。通过提供满足社会成员物质需求、精神需求和服务需求的社会保障项目，中国社会保障制度内容体系得以不断完善。

以人为本的执政理念与社会保障制度的重大发展具有同步性。2003 年，中国共产党十六届三中全会提出了以人为本的执政理念，同年，新型农村合作医疗制度开始实施。2007 年，中国共产党的十七大报告再次强调以人为本的执政理念，中国开始了社会保障制度结构体系的整合与完善。2010 年，中国共产党十七届五中全会强调“更加注重以人为本”，同年，《中华人民共和国社会保险法》获得通过，2011 年又开展城镇居民养老保险制度的试点工作。2014 年，统一了城乡居民养老保险制度。

① 丁建定等：《我国企业职工基本养老金调整机制》，《保险研究》2011 年第 9 期。

和谐社会的执政理念是指导中国社会保障制度发展的重要理念。2006年的《中共中央关于构建社会主义和谐社会若干重大问题的决定》，对和谐社会的内涵和要求做出了详细的阐述。和谐社会建设必须坚持以人为本、科学发展、改革开放、民主法治、正确处理改革、发展、稳定的关系、在党的领导下全社会共同建设的原则。和谐社会要求完善社会保障制度、保障群众基本生活，要求中国完善收入分配制度、规范收入分配秩序，完善公共财政制度、逐步实现基本公共服务均等化。

和谐社会执政理念对于推进社会保障制度发展有重要作用。和谐社会坚持的理念之一是正确处理改革、发展、稳定的关系，以改革促进和谐、以发展巩固和谐、以稳定保障和谐。和谐社会的基础是社会公平，社会公平的实质则是利益公平。社会保障制度的功能之一是促进社会公平，但社会保障制度本身必须首先实现公平享有，和谐社会执政理念直接促使中国社会保障制度必须通过制度整合与体系完善，以促进社会公平与和谐。社会保障制度通过政府转移支付实现社会保障的收入再分配功能，从而具有稳定社会的功能；社会保障制度可以保护弱势群体的利益，具有促进公平的社会功能，从而可以合理调节不同阶层的收入差距，推进社会发展；社会保障制度通过向劳动者提供社会保险、向失业者提供就业培训等可以提升社会成员的物质资本、人力资本和金融资本，从而成为促进经济发展的有效政策工具。社会保障具有稳定和发展的功能使得社会保障制度成为促进建设社会和谐的重要制度安排。

法制建设对社会保障制度体系完善具有重要的影响。改革开放以后，经济建设和经济体制改革成为中国共产党和政府的重要任务，法制建设紧紧围绕经济发展、围绕市场经济和国有企业改革展开。为了适应建立社会主义市场经济法律体系的需要，全国人大及其常委会把经济立法放在首位，与此相适应，社会保障法律的发展呈现出为国有企业改革配套的作用。1986年的《国营企业职工待业保险暂行规定》、1991年的《关于企业职工养老保险制度改革的决定》、1992年的《关于实行大病医疗费用社会统筹的意见》等法规的颁布都有为了配合国有企业改革、促进市场经济发展的功能。进入21世纪以来，全面依法治国成为党的战略布局的重要内容，十九大报告指出，全面依法治国是国家治理的一场深刻革命，必须坚持厉行法治，推进科学立法、严格执法、公正司法、全民守法。在此背景下，随着人口老龄化、城乡收入差距、失地农民等社会问题的严重，中国法律建设中社会法受到重视，社会法以实现和谐社会为目标，以凸显以人为本为要义，在此背景下社会法中的社会保障法律建设取得了较快的发展。

立法主体结构影响社会保障法律法规体系。中国立法主体包括全国人民代表大会、全国人民代表大会常务委员会、国务院和地方政府。全国人民代表大会立法为依法制定和变动效力可以及于中国全部主权范围的规范性法律文件活动的总称。全国人民代表大会常务委员会依法制定和变动效力可以及于全国的规范性法律文件活动的总称。国务院立法依法制定和变动行政法规并参与国家立法活动以及从事其他立法活动的总称。地方立法依法制定和变动效力不超出本行政区域范围的规范性法律文件活动的总称。立法主体的结构影响到中国社会保障法律的建设和发展。与中国立法主体结构相适应，中国社会保障法律体系由全国人民代表大会常务委员会通过的社会保障法和国际公约、国务院通过的社会保障条例、国家部委通过的部门规章、地方政府通过的社会保障规定组成。

全国人民代表大会常务委员会通过的社会保障法律在中国社会保障法律体系中具有最高效力，如 2010 年 10 月 28 日通过的《中华人民共和社会保险法》、2012 年 4 月 27 通过的《中华人民共和国军人保险法》、2015 年 4 月 24 日修订的《中华人民共和国老年人权益保障法》等，都是由人大常委会通过的社会保障法律；2002 年批准的《禁止和立即行动消除最恶劣形式的童工劳动公约》（第 182 号）和 2006 年批准的《消除就业和职业歧视公约》（第 111 号）则是人大常委会批准的国际公约。国务院通过的社会保障条例在中国社会保障法律体系中具有重要地位。如 2003 年通过的《工伤保险条例》、2006 年通过的《农村五保供养工作条例》、2012 年通过的《女职工劳动保护特别规定》等，都是由国务院颁布的社会保障法规。部门规章是中国社会保障法律体系的重要组成部分。如 1987 年由民政部印发的《关于探索建立农村基层社会保障制度的报告》、1992 年由民政部印发的《县级农村社会养老保险基本方案（试行）》、2006 年由财政部颁布的《关于国有金融企业试行企业年金制度有关问题的通知》等是由社会保障事务的相关管理部门颁布的社会保障法规。地方法规是地方政府部门通过的用于指导不同地区社会保障发展的法律规定。如 1993 年由上海市民政局、财政局等部门联合下发的《关于本市城镇居民最低生活保障线的通知》和 2001 年由陕西省劳动和社会保障厅颁发的《陕西省职工生育保险暂行办法》。

政府职能转变对社会保障制度体系完善具有直接影响。政府机构改革影响到社会保障管理主体的变化。在政府机构改革的过程中，社会保障管理机构的合并、拆分、职能变更等使得社会保障管理主体发生变化。改革开放以来，中国经历了 8 次政府机构改革，其中，1982 年、1988 年、1998 年、2008 年和 2018 年涉及中国社会保险事务管理机构的改革，而且在每次机构改革过程中，中国社会保障管理主体的职责都发生一定的变化。通过民政部门和社会保险部门的政府机构改革，社会保障管理职能在不同部门内进行重新分配，到 2018 年，中国形成了由人力资源和社会保障部、民政部、国家卫生健康委员会、退役军人事务部、住房和城乡建设部、教育部等部门组成的社会保障管理机构。

政府职能变迁与社会保障制度关系密切。改革开放以来，中国政府职能经历了以经济职能为主导向以社会管理与公共服务职能为主导的转变，政府经济职能向社会管理与公共服务职能变迁的分界点为2003年。1978年的十一届三中全会提出了政府职能要从政治职能为重心向以经济工作为中心转变，中国开始进入以经济职能为主导的政府职能阶段。2003年的十六届三中全会提出了以人为本的科学发展观，在以人为本的执政理念的指导下，中国政府职能逐渐向社会管理与公共服务职能转变。2017年的十九大报告提出转变政府职能，建设人民满意的服务型政府。

政府职能的变化影响到社会保障体系的发展。在经济职能为主导的阶段，政府积极推进市场经济的发展。而由市场经济所引起的失业、贫困问题促使中国社会保障制度内容体系的完善。1978－2003年，针对城镇劳动者的老年、疾病、失业、工伤、生育、贫困等社会问题，中国逐步建立了养老保险制度、医疗保险制度、失业保险制度、工伤保险制度、生育保险制度和最低生活保障制度，并进行养老服务、医疗服务和就业服务的探索。在以社会管理与公共服务职能为主导的阶段，社会保障制度缩小收入分配差距、改变收入分配格局的重要作用受到重视。中国积极推进社会保障结构体系的完善，2003年以来，中国逐渐为农村居民建立了新型农村养老保险制度、新型农村合作医疗制度、农村医疗救助制度和农村最低生活保障制度，不断完善农村五保户制度，并加大农村社会保障转移支付力度，缩小城市社会保障制度与农村社会保障制度的差距，促进城乡基本公共服务的均等化发展，促进社会保障的制度整合与体系完善。

政府职能变迁使得社会保障制度目标发生变化。1978－2003年，政府职能以经济职能为主导，社会保障制度改革主要是服务于经济体制改革与经济建设，表现出强烈的经济目标取向。其后，在经济体制改革取得快速发展时，各种社会问题开始突显出来，于是，中国社会保障制度的基本目标表现出在继续服务于经济建设这一基本目标的同时，强调社会保障制度的政治目标，维护社会稳定成为中国社会保障制度发展和完善的主要制度目标。2003年以来，中国政府职能逐渐向社会管理与公共服务职能转变，与此相适应，中国社会保障制度的目标发生相应的变化，中国社会保障制度从被动选择单一的经济目标或政治目标，逐步向主动地选择社会保障制度的社会目标进而促进社会保障制度的经济目标、政治目标、社会目标与道德目标的协调发展转变。①

政府层级对社会保障管理体制具有较大影响。政府层级影响社会保障管理机构的层级，中国政府层级包括中央、省、地市级、县、乡的五层政权体制。在职

① 丁建定：《西方国家社会保障制度史》，高等教育出版社2010年版，第375－377页。

能部门设计上，由于地方政府机构与中央政府机构的同构化，中央政府设置的政府机构地方政府也要有。因此在社会保障领域，在中央政府一层，设置了人力资源和社会保障部、民政部、卫生部、教育部等机构，相应的在省级政府则设置了人力资源和社会保障厅、民政厅、卫生厅、教育厅，在地市级政府和县级政府一层设置人力资源和社会保障局、民政局、卫生局、教育局。在社会保障多层政权机构设置下，上层机构的设置必然引起下层机构的相应设置。

中央政府和地方政府财权和事权的划分影响社会保障制度的发展。中央政府和地方政府责权划分不明确影响到社会保障制度的发展。1978 - 1994 年，中国地方政府财政收入在财政总收入中所占比重较高，地方政府拥有较大的资源处置权。1994 年以来，分税制的改革使得中央政府财政收入比重提高，地方政府财政收入比重降低，然而，在中国政府职能向社会管理和公共服务职能转变的背景下，地方政府承担的社会服务越来越多，而中央政府对地方政府的转移支付依靠卫生部、人力资源和社会保障部等职能部门实施，依托项目向不同层级的地方政府进行转移支付，地方政府只有通过向上层政府申报以获得中央政府的配套资金来改善地方的公共服务与社会保障服务。这使得在中央政府财权集中过高的情况下地方政府社会保障服务改善受到较大约束。中央政府和地方政府责权划分不明确导致中央和地方在社会保障负担不合理。

政府责任状况影响到社会保障制度的实施。政府对社会保障制度的运行具有制度设计责任、财政支持责任、监督管理责任等，政府责任不明确将会影响到社会保障制度的运行效果。在新型农村合作医疗制度的实施中，新型农村合作医疗制度资金来源于个人缴费、集体补助、中央财政补助和地方财政补助，然而在实践中出现了地方政府资金不到位，农民参保积极性低的问题。在城镇企业职工养老保险制度运行中，城镇企业职工养老保险制度资金来源于企业和个人，政府具有财政兜底责任，然而政府在社会保障中的财政责任并没有以立法的形式确定下来。在新型农村养老保险制度的运行中，政府既补进口，又补出口，但是在财政补贴上不同层级政府在新农保的财政支出责任有待于进一步优化和明晰，由此将影响到中国新型农村养老保险制度的发展。政府多头管理降低社会保障运行效率，使得社会保障基金没有合理利用。中国灾害救助、最低生活保障制度、医疗救助等由民政部门中不同的机构管理，教育救助、住房救助、法律援助由教育部、住房和城乡建设部和司法部负责实施。

政府与社会关系的变迁对社会保障制度有重要影响。1978 年以来，中国政府和社会关系发生变化，政府与社会组织之间开始建立新型关系，社会组织也得以迅速发展。[①] 进入新时代，中国将全面深化改革总目标确定为完善和发展中国特色社会主义制度、推进国家治理体系和治理能力现代化。这为社会组织参与社会保障提供了充分条件。社会组织的发展使得社会保障参与主体向多元化方向发展。随着社会组织数量的增加以及社会组织力量的强大，中国社会保障参与主体逐渐由政府、单位向政府、单位、社会组织、家庭和个人的方向发展，社会保障主体多元化格局逐渐形成。同时，社会组织的发展有助于改善中国社会保障服务水平，社会组织是社会服务的重要提供者，社会组织为老年人、残疾人、儿童提供社会服务，基金会通过将募捐所得的捐款进行合理利用可以改善特殊群体的社会福利。

三、社会保障制度整合与体系完善的社会因素

人口结构对社会保障制度产生重要的影响。其影响主要表现在人口年龄结构、人口区域结构及经济活动人口的部门结构等对社会保障制度的影响方面。人口年龄结构的变化是社会保障制度模式转变的重要因素。人口年龄结构主要表现为人口老龄化。1995 年开始，老年人口比重逐渐上升，2000 年，65 岁以上人口比重达 7%，老年人口抚养比由 1995 年的 9.2% 增加到 2000 年的 9.9%，[②] 中国开始进入老年型社会。人口老龄化使得社会保障支出增加、社会保障给付办法发生变化。随着人口老龄化进程的加快，老年人社会保障支出增加。1978 - 1990 年，65 岁以上的人口数增加，离退休费由 1978 年的 2.34 亿元增加到 1990 年 9.6 亿元。[③] 1990 - 2016 年，离退休人员总数由 965.3 万人增加到 10 103.4 万人，养老保险支出由 149.3 亿元增加到 31 853.8 亿元。[④] 人口老龄化的另外一个特点是老年人平均余命的延长。2005 - 2010 年，65 岁人口平均余命为 15 岁。[⑤] 伴随着老年人口平均余命的延长，养老保险法定个人账户给付月数延长。1997 年，养老保险法律规定企业劳动者 60 岁退休时给付 120 个月的个人账户养老金。2005 年，将企业养老保险个人账户给付月数延长至 60 岁退休时给付 139 个月的个人账户养老金。

人口老龄化推动了基本社会保障服务的发展，促进社会保障内容体系的完善。老年人对社会保障服务的需求加大。1998 年，中国城市居民两周患病率为

---

① 汪玉凯等：《中国行政体制改革 30 年回顾与展望》，人民出版社 2008 年版，第 130 - 132 页。
② 中华人民共和国国家统计局：《中国统计年鉴》（2011），中国统计出版社 2011 年版，第 94 页。
③ 中华人民共和国国家统计局：《中国统计年鉴》（1996），中国统计出版社 1996 年版，第 234 页。
④ 中华人民共和国国家统计局：《中国统计年鉴》（2011），中国统计出版社 2011 年版，第 866 页。
⑤ 联合国经济与社会事务部：《2010 年世界人口展望》。

187.2‰，65 岁及以上城市居民两周患病率为 379.4‰；中国农村居民两周患病率为 137.1‰，65 岁及以上农村居民两周患病率为 242‰。[①] 老年人口患病率高于平均水平使得老年人社会保障服务需求增加。因此，中国积极推动老年人社会保障服务的发展。1998－2010 年，中国老年福利机构床位数由 105.8 万张增加到 314.9 万张，入住老年人的数量由 80 万人增加到 242.6 万人。[②] 2011－2016 年，各类养老服务机构由 4.09 万个增加到 14.0 万个，每千名老年人拥有养老床位由 19.1 张增加到 31.6 张。[③] 在医疗服务方面，中国社区卫生服务中心（站）由 2002 年的 8 211 个增加到 2016 年的 34 327 个，每千人口医疗卫生机构床位数由 2002 年 2.32 张增加到 2011 年 5.37 张。[④]

人口区域结构变化表现为人口的迁移和流动。中国人口迁移规模较大。1978 年以来，随着农村家庭联产承包责任制的推行，大量的农村剩余劳动力从土地上解放出来，人口迁移规模增加。1982－1987 年、1985－1990 年、1990－1995 年和 1995－2000 年四个时期，人口迁移规模分别达 3 053.3 万人、3 412.8 万人、3 642.6 万人和 13 122.37 万人。[⑤] 流动人口规模庞大。2002 年中国流动人口为 12 107 万人，占人口总数的 9.56%。2007 年，农民工总量达 22 542 万人，2016 年，农民工人数达 28 171 万人。[⑥] 人口区域结构的变化使得流动人口社会保障问题突出。人口流动影响农村家庭养老。2007－2010 年，在农村 60 岁及以上人口中，主要生活来源依靠劳动收入的人数占总人数的比重由 50.05% 降低为 41.18%，主要生活来源依靠家庭其他成员供养的人数占总人数的比重由 42.3% 增加到 47.74%，主要生活来源依靠养老金的人数占总人数的比重由 4.22% 增加到 4.6%，主要生活来源依靠最低生活保障金的人数占总人数的比重由 1.72% 增加到 4.48%。[⑦] 表明家庭养老仍然是农村养老的重要方式，但农村人口流动的出现和扩大使得年轻劳动力留在农村的数量减少，家庭养老因而受到冲击，农村老年人可获得的家庭保障服务支持减少。人口流动引起农民工退保问题。由于养老保险缴费年限的规定、农民工工作的流动性、地方利益等原因，在养老保险参保方面，部分农民工退保现象较为严重。2002－2006 年，广东省农民工“毛退保

---

① 该数据来源于卫生部网站，http://www.moh.gov.cn/open/statistics/year2004/p178.htm。

② 民政部：《1998－2010 年社会服务发展统计报告》。

③ 民政部：《2011－2016 年社会服务发展统计报告》。

④ 卫生部：《2005－2016 年中国卫生事业发展情况统计公报》。

⑤ 王德：《1990 年以后的中国人口迁移研究综述》，《人口学刊》2004 年第 1 期。

⑥ 人力资源和社会保障部：《2002－2016 年人力资源与社会保障事业发展统计公报》。

⑦ 根据《中国人口与就业统计年鉴 2008》和第六次人口普查“全国乡村 60 岁及以上分年龄、性别、主要生活来源的人口”的数据计算所得。

率”① 分别为7.17%、8.38%、9.15%、10.79%和11.18%。② 人口流动使得社会保障制度碎片化现象严重。针对庞大的流动人口群体，各个地区出台了相应的法律法规解决农民工社会保障问题，逐渐形成了将农民工纳入城镇社会保障制度、将农民工纳入农村社会保障制度和为农民工建立独立的社会保障制度的模式，而地区差异的农民工社会保障制度做法使得养老保险制度异常碎片化。人口的迁移和流动促进社会保障制度的统筹与衔接，推动社会保障管理服务的优化。人口迁移与流动的新变化促使社会保障在不同地区、城乡间的统筹与衔接，推动社会保障制度管理向更加适应于人口流动的方向进行改革。党的十九大报告指出，全面建成覆盖全民、城乡统筹的社会保障制度体系，尽快实现养老保险全国统筹，建立全国统一的社会保险公共服务平台，统筹城乡社会救助体系。

经济活动人口就业部门结构的变化使得社会保障覆盖面不断扩大。经济体制的转变引起中国城镇就业结构的变化，城镇就业结构的变化促使社会保障保障制度覆盖面不断扩大。1978年，中国提出非公有制经济是社会主义经济的必要补充，同年，国有单位就业人数占城镇就业人数的78.3%，这一年颁布的《关于工人退休、退职的暂行办法》规定养老保险的覆盖人群主要为全民所有制企业。随着城镇就业结构的不断转变，中国社会保障制度覆盖面进一步扩大。1991年，国有单位就业人数占城镇就业人数的61.1%，集体单位就业人数占城镇就业人数的比例为20.8%。③ 依据1991年的《关于企业职工养老保险制度改革的决定》，城镇企业养老保险制度覆盖范围为全民所有制企业，但集体所有制企业可以参照执行。1993年，中国提出要坚持“以公有制为主体、多种经济成分共同发展”的方针。1997年，中国明确提出社会主义初级阶段的基本经济制度是公有制为主体、多种所有制经济共同发展，城镇就业人员结构发生变化。1999年，城镇就业人数中股份合作单位、联营单位、有限责任公司、股份有限公司、私营单位、港澳台商投资单位和外商投资单位就业人数占城镇就业人数的12.8%。城镇其他单位就业人数的增加促使进一步扩大社会保障制度覆盖面，养老保险制度的覆盖人群扩大为国有企业、城镇集体企业、外商投资企业、城镇私营企业和其他城镇企业及其职工，2005年，中国城镇个体户就业人数占城镇就业总数的9.78%，同年的《关于完善企业职工基本养老保险制度的决定》，提出个体工商户要参加城镇企业养老保险制度。

不同产业就业人数的变化促使不同阶段社会保障制度发展重点不同。中国不

---

① 毛退保率=农民工退保人数/省农民工参加基本养老保险人数×100%。

② 郑秉文：《改革开放30年中国流动人口社会保障的发展与挑战》，《中国人口科学》2008年第5期。

③ 中华人民共和国国家统计局：《中国统计年鉴》（1996），中国统计出版社1996年版，第87页。

同产业就业人数呈现出劳动者从第一产业向第二产业和第三产业转移的趋势。1978 年，中国三大产业劳动者就业人数占总就业人数的比重分别为 70.5%、17.3% 和 12.2%，2016 年，分别为 27.7%、28.8% 和 43.5%。劳动者由第一产业向第二产业和第三产业的转移使得不同阶段社会保障制度发展重点不同。1978 - 2000 年，第二产业就业人数持续增加，中国社会保障发展重点是继续完善城镇企业社会保障体系，中国颁布了城镇企业养老保险制度、城镇企业医疗保险制度、失业保险制度、工伤保险制度等。2000 年以来，第三产业就业人数持续增加，公共服务与社会组织就业人数从 2003 年的 1 171 万人增加到 2016 年的 1 672.6 万人，金融业从业人数由 353.3 万人增加到 665.2 万人，[①] 科学研究和技术服务人员、住宿餐饮业从业人员均有所增加，中国社会保障制度发展重点是对事业单位养老保险制度进行改革探索、对灵活就业人员和自由职业者的社会保障制度进行完善。

社会阶层结构的发展变化使得社会保障内容体系不断完善。不同社会阶层具有不同的社会保障需求，社会阶层结构的变化使得社会保障需求呈现出多样化、复杂化的特点，社会保障内容体系在不断满足不同社会阶层社会保障需求的过程中得以不断完善。2001 年，中国社会阶层结构中，国家与社会管理者占 2.1%，经理人员占 1.6%，私营企业主占 1%，专业技术人员占 4.6%，办事人员占 7.2%，个体工商户占 7.1%，商业服务业从业人员占 11.2%，产业工人占 17.5%，农业劳动者占 42.9%，无业失业半失业人员占 4.8%。[②] 社会阶层结构的发展变化使得社会保障体系内容体系不断完善。1978 年以后，失业人员的出现使中国建立了针对失业问题的失业保险制度，无业半失业人员的出现使中国建立了城镇最低生活保障制度，农业劳动者占有较大比例使中国建立新型农村养老保险制度、新型农村合作医疗保险制度、农村最低生活保障制度，经理人员、专业技术人员等高端人才的出现使中国建立了企业年金制度、补充医疗保险制度。

社会阶层的流动促使社会保障制度结构体系不断整合与完善。2000 年以来，中国社会阶层结构出现了中上阶层扩大、中下阶层缩小、底层扩大的趋势。比较 2006 年和 2001 年中国社会阶层结构可以发现，中国社会阶层中国家与社会管理者、私营企业主、经理人员、专业技术人员、个体工商户、无业失业半失业人员增加，商业服务业从业人员、产业工人、农业劳动者减少，这表明社会阶层同时出现了向上和向下的流动。社会阶层的流动促使不同人群社会保障制度的统筹和衔接，推动社会保障制度结构体系整合。2006 年以来，中国通过为城镇居民、

---

① 中华人民共和国国家统计局：《中国统计年鉴》(2017)，中国统计出版社 2017 年版。

② 陆学艺：《当代中国社会结构》，社会科学文献出版社 2010 年版，第 388 - 396 页。

农村居民建立养老保险制度和医疗保险制度实现了养老保险和医疗保险制度在制度层面的全覆盖。2011 年的《人力资源和社会保障事业发展“十二五”规划纲要》强调，完善社会保险制度衔接办法和社会保险关系跨区域转移接续办法，提高社会保险统筹层次。

城乡二元结构的变化推动社会保障制度结构体系的整合。中国城乡分割逐步打破，市场经济使得城乡劳动力流动加快，然而在中国经济优先发展战略的指导下，城市仍然是经济发展的中心。与此相适应，中国继续发展和完善城镇社会保障制度，建立了城镇养老保险制度、城镇医疗保险制度、失业保险制度、城市最低生活保障制度等，农村社会保障制度发展较为缓慢。2000 年以来，中国不断加快农村发展速度，中国加快农村社会保障制度的建设。2003 年，开始实施新型农村合作医疗制度。2007 年，建立了农村最低生活保障制度。2009 年，开始实施新型农村养老保险制度。在中国特色社会主义社会进入新时代的背景下，城乡发展不平衡依然限制了社会成员需要的满足，促使社会保障制度的城乡统筹。2014 年，我国将农村养老保险制度与城镇居民养老保险制度统一为城乡居民养老保险制度。同时又积极探索城乡居民医疗保险的统筹工作。与此同时，城市化对社会保障制度有重要影响，城镇化使得城镇人口增加，依靠货币化收入人口增长，收入风险的同质性增强，这将进一步挑战居民的身份差异，推进社会保障制度一体化与统筹发展（见表 2－3）。

表 2－3　　　　1980－2016 年中国城乡人口数及其比例

年份	城镇人口（万人）	城镇人口比例（%）	农村人口（万人）	农村人口比例（%）
1980	19 140	19.39	79 565	80.61
1990	30 195	26.41	84 138	73.59
2000	45 906	36.22	80 837	63.78
2010	66 978	49.95	67 113	50.05
2015	77 116	56.10	60 346	43.90
2016	79 298	57.35	58 973	42.65

资料来源：中华人民共和国国家统计局：《中国统计年鉴》（2017），中国统计出版社 2017 年版。

民生需求对社会保障制度整合与体系完善具有直接的影响。党的十九大报告指出，我国的社会主要矛盾已经转变为人民日益增长的美好生活需要与不平衡不充分发展之间的矛盾。在以人民为中心的发展理念指导下，人民日益增长的美好生活需要成为中国特色社会主义社会的发展目的，通过平衡发展与充分发展来满足人民的需要则成为中国特色社会主义社会的主要任务。在民生建设领域，满足人民日益增长的民生需要是社会保障制度完善的重要任务。社会成员的生活需求包括生存需求、发展需求和服务需求。社会成员的生存需求、发展需求和服务需求促使社会保障制度内容体系不断扩展。社会成员的生存需求促使中国完善基本社会保障制度项目。生存需求是社会成员生存权的衍生，社会成员的生存需求包括衣、食、住和健康，社会成员的生存需求是最低层次的需求。生存需求的满足可以使社会成员具有最基本的应对社会问题的能力，社会保障制度项目中基本社会保险制度和社会救助制度的建立和完善有助于满足社会成员的生存需求。1995年以来，中国不断建立和完善基本社会保障制度和社会救助制度。1997 年，为城镇职工建立了基本养老保险制度；1998 年，为城镇职工建立了医疗保险制度；1999 年，建立了城市最低生活保障制度、为城镇职工建立了失业保险制度；2003年，工伤保险制度得以建立；2005 年，城市医疗救助制度开始试点。基本社会保障制度和社会救助制度的建立和完善改善了城镇居民的基本生活。

农村居民的生存需求促使农村社会保障制度内容体系不断完善。中国开始在农村完善五保户制度，并于 2003 年在农村实施医疗救助制度和新型农村合作医疗制度，2007 年，在农村实施最低生活保障制度，2009 年，开始试点推行的新型农村养老保险制度。农村居民社会保障制度的建立，使得农村居民生活水平得以改善。

社会成员的发展需求促使中国社会保障制度内容体系中的社会福利制度、补充社会保险制度的发展。在社会保障制度中，补充社会保险制度、社会福利制度的建立和完善可以满足社会成员的发展需求。与此相适应，中国积极发展社会保障制度中具有发展功能的社会保障制度。中国社会福利和补充社会保险制度获得了较快的发展。中国不断推动老年人福利、妇女儿童福利、残疾人福利的发展。1978－2016 年，全国各类社会服务机构床位数由 16.3 万张增加到 414 万张。[①] 到 2016 年，各类养老服务机构和设施 14.0 万个，各类养老床位合计 730.2 万张，其中社区留宿和日间照料床位 322.9 万张。[②]

社会成员的服务需求促使中国社会保障服务的发展。2016 年，中国在 947 个市辖区和 2015 个县（市）开展了社区康复工作，已有残疾人康复机构 7 858 个，为 354.9 万人次残疾人提供社区康复服务，279.9 万残疾儿童及持证残疾人得到基本康复服务，其中，视力残疾人 40.0 万人，听力残疾人 18.5 万人，肢体残疾人 135.7 万人，智力残疾人 23.1 万人，精神残疾人 62.6 万人；共有残疾人托养服务机构达到 6 740 个，为 20.4 万残疾人提供了托养服务，其中寄宿制托养服务机构 2 348 个，日间照料机构 2 169 个，综合性托养服务机构 2 223 个；接受居家

①② 民政部：《2016 年社会服务发展统计公报》。

服务的残疾人达到83.8万人，已竣工并投入使用的各级残疾人综合服务设施2 294个，已竣工并投入使用的各级残疾人康复设施762个，已竣工并投入使用的各级残疾人托养服务设施566个。[①] 中国通过颁布老年人服务的法律法规、增加老年人服务的财政支持力度、建设老年人服务设施等手段积极推动老年人服务的发展。到2017年第三季度，中国为老年人与残疾人提供服务的机构共28 465个，为老年人与残疾人提供收养服务床位数有698.8万张，为老年人与残疾人提供服务的人数为215.6万人。[②]

社会问题的发展变化影响社会保障制度的发展。20世纪90年代，受国有企业改革的影响，下岗工人不断增加，因此，下岗就业问题成为城市居民关注的首要热点问题。城市居民对下岗问题的关注，促使中国社会保障制度中失业保障制度项目的发展，失业保险、就业援助、最低生活保障制度等成为中国社会保障制度的重要发展项目。2003－2006年，住房问题受到城市居民的关注，中国开始积极探索建立廉租房制度和经济适用住房制度。2006年，社会保障制度问题替代就业问题，成为城市居民关注的首要问题。2009年，社会保障问题仍然是中国国民关注的首要问题。[③] 因此，2006年以来，中国积极完善社会保障制度，为城乡居民建立养老保险制度，并积极推动城乡社会保障制度整合，完善社会保障制度结构体系。进入新时代，幼儿问题、教育问题、劳动保障问题、疾病问题、养老问题、住房问题和弱势群体问题成为社会成员面对的主要社会问题，党的十九大报告将幼有所育、学有所教、劳有所得、病有所医、老有所养、住有所居、弱有所扶上取得新进展作为新时代民生建设的重要任务。

社会问题原因的变化使得社会保障制度发生变化。相同的社会问题其形成原因可能存在差异。以贫困问题为例。改革开放初期，中国农村贫困问题较为严重，农村贫困问题的形成原因主要是平均主义挫伤了农民的生产积极性，因此以制度变革、扶贫开发为主要手段的社会保障制度予以实施。1978年，中国有2.5亿人生活在赤贫状态中，经过以家庭联产承包责任制为主要内容的农村经济改革，到1985年，农村赤贫人口减少到1.25亿人，经过20世纪80年代以来的大规模扶贫开发，1998年，已下降到4 200万人，农村赤贫人口比重由1978年的30.7%下降到了4.6%。[④] 20世纪90年代，随着中国改革的推进，特别是国有企业改革全面展开，失业问题凸显，1998年城镇实际失业人口，包括登记失业人

① 中国残疾人联合会：《2016年中国残疾人事业发展统计公报》。

② 民政部：《2017年三季度收养数据》。

③ 根据北京美兰德信息公司对3 514名年龄在16－70岁的城市居民，就其年度关心的热点问题进行调查，2009年中国城市居民关注的十大热点问题中，社会保障问题以37.2%的关注度位列第一。

④ 江泽民：《全党全社会进一步动员起来，夺取八七扶贫攻坚战阶段的胜利》，《长江日报》1999年7月21日。

员、下岗失业人员和农民工失业人员，在 1 540 万 – 1 600 万人，实际失业率在 8% 左右。[①] 失业问题引发了严重的城市贫困问题，失业也成为城市贫困问题的主要原因，为了应对城市贫困问题，中国因此实施了以最低生活保障制度、失业保险制度为主的社会保障制度。

① 唐钧：《中国城市贫困与反贫困报告》，华夏出版社 2003 年版，第 7 页。

第三章

养老保险制度整合与体系完善的重大问题

第一节　推进基础养老金的全国统筹

一、实现基本养老保险的全覆盖

社会养老保险制度的高水平覆盖是国家为全体国民构建的一张安全网，从更宏观的角度来说，不仅有利于社会、经济、政治的稳定与和谐发展，更体现出社会公平与发展成果共享的治理理念。更重要的是，作为一项基于大数法则的风险共济调控工具，扩大基本养老保险覆盖率对抵御金融市场波动和老年人长寿风险，解决养老基金收支不平衡问题、增强我国养老金体系可持续发展活力具有重要意义①。考虑到我国经济持续发展和市场化改革逐步深化的趋势，继续坚持“低水平，高覆盖”的发展思路成为符合国情的必然选择，而在养老金体系之中，城镇职工基本养老保险的覆盖率扩张成为重点关注内容。经过10多年的探索期之后，1995年发布的《国务院关于深化企业职工基本养老保险制度改革的通知》

① 吴永求：《中国养老保险扩面问题研究》，中国人民大学出版社2014年版，第14－15页。

使得制度建设正式驶入正轨。在 2011 年 3 月 5 日提请十一届全国人大四次会议审议的“十二五”规划纲要（草案）中，“实现城镇参加基本养老保险人数新增 1 亿人，城镇 60 岁以上非就业居民享受基础养老金待遇”的发展要求被正式提出，新型农村社会养老金更是要在实现制度全覆盖的基础上提高基础养老金的待遇水平。聚焦“十三五”，人社部提出继续加大社会保险扩面征缴力度，多策并举以增强基础养老金的基金支持力度。至此，“扩面”成为过去十几年养老保障体系改革的聚焦点。

评估养老保险覆盖面，享受养老保障待遇人数和参加养老保障体系人数两个指标缺一不可，而后者对于基础养老金覆盖面扩张和养老金体系的持续运行起到关键作用。对于我国目前养老金覆盖面的计算，众多学者使用的计算口径尚未完全达到一致。国际上对于养老保险覆盖率评价的通用指标是指参保缴费人数除以经济活动人口，李珍等以城镇就业人员数为分母，以参保在职人员数为分子，测绘出我国 1995 - 2015 年城镇职工养老保险参保率的变化曲线，指出 1995 - 2004 年为“扩面”工作停滞期，参保率从 45.89% 不升反降至 2004 年的 44.88%。但在 2005 年通过设置 20% 的低档费率“向下扩面”之后，迎来此间至 2014 年的爆发期，并于 2014 年达到 64.95% 的顶点。但在随后的 2015 年之中，参保率仅为 64.88%，结束了延续十余年的高速增长①（见图 3 - 1）。与此同时，毕巍强等则采用参保职工人数/年末就业人数作为指标，计算得出我国基本养老金覆盖率从 2005 年的 23.43% 上升至 2014 年的 44.17%②。但由于我国机关事业单位实施退休金制度，所以有学者认为使用国际通用指标将会造成我国养老保险覆盖率的低估，并提出使用在职参保人数与机关事业单位在职员工总数之和除以经济活动总人数这一指标③。在将城乡居民养老保险制度参与规模纳入考虑之后，数据显示同期（2014 年底）职工和城乡居民基本养老保险参保人数达到 8.42 亿人，占比符合参保条件人数约为 80%④，并于 2016 年底上升至 8.88 亿人⑤。屈满学等指出，社会养老覆盖水平在过去几十年的努力下，特别是在城乡居民社会养老保险制度实施后，已经获得极大提高，目前已经基本实现了低水平条件下的广覆

① 李珍等：《职工基本养老保险 1.0 时代的反思与 2.0 时代的重构》，《“建立更加公平可持续社会保障制度”学术研讨会论文集》2016 年 10 月 15 日。

② 毕巍强等：《我国基本养老保险制度覆盖率地区差异性研究》，《价格理论与实践》2017 年第 4 期。

③ 吴永求：《中国养老保险扩面问题研究》，中国人民大学出版社 2014 年版，第 39 页。

④ 《中国社会保险发展年度报告 2014》，人力资源和社会保障部。

⑤ 中华人民共和国人力资源和社会保障部，http：//www. mohrss. gov. cn/SYrlzyhshbzb/dongtaixinwen/buneiyaowen/201707/t20170731_274877. html。

盖[①]。但根据美世国际对全球部分国家的评估，我国有效的社会养老覆盖率仍然不到25%[②]。而对于OECD国家而言，参与社会养老保险的人口与总的劳动人口之间的比例普遍在80%以上[③]。

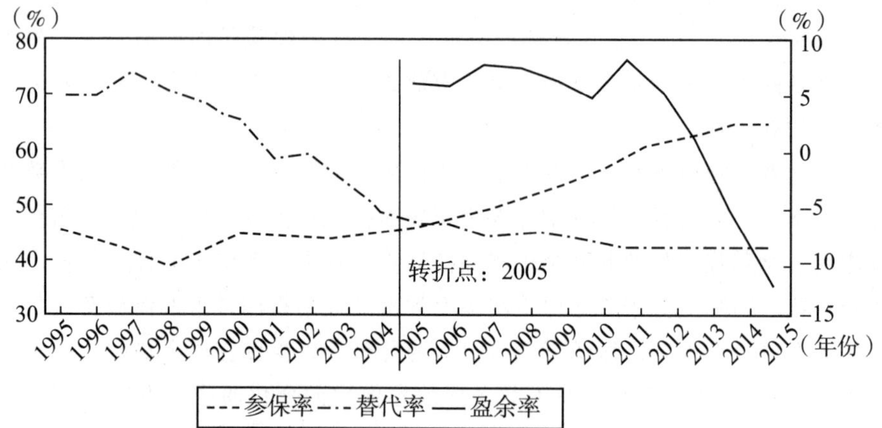

图3-1　1995-2015年城镇职工基本养老保险参保率、替代率、盈余率走向

注：左纵轴衡量的是参保率和替代率，右纵轴衡量的是盈余率。

资料来源：李珍等：《职工基本养老保险1.0时代的反思与2.0时代的重构》，《"建立更加公平可持续社会保障制度"学术研讨会论文集》，2016年10月15日。

社会养老保障体系涵盖的人群范围是否广泛而全面，或者称"养老保障网覆盖的完整性"，是评估一个国家社会保障体系实际影响力的重要因素。从新中国成立后我国建立符合当时国情的养老保险制度以来，尤其是1997年之后，我国基础养老金制度不断进行改革与探索。从《国务院关于建立统一的企业职工基本养老保险制度的决定》建立统账结合的城镇职工基本养老制度，到2009年《国务院关于开展新型农村社会养老保险试点的指导意见》，以及2011年《国务院关于开展城镇居民社会养老保险试点的指导意见》等一系列法规文件的出台，我国社会养老保险制度逐步将灵活就业人员、个体工商户、失业人员、农村居民等从制度上涵盖在内，实现了养老保险制度的全覆盖，推动养老保障工作影响力不断扩大。总体来说，我国经过数十年的基础养老金建设工作，在有效扩充养老金覆盖面上已经取得一定成就。但必须承认的是，从实践

① 屈满学：《从国际比较视角看我国养老保障体系的可持续性》，《甘肃社会科学》2013年第5期。

② 刘伟兵：《从墨尔本美世全球养老金指数看我国养老保险制度》，《社会保障研究》2011年第2期。

③ 陈姗：《后金融危机时代OECD国家养老保险体系面临的问题及应对措施》，《社会保障研究》2014年第1期。

层面来说，基础养老金的“扩面工作”不仅受到体系自身设置及其内部不同群体间参保意向差异化的影响，更深度嵌入于我国社会经济发展背景之中。社会经济形势、产业结构调整、劳动力市场发育发展、城市化进程的高度渗透要求基础养老金体系的目标、方法与步骤等设置不能仅仅聚焦于养老保险制度自身①。

从宏观层面来看，养老保险覆盖率的扩张深度嵌入于地区间经济发展之中，较低的经济发展水平会抑制居民的养老保险需求，同时也影响到居民和企业的参保能力②。很多实证材料已经证明，强制居民和企业参加与其实际负担能力不符的社会保险项目将会导致“逆向选择”困境与劳动力市场的扭曲③。经济发展是高水平福利供给的前提条件。从2008年部分亚洲OECD国家的养老保险覆盖率与经济发展水平的比较结果来看，经济发展水平越高的国家，往往养老保险的覆盖率也比较高（见图3-2）。进一步地，从一个动态演变的视角来看，欧洲福利国家在2008年金融危机，尤其是2010年欧洲主权债务危机之后相继推出福利改革，作为“压舱石”的公共养老金虽然得到保留，但其新增参保人数与保障水平在一定程度上降低。根据国际劳工组织全球调查的数据可知，在1990年，由国家出面强制收费的公共养老金占公民养老金计划的78%，但在持续下滑的宏观经济形势影响下，到了2013年这个比例已经下降至41%④。同样，由于国内地区间经济发展水平差异，我国基础养老金覆盖率也随之呈现一定的地区差异⑤，其中，东部沿海地区无论在覆盖率还是养老水平上都大幅领先于中西部地区。因此，在实现政策实际执行的全覆盖过程之中，经济发展水平的提高成为关键所在。正如霍尔茨曼所说，贫穷意味着更高的折现率与更低的参保热情，强制贫困人口参加缴费性社会福利制度更会导致福利的损失⑥。只有经济发展水平与人民实际收入得到有效的增长，基础养老金的“扩面工作”才是有源之水。

---

① 丁建定等：《论中国养老保险制度结构体系整合》，《武汉大学学报》2013年第66期。

② 穆怀中：《社会保障适度水平研究》，《经济研究》1997年第2期。

③ 沈燕等：《全国统筹背景下基本养老金的区域非均衡发展——基于中国省级面板模型的实证分析》，《湖北社会科学》2015年第1期；张光等：《基本养老保险覆盖面扩展决定因素实证研究》，《社会》2007年第27期。

④ ILO：World Employment Social Outlook：the Changing Nature of Jobs，Geneva，2015，P. 78.

⑤ 张光等：《基本养老保险覆盖面扩展决定因素实证研究》，《社会》2007年第27期。

⑥ Holzmann R. et al.，Extending Coverage in Multi-pillar Pension Systems：Constraints and Hypotheses，Preliminary Evidence and Future Research Agenda，Social Protection & Labor Policy & Technical Notes，2000.

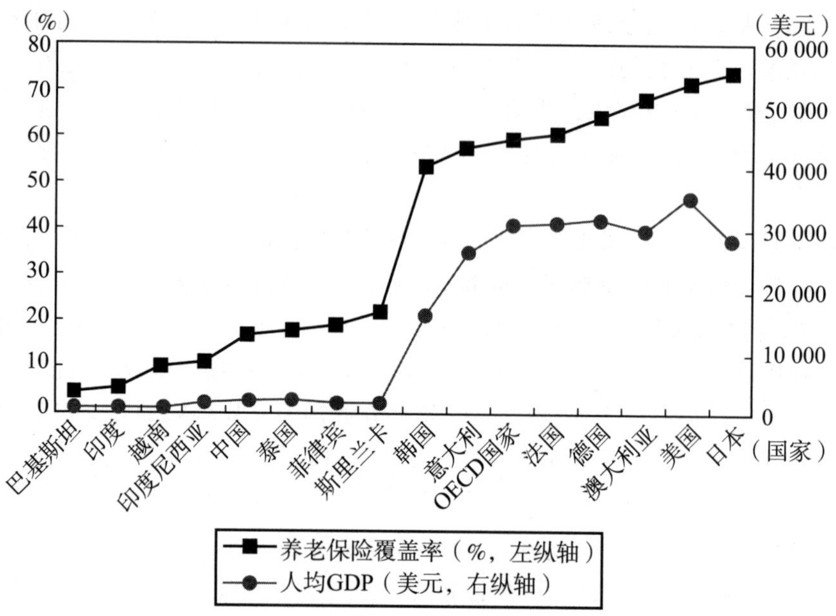

图 3-2　部分亚洲及 OEDC 国家养老保险覆盖率与经济发展水平比较

资料来源：吴永求：《中国养老保险扩面问题研究》，中国人民大学出版社 2014 年版，第 17 页。

从我国基础养老金系统自身设置来看，多元化、碎片化的结构体系使得系统关系更加复杂，“扩面”工作难以一步到位。随着我国市场经济发展的不断深化，可以预见的是，在基础养老金系统内部，中国职工基本养老保险制度的实际覆盖范围会逐步扩大，城镇范围内由非正规就业转变为正规就业的劳动者、农村拥有正规雇用关系的劳动者以及乡镇企业职工等将会被逐渐包括在内，而在城市化背景下，随着实际覆盖的农村村民绝对规模的减少，居民基本养老保险的实际覆盖范围也将会随之缩小①，而前者往往是“扩面”工作的重难点。在我国现有的养老金体系中，事业单位的退休金制度以及城乡居民养老保险制度对其适用对象而言都普遍具有较高的接受度，但对于企业尤其是中小企业而言，资本贴现取向以及较重的缴费负担在很大程度上制约了企业、职工向养老保险制度的供款热情与能力。更进一步地，基础养老金的多元但碎片化的设置在流动人口激增的背景下难以适应时代发展的需要。虽然国家尝试性为农民工等特殊群体建立专项养老基金，但针对各类社会群体所建立的专门养老保险制度之间不形成有机整体，流动人口养老金的转移与接续问题不解决，很容易造成已参保个体在流动过程中陷入“断缴”困境之中，不利于基础养老金“扩面”工作的实际开展。此外，基础养

① 丁建定等：《论中国养老保险制度结构体系整合》，《武汉大学学报》2013 年第 66 期。

老金体系自身还有的一些诸如参数设置不合理等问题也需要在“扩面”与系统整合优化过程中进一步改善。

当前，我国基础养老金制度结构体系的建设已经取得了一定成就，建立了针对不同体制身份进行不同形式养老保障的社会保障体系，在一定程度上实现了制度全覆盖。但是，应该看到，中国养老保险制度结构体系问题尚多，地区间养老保险实际覆盖率与福利水平发展不均衡、各项制度间的衔接缺乏良好的机制等①，为基础养老金实际影响力和持续运行可能性的提高造成潜在阻碍。如何进一步适应时代背景与要求对基础养老金体系进行优化调整，需要在之后很长的一段道路上进行探索。

二、从省级调剂金到省级统筹

作为一项面向全体国民的社会政策，养老保险制度的制定与实施必须与我国基本国情与现实发展需求相适应。随着改革开放以来我国经济的快速发展，流动人口数目不断扩大，从2000年的1.4亿人至2016年的2.45亿人，我国近1/5的人口处于流动状态之中②，其中跨省、市流动更是占到绝大多数。至此，提高养老保险制度的统筹层次成为增强制度互济作用、切实改善国民福利水平获得的必须之路。国务院先后发布《关于企业职工基本养老保险省级统筹和行业统筹移交地方管理有关问题的通知》等政策文件，再到党的十六届三中全会上明确提出“建立健全省级养老保险调剂基金，在完善市级统筹基础上，逐步实行省级统筹，条件具备时实行基本养老金的基础部分全国统筹”这一目标，我国在争取实现基础养老金省级统筹的道路上不断前进。至今，养老保险的省级统筹已经从制度上基本实现，但从跨统筹地区的转移接续与异地养老等角度来看，我国基础养老金制度真正意义的省级统筹仍然尚未实现，“形式上的省级统筹，实质上的县、市级统筹”现象普遍存在③。

从制度架构上来看，基础养老金的省级统筹、统收统支依赖于“六个统一”的真正实现：统一制度、统一缴费标准、统一待遇标准、统一基金管理、统一经办机构和统一业务流程④。统一制度即将各省养老保险政策的制定权收归省政府，各市、县没有单独的养老保险政策，这是实施省级养老保险统收统支的基础所

① 丁建定：《中国社会保障制度整合与体系完善纵论》，《新华文摘》2012年第22期。

② 《中国流动人口发展报告（2016）》，中国国家卫生计生委。

③ 林毓铭：《体制改革：从养老保险省级统筹到基础养老金全国统筹》，《经济学家》2013年第12期。

④ 苏明等：《提高养老保险统筹层次促进人口合理流动》，《中国财政》2016年第11期。

在。统一缴费标准与待遇标准即各市、县按照全省统一的养老保险缴费比例或档次进行基础养老金的收缴，也按照统一的计发办法和支付标准支付相关费用。统一基金管理使用即建立以省（自治区、直辖市）为单位的基本养老保险基金，省级社会保险经办机构统一组织实施对各地、市、县的基金调剂，各级单位征缴的基本养老保险费在支付当期养老保险待遇后，除按规定留存结余基金外，其余上缴至省级社会保险经办机构纳入财政专户管理，这是落实养老保险基金“收支两条线”管理制度，形成基金征、管、用的良性运行机制的关键所在。统一经办机构与业务流程是指对省内养老保险经办机构进行整合统一、实行属地管理，采用统一的工作流程提供标准化的服务。“六个统一”从形式上为省级统筹“统收统支”的实现制定了发展框架，但省级统筹实质上意味着省内各市、县之间需要进行现实利益的调整，基金结余较多的市、县需要拿出一部分资金来支持和保证资金有缺口的地区以保证全省范围内的基础养老金发放，地方财政的责任担当与省内各地区之间的利益调整和再分配平衡才是真正影响省级统筹层次实现的关键所在。

在我国基础养老金制度建立之初，计划经济体制下建立的是与之相配套的全国统筹管理模式，中华总工会对社会保险金进行统一支配与管理。之后为了提高行政效率、最快节奏扩大覆盖面，国家在20世纪80年代将养老金的事权、财权下放至地方市、县一级。省级统筹意味着财权与事权的上升回收，统筹范围内各异的制度设置与基金储量如何平衡、资金转移造成的摩擦如何平滑、制度转轨成本如何在有序的优化过程中得到分摊是实现基础养老金省级统筹的重要难题。对此，省级调剂金方案的提出做出有效尝试，在一定程度上解决了养老金的上解下拨问题①。在2001年25个实施省级调剂金方案的省市自治区和新疆建设兵团中，省级财政通过工资总额、实收养老金保险费或地区结余基金制定上解基数和比例，并按月（季）进行下拨。具体来说，下拨额度的确定主要有几种方式：年初核定基数，定额调剂后各地市自求平衡；对地市养老金缺口由省和地市按比例进行分担调剂或是由省级财政全额下拨；在地市养老金发放困难时适当调剂。省级调剂金制度的确立在一定程度上平衡了省内地区间养老金储备，但在其实际运行过程中，由于管理办法不规范，统筹项目和计发标准在一些省级范围内还不统一，造成地区上解调剂金的积极性不高，调剂力度小。据统计，仅在2000年上半年，实际运行省级调剂金的17省份地区上解金额仅为4亿元，远低于应上解的7.35亿元，而实际下拨金额高达10亿元，当期负结余5.88亿元，为省级财政造成巨大负担。

① 杨劳：《完善养老保险省级调剂金制度》，《中国社会保障》2001年第4期。

省级调剂金制度明确了省级财政在省级范围内对基础养老金的责任，但财权、事权的分离为劳动力跨地区流动导致的社会保险关系接续与权益记录带来诸多困难，省级调剂金制度难以满足时代发展的需要，真正实现省级从资金到内容上的统筹成为时代的要求。目前，省级统筹虽然在形式上得到普及，但由于基本养老体系历史债务、相关利益集团阻碍、养老保险制度安排的分割性等障碍性因素的存在，我国基本养老金的省级统筹在实质上并未完全实现。究其根本，从管理角度而言，统筹层次无法提高的阻力在于政府本身。中央政府是政策制定者，从全国养老基金整体发展角度而言，实现省级统筹是增强基金发展活力的最好办法。但对于省级政府而言，实现省级统筹意味着只有省一级财政负责，在承担更多的行政负担之余，正如省级调剂金制度在很长时间内处于负盈余状态一般，还可能为省级财政增加负担。一般来说，在高压环境或者有明确量化指标、切身关系到地方各级利益时，地方政府会贯彻落实得较为彻底，但当一项政策赋予地方诸多自由权，或者说处于模糊信息状态之中时，地方政府的积极性就会大打折扣。从省内各地方政府的角度而言，真正贯彻省级统筹的市县往往是经济欠发达地区。中央财政会对这些欠发达地区适当倾斜，较优惠的财政拨款为养老保障省级统筹提供资金支持，而欠发达地区由于基金结余较少也乐意将财政上移。但对于发达地区而言，不仅享受不到中央和省级财政的补贴，需要上缴自身富余基金补差调剂，更有可能在统一保障标准后面临自身福利受损的后果。基于此，越是发达的市县越难被纳入省级统筹范畴之中，而这些地区正好是基础养老金资金供给的支柱性力量。因此，在促进基础养老保险真正实现的道路上，中央政府自身如何认清自身位置，善用财政杠杆、优惠政策与量化指标提升省级、市县级，特别是经济发达、基础养老金丰足地区的统筹积极性值得进一步探讨。

劳动力市场的不断发育与完善会促进区域间人力资源的合理配置与整个社会经济发展水平的提高，而经济发展反过来对基础养老金体系的可持续运行大有裨益。在实现省级统筹以前，各市、县出于保护地方利益的角度人为设置各种养老保险转移接续壁垒，在损害劳动人口正常福利获得的同时，更是从根本上危害了国家养老保险体系的发展。省级调剂金的出现为养老金省级统筹的真正实现奠定了良好的实践基础，但属地化管理与扁平化的框架设置带来的各自为政、互不统属的养老保险经办事权仍然拖慢省级机构“统收统支”的影响力扩大进程。如何切实建立健全与基础养老金省级统筹相匹配的联网信息系统，真正实现流动人口的养老保险转移无障碍，是各省级政府在推动养老保险省级统筹的工作过程中需要关注的重点问题和关键所在。

三、从省级统筹到全国统筹

实现基础养老金从省级统筹上升至全国统筹，理论上来看，将会增强我国养老基金的调剂与抵御金融、老年群体长寿风险的能力，也符合流动人口的福利需要与公共服务均等化目标的实现。虽然有学者在将基础养老金的全国统筹工作放置于我国基本养老金发展历史进程与现状之中进行考虑，表示对现阶段推进全国统筹工作适宜性的怀疑，认为全国统筹所带来的公平与效率的损失将会大于改革所得①，并放大道德风险，损害制度的公平性②。但大多数学者还是对全国统筹工作持支持态度，认为实现基础养老金省级“统收统支”不应该成为养老金制度统筹层次提高的最终目标，建立中央统筹的基本养老保险制度是适应社会经济政治发展、打破社会保险制度障碍、促进人才流动的必要举措③。

在 2011 年 7 月 1 日实施的《中华人民共和国社会保险法》中，“基本养老保险基金逐步实行全国统筹”这一明确规定为基本养老保险基金统筹层次提升提供了法律依据。《中华人民共和国国民经济和社会发展第十二个五年规划纲要》指出“全面落实城镇职工基本养老保险省级统筹，实现基础养老金全国统筹”。这一目标设定进一步推动养老金全国统筹工作的进程。“十三五”规划中，“推动实现职工基础养老金全国统筹”这一任务被再次重点提出，强调“建立标准统一、全国联网的社会保障信息管理系统，完善并简化转续流程，力争实现全国范围内社会保险待遇异地领取、直接结算、方便参保职工、失业和退休人员的异地流动与生活。”此外，2017 年的政府工作报告也同样将基础养老金的全国统筹工作纳入重点部署部分，要求在实现精算平衡的原则下实现基础养老金的全国统筹。2018 年的政府工作报告进一步明确将深化养老保险制度改革，建立企业职工基本养老保险基金中央调剂金制度。2018 年 3 月 20 日，李克强总理在十三届全国人大一次会议的闭幕式上会见中外记者时就养老金问题指出，养老金有能力实现全国范围内的按时足额发放，同时年内将实施养老金基金调剂制度，由中央收取 3% 统筹调剂以弥补有些省养老金可能会发生的不足。基础养老金由省级统筹上升至全国统筹成为我国养老保险制度必然的前进方向。

对于养老保险基金从省级统筹到全国统筹的转变，不同学者对转换路径做出

① 李珍：《基本养老保险全国统筹的利弊》，《第一财经日报》2013 年 6 月 6 日。

② 王雯等：《基本养老保险全国统筹的再认识》，《中州学刊》2016 年第 2 期。

③ 肖严华：《21 世纪中国人口老龄化与养老保险个人账户改革——兼谈“十二五”实现基础养老金全国统筹的政策选择》，《上海经济研究》2011 年第 12 期；褚福灵：《关于基本养老保险全国统筹的思考》，《中国社会保障》2013 年第 6 期。

不同构建。万春等学者认为，省级统筹可以先通过数省联合试点，进而逐渐向全国统筹靠拢①。按照现实地域及养老金体系发展划分不同区域，区域由内而外的统一将会降低改革成本。张利军从基金调配角度进行考虑，认为全国统收统支的模式是目标，“省级统筹—建立全国统一预算—分省余缺调剂”三步走的路径有助于最后目标的实现②。闫琳琳则通过构建统筹层次提升的收入再分配力度测算模型，总结出通过提升养老保险统筹层次达到提升收入再分配水平的实现机理，并在此基础上提出基础养老金实现全国统筹的路径可以通过渐进式收入再分配构建③，贾洪波通过对统筹基金的再分配效应进行测算支持了渐进式路径对效率和社会稳定产生的积极作用④。胡秋明则认为应该跨越实际意义上的地市级和省级统筹一步实现基础养老金的全国统筹⑤，褚福灵进一步设计了统筹基金全国统筹和全部基金全国统筹两种全国统筹思路⑥。目前而言，各个路径设计的优劣性无从检验，但可以明确的是，无论是哪种路径设计，其最终目标指向均为将基本养老保险的财、事权均收归中央政府，中央政府在日后的养老基金体系中应起到主导、决策和监督者的作用，这实际也和目前中央政府财政对养老金体系“兜底”的现实一脉相承。

从国家“统收统支”目标实现的前提来说，养老基金尤其是城镇职工基本养老保险基金的上解下调成为关键，各省基金结余与历史债务问题需要重视，而最根本的原因仍在于地区间经济发展的不均衡。由于政策、地理条件等各方面的差异，我国地区经济发展并不均衡。东部沿海地区为人口流入主要集中地，年龄结构偏年轻化，工资水平与福利获得均处于较高水平，具有较充足的基金盈余。有数据显示，按照职工参保人数与年末就业人数比例来看，上海等地区基础养老金的覆盖率高达120%以上，而实际上在广州、上海等地领取养老金的流动参保对象占比却非常小。较低的统筹层次拉大我国地区间养老保险金的储备水平差异，出现发达地区负担水平低而盈余水平较高，中、西部欠发达地区却很多时候需要依赖中央财政和省级财政补贴以维持运转的“倒挂”局面。以2013年数据来看，我国职工基本养老保险的月平均负担水平为782元，其中广东、浙江、福建地区

---

① 万春等：《我国养老保险体系的全国统筹模型建立及预测分析》，《预测》2006年第25期。

② 张利军：《中国养老保险统筹层次的改革路径与发展方向探讨》，《中国劳动关系学院学报》2009年第23期。

③ 闫琳琳：《基本养老保险统筹层次提升的收入再分配研究》，辽宁大学，2012年。

④ 贾洪波等：《基础养老金省级统筹到全国统筹再分配效应的比较静态分析》，《保险研究》2015年第1期。

⑤ 胡秋明：《可持续养老金制度改革的理论与政策研究》，中国劳动社会保障出版社2011年版，第257页。

⑥ 褚福灵：《关于基本养老保险全国统筹的思考》，《中国社会保障》2013年第6期。

仅分别为 408 元，539 元和 506 元，相反的，四川、内蒙古则高达 1 033 元、1 188 元。由此，地区间当期结余与历史债务在我国内部各省份之间形成“冰火两重天”格局。2014 年，广东省城镇职工基本养老保险当期结余 770. 26 亿元，北京、浙江等地也均超过 300 亿元，但西藏、河北、青海等欠发达地区结余不到 10 亿元，人口老龄化领跑的黑龙江省更是入不敷出，负盈余 106. 15 亿元。实现全国统筹意味着发达地区结余基金流向欠发达地区，是一次对于欠发达地区的补贴与全国经济的再分配，但对于发达地区的政府和参保个体而言，在一定程度上却是一次资本的流失与福利的受损。在现阶段，调动发达地区参与全国统筹的积极性很重要，但从长远持续性发展的角度来看，平衡地区间经济发展水平才是可行之策。政府如何利用公共手段加大对中西部地区的公共服务、教育、基础设施等方面的投入，从政策、税收方面给予优惠以推动地区经济建设发展，吸引当地劳动力由迁出转向回流，扩大基础养老金覆盖面以增加基金收入，补偿历史债务，才是保障养老金全国统筹实现的根本所在（见图 3 – 3）。

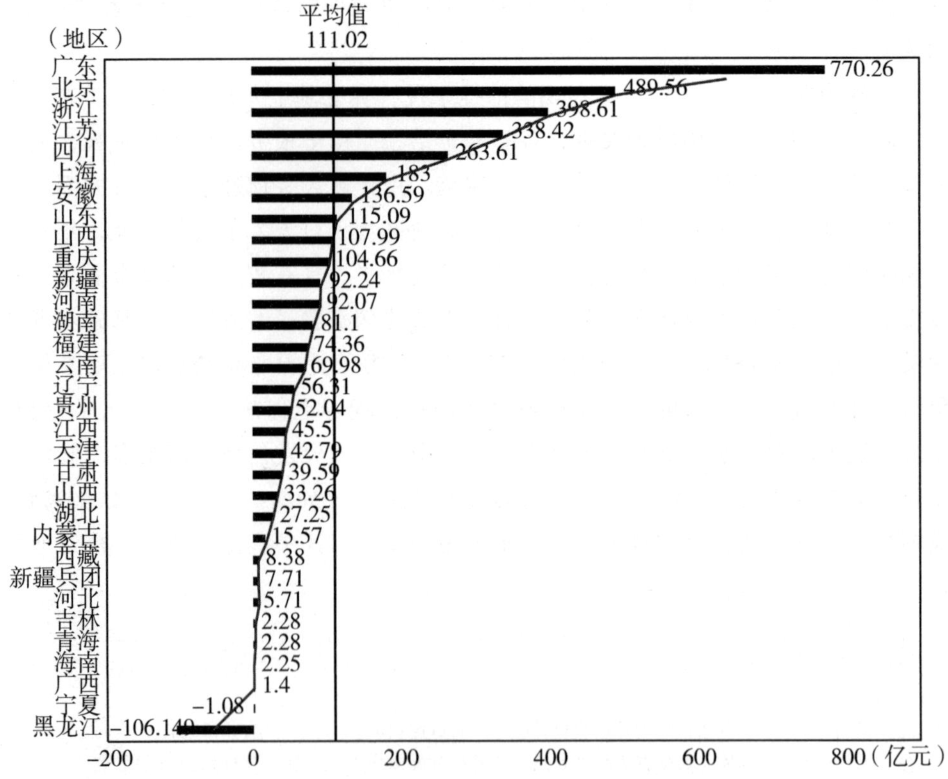

图 3 – 3　2014 年各省城镇职工基本养老保险基金当期结余情况

资料来源：郑秉文：《中国养老金发展报告 2015》，经济管理出版社 2016 年版。

从国家统筹管理基础养老金体系的角度而言，打破省际养老金制度壁垒，妥善解决跨省区转移支付问题成为关键，而其根本在于理清中央与地方各级政府在养老金制度中的责任划分。在现阶段“属地管理”风格明显的基本养老金制度中，中央往往只负责宏观政策的制定与指导，在具体实施上给地方政府留下较大的自主选择权力。因此，各地不仅在缴费基数、缴费模式、费率水平等方面均有不同，负责养老金体系维持与运行的机构更是参差不齐，形成全国范围内碎片化的制度现状，而碎片化即意味着跨区域流动的受阻。我国现阶段基础养老金要求参保者必须缴纳15年以上的养老保险，才能在晚年获得来自国家统筹基金的福利反馈。但随着人口流动倾向的加剧，在同一个地方缴满15年社保基金参保者比例大幅降低，而由于各省份从保障水平到管理体制难以满足跟随个体转移的需要，基础养老金的转移接续往往手续复杂、耗时耗力，造成国民实际福利享有的损失。作为全国性公共产品，基本养老保险要想实现全国统筹，其事权、财权都应该主要集中于中央政府，目前国家财政对基础养老金的责任已经明晰但并未精确化，在统一主导事权的层面上仍然缺乏主动性。按照财权与事权相统一、财力与支出责任相匹配的原则，尽快建立和完善基本养老保险的财政分担机制，明确各级财政的分担比例及权责，抛弃非规范的、随意性的财政投入机制，建立自上而下，管理体制完整的养老金征收与给付体系成为全国统一的前提条件。更重要的是，为了避免流动行为成为福利获得的障碍，建立健全与基础养老金全国统筹相匹配的联网信息系统成为必需。整合现有信息系统资源，统一标准，规范口径，建立全国范围内一体化的缴费记录、资金管理、待遇发放、监督检查等社会保障信息系统，破除当前各地区各部门各自为政、重复投入的不合理格局，形成全国养老金统收统支的大数据库，实现各地职工养老保险基金的余缺互济，让流动人口也能享受均等化的公共服务是全国统筹实现的关键所在。

与中国渐进式改革道路一脉相承，现阶段一步实现基础养老金的全国统筹的“断崖式”模式可能会存在困难，作为一项过渡性政策，养老金中央调剂金制度被正式提上日程。2017年3月5日，国务院《关于2016年中央和地方预算执行情况与2017年中央和地方预算草案的报告》中明确提出，“在推进各项相关改革工作的基础上，研究制定基本养老保险基金中央调剂制度方案。”与省级调剂金运行原理类似，养老金中央调剂金制度则是由中央政府统一建立，覆盖全国32个省市自治区和新疆生产建设兵团，在一定程度上分担风险。基于现阶段各地区养老金收支状况差异较大，基础养老金中央调剂金制度建立后，基金结余较多的地区将会增加“上解调剂金”这一支出项，而基金结余较少或者亏空地区的养老基金收入则会增加“调剂金收入”一项。根据风险社会理论，中央调剂金的出现一定程度上会分担各省劳动者的养老风险，通过再分配体现基础养老金制度一定的公平性和风险共济性，并对全国统一劳动力市场的形成与养老基金的规模化发展起到促进作用。但相反的是，收入效应与替代效应的存在预警中央调剂金制度的逆向选择风险[①]。假设我国基础养老金制度的参保者都是“理性人”，中央调剂金制度建立后，基金结余地区的参保者，将以较多的成本获得较少的收益，而基金亏空地区参保者，将以较少的成本获得较多的收益。这种成本与收益的不对等，可能对劳动供给曲线同时产生收入效应和替代效应。收入效应会让基金结余地区的参保者工作更加积极，以弥补“被再分配”时造成的损失，与此同时，福利降低带来的替代效应则会让基金结余地区参保者减少工作时间；基金亏空地区参保者也会因为闲暇的机会成本降低而更多地选择减少劳动力供给。总体来说，中央调剂金制度作为一项基础养老金全国统筹过程中的过渡性政策，其效应影响是复杂并非单向利好的，在其推广过程中也存在一定的运行风险，必须经过精密设计与量化考核之后再谨慎推广、推进。

第二节　提升基本养老保险的筹资有效性

一、提升基本养老保险缴费的有效性

基本养老保险制度的目标是保障参保者因年老而退出劳动后的基本生活，而退休后的养老金待遇直接决定退休者的生活保障水平。作为衡量劳动者退休前后生活保障水平差异的基本指标之一——养老金替代率[②]，是反映退休人员生活水平的经济指标和社会指标。提升基本养老保险缴费有效性就必须建立起基本养老保险缴费与养老金替代率的关联，在合理的缴费率和缴费年限的基础上提升养老金替代率，实现参保者养老金权益最大化。

西方国家养老金制度经过近百年的发展完善，已经建立起一种比较完善的内在机制，这种内在机制集中体现在工作年限即所谓的工龄、缴费资格年限、缴费率、法定领取养老金的资格年龄、退休年龄、养老金待遇计算标准以及养老金替代率之间的一种机制。而中国养老金制度的现实并非如此。由于长期受到国家保

---

① 陈昱阳：《养老金中央调剂金制度的效应分析》，《劳动保障世界》2017 年第 12 期。

② 养老金替代率一般是指养老金与退休前工资（或收入）的比率。本书采用平均养老金替代率，分子为全体养老金领取者的平均养老金，分母为社会平均工资，反映了全体养老金领取者的平均养老金相对于社会平均工资的水平。

障与单位保障体制的影响，中国社会保障管理部门和劳动者本人都存在着关注工龄而非关注、重视缴费资格年限的倾向，缴费资格年限在养老金制度中的关键性地位未被确立，基本养老金缴费15年的缴费资格年限既不适应中国养老金制度发展的现实，更反映出在缴费资格年限这一核心要素规定方面的本质缺陷。由此，中国养老保险制度中必然出现工龄、缴费资格年限、缴费率、法定领取养老金的资格年龄、退休年龄、养老金待遇计算标准、养老金替代率等养老金制度诸要素之间的独立性，导致中国养老金制度中有制度却无机制，进而导致养老金制度运行效果受到直接影响。

养老金缴费资格年限则是对养老金制度具有决定意义的因素，缴费资格年限直接影响养老保险制度可持续与参保者养老金权益。实现参保者养老金权益的最大化具有如下途经：单位缴费资格年限下的高缴费率是途径之一，但其具有消极性；合理缴费率下较长的缴费资格年限是另一途径，也是一个具有积极意义的途径。通过延迟退休年龄实现参保者工龄的延长，将一定的工龄与规定的养老金缴费资格年限之间强制关联，只有通过建立工龄与养老金缴费资格年限之间的强制性关联机制，才能确保和实现参保者养老金缴费资格年限的延长。

而中国基本养老保险的15年的最低缴费资格年限设计，一方面不符合中国国情，对个人缴费不足15年的参保人员不予发放基础养老金，使部分参保者（以农民工为主）难以达到而被排除在有效保障范围之外①。为此部分地方建立了补缴制度，《社会保险法》第16条也规定了补缴制度，然而补缴制度本身欠缺合理性，在实践中暴露出诸多问题②。应该适度降低最低缴费资格年限，使得部分灵活就业人员也能参与到基本养老保险制度中，扩大基本养老保险制度的覆盖面。

另一方面缴费年限的激励性不强，参保者缴费动力不足，存在“断保”现象，“长缴多得”的激励机制并未建立。1997年国务院改革企业职工基本养老保险制度时，将按月领取基本养老金的最低缴费年限规定为15年。缴费每满1年，养老金水平可增加1%。但是实践证明，增加缴费年限的回报过低，发挥的激励作用有限，这就使得很多参保职工在达到规定的能够领取养老金的15年缴费年限后便停止缴费，职工“断保”现象严重③。根据人社部发布的《中国社会保险发展年度报告2014》的数据显示，2013年累计有3 800万人中断缴纳养老保险，

① 秦中春：《参保人、缴费年限与养老保险制度框架寻求》，《改革》2011年第2期。

② 范围：《基本养老保险缴费年限制度研究——兼评〈社会保险法〉第16条规定》，《社会保障研究》2012年第2期。

③ 王翠琴等：《城镇职工基本养老保险缴费激励机制的设计、评估与选择》，《江西财经大学学报》2017年第1期。

养老保险断缴人数连续6年增长。而在退休年龄保持不变的情况下，一个人要想获得近60%的替代率，需要按照社会平均工资累计缴费35年（60岁退休，计发月数为139个月）。且养老金待遇调整机制不健全，职工退休后领取的养老金待遇与缴费年限不能紧密挂钩，“长缴多得”“多缴多得”的效果并不明显，直接导致参保职工缴费的动力不足。应该完善计发办法，强化缴费年限与养老金替代率的关联机制，缴费年限越长，待遇越高，增强参保缴费吸引力。在经济新常态下，相比延长最低缴费年限，进一步加强缴费年限“长缴多得”的激励机制更易被参保人接受①。

中国基本养老保险缴费率也面临困境：高缴费率下较低的养老金替代率水平。一方面从国际经验看，中国企业20%的基本养老保险缴费率偏高，只有西班牙和葡萄牙缴费率高于我国，我国企业缴费率高于大部分西方福利国家。过高的企业缴费率不仅削弱企业的国际竞争力，较低的利润率不利于企业扩大再生产，影响我国未来经济的发展动力，而且企业缴费负担过重，逼迫企业，尤其是中小企业逃避参加养老保险制度。许多地方往往通过压低缴费基数的办法来减轻企业负担②。另一方面基本养老保险个人账户缴费的激励性较差，缴费的激励性不强，导致参保人员在缴费基数的选择上“就低不就高”③。我国基本养老保险的替代率并不高，据测算，我国实际的养老金替代率在40%左右④，已经大大低于制度设计60%的目标。缴费基数不实导致实际缴费率远低于名义缴费率，这也是我国高缴费率下较低的养老金替代率水平的原因。数据显示，2010－2015年，我国企业职工养老保险实际缴费率为18.24%、18.34%、18.32%、18.37%、18.11%、17.98%⑤。同时城居保和新农保个人账户缺乏激励效应，会诱发“逆向选择”行为，促使参保者选择较低的缴费档次⑥。建议应夯实基本养老保险的缴费基数，降低名义缴费率，同时厘清各方责任，增加财政投入或国有资本划转投入，建立多层次保障体系。同时建立缴费率与养老金替代率的关联机

① 赵巍巍：《国外养老保险参保期研究及启示》，《中国社会保障》2017年第1期。

② 根据企业社保代理公司——51社保的调查数据显示，2016年有74.89%的企业未按照职工工资实际核定，其中36.06%的企业统一按最低基数缴费，只有25.1%的企业按全部工资缴费，这一比例比上年下降13.2个百分点。

③ 王翠琴等：《城镇职工基本养老保险缴费激励机制的设计、评估与选择》，《江西财经大学学报》2017年第1期。

④ 徐婷婷：《我国养老保险制度财务收支不平衡的原因分析及思考——基于养老保险制度参数分析视角》，《福建师范大学学报》2015年第2期。

⑤ 企业职工实际缴费基数来自《中国社会保险发展年度报告（2015）》；社平工资为全国城镇非私营单位在岗职工月平均工资，数据来自历年人力资源和社会保障事业发展统计公报；实际缴费率＝名义缴费率28%×企业职工实际缴费基数/社平工资。

⑥ 陈云凡等：《新型农村社会养老保险激励机制分析》，《湖南师范大学学报》2015年第12期。

制，建立养老金缴费的激励机制，发挥基本养老保险个人账户的激励性，提高参保者缴费的积极性。

提升基本养老保险缴费有效性，必须建立养老金缴费资格年限、缴费率与替代率之间的关联机制。应该建立基于强调缴费资格年限的合理的缴费率确定和调整机制，鼓励养老金制度参加者多缴费和长缴费，实现养老金缴费资格年限、缴费率与替代率之间的强制关联机制，进而实现养老金制度的激励机制。在降低最低缴费资格年限以扩大制度的覆盖面和建立缴费年限的激励机制以鼓励参保者“长缴费”的基础上，合理降低企业的缴费负担，并发挥基本养老保险个人账户的激励性，鼓励参保者“多缴费”，进而根据养老金缴费资格年限、缴费率确定养老金替代率，保证养老金制度参加者养老权益最大化。

二、基本养老保险财务模式的优化

20 世纪 90 年代中期，在借鉴吸收现收现付制和基金积累制的优点基础上，我国城镇企业职工基本养老保险（以下简称“职保”）引入个人账户，创新性地建立社会统筹与个人账户相结合的制度框架。当时的初衷是将社会统筹的长处与个人账户的优势结合起来，在继续保留社会统筹部分以实现互济功能的同时，通过个人账户资金的长期积累与投资运营，实现基金的保值增值以应对人口老龄化。后续建立的城乡居民基本养老保险制度以及机关事业单位工作人员养老保险制度也都采取社会统筹与个人账户相结合的制度模式。考虑到职工基本养老保险制度处于我国养老保险体系的核心部分，以下主要以其个人账户制度作为分析对象。

基本养老保险在从传统现收现付制向部分积累制转轨的过程中，由于政府在转制成本方面的责任缺失、社会统筹和个人账户“混账”管理等原因，使得职保个人账户“空账”运行①。面对“空账”问题，政府采取了“堵”的政策，即投入资金以做实个人账户。做实个人账户的试点工程始于 2001 年，实施做实个人账户试点至今全国已有 13 个省（直辖市、自治区）开展试点工作，但各级政府和企业对做实个人账户的积极性不高，“空账”规模逐年扩大，2004 年为 7 400 亿元，2007 年突破 1 万亿元，2013 年达到 3.1 万亿元，而 2015 年则达到 4.7 万亿元，“空账”率超过 90%。② 总体而言，个人账户仍处于“空账”状态。

① 需要指出的是，新农保的个人账户部分和城保的个人账户部分均实施基金制。尽管上述两项个人账户并不存在“空账”问题所带来的融资挑战，但是它们无法回避文中所述的投资瓶颈。

② 根据历年《中国养老金发展报告》整理。

而且中国做实职保个人账户面对无法回避的融资挑战和投资瓶颈。一方面，尽管2016年职保基金当期结余3 200多亿元，累计结余3.86万亿元[①]，但由于统筹层次较低[②]，一些地区的结余无法用于填补另一些地区的养老金缺口，这使得上述结余资金在短期内无法用于弥补空账。当前，做实个人账户的资金来源主要为政府财政收入。2011－2015年，个人账户的“空账”规模占当年财政收入的比重分别为21.33%、22.21%、23.96%、25.63%和30.96%[③]。可见，做实个人账户的融资挑战极其严峻。另一方面，已做实个人账户的基金投资收益率极低。据计算，截至2011年底，13个试点省份共做实养老金个人账户2 703亿元，大约占试点省份应做实总额的50%，年化收益率接近2%，远低于银行一年期定期存款3.5%的年利率，年利息损失超过40.5亿元。若考虑CPI因素，以2011年我国物价指数105.4%计算，个人账户中已经做实的部分损失达145.8亿元，倘若再加上运营和监管成本，直接经济损失则更多[④]。这意味着已做实的个人账户基金尚不能实现保值，何谈增值。也就是说做实个人账户并没有带来更高的投资收益率，也不会给参保者带来更高的养老金待遇[⑤]，相反做实个人账户给财政带来沉重负担。

随着个人账户空账规模的扩大，反对做实个人账户的声音越来越多。一些学者主张将基金制个人账户改革为名义账户制。典型观点如下：改革基金制个人账户为名义账户，建议应借鉴瑞典经验，以实现平滑转轨成本。主张名义账户者认为，瑞典的名义账户制度可以解决财务可持续性问题，有利于减轻政府的财政负担，同时对参保人具有很强的激励性。但如果充分考虑到瑞典改革的国情背景，情况并非如此。瑞典模式的精算平衡机制被认为解决了人口老龄化背景下，养老保险制度长期财务平衡。而名义账户的本质是现收现付制，在名义账户制引入制度自身的“精算平衡”原则，没有了财政等制度外资金投入，将会出现的后果或者是在职一代缴费负担增加，或者是养老待遇的替代率水平下降。[⑥] 2010年，因养老金制度整体收不抵支，瑞典启动了自动平衡机制，仅当年的养老金增长率即从2009年的4.6%下降到－3%，2011年进一步下降至－4.3%；2012年因自动平衡机制暂停运行，养老金增长率回升到3.6%，波幅明显很大，无法给予国民

---

① 人社部：《我国养老保险基金运行总体平稳》，http：//www.mohrss.gov.cn/yanglaobxs/YLBXSgongzuodongtai/201705/t20170524_271314.html。

② 目前养老保险的统筹层次特别低，大部分地区是县级统筹，资金跨统筹区域流动很难。

③ 根据历年《中国养老金发展报告》，经济管理出版社和中国统计局的相关数据整理计算得出。

④ 万树等：《基本养老保险基金：做实账户制还是名义账户制?》，《南京审计学院学报》2014年第4期。

⑤ 王晓军：《我国基本养老保险的十个“迷思”》，《保险研究》2013年第11期。

⑥ 张璐琴等：《完善基本养老保险个人账户制度的方向选择》，《经济与管理研究》2017年第1期。

稳定安全预期。

同时，对参保人的激励作用也远未达到预期。有观点认为，瑞典的名义账户激励个人多缴费和长缴费，瑞典的法定退休年龄为65岁，制度允许个人选择提前退休和推迟退休，退休金水平与退休年龄相关联，制度设计者认为在精算平衡的制度下，参保者会倾向于选择推迟退休，获得较高的退休金水平。但是，数据表明，越来越多的人倾向于选择提前退休而不是推迟退休。随着出生年份的后移，选择提前退休的人所占的比重越来越大，每年新增退休人员中，61－65岁的人口所占比重从2002年的9.4%上升到2008年的21.8%。[①] 可见，瑞典的名义账户制度实质上完成了从确定给付型现收现付制到缴费确定型现收现付制的转变，并不能实现从现收现付制向基金积累制的过渡，其财务稳定性和激励作用的发挥并没有体现出优势。

关于基本养老保险个人账户规模的探讨主要有两个思路，“大统筹＋小账户”思路和“小统筹＋大账户”思路。“大统筹＋小账户”思路是指应该扩大社会统筹的规模，缩小个人账户的比例，以增强基本养老保险的互助共济性；“小统筹＋大账户”思路是指尽量扩大个人账户的规模，缩小社会统筹的比例，以实现基本养老保险制度的长期财务平衡。

有学者认为，出于社会公平的考虑，不应继续扩大个人账户在基本养老保险制度中的规模，而应维持现状，乃至逐步缩小个人账户规模，否则将与收入再分配的目标相违背。作为公共养老金制度的一种模式，个人账户制度的主要作用是实现制度内的财务平衡，并不能发挥社会统筹养老金机制的互助共济作用。起到稳定基石作用的公共养老金，必须由政府参与扮演信用担保人角色，让公共养老金能够促进收入再分配和社会公正，给参保人提供稳定的安全预期，如果简单地把多缴多得的激励机制搬入社会基本养老保险制度，强调个人账户积累在公共养老金中的作用，这就与公共养老金追求的社会公平存在价值冲突。尤其是在我国收入分配差距较大的背景下，基本养老保险应该坚持制度的公平性，个人账户的规模不宜过大。基本养老保险最卓越的功能是互济共济，在初次分配的基础上，实现收入再分配，进而缩小贫富差距，但如果继续扩大基本养老保险制度的个人账户规模，在基本养老金层面过分强调多缴多得，这将扩大收入分配差距，也不利于建立多层次的养老金制度体系。

基本养老保险是基于政府职责，按照社会公平和收入再分配的目标设计的，必须明确限定于“保基本”。事实上，只有保基本才能全覆盖；只有保基本才能

---

① 李珍等：《社会养老保障制度的“瑞典模式”——瑞典名义账户制度解决了什么?》，《经济学动态》2010年第8期。

可持续；只有保基本才能建立起多层次的风险保障体系。[①] 世界上大多数发达国家的社会基本养老保险采取现收现付制，即使有些国家发展了自愿参保的积累制养老金，也是建立在已有充实的、覆盖了全体国民的、防止老年贫困的（最低）养老金制度基础上。反观中国，目前大多数老人还无法从公共养老金中得到最低生活的保障，如果这一情况下还坚持继续扩大已经高达 8% 的个人账户，坚持强制性参保的积累制，不仅无法激励参保者多缴费，还会使老年人的养老金面临来自资本市场的风险。因此当前改革的基本策略应当是坚持并不断完善以互助共济为基础的基本养老保险制度，而不宜进行颠覆性的制度变革[②]。

而主张扩大个人账户规模的学者则认为，应该发挥个人账户的激励作用，激励参保者多缴多得，保证财务可持续性。考虑到我国基本养老养老保险制度的覆盖率并不理想，而且企业和职工缴费基数不实和“断保”现象严重，理性的选择是扩大个人账户的规模，激励个人积极参保，以个人倒逼企业参加基本养老保险。然而，国际经验表明，个人账户的激励作用在现实中并不理想。智利曾于 1981 年将养老保险制度从现收现付制，改为完全积累的个人账户制度，试图通过“多缴多得，长缴多得”的制度设计，激励就业者更多地参保缴费。但 30 多年过去后，智利个人账户养老保险制度的覆盖面仍只有 56% 左右，参保雇员平均缴费年限只占其就业年限的一半左右。而在养老金收益水平上，个人账户之后的投资回报率。在 1981 - 1990 年、1991 - 2000 年、2001 - 2010 年、2011 - 2014 年，智利养老保险基金投资的平均收益率分别为 12.63%、9.24%、6.74%、3.63%，呈明显递减趋势。如果扣除所有管理费用，智利上述各年度区间的收益率会更低。面对这种状况，智利政府被迫重建互助共济性的公共养老金，其包括社会救助养老金和最低养老金两个部分，覆盖范围已达到约 60% 的家庭。

一些欧洲国家实施的“微调参数”的做法值得借鉴。很多欧洲国家养老金制度改革，都试图解决财政可持续性问题，但都发现直接做结构调整是很难的，会引起社会动荡。因此大部分国家最终还是采取了参数改革的方式，即微调缴费年限、退休年龄和待遇水平等主要参数。参数改革可适当降低公共养老金替代率，让公共养老金能够体现社会公平和基本保障，再让市场去体现差别。例如，与世界上少数在基本养老保险制度中引入个人账户机制的国家相比，德国的社会养老保险制度更具参考价值，因其自 1889 年建立以来，已经可持续发展了 120 余年。在这一过程中，德国也曾尝试采取部分积累制，但在金融危机期间遭遇了养老基

① 何文炯：《论社会保障的互助共济性》，《社会保障评论》2017 年第 1 期。

② 鲁全：《互助共济：养老保险制度的基石》，《中国社会保障》2015 年第 3 期。

金大幅贬值之后，又将基本养老保险制度定位为现收现付制。这意味着，部分积累制并非德国应对人口老龄化的有效工具。德国养老保险制度实现长期可持续的主要措施有以下几点：第一，坚持基本养老保险的互助共济的现收现付机制，适当降低其替代率，维护这一制度所发挥的社会团结和政治认同功能；第二，大力发展第二、第三层次的养老金，在一定程度上保证整个养老保险体系的替代率。2011 年，德国基本养老基金结余 45 亿欧元。针对这种状况，德国对养老保险制度进行了组合改革：从 2012 年起将养老保险费率从 19.9% 降至 19.6%，并提高养老金待遇；同时，从 2012 年 1 月 1 日起到 2029 年，逐渐将退休年龄从 65 岁延迟到 67 岁。

"十三五"规划建议指出，要"完善职工养老保险个人账户制度"，理性的对策是：对基本养老保险而言，要缩小个人账户规模，增强互助共济性，实现其社会团结和政治认同等正向功能；降低目标替代率，这既可降低政府直接显性财政责任，又能为纯个人账户的第二、第三层次的养老金留出发展空间。同时，要加快实现基本养老保险的全国统筹，发展企业年金、职业年金和商业人寿保险等其他层次的养老保险机制，促进整个养老保险体系的责任分担机制更趋理性，从而推动养老金制度的可持续发展。

三、基本养老保险基金投资与安全

基本养老保险基金包括企业职工、机关事业单位工作人员和城乡居民养老基金。其中企业职工基本养老保险基金（分为社会统筹基金和个人账户基金）占绝大部分，根据《2013 年人力资源社会保障快报》数据显示，2013 年城镇职工基本养老保险期末参保人数为 32 212 万人，基金收入 22 483.6 亿元，基金支出 18 416.7 亿元。同期，城乡居民社会养老保险期末参保人数 49 750 万人，基金收入 2 154.0 亿元，基金支出 1 453.7 亿元，城乡居民社会保险基金收入不到城镇职工基金养老保险基金收入的 1/10。鉴于社会统筹结余基金和已做实个人账户基金为中国养老基金的主体（见图 3－4），笔者以职工基本养老保险基金的投资运营为分析对象。养老基金入市是指将养老基金投资范围扩展至债券、基金、股票等较高风险和较高收益的工具，而不仅局限于低风险、低收益的银行存款和国债等工具。因此，养老基金投资是比养老基金入市更为宽泛的一个概念，后者是前者的主要外延之一。

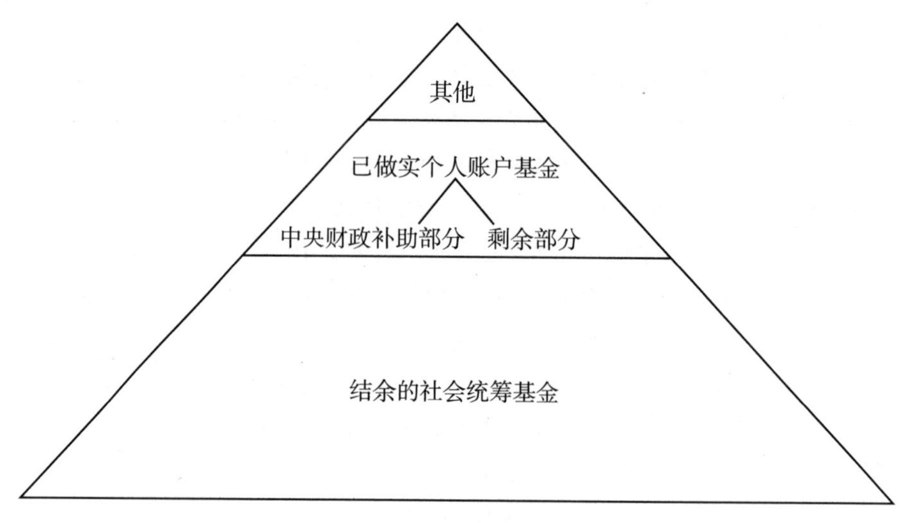

图 3-4　基本养老基金结构

事实上，以 2006 年的 9 个省、市、自治区[①] 103 亿元养老金个人账户中央财政补助金委托全国社保基金理事会（NSSF）投资运营为标志，中国养老基金已经开始入市。2012 年 3 月，经国务院批准，全国社会保障基金理事会受广东省政府委托，投资运营广东企业职工基本养老保险结存资金 1 000 亿元，这标志着社会统筹结余基金首次入市，中国养老基金的投资进入了一个新的发展阶段。可以看出，中国养老基金投资呈现"碎片化"状态，这无疑会增加养老基金投资的管理成本。现阶段基本养老保险制度仍处于地方统筹状态，由于统筹层次较低，我国基本养老保险基金被分散在全国数千个以县市为主的统筹单位，不仅导致每个统筹单位实际能够用于投资运营的资金量有限，而且使得基金投资管理成效直接受到各个统筹地区社会保险经办机构投资管理能力的严重制约。目前，中国大部分省份实现了省级统筹。阻碍统筹层次进一步提高的主要因素有：管理体制的"条块分割"与财政"分灶吃饭"，各地基本养老保险状况差异显著和地方利益保护等[②]。因此，建议养老保险基金"财权"逐步上移，提高到省级统筹。养老保险基金存在监管难度大、管理成本高的问题，且未来全国社会保障统筹是大趋势，在目前推行养老保险基金投资运营管理新办法出台的有利契机下应当通过制度的改革，将地方市县级政府养老保险基金的财权全部收至省级政府，而不仅仅是为了归集地方的资金，这将会为充分发挥养老保险基金的规模化收益，为未来

① 9 个地区分别为天津市、山西省、吉林省、黑龙江省、山东省、河南省、湖北省、湖南省和新疆维吾尔自治区。

② 丁建定等：《中国社会保障制度体系完善研究》，人民出版社 2013 年版，第 212 页。

养老保险全国统筹创造条件[①]。

委托给全国社保基金理事会运营的基本养老金取得的高收益值得商榷。到2009年底，已做实个人账户资金的大约22%由9个省（自治区、直辖市）委托给全国社会保障基金理事会运行。根据全国社会保障基金理事会发布的社保基金年度报告显示，全国社保基金累计实现投资收益8 227.31亿元，年均投资收益率达到8.37%，超出年均通货膨胀率6个百分点，而2015年全国社保基金1.8万亿元资产的投资回报率达15.14%，2016年投资收益率为1.73%。但是这些数据的精准度需要做出商榷。笔者认为，此高额投资收益率的成因一是该数据并未完全扣除全国社会保障基金投资过程中的管理费用。事实上，在对社会保障基金进行投资的典型国家（如智利、瑞典）中，管理费用是侵蚀基金投资收益率的关键因素。成因二是全国社会保障基金投资对资本市场的绑架。

剩余个人账户资金部分（大约占已做实个人账户资金额的78%）和职保社会统筹基金主要由各地方政府进行管理，长期以来，其投资对象仅限于国债与国内银行存款等低风险和低收益的工具，导致投资收益率低下，不仅低于同期一年期银行存款利率，而且低于同期通货膨胀率，导致养老金难以实现保值增值。2009－2014年，企业职工基本养老保险基金收益率较低，部分年份甚至低于同期的通货膨胀率（见表3－1）。

表3－1　　基本养老保险基金投资收益情况　　单位：%

年份	职保基金收益率	通货膨胀率	全国社保基金收益率
2009	2.2	－0.7	16.12
2010	2.0	3.3	4.23
2011	2.5	5.4	0.86
2012	2.6	2.6	7.10
2013	2.4	2.6	6.20
2014	2.9	2.0	11.69
2015	3.1	1.4	15.19
平均	2.53	2.37	8.77

注：企业职工基本养老保险基金收益率来自《中国社会保险发展年度报告2015》；历年通货膨胀率由国家统计局网站整理；全国社保基金投资收益率来自全国社会保障基金理事会发布的社保基金年度报告。

① 张强等：《关于我国新〈基本养老保险基金投资管理办法〉的思考与展望》，《现代管理科学》2016年第5期。

中国养老基金入市须缓行。在2012年3月广东省委托全国社保基金理事会对其部分养老基金进行投资运营之前，中国养老基金实际上已经进行了一定投资，只不过其投资主要局限于国内银行存款和国债等低风险和低收益的工具，这是造成其投资收益率低下的主要原因。从实现基金保值增值角度看，养老基金入市是必要的，但是应谨慎考虑其可行性。

中国政策性资本市场给基本养老金投资带来消极影响。基本养老金投资如果过度增大向国际资本市场的投资规模，养老金则无法避免国际资本市场周期性波动带来的风险。如果过度提高投资于高风险和高收益工具的比例，中国的政策性资本市场会给养老金的运行带来巨大的风险。假设养老基金大规模和高水平入市，在中国政策性资本市场的背景下，如果利用非市场性的干预实现了养老基金的高额增值，也就是说养老基金投资绑架了资本市场，那么，中国资本的市场化进程必然受阻。而资本市场是中国社会主义市场经济体系的核心组成部分之一，其市场化进程的不顺必然阻碍社会主义市场经济体系的整体建成。作为中国经济发展的目标，社会主义市场经济制度的发展不应受到任何不利因素的影响。如果因为养老基金投资的高额收益率而阻碍社会主义市场经济的进程，显然是得不偿失的。我们应该将养老基金入市的问题放在我国整个经济制度框架内考虑，而不能仅考虑养老基金的需求。反过来讲，中国资本市场化的异化显然无法为养老基金投资的可持续发展提供保障。总之，在资本市场的政策性没有根本改观的条件下，养老基金较大规模和较高水平入市会导致其作茧自缚，无法可持续发展。

无论是完全积累制的养老保险基金，还是现收现付制的养老保险基金，无论其养老保险基金采取何种管理模式，都在积极推行多元化投资策略，利用市场力量来实现基金的保值增值。以美国养老金“401K”计划为例，该计划以劳动者自愿为前提，由劳动者和用人单位共同缴纳养老保险费，按照不同比例分别存入养老金个人账户。1981年实施以来，“401K”计划的覆盖面持续扩大，截至目前，其覆盖率已经超过25%。企业和员工每月按一定比例向“401K”账户存入资金，委托专业的投资机构进行投资运营，投资工具涉及基金、股票、年金保险、债券等多种金融产品。以2009年为例，“401K”计划的资产配置比重由高到低为平衡性或偏债型基金投资（45%）、股票型基金投资（41%）、股票投资（9%）以及货币基金投资（5%）。

按照党的十八届三中全会关于“加强社会保险基金投资管理和监督，推进基金市场化、多元化投资运营”要求，国务院于2015年8月23日印发《基本养老保险基金投资管理办法》（以下简称《投资管理办法》），规定了企业职工、机关事业单位工作人员和城乡居民养老结余基金的投资运营方法，设定了养老基金委托人、受托机构、托管机构、投资管理机构的管理机制，特别是限定了养老基金仅能在境内投资，并明确了养老基金投资于各类工具的比例。基本养老保险基金投资运营的政策建议如下：一是要注重发挥全国社会保障基金理事会的作用。虽然全国社会保障基金的高额投资收益率的精确度有待商榷，但是经过十来年的实践，其毕竟积累了一定的经验。在人口老龄化背景下，储备一定资金，以备人口老龄化高峰之时所需是十分必要的，全国社会保障基金就是基于这个目的建立的。故从基金功能角度来看，基本养老保险基金与全国社会保障基金协同投资运营具有可行性。二是逐步建立规范的监督制度。努力避免全国社会保障基金投资绑架资本市场状况的出现，重视资本市场的发展，逐步完善资本市场基本要素，最终建成市场机制良好的资本运行机制，为社会保障基金的投资提供良好的市场环境。在资本市场发展的过程中，全国社会保障基金对养老基金的运营要本着审慎的态度，根据中国资本市场的具体发展状况来选择理性的投资工具和投资组合，循序渐进地提高养老基金入市的水平，提高养老基金的投资收益率，并在人口老龄化高峰之时，建立全国社会保障基金对养老基金的支持机制①。

第三节　建立基本养老保险待遇调整机制

一、基本养老保险待遇调整的影响因素

从退休金资金来源供给侧出发，本书认为养老金调整比率应与现收现付养老金计划的收益率一致。一般而言，调整养老金所需资金来源于当期一般性税收或当期劳动者向养老金制度的缴税或缴费，这属于现收现付的财务机制。在我国，调整基本养老金所需资金由企业职工基本养老保险基金或中央财政承担。我国企业职工基本养老保险实行现收现付制的社会统筹与基金制的个人账户相结合模式。基本养老金由两部分组成，一是社会统筹部分提供的基础养老金，二是个人账户养老金。个人账户资金产权属于个人，应按照基金制的财务模式运行，用于个人账户产权所有者的养老。因此，企业职工基本养老保险基金所承担的调整基本养老金的资金不应来源于个人账户部分，而是应该来源于现收现付的社会统筹部分。同时，中央财政承担的调整基本养老金的资金主要来源于一般性税收收入，亦体现了现收现付制的原则。因此，从资金流向的逻辑来看，现收现付养老

① 张巍，郭林：《完善财政性社会保险支出的规模与结构》，《中国社会保障》2013 年第 9 期。

金计划的收益率成为影响养老金调整比率的重要影响因素，下面运用迭代模型对两者之间关系的有效性进行理论验证。

假定所有的人被同一现收现付养老金制度覆盖，每天出生新的一代，且每代人口生命周期为两个期间。个人在第一个期间仅仅工作，其工资率为 w_t，劳动供给量为 f_t，向养老金制度的缴费率为 j_t，养老金水平为 b_t。在上述假设条件下，制度的收益率 R 即养老金调整比率的计算公式如下所示：

$$1+R=b_t/(j_t\times w_t\times f_t) \tag{3-1}$$

将 n_t 定义 t 代的人数，如果养老金制度要实现财务平衡，需要式（3-2）得以成立：

$$n_t\times b_t=j_{t+1}\times n_{t+1}\times w_{t+1}\times f_{t+1} \tag{3-2}$$

则：

$$b_t=j_{t+1}\times n_{t+1}\times w_{t+1}\times f_{t+1} \tag{3-3}$$

将式（3-3）代入式（3-1），得到养老金制度的收益率为：

$$1+R=(j_{t+1}/j_t)\times[(n_{t+1}\times w_{t+1}\times f_{t+1})/(n_t\times w_t\times f_t)]=(j_{t+1}/j_t)\times(1+G_{t+1}) \tag{3-4}$$

可以看出，G_{t+1} 为名义工资收入总额增长率。如果缴费率不变，那么收益率即养老金调整比率显然为 G_{t+1}。G_{t+1} 由两部分组成：即通货膨胀率和实际工资收入总额增长率。如果养老金调整比率小于通货膨胀率，那么它会使当期退休者的生活质量下降；如果养老金调整比率等于通货膨胀率，那么它能保障当期退休者的生活质量不下降；如果养老金调整比率大于通货膨胀率且小于名义工资收入总额增长率，那么它可使当期退休者生活质量不下降，并能在一定程度上和同期劳动者共享经济发展成果；如果养老金调整比率等于名义工资收入总额增长率即通货膨胀率和实际工资收入总额增长率之和，那么它既能保证退休者生活质量不下降，又能实现当期退休者和劳动者共享经济发展成果的目标。

在现实中，考虑到调整养老金的融资压力，很多国家确定的养老金调整比率往往并非 G_{t+1}，而是通过综合考察工资收入增长率和通货膨胀率等因素所得。

二、养老保险待遇调整的实践经验

从 1995 年国务院发布《关于深化企业职工养老保险制度改革的通知》以来，我国在中央政府的领导下进行了 20 多年基本养老金调整机制的探索。最初，中央政府将待遇调整机制的制定权下放地方，提出“基本养老金可按当地职工上一年度平均工资增长率的一定比例进行调整，具体办法在国家政策指导下由省、自治区、直辖市人民政府确定”[①]，但在实际运行过程中出现部分地区擅自提高基本养老金水平所带来的损害国家政策权威性和统一性、不利于基本养老金按时足额发放和各地区盲目攀比等问题，于是在2001年，国务院办公厅颁布了《关于各地不得自行提高企业基本养老金待遇水平的通知》，明确规定“企业基本养老金待遇水平的调整，由劳动保障部和财政部根据实际情况，参照城市居民生活费用价格指数和在职职工工资增长情况提出调整总体方案，报国务院批准后统一组织实施；各地区制定的具体实施方案，报劳动保障部、财政部审批后执行”[②]。4年之后，国务院继续发布《关于完善企业职工基本养老保险制度的决定》，指出“要建立基本养老金正常调整机制。根据职工工资和物价变动等情况，国务院适时调整企业退休人员基本养老金水平，调整幅度为省、自治区、直辖市当地企业在岗职工平均工资年增长率的一定比例。各地根据本地实际情况提出具体调整方案，报劳动保障部、财政部审批后实施”[③]。2011年，《国务院关于印发中国老龄事业发展“十二五”规划的通知》，提出“要建立随工资增长、物价上涨等因素调整退休人员基本养老金待遇的正常机制”，以确保老年福利与社会经济发展相适应[④]，并于2017年发布的“十三五”规划纲要中重申“建立基本养老金合理调整机制，适当提高退休人员基本养老金标准”[⑤]。20多年来，上述关于企业职工基本养老保险制度的重要法规和规章均对基本养老金调整机制做出了规定，为我国开展基本养老金调整奠定了坚实的基础。

在现实执行中，我国基本养老金调整遵循普遍调整与特殊调整相结合的原则，并在近10年来二者均经历一个变迁过程。第一，在调整时间方面，2001年、2002年、2004－2007年的调整时间均为当年的7月1日，而从2008－2017年，调整时间是当年的1月1日。第二，在调整基数方面，2001年和2002年的调整基数为上年12月企业退休人员基本养老金，而2005－2017年，调整基数为上年企业退休人员月人均基本养老金。第三，在调整比率方面，2001年、2002年、2004－2007年的基本养老金调整比率以占上年企业在岗职工名义平均工资增长率的比例为标准，分别为不超过60%、50%左右、45%左右、60%左右、100%左右和70%左右，而2008－2015年的调整比率直接规定为10%左右，随后在2016年和2017年分别下降至6.5%和5.5%左右（见表3－2）。

① 国务院：《关于深化企业职工养老保险制度改革的通知》，1995年。

② 国务院办公厅：《关于各地不得自行提高企业基本养老金待遇水平的通知》，2001年。

③ 国务院：《关于完善企业职工基本养老保险制度的决定》，2005年。

④ 国务院：《国务院关于印发中国老龄事业发展“十二五”规划的通知》，2011年。

⑤ 国务院：《国务院关于印发“十三五”国家老龄事业发展和养老体系建设规划的通知》，2017年。

表 3-2　　我国企业职工基本养老金普遍调整方案的变迁

<table>
<tr><th>年份</th><th>调整时间</th><th>调整范围</th><th>调整基数</th><th>调整比率</th></tr>
<tr><td>2001</td><td rowspan="6">当年 7 月 1 日</td><td rowspan="16">上年 12 月 31 日前已按规定办理退休手续的企业退休人员</td><td rowspan="2">上年 12 月企业退休人员基本养老金</td><td>不超过 60%</td></tr>
<tr><td>2002</td><td>50% 左右</td></tr>
<tr><td>2004</td><td>—</td><td>45% 左右</td></tr>
<tr><td>2005</td><td rowspan="13">上年企业退休人员月人均基本养老金</td><td>60% 左右</td></tr>
<tr><td>2006</td><td>100% 左右</td></tr>
<tr><td>2007</td><td>70% 左右</td></tr>
<tr><td>2008</td><td rowspan="10">当年 1 月 1 日</td><td rowspan="8">10% 左右</td></tr>
<tr><td>2009</td></tr>
<tr><td>2010</td></tr>
<tr><td>2011</td></tr>
<tr><td>2012</td></tr>
<tr><td>2013</td></tr>
<tr><td>2014</td></tr>
<tr><td>2015</td></tr>
<tr><td>2016</td><td>6.5% 左右</td></tr>
<tr><td>2017</td><td>5.5% 左右</td></tr>
</table>

注：(1) 2001 年、2002 年、2004 - 2017 年的调整比率为占去年企业在岗职工平均工资增长率的比例。(2) 劳动和社会保障部与财政部颁布的《关于从 2004 年 7 月 1 日起增加企业退休人员基本养老金的通知》未对调整基数做出明确规定，由各地区根据本地实际情况和企业职工基本养老保险基金承受能力制定。(3) 数据根据人社部（原劳动和社会保障部）、财政部颁布的历年调整企业退休人员基本养老金通知整理。

与此同时，特殊调整的变迁主要体现为对实施基本养老金高水平调整或专门调整的特殊群体范围的变化。2001 年的特殊调整规定基本养老金的调整要向基本养老金偏低的退休人员倾斜；2002 年则规定要在普遍调整的基础上，对退休早、基本养老金偏低的老干部、老工人、军队转业干部等人员适当提高调整水平；2004 年的特殊调整规定要继续向退休早、养老金偏低的人员适当倾斜调整基本养老金；2005 - 2007 年的特殊调整对象在 2004 年的基础上，增加了具有高级职称的退休科技人员；2008 年继续扩大特殊调整的覆盖范围，在 2005 - 2007 年所规定的特殊调整对象的基础上，增加了专门调整的内容，规定对基本养老金偏低的企业退休军转干部，继续按照中共中央办公厅、国务院办公厅转发人事部等部门 2003 年发布的《关于进一步贯彻落实人发〔2002〕82 号文件，切实解决部分企业军转干部生活困难问题的意见》规定予以倾斜；2009－2010 年的特殊调整对象在 2008 年的基础上，增加了艰苦边远地区的企业退休人员。2012 年将中华人民共和国成立前参加革命工作的老工人、1953 年底前参加工作的退休人员以及退休人员中的原工商业者（含从原工商业者中区分出来的小商小贩、小手工业者、小业主）纳入特殊调整范畴；2013 年在对企业退休高工以及企业退休军转干部继续倾斜的基础上加大对 70 岁以上的高龄退休人员进行优惠支持，2014－2017 年则在此基础上基本维持原有对象倾斜不变。

此外，各调整基本养老金的通知发布日期呈现出逐步固定的变迁过程。在 2007 年及以前年度，关于基本养老金调整的通知没有固定日期。例如，《关于 2001 年调整企业退休人员基本养老金的通知》发布于 2002 年 1 月 14 日，《关于 2002 年调整企业退休人员基本养老金的通知》颁发于 2002 年 8 月 16 日，而《关于从 2004 年 7 月 1 日起增加企业退休人员基本养老金的通知》发布于 2004 年 9 月 30 日，《关于调整企业退休人员基本养老金的通知》颁发于 2006 年 6 月 16 日，该文件对 2005－2007 年养老金的调整方案做出了规定。2008－2012 年的基本养老金通知则分别发布于上一年度的 12 月，颁布日期较为固定。2013－2017 年度关于基本养老金调整的通知则于当年 4 月发布。

综上所述，我国基本养老金的调整时间从 2008 年开始发生了变化，而调整基数则是在 2005 年进行了改变，调整时间和调整基数呈非同步变迁的特点。这一特点对 2005－2007 年的调整基数的合理性产生了不利的影响。由于仅仅按上年 12 月企业退休人员基本养老金作为当年下半年和明年上半年养老金调整的基数，2002 年的调整基数为 2001 年增长后的养老金，这有利于保证企业退休者的养老权益；而在 2005－2007 年之间，调整基数为上年企业退休人员月人均基本养老金，2005 下半年和 2006 年上半年、2006 年下半年和 2007 年上半年、2007 年下半年的调整基数分别为 2004 年、2005 年、2006 年调整前的养老金与调整后的养老金的均值，这无疑损害了调整基数精算的科学性，降低了调整基数，损害了企业退休人员生活质量。而 2008 年的情况则比较特殊，一方面，上半年的调整基数不再是 2006 年调整前后基数均值，而是 2007 年调整前后的基数均值，这能在一定程度上弥补 2005－2007 年调整基数的下降；另一方面，下半年的调整基数与调整年度变化前的情况一致，又在一定程度上降低了调整基数的应有值，2008 年的调整基数的净效应取决于上半年增加调整基数的数量与下半年减少的调整基数数量绝对值的差值。从 2009 年开始，调整基数为上年度的调整后的人均养老金，调整方案得到优化，但是，以前年度调整方案的不合理所带来的调整基数下降并未得到充分弥补。

在调整比率方面，2001 年、2002 年、2004－2017 年的调整方法将名义平均工资增长率纳入基本养老金调整机制之内，有利于促进退休者基本养老金水平与经济活动人口生活水平一致提高。以名义平均工资增长率的一定比例作为调整标准，既体现了在我国人口老龄化背景下，名义平均工资增长率要高于名义工资收入总额的增长率，又考虑到通货膨胀因素，具有一定合理性。但是，上述调整比率确定机制由于在确定占上年企业在职职工名义平均工资增长率的比例时缺乏制度性的精算规则而凸显随意和粗放，导致所确定的调整比率偏离合理水平。2008－2015年的调整比率直接规定为10%左右。严格来讲，这种方法粗放有余，而精算不足，因为它并没有将工资增长率、通货膨胀率等养老金调整因素考虑在内，既违背了养老金调整的现收现付规律，也不符合2005年颁布的《关于完善企业职工基本养老保险制度的决定》中对基本养老金调整机制的规定。可以说，相对于以前的调整方案来说，2008年及以后的基本养老金调整机制出现了一定程度的蜕化。

目前，我国特殊调整的覆盖范围包括具有高级职称的企业退休科技人员、中华人民共和国成立前的老工人、1953年底以前参加工作的人员、原工商业者等退休早、基本养老金相对偏低的人员、艰苦边远地区的企业退休人员、基本养老金偏低的企业退休军转干部。从上述特殊调整的变迁可以看出，我国基本养老金特殊调整经历了一个覆盖范围逐步扩大的过程，体现了对弱势退休人员的保障和具有特殊贡献人群的重点关注，具有重要的意义。然而，特殊调整将对象中的弱势群体重点界定在特殊群体，即退休早、基本养老金相对偏低的中华人民共和国成立前的老工人、1953年底以前参加工作的人员、原工商业者和养老金偏低的企业退休军转干部，而忽视了基本养老金偏低的一般人员。诚然，上述特殊群体为我国经济社会发展做出了较为突出的贡献，理应重点加大其基本养老金调整力度，但这不应成为忽视基本养老金偏低的一般退休者的理由。

三、基本养老保险待遇调整机制的建立

在社会保障体系顶层设计酝酿之际，总结过去近20年基本养老金待遇调整机制的历史经验，本书认为，应该在尊重现收现付制养老金调整理论的基础上，充分考虑到我国具体国情，遵循精算原则、公平原则和程序化原则，积极构建科学的基本养老金调整机制。

科学的精算公式有利于增强基本养老金调整机制的准确性。在精算公式中，调整基数可设定为上年企业退休人员月人均基本养老金，调整比率的确定是精算公式中的重点。在一定时期内，我国企业职工基本养老保险制度的缴费率具有稳定性。由上文分析可知，在理论上，基本养老金调整比率应为当期劳动者名义工资

收入总额的增长率。但是，以名义职工平均工资增长率作为确定调整比率的主要因素并不违背以上所述的养老金调整机制理论，因为它与名义工资收入总额增长率紧密相关。同时，考虑到我国严峻的人口老龄化趋势和基本养老金支付压力较大等状况，将名义职工平均工资增长率作为确定调整比率的主要因素具有以下优势。其一，由于在人口老龄化背景下，名义平均工资收入的增长率要高于名义工资收入总额的增长率，将其作为确定调整比率的主要因素有利于实现退休者的养老金水平与当期劳动人口生活水平同步增长。其二，在基本养老金支付面临较大压力的情况下，可在考察通货膨胀率等因素的基础上，将名义平均工资收入增长率的一定比例作为精算调整比率，这彰显了在调整机制中应用名义平均工资收入增长率这一精算变量的灵活性。因此，建议在综合分析通货膨胀率和基本养老金支付压力等因素的基础上，将名义平均工资增长率的一定比率作为确定我国基本养老金调整的基本比率，如式（3-5）所示。

$$R_1 = R_a \times r \qquad (3-5)$$

在式（3-5）中，R_1 为我国基本养老金调整的基本比率，R_a 为平均工资增长率，r 为由通货膨胀率和基本养老金支付压力等因素所决定的权重。R_a 和 r 的赋值有两种方法，一是赋值为基本养老金调整年度之前若干年的平均值，如根据调整年度之前 1 年或 3 年的名义平均工资增长率、通货膨胀率和基本养老金支出等因素的平均水平来决定 R_a 和 r 的取值；二是根据调整年度各变量的预测值进行赋值。不管是采用上述哪种方法，赋值规则一经选定，在一定时期内应该是固定的。

由于调整时间和调整基数的非同步变化等原因导致我国养老金水平偏低，但是如果将养老金水平一步到位拉升至合理水平会面临巨大的资金压力。因此，促使我国养老金合理化的过程应该循序渐进。在此，建议建立基本养老金调整附加比率，努力将养老金拉至合理水平，当养老金达到合理水平后，附加比率取值为零。基本比率和附加比率之和即为我国基本养老金调整比率，如式（3-6）所示。

$$R_c = R_1 + R_2 \qquad (3-6)$$

在式（3-6）中，R_c 为我国基本养老金调整比率，R_1 为基本比率，R_2 为附加比率。需要指出的是，上述 R_a、r 和 R_2 的赋值并非一成不变，应根据我国经济状况进行适当调整。

为了保证特殊调整的公平性，对基本养老金偏低的弱势企业退休人员应该一视同仁，采用一致的特殊调整标准对其基本养老金进行调整，这有利于有效保障他们的养老权益。同时，要为具有特殊贡献的退休群体建立特殊调整标准，这既是对他们为我国经济和社会发展所作贡献的肯定，又可激励国民经济效率的提高。上述两个特殊调整标准是并行的。如果某一退休群体既属于基本养老金偏低的弱势企业退休人员，又是具有特殊贡献的群体，那么他们的基本养老金应该进行双重调整。首先用弱势群体特殊调整机制将其养老金水平拉至一般退休人员的水平附近，然后用特殊贡献群体特殊调整机制将其养老金水平调至特殊贡献群体的养老金水平附近。

当然，还有一点在构建养老金待遇调整机制中需要注意。基本养老金调整机制精算公式应该固定化，不应随意变动。基本养老金调整机制的调整通知发布的时间应该固定化，以保证调整机制的精算过程基于固定期间的经济数据，增强精算的准确性和连续性。应以科学的基本养老金调整精算公式为基础，让基本养老金调整成为一项制度性的工作，突出其精算化而非人为化，促进其程序化而非随意化，为准确有效地确保广大企业退休人员的养老权益创造条件。

第四节　延迟退休年龄政策的机制构建

一、延迟退休年龄政策的目标选择

从2013年政府释放出延迟退休年龄的信号以来，学术界对延迟退休年龄做出了诸多分析。其中，最为流行的观点是在人口红利丧失和人口老龄化加剧的时代背景下，延迟退休年龄政策，一是为了弥补现有养老金存在的巨大缺口，避免养老金制度陷入不可持续的尴尬处境之中；二是应对老龄化以及养老金制度风险的无奈之举。的确，中国养老金缺口问题始终是一个舆论焦点话题，但是无论如何，解决养老金存在的缺口，不应该视为延迟退休的根本原因与基本目标。根据人力资源和社会保障部发布的2017年1－5月数据来看，我国基本职工养老保险基金总收入15 769亿元，基金总支出13 505亿元，当期结余2 264亿元，累计结余4.08万亿元①。即便是养老金存在缺口，也不是只有延迟退休年龄才是解决这一问题的唯一办法，养老保障基金的可持续具有三个途径：增加个人缴费、提高企业缴费，或者增加政府财政投入。虽然中国企业现已承担比较高的养老保险缴费率，大部分参保者个人在提高养老保险缴费方面的空间也已极为有限，但是，

① 中华人民共和国人力资源和社会保障部养老保险司，http：//www.mohrss.gov.cn/yanglaobxs/YLBXSgongzuodongtai/201706/t20170628_273246.html。

如果增加养老金中的政府财政投入规模，同样可以在一定程度上弥补养老金缺口，并可在一定程度上有助于实现养老保险制度的可持续。

另外，延迟退休年龄并非必然化解养老保险制度风险，从而解决人口老龄化问题。延迟退休年龄首先是一项劳动就业政策，其直接结果是工龄的延长，而劳动政策与养老保险政策之间存在差别。劳动政策是养老保险政策的基础，劳动关系是养老保险关系的基础，其中，工龄属于劳动关系中的重要因素，缴费资格年限属于养老保险关系中的核心要素，而工龄并非就是养老金缴费资格年限，比较普遍的现象是，养老保险制度参加者的缴费资格年限往往低于工龄，只有将工龄与养老金缴费资格年限强制关联时，才可以实现劳动政策与养老保险政策的有效衔接，实现劳动关系与养老保险关系的合理关联，才能使延迟退休年龄引发的工龄延长与养老金缴费资格年限的延长密切关联，进而实现养老金制度的可持续，更加有效地应对老龄化下对养老金需求的增加。如果延迟退休所增加的工作年龄不能与缴费资格年限、法定领取养老金的资格年龄、养老金替代率之间建立关联机制，单一提出延迟退休年龄并不能够从根本上解决养老金制度中所面临的现实问题。因此，应对人口老龄化是延迟退休年龄政策选择的重要原因及目标之一，但是，单一的延迟退休年龄政策不可能解决老龄化问题。显然，延迟退休年龄必须做出合理的政策目标选择。

第一，延迟退休年龄政策的目标应是扩大经济活动人口的规模。目前，在社会保障制度发展和完善的背景下，退休制度是沟通社会保障和劳动力市场的重要渠道。虽然从历史上看，社会保障制度被视作是将劳动力“去商品化”以实现对于劳动力保护的重要机制，似乎社会保障制度介入的结果将造成对于劳动力自由流动和供给的阻碍，但是，这一认识在社会保障制度与劳动制度的互动发展中有了明显的转变，一方面社会保障制度内部也包含着一些促进劳动力有效供给的因素，另一方面社会政策理念处于不断的变化之中，纯粹消极的“非生产性”福利正在被积极的“生产性”福利所取代，社会政策也从单纯的“去商品化”逐步走向“保护性的再商品化”，这导致了社会保障制度与劳动力供给的关系出现了全新变化。而经过了从“去商品化”到“保护性再商品化”的退休制度，其制度目标转变体现在退休制度从单纯的将劳动力的载体即人与资本市场进行剥离以达到保护，转向了以保护性的方式增加经济活动人口的总量，而经济活动人口和非经济活动人口又是人口经济构成中的一个最一般、最基本的比例关系，是人口经济构成分析的逻辑起点。

经济活动人口是总人口中实际从事一定社会劳动并取得报酬的人口，亦称在业人口或劳动人口，是否在业是其划分标准，未达到或已超过劳动年龄但仍然从事社会劳动的也属于经济活动人口范围，与劳动适龄人口概念相比，劳动适龄人口中不从事社会劳动的人口不能称作经济活动人口①。从经济活动的一般规律而言，经济活动人口可以直观反映出一个人口群体中生产与消费之间的关系。经济活动人口所占的比例越高，人口群体中需要扶养的人数比例相对就会较低，社会扶养负担就比较轻，经济活动越有活力。相反则体现社会扶养成本高，负担重，在相同的经济水平之下，扶养负担加重往往意味着经济发展缺乏活力；从生产和消费之间的关系来看，由于生产决定消费，经济活动人口的增加有助于促进生产，总体的生产和供应就会上升，同时增加的经济活动人口会更多地参与到经济活动中，在人口总量维持相对稳定的情形下有利于扩大内需和消费，更多的消费也将有助于推动再生产，为更多的人口参与经济活动提供基础，形成消费对于生产的良性反作用。

经济活动人口增加将为经济发展从生产和消费两个方面提供更充分的支持，有利于整体经济水平的继续发展。由于新中国成立后的一系列人口政策，使得中国在迎来改革开放，建立社会主义市场经济的过程中，有着其他国家和地区难以比拟的劳动力数量优势，较为充分的劳动力供应在相当长一段时间内对中国经济快速发展产生了巨大的推动作用；尽管随着人口老龄化的趋势加快，人口政策的调整，劳动制度和社会保障制度的建立完善导致人力成本有所上升，科学技术发展对于劳动力构成结构的影响等因素，中国劳动力成本优势有所减少，但是，这并不意味着中国的经济活动人口比例到了必然下降的时期，相反，随着受教育程度和人均寿命的增长，中国的个体劳动者参与劳动的能力较之过去大大增强，其所能产出的价值更大，所能持续劳动的时间也更长。但是，劳动者实际能力和期限的增长并未获得退休制度尤其是退休年龄制度的认可，相关制度更新缓慢导致在传统的退休制度之下劳动者参与经济活动的期限被人为减少，能力被闲置和浪费，进而导致社会抚养成本的上升，在整体经济水平未能获得充分提升的情况下，社会保障制度想要达到的目标水平也受到了限制。而推迟退休年龄将能够在更大的范围内以传动作用推动经济总量的提升，而总体经济水平的发展直接决定社会保障水平的发展，可以说推迟退休年龄有助于推动劳动力资源的优化利用，推进我国的劳动力就业，也将有利于中国社会保障制度的稳定和发展。

在一个渐进过程中减少劳动力成本，推迟退休年龄可以增加市场对于劳动力的选择偏好，经济活动人口也将随之增加。从这个角度来研究社会保障制度和福利制度对于劳动力市场的影响，为了刺激经济发展和提升劳动就业率，首要的应当是提高经济活动人口比例，具体到包括中国在内的许多国家，就是制定吸引而

① 陈玉光等：《我国经济活动人口的分析》，《经济研究》1983 年第 6 期。

非排挤更多劳动力的退休年龄制度。因此，推迟退休年龄的最重要动力，并非仅是为了积累基金以应对老龄化风险或者将退休年龄制度与国际接轨，而是结合各国人口状况、经济发展水平、劳动力市场运行态势以及社会保障制度，切实增加经济活动人口。

第二，延迟退休年龄政策的另一重要目标应是实现参保者养老保险权益的最大化。延迟退休年龄直接带来工龄的延长，并不一定直接带来养老金缴费资格年限的增加，除非在延长了的工龄与缴费资格年限之间建立强制关联机制。工龄是指职工以工资收入为生活资料的全部或者主要来源的工作时间，工龄的长短标志着职工参加工作时间的长短，也反映着职工对社会和企业的贡献大小和知识、经验、技术熟练程度的高低。在社会保障制度中，缴费资格年限是指参保人参加养老保险并且缴纳养老保险费的期限长短，同样关注劳动者的参加劳动的时间①。应当认为，在社会保障制度逐步完善的背景下，工龄的计算和缴费资格年限的计算本应有相通之处，但是，由于中国政策制度中对于工龄和缴费资格年限的规定导致了两者之间难以衔接：工龄目前被分为一般工龄和本企业工龄，一般工龄是指职工从事生产、工作的总的工作时间，在计算一般工龄时应包括本企业工龄，本企业工龄是指工人、职员在本企业内连续工作的时间②，虽然在 1978 年 6 月由国务院颁布的《安置老弱病残干部的暂行办法》中，本企业工龄改名为连续工龄，并将职工在本企业连续工作的时间扩展至可包括前后两个工作单位可以合并计算的工作时间，但是连续工龄仍然在时间跨度不等于一般工龄。

与此相对的是，缴费资格年限规定被保险人的缴费年限为视同缴费年限和实际缴费年限之和。视同缴费年限是指被保险人在当地实行养老保险统筹制度以前，根据国家和地方有关政策规定可以计算连续工龄（工作年限）的时间，根据国家和地方性规定，可计算为视同缴费年限的时间主要包括：（1）企业职工或者机关、事业单位工作人员在实行养老保险统筹前的连续工龄；（2）部队复转军人在部队服役的时间；（3）“文化大革命”期间城镇知识青年上山下乡的时间；（4）从事特殊工种工作职工的折算工龄的缴费年限；（5）其他可计算为连续工龄的工作时间。实际缴费年限则是被保险人实际参加养老保险，并缴纳保费的年限。1997 年，国务院《关于建立统一的企业职工基本养老保险制度的决定》规定，“本决定实施后参加工作的职工，个人缴费年限累计满 15 年的，退休后按月发给基本养老金，个人缴费年限累计不满 15 年的，退休后不享受基础养老金待遇，其个人账户储存额一次支付给本人③”。该规定确立了基本养老保险最低缴

---

① 范围：《基本养老保险缴费年限制度研究》，《社会保障研究》2012 年第 2 期。

② 李善金：《金华公司薪酬机制的改进研究》，南开大学出版社 2010 年版。

③ 潘丽娟：《我国的社会保障制度存在的问题及对策》，《内蒙古民族大学学报》2010 年第 1 期。

费年限制度，国务院人力资源和社会保障部颁布的多个规范性文件以及《社会保险法》都延续了该制度规定。但是，在实际制度运作过程中，《社会保险法》及之前的规范性文件规定的“累积缴费满15年”在地方实践中变成了被保险人领取养老金的条件是“至少连续缴费满15年”，根据这些地方的规定，被保险人虽累计缴费满15年，但从其初次参保缴费，至达到退休年龄之间曾中断缴费的，无法办理退休手续，而需补缴中断年份的保费，而补缴制度又有着诸多漏洞，导致制度规定难以完全落实[①]。

养老金缴费资格年限是对养老金制度具有决定意义的因素，缴费资格年限直接影响养老保险制度可持续与参保者养老金权益。相比较于英国将缴费资格年限与工作年限紧密相联，要求在某一工作年限中养老金制度参加者的缴费资格年限必须达到规定的数量，否则即视为缴费资格年限不足，只能领取按规定比例降低后的国家基本养老金，反之缴费资格年限每增加一年，领取国家基本养老金的标准则按照规定的比例相应提高[②]的规定，和2010年法国政府将缴费年限提高到41年不同[③]，中国基本养老金的受益资格设计门槛较低。《关于建立统一的企业职工基本养老保险制度的决定》中规定了养老金的计发办法：参加工作的职工，个人缴费年限累计满15年的，退休后按月发给基本养老金。同时规定，本《决定》实施前参加工作、实施后退休且个人缴费和视同缴费年限累计满15年的人员，按照新老办法平衡衔接、待遇水平基本平衡等原则，在发给基础养老金和个人账户养老金的基础上再确定过渡性养老金，过渡性养老金从养老保险基金中支付。这导致了大多数人认可缴费年限设计为15年，故而许多35岁以前的年轻人对于参保缴费毫不积极，一些人则选择在临近退休年龄累加缴纳。

造成这种局面的原因是多样的，从制度规范层面来看，由于中国的退休制度属于劳动政策的一部分，而养老金的积累和支付则属于社会保障政策范畴，本来在实践中应当紧密结合的退休制度和养老金制度，当前则由于分属不同的政策范畴，由于历史传统和政策执行部门的不同而没有合理的衔接起来，突出反映在尽管从制度宗旨上，退休制度和养老金制度都以为退出劳动岗位的劳动者提供生活保障为目标，但是一如当前运行的劳动制度，现行的退休制度侧重于保护处于弱势地位的劳动者的利益，而养老金制度则将制度覆盖到全社会，从制度运作对象上就存在差别；从介入退休行为的时间来看，虽然共同关注了退休的发生过程，但是退休制度侧重于考察退休前的劳动行为，而养老金制度则侧重于为劳动者退

① 范围：《基本养老保险缴费年限制度研究》，《社会保障研究》2012年第2期。
② 丁建定：《英国国家养老金制度及其启示》，《华中科技大学学报》2002年第3期。
③ 陈雷等：《法国养老金改革及其启示》，《唯实》2011年第4期。

休之后的生活提供经济保障，两者关注的重点存在不同；退休制度中少有关于缴费资格年限的强制性规定，与企业职工基本养老保险的强制性不能协调。这种情况不仅使得强制性基本养老保险与自愿性保险相结合的理想的养老金体系难以实现，还使得养老金制度有着较大的负担和缺陷，也在一定程度上造成退休个体的福利损失。

随着市场经济的完善和劳动力市场的发展，劳动力流动更为频繁，工龄中一般工龄和连续工龄的差别计算方式很可能导致劳动者的连续工龄小于其一般工龄，而作为缴费资格年限的一个重要组成部分，由于连续工龄计算所造成的缺失也随之影响到缴费资格年限的计算，如果劳动者的流动超过了连续工龄的计算范围，则实际上很多劳动者因其实际缴费年限不被制度承认，所以难以达到“连续缴费 15 年”的制度门槛，也就实际上损害了劳动者的权益。这种制度缺陷是由于劳动制度和社会保险制度未能有效衔接而形成的，而同样作为衡量劳动者参加劳动的时间长短、劳动者对企业和社会做出贡献大小的制度，除去各自制度设计和实施中的问题，工龄制度和缴费资格年限制度之间缺乏有效衔接导致制度缺陷并损害劳动者利益的局面亟待改变。

除此之外，退休年龄和养老金替代率之间的关系亦有必要予以关注。国务院《关于完善企业职工基本养老保险制度的决定》规定，基本养老金由基础养老金和个人账户养老金组成。退休时的基础养老金月标准以当地上年度在岗职工月平均工资和本人指数化月平均缴费工资的平均值为基数，缴费每满 1 年发给 1%。个人账户养老金月标准为个人账户储存额除以计发月数，计发月数根据职工退休时城镇人口平均预期寿命、本人退休年龄、利息等因素确定。这一规定的宗旨在于确立养老保险待遇与缴费年限成正相关的关系，形成“多缴多得”的局面。但实际上每缴费 1 年发给 1% 的基础养老金的规定缺乏激励性，中国基础养老金的计发比例未区分最低缴费年限内还是多缴的年限，均是按照缴费每满 1 年发给 1% 计发。据模拟研究，设定被保险人上年度月平均工资为 5 000 元，市职工上年度月平均工资为 3 200 元，平均工资增长率为 5%，职工平均工资增长率为 3%，被保险人多缴费 1 年，基础养老金增加约 185 元/月，根据 28% 缴费率来计算，多缴的 1 年中单位和个人需缴存 1 400 元/月，其中单位缴存 1 000 元/月，个人缴存 400 元/月。多缴纳的社会保险费与可能多领取的待遇之间相差不多，使得参保人“多缴”难以“多得”①。形成制度目标和制度实施效果上的落差是和制度设计与其他制度缺乏衔接有关。

法定的退休年龄关系到国家、企业和个人三方面的利益分配。而与退休年龄

① 邓大松等：《中国城镇职工养老保险替代率敏感性分析》，《学习与实践》2008 年第 8 期。

确定密切相关的因素包括缴费年份和替代率两项。在同样的替代率情况下，当退休年龄较早时，缴费的年限较短，社会养老相对更多依赖于国家财政转移支付和企业的缴费率；退休年龄较晚时，养老资金相对充足，社会养老更倾向于个人的缴费储蓄[①]。从发展层面来看，实现参保者养老金权益的最大化具有如下途经，单位缴费资格年限下的高缴费率是途径之一，但其具有消极性；合理缴费率下较长的缴费资格年限是另一途径，也是一个具有积极意义的途径；同时，按照法定领取养老金资格年龄领取养老金，也应该是对替代率的确定具有直接影响的因素。

二、延迟退休年龄政策的国际经验

相比较于中国，延迟退休年龄的政策实践在更早时期就在诸多福利国家进行。各老牌福利国家在历史实践过程中不断根据自身国家所处的政治经济背景与历史进程进行社会保障制度的改革，试图通过制度的逐渐完善为国民生活水平的实际提高与社会保障制度正面效应的发挥创造有利条件。作为社会保障体系中的最为重要的一项制度，也是调节代际间福利资源分配的关键所在，近代西方国家在老龄化背景下的养老保险制度改革过程中，逐渐尝试将延迟退休年龄作为养老金制度改革的重要措施之一。

英国1992年的社会保障法规定，领取国家基本养老金的人必须具备两个重要的资格。一是年龄资格，男士为65岁，女士为60岁；二是缴费资格，任何人要想领取国家基本养老金，必须按照法律规定的数额和年限缴纳养老保险费，国家基本养老金严格按照缴费资格年限发放。缴费资格年限需与工作年限紧密相联，即在一定的工龄中，国家基本养老金制度参加者的缴费资格年限必须达到规定的年数，方可在其达到法定领取养老金资格年龄时，领取全额的国家基本养老金，否则，即被视为缴费资格年限不足，只能领取按规定比例降低后的国家基本养老金，缴费资格年限每差额1年，国家基本养老金的领取标准则降低2%－3%，缴费资格年限低于规定年限的1/4者，即无权领取国家基本养老金。缴费资格年限每增加1年，领取国家基本养老金的标准则按照规定的比例相应提高[②]（见表3－3）。

① 丁仁船：《退休年龄与社会养老金关系的定量研究》，《市场与人口分析》2006年第1期。

② 丁建定：《英国现代社会保障制度的发展》，中国劳动社会保障出版社2004年版，第189－190页。

表 3-3　英国国家基本养老金制度中的工龄与缴费资格年限关联

养老金制度参加者工作年限	相对应的养老金缴费资格年限
10	9
11-20	18
21-30	27
31-40	36
41 年以上	36 年以上

资料来源：David Black, *Pension Scheme and Pension Fund in the United Kingdom*, Oxford, 1995, P52.

法国 1993 年出台的养老金制度改革规定，从 1994 年起，养老金制度参加者缴费资格季度每年增加 1 个季度，获得全额养老金者的缴费资格季度从 160 个季度（37 年半），逐步增加到2004 年的170 个季度（40 年），养老金替代率计算所依据最好工资年数从 1994 年开始每年增加 1 个年度，直到逐步过渡到按照 20-25 年最好年均工资计算养老金①（见表 3-4）。

表 3-4　法国养老金缴费资格季度与过渡期间养老金计算依据

出生年份	60 岁时的年份	缴费资格季度	养老金计发所依据的年均工资年数
1934	1994	151	11
1935	1995	152	12
1936	1996	153	13
1937	1997	154	14
1938	1998	155	15
1939	1999	156	16
1940	2000	157	17
1941	2001	158	18
1942	2002	159	19
1943	2003	160	20
1944	2004	160	21
1945	2005	160	22
1946	2006	160	23
1947	2007	160	24
1948	2008	160	25

资料来源：迪贝卢·普列多：《社会保障法》，法律出版社 2002 年版，第 90 页。

---

① 米尔丝：《社会保障经济学》，法律出版社 2003 年版，第 197-198 页。

美国1983年社会保障法修正案规定，2003年开始，每年将退休年龄延长规定的月数，逐渐将退休年龄从2002年的65岁推迟到2008－2019年的66岁，再依照同样的办法，将退休年龄从2019年的66岁推迟到2025年及其以后的67岁。提高养老金领取者缴纳养老保险税的资格年限，从1990年起，领取联邦政府养老金的纳税年限从10年提高到20年。建立退休年龄、法定领取养老金资格年龄、与养老金替代率的关联机制，在确定法定领取养老金资格年龄的同时，根据实际退休年龄的早晚，确定养老金替代率的高低，提前退休者只能领取降低了替代率的养老金，按照法定领取养老金资格年龄退休者，领取正常替代率的养老金，延迟退休者，可以领取提高了替代率的养老金（见表3－5）。

表3－5　　美国退休年龄变化与养老金标准变化　　单位：%

年份	正常退休年龄	正常、提前或推迟退休者所领基本养老金标准			
		62岁	65岁	67岁	70岁
1994－1995	65岁	80	100	109	123
1996－1997	65岁	80	100	110	125
1998－1999	65岁	80	100	111	128
2000－2001	65岁	80	100	112	130
2002	65岁	80	100	113	133
2003	65岁+2个月	79	99	112	131
2004	65岁+4个月	78	98	112	133
2005	65岁+6个月	78	97	111	132
2006	65岁+8个月	77	96	110	133
2007	65岁+10个月	76	94	109	131
2008－2019	66岁	75	93	108	132
2020	66岁+2个月	74	92	107	131
2021	66岁+4个月	73	91	105	129
2022	66岁+6个月	73	90	104	128
2023	66岁+8个月	72	89	103	127
2024	66岁+10个月	71	88	102	126
2025	67岁	70	87	100	124

资料来源：邓大松：《美国社会保障制度研究》，武汉大学出版社1998年版，第256页。

日本政府于1994年对养老金制度进行改革，自1999年起，将女性退休年龄从58岁推迟到60岁，同时提出，只要个人愿意并具有一定的工作能力，每个人都可以工作到65岁。养老金仍从60岁开始支付，但是60－64岁仍然工作者，可以领取部分养老金，到65岁时，再领取全额养老金。将养老金支付与雇用保险津贴联系起来进行调整，60－64岁者从1996年4月开始，领取失业保险津贴者停止领取养老金，企业如果雇用60－64岁人员，政府可以提供25%的工资补贴[①]。

可见，延迟退休年龄逐渐成为西方国家养老金制度改革中普遍采用的政策措施，尽管各国延迟退休年龄政策实施的背景各异，但其政策举措均非单一的延迟退休年龄，而是普遍建立一种延迟退休年龄的政策关联机制，即建立延迟退休年龄、养老金缴费资格年限、法定领取养老金资格年龄与养老金替代率之间的关联机制。

三、延迟退休年龄政策的机制构建

西方国家养老金制度经过近百年的发展完善，已经建立起一种比较完善的内在机制，这种内在机制集中体现在工作年限即所谓的工龄、缴费资格年限、缴费率、法定领取养老金的资格年龄、退休年龄、养老金待遇计算标准以及养老金替代率之间的一种机制，在这种机制下，延迟退休年龄所引发的工龄的延长，很自然带来缴费资格年限的延长，进而使得延迟退休年龄自然进入整个养老金制度运行机制之中，因此，我们现在所看到的似乎是西方国家实施了延迟退休年龄政策，实际上，西方国家所实施的延迟退休年龄政策是一种机制。

然而，中国养老金制度的现实并非如此。由于长期受到国家保障与单位保障体制的影响，中国社会保障管理部门和劳动者本人都存在着关注工龄而非关注重视缴费资格年限的倾向，缴费资格年限在养老金制度中的关键性地位未被确立，基本养老金缴费15年的缴费资格年限既不适应中国养老金制度发展的现实，更反映出在缴费资格年限这一核心要素规定方面的本质缺陷。由此而来，中国养老保险制度中必然出现工龄、缴费资格年限、缴费率、法定领取养老金的资格年龄、退休年龄、养老金待遇计算标准、养老金替代率等养老金制度诸要素之间的独立性，导致中国养老金制度中有制度却无机制，进而导致养老金制度运行效果受到直接影响。

根据延迟退休年龄的国际实践，结合中国人口老龄化的趋势，尤其是结合中国养老金制度在机制方面所存在的严重缺陷，本书认为，中国如果选择延迟退休年龄作为养老金制度改革的重要措施之一，就不能单一强调延迟退休年龄政策，

① 吕学静：《日本社会保障制度》，经济管理出版社2000年版，第60－61页。

必须在实施延迟退休年龄政策时，注重养老金制度的核心机制构建，即工龄、缴费资格年限、缴费率、法定领取养老金的资格年龄、退休年龄、养老金待遇计算标准以及养老金替代率之间的强制关联机制。

如前文所述，推迟退休年龄的目标在于通过增加经济活动人口总量以实现社会保障基金的积累，而增加社会保障基金积累的一般有几种方法：增加在职者的缴费率、降低退休者的养老金替代率与增加政府投入。第一种方法在中国难以推行。因为现在的缴费率已经很高，继续提高只会加重企业负担，并导致更多企业逃避缴费。对于个人而言，这会给他们带来沉重的隐性负担。第二种方法也难以推行。在中国退休者中，企业退休工人的养老金水平并不高，无法降低，他们占了退休者的大多数，虽然中国企业退休职工的养老金已经连续九年上调。对于多数老年人而言，养老金几乎是唯一收入来源，削减养老金水平会导致老年贫困。第三种方法在中国目前是必要的，但是，由于退休者和潜在退休者数量庞大，由此带来的养老金缺口不可能完全由政府来买单。因此，为了达到增加社会保障基金积累的目标，除了推迟退休年龄，增加缴费年限之外，还需要对养老金的缴费机制予以规范①。

首先，建立工龄与养老金缴费资格年限之间的强制关联机制。通过延迟退休年龄实现参保者工龄的延长，将一定的工龄与规定的养老金缴费资格年限之间强制关联，是构建延迟退休机制的关键所在。只有通过建立工龄与养老金缴费资格年限之间的强制性关联机制，才能确保和实现参保者养老金缴费资格年限的延长，进而使得延迟退休年龄的政策选择具有实际意义。就我国目前的立法状况而言，存在大量与缴费机制相关的法律规范性文件，但是专门性法律在此问题上则并无明确规定。从立法进程中可以看到，1983 年 9 月 2 日，全国人民代表大会常务委员会发布《关于授权国务院对职工退休退职办法进行部分修改和补充的决定》，其主要内容是“授权国务院对 1978 年 5 月 24 日第五届全国人民代表大会常务委员会第二次会议原则批准的《国务院关于安置老弱病残干部的暂行办法》和《国务院关于工人退休、退职的暂行办法》的部分规定作一些必要的修改和补充。”除此之外，《劳动法》第 9 章“社会保险和福利”规定了社会保险的参加方式、参加主体、基金管理等若干问题。《社会保险法》只在第 2 章规定了“基本养老保险”的内容，《公务员法》分别在第 79 条与第 89 条提到了退休金的经费来源与享有退休金具有法定性②。在这些已有的法律规范中，看不到关于个人企业和政府共同参与养老金缴费机制的清晰确定的表述和规定。影响中国养老金

① 周辉：《我国延迟退休年龄限制因素分析与建议》，《学术交流》2011 年第 2 期。

② 张凌竹：《退休法律制度研究》，吉林大学博士学位论文，2012 年。

缴费机制的重要制度多出现在行政法规中，这些不稳定和较低层级的制度规定导致在实践中很难以严谨的逻辑体系与适用依据去解决存在于个人、企业和政府之间有关缴费机制的关系。在政策上尽管经历了数次改革，意在确立政府、企业和个人分担责任的制度，然而制度一经确立很难彻底改变，新的政策无形中继承了旧制度尚未解决的问题，导致政府的投入始终停留在政策层面，而以法律规范缺失为代表的制度缺位则极大限制了中国养老金缴费机制的进一步改革和发展。

其次，建立养老金缴费资格年限、缴费率与替代率之间的关联机制。应该建立基于强调缴费资格年限的合理的缴费率确定和调整机制，鼓励养老金制度参加者多缴费和长缴费，实现养老金缴费资格年限、缴费率与替代率之间的强制关联机制，进而实现养老金制度的激励机制。在实施延迟退休年龄政策、延长工龄的基础上，强制提高养老金缴费资格年限，确定比较科学、合理的养老金缴费率，进而根据养老金缴费资格年限、缴费率确定养老金替代率，保证养老金制度参加者养老权益最大化。具体到目前《社会保险法》的层面上来看，多缴多得的制度理念无法有效体现在具体规定中，其原因在于具体规定与养老金替代率的调整是脱节的，影响了制度运行的效果。作为社会保障领域的基础性法律文件，《社会保险法》应当在统领现有规定的前提下，确立上述概念之间的关系，并明确规定其衔接关系，以求在社会保障领域以法律的强制力打破现有的制度隔阂。

再次，建立养老金缴费资格年限、缴费率、替代率与法定领取养老金资格年龄之间的关联机制。应该用法定领取养老金资格年龄取代现行退休年龄在养老金制度中的地位和作用，这需要合理确定法定领取养老金资格年龄，即延迟退休年龄政策所选择的合理退休年龄，用法定领取养老金资格年龄取代现行退休年龄在养老金制度中的地位和作用，有利于解决现行养老金制度下，难以用退休年龄政策约束非正规就业人员在养老金制度中的责任，从而更加有效地促进非正规就业人员参加养老金制度的机制的完善。与此同时，在合理确定法定领取养老金资格年龄的基础上，建立起工龄、养老金缴费资格年限、缴费率、法定领取养老金资格年龄与养老金替代率之间的强制关联机制，实现延迟退休年龄政策的根本目标。

最后，建立弹性退休年龄制度。养老金缴费资格年限、缴费率、替代率与法定领取养老金资格年龄之间的强制关联机制，使得工龄与退休年龄在养老金制度中不再具有实质意义，也就是说，工龄、退休年龄不再是养老金制度中具有重要意义的要素。缴费资格年限、缴费率、替代率与法定领取养老金年龄资格的关联机制成为养老金制度稳定和可持续运行的核心。是否在法定领取养老金资格年龄领取养老金、养老金缴费资格年限的长短、缴费率的高低等决定养老金替代率的水平。应在养老金待遇标准变化中始终遵循工龄、缴费资格年限、缴费率、法定领取养老金资格年龄之间的强制关联机制，并辅之以领取部分养老金与非全日制工作之间的关联机制。

延迟退休年龄政策的机制构建是为了实现该政策的两个基本目标，即在延迟退休年龄政策的实施中，构建养老金制度的运行机制，使得延迟退休年龄政策的功能不是单一的养老金制度改革措施，也不仅是为了缓解养老金制度所面临的压力，而是弥补和推进中国养老金制度机制形成和完善的关键举措，进而使得延迟退休年龄政策的实施，不仅能够真正扩大经济活动人口的规模，而且有助于实现养老金制度参加者养老金权益的最大化和最优化（见表3-6）。

表3-6　部分国家退休年龄情况　单位：岁

国家	男性			女性		
	法定退休年龄	实际退休年龄	差距	法定退休年龄	实际退休年龄	差距
韩国	60	71.1	11.1	60	69.8	9.8
墨西哥	65	72.3	7.3	65	68.7	3.7
智利	65	69.4	4.4	60	70.4	10.4
日本	65	69.1	4.1	65	66.7	1.7
葡萄牙	65	68.4	3.4	65	66.4	1.4
土耳其	60	62.8	2.8	58	63.6	5.6
新西兰	65	66.7	1.7	65	66.3	1.3
爱尔兰	67	68.2	1.2	67	67.2	0.2
瑞士	65	66.1	1.1	64	63.9	-0.1
瑞典	65	66.1	1.1	65	64.2	-0.8

资料来源：王刚：《发达国家实际退休年龄男64女63》，《环球时报》2014年6月3日。

总之，延迟退休年龄政策不应该是单一性政策，延迟退休年龄的国际实践普遍强调建立一种延迟退休年龄的内在关联机制，延迟退休年龄政策的目标选择应该是增加经济活动人口的规模和实现参保者养老金权益的最大化，其核心机制是构建起工龄、养老金缴费资格年限、缴费率、法定领取养老金资格年龄与替代率之间的强制性关联机制。只有建立起这一强制关联机制，延迟退休年龄政策才具有实际意义。

第五节 基本养老保险制度整合与衔接

一、城乡居民基本养老保险制度的整合

2014 年 2 月 21 日，国务院出台《关于建立统一的城乡居民基本养老保险制度的意见》（以下简称《意见》），并定于 2014 年 7 月 1 日开始施行，旨在将新农保和城居保合并成为统一的城乡居民基本养老保险制度（以下简称为城乡居保）。由于新农保和城居保在制度上本来就是相似的，因此合并后城乡居保在账户的设置、政府的财政补贴、领取年龄、领取标准等方面都与原来的新农保和城居保相同，只是将个人缴费档次拓宽到从 100－2 000 元 12 个档次，依然是自愿参保的原则，同时明确规定了参保人户籍转移时可以跨地区转移养老关系，一次性转移个人账户的全部储存额，缴费年限可以累计计算。

在此之前，我国养老保险制度结构体系的建设已经取得了一定成就，针对公职人员、企业职工、城镇居民、农村居民等对象建立了不同程度的养老保险制度。但是，应该看到，过度的细分造成了养老保险制度的“碎片化”，带来了许多问题：一是各群体享受到的养老保险权益不公平、城乡养老保险制度发展不均衡、农民工养老保险制度尚缺乏全国性的制度安排等；二是各项制度之间缺乏良好的衔接机制，不利于劳动力的流动；三是针对不同的养老保险要配备相应的经办机构和人员，加大了养老保险的管理成本和运行成本；四是各项养老保险制度之间存在交叉重叠，没有明确的分界线，造成一些参保人犹豫不决和重复参保的现象，给养老保险的管理带来诸多的麻烦①。在这种背景下，提出整合新农保和城居保，建立统一的城乡居民基本养老保险的意义就显得尤为重大，为实现其他养老保险制度的整合衔接奠定了良好的实践基础。

从本质上来看，城乡居保制度其实是一项国家建立的惠民制度，其目的是为了让城乡居民这一部分弱势群体能够更加公平地分享到国家经济发展的成果。城乡居民养老保险制度的建立，是中国基本养老保险全面并轨迈出的重大一步，对养老保险的可持续健康发展起到了重要作用。其一，城乡并轨有利于打破城乡二

① 李艳荣：《碎片整合、制度衔接和统一框架的建立——我国社会养老保险制度改革发展路径》，《江苏行政学院学报》2016 年第 3 期。

元结构。长期以来，我国都是按照“城乡有别”的思路来设计养老保险制度，随着社会保障体系的发展与完善，城乡之间的差距呈现出越来越大的趋势。城乡居民基本养老保险的建立是打破社会保障城乡二元化的破冰之旅，有利于促进“基本养老金全国统筹”目标的实现，是触及养老保险改革深层次矛盾的一个开端，为建立统筹发展的城乡基本养老保险制度奠定了基础。其二，城乡居保的建立有利于建立公平的社会保障体系。它在打破城乡二元结构的同时，使得城乡居民可以不受户籍限制参加同一种养老保险制度，消除了城乡之间的歧视性标签和附在户籍上的象征身份与利益的观念，逐步实现城乡居民在养老保险待遇水平上的一致化，实现他们在养老保险制度上的机会公平、规则公平以及权力公平，从而在真正意义上体现出社会保障的公平性①。其三，有利于劳动力的城乡流动，促进城镇化建设。城乡居保制度能够有效消除城乡差别，促进城乡融合，解决农民工群体的后顾之忧。在城乡居保建立之后，农民工的参保就不会再受到流动因素的限制，消除了影响人口合理流动的制度障碍，有利于加快我国城镇化进程。最后，有利于积极应对人口老龄化，并提高养老金的待遇水平。一直以来城镇老年人口的社会保障水平就高于农村老人，因此农村老年人口的老龄化、高龄化问题及其社会养老保险问题更值得引起高度重视。由于养老金的刚性特征，在城乡居保建立之后，其给付标准必然是要向高水平的城居保看齐，从而带动农村居民养老保险待遇水平的上升。

自 2014 年《意见》发布以来，全国各地已基本完成新农保与城居保的合并，建立起全国统一的城乡居民基本养老保险制度。尽管城乡居保对于提高城乡居民的社会保障水平、促进人员流动、应对老龄化和推动新型城镇化进程都有重大意义，但是，应该看到，其在实际运行的过程当中也存在不可忽略的问题。首先，参保居民信心不足，易于达成制度覆盖，难以实现人群覆盖②。由于城乡居保仍然采用自愿参保的形式，城乡居民（尤其是年轻人）出于自身经济状况和当前利益的考虑，对养老金的保值增值没有信心，认识不到养老保险的重要作用，认为参保不划算，很可能不参保或者中途退保，因此制度最终就很难覆盖到城镇和农村没有正规雇用关系的全部居民，使城乡居保的统筹效果大打折扣。其次，筹资渠道单一且缴费水平低，难以提升保障水平③。尽管城乡居保沿用新农保制度规定了三方筹资渠道，但在实施过程中却主要是个人缴费，很少或基本没有集体补助和当地政府财政补贴。形同虚设的激励机制使得绝大多数参保人通常选择最低的缴费档次，并尽量延迟投保年龄，这就导致了个人账户资金积累有限从而降低

①③ 睢党臣等：《对城乡居民养老保险并轨问题的思考》，《北京社会科学》2014 年第 7 期。
② 陈际华等：《江苏省城乡居民社会养老保险制度整合研究》，《现代管理科学》2014 年第 10 期。

了个人账户的月支付额。最后，缴费年限太低，个人账户基金积累有限，短缺问题严重，难以应对未来的老龄化压力。

需要指出的是，城乡居民基本养老保险制度的发展和完善需要进一步优化其缴费机制和激励机制。变自愿参保为强制参保，提高城乡居民的参保意识，真正实现全国城乡居民基本养老保险制度的人群全覆盖①。同时，建立城乡居保缴费激励机制，鼓励参保人早投保、多缴费。可以通过名义账户制做大个人账户，提高居民投保的积极性，并根据不同缴费档次和年限设置相应的补贴制度。再者，建议将缴费年限提高到20年，增加个人账户基金的积累从而提升个人账户的月支付额，整体上提高养老保险待遇水平②。

二、机关事业单位养老保险制度改革的实施

近年来，养老金双轨制广受社会批评。在双轨制框架下，政府机关和事业单位工作人员享受以公共财政支出为财力支持的退休金，企业职工参加由企业和参保者个人共同缴费的企业职工基本养老保险制度。对养老金双轨制批评的着力点并非为两种不同制度本身，而是两种制度所覆盖人群所享受到的极度不公平的养老金待遇，这种不公平主要体现为养老金数额和调整幅度差距大。同时，这种不公平还阻碍了要素的合理流动，损害了劳动力资源的有效配置。如何推进机关事业单位公职人员的养老保险制度改革，已经成为中国社会保障制度整合与体系完善过程中必须进行综合设计的紧迫问题。这一点在十八届五中全会通过的《中共中央关于制定国民经济和社会发展第十三个五年规划的建议》中也得到体现，推进落实机关事业单位养老保险制度改革成为“十三五”时期的主要工作安排之一。2018年政府工作报告进一步指出建立统一的城乡居民基本养老、医疗保险制度，实现机关事业单位和企业养老保险制度并轨。

2015年1月14日，国务院发布了《关于机关事业单位工作人员养老保险制度改革的决定》，规定机关事业单位人员也要参加城镇职工基本养老保险制度，由单位和个人共同缴纳养老保险费，单位负担比例为本单位工资总额的20%，个人承担8%。这标志着为社会所诟病的养老金双轨制正式废除，也宣告了中国养老金制度消灭“碎片化”向着“大一统”迈出了关键的一步③。

机关事业单位养老金并轨改革意义深远，不仅有利于养老金的可持续运行，

① 陈际华等：《江苏省城乡居民社会养老保险制度整合研究》，《现代管理科学》2014年第10期。

② 王振军：《新形势下城乡居民社会养老保险的优化设计》，《人口与经济》2017年第1期。

③ 郑秉文：《机关事业单位养老金并轨改革：从“碎片化”到“大一统”》，《中国人口科学》2015年第1期。

更实际推动社会公平与正义的实现。首先，有利于促进基本养老保险公平发展。机关事业单位和企业职工养老保险制度的并轨使得不同的人群开始承担一样的缴费义务，采取统一的养老金计发办法等，消除了养老保险的起点不公平，缩小了机关事业单位职员与企业职工养老保险待遇的差距，促进基本养老保险的公平发展[①]。其次，有利于促进公共部门与私人部门的劳动力流动[②]。并轨之后，公职人员的养老保险也是统账结合模式，拥有自己的养老金个人账户，使得其在转入企业工作时无需担心养老权益的丧失，两者之间养老保险关系可以直接转移接续，维护其合法权益，解决公职人员流动的后顾之忧。最后，养老金并轨有利于推动补充养老保险的发展。并轨之后，为了保证机关事业单位人员退休后的养老保险待遇不下降，我国在实施机关事业单位基本养老保险制度的同时建立职业年金制度，这在一定程度上弥补了我国补充养老保险制度的不足，推动了补充养老保险的发展。同时，职业年金的发展还能在一定程度上“倒逼”企业年金的发展。由于职业年金强制执行且拥有较高的筹资水平，而企业年金是非强制执行的，这很可能会导致今后规模职业年金的积累远远超过企业年金，从而形成新的养老金差距，因此，政府将会采取相应的优惠政策来刺激企业年金的同步发展，以避免这一情况的发生[③]。

自机关事业单位基本养老保险制度实施以来，截至2016年上半年，全国31个省份和地区已全部出台实施办法，机关事业单位养老保险并轨进入全面启动阶段。截至2016年下半年，各地全部完成机关事业单位工资调整，此次调整工资的意义在于涨工资与扣除养老保险费用同步进行，相当于财政承担了前期成本，消减了制度并轨带来的阵痛，使机关事业单位养老保险并轨能平稳运行。值得重视的是，至2017年上半年，大部分地区尚处于建立数据库阶段[④]，具体操作无法顺利推进，改革进程非常缓慢，出现了一些难点和问题。一是机关事业单位的基本养老保险基金与企业职工基本养老保险基金分别管理使用，只实现了名义上的并轨，但两者还属于不同的风险池子，不能实现养老金的统筹共济[⑤]。二是改革后来自补充养老保险的新差距及其转移接续问题。职业年金财政负担普遍建立，而企业年金发展受限覆盖面较小，两者之间的差距较大，形成新的不公平。同时，由于职业年金与企业年金发展不同步，二者之间并没有相关的转移接续政

---

①③ 黄健元等：《公平视域下机关事业单位养老保险新政的功效分析》，《社会保障研究》2016年第2期。

② 郑秉文：《机关事业单位养老金并轨改革：从“碎片化”到“大一统”》，《中国人口科学》2015年第1期。

④ 贾丽萍：《我国机关事业单位养老保险并轨现存阻碍及对策建议》，《经济纵横》2017年第7期。

⑤ 邴玉红等：《“大池方案”还是“小池方案”？——机关事业单位养老保险制度改革新探》，《中山大学学报》2017年第4期。

策，致使人员流动时会形成“便携式损失”①。三是事业单位分类改革滞后，利益平衡困难。改革后养老保险缴费由谁承担与单位的性质息息相关，不同性质的单位承担费用的比例相差较大，转为企业的事业单位缴费压力最大，形成的阻力也会比较大。四是转轨成本巨大，财政压力负担沉重。在改革中，公共财政承担了绝大部分的缴费责任和并轨成本，压力较大。五是信息化建设滞后。机关事业单位与企业职工养老保险并轨需要信息系统的支持，而目前的信息系统还无法实现数据的互联互通，导致技术支撑明显不足，这是并轨进展缓慢的一个重要原因②。由此可见，多种障碍性因素的存在导致养老金并轨实际进程缓慢，制约了其真正效应的有效发挥（见表3－7）。

表3－7　　制度“并轨”前后基本养老保险公平变化

公平分类	维度	人群	制度“并轨”前		制度“并轨”后	
			状态	公平情况	状态	公平情况
起点公平	义务	公职人员	缴费义务缺失	缺失	义务履行	形式公平
		企业职工	义务的不合理		对义务不合理性质疑的减弱	
过程公平	筹资模式	公职人员	财政供款制	不足	部分积累制	较大改善
		企业职工	部分积累制		部分积累制	
	缴费	公职人员	不缴费	缺失	缴费对生活不构成压力	一定改善
		企业职工	企业按照职工工资总额的20%缴费，个人缴纳8%		同“并轨”前	
结果公平	给付水平	公职人员	相对较高	缺失	同“并轨”前	缺失
		企业职工	相对较低		同“并轨”前	
	对制度认可性	公职人员	认可、强烈维护	缺失	待遇不降低：认可；若待遇降低：反对	一定改善
		企业职工	不认可、被动接受		不认可程度降低	

资料来源：黄健元等：《公平视域下机关事业单位养老保险新政的功效分析》，《社会保障研究》2016年第2期。

---

① 沈毅：《机关事业单位养老保险改革：现状、难点及其突破》，《经济体制改革》2016年第3期。

② 贾丽萍：《我国机关事业单位养老保险并轨现存阻碍及对策建议》，《经济纵横》2017年第7期。

为了推进机关事业单位养老保险改革，针对并轨过程中出现的问题，建议首先考虑将机关事业单位人员和企业职工的基本养老保险金进行统一管理，放在同一个风险池子里，实现基本养老保险金的统筹使用。其次，政府采取优惠政策鼓励企业发展企业年金，做好职业年金制度和企业年金制度之间的转换衔接。两种制度的良好衔接和转换，可以有效地降低机关事业单位与企业之间人员流动的壁垒，促进人力资源的合理分配，保障社会的良性健康发展①。再次，养老金双轨制改革应该与事业单位分类改革、事业单位绩效工资改革相配合，充分考虑改革前参加工作的机关事业单位职工的利益，制定好过渡措施，避免养老金待遇忽然大幅削减，造成社会秩序混乱的局面②。并对转制的事业单位出台政策扶持，减小其转制成本和缴费压力。然后，建议提高基本养老保险的统筹层次，增强养老金的互助共济，同时各地可以采用国有资本划拨养老基金的做法，根据本地实际情况拓展基金来源，减轻政府财政压力③。最后，机关事业单位与企业职工基本养老保险并轨需要进一步优化养老保险制度的信息系统，争取信息向上集中，改善信息系统的分散化，及时采集、录入与变更信息，为养老保险领域的新变化提供可靠的技术及信息支撑④。

三、城镇职工与城乡居民基本养老保险制度的衔接

当前，我国的基本养老保险制度主要包括城镇职工基本养老保险制度和城乡居民基本养老保险制度。其中，城镇职工基本养老保险制度包括机关事业单位工作人员、企业职工、个体工商户和灵活就业人员等群体所适用的制度规定。而城乡居民基本养老保险制度则是适用于统筹地区内所有符合条件的城乡居民。总体而言，我国的基本养老保险制度呈现出一定“碎片化”的状况，职工和居民实行差异较大的养老保险制度。这种“碎片化”发展会给制度的衔接增加难度，阻碍了劳动力的自由流动及其参保的积极性，增加重复参加两种基本养老保险的可能性。同时，现行的制度还不利于提高基本养老保险的统筹层次，拉大了不同群体之间的收入差距，养老保险的统筹共济性大大削弱，引起社会不公，不利于社会稳定和经济发展。因为这种“碎片化”的制度使人们在城乡转移过程中的养老保险权益部分丧失或者全部丧失。这样，部分人会选择不流动，或者流动时断保或

① 马斌等：《缩小企业与机关事业单位退休职工养老金差距问题研究》，《经济与管理》2014 年第 6 期。

② 童素娟等：《养老金双轨制的历史渊源与改革取向：浙江证据》，《改革》2015 年第 1 期。

③ 沈毅：《机关事业单位养老保险改革：现状、难点及其突破》，《经济体制改革》2016 年第 3 期。

④ 贾丽萍：《我国机关事业单位养老保险并轨现存阻碍及对策建议》，《经济纵横》2017 年第 7 期。

不参保，这就不利于我国基本养老保险制度的扩面，也不利于劳动力在城乡间自由流动，不利于劳动力的合理配置，加剧部分地区的“民工荒”现象，从而不利于经济的可持续发展①。

随着新型城镇化及乡村振兴战略的不断推进，人口在城镇与农村之间形成频繁的双向流动②，同时在就业与失业之间不断地转换，于是，城镇职保和城乡居保之间的制度衔接也就日益重要起来。为了解决城乡养老保险制度的衔接问题，维护参保人的养老权益，2014 年 2 月 24 日，人社部发布《城乡养老保险制度衔接暂行办法》，规定参加城镇职工养老保险和城乡居民养老保险的人员，达到城镇职工养老保险法定退休年龄后，若缴纳城镇职工养老保险费年限满 15 年（含延长缴费至 15 年）的，可以申请从城乡居民养老保险转入城镇职工养老保险，按照城镇职工养老保险办法计发相应待遇；若城镇职工养老保险缴费年限不足 15 年的，可以申请从城镇职工养老保险转入城乡居民养老保险，个人账户完全转移，待达到城乡居民养老保险规定的领取条件时，按照城乡居民养老保险办法计发相应待遇。同时，党的十九大报告明确指出要完善城镇职工基本养老保险和城乡居民基本养老保险制度，尽快实现养老保险全国统筹。《城乡养老保险制度衔接暂行办法》尽管制定了城乡居保与城镇职保制度之间参保人员转移接续的规则，但是两大制度在缴费标准，筹资方式以及待遇计发等多方面存在较大差距③，所以现行的衔接办法也存在诸多问题。

首先，在城乡居保转入城镇职保过程中，缴费年限的计算问题。《城乡养老保险制度衔接暂行办法》规定参保人从城乡居保转入城镇职保，城乡居保个人账户全部储蓄额转入城镇职保个人账户，城乡居保缴费年限不合并计算或折算为城镇职保缴费年限。如果因城乡居保的缴费金额比职保少而不计算或折算其已经累积的缴费年限，这将大大损害转入者的养老权益，显然有失公平④。城乡居保与城镇职保缴费差距较大并不是参保人员自愿选择的结果，而是国家不同养老保险制度分割实施所致，让参保人员在养老保险关系转接过程中承受非自身原因造成的养老保险权益损失，存在明显的不合理性⑤。其次，城镇职保转入城乡居保时统筹账户基金的处理。由于城乡居保没有统筹账户，因此，该办法规定城镇职保转入时不转移统筹账户基金。但是，应该认识到，城镇职保中企业缴费部分是对

---

① 薛惠元等：《建立城乡统一的社会养老保险制度——基本理念、基本路径与制度模式》，《税务与经济》2014 年第 3 期。

②④ 蒲晓红等：《统筹区域内城乡居民养老保险与城镇职工养老保险衔接办法的改进》，《农村经济》2017 年第 3 期。

③ 辜毅：《城乡养老保险制度整合的可持续性发展研究》，《经济体制与改革》2015 年第 4 期。

⑤ 岳宗福：《城乡养老保险关系转续与制度衔接的路径思考》，《中州学刊》2013 年第 5 期。

劳动者个人贡献的一种补偿，是劳动者基本权益的重要组成部分①。若统筹账户中的基金不转移，将会有损城镇职工参保人的利益。尤其是自由职业者在转入城乡居保时养老权益损失最大，其个人缴纳的社会统筹基金部分将全部丧失。最后，对制度衔接中最关键的养老保险分段计算的具体操作方法没有做出原则性的指导，而是交由各省自行制定规则，这将导致各省在具体实施时存在较大差异，增加制度衔接的难度，不利于城乡基本养老保险统筹层次的提高②。

当前，我国已有一些地区在城镇职保与城乡居保的衔接上做出了有益的探索。成都于2004年进行户籍制度改革，取消了城乡二元户口划分制度，打破了养老保险城乡参保权利的壁垒。成都市范围内所有的城乡居民都可以自由参加城镇职保或者城乡居保，具体选择哪一种则可以根据自身的就业状况及经济能力来决定，而且还可以自由转换参保种类。2010年4月1日，成都市颁布并实施《城乡居民养老保险试行办法》，对城乡居保采用和城镇职保相同的缴费模式，以平均工资的一定比例作为缴费基数，按费率缴费参保，有利于两种制度之间的转换和衔接。具体做法是：对于年满60周岁的城乡居民，按12%的费率一次性趸缴15年保费。年满16周岁不满60周岁的农村居民按照10%的费率逐月或逐年缴费，城市居民则按照12%的费率。农村居民有平均工资的10% -50%这5个缴费档次可以选择，而城市居民只能在平均工资的40%和50%2个档次进行选择。为了解决农村居民缴费能力不足的问题，《试行办法》规定，年满16周岁、不满60周岁的农村居民参保人履行了耕地保护责任的，可用耕地保护金代缴养老保险费。这在一定程度上缓解了农村居民的缴费压力。2014年成都市发布《关于印发〈成都市城乡养老保险关系转移接续暂行办法〉的通知》，城乡居保与城镇职保可以双向转移接续，个人账户和统筹基金全额转移，缴费基数、缴费年限分别换算。成都的实践从根本上提高了城乡养老保险制度的统筹程度，大大缩小了城乡养老保险的待遇差距。

成都的实践中应该看到，要实现城镇职保与城乡居保之间的整合衔接，并不是简单地追求城乡完全一致，应该根据具体情况适当整合，建立起符合实际的合理衔接机制。一是尽可能缩小城乡养老制度差异，在缴费、给付方面做好顶层设计和整合创新，为制度对接创造条件。二是逐步缩小城乡养老待遇差距，促进城乡公平。三是做好相关配套措施建设，受收入和缴费能力等条件限制，农民养老保险与城市职工对接存在一定困难，应该充分使用农民土地资源，将土地收益、

①② 蒲晓红等：《统筹区域内城乡居民养老保险与城镇职工养老保险衔接办法的改进》，《农村经济》2017年第3期。

耕地保护、农业政策与养老待遇挂钩，提高农民养老收益[①]。

针对制度衔接的具体操作，建议从城乡居保转入城镇职保时，缴费年限累计计算，由参保人按照自由职业者参与城镇职保的最低缴费标准补缴两种制度之间的差额，为了减轻城乡居民的生活压力，可以采用分期补缴的方式[②]。同时，将城乡居保个人账户中其他非个人缴纳的本金及利息全部转入城镇职保的统筹账户[③]。对于退休时缴费未满 15 周年的城镇职工，可以有两种选择：一种是一次性补缴剩余年限所需缴纳的总金额，享受城镇职保的待遇；二是转入城乡居保，累计计算缴费年限，城镇职保个人账户资金全部转移到城乡居保个人账户，统筹账户资金不转移，基础养老金待遇根据城镇职保和城乡居保分别的缴费年限按比例分段计算。这种情况下，虽然最后的养老金低于相同缴费年限下的城镇职保待遇，但却远高于相同缴费年限下的城乡居保养老金，这样也更能保护参保人的利益[④]。

四、基本养老保险制度的转移接续

随着我国工业化、城镇化速度加快，劳动者职业转换和流动就业日益频繁，由此产生的养老保险在不同地区之间转移接续的问题越来越突出，成为制约我国养老保险制度发展的重要瓶颈[⑤]。

2009 年 12 月国务院出台《城镇企业职工基本养老关系转移接续暂行办法》，明确规定参保人员跨省流动就业转移基本养老保险关系时，个人账户全部转移，社会统筹基金则按照各年度实际缴费总和的 12% 转移到新工作地，参保缴费不足 1 年的，按实际缴费月数计算转移，同时还具体规定了养老保险领取地的确定原则，这一办法主要是针对城镇职工基本养老保险账户的地域转移接续问题。2014 年 2 月 26 日出台的《国务院关于建立统一的城乡居民基本养老保险制度的意见》，则明确规定了城乡居保的参保者在户籍迁移时可以跨地区转移城乡居民养老保险关系，一次性转移个人账户全部储存额，缴费年限累计计算，解决了城乡居保跨地区转移接续的问题。尽管上述政策的实施对参保者养老权益的转移接续问题做出了较为明确的规定和指导，在一定程度上促进了各地区养老保险制度

---

① 沈毅：《养老保险制度城乡统筹影响因素及发展对策——以辽宁为例》，《地方财政研究》2016 年第 11 期。

②④ 蒲晓红等：《统筹区域内城乡居民养老保险与城镇职工养老保险衔接办法的改进》，《农村经济》2017 年第 3 期。

③ 李晓琳：《加快推进城乡基本养老保险制度统筹》，《宏观经济管理》2014 年第 7 期。

⑤ 张栋：《我国养老保险制度转移接续的协调机制研究——基于欧盟经验》，《现代管理科学》2016 年第 11 期。

的融合以及劳动力的合理流动，但应该看到，上述政策还是严重损害了参保者的养老权益，没有从根本上消除养老保险跨地域转移接续的障碍，致使流动人口在转移保险关系及基金时依然困难重重。养老保险关系跨地域转移接续难的原因主要在于转入地和转出地之间的利益关系，主要表现为养老保险权利义务的不平衡[①]。

当前，我国基本养老保险在各地实行属地管理的原则，在各地区财政“分灶吃饭”的背景下，当养老保险关系在不同统筹地区之间发生转移时，地方政府对于参保者的养老保险责任也随之发生变化[②]。转出就是转嫁责任，转入则是承担责任。地方政府接收的跨区域转移过来的参保者越多，其未来所需要承担的养老金支付责任和负担就越大。参保人员在工作期间为每个工作过的地区经济建设和发展都做出了贡献，在转移养老保险关系时却是转出地受益，转入地承担更多的责任，导致地区间基本养老保险责任分担不合理，引发地区间的矛盾，从而阻碍了养老保险关系跨地域转移接续的顺利完成。如何平衡转入和转出地之间的利益关系以及保护参保者的权益不受损害，将是解决我国基本养老保险关系转续问题的关键所在[③]。

针对养老保险的权益协调问题，欧盟的“社会保障法令”值得借鉴，它提出了工作地参保原则、权益累加原则以及比例支付原则。成员国公民在任一时期都只能参加一个国家的养老保险，当他在不同成员国之间流动时，缴费年限累计计算，养老保险权益不随之转移，而采取暂时冻结的做法，公民可在其他成员国继续缴费，达到退休年龄时，各成员国根据劳动者在该国的缴费年限分段计算，按比例支付养老保险待遇并保证其年均养老保险待遇不低于同期该国长期就业者的相应水平，各国支付的养老金总和就是该公民最后的养老保险待遇水平。这种做法在相当程度上维持了各成员国养老保险制度的稳定性，使跨区域流动劳动者的养老保险权益转移衔接并不影响成员国的根本利益[④]，同时还消除了最低缴费年限限制和养老金计算损失，巧妙地保护了转移就业劳动力的养老保险权益[⑤]。

应该看到，欧盟的模式遵循了养老保险在各地“权利与义务对等”的原则，较为适合我国的国情，制度也较为相似，因此，完善我国养老保险关系跨地域转移接续的思路应该为“分段计算，权益累加”。将个人账户和社会统筹账户分开来，当参保者的工作地发生变换时，个人账户随之转移，并可以继续在新工作地继续参保缴费，统筹账户的资金由原参保地的养老保险部门保存管理，进行权益

①③ 王利军：《关于社会养老保险关系转移接续问题的理论综述》，《辽宁大学学报》2009 年第 6 期。

②④ 张金峰：《京津冀职工基本养老保险制度对接策略研究》，《天津行政学院学报》2015 年第 3 期。

⑤ 张栋：《我国养老保险制度转移接续的协调机制研究——基于欧盟经验》，《现代管理科学》2016 年第 11 期。

记录[①]。待参保者达到退休年龄时，各地根据其缴费年限分段计算，按比例支付社会统筹部分，由于个人账户一直随参保者转移，可按照统一的方法计发。

应该指出的是，要想彻底解决养老保险转移接续问题，治本的办法是最终实现基本养老保险的全国统筹。但是，由于我国各地区经济发展不平衡，养老保险制度差异较大，实现全国统筹不可能一蹴而就，而应该是一个循序渐进的过程。因此，建议先完善基本养老保险的省级统筹再逐渐过渡到全国统筹[②]。同时，建立一个完善的养老保险信息平台，随时掌握参保者的养老权益具体情况，实现全国范围内的信息共享，为实现养老保险的全国统筹奠定技术基础。

第六节　多层次养老保险制度体系的完善

一、企业年金制度的完善

我国自20世纪90年代初对企业养老保险制度进行改革时开始了对“企业年金”的探索。经过10年的探索期，国务院于2000年底才在《关于印发完善城镇社会保障体系试点方案的通知》中明确提出企业年金的概念。《企业年金试点方案》规定：“企业年金实行基金积累制，采取个人账户管理方式，费用由企业和职工个人共同缴纳，实行市场化的运营和管理。”2004年我国企业年金制度发展取得了阶段性进步，《企业年金试行办法》《企业年金基金管理试行办法》两项办法的颁布标志着我国企业年金制度的建立。2017年12月18日，人社部、财政部联合印发《企业年金办法》（人力资源社会保障部令第36号，以下简称《办法》），该《办法》对2004年《企业年金试行办法》进行了修订和完善，是大力发展企业年金的重要举措。由于我国基本养老保险制度尚不完善，改革过程中历史遗留问题诸多，国家基本养老保险只能保证职工退休后较低水平的生活，企业年金制度的发展可以保证职工退休后更充盈的生活水平，同时也能大大减轻国家基本养老保险的财政负担压力。企业年金制度不仅是一种福利、激励制度，还是一种社会保障制度，企业年金制度不仅能够完善多层次的养老保障体系，而且对

① 张栋：《我国养老保险制度转移接续的协调机制研究——基于欧盟经验》，《现代管理科学》2016年第11期。

② 张金峰：《京津冀职工基本养老保险制度对接策略研究》，《天津行政学院学报》2015年第3期。

于促进资本市场的发展，应对人口老龄化不断加剧的趋势发挥重要的作用[①]。

根据《中国养老金发展报告2016》，我国企业年金发展状况不容乐观：2015年，企业年金制度参与率创下历史最低，参与企业年金的企业数增幅为2.94%，而参与企业年金的职工人数增幅仅为1.01%；2015年，企业及职工参加企业年金的积极性并不高，参与企业年金的企业数量仅为企业总数的0.35%，职工参与企业年金率为5.73%；企业年金缴费金额1 343.17亿元，仅占全国各类养老金的3.45%，就企业年金待遇领取而言，仅为养老金支出的0.9%。总的来说，参与率低、覆盖面小成为目前企业年金发展面临的主要问题。从企业性质来看，企业年金缴费主要集中在国有企业（75%），中小企业为主的民营企业仅占很小一部分比例，而75%的城镇就业岗位来源于中小企业，中小企业代表的绝大多数企业职工都还没有参与到企业年金制度中来；企业年金基金规模和增长速度的发展都呈现出了从东到西递减的区域特点，如全国职工账户数仅有北京、上海两地超过百万，而西部如广西壮族自治区，职工账户数仅有154 625人[②]。此外，从行业分布来看，参加企业年金的行业多集中在具有垄断性质、资源型的能源、电力、金融等资金充足产业。

企业年金发展滞后有多种原因，其一，企业年金作为养老保障制度的第二支柱，采取自愿原则，而许多中小企业由于存在生命周期较短，流动性较强等特点，经济实力并不强，企业如果同时承担基本养老保险和企业年金等补充性养老保险，缴费将达到工资总额的30%左右，这对于中小企业而言是无力承担的。因此，中小企业建立企业年金的经济压力非常大，动力不足。另外，《企业年金试行办法》对企业建立企业年金提出了一系列要求：只有“依法参加了基本养老保险”，“已建立了集体协商机制”且“具有相应的经济支付能力”的企业才能建立企业年金制度，这对于大多数企业而言门槛是非常高的。企业年金需要从制度上松绑，考虑打破“高门槛”，可以适当学习职业年金的“自动加入”机制，渐进式推进企业年金实行强制或者半强制缴费的形式[③]。

其二，由于我国经济发展水平呈现出地域和行业间的差异，企业年金制度与经济发展息息相关，同样也呈现出地域和行业间的不同。而企业年金是惠及全国企业职工的一项补充性养老保险，不应因为地域和行业的发展差异而区别对待，经济发展水平较为落后的地区、发展较差的行业同样不能放弃建立与发展企业年金制度。否则基本养老保险替代率下降时，企业年金制度发展落后地区的职工将失去第二支柱的养老保障。因此，可以采取区域推进式企业年金发展战略作为基

① 韩震：《我国企业年金制度的完善》，《企业研究》2013年第4期。

② 肖楠榕：《基于SWOT分析企业年金的人力资源管理效应》，《经营管理者》2014年第8期。

③ 张鹏伟：《我国企业年金发展的战略构想》，《商业时代》2011年第17期。

本养老保险的补充：在中小企业较为密集的地区，可以先将符合条件的少部分中小企业联合起来建立和发展符合地域实际情况的企业年金计划，之后再逐步发展到更多的企业以提高企业年金制度在我国的覆盖率。

其三，税收政策不足，许多有实力、有条件建立企业年金的企业尚处于观望态度。各国对企业年金的税收政策与企业年金在养老金体系中的地位有很大的关系。例如，企业年金是美国社会养老收入的三大支柱之一，美国 401（K）税优计划从缴费阶段的累进所得税变为给付阶段的统一比例，并在投资阶段免税。其发展契合了企业养老金改革与发展的方向，对于推动美国经济发展、金融发展和减轻国家基本养老保险的财政压力、保障美国公民的退休生活起到了重要的作用[①]。虽然我国也曾采取了一系列税优政策，如国家税务局发布的《关于企业年金个人所得税有关问题补充规定的公告》《关于企业个人所得税征收管理有关问题的通知》等，都对企业年金发展起到了一定的促进作用，然而这种促进作用是短期的，缺乏长期效应。这从参与企业年金的企业数量可以看出，企业数量自 2011 年开始呈现出倒 U 形的特点：高度增长阶段（2011 – 2013 年）、快速下降阶段（2014 年）、回落阶段（2015 年）。税收政策并没有更多地向中小企业倾斜，目前我国实行的是缴费筹资收税、基金运营和养老金领取环节免税的“TEE”政策。因此，可以逐步改善现有的“TEE”政策，实行差别对待，对不同的人群，不同部分年金予以免税，其他部分进行征税，这样既可以激励企业建立年金，又可以保证财政收入不流失，以更优惠的税收政策增强企业年金的吸引力，使企业年金和职业年金齐头并进。此外，从企业年金安全的角度出发，税收管理也应作为税收优惠政策的辅助措施同时加强。

其四，企业年金市场活力不足。我国企业年金采取基金式管理模式，这样的模式对管理人的业绩有较高的要求，具有年金管理资格的企业仅是一些大型保险公司，且对企业年金投资管理方面的新产品设计、组织建设、制度创新、风险防范等问题不够重视，投入水平也不高，企业年金管理公司业务需要进一步发展，专业机构优势还有待挖掘。

其五，我国关于企业年金制度的立法工作进展缓慢，截至目前，没有关于企业年金制度的专门法律出台，而仅仅是行政法规和一些指导性意见，并没有具体的可操作的标准。企业年金发展初期，最关键的是政府进行制度的顶层设计，把年金制度提高到完善养老保险体系的战略高度认识。十八届三中全会提出加快发展企业年金，扩大参与率，构建多层次社会保障体系的要求；《国务院关于印发国家人口发展规划（2016 – 2030 年）的通知》强调了为应对人口老龄化的趋势，

① 刘昌平：《构筑我国企业年金发展的三大推动力》，《中国劳动保障》2005 年第 9 期。

要大力发展企业年金都在不同程度上推进了企业年金的发展，但仍需尽快制定专门的企业年金法律法规，使得企业年金制度的建立和发展有法可依，并且要协调相关法律的摩擦，为企业年金发展铺平道路。

目前，义乌试点中小企业人才年金取得了一定的成效。2015 年，浙江省将义乌市列为中小企业人才集合年金计划试点市，义乌市出台《义乌市企业人才参加集合年金试行办法》设立统一的企业人才集合年金计划，突破了企业设立年金的多种限制。义乌试行企业年金权益分配实行人才倾斜，覆盖全市所有中小民营企业具有各类中级以上专业技术、技能的企业管理人员和优秀大学生。该办法试行之时就有 100 多家中小企业签订了企业年金意向书，政策的出台不仅给义乌当地企业提供了操作的规范，也为更多民营企业实施“企业年金”提供了制度上的借鉴。

二、职业年金制度的完善

职业年金作为机关事业单位工作人员的补充性养老保险，是我国多层次养老保险体系的重要组成部分。按照《机关事业单位职业年金办法》规定，我国于 2014 年 10 月 1 日起正式实行机关事业单位工作人员职业年金制度，近 4 000 万个机关事业单位职工开始缴纳职业年金，并在退休后享受相关待遇。与企业年金不同的是，职业年金强制建立，由单位和个人共同缴费，单位缴纳本单位工资总额的 8%，个人缴费本人缴费工资的 4%。本质上来讲，职业年金是职工工资的一种延期支付[①]，目的在于避免职工退休后因基本养老保险不足而导致生活水平下降，同时也对提高养老金替代率、缓解财政压力发挥重要作用。职业年金制度作为机关事业单位人力资源管理、薪酬福利管理的重要组成部分，有利于吸引、留住人才，促进人力资源合理流动。

职业年金制度的设立推动了养老金并轨的步伐。2015 年初，国家对机关事业单位工作人员养老保险制度进行了改革，实行多年的养老金“双轨制”开始退出历史舞台，养老金开始并轨，职业年金的设立对机关事业单位养老改革起到了一定的推动作用。首先，职业年金的设立保证了公职人员退休后待遇总体不降低，减少了改革的阻力，避免了改革可能引起的震荡；其次职业年金具有强制性，其设置同样也对非强制性企业年金的推广具有积极的意义，职业年金的设立一定程度上普及了“年金”的概念，越来越多的企业职工加深了对补充养老的认识并希望拥有企业年金，可以说职业年金的设置在一定程度上提高了企业年金的

① 《国务院办公厅关于印发机关事业单位职业年金办法的通知》。

参与率。

职业年金的缴费实行实账积累，保值增值是其基本属性。保值增值性决定了对职业年金基金投资运营管理的必要性。考虑到职业年金基金的安全性和收益性，为了维护各方当事人的合法权益，根据信托法、合同法、证券投资基金法，以及国务院颁布的有关机关事业单位养老保险制度改革的其他相关法律规定，2016年10月，人社部、财政部印发《职业年金基金管理暂行办法》，对包括职业年金投资、收益分配、监督检查等提出了更加明确的规定。其中，对于职业年金投资运营管理中非常重要的一环"投资"进行了包括投资地域范围、投资高风险产品比例、基金安全的原则进行了更加详细的规定。

我国职业年金虽在资金筹集方式、管理模式、支付方式、投资运营等方面取得了一定的成就，但由于发展时间较短，仍存在诸多问题亟待完善。由于制度模式不同，机关事业单位和企业职工相互流动时，养老保险转移接续困难，这在一定程度上制约了人力资源的合理流动和优化配置①，因此职业年金制度的完善也应考虑人口流动特征。为了维护流动人口就业人员的养老保障权益，推进机关事业单位养老保险制度的改革②，人社部、财政部于2017年1月印发《关于机关事业单位基本养老保险关系和职业年金转移接续有关问题的通知》（以下简称《通知》），旨在做好机关事业单位养老保险参保人员基本养老保险关系和职业年金转移接续工作，并对基本养老保险和基金的转移、管理方法进行了规定。由于《通知》实施时间较短，各地步伐不一致，建议各地政府积极贯彻国家政策文件，推动职业年金转移接续有序进行。

国际经验表明，税收方面的优惠政策是政府推动职业年金发展的最有效措施之一③。我国对职业年金个人所得税实行的递延纳税优惠政策于2014年初开始正式实施：对单位和个人规定标准内的年金缴费在个人所得税前扣除；年金取得的投资收益免征个人所得税；只对个人实际领取的年金征收个人所得税，即EET模式。EET模式是西方发达国家对企业年金普遍采用的一种税收优惠政策，法国、德国、日本等多数国家均选择了EET模式。然而EET模式适用于领取税率低于缴费期的参保人，与EET模式相对的是TEE模式（个人缴费当期纳税，但在职业年金领取环节免税），TEE模式适用于领取期税率高于缴费期的参保人（如刚参加工作的年轻雇员）。由于每个参保人面临的税率情况不同，因此职业年金制度的完善可以从税优政策出发，同时为参保人提供两种税收政策以供选择，

---

①③ 郑秉文：《企业发展和养老保险制度变革——第三支柱商业养老保险顶层设计：税收的作用及其深远意义》，《中国人民大学学报》2016年第30期。

② 赵岑，赵光毅：《保险业应积极参与养老金市场化改革》，《清华金融评论》2016年第11期。

这一点可以借鉴美国 TSP 计划经验，同时采用了 TEE 和 EET 两种模式[①]。

作为养老保险的第二支柱，职业年金的立法层次低，配套政策文件数量较少，这与职业年金地位及功能不匹配[②]。目前缺乏专门的法律对职业年金的具体施行等做出严格的规定，建议在职业年金实施过程中加紧探索和完善相关配套政策、提高职业年金的立法层次，提高职业年金的公信力，切实发挥职业年金作为养老保险第二支柱的补充养老保障作用。

另外，职业年金制度的完善还需要包括管理机构、咨询机构、私营服务机构和审计监督等在内的制度体系的完善，否则无法树立制度的公信力。美国 TSP 计划从 1986 年设立 30 多年，总体相对成功，对中国机关事业单位的职业年金具有重要的借鉴与启示价值：TSP 计划由联邦退休节俭投资理事会（FRTIB）专司管理职责，雇员节俭咨询委员会（ETAC）为理事会提供咨询，TSP 财务报表每年接受一次审计监督，职业年金制度体系相对比较完善，具有较好的公信力，对于职业年金的推广、实施具有重要的作用[③]。因此中国的职业年金制度完善可以借鉴美国 TSP 计划完善制度体系，提高职业年金制度的公信力。

三、商业养老保险制度的完善

目前基本养老保险替代率难以再提高，企业年金难以覆盖到大量中小企业以及灵活就业、弹性就业等新型就业人员在这一背景下，商业保险由于其本身市场化、门槛低、灵活度高等优势成为提高退休后养老保障水平的又一重要养老保障层次。商业养老保险是我国养老保障体系的重要组成部分，十八届三中全会为商业养老保险发展提供了新的开端，提出要建立可持续发展的多层次社会保障体系，让商业养老保险成为多层次社会保障体系的重要支柱。《国务院办公厅关于印发深化医药卫生体制改革 2014 年重点工作任务的通知》，提出要研究制定鼓励健康保险发展的指导性文件以推进商业健康保险发展；《国务院关于加快发展现代保险服务业的若干意见》强调了商业保险作为社会保障体系的重要支柱地位，并鼓励发展多样化健康保险产品；《国务院办公厅关于加快发展商业健康保险的若干意见》，提出到 2020 年关于商业养老保险的目标，基本建立市场体系完备、产品形态丰富、经营诚信规范的现代商业健康保险服务业等。这些政策文件都在不同程度上推动了商业养老保险的发展。

---

① 李静萍：《社会保险改革下统筹商业保险的发展研究》，《理论月刊》2013 年第 6 期。

② 张留禄等：《职业年金问题研究》，《上海金融》2016 年第 4 期。

③ 郑秉文：《企业发展和养老保险制度变革——第三支柱商业养老保险顶层设计：税收的作用及其深远意义》，《中国人民大学学报》2016 年第 30 期。

"十三五"规划实施后，商业保险又迎来新的发展机遇。《十三五"卫生与健康规划"》从鼓励"商业保险机构积极开发与健康管理服务相关的健康保险产品"等角度加快发展商业健康保险；《关于印发"十三五"深化医药卫生体制改革规划的通知》，提出"鼓励和支持商业养老保险参与医保经办服务，形成多元经办、多方竞争的新格局"；《国务院关于印发国家人口发展规划（2016－2030年）的通知》，针对人口老龄化程度不断加深的趋势，提出大力发展个人储蓄性养老保险和商业保险，在试点基础上推出个人税收延递型养老保险；《"十三五"国家老龄事业发展和养老体系建设规划》，提出鼓励长期护理保险相关产品和服务的开发以满足老年人更多的护理需求；《关于支持社会力量提供多层次多样化医疗服务的意见》，提倡商业保险机构参与医疗等。

2017 年 7 月，国务院印发《关于加快发展商业养老保险的若干意见》（以下简称《意见》），提出要充分发挥商业养老保险在健全养老保障体系、推动养老服务业发展等方面的重要作用。《意见》对"十三五"规划以来关于商业养老保险的政策文件进行了总结升华，国家关于商业养老保险发展的最新政策性文件，为商业养老保险发展提供了新的方向。2018 年 2 月 6 日，人社部、财政部共同组织召开会议，宣布按照国务院关于逐步建立起多层次（三支柱）养老保险制度，启动建立养老保险第三支柱工作，这标志着个人储蓄性养老保险和商业养老保险正式进入制度建设的启动阶段。

但就我国目前养老现状来看，商业保险并未真正参与到养老保险中，养老保障仍然是主要依靠基本养老保险制度。数据显示，2016 年，具备养老功能的人身保险保费收入为 8 600 亿元，其中退休后分期领取的养年金保险保费收入为 1 500 亿元，仅占人身险保费收入的 4.4%，整体来看，我国低收入人口还占一定比例，购买商业保险能力不够强，第三支柱商业养老保险规模太小，商业保险严重缺位，商业养老保险还处于起步发展阶段，这在一定程度上阻碍了社会养老保障体系的可持续发展。因此，仍需加快商业养老保险发展的速度和进程，商业养老保险的完善可从以下几个方面着手：

完善商业养老保险税收优惠政策。从养老金制度的发展源头来看，税收制度是促进养老金制度发展和市场发育的关键，要充分认识到税收政策的重要性，认识税收制度顶层设计对于养老金制度的巨大影响①。然而我国商业养老保险税优政策起步较晚，《关于加快发展商业养老保险的若干意见》支持符合条件的商业保险机构积极参与个人税收延递型商业养老保险试点，试点在 2017 年年底前启

① 郑秉文：《企业发展和养老保险制度变革——第三支柱商业养老保险顶层设计：税收的作用及其深远意义》，《中国人民大学学报》2016 年第 30 期。

动。延税型商业养老保险政策出台，意味着中国三支柱养老保障体系将走向快车道，在新常态下，为降费减税和提高企业竞争力创造了条件，为提高百姓福祉打下了基础[①]。然而仅仅依靠个税延递型“EET”模式还是远远不足以满足商业养老保险发展的需要，因此，国家要在推进和普及 EET 型个人账户基础上设计实施 TEE 型制度以满足不同群体的需求。

完善商业养老保险专业性法律文件。截至目前，仍没有专业性的商业养老保险法律文件出台，作为商业保险发展的依据。由于商业养老保险与传统社会保险仍处于竞争状态，保险公司在承保过程中由于信息不对称在政府招标中没有话语权等原因[②]，阻碍了保险公司自身优势的发挥。因此，建议出台相关政策文件及商业养老保险专业性法律文件以完善商业养老保险法律体系。

发挥政府引领作用，注重全民保险参与意识的培养，引领带动公众参与商业养老保险。由于基本养老保险制度主要依靠国家和企业缴费，个人只缴纳本人工资的一定比例，导致个人过分依赖国家和企业而忽略自我保障。同时，公众对于商业保险缺乏信心，参与意识淡薄。而政府在积极引导国民树立自我保障意识与观点、提高公众参与商业保险方面具有较好的优势地位。

促进商业养老保险参与社会保险，尤其是参与医疗保险。除了基本医疗保险之外，医疗保险未覆盖的其他部分都可以通过商业保险来弥补[③]。《关于加快发展商业养老保险的若干意见》提出“逐渐建立老年人长期照护、康养结合、医养结合等综合养老保障计划，健全养老、康复、护理、医疗等服务体系”，为商业保险和医疗结合提供了支持性政策。贵州省为将商业保险建成社会保障重要支柱做了大量工作，尤其是促进商业养老保险与医疗保险相结合方面，推动商业养老保险参与医疗，与基本医保等医疗保障制度进行有效衔接；鼓励发展与基本医疗保险相衔接的补充医疗保险；倡导预防性健康管理服务；同时注重对医疗行为、医疗费用等进行有效的监管；此外，政府给予了商业保险机构一定的自由度，积极发挥商业保险机构的专业优势，激发了商业保险机构的活力和参与热情等。贵州省促进商业养老保险与医疗保险相结合的措施相对比较完善，为其他地区商业养老保险参与医疗的衔接给予了一定的启发。

由表 3-8 可见，商业养老保险制度发展存在不同的地域特点，可以根据各区域的实际情况和存在的问题，实施针对性的、符合实际情况的措施[④]。我国商

---

① 郑秉文：《企业发展和养老保险制度变革——第三支柱商业养老保险顶层设计：税收的作用及其深远意义》，《中国人民大学学报》2016 年第 30 期。

② 张玮：《商业保险与社会养老保险协调发展，完善多层次养老保障体系》，《时代金融》2016 年第 10 期。

③ 李静萍：《社会保险改革下统筹商业保险的发展研究》，《理论月刊》2013 年第 6 期。

④ 李静萍：《区域商业养老保险与社会养老保险发展协调度分析》，《中南民族大学学报》（人文社会科学版）2014 年第 3 期。

业养老保险与社会养老保险的总体协调发展水平偏低，且区域内部差异较大，呈现“东、东北、西、中”逐渐递减的趋势①；同时各地商业养老保险发展速度不均衡，与经济状况、各地政策等因素存在相关关系，国家应督促各地政府，根据各地发展情况，促进商业养老保险的发展，提高与社会养老保险的总体协调水平。

表 3 - 8　　2006 - 2011 年各区域商业养老保险与社会养老保险发展协调度

地区	2006 年	2007 年	2008 年	2009 年	2010 年	2011 年	均值
东部	0. 78	0. 78	0. 77	0. 77	0. 77	0. 79	0. 78
东北	0. 77	0. 39	0. 61	0. 43	0. 41	0. 26	0. 48
中部	0. 22	0. 22	0. 21	0. 20	0. 20	0. 16	0. 20
西部	0. 26	0. 29	0. 42	0. 39	0. 43	0. 54	0. 39
均值	0. 51	0. 42	0. 50	0. 45	0. 46	0. 44	0. 46

资料来源：李静萍：《区域商业养老保险与社会养老保险发展协调度分析》，《中南民族大学学报》2014 年第 3 期。

降低替代率、减少企业缴费比例。养老金第一支柱替代率过高往往会挤压商业保险的发展潜力，按照国际经验，养老金三支柱替代率分别为 40%，30%，10% 比较合理，我国企业职工第一支柱养老金替代率接近 40%，但是第二、第三支柱替代率较低，远远未达到 30%，10%。国家应加快养老保险制度改革，完善补充保险发展，避免盲目降低基本养老保险替代率带来的影响。在此基础上，面对企业缴纳基本养老保险负担过重的问题，可以适当降低企业缴费水平，激励个人自我保障，参与商业保险的积极性。② 另外，商业养老保险的完善还需创新养老保险产品和服务，鼓励发挥商业保险机构优势，提升保险资产管理能力，加强监管等。

总的来说，企业年金、职业年金和商业保险为劳动者提供了一个多样化的补充性养老保险选择空间，完善多层次养老保险体系对于加固我国养老保险社会安全网具有积极作用。然而我国企业年金、职业年金和商业保险发展还极不完善，缺乏专业性的法律体系、税优政策的缺陷、基金市场活力不足等均成为阻碍第二、第三支柱发展的共同问题。因此政府应在构建法律体系、完善税优政策等方面给予第二、第三支柱发展更多的倾斜，使得企业年金、职业年金和商业养老保险发展齐头并进，从而促进多层次养老保险制度体系的完善。

---

① 李静萍：《区域商业养老保险与社会养老保险发展协调度分析》，《中南民族大学学报》（人文社会科学版）2014 年第 3 期。

② 李静萍：《社会保险改革下统筹商业保险的发展研究》，《理论月刊》2013 年第 6 期。

第四章

医疗保险制度整合与体系完善的重大问题

第一节　医疗保险制度的整合与衔接

一、基本医疗保险制度整合与体系完善

改革开放之后，随着计划经济向市场经济体制改革，原有医疗保障制度逐渐无法适应新的环境，被新的社会医疗保险制度所取代。1998 年、2003 年和 2007 年，中国先后建立了城镇职工基本医疗保险、新型农村合作医疗（以下简称新农合）和城镇居民基本医疗保险三大基本医疗保险制度。2016 年，后两者合并为城乡居民基本医疗保险制度。1998 年，国务院《关于建立城镇职工基本医疗保险制度的决定》正式确立了城镇职工基本医疗保险制度。职工医疗保险实行社会统筹与个人账户相结合，分别以支付住院费用与门诊费用为主。职工医疗保险设置了三个目录，目录内设有起付线和封顶线。起付线为当地社会平均工资 10%左右。2009 年前，封顶线为当地社会平均工资的 4 倍。2009 年后，改为当地社会平均工资的 6 倍。由于社会统筹基金设定了三个目录和最高支付限额，对于职工医疗保险基金支付后剩下的医疗费用，各项政策文件一直提倡通过发展职工医

疗互助基金或商业性的医疗保险来解决[①]。多数地区都建立了城镇职工大病补充保险或公务员大病补助制度。

新农合脱胎于传统合作医疗。2003 年，在中央政府推动和财政补贴制度下才得以重建为新农合。新农合也设有三个目录、起付线和封顶线。2007 年，国务院发布《关于开展城镇居民基本医疗保险试点的指导意见》，建立城镇居民基本医疗保险。城镇居民基本医疗保险以政府补贴为主个人缴费为辅，以保大病（住院和门诊大病）为主。2009 年以来，城镇居民医疗保险开始推动门诊统筹制度，城镇居民医疗保险也设有三个目录、起付线和封顶线。

由于三大基本医疗保险制度管理分割，造成了人员重复参保、财政重复补贴和信息系统重复建设等问题[②]。2016 年 1 月 3 日，国务院发布《关于整合城乡居民基本医疗保险制度的意见》（以下简称《意见》），要求整合城镇居民医疗保险和新农合，建立统一的城乡居民基本医疗保险。《意见》提出要实现覆盖范围、筹资政策、保障待遇、医保目录、定点管理和基金管理的“六统一”。截至目前，全国所有省份均已出台了城乡居民基本医疗保险制度整合的相关文件。

由于新农合基金筹资能力有限，对高额医疗费用的保障力度有限。2010 年和 2012 年，卫生部分别发布《关于开展提高农村儿童重大疾病医疗保障水平试点工作的意见》和《关于加快推进农村居民重大疾病医疗保障工作的意见》，要求新农合选择部分特定病种界定为重大疾病，提高其保障水平。鉴于新农合和城镇居民医疗保险对大病的保障水平较低，2012 年 8 月，国家六部委出台《关于开展城乡居民大病保险工作的指导意见》。该意见明确指出，大病保险实施的条件是参保（合）人患大病发生高额医疗费用。大病保险对象为城乡居民医疗保险参保人，资金来源于城乡居民医疗保险基金。2015 年 7 月 28 日，国务院办公厅发布《关于全面实施城乡居民大病保险的意见》，全面实施大病保险。

目前，我国基本医疗保险制度主要分为两项：城镇职工基本医疗保险及职工补充保险和城乡居民基本医疗保险及大病保险。职工医疗保险和城乡居民医疗保险的筹资能力和待遇水平差距极大。2013 – 2015 年，城镇职工医疗保险的人均筹资水平相当于城镇居民医疗保险和新农合人均筹资水平和待遇水平的 5 – 7 倍（见表 4 – 1）。

---

① 1994 年 4 月 14 日《关于职工医疗制度改革的试点意见》；1996 年 5 月 5 日《关于职工医疗保障制度改革扩大试点意见的通知》；1998 年 12 月 14 日《关于建立城镇职工基本医疗保险制度的决定》。

② 仇雨临，翟绍果：《城乡居民医疗保障体系的二元三维态势和统筹发展思路》，《河南社会科学》2009 年第 6 期；王东进：《切实加快医疗保险城乡统筹的步伐》，《中国医疗保险》2010 年第 8 期；仇雨临，翟绍果，郝佳：《城乡医疗保障的统筹发展研究：理论、实证与对策》，《中国软科学》2011 年第 4 期。

表4-1　　三大医疗保险人均筹资与补偿水平

年份	参保筹资补偿情况	新农合	城镇居民医疗保险	城镇职工医疗保险
2013	参保人数（亿人）	8.02	2.96	2.74
	基金收入（亿元）	2 972.2	1 186.6	7 061.6
	基金支出（亿元）	2 909.2	971.1	5 829.9
	人均筹资（元）	370.6	400.9	2 577.2
	人均补偿（元）	362.7	328.1	2 127.7
2015	参保人数（亿人）	6.70	3.77	2.89
	基金收入（亿元）	3 285.0	2 109.4	9 083.5
	基金支出（亿元）	2 933.4	1 780.6	7 531.5
	人均筹资（元）	490.3	559.7	3 143.8
	人均补偿（元）	437.8	472.5	2 606.7

资料来源：《中国卫生和计划生育统计年鉴》（2016）、《中国统计年鉴》（2016）、《中国统计年鉴》（2014）。

在如此巨大的差异下，上述两项制度是否需要加以整合以及如何整合？关于我国基本医疗保险制度整合，目前，有三种不同的整合思路：三步走战略、两步走战略与一步走战略。三步走战略提出：第一步，合并公费医疗与职工医疗保险形成职工基本医疗保险，合并城镇居民医疗保险与新农合形成城乡居民基本医疗保险；第二步，将职工基本医疗保险与城乡居民基本医疗保险合并，形成区域性的国民健康保险；第三步，由区域性国民健康保险形成全国性国民健康保险①。两步走战略提出：第一步，合并城镇职工医疗保险和城镇居民医疗保险，建立城镇基本医疗保险，以家庭为单位参保；第二步，是随经济发展水平的提升，逐步提高农民医疗保障水平，使之趋近城镇人口的保障水平，在此基础上，合并城镇基本医疗保险制度和农村基本医疗保险制度（即新农合）②。一步走战略认为，目前，中国有财力建立起集中化、一体化的全民健康保险制度。具体包括：（1）公共财政主导筹资，各级政府筹资500元，个人按人头缴费200元；（2）保险机构购买医疗服务，建立全国单一保险人体制（全民健康保险总局及其分局），

① 郑功成：《中国社会保障改革与发展战略：理念、目标与行动方案》，人民出版社2008年版，第201-207页；郑功成：《中国社会保障改革与发展战略》（医疗保障卷），人民出版社2011年版，第205-206页；仇雨临，翟绍果，郝佳：《城乡医疗保障的统筹发展研究：理论、实证与对策》，《中国软科学》2011年第4期。

② 李珍：《2020年：我国社会医疗保障制度安排的展望》，《经济日报》2012年8月29日；王超群：《城镇职工基本医疗保险个人账户制度的起源、效能与变迁》，《中州学刊》2013年第8期；王超群等：《中国医疗保险制度整合研究》，《中州学刊》2015年第10期。

在各省亦可实行多元保险人体制；（3）医疗服务走向多元竞争①。一步走战略认为，中国当前已经具备足够的经济实力，可以实现统一的全民健康保险制度。因此，可以一步到位整合三大基本医疗保险制度，实现全民医疗保险待遇均等，而非仅仅单独整合城乡居民基本医疗保险制度。

在中央和各地政策实践中，实际上选择了三步走战略。其中，第一步已经完成，接下来是第二步。按照第二步战略，是将职工基本医疗保险与城乡居民基本医疗保险合并，形成区域性的国民健康保险。但是，由于职工医疗保险和城乡居民医疗保险的筹资水平和待遇水平差距极大，要将二者合并，只能采取取长补短的思路。取长思路是，整合职工医疗保险和城乡居民医疗保险，采取基本医疗保险加补充医疗保险的方式。其中，基本医疗保险针对全体居民（含职工和城乡居民），待遇水平相当于现在的城乡居民医疗保险。补充医疗保险亦针对全民，实行自愿参保。目前，广东省基本医疗保险制度改革即采取了这种模式。这一模式的优点是，统一全体居民医疗保险待遇水平，且不必增加额外的财政投入，同时赋予参保人以自由选择加入补充保险的权利。但是，其缺点是，基本医疗保险的待遇水平极低，无法有效化解居民医疗费用风险。同时，补充医疗保险的参保人将主要是高收入阶层，如外企、国企以及机关事业单位等，造成了人群间医疗保险待遇的实质不公平。

补短思路是，整合职工医疗保险和城乡居民医疗保险，由政府补齐职工医疗保险和城乡居民医疗保险之间的缴费差距。由于城乡居民医疗保险参保人数超过10亿人，政府需要为10亿人人均补贴约2 500元，合计超过2.5万亿元。很明显，这一思路在财力上不可行。

目前，城镇居民医疗保险的参保人为一老一小，即以老年人和儿童为主，其健康风险要高于由成年人和退休职工构成的城镇职工参保人。但是，城镇居民医疗保险的人均花费却远低于城镇职工医疗保险。这说明，可能存在两种情况：一是城镇职工医疗保险存在严重的浪费，二是城镇职工医疗保险向城镇居民医疗保险提供了交叉补贴。在现实中，这两种情况均存在。目前各地基本医疗保险支付标准显示，同一病种，城镇职工医疗保险支付标准明显高于城镇居民医疗保险和新农合。这说明存在交叉补贴。同时，退休职工医疗费用远高于城镇居民同龄参保人，这说明存在严重的医疗浪费现象。2015年，城镇职工医疗保险社会统筹收入5 686亿元，人均筹资1 967.9元，支出4 654亿元，人均支出为1 610.8元。个人账户基金收入3 397亿元，人均筹资1 175.7元，支出2 877亿元，人均支出为995.7元。因此，如果仅仅计算社会统筹基金，城镇职工医疗保险社会统

① 顾昕：《走向全民健康保险：论中国医疗保障制度的转型》，《中国行政管理》2012年第8期。

筹基金人均支出为城镇居民医疗保险的3.41倍和新农合的3.68倍。

本书认为，可以考虑如下改革：取消个人账户，将个人账户资金纳入社会统筹基金，同时整合职工医疗保险和城乡居民医疗保险，政府再予以补贴。此时，职工医疗保险统筹基金人均收入和支出为1 967.9元和1 610.8元，城乡居民医疗保险人均收入和支出为839.8元和725.1元。此时，按照收入和支出两种口径，政府需要补贴城乡居民医疗保险的人均金额分别为1 128.2元和885.7元，补贴总额分别为11 810.7亿元和9 271.9亿元。

上述思路尚未考虑职工医疗保险的浪费情况，按照较为保守的职工医疗保险基金浪费20%来计算，那么按照收入和支出两种口径，政府需要补贴城乡居民医疗保险的人均金额分别为626.0元和474.6元，补贴总额分别为6 553.1亿元和4 968.5亿元。如果职工医疗保险浪费30%，按照收入和支出两种口径，政府需要补贴城乡居民医疗保险的人均金额分别为374.9元和269.1元，补贴总额分别为3 924.3亿元和2 816.8亿元。如果政府实际补贴总额在2 800亿－4 000亿元，整合职工医疗保险和城乡居民医疗保险还是可能的。

此外，现行城乡居民医疗保险也存在明显的浪费现象。这意味着，如果能够控制当前社会医疗保险浪费情况，并且取消职工医疗保险个人账户，政府是有能力整合职工医疗保险和城乡居民医疗保险的。当然，其前提条件是，医疗保险制度要进一步优化支付方式，推动分级诊疗，加强医疗费用控制。就目前来看，可以同时对基本医疗保险＋补充医疗保险模式和控制浪费＋取消个人账户模式进行试点，并对二者的实施效果进行评估。由于部分地区职工医疗保险只有社会统筹，没有个人账户制度。因此，政府可以考虑优先在这类地区分别试点上述两种模式。

二、大病保险与基本医疗保险制度的衔接

近年来，我国城镇职工基本医疗保险、城乡居民基本医疗保险和新型农村合作医疗制度逐步完善，保障水平逐步提升，但城乡居民医疗负担仍十分沉重。调查显示，2003年、2008年和2011年，我国遭遇灾难性卫生支出的城镇家庭的比例分别高达9.0%、11.3%和10.9%，农村则分别高达13.6%、15.1%和13.8%[①]。为此，2012年8月24日，国家发改委、原卫生部、财政部、人力资源社会保障部、民政部、保监会等6部委联合下发《关于开展城乡居民大病保险

① Meng Q., Xu L., Zhang Y., et al., *Trends in access to health services and financial protection in China between 2003 and 2011: a cross-sectional study*, Lancet, 2012, 379 (9818): 805-814.

工作的指导意见》（以下简称《指导意见》），目的在于完善城乡居民医疗保障制度，健全多层次医疗保障体系，有效提高重特大疾病保障水平。2015 年 7 月 28 日，国务院办公厅下发《关于全面实施城乡居民大病保险的意见》，要求 2015 年底，大病保险要覆盖全体城乡居民参保人群，大病保险制度以力争避免城乡居民发生家庭灾难性医疗支出为目标。在设计时，政策制定部门参考了世界卫生组织关于“家庭灾难性医疗支出”的定义，将各地城镇居民年人均可支配收入或农民年人均纯收入作为家庭灾难性医疗支出的标准①。

大病保险制度主要问题是经办管理问题。多数地区大病保险由商业健康保险公司经办。一些地区比如山东省，鼓励基本医疗保险统一交由商业健康保险公司经办。各地基本医疗保险和大病保险经办管理形成了四种模式：基本医疗保险和大病保险统一由社会医疗保险经办机构经办，统一由商业保险公司经办，分别由社会医疗保险经办机构和商业保险公司经办以及分别由商业保险公司和社会医疗保险经办机构经办。其中，由同一经办机构经办的地区占少数。

由同一经办机构经办基本医疗保险和大病保险的地区，二者在信息共享和制度衔接上基本不存在问题。但是，由不同经办机构经办基本医疗保险和大病保险的地区，二者衔接存在问题。其中，最主要的问题是，基本医疗保险实行按次计算，而大病保险实行以年为单位的累积结算方式。即基本医疗保险每次看病结算一次，而大病保险必须等年终方能计算全年累积医疗费用并进行结算。这就使得基本医疗保险和大病保险衔接不畅。

同时，由于享受大病保险报销的人群，通常发生医疗费用较高，也极容易成为重特大疾病医疗救助制度的享受对象。目前各地要求医疗救助制度实行一站式即时结算。但是，医疗救助制度结算必须在基本医疗保险和大病保险结算之后，而大病保险制度又必须年终结算，从而导致基本医疗保险、医疗救助和大病保险衔接不畅，影响了患者即时报销。

这一问题并非不可解决。根据对湖北省 5 个地市的调研，其中 2 个地区通过改变技术细节，实现了大病保险的一站式结算。其运作方式是，先由医院按照大病保险制度的报销规定垫付，直接与患者实行一站式结算，然后商业保险公司再赔付给医院。但是，这样一来，商业保险公司仅仅担任了出纳角色，并未发挥经办管理的实质性作用，却仍要收取协议规定的管理费用。在调研中，不少调研对象反对由商业健康保险公司经办大病保险业务。在必须由商业健康保险公司经办大病保险业务的背景下，各地市对于大病保险的政策建议是尽快实行大病保险的

① 孙志刚：《积极稳妥开展城乡居民大病保险切实减轻人民群众看病就医负担》，《中国经贸导刊》2012 年第 30 期；徐善长：《大病保险：健全医保体系的重要环节》，《宏观经济管理》2013 年第 3 期。

一站式结算。同时，应取消商业保险公司仅仅提取管理费的模式，实行由商业保险公司共同分担风险和共享利润模式，激励商业保险公司加强对医疗机构诊疗行为的监控，提升其经办管理服务能力。

因此，本书建议，未来大病保险制度应该改变现行的结算方式，大病保险仍可以实行按年结算，但不必在年底进行结算，而是只要达到大病保险报销标准，即可以在年中随时结算。具体结算过程，可以先由社会医疗保险垫支，最后统一由大病保险赔付给社会医疗保险。鉴于大病保险在这一环节实际上并未发挥作用，大病保险未来应该尽量交由统一经办机构运行，以降低制度间协调成本。

三、长期护理保险与基本医疗保险制度的衔接

2016 年 6 月 27 日，人社部办公厅发布《关于开展长期护理保险制度试点的指导意见》，要求在承德市等 15 个地区开展长期护理保险制度试点。各地刚刚开始长期护理保险制度试点，还缺乏详尽的资料讨论长期护理保险制度与医疗保险衔接。从理论上讲，在上述长期护理保险指导意见中，主要应包括基本政策衔接和管理服务衔接两项。在基本政策方面，首先是对象衔接。根据目前各地的长期护理保险试点方案，长期护理保险参保对象要么是职工医保参保人员，要么是职工和城乡居民医保参保人员。因此，长期护理保险制度与医疗保险对象衔接问题不大。

在筹资方面，一是缴费对象衔接。目前，职工医疗保险是单位缴费为主，个人缴费为辅，退休职工无需缴费。城乡居民医疗保险是政府补贴为主，个人缴费为辅。而各地长期护理保险制度设计中，退休职工也需要缴费，缴费多是从个人账户中划拨。此外，还涉及历年基本医疗保险基金结余一次性划拨、社会统筹基金缴费、政府补贴和福彩公益金划转等。因此，长期护理保险制度筹资机制要比基本医疗保险制度更为复杂。二是缴费标准衔接。目前，基本医疗保险缴费以单位缴费和政府补贴为主，个人缴费较少。而各地长期护理保险制度则考虑到社会保险制度降费率问题，通常提高了个人缴费，而尽量降低单位缴费。职工医疗保险和城乡居民医保缴费分别采取比例制和固定金额制。而在长期护理保险制度试点中，既有延续了现行职工医疗保险和城乡居民医保缴费机制的，也有职工医疗保险和城乡居民医保均采取固定金额制的。

在待遇支付方面，首先，区分医疗长期护理与生活长期护理。生活长期护理一般不在基本医疗保险支付范围。但是，部分医疗长期护理服务项目事实上与基本医疗保险支付范围重合，因此在待遇内容上有所重复。建立长期护理保险制度后，需要将长期护理保险与医疗保险重合的服务项目分离。其次，长期护理保险

与医疗保险重合的服务项目分离后，若出现待遇下降，则需要加强待遇水平的衔接。最后，长期护理保险待遇与工伤保险待遇、残疾人待遇以及高龄老人福利津贴等有所重合，也需要加以衔接。

在管理服务方面，长期护理保险基金实行专户管理，基本不存在衔接问题。但是，服务管理和经办管理存在衔接。在经办管理方面，目前各地长期护理保险制度试点主要依托医疗保险经办机构来经办长期护理保险，多数地区也提出探索委托第三方机构经办部分长期护理保险业务。如果主要依托医疗保险经办机构，基金征缴、管理和待遇支付上的衔接问题不大。而如果部分业务甚至全部业务委托第三方机构经办，则面临与现行医疗保险经办业务衔接问题。总体上看，基金筹集和管理环节，依托医疗保险经办机构效率更高。而政策宣传、需求评估、服务质量评估等服务管理环节可以考虑委托第三方机构经办。

在服务管理和需求评估方面，需要整合现有评估资源，如工伤部门的劳动能力鉴定中心、残联的残疾人评定机构以及医院患者日常生活自理能力评估等，最大化利用现有评估资源开展长期护理保险需求评估和等级评定。在服务供给机构评估方面，需要与卫生行政部门的医疗机构服务能力评估、民政部门的养老护理机构评估等结合，加强对护理服务供给方行为和服务质量的监督。

四、生育保险与基本医疗保险制度的整合

1994 年，我国劳动部发布《企业职工生育保险试行办法》，生育保险制度开始实行。

首先，目前我国生育保险制度主要覆盖城镇职工，覆盖面窄。2000 年前，我国生育保险制度参保职工总数远大于职工基本医疗保险参保人数。之后，职工基本医疗保险在职参保人数快速增长，远超过生育保险参保人数。总体来看，近年来，职工基本医疗保险参保率稳定在 50% 左右，生育保险参保率稳定在 40% 左右（见表 4 - 2）。

表 4 - 2　　1995 - 2015 年城镇就业人数与职工医疗保险、生育保险参保人数

年份	城镇就业总人数（万人）	职工基本医疗保险在职参保人数（万人）	生育保险参保人数（万人）	医疗保险参保率（%）	生育保险参保率（%）
1995	19 040	702.6	1 500.2	3.7	7.9
1996	19 922	791.2	2 015.6	4.0	10.1

续表

年份	城镇就业总人数（万人）	职工基本医疗保险在职参保人数（万人）	生育保险参保人数（万人）	医疗保险参保率（%）	生育保险参保率（%）
1997	20 781	1 588.9	2 485.9	7.6	12.0
1998	21 616	1 509.7	2 776.7	7.0	12.8
1999	22 412	1 509.4	2 929.8	6.7	13.1
2000	23 151	2 862.8	3 001.6	12.4	13.0
2001	24 123	5 470.7	3 455.1	22.7	14.3
2002	25 159	6 925.8	3 488.2	27.5	13.9
2003	26 230	7 974.9	3 655.4	30.4	13.9
2004	27 293	9 044.4	4 383.8	33.1	16.1
2005	28 389	10 021.7	5 408.5	35.3	19.1
2006	29 630	11 580.3	6 458.9	39.1	21.8
2007	30 953	13 420.3	7 775.3	43.4	25.1
2008	32 103	14 987.7	9 254.1	46.7	28.8
2009	33 322	16 410.5	10 875.7	49.2	32.6
2010	34 687	17 791.2	12 335.9	51.3	35.6
2011	35 914	18 948.5	13 892.0	52.8	38.7
2012	37 102	19 861.3	15 428.7	53.5	41.6
2013	38 240	20 501.3	16 392.0	53.6	42.9
2014	39 310	21 041.3	17 038.7	53.5	43.3
2015	40 410	21 362.0	17 771.0	52.9	44.0

资料来源：《中国统计年鉴》（2016）。

其次，不同人群生育保险待遇差别巨大。2015 年，新农合参合人员享受住院定额分娩补偿金额 27.29 亿元，享受人次 382.56 万人次，人均享受金额为 713.35 元。而职工生育保险上述数据分别为 411.5 亿元、641.9 万人次和 6 410.66 元。2015 年，还有 56% 的城镇就业人员没有被职工生育保险覆盖，无法享受职工生育保险待遇。另外，职工生育保险待遇包括医疗费用保险和生育津贴两项，而城乡居民医疗保险仅有定额分娩补助，没有生育津贴。

最后，生育保险待遇与医疗保险待遇存在一定的重合，需要加以整合。目前，我国生育保险制度实行单位缴费，个人不缴费制度，不利于提高参保人的成本分担意识。同时，生育保险制度与医疗保险制度内容基本相同，却由不同的人员使用不同的信息系统进行管理，无疑造成了资源浪费。

2017年1月19日，国务院办公厅发布《关于印发生育保险和职工基本医疗保险合并实施试点方案的通知》，提出在河北省邯郸市、山西省晋中市、辽宁省沈阳市、江苏省泰州市、安徽省合肥市、山东省威海市、河南省郑州市、湖南省岳阳市、广东省珠海市、重庆市、四川省内江市、云南省昆明市12个试点城市开展两项保险合并实施试点。试点的主要内容是要实行四统一、一不变，即统一参保登记、基金征缴和管理、医疗服务管理、经办和信息服务以及待遇不变等。

将职工医疗保险与生育保险制度进行整合，能够有效提高制度的覆盖率，同时，将两项制度整合，能够有效降低制度管理成本。同时，新整合的制度可以要求职工与用人单位共同分担保险费，有利于保障基金可持续运行。本书认为，除了将职工医疗保险与生育保险制度进行整合外，还应考虑城乡居民医疗保险制度改革，城乡居民医疗保险制度亦应该考虑如何协调医疗待遇与生育待遇。何文炯等提出的改革方案具有可行性。图4-1中，实线部分为制度现状，虚线部分为改革后的制度设计。根据何文炯等的测算，该方案不会给职工及其单位增加缴费负担，但城乡居民需要略微增加缴费。

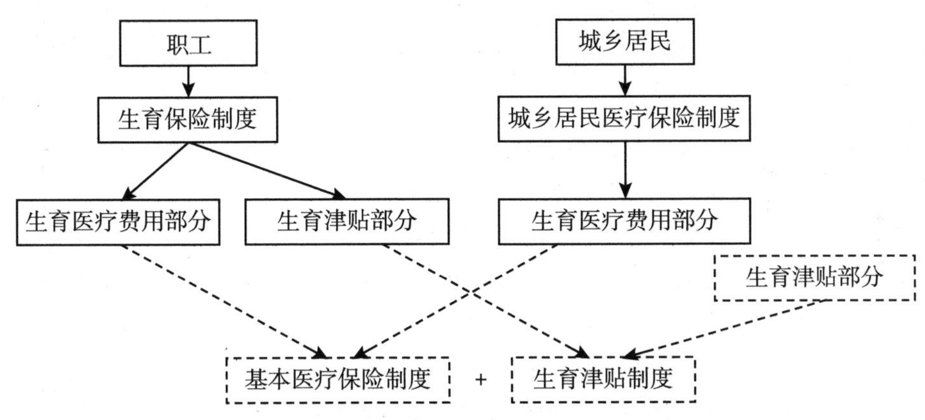

图4-1　基本医疗保险与生育保险制度整合方案

资料来源：何文炯等：《中国生育保障制度改革研究》，《浙江大学学报》2014年第4期。

五、健康中国战略下医疗保障制度整合与体系完善

2016年10月25日，中共中央、国务院发布《健康中国2030规划纲要》，提出“以普及健康生活、优化健康服务、完善健康保障、建设健康环境、发展健康产业为重点，把健康融入所有政策……大幅提高健康水平，显著改善健康公平”。根据《健康中国2030规划纲要》，中国将建构“以基本医疗保障为主体、其他

多种形式补充保险和商业健康保险为补充的多层次医疗保障体系”。同时，由于实行多层次医疗保障体系，未来要“加强基本医保、城乡居民大病保险、商业健康保险与医疗救助等的有效衔接”。

从长远目标上看，中国必然将建立全体国民筹资、管理和待遇水平统一的全民健康保险制度。在此宏观目标背景下，要想进一步推动健康中国建设，完善全民医疗保障体系建设，应从如下角度进一步整合我国基本医疗保障制度。尽快实现三保合一，建立区域性全民医疗保险制度。目前各地已经整合城乡居民基本医疗保险制度。对于部分发达地区，当前经济发展水平已经足以建立起区域性全民医疗保险制度，可以先行试点。

合并全部公共的医疗基金。目前，包括《健康中国 2030 规划纲要》在内均未强调医疗救助制度归属问题。中国医疗保险制度整合主要集中于医疗保险制度内部，忽略了更宏大背景下的其他公共医疗资金。比如医疗救助资金、生育保险资金、工伤保险资金以及公共卫生资金等。对于上述资金中与医疗无关的部分，可以以津贴形式单列，其余资金与医疗保险基金一起整合为基本医疗保障资金，统筹使用。于是，整合后的基本医疗保障资金可以统筹负责公共卫生、医疗服务，由一个单一机构管理，使得医疗服务机构不得不依附于基本医疗保障资金，从而增强基本医疗保障经办机构的购买能力，加强各类医疗保障相关服务购买之间的衔接。

全民基本医疗保障制度逐步实行风险调整机制。在国外，风险调整机制被用于提升医疗保险基金运行效率、防止医疗保险基金进行风险选择、促进基金之间公平竞争、促进基金和地区之间医疗资源配置公平等。目前，中国医疗保障制度最大的问题是城乡之间、地区之间和人群之间待遇不公平。风险调整机制的核心是经费跟着风险走，有利于促进中国医疗资源配置公平。全民基本医疗保障制度通过集合各地区医疗保障基金，建立全国单一的基金池，通过全国单一的基金池，根据各地参保人的年龄、性别、慢性病等风险因子，向各地全民健康保险经办机构拨付资金，保障全体国民享受同等医疗保险待遇。

正确认识商业健康保险功能定位，促进商业健康保险良性发展。当前中国商业健康保险机构的经办成本并不低于医疗保险经办机构，专业化程度并不优于医疗保险经办机构，同时，也缺乏对医疗服务机构的有效监管。此外，医疗保险经办机构已经投入了大量人财物，难以轻言放弃，全部交由商业健康保险机构管理。为此，未来医保经办机构专注核心经办业务，非核心服务可以由商业健康保险承接，实行购买服务的方式。除此之外，商业健康保险公司还可以提供基本医疗保险不予覆盖的医疗服务项目，或者为参保人提供更加快捷、个性化和高质量的医疗服务内容，从而与基本医疗保险覆盖范围形成互补。

逐步改革待遇机制，建立统一的待遇支付机制。在长期内，基本医疗保障待遇机制改革的核心内容是保障全体国民获得均等的、高保障水平的全民健康保险待遇。具体就是全体国民享受均等的高保障水平的医疗服务。同时，应合并医疗、生育和工伤中与医疗服务部分相关的内容，实行统一管理，并统一待遇。建议建立全民统一的生育福利包，以应对总和生育率的下降和提高孕产妇和新生儿、幼儿的健康水平。同时，各项待遇应由统一的机构支付，以避免多个机构支付导致的待遇差距以及待遇衔接不畅问题。

第二节　基本医疗保险参保与筹资机制的完善

一、基本医疗保险参保机制的完善

我国城镇职工医疗保险实行强制参保。城乡居民医疗保险实行自愿参保，并以政府定额补贴为主、个人定额缴费为辅。由于实行自愿参保，城乡居民医疗保险必然存在逆向选择，从而无法实现医疗保险全民覆盖。2000 年以来，中国社会医疗保险覆盖面快速扩张，取得了巨大成效。2013 年，参保总人数甚至超过了全国总人口。这说明，我国基本医疗保存在重复参保人群。有研究者估计，中国重复参保的人数可能超过 1 亿人①。如果扣除 1 亿人重复参保，我国现行三大基本医疗保险并未实现医疗保险全民覆盖（见表 4－3）。

表 4－3　　中国社会医疗保险制度覆盖人群

年份	全国人口（亿人）	职工医保参保人数（亿人）	居民医保参保人数（亿人）	新农合参合人数（亿人）	参保率（%）
2000	12.67	0.38	0.00	0.00	2.99
2004	13.00	1.24	0.00	0.80	15.70
2007	13.21	1.80	0.43	7.26	71.83
2008	13.28	2.00	1.18	8.15	85.33

① 王东进：《切实加快医疗保险城乡统筹的步伐》，《中国医疗保险》2010 年第 8 期。

续表

年份	全国人口（亿人）	职工医保参保人数（亿人）	居民医保参保人数（亿人）	新农合参合人数（亿人）	参保率（%）
2009	13.35	2.19	1.82	8.33	92.50
2010	13.41	2.37	1.95	8.36	94.61
2011	13.47	2.52	2.21	8.32	96.89
2012	13.54	2.65	2.72	8.05	99.07
2013	13.61	2.74	2.96	8.02	100.88
2014	13.68	2.83	3.15	7.36	97.51
2015	13.75	2.89	3.77	6.70	97.16

资料来源：《中国统计年鉴》(2016)、《中国卫生和计划生育统计年鉴》(2016)、《中国卫生统计年鉴》(2008)。

为了更清楚地了解我国现行基本医疗保险实际参保情况，根据2014年中国家庭追踪调查（China Family Panel Studies，CFPS）和2015年中国社会状况综合调查（Chinese Social Survey，CSS），分析了我国居民基本医疗保险参保情况。结果发现，中国约85%的人口参加了社会医疗保险，尚有15%的人口未参保。其中，约10%的成年人未参保，约40%的儿童未参保（见表4-4和表4-5）。

表4-4　　CFPS调查的中国基本医疗保险参保情况

成年人	全部	城镇	农村	非农户口	农业户口
合计（人）	35 828	15 868	19 960	9 461	26 367
未参保率（%）	9.71	12.48	7.51	15.84	7.51
儿童（0-15岁）	全部	城镇	农村	非农户口	农业户口
合计（人）	8 617	3 297	5 320	1 699	6 918
未参保率（%）	38.16	36.03	39.47	40.20	37.66
总体	全部	城镇	农村	非农户口	农业户口
合计（人）	44 445	19 165	25 280	11 160	33 285
未参保率（%）	15.22	16.53	14.23	19.55	13.77

注：基本医疗保险包括城镇职工医疗保险、城镇居民医疗保险、新农合和公费医疗，不包括补充医疗保险。

资料来源：2014年CFPS数据，作者自行计算。

表 4-5　　中国基本医疗保险参保情况：CFPS 与 CSS 比较

			全部	城镇	农村	非农户口	农业户口
成年人（16 岁及以上）	2014 年 CFPS 数据	调查总人数（人）	35 828	15 868	19 960	9 461	26 367
		未参保率（%）	9.71	12.48	7.51	15.84	7.51
成年人（18 岁及以上）	2015 年 CSS 数据	调查总人数（人）	10 205	5 562	4 643	2 823	7 382
		未参保率（%）	9.48	11.63	6.89	11.51	8.70

注：基本医疗保险包括城镇职工医疗保险、城镇居民医疗保险、新农合和公费医疗，不包括补充医疗保险。

资料来源：2014 年 CFPS 数据和 2015 年 CSS 数据，作者自行计算。

我国基本医疗保险参保机制存在的第二个问题，是中国基本医疗保险并非实行属地化参保，而是户籍地参保。2015 年，我国农村常住人口为 6.03 亿人，而新农合参合人数为 6.70 亿人。而城市常住人口为 7.71 亿人，参保人数仅为 6.66 亿人。根据国家统计局对农民工的监测，2008-2014 年，农民工参加医疗保险的比例一直低于 20%，生育保险的参保率更是不足 10%。《2015 年度人力资源和社会保障事业发展统计公报》显示，2015 年，我国农民工总量为 27 747 万人。可见，绝大部分农民工都不能享受就业所在地的基本医疗保险（见表 4-6）。

表 4-6　　2008-2014 年农民工社会保险参保情况　　单位：%

保险项目	2008 年	2009 年	2010 年	2011 年	2012 年	2013 年	2014 年
养老保险	9.8	7.6	9.5	13.9	14.3	15.7	16.7
工伤保险	24.1	21.8	24.1	23.6	24.0	28.5	26.2
医疗保险	13.1	12.2	14.3	16.7	16.9	17.6	17.6
失业保险	3.7	3.9	4.9	8.0	8.4	9.1	10.5
生育保险	2.0	2.4	2.9	5.6	6.1	6.6	7.8

资料来源：国家统计局历年全国农民工监测调查报告。

第三个问题，是目前职工医疗保险和城乡居民医疗保险缴费和待遇倒挂问题。职工医疗保险参保人人均筹资是城乡居民医疗保险缴费的 5-7 倍。但是，根据《全国社会保障资金审计结果》，2011 年底，我国城镇职工基本医疗保险、城镇居民基本医疗保险和新农合在三个目录政策范围内的报销比例分别达到了 77%、62% 和 70%，实际报销比例分别由 2005 年的 58.91%、45.00% 和 24.80%，提高到 2011 年的 64.10%、52.28% 和 49.20%①。近年来，这一情况

① 审计署：《审计署审计结果公告 2012 年第 34 号：全国社会保障资金审计结果》，http：//www.gov.cn/zwgk/2012-08/02/content_2196871.htm。

并未明显改观。从实际报销比例来看，中国城镇基本医疗保险制度住院实际报销比例较低。新农合筹资能力与城镇居民医疗保险相当，但是其三个目录小于城镇基本医疗保险三个目录，新农合实际报销比例接近于城镇居民基本医疗保险。因此，总体来看，中国居民住院实际报销比例偏低。2009 年以来，住院实际报销比例并无大幅度提升（见表 4 - 7）。

表 4 - 7　2009 - 2015 年中国各类医疗保险制度住院实际报销比例　单位：%

年份	城镇职工基本医疗保险	城镇居民基本医疗保险
2009	71.0	47.7
2010	71.0	50.0
2011	73.0	53.0
2012	73.0	54.7
2013	73.2	56.9
2014	73.2	57.0
2015	72.8	55.0

注：实际报销比例是指基本医疗保险参保人员通过基本医疗保险统筹基金报销的金额占医疗费用总支出的比重。

资料来源：人社部历年《医疗生育保险运行分析报告》。

由于城镇就业人员参加职工医疗保险缴费水平远高于居民，但是待遇水平相差不大，加之近年来城乡居民大病保险制度推进，部分地区城乡居民医疗保险待遇水平甚至高于职工，产生了缴费和待遇倒挂问题。这使得近年来原本可以参加职工医疗保险的人群，选择参加城乡居民医疗保险，职工医疗保险参保人数增长极为缓慢，影响了职工医疗保险制度的可持续发展。

二、基本医疗保险筹资机制的完善

我国基本医疗保险制度筹资最主要的问题是筹资能力弱。国际上通常采用个人现金卫生支出衡量一国卫生总费用中居民家庭卫生费用的负担水平。个人现金卫生支出占比过高被视为卫生系统最有失公平且低效率的筹资方法，是居民家庭灾难性卫生支出发生率过高的主要原因[①]。依据 WHO 的界定标准，当一国或地区的个人现金卫生支出占比超过 30%，便很难实现卫生服务的全民可及

① Knaul F. M., Arreola - Ornelas H., Méndez - Carniado O., et al., *Evidence is good for your health system: policy reform to remedy catastrophic and impoverishing health spending in Mexico.* Lancet, 2006, 368: 1828 - 1841.

与覆盖[①]。只有当个人现金卫生支出占比为15% -20%，经济困难和贫穷发生的机会才能降低到可以忽略的水平[②]。1978年以来，中国个人卫生支出占比远高于OECD国家。不过，从统计口径上看，OECD国家的个人现金卫生支出占比包括本表统计的个人卫生支出加上职工医疗保险个人账户支出（金额极其庞大）。职工医疗保险个人账户支出实际上属于个人现金卫生支出，但在本表的统计中被纳入社会卫生支出范畴。因此，本表实际上大大低估了全国的实际个人现金卫生支出占比。这意味着，全国实际个人现金卫生支出占比要远远高于OECD国家（见表4-8）。

表4-8　　1978-2015年中国卫生总费用构成情况　　单位：%

年份	政府卫生支出	社会卫生支出	个人现金卫生支出	年份	政府卫生支出	社会卫生支出	个人现金卫生支出
1978	32.16	47.41	20.43	1997	16.38	30.78	52.84
1979	32.21	47.45	20.34	1998	16.04	29.11	54.85
1980	36.24	42.57	21.19	1999	15.84	28.31	55.85
1981	37.27	38.99	23.74	2000	15.47	25.55	58.98
1982	38.86	39.49	21.65	2001	15.93	24.10	59.97
1983	37.43	31.12	31.45	2002	15.69	26.59	57.72
1984	36.96	30.41	32.64	2003	16.96	27.16	55.87
1985	38.58	32.96	28.46	2004	17.04	29.32	53.64
1986	38.69	34.93	26.38	2005	17.93	29.87	52.21
1987	33.53	36.16	30.31	2006	18.07	32.62	49.31
1988	29.79	38.93	31.28	2007	22.31	33.64	44.05
1989	27.27	38.64	34.09	2008	24.73	34.85	40.42
1990	25.06	39.22	35.73	2009	27.46	35.08	37.46
1991	22.84	39.67	37.50	2010	28.69	36.02	35.29
1992	20.84	39.34	39.81	2011	30.66	34.57	34.77
1993	19.75	38.09	42.17	2012	29.99	35.67	34.34
1994	19.43	36.62	43.95	2013	30.14	35.98	33.88
1995	17.97	35.63	46.40	2014	29.96	38.05	31.99
1996	17.04	32.32	50.64	2015	30.45	40.29	29.27

资料来源：《中国统计年鉴》（2016）。

① World Health Organization, *Health financing strategy for the Asia Pacific Region* (2010-2015), Geneva, 2009.

② 世界卫生组织：《卫生系统筹资：实现全民覆盖的道路》，《中国卫生政策研究》2010年第11期，第46页。

基于国际同比口径，个人账户基金虽然隶属于职工基本医疗保险制度，但是实际上是个人现金卫生支出。中国个人现金卫生支出占卫生总费用的比重过高，难以有效化解国民医疗费用风险（见表4－9）。

表4－9　　OECD国家同口径下中国主要年份卫生总费用构成

年份	卫生总费用（亿元）	广义政府			私人部门			
		合计（%）	政府（社会保障基金除外）（%）	社会保障基金（不含个人账户）（%）	合计（%）	私人保险（%）	个人现金卫生支出（含个人账户）（%）	其他私人支出（%）
1990	747.39	58.35	19.13	39.22	41.65	0	35.73	5.93
1995	2 155.13	46.10	12.76	33.34	53.89	0	46.40	7.49
2000	4 586.63	33.20	10.87	22.33	66.80	0.61	58.98	7.21
2005	8 659.91	27.63	12.69	14.94	72.37	3.55	58.49	10.33
2008	14 535.4	39.58	13.88	25.70	60.42	4.03	48.07	8.32
2009	17 541.92	42.21	16.05	26.16	57.79	3.27	45.28	9.24
2010	19 980.39	44.17	17.02	27.15	55.83	3.39	42.99	9.45
2011	24 345.91	46.36	16.85	29.51	53.63	2.84	42.65	8.14

资料来源：王超群：《中国卫生费用的增长与控制》，华中师范大学出版社2016年版，第84页。

我国医疗保险筹资机制问题之二是公平性差。医疗保险制度筹资公平性是指，医疗保险应基于参保人及其家庭收入水平缴费，收入越高，保险费越高。而中国医疗保险制度中，低收入人群承担了超过个人承受能力的筹资负担，而高收入人群却并未承担起与其收入相符合的筹资义务。

第一，职工医疗保险建立了个人账户。按照现行制度规定，对于正规就业职工，单位和个人缴费率一般为6%和2%。其中，个人缴费部分全部纳入职工医疗保险个人账户，并且单位缴费的30%也划拨入个人账户。《医疗生育保险运行分析报告》显示，2015年，职工医疗保险统账结合地区个人账户划拨比例占职工医疗保险缴费比例的26.8%。个人账户完全属于个人私人财产，个人工资越高，划拨比例越高，对低收入群体不利。同时，个人账户缺乏互助共济性，不利于分散医疗费用风险。

第二，职工医疗保险缴费机制不公平。职工医疗保险缴费基数设定有最低缴费基数（社会平均工资的60%）和最高缴费基数（社会平均工资的300%）限制，从而使筹资负担呈现累退性，不利于低收入职工。正规就业职工由单位和个人共同分担缴费率，且以单位分担为主。而由于中国存在大量非正规就业职工，这部分人要参加职工医疗保险，必须按照雇主和个人缴费比例之和即8%缴费。由于非正规就业职工收入低，按照上述比例缴费，明显对非正规就业职工非常不利。这也是目前缴费和待遇倒挂导致非正规就业职工转而参加城乡居民医疗保险制度的主要原因。

第三，不同职工统筹地区之间缴费负担存在较大差距，特别是农民工流出城市、老工业基地和农民工流入城市之间的差距。根据2014年《中国统计年鉴》，按照在岗职工社会平均工资、职工医疗保险参保人数、职工医疗保险总收入计算发现，2013年，辽宁省职工基本医疗保险估算的缴费率为6.55%，而广东缴费率为4.10%。实际上，广东省和辽宁省的缴费费率差距远不止此。这源自广东省作为经济发达地区，外来农民工大量流入，职工医保参保者年龄结构轻，缴费比率相对较低，而辽宁省则刚好相反。这种不同地区之间的费率差距，影响了不同地区间经济发展的公平竞争。

第四，由于路径依赖，中国实行退休职工达到规定的医疗保险最低缴费年限即不再缴费，可以终身享受职工医疗保险待遇。改革开放后，为了防止城镇居民临近退休年龄时加入职工医疗保险的道德风险，维护基金收支平衡，各地职工医疗保险均设置了最低缴费年限。2010年的《社会保险法》规定，“参加职工基本医疗保险的个人，达到法定退休年龄时累计缴费达到国家规定年限的，退休后不再缴纳基本医疗保险费，按照国家规定享受基本医疗保险待遇；未达到国家规定年限的，可以缴费至国家规定年限。”有研究指出，如果实行退休老人终生缴费制，退休老人按照个人养老金的2%缴费，职工医疗保险基金总收入将增加5%左右，社会统筹基金收入将增加10%左右①。

第五，城乡居民医疗保险实行定额缴费不公平。城乡居民医疗保险实行定额缴费主要是因为定额缴费操作简便，管理成本低。但是，定额缴费方式不区分参保人的缴费能力，实行统一缴费，属于累退制，对于低收入群体不公平。同时，定额补贴也累退，对于低收入群体不公平。因为高收入的参保人，是不应由政府为其补贴的。实行统一补贴，实际上是降低了高收入参保人的缴费。

因此，建议采取如下措施，优化基本医疗保险筹资机制：

一是逐步淡化职工医疗保险个人账户直至取消个人账户。首先，个人账户未能完成其控制费用的历史使命，还导致了诸多问题，如大量资金闲置，效率低下且分散了统筹基金，导致看病贵和大量因病致贫，还导致了大量的道德风险等问

① 王超群，张翼，杨宜勇：《城镇职工基本医疗保险退休老人终生缴费制研究》，《江西财经大学学报》2013年第5期。

题。其次，《社会保险法》并未提及职工医疗保险个人账户，个人账户的存在失去法律依据。《社会保险法》第28条规定，符合基本医疗保险药品目录、诊疗项目、医疗服务设施标准以及急诊、抢救的医疗费用，按照国家规定从基本医疗保险基金中支付。医疗保险基金只能用于规定目录，而现行个人账户可以用来购买药店药品、健身费用、体检费用等，明显违反了《社会保险法》。最后，职工医疗保险个人账户资金约占职工基本医疗保险基金收入的一半。取消个人账户，将之用于门诊统筹，将职工家属纳入进来，可以降低个人账户巨额结余，提高对老年人门诊疾病的保障力度，可以提高职工家属的保障水平，降低职工及其家属的疾病经济风险。因此，取消个人账户可以极大地消除个人账户存在的诸多问题。

二是降低企业缴费负担，职工医疗保险缴费由企业和个人对半分担。根据1998年国务院《关于建立城镇职工基本医疗保险制度的决定》，职工基本医疗保险缴费率实行单位和个人共同分担，其中企业缴费率6%，个人缴费率2%。并且，个人缴费和企业缴费的30%均划拨给个人账户，实际上意味着个人不但未承担缴费，反而获得了企业缴费的补贴。当前，随着经济新常态和经济全球化日益深入，应该减轻企业负担，提高个人缴费责任，实行企业和个人对半分担缴费责任。

三是逐步实行退休老人以个人养老金为基数缴纳职工医疗保险费。目前，世界上实施社会医疗保险的76个国家或地区中，有39个国家或地区的退休老人需要缴费。如果退休职工实行当年缴费当年享受待遇，可以以其养老金为缴费基数，按照在职职工缴费率即2%缴费。2013年，离退休人员缴费能够为基本医疗保险筹集资金369.4亿元，占当年职工医疗保险基金收入的5.23%，占当年职工医疗保险社会统筹基金收入的10%。可见，实行退休职工按年度缴费，能够极大提高职工医疗保险基金筹资能力和收支平衡能力。实行退休老人终生缴费制度，还可以化解异地安置老年人和异地工作人口的异地就医问题，能够消除职工医疗保险关系转移接续问题。当然，在具体实施中，需要采取一些措施应对改革阻碍。比如，可以对退休老人实行分类缴费：比如，对于养老金低于政府规定的最低缴费养老金标准的退休老人，免缴医疗保险费或由政府以最低缴费养老金为基准代缴；养老金水平高于最低缴费养老金的退休老人，由个人自行缴费。同时，在医疗保险“三个目录”修订中向老年人倾斜并加以宣传，换取老年人支持。另外，退休老人个人缴费可以考虑在每年不断调涨的养老金中预先扣除。

四是建立可持续的居民参保缴费机制，提高居民个人缴费水平。随着未来支付宝推动的无现金交易的推行，家庭收入核查技术将取得明显进步。一旦居民家庭收入核查困难解决，未来可以对城乡居民家庭按照家庭收入的一定比例征收保费。不过，就现阶段而言，尤其是对农村居民家庭而言，家庭收入核查未来依然困难重重。为此，可以考虑对城乡居民大致收入进行分段，不同分段按照相同的缴费比例缴纳医疗保险费。

五是考虑建立风险调整机制，应对地区间医疗保险缴费差距。目前，各地职工医疗保险缴费差别较大，不利于地区间医疗资源分布均衡和医疗服务可及性公平。要想有效平衡地区之间缴费差距，均衡医疗资源分布，理想的办法是建立风险调整机制。风险调整机制的核心是钱跟着风险走，即按照人的需求分配资金，人在哪里，资金分配到哪里。风险调整机制与风险调剂金在形式上一致，在某种情况下可以完全等同，但是二者实质不同，风险调剂金是宏观平衡机制，算总账，风险调整机制是微观平衡机制，算细账。风险调整机制的具体操作是，各地将医疗保险基金上缴，由全国唯一的医疗保险基金池基于各个参保人的健康风险向其参保的基金拨付相应的保险费。各基金依据参加本基金的人数及其健康风险而获得保费，参保人数越多，参保人年龄结构越大，获得的资金越多。风险调整机制是发达国家防止医疗保险基金挑选参保人、均衡医疗资源配置和促进竞争的重要政策工具。在中国，由于各个地区医疗保险费率和基金收支平衡状况差距巨大，建立风险调整机制有助于缩小地区费率差距，均衡医疗资源配置。当然，该机制要求医疗保险基金征收和汇集的全国统筹，并且对信息化和管理能力的要求很高，在短期内尚无法实现。应该指出，虽然该机制下，基金征收和汇集要实行全国统筹，但是基金管理却仍可以是省级统筹甚至是市级、县级统筹的，也就是说，基金的统筹层次和管理的统筹并不完全相同。基金统筹的目的是为了汇集全国征收的医疗保险基金，而分级管理是为了由各地自付基金盈亏。

三、基本医疗保险统筹层次的提高

2010 年《社会保险法》指出基本养老保险基金逐步实行全国统筹，其他社会保险基金逐步实行省级统筹，具体时间、步骤由国务院规定。这意味着，医疗保险要实行省级统筹。近年来，历年国家医药卫生体制改革重点工作任务均提出要“积极探索基本医疗保险城乡统筹，逐步提高统筹层次”。截至 2014 年底，6 省（区、市）实现了省级统筹。绝大部分地区职工医疗保险和城镇居民医疗保险实行市级统筹。在 2016 年，城乡居民医疗保险制度整合之前，各地新农合一般实行县级统筹。根据 2016 年各地出台的城乡居民医疗保险制度整合文件，归纳了目前各地城乡居民医疗保险制度统筹层次。各地基本上分为以下几个模式：（1）省级统筹，统收统支；（2）省级统筹，调剂金；（3）市级统筹，统收统支或垂直管理；（4）市级统筹，调剂金；（5）市级统筹，分级管理，实质仍是县区统筹；（6）县级统筹，省级调剂金（见表 4－10）。

表 4-10　　各地城乡居民医疗保险制度统筹层次

地区	统筹层次
重庆	省级统筹，超收节支留存、缺口分担
天津	省级统筹，统收统支
上海	省级统筹，统收统支
青海	省级统筹，统收统支，结余 80% 上解，20% 自留
宁夏	省级统筹，省级调剂金，市级分级管理，市内统收统支
山东	市级统筹，分级管理
湖北	市级统筹，分级管理
内蒙古	市级统筹，分级管理
江西	市级统筹，分级管理
云南	市级统筹，分级管理
山西	市级统筹，分级管理
四川	市级统筹，分级管理
黑龙江	市级统筹，分级管理
安徽	市级统筹，分级管理；逐步实行省级统筹
甘肃	市级统筹，分级管理；逐步实行省级统筹
河南	市级统筹，分级管理，建立风险调剂金
江苏	市级统筹，分级管理；不具备市级统筹条件的实行调剂金
湖南	全省统一政策、基金市级统筹，分级管理，不具备市级统筹条件的建立调剂金
新疆	全省统一政策、基金市级统筹，分级管理，不具备市级统筹条件的建立调剂金
河北	市级统筹，统收统支
广东	市级统筹，统收统支
广西	市级统筹，统收统支，条件成熟时实现省级统筹
福建	市级统筹，垂直管理
浙江	市级统筹，市级调剂金，可探索统收统支市级统筹
陕西	市级统筹
吉林	市级统筹
贵州	市级统筹
海南	县级统筹，省级调剂金

资料来源：各地城乡居民医疗保险制度整合相关政策文件。

实际上统筹层次分为三个方面：一是政策的统筹层次，即政策在哪一层级上是统一的，省级、市级还是县级；二是资金的统筹层次，即资金最终汇总到哪个层级的政府/经办机构；三是管理的统筹层次，即由哪一层级的政府/经办机构负责最终的基金收支平衡。建议在政策上和资金上，实行全国统筹，在管理上，实行地市级统筹。政策上全国统筹，是为了确保全国的参保要求、缴费率、缴费标准、待遇范围、待遇标准、信息系统、支付方式等保持一致，有利于缩小地区之间缴费和待遇差距，促进地区经济和卫生资源均衡发展、均衡分布。信息系统统一，便于地区之间进行信息交互，降低信息共享成本，更快更好地满足参保人流动需求。在资金上全国统筹，是指各地征收的医疗保险基金应上交给中央唯一的医疗保险基金池，该基金池并不负责基金的管理，只负责按照各地参保人的风险向各地拨付医疗保险基金。这一举措能够有效均衡地区之间医疗资源配置差异。当然，为了防止发达地区按照风险拨付的资金量过少，可以实行过渡制。即同步考虑各地区历史医疗费用发生情况和风险调整机制，逐步增加风险调整机制分配的资金的比例，经过若干年最终实现完全按照风险调整机制来分配医疗保险基金。在管理上，应实行地市级统筹。也就是说，由各个地市依据拨付的风险调整基金自负盈亏。以地级市为统筹层次主要基于以下考虑：根据现行行政区划，全国有333个地级市，每个地级市不到3万平方公里，平均人口400万人，平均拥有5.4所三级医院或3.2所三甲医院。从地域范围上看，由于交通日益便捷，参保人在市内就医并不困难（西藏、新疆和内蒙古等地除外）。从医疗技术水平上看，基本能够满足市域范围内绝大部分住院患者的医疗需求。尽管《社会保险法》提出我国基本医疗保险要逐步实现省级统筹，但是，目前只有城镇医疗保险基本实现了市级统筹，但仍以调剂金模式为主，而非基金统收统支模式。新农合仍以县级统筹为主。由于中国省域内地区差距巨大，省级统筹难以调和各地级市之间的待遇平衡和基金统收统支问题，在短期内实现省级统筹难度很大。

第三节　分级诊疗制度与有效控费措施

一、分级诊疗制度的有效实施

改革开放后，随着大型公立医院医疗服务能力日益提升，基层医疗机构服务能力日益弱化，中国民众越级就医现象十分普遍。越级就医导致了诸多问题。

首先是医疗费用浪费十分严重。对湖南省直单位参保职工中住院人次的分析表明，以任何级别医院都能完成的急性阑尾炎切除术为例，如果所有人都在一级医院就医只需花费26万元，而实际花费了44.36万元，多花了18.4万元，多花的资金占实际花费的40%以上①。在大医院就诊的慢性病人中，有64.8%的门诊病人和61.6%住院病人可以分流到二级或一级医院，由此可以分别节省40%和60%的医疗费用②。卫生部卫生发展研究中心的研究人员计算发现，若以1990年卫生部门主管各层级医疗机构门急诊就诊量分布为基础，2010年，大学医院、城市医院、县医院的门急诊就诊人次分流将节省资金443.6亿元；若以WHO提出的70%－80%的门急诊在社区为基础，则将节省资金843.8亿元，分别占当年卫生总费用的2.22%和4.22%③。事实上，中国越级就医导致的医疗费用浪费可能高达卫生总费用的20%④。

其次，越级就医恶化了医患关系。中国医患关系的日益恶化很大程度上应归因于越级就医。家庭医生制度或者守门人制度再或者社区首诊制度是和谐医患关系的重要制度，由于患者对基层医疗机构的期望值较低，加之患者与基层医生处于熟人社会，医患关系在长期互动中能够处于十分和谐的状态。相反，越级就医打破了医患之间的长期互动，使得医患双方由重复博弈改变为一次博弈。而一次博弈下双方互不信任。这就导致医生尽力使个人短期利益最大化，而患者认为医生存在严重的道德风险。这必然恶化医患关系。

再次，越级就医加剧了医疗卫生服务体系和医疗服务利用的不平等。越级就医对于大型医疗机构更为有利，使得基层医疗机构日益萎缩。而基层医疗机构日益萎缩，极大降低了医疗服务的可及性。由于大型医疗机构医疗费用更高，低收入群体更难以享受大型医疗机构的医疗服务，而基层医疗服务机构的服务质量远低于大型医疗机构，造成了事实上的医疗服务利用不平等。

最后，越级就医导致的严重的医疗浪费极大削弱了我国医疗保险制度的保障水平。2015年，我国乡镇卫生院、社区卫生服务中心、二级医院和三级医院人均住院费用分别为1 487.4元、2 760.6元、5 358.2元和12 599.3元。由于二三级医疗机构住院费用远高于基层医疗机构，使得同样的医疗保险基金总额下，越级就医导致医疗保险报销比例大幅下降。根据《全国社会保障资金审计结果》，2011年底，我国城镇职工基本医疗保险、城镇居民基本医疗保险和新农合在三个目录政策范围内的住院报销比例分别达到了77%、62%和70%，实际报销比

① 周鹏翔，孙兆泉，石珊：《小病大养导致医疗费用攀升》，《中国社会保障》2004年第11期。

② 万谊娜：《基于齿轮机理的医保、医疗与医药改革联动机制》，《改革》2009年第9期。

③ 于德志：《医改专题研究》，人民卫生出版社2013年版，第294－300页。

④ 王超群：《中国卫生费用的增长与控制》，华中师范大学出版社2016年版，第84页。

例分别为 64.10%、52.28% 和 49.20%[①]。而近年来，这一比例并无明显提升。因此，越级就医极大降低了我国医疗保险制度的保障能力，也不利于医疗保险基金财务可持续性。

1997 年，我国就开始考虑转诊制度。2006 年，开始考虑设立医联体，建立分级医疗和双向转诊制度，探索开展社区首诊制试点。2009 年，提出要逐步实现社区首诊、分级医疗和双向转诊。2011 年，则开始推动分级诊疗最关键的制度环境即全科医生制度。2015 年，国务院出台了推进分级诊疗制度建设的指导意见，并以高血压、糖尿病等慢性病作为起点，在全国多个城市开始试点。2016 年，将分级诊疗制度放在了分级诊疗、现代医院管理、全民医保、药品供应保障、综合监管等 5 项制度之首。2017 年，又着手推动医联体和家庭签约医生制度，以推动分级诊疗实现（见表 4 - 11）。

表 4 - 11　　1997 年以来分级诊疗主要相关政策

政策颁布时间	政策名称	主要内容
1997 年 1 月	中共中央国务院关于卫生改革与发展的决定	要把社区医疗服务纳入职工医疗保险，建立双向转诊制度。有计划地分流医务人员和组织社会上的医务人员，在居民区开设卫生服务网点，并纳入社区卫生服务体系
2002 年 10 月	中共中央国务院关于进一步加强农村卫生工作的决定	建立对口支援和巡回医疗制度。组织城市和军队的大中型医疗机构开展“一帮一”活动，采取援赠医疗设备、人员培训、技术指导、巡回医疗、双向转诊、学科建设、合作管理等方式，对口重点支援县级医疗卫生机构和乡（镇）卫生院建设
2006 年 2 月	国务院关于发展城市社区卫生服务的指导意见	实行社区卫生服务机构与大中型医院多种形式的联合与合作，建立分级医疗和双向转诊制度，探索开展社区首诊制试点，由社区卫生服务机构逐步承担大中型医院的一般门诊、康复和护理等服务
2009 年 3 月	中共中央国务院关于深化医药卫生体制改革的意见	提出健全基层医疗卫生服务体系。采取增强服务能力、降低收费标准、提高报销比例等综合措施，引导一般诊疗下沉到基层，逐步实现社区首诊、分级医疗和双向转诊

① 审计署．审计署审计结果公告 2012 年第 34 号：全国社会保障资金审计结果，网址：http://www.gov.cn/zwgk/2012-08/02/content_2196871.htm，访问日期：2014 年 9 月 10 日。

续表

政策颁布时间	政策名称	主要内容
2009年3月	国务院医药卫生体制改革近期重点实施方案	鼓励地方制定分级诊疗标准，开展社区首诊制试点，建立基层医疗机构与上级医院双向转诊制度
2011年7月	国务院关于建立全科医生制度的指导意见	积极探索建立分级医疗和双向转诊机制。逐步建立基层首诊和分级医疗管理制度，明确各级医院出入院标准和双向转诊机制。在有条件的地区先行开展全科医生首诊试点并逐步推行。人力资源社会保障部、卫生部要制定鼓励双向转诊的政策措施，将医保定点医疗机构执行双向转诊和分级医疗情况列为考核指标，并将考核结果与医保支付挂钩
2012年3月	国务院关于印发“十二五”期间深化医药卫生体制改革规划暨实施方案的通知	鼓励有条件的地方开展全科医生执业方式和服务模式改革试点，推行全科医生（团队）与居民建立稳定的契约服务关系。建立健全分级诊疗、双向转诊制度，积极推进基层首诊负责制试点
2013年11月	中共中央关于全面深化改革若干重大问题的决定	完善合理分级诊疗模式，建立社区医生和居民契约服务关系。充分利用信息化手段，促进优质医疗资源纵向流动
2015年3月	国务院办公厅关于进一步加强乡村医生队伍建设的实施意见	基本建成一支素质较高、适应需要的乡村医生队伍，促进基层首诊、分级诊疗制度的建立，更好保障农村居民享受均等化的基本公共卫生服务和安全、有效、方便、价廉的基本医疗服务
2015年3月	国务院办公厅关于印发全国医疗卫生服务体系规划纲要（2015－2020年）的通知	建立并完善分级诊疗模式，建立不同级别医院之间，医院与基层医疗卫生机构、接续性医疗机构之间的分工协作机制，健全网络化城乡基层医疗卫生服务运行机制，逐步实现基层首诊、双向转诊、上下联动、急慢分治。以形成分级诊疗秩序为目标，积极探索科学有效的医联体和远程医疗等多种方式。充分利用信息化手段，促进优质医疗资源纵向流动

续表

政策颁布时间	政策名称	主要内容
2015 年 9 月	国务院办公厅关于推进分级诊疗制度建设的指导意见	到 2020 年，分级诊疗服务能力全面提升，保障机制逐步健全，布局合理、规模适当、层级优化、职责明晰、功能完善、富有效率的医疗服务体系基本构建，基层首诊、双向转诊、急慢分治、上下联动的分级诊疗模式逐步形成，基本建立符合国情的分级诊疗制度
2015 年 11 月	关于做好高血压、糖尿病分级诊疗试点工作的通知	为指导综合医改试点省份和公立医院改革国家联系试点城市做好高血压、糖尿病等慢性病分级诊疗试点工作，国家卫生计生委和国家中医药管理局共同组织制定了相关技术方案
2016 年 8 月	关于推进分级诊疗试点工作的通知	在各地申报的基础上，国家卫生计生委和国家中医药管理局确定了北京市等 4 个直辖市、河北省石家庄市等 266 个地级市作为试点城市开展分级诊疗试点工作
2016 年 10 月	健康中国 2030 规划纲要	完善家庭医生签约服务，全面建立成熟完善的分级诊疗制度，形成基层首诊、双向转诊、上下联动、急慢分治的合理就医秩序，健全治疗－康复－长期护理服务链
2016 年 12 月	国务院关于印发“十三五”深化医药卫生体制改革规划的通知	“十三五”期间，要在分级诊疗、现代医院管理、全民医保、药品供应保障、综合监管 5 项制度建设上取得新突破，同时统筹推进相关领域改革。（一）建立科学合理的分级诊疗制度。坚持居民自愿、基层首诊、政策引导、创新机制，以家庭医生签约服务为重要手段，鼓励各地结合实际推行多种形式的分级诊疗模式，推动形成基层首诊、双向转诊、急慢分治、上下联动的就医新秩序。2017 年，分级诊疗政策体系逐步完善，85% 以上的地市开展试点。到 2020 年，分级诊疗模式逐步形成，基本建立符合国情的分级诊疗制度

续表

政策颁布时间	政策名称	主要内容
2017年4月	国务院办公厅关于推进医疗联合体建设和发展的指导意见	到2020年，在总结试点经验的基础上，全面推进医联体建设，形成较为完善的医联体政策体系。所有二级公立医院和政府办基层医疗卫生机构全部参与医联体。不同级别、不同类别医疗机构间建立目标明确、权责清晰、公平有效的分工协作机制，建立责权一致的引导机制，使医联体成为服务、责任、利益、管理共同体，区域内医疗资源有效共享，基层服务能力进一步提升，有力推动形成基层首诊、双向转诊、急慢分治、上下联动的分级诊疗模式
2017年5月	关于做实做好2017年家庭医生签约服务工作的通知	将家庭医生签约服务作为转变医学服务模式、推进分级诊疗制度建设、构建和谐医患关系、密切党和人民群众血肉联系的重要举措，统筹谋划

尽管分级诊疗制度重要性日益提升，并且全国各地已经开展了大量分级诊疗工作和试点，但是，我国分级诊疗制度似乎未能有效遏制患者越级就医行为。相比2009年，2015年，全国二三级医院诊疗人次占比上升了6个百分点，住院病人占比上升了11个百分点（见表4－12）。

表4－12　2009－2015年全国二三级医院诊疗人次和住院病人占比　单位：%

项目	2009年	2010年	2011年	2012年	2013年	2014年	2015年
全国二三级医院诊疗人次占比合计	28.78	28.94	30.14	31.06	31.87	33.55	34.68
全国二三级医院住院病人占比合计	55.10	57.94	60.69	61.58	62.82	65.05	66.26

资料来源：历年《我国卫生（和计划生育）事业发展统计公报》。

根据《国务院办公厅关于推进分级诊疗制度建设的指导意见》，中国推动分级诊疗的具体举措主要包括供需双方改革。供方改革主要包括：（1）明确各级各类医疗机构诊疗服务功能定位；（2）加强基层医疗卫生人才队伍建设，大力培养全科医生；（3）大力提高基层医疗卫生服务能力，通过组建医疗联合体、对口支援、医师多点执业等方式，提高基层服务能力，加强不同医疗机构用药衔接；(4) 提升县级公立医院综合能力；(5) 整合推进区域医疗资源共享，实现区域内检查检验、消毒供应等资源共享；(6) 加快推进医疗卫生信息化建设，确保信息共享畅通，发展远程医疗；(7) 控制三级综合医院数量和规模，严控医院床位规模不合理扩张，减少普通门诊，分流慢性病人；(8) 推动家庭医生签约服务制度，以老年人、慢性病等为重点人群，由医保基金、签约居民付费和基本公共卫生服务经费等渠道付费；(9) 通过医联体、对口支援推动病人下转；(10) 通过改革医疗服务价格、医保支付方式、加强费用控制等手段，引导二级以上医院向下转诊诊断明确、病情稳定的慢性病患者，提高基层医疗机构服务能力和动机。

上述供方改革措施可以概括为：一是通过提高基层服务能力来实现分级诊疗；二是配套改革措施，是为了使分级诊疗更容易实现，属于技术手段，不是根本性制度安排；三是通过行政手段，迫使医院减少普通医疗服务供给，推动患者在基层就医；四是通过经济手段，诱导医院减少普通医疗服务供给，推动患者在基层就医。通过提高基层服务能力来实现分级诊疗必须要解决如何提高基层服务能力的动机问题。上级医疗机构为何要与县医院、基层医疗机构合作，提高其服务能力。目前，各地主要是通过卫生行政手段推动来实现上述合作。目前，基层医疗机构要么仍实行收支两条线，要么虽然未实行收支两条线，但是基层医疗机构绩效分配方案仍以大锅饭为主。这就使得基层医疗机构缺乏动力提高服务能力。

推动患者在基层就医，目前也主要是通过卫生行政手段来推动。但是，由于央地政府之间利益不同，尽管中央政府希望控制大型医疗机构尤其是三级医院的扩张，但是地方政府却希望尽力扩大本地医疗机构服务能力。由此，尽管控制三级医院快速扩张的主张不断强化，但是却难以发挥实际作用，近年来三级医院数量和业务量仍快速扩张。

运用经济手段如果调整得当，应该能够起到作用。比如，通过大幅提高三级医院挂号费用，调低检查、耗材费用，可以有效抑制患者无序就医，降低三级医院工作量，并提高三级医院利润。通过医疗保险支付方式，大幅调低常见病、慢性病诊疗支付标准，大幅提高疑难杂症支付标准，可以引导三级医院放弃常见病、慢性病治疗，将其工作重心转移到疑难杂症。通过费用控制手段，可以抑制三级医院通过提高工作量来提高收入的传统做法。因此，医疗服务价格调整和支付标准具体水平决定了运用经济手段是否能够有效发挥作用。

总的来说，目前分级诊疗供方改革的主要精力放在通过行政手段强制推行，而对经济手段的采用较为忽视。而由于目前的行政手段仍存在诸多问题，可能难以有效推动分级诊疗制度。当然，除了上述指导意见外，国务院及各相关部委也分别出台了医疗服务价格和支付方式改革的文件。而医疗服务价格和支付方式改革是否能发挥作用，也取决于各地具体改革措施。

分级诊疗的需方改革措施较少，主要包括：(1) 通过支付方式改革，提高基层医疗机构报销比例，拉开基层医疗机构和三级医院报销比例，引导患者在基层就医；(2) 通过医疗服务价格改革，拉开基层医疗机构和三级医院服务价格，引导患者在基层就医；(3) 推动家庭医生签约服务制度，以老年人、慢性病人等为重点人群，由医保基金、签约居民付费和基本公共卫生服务经费等渠道付费，实际上仍是通过支付方式改革引导患者在基层就医。

在需方改革中，主要是通过经济手段来引导患者在基层就医。尽管经济手段能够发挥作用，但是其前提条件是要有能够发挥经济手段的杠杆。具体而言，如果医疗保险不支付门诊费用或者门诊费用报销比例极低，通过医疗保险支付方式是无法起到引导患者在基层就医的作用的。只有当医疗保险支付绝大部分的门诊费用时，医疗保险才能够通过经济手段有效激励患者在基层就医。可能也正因为如此，分级诊疗制度采取以老年人、慢性病人等为重点人群先行试点的方式，因为医疗保险基金对于这部分人的门诊待遇支付相对更高。而对于普通人群，分级诊疗制度因为医保不予支付或者支付比例极低，难以发挥实质性作用。

医疗服务价格调整有助于引导患者在基层就医。但是如果考虑到目前65%的门诊服务实际上已经在基层了，医疗服务价格调整可能对于门诊服务的引导作用不大。此外，由于基层医疗服务质量极低，居民如果在基层误诊，反而不如直接在三级医院就诊效率更高。在住院方面，目前三级医疗机构与基层医疗机构的价格差异约为10倍，但是并未能有效分流患者在基层医疗机构住院。这表明，医疗服务价格调整，可能对于引导患者在基层就医的作用不大。

上述分析表明，分级诊疗的核心机制在于供需双方改革。其中，矛盾的主要方面是供方改革。因为患者关注是医疗服务质量，患者跟着医生走。好医生在哪里，患者就会去哪里。只有好医生下基层，患者才会愿意在基层就医。如果分级诊疗制度建设不能吸引好医生下基层，分级诊疗制度建设必然会失败。因此，分级诊疗制度的核心问题就转换成了如何吸引优秀医生在基层执业。

尽管前述各项改革充分阐述了各种可能的供需双方改革措施，但是，如何吸引优秀医生在基层执业仍缺乏操作性。以全科医生培养为例，尽管近年来中国全科医生培养进展迅速，但是仍远远不能满足需求。由于全科医生并不能带来足够的收入，没有优秀人才愿意加入全科医生队伍中。这意味着中国将培养不出足够的全科医生。而如果缺乏优秀的全科医生队伍，分级诊疗制度势必难以实现。多点执业亦如此。如果在基层多点执业并不能带来丰厚的收入，二三级医疗机构的专科医生就没有动力在基层多点执业。

因此，通过提高在基层执业的全科医生的收入是吸引优秀医生在基层执业的关键。必须从待遇着手改革：第一步，医疗保险制度由保大病为主，改为大小病统包。实行大小病统包是发挥医疗保险推动分级诊疗制度的基础。一方面，如果医疗保险不报销小病或者仅报销较低比例，是无法有效引导患者的。另一方面，通过报销门诊小病，可以将更多医疗资源下沉到基层医疗机构，从而提升对基层医疗服务尤其是全科医生服务的需求，进而提高全科医生收入。

第二步，提高对医生人力服务的支付标准。提高专科医生挂号费有助于引导患者在基层就医。同时，应提高基层医生医疗服务价格，尤其是农村和偏远地区执业医生的医疗服务价格。但是，医生服务价格的提升必须同步与医疗保险支付标准相衔接。凡是经过首诊和转诊的患者，其在基层就医自付费用大幅下降，转诊后在三级医院的挂号费应仍远高于在基层。由于针对全体居民均实行报销，不必再从重点人群开始推广。

第三步，应放开基层医疗机构执业，社区卫生服务中心（站）全科医生、乡镇卫生院全科医生和农村公共诊所的全科医生，应逐步转变为自雇执业，实行自由竞争，通过与居民签约或竞争患者的方式获得补偿。全科医生提供的服务竞争性很强，一般难以形成垄断，通过竞争可以激励全科医生提升医疗服务质量和服务态度，提升患者满意度。同时，减少医生执业限制方面，应尽快允许医生多点执业。专科医生可以多点执业，并不局限于城市大中型医疗机构，可以进入社区、农村提供医疗服务或者与社区、乡村的医疗服务提供者建立合作联盟，分享利润；全科医生可以多点执业，拓宽全科医生薪酬来源，提升全科医生薪酬；偏远地区、贫困地区的全科医生可以由政府雇用，并大幅提升工资水平。由于需要政府雇用的全科医生数量较少，在财力上可以保证。

第四步，提升存量全科医生质量。前述改革的开展，会提升医疗服务需求，此时应放开对城市专科医生的限制，允许其多点执业，允许专科医生组成医生团队直接为民众提供全科服务，允许专科医生与城乡全科医生建立联盟，通过定期坐诊和远程诊疗等方式提升城乡全科医生诊疗水平。同时，通过在职培训、继续教育等提高存量全科医生质量。同时，加强对新进全科医生的准入限制，新培养的全科医生必须达到硕士及以上学历。

在上述制度设计中，第一步和第二步是第三步和第四步的前提。然而，问题是，第一步和第二步的改革，是否必然给在基层执业的全科医生带来可观的收入。有研究表明，依据 2011 年的相关数据测算，通过医疗保险实行大小病统包，并实行按人头付费，在平均投保人数下，在农村执业的医师的净盈利可能高于 50 万元，在城市约为 36 万元。这甚至远远高于大多数在城市三级医院执业的医生的收入[①]。因此，只要制度设计得当，第一步和第二步是完全可以给在基层执业的全科医生带来可观的收入的。一旦二三级医院医生预期能够在基层执业中获取可观的收入，就能够吸引大量二三级医院医生自发去基层执业。随着在基层执业的优秀医生的人数增加，竞争将进一步提升基层医生的服务质量。另一个问题是，第一步和第二步的改革，是否会增加医疗保险基金支出呢？事实上，如果能够通过分级诊疗制度和医疗保险支付方式改革，能够节约的医疗费用可以高达卫生总费用的30%。结余的资金完全可以用于弥补所需的医疗保险基金支出。研究表明，通过上述改革，不但能够控制当年医疗保险基金支出和卫生总费用增长，而且其长期效果更加可观。[②]

二、医疗保险支付方式的完善

随着我国三大医疗保险基金保障范围、保障项目和保障水平快速提升，基金当期收不抵支现象日益严峻。据调查，2010 年，257 个地区的职工医疗保险基金当期收不抵支，12 个地区累计收不抵支。[③] 为维持基金收支平衡，医疗保险支付方式改革被提上日程，相关部门发布了一系列政策文件：如 2011 年 5 月的《关于进一步推进医疗保险付费方式改革的意见》，2012 年 3 月的《关于印发“十二五”期间深化医药卫生体制改革规划暨实施方案的通知》，2012 年 4 月的《关于推进新型农村合作医疗支付方式改革工作的指导意见》和 11 月的《关于开展基本医疗保险付费总额控制的意见》，2016 年 7 月，国家发改委等部门发布《关于印发推进医疗服务价格改革意见的通知》，2017 年 1 月，国家发改委等 3 部门发布《关于推进按病种收费工作的通知》，2017 年 6 月，国务院办公厅发布《关于进一步深化基本医疗保险支付方式改革的指导意见》等。上述文件均强调实施医疗保险支付方式改革，实行总额控制[④]、按病种付费、按人头付费等。

医疗保障的支付方式分为直接针对医生和直接针对医疗机构（主要是医院）两类。医疗机构则会基于其与本机构医师的关系、医师提供服务的类型以及市场工资情况决定本机构各类医师的收入确定方式。也就是说，一位医师以按服务项目付费形式获得收入，该医师可能是直接在医疗保障基金采取按服务项目付费的支付方式下行医，也可能是其工作所在医疗机构对该医师以其提供服务的数量向

---

① 王超群：《中国卫生费用的增长与控制》，华中师范大学出版社 2016 年版，第 198 – 209 页。

② 王超群：《中国卫生费用的增长与控制》，华中师范大学出版社 2016 年版，第 232 – 234 页。

③ 李常印，郝春彭，李静湖，熊先军：《基本医疗保险基金结余及动态平衡》，《中国医疗保险》2012 年第 6 期。

④ 国内常见的说法有总额控制、总额预付和总额预算等，下文统一采用“总额预算”。

其支付报酬。国际上医疗保障基金针对医疗机构的住院服务的支付方式最为广泛，包括按病种付费、总额预算制度、单病种付费、按服务项目付费、按床日付费等。根据赵斌对24个国家的调查，其中，10个国家按病种为主要支付方式，6个国家以按服务项目付费为主要支付方式，4个国家以床日服务为主要支付方式，3个国家以单病种为主要支付方式，1个国家以按服务项目付费为主要支付方式①。

整体上看，医疗服务购买者和服务提供者相分离的国家对医疗机构的支付方式较为多元化，但以按病种和单病种付费为主。并且，在这些国家，其医疗保险支付方式逐步从原有的针对各个医疗机构的微观总额预算制度逐步过渡为按病种付费。从发展趋势看，各发达国家在20世纪80年代后逐步引入按病种制度②。进入21世纪以来，又有一些国家和地区也先后引入按病种付费。对于那些由于基础条件不具备而未实施按病种付费的国家，则选择了简单易行、对条件要求较低的单病种付费方式。

原有的针对各个医疗机构的微观总额预算制度被按病种付费取代的原因是，其交易成本高昂、推诿病人严重、医疗质量得不到保证。而按病种付费则能够促进医疗服务的信息化、规范医疗服务流程、提高诊疗标准化程度和医疗服务质量，并且不会干预医师诊疗决策和出现推诿病人情况。目前，在社会医疗保险国家，总额预算制度分为两种模式：第一种是主要对特定或特殊服务采取总额预算方式，这类服务并非创造性的以医生为主导的服务，而是规范化和标准化程度较高的非医生为主服务。第二种是将总额预算作为一种费用控制工具，对特定范围内医疗服务机构的花费进行控制，作用于多种支付方式组合之上的一个封顶方式（如德国针对门诊医师的总额预算制度以及我国台湾针对各个部门的总额预算制度）。

而对于医疗服务购买者和服务提供者未分离的国家，由于长期采用预算制度，对医疗机构的支付方式以总额预算制度为主。主要原因是这些国家的医疗服务市场基本为公立医院一家独大，而且公立医院的自主权很小，多为预算制单位。不过，近年来也出现了一些变化。比如，英国在2003年和2004年引入了按结果支付系统，逐步使用英国版的疾病诊断相关分组——健康护理资源分组来给付医院费用，仅精神健康服务、急救服务、社区健康服务、救护车服务等未纳入疾病诊断相关分组支付方式的服务内容，仍通过总额预算方式支付。

门诊专科服务可能是由自雇的门诊专科医师提供，也可能是由属于医疗机构

---

① 赵斌：《基于国际经验的社会医疗保障购买服务机制研究》，中国人民大学硕士学位论文，2013年。

② Reinhard Busse, Alexander Geissler, Wilm Quentin, miriam Wiley. *Diagnosis - Related Groups in Europe: moving towards transparency, efficiency and quality in hospitalsm. Berkshire*, Open University Press, p10.

雇员的门诊专科医师提供。不论门诊专科服务由哪类医师提供，医疗保险基金对门诊专科服务的支付方式，通常采用按服务项目付费方式。之所以不对门诊专科服务实施按人头付费，是因为转诊到门诊专科医生处的疾病即为全科医生无法解决或明确的问题，难以进行标准化诊疗，专科医师诊疗行为属于创造性劳动，不应过度干预医师行为，也难以引导专科医生形成费用控制动机。当然，美国如纽约州部分地区正在试行门诊版的疾病诊断相关分组。对于自雇的门诊专科医师而言，其直接凭借提供的门诊专科服务项目从医疗保险基金机构获得补偿。对于属于医疗机构雇员的门诊专科医师而言，医疗保险基金按照其提供的门诊专科服务数量向医疗机构支付，医疗机构再采取工资制或工资制为主、按服务项目付费为辅的方式向本机构的门诊专科医师提供报酬。

医师分为初级医疗保健医生、门诊专科医师和住院专科医师等三类。对初级医疗保健服务提供者的主要支付方式有三种：按服务项目付费、按人头付费和按工资付费。按服务项目付费往往导致诱导需求、重治轻防，因而不适宜用于初级医疗保健服务。但是，对于公共卫生服务或提供数量不足的其他服务，可以采用按服务项目付费，以提高服务供给量。按人头付费能够吸引优秀医师、促进预防、自动落实首诊、转诊和分级医疗制度以及均衡医疗资源分布。按工资付费容易导致医疗服务数量供给不足，且不足以吸引优秀的医师留在基层，导致基层医疗机构薄弱。按工资付费下，初级医疗保健医师通常为医疗机构雇员。三种方式比较之下，按人头付费是较优选择。根据赵斌对 32 个国家初级卫生保健服务提供者付费方式的研究，实行按人头付费为主、按服务项目付费为辅的国家的数量为 20 个，实行按服务项目付费为主的国家的数量为 6 个，实行以工资方式为主、其他方式为辅的国家的数量为 6 个①。

医疗保障基金对门诊专科医师的主要支付方式是按服务项目付费。采用按服务项目付费的门诊专科医师一般为自雇者，而非医疗机构雇员。按服务项目付费有三种形式：点数法形式、累退的按服务项目付费和封顶的按服务项目付费。点数法是指购买者对专科服务制定预算总额，点值为预算总额与全部专科医师服务总点数的比值，专科医师凭借其服务点数与点值获得收入。累退的按服务项目付费是指，超过规定点数的服务打折支付，属于软约束。封顶的按服务项目付费是指超过规定额度的医疗服务不予支付，属于硬约束。按服务项目付费可以激励门诊专科医师提供更多的专科服务，以改善服务供给不足的问题。根据赵斌对 29 个国家的研究，其中 20 个国家（私营部门）的门诊专科医师采取按服务项目付

① 赵斌：《基于国际经验的社会医疗保障购买服务机制研究》，中国人民大学硕士学位论文，2013 年。

费为主的支付方式[①]。

我国医疗保险按服务项目付费以及保大不保小是基层医疗机构萎缩和预防不足的重要原因。近年来，我国政府大量兴办基层医疗卫生机构，对其实施财政补助政策，对其医务人员实施绩效工资制度。这一政策并没有充分发挥医疗保险的功能，还导致了基层医疗服务机构严重依赖政府补贴，不但需要财政大量投入，还挤出了私人投资。基层医疗服务机构作为事业单位编制，服务质量与服务效率难以提高，难以留住高素质医务人员，无法将患者和医疗资源留在基层。

对初级医疗保健服务实行按人头付费不但能够通过控制人头费控制卫生费用，还能够大幅提高基层执业医师的收入。有研究显示，如果当前我国实行按人头付费制度，在基层医疗机构执业的医师的年净收入有望达到30万－50万元[②]。这一期望收入能够吸引高素质医务人员在基层执业，还能够倒逼其强化预防，在公私医疗卫生机构和人员之间引入竞争，从而无须政府大力投资兴办基层医疗机构，减轻财政压力。

理论上按人头付费的优势在于：（1）激励医生开展连续性医疗和建立长期医患关系，以降低签约参保人的医疗费，保留参保人，有助于形成良性医患关系。（2）促进医师与患者形成利益共同体，患者生病越多，花费越多，医师的收入越低，医生必然会加强预防、健康教育和筛查重点人群，同时还会鼓励患者养成良好的生活习惯，减少不必要的药品和检查支出[③]。（3）医生在初级医疗服务上的竞争就属于质量基础上的价格/成本竞争，长期内有助于降低费用。（4）医师负责转诊，不接受转诊的患者不予支付，从而自动落实首诊、转诊和分级医疗制度。（5）实行风险调整的按人头付费提高了偏远地区、基层地区及紧缺科别的购买力，引导医疗资源向偏远地区、基层地区和紧缺科别流动。

基层医疗机构的人头费应该包括患者的门诊费用、住院费用、零售药品费用以及公共卫生费用等全部医疗费用。当然，公共卫生费用也可以单独划拨，采取按服务项目付费的方式支付给服务提供者，以鼓励服务提供者加强公共卫生服务和预防服务。按人头付费实际上发挥了总额预算制度的控费作用。当患者需要专科或住院服务时，由基层签约医师转诊，除急诊外不经转诊不予补偿。

对住院服务实行按病种付费的原因。基层签约医师对医院住院服务的付费方式，则采取按病种付费。由于住院费用亦由初级医疗保健医师支付，初级医疗保

① 赵斌：《基于国际经验的社会医疗保障购买服务机制研究》，中国人民大学硕士学位论文，2013年。

② 王超群：《中国卫生费用的增长与控制》，华中师范大学出版社2016年版，第198－209页。

③ 对宁夏两个县的对照试验发现，实行按人头付费能够降低15%的抗生素处方。参见：*Capitation Combined with Pay－for－Performance Improves Antibiotic Prescribing Practices in Rural China*, Health Affairp, 2014, No. 2.

健医师自然会权衡不同医院的医疗服务的价格和质量，不会出现随意越级转诊的情况。初级医疗保健医师还会对医院的医疗服务质量进行监督，防止医院和专科医师过度治疗（如分解住院）和治疗不足。对于患者自身要求的超过统一支付标准的部分，由患者自行负担差额。由于对住院服务采用按病种付费，医院自然有动力严厉禁止本院医师收受医药、设备回扣。因此，实施按人头付费和按病种付费会自然而然解决以药养医和以检养医，政府无须再实施药品价格管制、加成率管制和药品招标采购等相关政策。这也将能节省巨额费用。

基层签约医师对医院门诊专科服务的付费方式，则采取总额预算制度下的按服务项目付费。其运作机制是，由全科医师协会与医院协会协商确定年度专科医疗服务预算总额，年度预算总额与门诊专科医疗服务点数的比值即为点值，各医院依据门诊专科服务点数与点值之积获得补偿，各全科医师依据签约病人的门诊专科服务点数与点值之积向各个医院支付费用。

当然，各地理应基于本地情况选择相应的支付方式。针对目前各地普遍实行的针对各个医疗机构的总额预付制度，建议应改为针对本地全部医疗机构或医院的总额预付制度。原因在于，针对各个医疗机构的总额预付制度不但容易产生利益输送和激化医疗保险机构和医疗机构的矛盾，而且交易成本很高，医疗机构推诿病人现象严重。在社会医疗保险国家，针对本地区全部医疗机构或医院实行总额预算制度比较普遍，其目的就在于将医疗机构与医疗保险基金之间的矛盾转化为医疗机构之间的矛盾，降低交易成本和经办难度，医疗机构也不容易发生推诿病人现象。

此外，中国医疗保险支付方式改革还需要一些配套条件。建立全国数据资料库，统一全国数据标准，建立数据质量评估体系。目前，我国医疗保险相关数据存在三大问题：一是数据匮乏；二是数据披露不足；三是由于各地金保工程信息系统不统一，数据无法共享①。在缺乏数据时，支付方式改革相关利益群体也难以就支付方式改革实施范围、费用标准等达成一致，导致交易成本高昂。最重要的是，按人头付费、按病种付费等对于数据的完整性、准确性和及时性要求很高，否则制定出来的人头费和按病种付费标准反而会扭曲医疗资源的配置。为此，我国应立即着手建立全国社会保障数据资料库，统一全国数据标准，建立数据质量评估体系，以提高数据质量，促进信息共享，保障能够实时提供数据，为相关决策提供依据。该项改革应该尽早启动，需要成立相应的领导小组，组织财政部门、卫生部门、医疗保险经办机构、民政部门、医疗机构协会及其代表、医师协会及其代表、参保人代表、科研人员和软件开发商等多个利益主体共同制定

① 王超群，顾雪非：《我国城镇职工基本医疗保险制度改革的经验与问题——基于对政策文件和制度环境的分析》，《中国卫生政策研究》2014 年第 1 期。

统一的数据平台。同时，数据库应该同时包括参保人在养老、失业、工伤、救助等社保相关方面的全部信息。新建立的全国数据资料库，在保护公民医疗隐私的基础上，允许相关科研单位、研究人员利用全国数据分析、研究我国的医疗卫生服务与社会保障制度。

建立医疗服务价格、医疗保险付费标准制定和调整协商机制。实行支付方式改革需要重新定价当前扭曲的医疗服务价格，否则将继续扭曲医疗服务供方的行为和医疗资源配置，并且也难以依据扭曲的医疗服务价格制定合理的支付标准。未来，我国应取消医疗服务价格管制，引入卫生部门、经办机构、医事团体等多个部门共同制定全国统一的医疗服务价格，价格需要真实反映各项医疗服务的实际成本，并定期修订。不论哪种支付方式，均涉及医疗保险付费标准。按服务项目付费需要确定每一项医疗服务价格，而其他付费方式则需要借助海量数据综合考虑。比如，按人头付费需要制定基于风险调整的人头费，按病种付费需要对疾病进行分组并设置相应组别的支付权重等。支付标准的制定对于医疗服务供方至关重要，标准制定过低，将影响供方生存，制定过高，则失去控费效果。因此，必须建立起制度化的付费标准协商和调整机制，由利益相关群体如医疗保险机构、医院及其协会、医师及其协会共同协商。

建立医疗服务审查与争议处理机制，发挥医事团体作用。医疗保险支付方式如按人头付费和按病种付费可能会导致医疗服务数量、质量的降低，必须加以审查。医疗服务审查的目的既是为了确保医师提供的医疗服务具备经济效益，防止医师提供成本效益较低的服务；也是为了防止医师降低医疗服务质量和数量，影响患者健康。医疗服务审查通过的医疗服务项目方予以支付。但审查医疗服务的工作量很大，应该采取不定期抽查的方式。建议未来着力培养医事团体，由其发挥第三方监督和行业自律作用。随着全民医疗保险的建立和支付方式的改革，医疗保险经办机构仅仅依靠自身，无力完成诸如医院等级评定和医师职称评审①、付费方式协商、支付标准核定、医疗服务价格制定、医疗服务数量和质量审查、医疗服务供方奖惩以及医疗事故争议处理等诸多事务。上述诸多事项若无医事团体的配合与发挥功能，仅凭医疗保险制度既缺乏合法性，又缺乏操作性。

实施医疗费用全部门控制，医疗保险大小病统包，属地参保，合并公共医疗基金。医疗保险支付方式改革应该致力于控制医疗总费用。要控制医疗总费用，需要实行全部门控制，否则将会出现费用转嫁，如将住院服务向门诊服务、医保病人向非医保病人、医保项目向非医保项目、本地病人向外地病人等转嫁医疗费

① 医院等级评定和医师职称评审应交由医事团体负责。参见：赵曼，吕国营：《关于中国医疗保障制度改革的基本建议》，《中国行政管理》2007 年第 7 期。

用。我国医院同时提供门诊和住院服务，因此，在现有医疗保险制度项目下，实施医疗保险支付方式改革将导致医院将医疗费用由住院服务向门诊服务转嫁以及医保项目向非医保项目转嫁。为此，医疗保险制度应该由保大病为主改为大小病统包，大小病统包也是落实按人头付费和控制医疗总费用的必由之路。目前，我国三大医疗保险尚未落实属地参保原则，以致存在大量无医疗保险人群、有保险无报销人群和重复参保人群，前两类人群实际上属于非医保病人。我国还存在大量异地就医人群。有研究者指出，新农合支付方式改革多在县、乡两级医疗机构开展，县外医疗机构费用控制成为盲区①。要防止医疗费用由医保病人向非医保病人转嫁和由本地病人向外地病人转嫁，必须落实属地参保和控制县外就医，要控制县外就医应该着力提高县域内医疗机构的服务水平。

值得指出的是，我国公共医疗基金目前主要以市县为统筹单位，统筹层次过低，且同一统筹地区内还呈现部门分割的局面：卫生和计划生育委员会管理医疗机构财政补助、公共卫生经费、新农合基金等，人力资源和社会保障部门管理职工医疗保险、城镇居民医疗保险、生育保险和工伤保险等，民政部门管理医疗救助经费，并涉及慈善救助经费等以及保监会监管大病保险制度等。这导致当前公共医疗基金没有形成合力，难以形成垄断性的医疗服务购买主体。要建立有效的医疗服务购买机制，要求医疗卫生机构收入绝大部分来自公共医疗资金，同时公共医疗资金由统一的部门管理。因此，应合并各项公共的医疗基金，建立全民医疗保险制度，暂时实行市级统筹，并由同一部门管理。

提高医疗机构自主权，实现公私医疗机构地位均等化。提高医疗机构自主权有两方面原因：一是保障支付方式改革促进医疗机构朝向提高医疗服务质量和降低医疗服务价格的方向竞争；二是医疗机构需要足够管理自主权，以应对支付方式改革带来的冲击，促进医师收入的市场化。为此，需要实现政事分开、管办分开。为此，医疗机构改革的核心取向可以是实现公私医疗机构地位的均等化，表现在三个方面：财政投入对于全部医疗卫生机构的均等化；目前，政府财政补贴主要投向了大型公立医疗机构，对民营机构和基层医疗机构投入严重不足，导致了公私医疗机构竞争起点不公平。我国政府财政补款仍可以偏向部分医院，对于从事科研、教学的大型公私医院，可以单独投入，并采取定项投入、招标投入等方式，以引导和促进公私医院在科研、教学方面的竞争；对于部分公立医院的医疗服务价格予以补贴，以降低此类服务的市场平均价格；对于偏远山区的医疗机构和医师、紧缺科别等加大投入，保证医疗服务的可及性。

---

① 陈小娟，陈家应：《新农合住院支付方式改革现状及问题分析》，《中国卫生政策研究》，2012 年第 2 期。

医疗保险定点机构对于所有符合最低资格条件的医疗卫生机构开放。当前我国医疗保险采取高标准而非最低标准核定定点机构，加剧了医疗资源的倒金字塔结构和医疗机构的大型化，导致了公私医疗机构和不同规模医疗机构竞争的不公平。随着医疗保险占卫生总费用的比重不断升高，医疗保险正逐渐取代财政补贴，成为医疗卫生机构收入的主要来源。医疗保险应采取最低标准核定定点机构，增加定点机构供给，促进医疗资源向低层次（私人）医疗机构流动。

建立全国统一的医师培养制度，促进公私医疗机构在医师培养、科研能力和薪酬水平方面的竞争。由于我国住院医师由各个医院自行培养，导致医学毕业生涌入大型医疗机构，导致基层医疗机构缺乏优秀人才。为此，要建立全国统一的医师培养制度，可以培养大批质量相当的高水平住院医师，促进公私医疗机构在医师培养、科研能力和薪酬水平的竞争，提高基层医疗机构医师质量。全国统一的医师培养制度配合落实按人头付费机制，可以保证优质医疗资源向基层流动。

三、基本医疗保险费用的有效控制

要控制基本医疗保险费用的增长，必须首先明确中国卫生费用的构成情况，方能对症下药。2007 年以来，中国卫生总费用快速增长，由 2007 年的 1.16 万亿元快速上涨到 2015 年的 4.10 万亿元，8 年时间增长了 2.54 倍。与此同时，卫生总费用占 GDP 的比例也快速上升，8 年间增长了 1.7 个百分点。三大基本医疗保险基金同期收支增长也十分迅速，基金总收入增长了 4.39 倍，基金总支出增长了 5.42 倍。尽管三大基本医疗保险基金收支增长速度远超过了卫生总费用增长速度，但是三大基本医疗保险基金收支占卫生总费用的比重仍较低。2015 年，三大基本医疗保险基金收支占卫生总费用的比重仅分别为 35.33% 和 39.89%（见表 4-13）。

表 4-13　2007-2015 年中国卫生总费用和三大基本医疗保险基金收支状况

年份	卫生总费用（亿元）	人均卫生总费用（亿元）	卫生总费用占 GDP 比重（%）	基本医保基金收入（亿元）	基本医保基金支出（亿元）	基本医保人均基金支出（元）	基本医疗基金收占卫生费用比重（%）	基本医疗基金支占卫生费用比重（%）
2007	11 573.97	875.96	4.28	2 685.17	1 908.43	201.08	23.20	16.49
2008	14 535.40	1 094.52	4.55	3 825.25	2 745.90	242.31	26.32	18.89

续表

年份	卫生总费用（亿元）	人均卫生总费用（亿元）	卫生总费用占GDP比重（%）	基本医保基金收入（亿元）	基本医保基金支出（亿元）	基本医保人均基金支出（元）	基本医疗基金收占卫生费用比重（%）	基本医疗基金支占卫生费用比重（%）
2009	17 541.92	1 314.26	5.03	4 616.52	3 720.31	301.37	26.32	21.21
2010	19 980.39	1 490.06	4.84	5 618.10	4 725.90	372.52	28.12	23.65
2011	24 345.91	1 806.95	4.98	7 587.64	6 141.56	470.46	31.17	25.23
2012	28 119.00	2 076.67	5.20	9 422.10	7 951.62	592.78	33.51	28.28
2013	31 668.95	2 327.37	5.32	11 220.39	9 710.23	707.37	35.43	30.66
2014	35 312.40	2 581.66	5.48	12 711.35	11 024.00	826.72	36.00	31.22
2015	40 974.64	2 980.80	5.98	14 477.91	12 245.51	916.71	35.33	29.89

资料来源：历年《中国统计年鉴》《中国卫生和计划生育统计年鉴》。

随着城镇化推进，城镇基本医疗保险参保人数快速上升，新农合参合人数不断下降。2007－2015年，城镇基本医疗保险总收入增长了3.96倍，总支出增长了4.96倍，人均收入和人均支出则分别增长了0.66倍和1.00倍。而新农合基金总收入、总支出、人均收入和人均支出则分别增长了6.68倍、7.46倍、7.32倍和8.17倍。这主要是因为新农合的起点比较低。2007年，新农合人均收入仅58.95元，人均支出仅47.75元。而城镇基本医疗保险人均收入和人均支出分别高达1 011.69元和700.01元（见表4－14）。

表4－14　2007－2015年中国城乡基本医疗保险基金收支状况

年份	城镇基本医疗保险					新农合				
	参保人数（亿人）	基金收入（亿元）	基金支出（亿元）	人均收入（元）	人均支出（元）	参合人数（亿人）	基金收入（亿元）	基金支出（亿元）	人均收入（元）	人均支出（元）
2007	2.23	2 257.20	1 561.80	1 011.69	700.01	7.26	427.97	346.63	58.95	47.75
2008	3.18	3 040.40	2 083.60	955.45	654.77	8.15	784.85	662.30	96.30	81.26
2009	4.01	3 671.90	2 797.41	914.61	696.79	8.33	944.62	922.90	113.40	110.79
2010	4.33	4 308.93	3 538.10	995.99	817.81	8.36	1 309.18	1 187.80	156.60	142.08
2011	4.73	5 539.18	4 431.37	1 170.00	936.01	8.32	2 048.47	1 710.19	246.21	205.55
2012	5.36	6 938.68	5 543.62	1 293.53	1 033.46	8.05	2 483.43	2 408.00	308.50	299.13

续表

年份	城镇基本医疗保险					新农合				
	参保人数（亿人）	基金收入（亿元）	基金支出（亿元）	人均收入（元）	人均支出（元）	参合人数（亿人）	基金收入（亿元）	基金支出（亿元）	人均收入（元）	人均支出（元）
2013	5.71	8 248.26	6 801.03	1 445.22	1 191.65	8.02	2 972.13	2 909.20	370.59	362.74
2014	5.97	9 687.20	8 133.60	1 621.37	1 361.34	7.36	3 024.15	2 890.40	410.89	392.72
2015	6.66	11 192.90	9 312.10	1 681.08	1 398.60	6.70	3 285.01	2 933.41	490.30	437.82

资料来源：历年《中国统计年鉴》《中国卫生和计划生育统计年鉴》。

2015 年，中国卫生总费用中，个人卫生支出占卫生总费用的比重为 29.27%。但是，这是因为中国的统计口径与 OECD 国家不同。在采用相同的统计口径下，2014 年，中国个人现金卫生支出占卫生总费用的比重高达 44.2%①。这也是中国看病贵的重要原因。从卫生总费用的构成看，我国卫生费用主要集中于医院和药品零售机构。二者合计占卫生总费用的比例由 1992 年的 61.46% 上升到 2015 年的 75.31%。而在医院中，卫生总费用主要集中于城市医院和县医院，二者占了医院总费用的绝大部分。在医院费用构成中，药品支出占主导。根据《2015 年我国卫生和计划生育事业发展统计公报》，2015 年，我国医院、社区卫生服务中心和乡镇卫生院门诊药费占比分别为 48.3%、68.9% 和 54.2%；医院、社区卫生服务中心和乡镇卫生院住院药费占比分别为 36.9%、43.1% 和 45.4%。医疗机构药品支出外，我国药品零售机构占比快速上升。2015 年中国药品费用为 16 166.34 亿元，占中国卫生总费用的 37.71%②（见表 4-15）。

表 4-15　　中国卫生总费用（机构法）构成情况　　单位：%

年份	1. 医院	城市医院	县医院	社区卫生服务中心	卫生院	其他医院	2. 门诊机构	3. 药品零售机构	4. 公共卫生机构	5. 管理机构	6. 其他
1992	58.74	36.31	10.15	0.00	10.35	1.94	19.39	2.72	6.28	0.36	12.51
1995	61.94	41.72	8.60	0.00	10.16	1.45	16.65	4.53	5.50	0.37	11.01
2000	64.90	47.16	8.74	0.00	7.63	1.37	13.61	6.37	5.07	0.55	9.51
2005	66.30	51.02	7.50	0.79	6.38	0.61	12.04	9.61	6.17	0.79	5.10

① 国家卫计委卫生发展研究中心：《2015 中国卫生总费用简明资料》，内部资料，第 3 页。

② 郭锋，张毓辉：《2015 年中国卫生总费用核算结果与分析》，《中国卫生经济》2017 年第 4 期。

续表

年份	1. 医院	城市医院	县医院	社区卫生服务中心	卫生院	其他医院	2. 门诊机构	3. 药品零售机构	4. 公共卫生机构	5. 管理机构	6. 其他
2010	62.13	40.67	12.57	2.35	6.36	0.18	8.72	9.85	8.11	2.72	8.48
2015	62.65	40.11	14.12	2.59	5.75	0.09	6.85	12.66	5.41	3.15	9.28

资料来源：1992－2007年数据来源于：张振忠：《中国卫生费用核算研究报告》，人民卫生出版社2008年版；2008－2011年数据来源于：张毓辉等：《2011年中国卫生总费用核算结果与分析》，《中国卫生经济》2013年第1期，第5－9页；郭锋等：《2015年中国卫生总费用核算结果与分析》，《中国卫生经济》2017年第4期，第13－16页。

在医院中，我国医疗费用主要集中于三级医院。以公立医院为例，2010－2015年，三级公立医院数量由9.08%快速增长到15.44%，而三级公立医院收入占公立医院总收入的比例则由54.54%快速上升到66.43%。可见，我国三级医院是医院费用的主要来源（见表4－16）。

表4－16　　中国一二三级公立医院数量和收入分布

年份	公立医院数量（个）	其中：三级医院（%）	二级医院（%）	一级医院（%）
2010	13 510	9.08	44.07	22.25
2015	12 633	15.44	47.99	24.36
年份	公立医院总收入（亿元）	其中：三级医院（%）	二级医院（%）	一级医院（%）
2010	9 699.23	54.54	39.52	2.22
2015	20 842.55	66.43	30.64	1.61

资料来源：历年《中国统计年鉴》《中国卫生和计划生育统计年鉴》。

综上所述，目前，中国基本医疗保险占卫生总费用的比重过低，使得民众就医负担过重。在中国卫生总费用构成中，医院费用占比过高，尤其是三级医院支出占比极高。同时，中国药品支出占卫生总费用的比重过高。因此，基本医疗保险控费应从上述两个角度入手。一是积极控制越级就医和三级医院费用。二是积极控制药品支出占比。要控制控制越级就医，就需要做好分级诊疗，不再赘述。要控制三级医院费用，可以通过总额预付制度，限制三级医院快速上涨。目前，全国各地基本上已经采取了总额预付制度。同时，应该下调花费较高的检查、耗材等支付标准，减少基金支出。当然，根本上应该是调低检查、耗材的服务价格，降低医疗机构和医务人员通过大检查获取利润的动机。国家卫生行政部门也通过行政命令方式控制公立医院医疗费用快速上涨。2017年4月发布的《关于全面推开公立医院综合改革工作的通知》要求，2017 年全国公立医院医疗费用平均增长幅度控制在 10% 以下。到 2017 年底，前 4 批试点城市公立医院药占比（不含中药饮片）总体下降到 30% 左右；百元医疗收入（不含药品收入）中消耗的卫生材料降到 20 元以下。

鉴于我国各级医院大力投入基础设施建设，负债较为严重，短期内我国各级医院仍需要偿还巨额债务，这可能使得未来医疗费用仍将快速增长。在控制药占比方面，一方面前述卫生行政部门通过行政命令方式控制药占比。另一方面，通过支付方式改革可以有效降低药占比，尤其是通过按人头付费、按病种付费等打包付费方式，可以有效降低药占比。

第四节　大病保险制度的完善

一、大病保险制度的实践及评估

根据对各地城乡居民大病保险制度研究，大病保险制度资金来源于城镇居民医保和新农合基金结余或年度提高筹资的部分，人均筹资 15 - 60 元。各地一般以上年度城镇居民年人均可支配收入、农村居民年人均纯收入作为起付线。各地报销比例一般要求实际支付比例不低于 50%，并且实行分段报销。多数地区未设置封顶线，部分地区设置了封顶线。多数地区实行市级统筹，部分地区实行省级统筹（见表 4 - 17）。

表 4 - 17　　各地区大病保险政策比较

地区	筹资机制	起付线	报销比例	封顶线	统筹情况
山东	2014 年，人均 32 元	上一年度居民年人均可支配收入。2014 年，起付标准为 1 万元	实际支付比例不低于 50%。分段报销	20 万元	省级统筹，全省统一
青海	人均 50 元	5 000 元	实际支付比例达到 80%；民政救助对象实际支付比例 90%	未设置封顶线	省级统筹，城乡统一

续表

地区	筹资机制	起付线	报销比例	封顶线	统筹情况
安徽	2013 年，按城镇居民 30 元、农村居民 15 元	城镇上年度居民年人均可支配收入；农村 1 万 –2 万元	城镇 30% –80%；农村 40% –80%	未设置封顶线	城镇居民大病保险市级统筹
山西	城镇居民医保和新农合筹资标准的 5% –10%	1 万元	分段报销	40 万元	市级统筹
河北	—	上年度城镇居民年人均可支配收入、农村居民年人均纯收入，以下简称可支配收入	实际支付比例不低于 50%；分段报销	未设置封顶线	市级统筹
湖北	人均 25 元	2013 年 8 000 元	分段报销	未设置封顶线	市级统筹，城乡统一
江苏	人均 15 元	可支配收入	实际支付比例不低于 50%；分段报销	未设置封顶线	市级统筹，城乡统一
辽宁	城镇和农村分别人均不低于 20 元和 15 元	城镇居民上年度人均可支配收入的 60% –100%；农村居民上年度人均纯收入	2013 年补偿比例不低于 50%；分段报销	未设置封顶线	市级统筹，城乡分设
内蒙古	不低于上年度人均筹资标准的 5%	可支配收入	实际支付比例不低于 50%分段报销	未设置封顶线	市级统筹

续表

地区	筹资机制	起付线	报销比例	封顶线	统筹情况
陕西	人均 20 - 40 元	可支配收入	实际支付比例不低于 50%；分段报销	未设置封顶线	市级统筹
浙江	—	可支配收入	实际支付比例不低于 50%；分段报销	未设置封顶线	市级统筹
福建	当年医保筹资标准的 5%	可支配收入	实际支付比例不低于 50%；分段报销	不低于 20 万元	市级统筹
四川	人均 10 - 40 元	可支配收入	实际支付比例不低于 50%；分段报销	未设置封顶线	市级统筹
河南	2013 年，当年城镇居民医保和新农合筹资标准的 6%	可支配收入	实际支付比例不低于 50%；分段报销	未设置封顶线	市级统筹
吉林	2013 年，城镇 60 元，农村 50 元	城镇自付医疗费用 8 000 元，农村 5 000 元	实际支付比例不低于 50%；分段报销	未设置封顶线	省级统筹
广东	城乡居民医保当年基金收入的 5%	与上年度农村居民人均纯收入相当，不高于城镇居民人均可支配收入	实际支付比例不低于 50%；分段报销	未设置封顶线	市级统筹

续表

地区	筹资机制	起付线	报销比例	封顶线	统筹情况
广西	2013 年，每人每年不高于 35 元	2013 年原则上不得高于 15 000 元	实际支付比例不低于 50%；分段报销	未设置封顶线	市级统筹
甘肃	2013 年，人均 30 元	城乡居民个人自付医疗费用达 5 000 元	实际支付比例不低于 50%；分段报销	未设置封顶线	省级统筹，城乡统一
贵州	2013 年，不低于城镇居民医保、新农合人均筹资总额 5%	可支配收入	实际支付比例达到 75% 以上，城乡医疗救助对象实际支付比例达到 90% 以上	未设置封顶线	市级统筹
湖南	保障大病患者个人负担合规费用实际补偿比例不低于 50%	可支配收入	实际支付比例不低于 50%；分段报销	未设置封顶线	市级统筹
云南	人均 25 元	以可支配收入为参照。2013 年，不高于 1 万元	实际支付比例不低于 50%；分段报销	未设置封顶线	市级统筹，城乡统筹
新疆	城乡居民医保当年筹资总额的 5%	可支配收入	实际支付比例不低于 50%；分段报销	未设置封顶线	地级统筹
宁夏	2013 年，人均筹资 25 元	上一年度农村居民年人均纯收入为依据确定，2013 年起付标准为 6 000 元	实际支付比例不低于 50%；分段报销	未设置封顶线	市级统筹

续表

地区	筹资机制	起付线	报销比例	封顶线	统筹情况
江西	当年筹资标准的5%	可支配收入	实际支付比例不低于50%；分段报销	未设置封顶线	市级统筹
重庆	—	可支配收入	实际支付比例不低于50%；分段报销	20万元	省级统筹
北京	当年筹资标准5%	可支配收入	实际支付比例不低于50%；分段报销	未设置封顶线	城镇省级统筹，居民区县统筹
天津	2014年，每人30元	政策范围内自付金额超过上年度居民人均可支配收入，2014年为2万元	实际支付比例不低于50%；分段报销	30万	省级统筹
上海	当年居民医保和新农合筹资总额的3%	—	基本医疗保险政策范围内，大病保险资金报销50%	未设置封顶线	省级统筹
海南	2014年，城镇居民人均29元，新农合人均25元	2014年全省城乡居民大病保险起付线为8 000元	实际支付比例不低于50%；分段报销	22万元	省级统筹

资料来源：各地大病保险相关政策文件。

关于大病保险的性质。已有研究的共识是，大病保险属于基本医疗保险，是基本医疗保险的延伸和拓展，属于过渡性制度；应按费用划分；商保和社保各有优势，不要一刀切，需要建立二者的协同机制。关于大病保险具体运作机制，基本结论是，大病保险政策目标不清晰、统筹层次低、筹资标准参差不齐、筹资渠道单一、支付范围窄、起付线设置过高以及多种经办模式等。为此，建议明确大病保险的制度定位、提高统筹层次、拓宽筹资渠道、科学设置起付线和封顶线以及实行政府主导、多元参与的主体格局等。关于大病保险基金可持续性预测，基本结论是，大病保险基金将对基本医疗保险基金和财政造成极大的压力。为此，需要提高个人缴费水平，拓宽筹资渠道等。当然，不同的补偿方案对基金和财政的压力差别很大。起付线、报销比例和封顶线设置对受益人群规模、受益水平和基金支付压力的影响依次变小。关于大病保险制度运行效果评估。有两类评估方式，一类是基于现实运作情况的评估，主要是评估大病保险受益人群在享受大病保险报销前后实际报销比例的变化。补偿水平上，从全国总体层面上看，大病保险受益人群的实际补偿比例提高了 10% －15%。各地运行情况也支持上述结论。但是，就全体参保人而言，大病保险报销前后实际报销比例变化不大。比如，新农合全体住院患者的实际报销比例仅增长了1.48%，城乡居民在不同科室的报销比例平均增长了不到1.25%。受益面上，大病保险受益人群极少，仅占参保总人数的 0.5% －1.5%，占住院病人总数的 1% －3%。分散风险能力上，大病保险仅能够有限降低灾难性卫生支出发生率。

另外一类是基于模拟的评估。有学者计算后发现，我国大病保险制度提出的灾难性医疗支出对医疗费用的界定标准远高于依据 WHO 计算出来的标准，并且针对全体参保对象标准是统一的，这导致大病保险的实际受益人群有限，风险分散效果不足。有学者采用天津市城乡居民住院医疗费用数据，设置了八种大病保险补偿方案，模拟发现，大病保险起付线对受益人群规模和受益水平影响最大，其次是报销比例，有无封顶线影响较小。有学者利用某市城乡居民医疗负担调查数据测算发现，大病保险降低灾难性卫生支出发生率的作用十分有限。主要原因是制度设计不良，特别是起付线设置不科学。

二、大病保险制度实施效果的影响因素

大病保险制度设计与医疗费用风险分散。大病保险制度的建制目的是降低家庭的灾难性卫生支出发生率。有关研究指出，上一年度城乡居民年人均可支配收入这一标准参考了 WHO 关于家庭灾难性医疗支出的定义，即一个家庭强制性医疗支出大于或等于扣除基本生活费（食品支出）后家庭剩余收入的 40%。将家庭灾难性医疗支出换算成国内相应统计指标，按 2011 年数据计算，对城镇居民而言，大体相当于城镇居民年人均可支配收入，对农民而言，大体相当于农村居民年人均纯收入的水平。①

① 孙志刚：《积极稳妥开展城乡居民大病保险切实减轻人民群众看病就医负担》，《中国经贸导刊》2012 年第 30 期；徐善长：《大病保险：健全医保体系的重要环节》，《宏观经济管理》2013 年第 3 期。

因此，2012年出台的大病保险文件规定，高额医疗费用，可以个人年度累计负担的合规医疗费用超过当地统计部门公布的上一年度城镇居民年人均可支配收入、农村居民年人均纯收入为判定标准，具体金额由地方政府确定。目前各地大病保险制度起付线主要以城镇居民年人均可支配收入、农村居民年人均纯收入为基准，而非按照家庭收入的一定比例来设定。上述起付线实际上对于降低家庭灾难性卫生支出发生率的作用不大。首先是起付线的标准制定过高。按照灾难性卫生支出的计算方法，平均起来，城乡居民人均可支配收入是灾难性卫生支出标准的1.4倍。因此，按照城乡居民人均可支配收入作为基准，对于降低灾难性卫生支出发生率效果不大。其次，起付线使用的是平均水平，而不是针对每个家庭。但是，收入分配通常都是大部分人的收入低于平均收入。因此，采用城乡居民人均可支配收入作为基准，实际上提高了中低收入人群获得大病保险的门槛，而中低收入人群才是灾难性卫生支出风险的主要人群。更重要的是，由于只有富裕人群才能支付更高的医疗费用，提高大病保险的门槛，对于富裕人群更有利，容易产生收入的逆向再分配。大病保险制度设计时，在合规费用的规定上，绝大多数地区仍采用基本医疗保险目录。而事实上，医疗费用越高的人群，三个目录内的医疗费用占比越低。因此，大病保险必须将合规费用拓展到三个目录之外，才能有效降低受益人群的医疗负担。

大病保险与基本医疗保险制度衔接。大病保险制度在基本医疗保险报销的基础上，再针对合规费用设定起付线，起付线之上的费用进行二次报销。因此，大病保险制度的运行效果取决于基本医疗保险三个目录与报销比例。在医疗费用一定的情况下，基本医疗保险报销金额越高，符合大病保险报销资格的人群越少，大病保险需要筹集的资金越少。因此，基本医疗保险政策的变化，将会对大病保险制度运行效果产生重大影响。而基本医疗保险政策变化既可能有来自地方政府，也有可能来自上级政府。这也意味着，商业保险公司经办大病保险业务存在一定的政策风险。在实践中，各地一般规定对于政策变动造成的经办风险，不由商业保险公司承担。但事实上，政策变动的边界是比较模糊的。因此，由同一家机构经办基本医疗保险和大病保险，更有利于降低交易成本和防范经办风险。

分级诊疗制度影响大病保险制度实施效果。分级诊疗制度的目的在于将参保人/患者留在基层、本地就医，其基本手段之一是通过医疗保险报销比例来引导参保人/患者的行为。而大病保险制度的实施，恰恰提高了高额费用报销比例，从而与分级诊疗报销比例的引导措施背道而驰。更严重的是，大病保险制度是按服务项目付费的后付制，并且可以突破基本医疗保险的目录，这可能导致医、患或医患双方道德风险诱发下的医疗费用的进一步上涨。因此，必须协调分级诊疗制度与大病保险制度的目的。可行的办法是大病保险制度的报销要求与分级诊疗制度相协调。比如，分级诊疗制度规定转外就医报销比例下调，大病保险制度可以针对报销比例下调后产生的医疗费用为基准计算大病保险报销金额。但这样一来，大病保险制度就无法起到有效降低家庭医疗费用风险的功能。因此，大病保险的目的与分级诊疗制度在功能上始终是相悖的。

大病保险制度筹资能力。目前，各地采取了不同的筹资方式，部分地区采取按人均标准筹资，也有部分地区采取按照基本医疗保险筹资总额的一定比例筹资。大病保险的初衷是希望降低城乡居民医疗保险的巨额结余，利用其解决因病致贫和因病返贫问题。但是，随着财政对基本医疗保险补贴增速的下降，基本医疗保险的筹资能力下降。同时，由于医疗费用快速上涨，医疗保险基金支出快速增加，基金结余不断缩小，影响了大病保险制度的筹资能力，从而影响了大病保险制度实施的效果。同时，即使大病保险制度的筹资能力得到维持，但是由于总筹资能力一定，大病保险筹资能力的增长，必然导致基本医疗保险基金筹资能力的下降，影响基本医疗保险报销水平。

大病保险制度经办管理问题。目前有四种基本医疗保险和大病保险经办管理模式。大病保险建立之初，目的之一是促进商业健康保险公司发展。为了鼓励商业健康保险公司参与大病保险的热情，政府采取的措施是降低大病保险的准入门槛。2013 年的《保险公司偿付能力报告编报规则——问题解答第 14 号：城乡居民大病保险最低资本》，降低了参与大病保险的最低资本要求。目前，符合采购范围的保险公司有 30 多家①。另外，由保监会推动各个保险公司积极介入大病保险领域。但是，大病保险没有核保环节，运行受到资金到位情况、各地基本医保政策、政府对医疗行为管控力度、重大突发公共卫生事件等因素影响，风险管控难度很大②。此外，社会医疗保险 IT 系统平台在各地并不统一，保险公司需要与多个统筹单位系统对接，系统多、接口多、标准不统一，从而导致系统开发维护成本高，资源效率低下③。

政府希望借由商业健康保险公司对医疗服务供方的监控，降低高额费用，以此降低基本医疗保险和大病保险基金支出。但是，上述设想的前提条件是，基本医疗保险没有能力监控医疗服务供方以及大病保险有动力且有能力监控医疗服务供方。事实上，上述假设均不成立。根据国务院发布的《深化医药卫生体制改革 2017 年重点工作任务》，要求各地推进医保智能监控系统应用，2017 年年底前覆

① 杜菲，李画：《大病保险还需多方完善》，《中国保险报》2013 年 9 月 4 日。

② 项俊波：《认真做好大病保险工作积极服务国家医保改革——项俊波主席在城乡居民大病保险工作会上的讲话》，2012 年 9 月 29 日。网址：http://www.circ.gov.cn/web/site0/tab67/i226796.htm。

③ 刘艾琳，赵萍：《“有形之手”交握“无形之手”大病保险市场化期待“更健康、可持续”》，《21 世纪经济报道》2013 年 8 月 28 日。

盖大多数统筹地区，将医保对医疗机构的监管向医务人员延伸。智能监控系统是通过大数据分析，设定医疗服务供给规则，一旦医疗服务供方使用了超过规则的服务，系统会自动提醒医保部门，医保部门将对违规医疗服务进行严格审查。智能监控系统可以直接审核到每个医生的每个病人的每次诊疗过程。这一智能监控系统将在 2017 年覆盖大多数统筹地区，而商业健康保险公司尚缺乏此类监控措施。

同时，商业健康保险公司也缺乏监控动机。目前，大病保险经办业务主要采取提取管理费的方式运行，即商业健康保险公司仅仅依据大病保险筹资总额提取一定的管理费。不过，各地一般也要求商业健康保险公司承担一定的大病保险超支风险。尽管如此，由于监控医疗服务供方需要大量成本，大病保险也缺乏足够的动力。即使商业保险公司有能力也有动力监控医疗费用增长，其效果也是有限的。这是因为，大病保险主要针对高额医疗费用，而高额医疗费用发生频次较低，仅占住院费用的一部分。即使控制住这部分高额医疗费用，医疗机构还可以将医疗费用转移到门诊部门或者院外就医，并不会降低参保人的医疗总费用。

总之，大病保险实施效果的影响因素包括大病保险制度设计不良，比如起付线不利于化解医疗费用费用，不利于穷人；合规费用限于基本医疗保险三个目录；大病保险与基本医疗保险制度衔接问题，大病保险受基本医疗保险政策及其变动影响较大；大病保险与分级诊疗制度目的相悖；大病保险总体筹资能力受限，大病保险可能挤压基本医疗保险；大病保险经办管理模式以商业健康保险公司为主导，商业健康保险公司无能力也无动力监控医疗费用等。为此，亟须优化大病保险制度设计。

三、大病保险制度完善的基本路径

由于大病保险主要是由商业健康保险公司承办，我们必须首先明确中国未来商业健康保险的发展前景。商业健康保险在过去十五年时间里增长迅速。商业健康保险费收入由 2000 年的 28.00 亿元（占卫生总费用的 0.61%）猛增到 2015 年的 2 410.47 亿元（占卫生总费用的 2.84%），增长了 85.09 倍。尤其是 2012 年商业健康保险公司承办大病保险以来，商业健康保险保费呈现快速增长趋势。2015 年，商业健康保险保费收入占卫生总费用的比重已经达到 5.88%，占 GDP 的比重也达到了 0.35%。

应该注意的是，根据保监会《2015 年保险统计数据报告》，2015 年，健康险保费收入 4 042.50 亿元，而健康险业务赔款和给付仅 762.97 亿元。我国卫生总费用的核算采用的是来源法，即各个渠道的卫生支出。因此，我国商业健康保险支出占卫生总费用的比重要远低于 5.88%（见表 4 - 18）。

表 4-18　　　历年来中国卫生总费用筹资来源测算结果

年份	卫生总费用（亿元）	商业健康保险费（亿元）	卫生总费用占 GDP 比重（%）	商业健康保险费占卫生总费用比重（%）	商业健康保险费占 GDP 比重（%）
2000	4 586.63	28	4.57	0.61	0.03
2005	8 659.91	307	4.62	3.55	0.16
2010	19 980.39	677.4	4.84	3.39	0.16
2011	24 345.91	691.7	4.98	2.84	0.14
2012	28 119	862.76	5.2	3.07	0.16
2013	31 668.95	1 123.5	5.32	3.55	0.19
2014	35 312.4	1 587.2	5.48	4.49	0.25
2015	40 974.64	2 410.47	5.98	5.88	0.35

资料来源：张毓辉等：《2011 年中国卫生总费用核算结果与分析》，《中国卫生经济》2013 年第 1 期，第 5-9 页；张毓辉等：《2012 年中国卫生总费用核算结果与分析》，《中国卫生经济》2014 年第 2 期，第 5-9 页；郭锋等：《2015 年中国卫生总费用核算结果与分析》，《中国卫生经济》2017 年第 4 期，第 13-16 页。

显然，我国寄希望于通过商业健康保险公司经办大病保险业务，提高商业健康保险公司业务。但是，目前商业健康保险公司仅仅是经办/承办大病保险制度，而非通过市场营销手段扩大市场容量，提供的产品也被认为是基本医疗保险的延伸和补充，而不是传统的商业健康保险产品。因此，虽然商业健康保险因经办/承办大病保险制度提高了保费收入，但是很难认为商业健康保险因经办/承办大病保险制度而使得市场结构有实质性突破。而 OECD 国家的经验也显示，商业健康保险并不是卫生总费用的主要来源。因此，仅仅由商业健康保险承办大病保险业务，并不会引发商业健康保险的大繁荣。而国际经验也显示，商业健康保险也并非是化解国民医疗费用风险的主要支柱。

因此，如果希望大力发展商业健康保险，最佳方法是由商业健康保险公司来经办基本医疗保险业务。毕竟，基本医疗保险才是化解医疗费用风险的主要制度。但是，到底是基本医疗保险机构经办效率高，还是商业保险公司经办效率高，目前学术界还缺乏明确的研究结果。二者争议的核心是选择单一保险人体制更优，还是选择多元保险人体制更优。一般而言，单一保险人体制是垄断经营的。其好处是能够实现规模经济，比如政策和信息系统统一，能够防止重复建设，减少交易成本。但是，垄断通常带来无效率，技术进步缓慢。而多元保险人体制通常是竞争的。竞争的好处是能够提供灵活的福利包，更好地满足参保人的需求。但是其缺点是商业健康保险公司通常不是在医疗服务质量和保费上竞争，而是在挑选参保人上竞争，从而无助于降低医疗费用。同时，竞争也导致信息系统、政策不统一，导致交易成本高昂，医疗服务利用不公平等现象。

继续维持大病保险制度，要完善大病保险制度需要考虑以下几个方面：第一，优化大病保险制度设计。采纳世界卫生组织标准，针对个体家庭收入设定大病保险起付线；扩大合规费用范围，突破三个目录限制。但是，由于要审核每个家庭是否符合大病保险制度资格条件，可能会增加行政成本。因此，在现实操作中，可能仍会受到较大的限制。另外，如果扩大大病保险的合规费用范围，必然导致大病保险基金支出快速增加，从而使得基金不可持续。

第二，强化基本医疗保险与大病保险制度衔接，甚至由同一机构经办基本医疗保险和大病保险。由于基本医疗保险与大病保险由不同部门经办，前者属于政府事业单位，后者属于市场主体，二者在协调上较为困难。而如果由同一机构经办基本医疗保险和大病保险，在当下基本医疗保险几乎全部由社会医疗保险经办机构管理的背景下，很可能是社会医疗保险经办机构统一经办基本医疗保险和大病保险。这违背了大病保险制度的建制初衷。虽然由商业健康保险公司经办大病保险未必能够发挥政策的预期效应，但是如果最终仍由社会医疗保险经办机构统一经办基本医疗保险和大病保险，会影响政府的公信力，因此，目前如何妥善解决大病保险经办管理体制面临两难。随着职工医疗保险与城乡居民医疗保险制度的整合，大病保险制度面临取舍问题。一方面，并非所有地区均建立了职工医疗保险补充保险制度。另一方面，建立了职工医疗保险补充保险制度的制度设计可能与大病保险制度设计存在较大差异，因此面临二者衔接问题。

第三，由于分级诊疗制度设计与大病保险制度设计以及大病保险制度本身的建制目的，使得分级诊疗制度与大病保险在制度目标上存在不可调和的冲突。为此，很难通过两项制度的衔接来化解其制度目标冲突，只能在两者之间进行权衡。对于部分分级诊疗问题极其严重的地区，可能要更偏向分级诊疗制度。而对于民众高额医疗费用风险比较严重的地区，可能要更偏重大病保险制度。

第五节　推进长期护理保险制度

一、长期护理保险制度的目标选择

2016 年 6 月 27 日，人社部办公厅发布《关于开展长期护理保险制度试点的指导意见》，要求在承德市等15个地区开展长期护理保险制度试点。长期护理体系是一系列复杂的制度安排。在一般市场中，仅仅分析供需双方即可，而长期市场中还需要考虑长期护理保险/保障制度。目前，世界各国长期护理体系三大主体之间的关系均可以用图表示（见图4-2）。其中，长期护理需方向第三方付费者缴纳保险税/费，当参保人就医时，可以获得长期护理供方提供的长期护理服务，个人仅需支付自费/付部分的长期护理费用即长期护理费用补偿，长期护理供方则获得患者的自费/付部分的长期护理费用以及第三方付费者通过支付方式支付的资金。

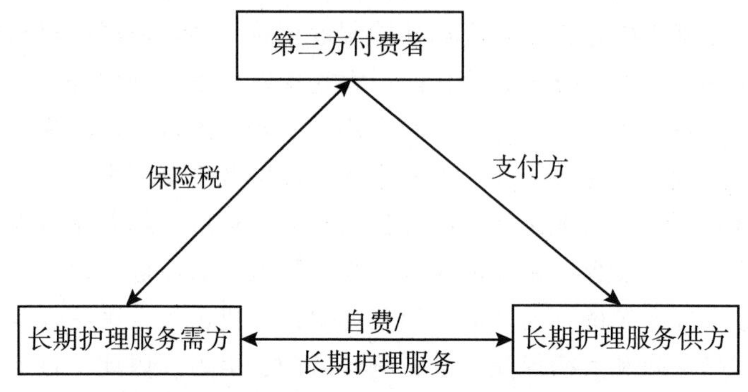

图4-2　世界各国长期护理体系的三方关系

在上述三方关系中，长期护理保险制度的目标选择主要涉及三大基本问题：

首先，如何筹资。一是向谁筹资？是向全体居民收费，还是向部分居民收费？如果向全体居民收费，则意味着保费在全部人口中进行分配，个人的保费水平相对较低。反之，如果保费成本较高，可能超出缴费群体的承受能力。二是如何筹资？是采取保险费的方式，还是通过税收的方式？通过保险费的征收方式，长期护理保险制度能够呈现清晰的权利义务对等关系。但是保险费的征收成本通常比较高，而且保险费的设计很容易形成累退制，不利于筹资公平。如果采用税收的方式筹资，征收的成本通常较低，但是长期护理保障制度需要面临与其他公共事务相互竞争财政资源，从而面临着较大的筹资压力，并且通过税收筹资很容易给政府带来较大的财政负担。在采取税收筹资时，还面临着是由中央政府税收筹资，还是由地方政府税收筹资的问题。通常地方政府税收是主要的筹资来源，这又会造成地区之间长期护理保障制度筹资和待遇的不均等。

其次，如何管理。一是由谁来管理？是由政府来管理，还是由社会来管理？如果由政府管理，是由现有社会保险机构来管理，还是单独建立一个新的机构来管理？如果是由现有的社会保险机构来管理，是由养老保险经办机构来管理，还是由医疗保险经办机构来管理？由谁负责管理通常是一个路径依赖的问题。它取决于一个国家在历史上的相类似的制度的管理主体。由于新建机构来管理将会增加管理成本。在已建立长期护理保险制度的国家，通常都是依托于现有的经办机构来管理。依托于现有的机构通常是依托于医疗保险经办机构或养老保险经办机构。不过，绝大多数国家都是依托于医疗保险经办机构，只有极少数国家比如奥地利是依托于养老保险经办机构，这是因为奥地利长期护理保险主要提供现金待遇。二是如何管理？是采取统一管理，还是采取分散管理？由中央政府统一管理，可以制定统一的规则和标准，有利于全体国民长期护理保险制度的公平性，但却会失去长期护理保险制度的灵活性。反之亦然。统筹层次应该如何确定？统筹层次是选全国统筹，还是省级统筹，或者是市级统筹，就是一个艰难的选择。统筹层次高，有利于国民在不同地区之间的待遇均衡，有利于劳动力的流动，有利于加强与其他制度之间的衔接。但是，统筹层次越高，可能意味着上级政府在其中发挥的作用越大，而制度的风险将都归结于上级政府。一旦制度出现运行问题，从而可能会对上级政府权威产生严重的负面影响。是采取单一保险人，还是采取多元保险人？单一保险人强调的是垄断，通过充分发挥大数法则和信息共享来实现规模效应。而多元保险人则强调通过竞争来提高服务的质量，降低服务的价格，进而提升参保人的福利。但是，二者孰优孰劣，还缺乏明确的证据。

最后，如何确定待遇。一是向哪些人提供长期护理待遇？是向全体符合条件的居民提供，还是针对特定年龄的居民提供？向全体符合条件的居民提供更符合社会公平正义，但是其成本也比较高，而向特定年龄以上的居民提供，则可以有效控制成本。是针对所有的需要长期护理服务的人提供，还是仅仅指向那些最为迫切需要长期护理服务的人提供？很明显，在资金有限的情况下，向部分有迫切需要的居民提供长期护理服务更为明智。二是采取现金待遇，还是实物待遇，还是混合待遇提供的方式？现金待遇是直接向长期护理受益人提供现金，由长期护理受益人自主购买长期护理服务。现金待遇的优势在于它能够充分发挥长期护理受益人的自主选择权，而且现金待遇通常会促进家庭成员或者邻里提供非正式的长期护理服务，从而降低长期护理的成本。但是，现金待遇会诱使参保人更多的进行长期护理服务需求评估，而且家庭成员或者是邻里，未必能够提供高质量的长期护理服务。实物待遇是由长期护理服务机构直接提供服务，长期护理保险基金和受益人各自按照规定的标准向服务提供者支付相应的费用。混合提供由现金待遇和实物待遇组合而成。要想确定中国长期护理保险制度的目标和具体制度设计，必须要先了解长期护理保险制度建立的影响因素以及目前国内外长期护理保险制度的实践，在此基础上，确定中国长期护理保险制度的目标与具体的实现路径。

二、长期护理保险制度的实践

长期护理保险制度的建立都有以下几个方面的影响因素：

首先是人口因素。人口因素主要包括四个方面。一是人口老龄化方面，人的身体机能随着年龄变老快速退化，随着人口老龄化的快速推进，使得慢性病和需要长期护理的失能、失智老人的数量大幅上升。二是家庭少子化的影响。随着女性生育率大幅下降，家庭少子化已经成为世界上的普遍趋势，尤其是在发达国家。三是女性就业率提升。随着世界女性教育水平和就业率不断提升，女性承担家庭护理服务的功能不断弱化，急需有相应的制度设计填补空白。四是世界各国都伴随着快速且大量的人口流动，人口流动构成了家庭成员在提高长期护理服务上的巨大障碍。

其次是财务上的压力。财务上的压力主要包括以下三个方面。一是长期护理属于不可逆的服务需求，一旦接受服务就意味着需要伴随终身，这意味着长期护理的成本非常高。由于老年人的收入水平较退休之前大幅下降，使得老年人难以依靠个人力量支付长期护理费用。二是长期护理和医疗之间的界限时常存在一定的模糊，因此老年人通常会使用医疗服务来替代长期护理服务，而医疗服务通常是由医疗保险基金来支付的，这也是通常所说的社会性住院。而医疗成本是远远高于护理成本的，因此社会性住院导致了医疗保险基金大量浪费。各个发达国家建立长期护理保险制度的初衷就是希望能够将原本由医疗保险支付的长期护理服务，由一个专门的长期护理保险制度来支付，从而降低医疗保险制度的支付压力。三是如果建立一个长期护理保障制度，而该制度主要由政府税收来融资的话，政府的筹资压力会非常大，因此多数国家都选择通过参保人来缴纳保险费的方式来建立长期护理保险制度。

最后是政治经济文化方面的影响。不同的政治体制下，长期护理保险需求的政策议程设置机制有所不同，中央与地方政府在长期护理保险制度的各个方面的责任的分担也不同。国家的经济实力和经济增长水平以及国家的税收制度，决定了政府在长期护理保险制度设计时选取哪种筹资的机制。强调家庭责任的国家通常在长期护理保险制度的建立过程中会比较迟缓。相反，那些强调国家在个人福利中责任的国家，在建立长期护理保险制度中会起到引领的作用。

荷兰是最早建立长期护理保险的国家，1967 年建立了长期护理保险制度。其他国家也先后建立了长期护理保险制度，比如，德国在 1994 年、卢森堡在 1999 年，日本在 2000 年建立了长期护理保险制度。美国在 1965 年就建立了医疗照顾制度和医疗救助制度，其中均包括了长期护理服务的内容。以 2015 年为例，

OECD国家公共长期护理支出占GDP比例的平均值为1.09%，私人长期护理支出占GDP比例的平均值为0.21%。其中，瑞士公共长期护理支出占GDP的比例最高，达到2.69%，而且增长速度最快。相对而言，老龄化程度最高的日本，公共长期护理支出占GDP的比例仅为1.84%。土耳其的私人长期护理支出占GDP的比例最高，为0.69%，甚至高于美国。值得说明的是，上述长期护理支出仅仅是指与医疗相关的长期护理支出，不包括生活长期护理支出。2014年，OECD国家65岁及以上老年人在机构中接受长期护理服务的比例的均值为3.84%，在家中接受长期护理服务的比例为9.14%。可见，OECD国家老年人主要在家中接受长期护理服务。这主要是因为老年人更愿意在自己熟悉的地方接受服务，同时在家中接受长期护理服务的成本也更低（见表4－19）。

表4－19　OECD国家65岁及以上老年人接受长期护理服务的比例

单位：%

国家	65岁及以上老年人在机构接受长期护理服务的比例			65岁及以上老年人在家中接受长期护理服务的比例		
	2000年	2010年	2014年	2000年	2010年	2014年
澳大利亚	5.2	7.0	6.4	—	7.1	8.1
比利时	6.5	6.7	8.8	6.7	—	—
加拿大	4.1	4.0	3.9			
捷克	—	—	—	—	—	—
丹麦	—	4.6	3.9	12.4	13.0	—
爱沙尼亚	—	1.9	2.4	—	4.7	3.5
芬兰	3.6	4.9	4.7	8.2	7.4	6.8
法国	—	4.3	4.3	—	6.6	6.2
德国	3.8	3.8	4.1	7.4	7.6	8.9
匈牙利	—	3.0	3.0	—	7.6	10.8
冰岛	4.8	6.0	—			
爱尔兰	—	3.9	3.6			
以色列	—	2.3	2.0	16	19.7	19.2
日本	—	2.8	2.7	1.9	4.1	5.3
韩国	0.2	2.1	2.5	—	—	—
拉脱维亚	—	—	0.5	0.2	4.6	4.5
卢森堡	3.6	5.4	5.5	3.9	7.5	7.6
荷兰	—	6.6	5.3	—	13.5	16.1

续表

国家	65岁及以上老年人在机构接受长期护理服务的比例			65岁及以上老年人在家中接受长期护理服务的比例		
	2000年	2010年	2014年	2000年	2010年	2014年
新西兰	—	5.2	4.8	—	12.9	13.1
挪威	5.9	5.6	4.8	—	13.3	12.2
波兰	—	0.9	0.8	—	12.5	11.6
葡萄牙	—	0.9	1.3	—	—	—
斯洛伐克	—	3.3	3.6	—	0.2	0.7
斯洛文尼亚	—	—	4.9	—	—	6.7
西班牙	—	1.5	1.8	—	5.3	6.3
瑞典	7.7	5.4	4.5	9.6	12.2	11.8
瑞士	6.8	6.2	6.0	13.0	14.1	14.2
英国	4.2	—	—	—	—	—
美国	4.1	3.3	—	2.7	—	—
均值	4.61	4.03	3.84	7.06	9.15	9.14

资料来源：OECD统计数据库。

荷兰、德国、日本、韩国、奥地利、美国和中国台湾等国家和地区的长期护理保障制度体系具有以下共同特征。在政府干预还是市场主导方面。上述国家和地区无一例外选择了由政府主导长期护理保障制度。事实上，在社会保障领域，几乎所有国家和地区都奉行了政府积极干预的原则，而非任由市场发挥主导作用。即使是在美国，政府主导的健康保险和健康援助也是美国长期护理服务资金的主要来源。商业保险公司支付的长期护理服务费用占长期护理服务总费用的比重不到7%①。其余国家商业保险公司所占份额则更低。

在融资方面，绝大多数国家和地区均面向全民，但日本主要面向40岁及以上人口，美国则主要针对老年人和低收入人群。在筹资方式方面，既有以中央税收为主要融资来源的奥地利，也有以保险费为主要来源的德国。多数国家和地区则采取了混合筹资模式，比如荷兰、日本、韩国、美国和我国台湾地区等。

在管理方面，一般采用分散管理模式，比如荷兰、德国和日本等，也有国家

① Alecxih L. M. B. Individuals living in the community with chronic conditions and functional limitations: a closer look [M]. Office of the Assistant Secretary for Planning & Evaluation, United States Department of Health and Human Services, 2010.

和地区采用集中管理，比如韩国和我国台湾地区，还有分散和集中管理相结合的，比如美国。管理的模式与统筹层次密切相关，采取集中管理模式的，通常实行全国统筹。在单一保险人还是多元保险人上，以单一保险人为主。但是，荷兰和德国采取了多元保险人模式。各个国家和地区长期护理保障模式在管理方式的选择上，基本上延续了该国和地区原有的医疗保障模式。比如，德国医疗保险制度就实行全国统筹且分散管理的多元保险人体制。具体而言，就是各个疾病基金会之间相互竞争参保者，但是各个疾病基金会均是面向全德国参保人的。

在待遇方面，受益对象一般分为三类：一类是经过评估符合长期护理标准的全部人口，如荷兰、德国等针对全体符合条件的国民；一类是经过评估符合长期护理标准，且有年龄限制的人口，比如日本仅针对符合条件的 40 岁及以上的国民；一类是经过评估符合长期护理标准，且有收入限制的人口，比如美国健康援助只针对符合条件的低收入群体和老年人。在待遇内容上，均包括了医疗长期护理和生活长期护理。在待遇提供方式上，基本都包括实物和现金两种。不过，不同的国家和地区在实物和现金上的侧重有所不同。荷兰、德国同时包括实物、现金和混合待遇。而日本和韩国则以实物为主，现金为辅。奥地利长期护理待遇则主要以长期护理津贴为主（见表 4-20）。

表 4-20　　部分发达国家和地区长期护理保障制度体系

国家或地区	筹资对象	筹资机制	集中分散管理	统筹层次	单一多元	受益对象	待遇内容	待遇方式
荷兰	全民	保险费为主，财政补贴为辅，个人自付部分	分散	全国	多元	经评估需要护理者	医疗+生活	实物、现金、混合
德国	全民	保险费+个人自付	分散	全国	多元	经评估需要护理者	医疗+生活	实物、现金、混合
日本	40 岁以上	保险费 45%，税收 45%，个人自付 10%	分散	市町村	单一	40 岁以上需护理者	医疗+生活	实物为主、现金为辅
韩国	全民	保险费 60% 左右，政府 20% 左右，自付 20% 左右	集中	全国	单一	65 岁以上或 65 岁以下但罹患老年慢病患者	医疗+生活	实物为主、现金为辅

续表

国家或地区	筹资对象	筹资机制	集中分散管理	统筹层次	单一多元	受益对象	待遇内容	待遇方式
奥地利	全民	税收为主，个人自付部分	护理津贴全国，护理服务邦	护理津贴全国，护理服务邦	单一	经评估需要护理者	医疗 + 生活	实物、现金
美国	低收入人群、老年人	医疗保险费、中央地方税收（二者合计 70% 左右）、商业保险费（10% 左右），个人自付部分	Medicare 集中，Medicaid 分散	Medicare 全国，Medicaid 州	单一	低收入需护理者，65 岁以上需护理者	医疗 + 生活	实物、现金
中国台湾	全民	保险费 + 政府补贴 + 个人自付	集中	全台湾	单一	经评估需要护理者	医疗 + 生活	实物

资料来源：Francesca C.，Ana L. N.，Jérôme M. et al.，OECD health policy studies help wanted? Providing and paying for long - term care：providing and paying for long - term care. OECD Publishing，2011. 中国医疗保险研究会：《中国医疗保险理论研究与实践创新 2016 年卷》，化学工业出版社 2017 年版，第 19、20、71 – 86 页。

三、长期护理保险制度选择

2016 年 6 月 27 日，人社部办公厅发布《关于开展长期护理保险制度试点的指导意见》，要求在承德市等地区开展长期护理保险制度试点（见表 4 – 21）。

表 4 – 21　　长期护理保险试点城市制度设计概览

地区	筹资对象	筹资机制	经办机构	统筹层次	受益对象	待遇内容	待遇方式
上饶市	职工医保参保人	每人每年 100 元，个人缴纳 40 元（从个人账户划转），医保统筹基金 30 元，单位 30 元	医疗保险经办机构，可委托商业保险公司等参与经办	市级统筹	经评估符合条件	生活 + 医疗	实物

续表

地区	筹资对象	筹资机制	经办机构	统筹层次	受益对象	待遇内容	待遇方式
齐齐哈尔市	职工医保参保人	每人每年 60 元，个人缴纳 30 元（从个人账户或门诊统筹基金中划转），医保统筹基金 30 元	医疗保险经办机构，可委托商业保险公司等参与经办	市级统筹	经评估符合条件	生活+医疗	实物
长春市	职工和城乡居民医保参保人	职工：个人账户 0.2%，统筹基金 0.3%；居民：统筹基金每人每年 30 元；一次性划转职工医保统筹基金历年结余的 10%	医疗保险经办机构，可委托商业保险公司等参与经办	市级统筹、分级经办	经评估符合条件	生活+医疗	实物
承德市	职工医保参保人	参保人员（含退休人员）上年度工资总额的 0.4%：基金 0.2%，个人负担 0.15%（从个人账户划拨），政府财政补助 0.05%	医疗保险经办机构，可委托商业保险公司等参与经办	市级统筹	经评估符合条件	生活+医疗	实物
广州市	职工医保参保人	职工社会医疗保险统筹基金划拨，130 元每人	医疗保险经办机构，可委托商业保险公司等参与经办	市级统筹	经评估符合条件	生活+医疗	实物
宁波市	城镇职工医疗保险参保人	单位 0.2%，在职职工个人 0.1%，灵活就业人员、失业人员 0.3%，退休人员 0.1%，从个人账户划转；在职人员个人账户计入比例降低 0.2 个百分点；职工医保统筹基金累计结余拨付 5 000 万元	通过市场机制、购买服务、政府监督，探索委托商业保险机构等参与经办，费用从长期护理保险基金中列支	县级统筹	经评估符合条件	生活+医疗	实物

续表

地区	筹资对象	筹资机制	经办机构	统筹层次	受益对象	待遇内容	待遇方式
上海市	职工和城乡居民医保参保人	先行试点暂不缴费登记	市医保办	省级统筹	年满60且退休或参保，并经评估符合条件	生活+医疗	实物
苏州市	职工和城乡居民医保参保人	个人缴费不高于上年全体常住居民人均可支配收入的0.3%，退休人员从个人账户中划转，在职人员按月缴纳；政府补助不低于个人缴费标准；职工医保统筹基金结余按一定标准划转	长期护理保险依托本市社保经办机构进行经办管理，探索委托第三方参与经办	市级统筹	经评估符合条件	生活+医疗	实物
安庆市	职工医保参保人	每人每年30元，医保统筹基金结余中划入20元，个人缴费10元	市人社部门为主管部门，长期护理保险经办机构具体承办，探索委托第三方参与经办	市级统筹	经评估符合条件	生活+医疗	实物
南通市	职工和城乡居民医保参保人	每人每年100元。个人：30元，职工从个人账户划拨，居民个人缴纳，弱势群体财政补贴；医保：30元；政府：40元	市人社部门为主管部门，负责组织实施，委托第三方参与经办	市级统筹	经评估符合条件	生活+医疗	实物

续表

地区	筹资对象	筹资机制	经办机构	统筹层次	受益对象	待遇内容	待遇方式
荆门市	职工和城乡居民医保参保人	按照本市上年度居民人均可支配收入的 0.4% 确定。个人承担 37.5%，医保统筹基金划拨 25%，财政补助 37.5%	医保经办机构，探索商业保险机构参与经办	市级统筹、分级管理	经评估符合条件	生活 + 医疗	实物
青岛市	职工和城乡居民医保参保人	职工医保一次性划拨（20%）；职工：个人账户划拨（0.5%）；居民：医保筹资总额的 10%	社保经办机构负责护理保险的经办管理，探索商业保险机构参与经办	市级统筹	经评估符合条件	医疗护理	实物
成都市	城镇职工基本医疗保险参保人	城镇职工基本医疗保险统筹基金（0.2%），个人账户（0.1% - 0.3%），财政补助 0.1%，财政一次性划拨 5 000 万元	市医疗保险经办机构，可购买部分经办业务	市级统筹	经评估符合条件	生活护理	实物
石河子市	职工和城乡居民医保参保人	职工：每人每年 180 元，从职工医保统筹基金结余中划转；居民：每人每年 24 元；财政补助：老年人和重度残疾人，40 元；福彩公益金：每年 50 万元	市社会保险经办机构	市级统筹	经评估符合条件	生活 + 医疗	实物 + 现金

资料来源：根据各地长期护理保险政策相关文件整理。

根据对长期护理保险制度试点的研究，可以看出，各地在试行长期护理保险时具有以下特点。在筹资对象上，6 个市仅仅针对职工医疗保险参保人员，8 个市针对全体基本医疗保险参保人员。应该以全体基本医疗保险参保人员为长期护理保险覆盖对象。原因一是并非职工医疗保险参保人员才会面临长期护理风险，仅仅针对职工医疗保险，则将大部分国民排除在外。二是扩大制度受益人群，有利于积累各类人群长期护理相关数据。三是职工基本医疗保险与城乡居民基本医疗保险制度已经开始了整合，未来长期护理保险制度也势必进行整合。因此，应该针对全体国民建立长期护理保险制度。

在筹资机制上，一是缴费标准。6 个地区选择定额筹资，7 个地区选择比例筹资，1 个地区暂不缴费。二是缴费来源。各地一般选择多个渠道筹资，比如个人、单位、政府补助、基金结余、福利彩票公益金等。三是缴费对象。职工和居民均需要缴费，职工一般从个人账户中划拨，同时退休老人也要缴费，而在职工医疗保险制度中，退休老人无须缴费。四是缴费分担机制。各地试点中，一般都提高了个人缴费比重，而企业统筹不缴费。这主要是为了响应中央降低社会保险费的要求。应继续维持现行职工医疗保险和城乡居民医疗保险的筹资方式，前者采用比例筹资，后者采用定额筹资。但在具体征缴上，可以直接从基金中划拨。职工医疗保险在职和退休职工均从个人账户中划拨，单位不再缴费。未建立个人账户的地区，直接从社会统筹基金中划拨。城乡居民医疗保险直接从统筹基金中划拨，划拨资金可以在城乡居民医疗保险定额筹资中予以提高。考虑到城乡居民医疗保险实行自愿参保，进一步提高个人缴费标准可能会引起逆向选择，导致参保覆盖面下降，因此财政可能需要发挥更大的作用。

在经办机构上，各地基本上均依托医疗保险经办机构经办长期护理保险业务。但是，绝大部分地区也提出可委托商业保险公司或者第三方机构等参与经办部分长期护理保险业务。之所以采取购买服务，是因为现行医疗保险经办机构经办缺乏足够的人力、物力和财力经办长期护理保险业务。同时，采取购买服务方式，有助于促进社会资本投入长期护理服务领域，有助于进一步繁荣长期护理服务市场。在统筹层次上，一般是采取了现行基本医疗保险的统筹层次。

在受益对象上，只有上海市是要求年满 60 岁且领取职工养老保险金或参加城镇居民基本医疗保险并正在享受基本医疗保险待遇，且经评估符合长期护理服务资格条件。其他地区则为限制年龄和收入要求。各地不宜设置年龄要求。但为了防止长期护理保险待遇过高带来未来长期护理保险制度统筹层次和制度间整合的困难，各地一方面应该严格限制长期护理保险受益面，将长期护理服务定位于迫切需要长期护理服务的受益人。另一方面，长期护理保险待遇水平亦不能设置过高，即长期护理保险制度一定要避免出现待遇攀比现象，要充分考虑精算平衡，至少做到财务可持续性。

在待遇内容上，除了青岛市仅提供医疗护理和成都市仅提供生活护理外，其余地区均是同时提供医疗护理和生活护理。在待遇方式上，除了石河子市提供实物＋现金待遇外，其余地区均只提供实物待遇。尽管如此，在实际运作中，实物待遇与现金待遇的差别并不像理论中的那么大。这是因为，虽然是实物待遇，但是长期护理服务的提供者仍然可以是家庭成员、邻里和朋友，因此其等价于现金待遇。

第五章

失业与工伤保险制度体系完善的重大问题

第一节　从失业保障到就业促进

一、失业保险制度覆盖面的有效性

1986年的《国营企业职工待业保险暂行规定》，确定待业保险制度覆盖面包括“宣告破产的企业的职工；濒临破产的企业法定整顿期间被精减的职工；企业终止、解除劳动合同的工人；企业辞退的职工。”其主要覆盖国营企业的待业职工。1993年的《国营企业职工待业保险规定》，将待业保险的覆盖面扩大到“失去工作的国有企业职工；依法宣告破产的企业的职工；濒临破产的企业在法定整顿期间被精减的职工；按照国家有关规定被撤销、解散企业的职工；按照国家有关规定停产整顿企业被精减的职工；终止或者解除劳动合同的职工；企业辞退、除名或者开除的职工；依照法律、法规规定或者按照省、自治区、直辖市人民政府规定，享受待业保险的其他职工。”1999年的《失业保险条例》，将失业保险覆盖面扩大到“城镇企业事业单位、城镇企业事业单位职工（该条例所指的城镇企业指国有企业、城镇集体企业、外商投资企业、城镇私营企业以及其他城镇企业）”。2017年，《失业保险条例（修订草案征求意见稿）》扩大了失业保险的覆盖范围，将原来的“城镇”拓展为“城乡”，将社会团体、民办非企业单位、基金会、律师事务所、会计师事务所等组织及其职工纳入保障范围，基本覆盖与单位建立劳动关系的职业人群。在相关法律法规的推动下，中国失业保险参保人数从1995年的8 238万人增加到2016年的18 089万人，增加了119.6%，领取失业保险金人数从2000年的190万人增加到2016年的230万人，增加21%（见表5－1）。

表5－1　1995－2016年中国失业保险参保人数占就业人数比例

年份	年末失业保险参保人数（万人）	城镇就业人数（万人）	参保人数占城镇就业人数比例（%）	城乡就业人数（万人）	参保人数占城乡就业人数比例（%）
1995	8 238	19 040	43.27	68 065	12.10
1996	8 333	19 922	41.83	68 950	12.09
1997	7 961	20 781	38.31	69 820	11.40
1998	7 928	21 616	36.68	70 637	11.22
1999	9 852	22 412	43.96	71 394	13.80
2000	10 408	23 151	44.96	72 085	14.44
2001	10 355	24 123	42.93	72 797	14.22
2002	10 182	25 159	40.47	73 280	13.89
2003	10 373	26 230	39.55	73 736	14.07
2004	10 584	27 293	38.78	74 264	14.25
2005	10 648	28 389	37.51	74 647	14.26
2006	11 187	29 630	37.76	74 978	14.92
2007	11 645	30 953	37.62	75 321	15.46
2008	12 400	32 103	38.63	75 564	16.41
2009	12 715	33 322	38.16	75 828	16.77
2010	13 376	34 687	38.56	76 105	17.58
2011	14 317	35 914	39.86	76 420	18.73
2012	15 225	37 102	41.04	76 704	19.85
2013	16 417	38 240	42.93	76 977	21.33
2014	17 043	39 310	43.36	77 253	22.06
2015	17 326	40 410	42.88	77 451	22.37
2016	18 089	41 428	43.66	77 603	23.31

资料来源：《中国统计年鉴》（2017）。

中国失业保险制度参保率较低。参保率是考察失业保险覆盖质量的直接指标，可以反映劳动者参加失业保险制度的比例。参保率越高，表明劳动者中参加失业保险制度的人数越多，劳动者应对就业问题的能力越强；参保率越低，表明劳动者中参加失业保险制度的人数越少，劳动者应对就业问题的能力越低。失业保险制度参保率可以通过失业保险参保人数占城镇就业人数、参保人数占城乡就业人数比重进行计算。一方面，失业保险参保人数占城镇就业人数比重不足一半。1995－2016年，失业保险参保人数占城镇就业人数比例由43.27%增加为43.66%，该比例最高年份为2000年的44.96%，但这一阶段失业保险参保人数占城镇就业人数比例的平均值为40.58%。这说明中国城镇就业人数中有近60%的劳动者没有参加失业保险制度。另一方面，将农村就业人口纳入后计算失业保险参保率，失业保险参保人数占城乡就业人数比例更低。1995－2016年，失业保险参保人数占城乡就业人数比例增长，由12.1%增加到23.31%，该比例最高年份为2016年的23.31%，但这一阶段失业保险参保人数占城乡就业人数比例的平均值为16.12%。这说明中国城乡就业人数中有近84%的劳动者没有参加失业保险制度。可见，无论是以城镇就业人口或城乡就业人口作为计算失业保险参保率的参照，计算结果均表明，中国失业保险参保率较低，还没有达到覆盖大部分劳动者的目标。

失业保险受益率较低。受益率是考察失业保险覆盖质量的关键指标，可以反映失业者中领取失业保险金人数的多少，其计算公式为领取失业保险金人数占城镇登记失业人数的比重。受益率越高，表明领取失业保险金的人数越多，失业保险覆盖质量越高；受益率越低，表明领取失业保险金的人数越少，失业保险覆盖质量越低。受益率可以通过领取失业保险金人数占城镇登记失业人数的比例进行计算。中国失业保险受益率较低。2000－2004年，中国失业保险受益率大幅增加，领取失业保险金的人数由190万人增加到419万人，在2002年更是达到440万人。但2005－2016年，失业保险受益率大幅下降，领取失业保险金的人数由362万人减少为230万人，在2011年更是减少到197万人。总体来看，2000－2016年，中国失业保险制度受益率由31.93%减少为23.42%，受益率最高年份为2002年的57.14%，但这一阶段失业保险受益率平均值为33.25%，也就是说，每100名城镇登记失业人数中，仅有33人领取失业保险金（见表5－2）。

表 5-2　　2000-2016 年中国领取失业保险金人数占城镇登记失业人数比例

年份	年末领取失业保险金人数（万人）	城镇登记失业人数（万人）	领取失业保险金人数占城镇登记失业人数比例（%）
2000	190	595	31.93
2001	312	681	45.81
2002	440	770	57.14
2003	415	800	51.88
2004	419	827	50.67
2005	362	839	43.15
2006	327	847	38.61
2007	286	830	34.46
2008	261	886	29.46
2009	235	921	25.52
2010	209	908	23.02
2011	197	922	21.37
2012	204	917	22.25
2013	197	926	21.27
2014	207	952	21.74
2015	227	966	23.50
2016	230	982	23.42

资料来源：《中国劳动统计年鉴》（2017）。

参保率、受益率双低表明中国失业保险制度覆盖质量存在较大问题。具体而言，第一，高失业风险群体失业保险参保率较低。农民工参加失业保险比率低。韩伟等对农民工失业状况调查显示农民工总失业比率高达 66.44%。[①] 因其多从事制造业、建筑业、批发和零售业等工作门槛低、替代性较强的工作，失业风险较大。而失业保险制度主要应对的是劳动者的失业问题，高失业风险群体更应该被失业保险制度覆盖。然而，现实情况是，农民工失业保险制度参保率较低。2016 年，中国农民工人数为 28 171 万人，但参加失业保险制度的人数仅为 4 659 万人。[②] 农民工参保率为 16.5%，有 83.5% 的农民工没有参加失业保险制度。农

① 韩伟，徐蕾，穆怀中，朱晓玲：《农民工失业保险制度研究》，《中国软科学》2010 年第 8 期。
② 《2016 年度人力资源和社会保障事业发展统计公报》。

民工失业保险参保率较低的原因在于农民工身份、工作特点、认知及失业保险制度规定的影响。按照户籍划分，农民工可以享受到农村社会保障制度，进城务工后，农民工工作流动性强，参加失业保险制度的积极性不高。同时，部分农民工不了解失业保险制度。另外，失业保险制度统筹层次、缴费基数、给付条件等制度设计内容不符合农民工自身特点，影响农民工参加失业保险制度的积极性。在统筹层次上，失业保险制度实行市级统筹或县级统筹，产生了失业保险异地转移接续的问题，降低跨地区流动农民工的参保积极性；在缴费基数规定上，失业保险缴费基数的下限为，参保单位和职工缴费基数低于本地区上年度在岗职工平均工资60%的，按60%核定。若以2016年在岗职工平均工资68 993元为依据，失业保险缴费基数下限为3 450元。2016年，农民工月均收入3 275元，制造业、批发和零售业、住宿和餐饮业及居民服务、修理和其他服务业的农民工月均收入分别为3 233元、2 839元、2 872元及2 851元。[①] 农民工收入低于失业保险缴费基数的下限，需要以失业保险缴费基数下限承担失业保险费的缴纳责任，这影响了农民工参保的积极性；在给付条件上，《失业保险条例》确定的给付条件之一为，“按照规定参加失业保险，所在单位和本人已按照规定履行缴费义务满1年的”，这项规定与农民工流动性强的特点存在矛盾，导致部分农民工因难以达到条件而选择不参保。

第二，失业保险覆盖面结构失衡问题。中国失业保险制度覆盖面存在城乡失衡、人群失衡的问题。

一是城乡失业保险覆盖面不均衡。表5－3的数据表明，当考虑农村就业人口时，计算失业保险覆盖面的分母由城镇就业人口扩大为城乡就业人口时，失业保险覆盖率大幅下降。这表明中国失业保险参保人群中农村就业人口少于城镇就业人口。城镇企业、事业单位及其职工参保比率较高，农村劳动者参保比率较低（见表5－3）。

表5－3　1995－2016年中国城乡失业保险参保率的比较　单位：%

年份	参保人数占城镇就业人数比例	参保人数占城乡就业人数比例	参保人数占城镇就业人数比重与参保人数占城乡就业人数比重之差
1995	43.27	12.10	31.16
1996	41.83	12.09	29.74
1997	38.31	11.40	26.91
1998	36.68	11.22	25.45

① 《2016年农民工监测调查报告》。

续表

年份	参保人数占城镇就业人数比例	参保人数占城乡就业人数比例	参保人数占城镇就业人数比重与参保人数占城乡就业人数比重之差
1999	43.96	13.80	30.16
2000	44.96	14.44	30.52
2001	42.93	14.22	28.70
2002	40.47	13.89	26.58
2003	39.55	14.07	25.48
2004	38.78	14.25	24.53
2005	37.51	14.26	23.24
2006	37.76	14.92	22.84
2007	37.62	15.46	22.16
2008	38.63	16.41	22.22
2009	38.16	16.77	21.39
2010	38.56	17.58	20.99
2011	39.86	18.73	21.13
2012	41.04	19.85	21.19
2013	42.93	21.33	21.60
2014	43.36	22.06	21.29
2015	42.88	22.37	20.51
2016	43.66	23.31	20.35

资料来源：根据表5-1计算所得。

二是不同群体失业保险制度覆盖面差异较大。一方面，国有企业及其职工、事业单位及其工作人员失业保险制度覆盖面较大。中国事业单位失业保险参保人数逐年上升。2008年参加失业保险制度的事业单位人员占事业单位工作人员总数的83.16%。2005年，国有及国有控股企业失业保险覆盖率为66.98%，集体企业失业保险覆盖率为22.8%，个体工商户失业保险覆盖率为2.7%，私营企业失业保险覆盖率为11.1%。[①] 另一方面，个体工商户、民营企业及其职工、低收入者失业保险制度覆盖面较小（见表5-4）。2005年，中国5个大城市和7个小城市的劳动力调查显示，贫困家庭的工人被失业保险覆盖的比例分别为17%和24%，非贫困家庭的工人被失业保险覆盖的比例分别是35%和46%，最低收入组的工

① 《中国社会保障发展报告（2013）》。

人被失业保险覆盖的比例分别是21%和37%，最高收入组分别是42%和60%。[①]

表5-4　　分单位类型参加失业保险状况

年份	参保人数（万人）	企业		事业单位		其他	
		人数（万人）	比重（%）	人数（万人）	比重（%）	人数（万人）	比重（%）
1999	9 852	8 300.3	84.2	1 476.6	15	75.1	0.8
2000	10 408	8 402.1	80.7	1 843.4	17.7	162.9	1.6
2001	10 355	8 149.5	80	1 977.2	19.4	54.9	0.5
2003	10 373	8 029.8	77.4	2 175.3	21	167.8	1.6
2004	10 584	8 148.4	77	2 255.9	21.3	179.6	1.7
2005	10 648	8 144.5	76.5	2 280.5	21.4	222.7	2.1
2008	12 400	9 580	77.3	2 438	19.7	382	3.1

资料来源：陈天红：《失业保险覆盖面扩大：现状、问题及政策选择》，《中国劳动》2016年第4期。

为了提高失业保险覆盖质量，扩大失业保险制度覆盖面，可从以下方面探索扩面路径：

第一，促使农民工、灵活就业人员、低收入劳动者由“不愿参保、不敢参保、无力参保”向“愿参保、敢参保、可参保”进行转变。从中国社会发展来看，具有较高失业风险的群体包括：农民工、灵活就业人员、低收入劳动者等。受制于这些群体自身因素、失业保险制度因素，这些群体出现“不愿参保、不敢参保、无力参保”的问题。解决“不愿参保”问题需要改变其“失业保险无用论”的认识。提高高失业风险人群的自我保障意识，正确认识失业保险促进就业的功能。应通过失业保险制度的宣传、现身说法等方式让单位及其职工认识到失业保险的重要性，改变其短视行为，促使其从“不愿参保”到“愿参保”的转变。应对“不敢参保”问题需要改变高失业风险人群的弱势地位。高失业风险人群多从事替代性强、门槛低的工作，他们与单位的议价能力较低，成为劳动力市场上的弱势群体。为了降低成本，部分企业不愿为其职工缴纳失业保险费，而职工担心丧失工作机会也会“妥协”，造成高失业风险者不敢参保。应提高《社会保险法》的执法力度，切实保护劳动者享受失业保险的合法权益。工会也应发挥其“代表劳工利益”的作用，保障劳动者的失业保险权益。劳动者也应认识到失业保险是其正当、合法的权利，同时通过加强自身建设，逐步提高其“议价能

① 李元春：《国外失业保险的历史与改革路径：政治经济学视角》，中国财政经济出版社2011年版，第204页。

力”。通过政府、工会及个人的共同努力，促进高失业风险群体从“不敢参保”到“敢参保”的转变。针对“无力参保”问题需要提高高失业风险人员收入。收入水平低是高失业风险群体的特征之一，通过提高其收入水平，使其有能力参保。为此，中国应不断完善各种收入保障制度，提高失业风险群体的劳动收入，实现其从“无力参保”到“可参保”的转变。

第二，提高失业保险统筹层次。统筹层次过低会影响基金的转移接续，最终影响到劳动者失业保险的参保决策。推进失业保险统筹层次由市级、县级统筹向省级统筹的转变，应对跨地区流动带来的劳动者失业保险转移接续难问题。

第三，建立并完善失业保险浮动费率制度。当前，中国失业保险实行统一费率，统一费率具有简单、方便的优点，但没有考虑到不同类型单位人员失业风险程度的差异，造成效益好、失业人员少的单位也必须按照统一的缴费率缴纳失业保险金，降低单位缴费的积极性，采取不交、少缴等消极方式予以应对，从而会引发低失业风险群体参保积极性不高、高失业风险群体积极参保的逆向选择现象，这就是制度设计不合理带来的激励缺失问题。应建立基于失业风险的行业差别费率制度，即失业风险与失业保险缴费率关联的制度安排，失业风险较高的行业，失业保险缴费率也较高，失业风险较低的行业，费率较低，以此来改善激励效果。可以借鉴深圳的经验，深圳市实施了失业保险浮动费率制度（见表5－5），将失业保险基金结余与费率浮动结合在一起，要求上一年度失业保险基金结余率低于10%的，当年失业保险费率不实行浮动，在此基础上，再根据失业人员数量、失业保险费收支率、招收就业困难人员的情况确定失业保险浮动费率。[①]

表5－5　深圳市失业保险浮动费率规定

情形	条件	工伤保险费率
情形一	用人单位上一年度没有非因本人意愿中断就业的职工	费率下浮20%
情形二	上一年度有非因本人意愿中断就业的职工，但上一年度失业保险费收支率低于10%	费率下浮10%
情形三	用人单位上一年度按照本市就业政策，招用经本市公共就业服务机构认定的就业困难人员就业的	下浮的失业保险缴费额为：招用就业人数×10×招用月数×2%×当年最低工资标准

资料来源：《深圳市失业保险浮动费率管理暂行办法》。

① 失业保险费收支率指年度内社保机构支付用人单位职工失业保险金占该单位实际缴纳失业保险费的比例。

第四，降低失业保险享受条件，提高失业保险受益率。中国城镇登记失业率并未真实反映中国劳动者的失业状况，因为还存在有的劳动者失业后并未登记失业的情况。同时，城镇登记失业人数中可能还存在部分劳动者并未参加失业保险制度的情况。剔除这种特殊状况，中国城镇登记失业人员中享受失业保险的劳动者比例并不高，且失业保险制度受益率还在下降。失业保险受益率下降的主要原因在于较高的失业保险给付条件。应改革缴费满 1 年的规定。《失业保险条例》第 3 章第 14 条第 1 款规定，“按照规定参加失业保险，所在单位和本人已按照规定履行缴费义务满 1 年的”可以领取失业保险金。这就将部分灵活就业人员、农民工排除在外，因为这些群体就业跨区域流动性较大、缴费满 1 年的规定对他们而言太长，而这部分群体是高失业风险群体，可适度降低缴费满 1 年的规定。

二、失业保险金功能的拓展

从 1999 年《失业保险条例》的颁布至今，中国发放失业保险金的速度表现出增长—紧缩—增长的特点。1999 - 2003 年，这一阶段失业保险金的发放保持了较高速度，失业保险金的增长率最高为 2000 年的 76.3%。2004 - 2010 年，失业保险金的增长速度有所减缓，这一时期发放失业保险金的增长率下降到 10% 以下，且 2005 年、2006 年、2010 年三年的发放失业保险金的规模比上一年度有所减少。2011 - 2016 年，失业保险金的发放速度逐渐增加，该数值由 13.8% 增加到 14.7%（见表 5 - 6）。

表 5 - 6　　1999 - 2016 年中国失业保险参保人数及发放失业保险金概况

年份	年末参保人数（万人）	年末参保人数增长率（%）	全年发放失业保险金（万元）	全年发放失业保险金增长率（%）
1999	9 852	24.3	318 722	56.3
2000	10 408	5.6	561 984	76.3
2001	10 355	-0.6	832 563	48.1
2002	10 182	-1.7	1 167 736	40.3
2003	10 373	1.9	1 334 448	14.3
2004	10 584	2.0	1 374 983	3.0
2005	10 648	0.6	1 366 801	-0.6
2006	11 187	5.0	1 253 873	-8.3

续表

年份	年末参保人数（万人）	年末参保人数增长率（%）	全年发放失业保险金（万元）	全年发放失业保险金增长率（%）
2007	11 645	4.1	1 294 405	3.2
2008	12 400	6.5	1 395 349	7.8
2009	12 715	2.5	1 457 592	4.5
2010	13 376	5.2	1 404 485	-3.6
2011	14 317	7.0	1 598 544	13.8
2012	15 225	6.3	1 812 934	13.4
2013	16 417	7.8	2 032 389	12.1
2014	17 043	3.8	2 332 794	14.8
2015	17 326	1.7	2 698 012	15.7
2016	18 089	4.4	3 094 000	14.7

资料来源：《中国统计年鉴》（2017）。

中国失业保险基金存在累积结余过大的问题。失业保险基金的累计结余可以由累积结余额、累计结余增长率、累计结余系数体现。失业保险累积结余额可以反映某地区当年失业保险基金的富裕程度；失业保险累积结余增长率可以反映当年某地区失业保险基金累计结余额与上年度失业保险基金累计结余额的变化情况，增长率为正值表明当年数值大于上年度，增长率为负值表明当年数值小于上年度；失业保险基金累积结余系数可以反映当年失业保险基金累计结余额可用于支持当年失业保险基金支出的富裕情况，该指标以当年失业保险基金支出为标准，假定未来年份失业保险基金支出额与今年相同，计算当年失业保险基金累计结余额可用于多长时间的失业保险基金支出。失业保险基金累积结余系数的计算公式为当年失业保险基金累计结余额除以当年失业保险基金支出额，该指标值越大，表明失业保险基金累计结余额用于支付失业保险基金的时间越长；指标值越小，表明失业保险基金累计结余额用于支付失业保险基金的时间越短。中国失业保险基金累计结余额逐年增加，2000－2016年，失业保险基金累计结余额由195.9亿元增加到5 333.3亿元，这一阶段失业保险基金累计结余额的平均增长率为23.27%，累计结余增长率最大年份为2006年的39.65%。在累积结余系数方面，2000－2004年，该指标值低于2，2005年达到2.51，随后一直保持较高水平，在2014年更是达到峰值7.24。2000－2016年中国累积结余额、累计结余增长率、累计结余系数的变化说明中国失业保险基金的累计结余额过大（见表5－7）。

表 5-7　　2000-2016 年中国失业保险基金收支及累计结余

年份	基金收入（亿元）	基金支出（亿元）	累计结余（亿元）	累计结余增长率（%）	累积结余系数
2000	160.4	123.4	195.9	22.51	1.59
2001	187.3	156.6	226.2	15.47	1.44
2002	215.6	186.6	253.8	12.20	1.36
2003	249.5	199.8	303.5	19.58	1.52
2004	291.0	211.0	386.0	27.12	1.83
2005	340.3	206.9	519.0	34.53	2.51
2006	402.4	198.0	724.8	39.65	3.66
2007	471.7	217.6	979.1	35.09	4.50
2008	585.1	253.5	137.1	33.81	5.17
2009	580.4	366.8	1 523.6	16.30	4.15
2010	649.8	423.3	1 749.8	14.85	4.13
2011	923.1	432.8	2 240.2	28.03	5.18
2012	1 138.9	450.6	2 929	30.75	6.50
2013	1 288.9	531.6	3 685.9	25.84	6.93
2014	1 379.8	614.7	4 451.5	20.77	7.24
2015	1 367.8	736.4	5 083	14.19	6.90
2016	1 228.9	976.1	5 333.3	4.92	5.46

资料来源：《中国统计年鉴》(2017)。

同时，中国不同地区失业保险基金累计结余额存在差异，2016 年，贵州、浙江、广东、广西、重庆、湖北、湖南、海南、辽宁、河南、青海、内蒙古、黑龙江、甘肃、宁夏、云南、福建、吉林、陕西、山西、江西、西藏等省（市、自治区）的累积结余系数超过全国平均水平，超过全国平均水平的地区达到 22 个，累积结余系数最高为西藏的 164（见表 5-8）。

表 5-8　　2016 年中国各地区失业保险基金收支及结余概况

地区	参保人数（万人）	基金收入（亿元）	基金支出（亿元）	累计结余（亿元）	累积结余系数
全国	18 088.8	1 228.9	976.1	5 333.3	5.46
北京	1 115	80.7	61.7	221.5	3.59

续表

地区	参保人数（万人）	基金收入（亿元）	基金支出（亿元）	累计结余（亿元）	累积结余系数
天津	302.5	28.8	27.8	104.2	3.75
河北	515.9	38.4	49.6	157.9	3.18
山西	415.2	27.5	11.9	165.6	13.92
内蒙古	241.1	24.1	13.8	118.8	8.61
辽宁	665.4	46.8	35	270.3	7.72
吉林	262	22.5	11.7	116.4	9.95
黑龙江	313.2	24.7	18.3	165.2	9.03
上海	947.3	104.5	93.4	181.2	1.94
江苏	1 538.1	112.4	109.8	440	4.01
浙江	1 317	89.8	68.7	401	5.84
安徽	448.5	36	26.7	115.6	4.33
福建	575.5	29.2	16.8	163.9	9.76
江西	282.6	10.7	3.7	71.4	19.3
山东	1 222.9	92.4	70	297.8	4.25
河南	788.1	38.6	22.6	175	7.74
湖北	541.9	31	23.9	173.3	7.25
湖南	537.5	27.6	16.8	126.1	7.51
广东	3 020.1	102	95.3	641.2	6.73
广西	283.7	22.4	19.2	129.6	6.75
海南	170.2	6.5	4.5	34.5	7.67
重庆	447.1	20	15.8	112.2	7.1
四川	702	95.3	75.6	341.6	4.52
贵州	218.1	17	13.9	77.7	5.59
云南	251.2	22.2	13.1	127.7	9.75
西藏	15.2	2.7	0.1	16.4	164
陕西	352.2	23.2	11.8	154.4	13.08
甘肃	164.3	14.6	8.2	78.5	9.57
青海	40.8	3.6	3.3	27.5	8.33
宁夏	95.6	6.8	3.6	34.8	9.67
新疆	298.7	26.9	29.7	92.1	3.1

资料来源：《中国统计年鉴》（2017）。

中国失业保险基金累积结余较大的原因包括以下方面：

第一，失业保险制度对"低风险"群体的"高覆盖"。国有企业及其职工、事业单位及工作人员失业风险小、参保率较高。以事业单位为例，一方面，事业单位及其工作人员参保率较高，为失业保险基金的累积结余贡献较大。事业单位参保人数占全部参保人数的20%，缴费收入占当年缴费收入的10%，1999－2009年剔除事业单位缴费后失业保险缴费占失业保险基金历年累计结余的27%，[①] 另一方面，事业单位工作人员失业风险低。中华人民共和国成立后，在企业与政府之外，中国形成了公共非营利性组织，即事业单位，长期以来，事业单位工作人员不会下岗失业，其就业被形象称为"铁饭碗"，说明事业单位工作人员失业风险低，也就意味着事业单位人员失业保险基金支出少。因而，从基金的收支来看，事业单位成为失业保险基金收入的重要来源，但却在失业保险基金支出上较少，从而形成了"低风险"群体失业保险制度的"高覆盖"现象（见表5－9）。

表5－9　剔除事业单位缴费后的收支结余估算　单位：亿元

年份	剔除前当年收入	剔除后当年收入	当年支出	剔除后当年结余
1999	125.2	110.2	91.6	18.6
2000	160.4	141.2	123.4	17.8
2001	187.3	164.8	156.6	8.2
2002	215.6	189.7	186.6	3.1
2003	249.5	219.6	199.8	19.8
2004	291.0	262.1	211.0	51.1
2005	340.3	299.5	206.9	92.6
2006	402.4	354.1	198.0	156.1
2007	471.7	415.1	217.7	197.4
2008	585.1	514.9	253.5	261.4
2009	580.0	510.4	367.0	143.4
总计	3 608.5	3 181.6	2 212.1	969.5

资料来源：郑秉文：《中国失业保险基金增长原因分析及其政策选择——从中外比较的角度兼论投资体制改革》，《经济社会体制比较》2010年第6期。

第二，失业保险制度对"高风险"群体的"低覆盖"。农民工、灵活就业人

① 郑秉文：《中国失业保险基金增长原因分析及其政策选择——从中外比较的角度兼论投资体制改革》，《经济社会体制比较》2010年第6期。

员、低收入劳动者、大学生等群体失业风险较高、参保率较低。失业保险制度首先要保障的是高失业风险群体，然后才是普通职工。正如上文分析，中国失业保险制度中高失业风险群体参保率较低。由于这些群体的失业保险权益的缺失，造成失业保险基金并未支付给需要保障的群体。

第三，失业保险金替代率水平较低。中国当前失业保险金给付标准有四种计算方法：一是参照失业者失业前的平均失业保险缴费基数确定，如江苏省和海南省；二是参照城市最低生活保障标准确定，如黑龙江省和西藏自治区；三是参照最低工资标准确定，如北京市、广东省、四川省、陕西省、甘肃省、辽宁省、浙江省、安徽省、福建省、河南省、湖南省等；四是由地方政府确定固定给付标准并进行不定期调整，如青海省、山西省、云南省、吉林省和重庆市。按照这四种方式，不同地区确定其失业保险金。但失业保险金的替代率较低，与其他国家和地区相比，中国失业保险替代率远远低于其他国家。同时，与其他国家相比，中国失业保险金替代率的设计缺少考虑家庭子女数量、收入状况等因素。失业保险金替代率低会导致失业保险基金的支出较少，在失业保险基金收入不断增加的情况下，基金结余额会增加（见表5－10和表5－11）。

表5－10　部分国家（地区）失业保险替代率

地区	失业保险替代率	计算失业保险金替代率的工资基数
中国	17.9%	在岗职工月平均工资
韩国	50%	本人失业前日均工资
泰国	50%	失业前9个月中收入最高3个月的平均工资
美国	50%	本人失业前平均工资
日本	50%－80%	本人失业前日均工资
加拿大	55%	本人失业前周平均工资
法国	57.4%－75%	失业前12个月的日平均工资
越南	60%	失业前6个月的平均工资
埃及	60%	失业前1个月的工资
中国台湾	60%	本人失业前月平均工资
瑞士	70%－80%	本人失业前平均工资
卢森堡	80%－85%	本人失业前平均工资
丹麦	90%	失业前12周的平均工资

资料来源：陈天红：《中国失业保险金给付标准：现状、问题及对策思考》，《广东行政学院学报》2016年第3期。

表 5-11　　2007 年收入达到平均工资的长期失业家庭失业金替代率

单位：%

地区	没有孩子			两个孩子		
	单身	单收入夫妇	双收入夫妇	单身	单收入夫妇	双收入夫妇
日本	29	41	41	55	60	44
德国	34	45	50	63	64	54
法国	32	40	43	48	54	45
韩国	17	28	41	37	44	41
美国	6	11	44	31	37	52
英国	40	40	41	59	66	52
瑞典	45	56	41	50	66	46

资料来源：郑功成，［日］武川正吾，［韩］金源明：《东亚地区社会保障论》，人民出版社 2014 年版，第 247－248 页。

第四，失业保险制度预防失业、促进就业功能的不足。失业保险基金具有保障失业劳动者基本生活、预防失业、促进就业三大功能。但中国失业保险制度在运行过程中存在“重保障生活、轻预防失业、轻促进就业”的错误理念。

一是失业保险制度中对于预防失业、促进就业的规定过少。按照 1999 年的《失业保险条例》，领取失业保险金的条件是按照规定参加失业保险，所在单位和本人已按照规定履行缴费义务满 1 年的；非因本人意愿中断就业的；已办理失业登记，并有求职要求的。可见，中国失业保险制度并没有在领取条件中将失业保险和就业服务有效联系起来，从而导致失业保险制度预防失业和促进就业功能较弱。

二是失业保险制度促进就业功能不足。中国失业保险制度在发展过程中过多地注重了保障基本生活的功能，忽视了促进就业的功能。完善的失业保障体系应该具有预防失业、促进就业的功能，即通过各种就业促进计划和培训项目使得劳动者免于失业，即使在失业的情况下，通过职业介绍服务、职业培训项目也可以使得失业者重新找到工作。中国的现实状况是用于促进就业的失业保险金比例较低，1996 年以来，用于发放失业保险金的支出占失业保险金总支出的比例逐年递增，1996 年为 50.92%，1999 年达到 65.68%，2000 年为 78.58%，2001 年为 78.98%。2001 年用于促进就业方面的投入占失业保险金的总支出只有 10% 左右，2004 年最高为 16%，而且多集中在上海、北京等地，多数地方促进就业的投入比例不到 10%，甚至不足 5%。

合理发挥失业保险金的功能需要利用好失业保险基金结余，关键在于拓展失业保险金的功能。第一，提高失业保险的替代率，充分发挥失业保险基金保障劳动者基本生活的功能。中国失业保险金的替代率水平较低，保障劳动者基本生活的功能难以有效发挥。2016 年，中国年人均失业保险金为 12 612 元，城镇居民年人均可支配收入为 33 616.2 元，城镇居民人均支出为 23 078.9 元，失业保险金占城镇居民年人均可支配收入的 37.52%，占城镇居民年人均消费支出的 54.65%。同时，中国失业保险金的确定没有考虑失业者的家庭状况。劳动者失业后，对于主要依靠劳动者工资生活的家庭，失业保险金难以保障其生活。应提高失业保险金的替代率。将失业保险金水平的确定与工资相联系。中国失业保险金的发放标准经历了从与本人工资为标准向与城市最低生活保障标准和法定最低工资标准为依据的转变。[①] 这种转变表明，中国失业保险金给付标准抛弃了工资替代率概念，使得失业保险制度的功能从收入维持转变成为缓解贫困。[②] 应改革现行失业保险金的计发办法，根据劳动者失业前工资水平的一定比例确定失业保险金的水平，促使失业保险制度回归收入替代功能。在替代率的确定上，需要根据物价水平、收入水平、工资水平等因素综合确定失业保险金替代率，可将失业保险金的替代率确定为 50%，逐渐调整失业保险金。

第二，充分发挥失业保险基金预防失业与促进就业的功能。将失业保险金的支出与就业服务项目的供给联系起来。失业人员领取失业保险应以参加职业介绍和职业培训为条件。同时，要扩大失业保险基金促进就业服务的范围。失业保险基金可在以下方面对就业服务提供支持：长期失业者就业津贴、青年实习补贴、有家庭困难的失业者就业补贴、创业资助、异地就业补贴、特殊时期的就业和生活补贴、职业介绍和职业培训费用。[③] 失业保险基金可重点用于职业培训、职业技能鉴定、创业等就业促进项目上。要缩短失业保险金的给付期限。根据工作搜寻理论，失业保险制度延长了劳动者的搜寻工作时间，提高了失业率。[④] 如果失业保险享受的潜在期限延长 1 周，失业者的失业持续时间将会增加 0.1 – 0.8 周不等，[⑤] 中国失业保险给付期最长为 24 个月，失业保险制度会影响劳动者的就业行为。应适当缩短失业保险金给付期限，以此来改善失业保险制度的激励效果。

---

① 1986 年的《国营企业职工待业保险暂行规定》，将失业保险金的发放标准与职工离开企业前两年本人月平均工资相联系，1993 年的《国有企业职工待业保险规定》，将失业保险金的发放标准与社会救济标准相联系，1999 年的《失业保险条例》，将失业保险金的发放标准确定为高于法定最低工资标准、低于当地最低工资标准，2010 年的《中华人民共和国社会保险法》，确定失业保险金不得低于城市居民最低生活保障标准。

② 顾昕：《通向普遍主义的艰难之路：中国城镇失业保险制度的覆盖面分析》，《东岳论丛》2006 年第 3 期。

③ 吕学静：《我国失业保险制度功能的改革与优化》，《中国社会保障》2010 年第 9 期。

④ 杨俊：《社会保险经济学》，复旦大学出版社 2012 年版，第 222 页。

⑤ Robert Moffit. Waiter Nicholson. The Effect of Unemployment Insurance on Unemployment：The Case of Federal Supplemental Benefits，The Review of Economics and Statistics，1982，64（1）：1 – 11.

第三，充分发挥失业保险基金对高失业风险群体的保障和促进就业功能。要促进高失业风险群体参加失业保险制度，参加失业保险制度是享受失业保险待遇的基础与条件。要根据不同群体的特点，实施差异的失业保险支持计划，促进其就业。为农民工、灵活就业人员等群体提供职业培训补贴。从失业保险基金中确定一定比例的费用，专门针对高失业风险群体提供职业培训。其次，实行差异的失业保险基金支持项目。实施扩大失业保险基金就业促进计划，通过这些计划，可以满足不同人群的需求（见表5-12）。

表5-12　　不同类型失业者失业保险金支持计划

不同类型失业者	失业保险金的支持计划
已经失去工作并自主创业的参保人	设立“自雇人员创业补贴”
自愿到基层社区担任社会工作者的参保人	设立“社区工作者津贴”
登记失业的参保人和刚毕业的大学生	设立“绿色岗位补贴”
16-24岁青年人	设立“青年促进就业计划”
已经失去领取失业金资格但还未重新就业的失业人员	设立“延伸失业金制度”

资料来源：郑秉文：《中国失业保险基金增长原因分析及其政策选择——从中外比较的角度兼论投资体制改革》，《经济社会体制比较》2010年第6期。

三、建立以促进就业为目标的雇用保险制度

中国失业保险制度存在的关键问题在于失业保险制度预防失业与促进就业的功能不足，难以达到制度建立的初衷。应在中国建立雇用保险制度。中国雇用保险制度的建立，可从以下三个方面出发：

第一，树立保障生活、预防失业、促进就业功能均衡发展的理念。从目前中国失业保险制度的运行来看，失业保险制度存在“重生活保障、轻预防失业、轻促进就业”的问题，因而，推动失业保险制度向雇用保险制度的转变，重点在于充分发挥失业保险基金预防失业与促进就业的功能。在预防失业、促进就业功能方面，可以从制度供给、财政支持等方面进行完善。在制度供给上，应该建立包括就业指导、就业培训、就业资助和补贴等内容的预防失业与促进就业制度。在财政支持上，政府需要增加预防失业与促进就业的财政投入，在地区、人群上确保财政支持的均等化。同时，随着中国就业体制的发展，就业方式呈现多样化的特点。临时就业、家政服务、自营就业、弹性就业等就业人数不断增加。因此，失业保险制度保障生活、预防失业、促进就业功能的发挥要适应就业状况的变化。应完善中央对经济落后地区财政转移支付制度，充分发挥落后地区失业保险

制度保障生活、预防失业、促进就业功能。应转变政府职能，树立公共就业服务城乡一体化理念，实现城乡公共就业服务统筹发展。

第二，构建以“生活保障+预防失业+促进就业”为主要内容的雇用保险制度内容体系。雇用保险制度内容体系由三部分组成，分别是生活保障内容、预防失业内容和促进就业内容。其中，生活保障内容主要是通过给失业者发放失业津贴，满足其基本生活需要。这一部分内容可以充分借鉴中国现行失业保险制度的内容。预防失业内容主要是通过调节雇主和雇员的行为，避免雇主裁员和雇员离职。有以下策略可以选择：一是建立浮动费率制度。根据不同行业就业情况特点，设置若干档次的雇用保险费率，建立失业人数与单位缴费率联动机制。当某企业失业人数增加时，调高该企业雇用保险费率；反之，当某企业失业人数减少时，降低该企业雇用保险费率。二是对雇用老年人、残疾人等弱势群体劳动者的企业给予就业补贴。可在雇用保险基金中设立专项费用，用于支持雇用老年人、残疾人就业的企业。三是对在就业困难地区提供工作岗位的企业进行补贴。促进就业内容主要通过为雇员提供培训、职业介绍、就业咨询等方式促进就业。对失业者发放培训津贴，失业者可通过培训津贴去职业培训机构获取就业培训；提供职业介绍和就业咨询服务，政府可为失业者发放职业介绍和就业咨询服务津贴，失业者去相应机构购买服务。

第三，完善雇用保险制度的相关就业服务。推动与雇用保险制度紧密相关的就业服务的发展。一是推动就业服务内容的扩展。完善职业介绍、就业咨询、职业培训等就业服务内容。二是完善就业服务的政府购买机制。就业服务属于公共产品，可通过政府购买机制实现就业服务的供给。大力推动企业资本进入就业服务领域，就业培训、职业咨询等可由专业化的企业提供，政府出资从企业方购买相应服务，企业为失业者提供相应的就业服务。三是形成多元化就业服务的筹资机制。政府、企业、社会共同组成了就业服务的资金来源主体。政府应扩大就业服务的财政支持规模，慈善捐款、企业资本可成为就业服务资金来源的重要组成部分，社会捐赠可成为就业服务资金来源的重要渠道，形成政府主导、企业补充、社会辅助的就业服务筹资机制。

第二节　从工伤保障到工伤预防

一、工伤保险制度的覆盖质量

随着中国工伤保险制度的不断完善，工伤保险覆盖面不断扩大。1996 年，

《企业职工工伤保险试行办法》颁布，对工伤保险的覆盖人群并没有做出明确的说明，仅指出，中华人民共和国境内的企业及其职工必须遵照本办法的规定执行。2003 年，《工伤保险条例》颁布，确定工伤保险的覆盖范围为“中华人民共和国境内的各类企业、有雇工的个体工商户”。2011 年，修订后的《工伤保险条例》，确定工伤保险覆盖面包括，“中华人民共和国境内的企业、事业单位、社会团体、民办非企业单位、基金会、律师事务所、会计师事务所等组织和有雇工的个体工商户”。正是在这些法律法规的作用下，中国工伤保险参保人数逐年增加，享受工伤保险待遇的人数也不断增加（见表 5 - 13）。

表 5 - 13　　2001 - 2016 年中国工伤保险参保人数及待遇领取人数概况

年份	年末参保人数（万人）	年末参保人数增长率（%）	全年享受工伤保险待遇人数（万人）	年末享受工伤保险待遇人数增长率（%）
2001	4 345.3	-0.1	18.7	-0.6
2002	4 405.6	1.4	26.5	41.7
2003	4 574.8	3.8	32.9	24.2
2004	6 845.2	49.6	51.9	57.8
2005	8 477.8	23.9	65.1	25.4
2006	10 268.5	21.1	77.8	19.5
2007	12 173.4	18.6	96.0	23.4
2008	13 787.2	13.3	117.8	22.7
2009	14 895.5	8.0	129.6	10.0
2010	16 160.7	8.5	147.5	13.8
2011	17 695.9	9.5	163.0	10.6
2012	19 010.1	7.4	190.5	16.9
2013	19 917.2	4.8	195.2	2.4
2014	20 639.2	3.6	198.2	1.5
2015	21 432.5	3.8	201.9	1.9
2016	21 889.3	2.1	196	-2.9

资料来源：《中国统计年鉴》（2017）。

然而，中国工伤保险制度覆盖面还存在较多问题，规模以上企业基本已经参保，特殊行业和群体的工伤保险覆盖面较小。

第一，农民工工伤保险覆盖面窄。建筑企业农民工工伤保险覆盖面窄。建筑业是农民工就业的传统行业，就业人数较多，建筑业农民工工伤保险参保率低的原因包括：一是农民工签订劳动合同较少。建筑业多为民营企业，部分民营企业不愿承担责任而不想与农民工签订劳动合同，农民工流动量大，不愿因签订劳动合同受到较多管制；二是民营企业负责人法律意识淡薄，不愿为农民工缴纳工伤保险；三是建筑业有专门针对农民工参加意外伤害保险的法律法规，缺少专门针对农民工参加工伤保险的法规。《建筑工程安全生产管理条例》第38条规定，施工单位应为施工现场从事危险作业的人员办理意外伤害保险，但政府部门缺少专门针对建筑业农民工参加工伤保险的法规；四是农民工工伤常通过“私了”方式解决。由于工伤认定中关于事实劳动关系的举证复杂、证据收集难，用人单位较农民工具有优势地位等综合因素的影响，农民工出现工伤后，通常选择“私了”方式予以解决，且“私了”所得补偿远远低于工伤保险条例规定的补偿。餐饮、住宿、美容美发等服务行业的农民工参保率较低。随着产业结构的变化，第一产业、第二产业就业人员向第三产业进行转移，餐饮、住宿、美容美发等服务行业吸引了众多的就业者，这些服务行业也成为农民工就业集中的行业。然而，由于企业节约成本、农民工缺乏自我保护意识等因素的影响，服务业农民工参保率低。

第二，小微企业职工工伤保险参保率较低。小微企业经营规模小，承担工伤保险等社会保险缴费的能力有限，因而，基于降低企业经营成本的考虑，小微企业为其员工缴纳工伤保险的数量有限，即使参加，也会出现按照最低缴费档次缴纳工伤保险费的问题。

第三，灵活就业人员工伤保险参保率较低。与传统的、有稳定劳动关系的劳动者不同，灵活就业人员没有传统意义的缴费主体，存在用人单位缺失的问题，这导致灵活就业人员工伤保险参保积极性不高。相关法律并没有灵活就业人员参加工伤保险的明确规定，用工主体没有法定缴费义务，劳动者本人也没有参保缴费途径，制度障碍成为灵活就业人员参保的重要障碍。①

第四，各类未受雇于企业的志愿者、义工等从事公益活动的群体参保政策不明确。志愿者、义工等从事公益活动的群体有助于社会进步，推动社会的发展，但这类群体有可能在志愿活动中面临工伤风险，而工伤风险的存在将会导致部分从事公益活动群体不愿参加公益活动。

工伤保险扩面工作需要树立统筹推进、重点突出的理念，在有序推进所有劳动者积极参加工伤保险的进程中，重点扩大特殊行业和群体的工伤保险覆盖面，需要采用综合手段进行。

---

① 按照《将灵活就业人员纳入工伤保险》（《中国劳动保障报》2016年8月6日第3版）一文，以灵活就业所服务的对象、与服务对象形成的权利义务关系、工作时间、工作性质等为标准，大体将灵活就业人员分为以下几类：一是与企业、个体工商户等经济实体建立经济承包关系的灵活从业人员；二是与企业、个体工商户等建立事实劳动关系的灵活从业人员；三是与个人建立定时、定期服务关系的灵活从业人员；四是与个人建立不定时服务关系的从业人员。

第一，全面推进全行业劳动者的工伤保险覆盖面扩大工作。工伤保险覆盖面应由城镇劳动者向城乡劳动者予以扩大。要将有稳定劳动关系的职工全部纳入，实现法定范围的全覆盖。要将机关、参公事业单位纳入工伤保险制度，实现对有稳定劳动关系、人事关系的职工全覆盖。

第二，重点推进关键领域劳动者的工伤保险覆盖面扩大工作。首先，重点推进农民工工伤保险扩面专项工作。一是加强对法律法规的学习。通过深入学习《劳动法》《劳动合同法》《社会保险法》《工伤保险条例》，促使企业及农民工深入了解工伤保险相关法规，提高农民工自我保护意识。二是加大劳动保护督查力度。劳动监察部门要依据国家颁布的法律法规，对用工行为进行督查，积极督促农民工签订劳动合同，督促企业为农民工参保，对未缴纳工伤保险费的企业下达限期整改指令书。三是根据农民工的工作特点，积极完善工伤保险制度。对建筑行业相对固定的农民工，按用人单位参加工伤保险，对不能按用人单位参保的，可按照工程项目参加工伤保险。四是建立健全工伤赔偿连带责任机制。建筑单位、施工单位或者具有用工主体资格的分包单位将建筑工程分包给不具备用工主体资格的组织和个人，在分包单位劳动者出现工伤时，发包单位应当承担连带责任。其次，重点推进小微企业工伤保险扩面的专项工作。一是合理确定小微企业缴费办法。二是通过不得以“五险”捆绑式参保为条件拒绝小微企业参保、按照“实名制”方式参保、实行灵活的登记缴费方式等手段，简化小微企业参保登记和缴费程序。三是加强对小微企业参加工伤保险的组织协调和监督。再次，重点推进灵活就业人员参保。一是探索适应于灵活就业人员的工伤保险办法。二是应建立灵活的工伤保险缴费方式。对餐饮业、家政服务业等流动性强的行业，可按照“定额缴费、动态实名”的办法缴纳工伤保险费。要根据灵活的就业方式，做到随时申报、随时登记缴费，并做好灵活就业人员的实名制管理。制定灵活的工伤保险关系转移办法。三是善于运用互联网+技术。如开发工伤保险参保缴费APP，方便灵活就业人员参保。最后，探索专职从事公益活动的群体参加工伤保险制度。随着经济社会的发展变化，志愿服务者数量将会快速增加。为促进志愿服务的发展，工伤保险制度应将这类群体纳入。如《湖南省志愿服务条例（草案）》中提出，“志愿者在志愿服务活动中受到伤害的，与用人单位建立了劳动关系的，依法享受工伤保险待遇”。

第三，建立工伤保险覆盖面扩大的联动机制。加强部门协作，建立以人力资源和社会保障部门为中心，住房与城乡建设部门、安全监督部门、工会组织、税务部门等职能部门共同参与的联动机制，定期召开会议，明确各方职责，实现信息共通，共同推进工伤保险覆盖面的扩大工作。提高工伤保险参保的宣传力度。社会保障部门要深入企业，采取现场发放宣传资料、现场答疑、上门解释法规等手段，积极宣传工伤保险制度。

二、工伤认定机制的完善

1996 年的《企业职工工伤保险试行办法》，2002 年的《中华人民共和国职业病防治法》《中华人民共和国安全生产法》《国家职业卫生标准管理办法》《职业危害事故调整处理办法》，2003 年的《工伤保险条例》、2011 年修订的《工伤保险条例》，2014 年的《关于进一步做好建筑业工伤保险工作的意见》等法律法规，共同构成了工伤保险法律体系。随着中国工伤保险制度的不断完善，工伤认定工作也不断推进。2014－2015 年，中国工伤认定件数由 1 138 869 人降低为 1 067 377 人，视同工伤件数由 7 723 人增加到 8 529 人，不予认定工伤人数 13 659 人增加为 14 761 人（见表 5－14）。

表 5－14　　2015 年中国工伤认定情况　　单位：人

工伤认定情况		人数
认定工伤件数	在工作时间和工作场所内因工作原因受到事故伤害	905 240
	工作时间前后在工作场所内从事与工作有关的预备性或收尾性工作受到事故伤害	9 859
	在工作时间和工作场所内因履行工作职责受到暴力等意外伤害	11 062
	患职业病	20 835
	因工外出期间由于工作原因受到伤害或者发生事故下落不明	41 531
	在上下班途中受到机动车事故伤害	78 080
	其他应当认定为工伤的情形	770
视同工伤件数	在工作时间和工作岗位突发疾病死亡或者在 48 小时之内经抢救无效死亡	8 192
	在抢险救灾等维护国家利益、公共利益活动中受到伤害	185
	因战、因公负伤致残到用人单位后旧伤复发	152
不予认定工伤人数		14 761
当期不予受理申请人数		5 894

资料来源：《中国劳动统计年鉴》（2016）。

中国工伤认定存在以下问题：

第一，劳动关系主体资格认定难。具体表现为退休返聘职工发生伤亡时可否适用于工伤保险制度，没有进行工商登记的用工主体的雇工在工作中受伤是否属于工伤认定适用的范围，在租赁、承包关系中，出租、发包人为企业或个体工商户，而承租、承包者为自然人时，其雇工在工作中受伤是否属于工伤认定适用范围。对于劳动关系主体资格的认定，不同部门的规定存在矛盾。

第二，劳动关系确定难。包括因没有签订劳动合同出现工伤时劳动关系认定难，因为转包、挂靠等形式导致出现工伤时劳动关系认定难。如《全国民事审判工作会议纪要》第62条规定，对发包人将建筑工程发包给承包人，承包人又转包给实际施工人，当实际施工人招用的劳动者请求与发包人之间存在劳动关系时，人民法院不予支持。而最高人民法院行政审判庭的《对于车辆挂靠其他单位经营车辆实际所有人聘请的司机工作中伤亡能否认定为工伤问题的答复》认为，挂靠车主聘用的司机与挂靠单位存在事实劳动关系。这就出现了不同部门对于劳动关系认定的不同，最终影响工伤认定。

第三，工伤认定难。一是工伤认定中调查取证难。在实际工作中，常出现用人单位拒绝提供工伤认定材料、拒不配合社会保险行政人员的调查取证、用人单位和工人合谋做虚假材料骗取工伤补偿等情况。二是责任划分不清的交通事故工伤认定难。对上下班途中发生的交通事故，因责任不清导致公安机关交通管理部门难以确定事故责任主体，进而影响到工伤认定工作，出现工伤认定的不同解释。三是异地工伤认定难。如因出差、公司派出等情况出现工伤时相互推诿。《工伤保险条例》第17条第2款的规定，工伤职工或者其近亲属、工会组织在事故伤害发生之日或者被诊断、鉴定为职业病之日起一年内，可以直接向用人单位所在地统筹地区社会保险行政部门提出工伤认定申请。该《条例》对统筹地区是注册地还是生产经营地未做明确规定。四是灵活就业人员工伤认定难。由于灵活就业人员工作时间、工作场所、服务对象不固定，灵活就业人员工伤认定较难，表现为确定劳动关系难、工伤认定程序烦琐、工伤认定收集证据难等问题。

第四，工伤认定程序较长。根据《工伤保险条例》第三章第17条和第20条的规定，工伤认定程序包括以下三步。第一步，由职工所在单位自事故伤害发生之日或者被诊断、鉴定为职业病之日起30日内，向统筹地区社会保险行政部门提出工伤认定申请。第二步，用人单位提出工伤认定申请的，工伤职工或者其近亲属、工会组织在事故伤害发生之日或者被诊断、鉴定为职业病之日起1年内，可以直接向用人单位所在地统筹地区社会保险行政部门提出工伤认定申请。第三步，社会保险行政部门自受理工伤认定申请之日起60日内做出工伤认定的决定，并书面通知申请工伤认定的职工或者其近亲属和该职工所在单位。其中，社会保险行政部门对受理的事实清楚、权利义务明确的工伤认定申请，应当在15日内做出工伤认定的决定。同时，在工伤认定中，任何一方当事人只要对决定不服，可对工伤认定提出行政复议或行政诉讼，行政诉讼实行两审终审制。因而，在工伤认定实践中，职工发生伤亡后，用人单位往往会走完所有程序，要求先确认劳动关系一裁两审，然后进入工伤认定下达后行政复议、行政诉讼一审、二审、劳动能力鉴定、再次申请鉴定阶段，再进入工伤保险待遇一裁两审阶段，有的甚至在工伤认定程序中申请再审、抗诉，待所有司法程序完成后，可能要1－2年甚至更长时间。

第五，工伤认定主体、工伤保险政策制定者、工伤保险监管者三者合一。《工伤保险条例》第1章第5条规定，“国务院社会保险行政部门负责全国的工伤保险工作。县级以上地方各级人民政府社会保险行政部门负责本行政区域内的工伤保险工作。”第3章第17条和第18条的规定说明，社会保险行政部门负责工伤保险认定，第6章第51条规定，“社会保险行政部门依法对工伤保险费的征缴和工伤保险基金的支付情况进行监督检查”。这说明中国工伤保险政策制定、监管以及工伤认定主体均为社会保险行政部门，社会保险行政部门扮演了“裁判员和运动员的角色”，不利于工伤认定工作的开展。

第六，工伤认定条款不合理。一是“因工作原因”表述容易产生分歧。《工伤保险条例》第3章第14条规定，因工外出期间，由于工作原因受到伤害属于工伤。但在实际操作中，如针对“单位组织职工外出旅游出现伤亡时，是否可认定为工伤”的看法不一致，认定为工伤和不认定为工伤的情况同时存在。二是“非本人主要责任”的规定与工伤保险无过错责任原则相冲突。《工伤保险条例》第3章第14条第6款规定，“在上下班途中，受到非本人主要责任的交通事故或者城市轨道交通、客运轮渡、火车事故伤害的”可认定为工伤，此处规定的非本人责任可将因无证驾驶、驾驶无证车辆等违反道路交通安全法的行为排除在工伤认定之外，但非本人主要责任包括本人无责任、次要责任和同等责任的情况，换句话说，职工承担全部责任或主要责任的通勤事故就不能认定为工伤，然而，道路交通事故责任认定书制作主体为公安交通管理部门，火车交通事故认定书制定主体是组织事故调查组的机关或者铁路管理机构，客运轮渡交通事故调查结论由海事管理机构出具，城市轨道交通事故调查报告由相关政府组成调查组出具，这就造成交通事故或者城市轨道交通、客运轮渡、火车事故的责任主体认定属于专业和复杂的事务，社会保险行政部门并不具备相关事故调查和认定所需要的知识和专长。三是“48小时”的规定不合理。《工伤保险条例》第3章第15条第1款规定，“在工作时间和工作岗位，突发疾病死亡或者在48小时之内经抢救无效死亡的”视同工伤。立法者从简化工伤认定的角度出发，认为48小时是整个抢救过程的黄金时间，但会导致大量工伤情况无法被认定为工伤，还可能导致工伤职工家属为争取48小时内死亡而放弃对病人的治疗，且该规定没有将引起工伤的原因和是否与工作相关纳入进来。

中国工伤认定机制可以通过以下方面进行完善。

第一，社会保险行政部门工作人员应加强法律法规的学习。社会保险行政部门承担制度设计、运行、监管的责任，其业务熟练程度直接影响到工伤认定的效率。因而，应健全社会保险行政部门工作人员的学习机制，加强对《工伤保险条例》《工伤认定办法》等法律法规的学习，熟练掌握相关知识，提高工伤认定的效率，缩短工伤认定的流程。

第二，推进灵活就业人员工伤认定工作。工伤认定可采取先备案后认定方式。根据其在就业服务机构备案的内容，选定一个服务周期为工伤保险缴费时间，圈定某个特定时段为其工伤保险可认定的工作时间，根据服务对象的范围圈定工伤保险可认定的范围，根据其服务内容、劳动强度、危险程度、工作报酬确定缴费比例等。对于服务对象、工作时间均不固定的人员，可采取工作备案制度，即每次接受服务对象约定服务均需在指定的手机 APP 软件登记，以此确认伤害事故是否发生在工作时间内，是否应当属于工伤认定的范畴。①

第三，简化工伤认定程序。已有研究有以下三种具有代表性的观点：第一种是主张取消工伤认定程序；第二种取消社会保险行政部门的工伤认定权，将工伤认定权赋予劳动争议仲裁委员会和法院；第三种根据是否参加工伤保险来区分工伤认定的主体。从工伤保险运行实践出发，可根据是否确定劳动关系来简化工伤认定程序，对于能确定劳动关系的，可以由社会保险行政部门负责工伤认定；对于不能确定劳动关系的，可以由劳动争议仲裁委员会和法院进行工伤认定。

第四，由独立于政府之外的第三方工伤认定机构进行工伤认定。社会化的非政府组织既独立于政府，受政府的干预较少，又能够接受来自规则制定者的评估监督。② 可由专业的独立于政府之外的第三方机构专门进行工伤认定，社会保险行政部门负责工伤认定政策的制定和监督，第三方机构依据工伤认定政策进行工伤认定。

第五，完善工伤认定制度。中国工伤认定主要依据《工伤保险条例》及各个地区出台的工伤保险办法。总体而言，中国《工伤保险条例》界定过于粗糙、部分内容界定模糊，同时，对事实采用列举方法难以穷尽不同状况，使得工伤认定工作出现不同问题。因而，应进一步细化工伤保险条例，明确界定工伤认定办法，具体而言，一是明确工伤认定的要件。工伤认定的要件应包括职工受到伤害、伤害由事故产生、伤害与事故具有因果关系、伤害在职工履行工作过程中产生；二是对通勤事故中责任主体认定的修正。现行制度忽视了社会保险行政部门在责任界定中的非专业性，应将责任主体认定的机构由公安交通管理部门、铁路管理机构、海事管理机构等专业部门来承担，同时，应进一步明确非本人责任的外延及具体情形；三是建议废除 48 小时抢救时间的规定，将其修改为由工作引起的或者在工作过程中突发疾病死亡，视同工伤。

---

① 朱嘉慧：《将灵活就业人员纳入工伤保险之我见》，《中国劳动保障报》2016 年 8 月 26 日。

② 董保华：《社会保障法的法学观》，北京大学出版社 2006 年版，第 118 – 119 页。

三、工伤保险缴费与给付机制的完善

2015 年的《关于调整工伤保险费率政策的通知》，对工伤保险缴费率进行调整。同 2003 年确定的缴费率相比，工伤保险缴费率有以下变化：一是将工伤保险缴费率政策按照三档风险类别转为八类风险类别，风险类别分类更加科学、合理。二是增加了工伤保险缴费率的档次。工伤保险行业分类的增加使得缴费率档次增加，2003 年的基准费率要分别控制在用人单位职工工资总额的 0.5%、1.0%、2.0% 左右，2015 年的基准费率一类至八类分别控制在该行业用人单位职工工资总额的 0.2%、0.4%、0.7%、0.9%、1.1%、1.3%、1.6%、1.9% 左右；三是浮动费率的变化。2003 年浮动费率规定为，一类行业按行业基准费率缴费，不实行费率浮动，二、三类行业在行业基准费率的基础上，可上下各浮动两档：上浮第一档到本行业基准费率的 120%，上浮第二档到本行业基准费率的 150%，下浮第一档到本行业基准费率的 80%，下浮第二档到本行业基准费率的 50%；2015 年浮动费率规定为，一类行业分为三个档次，即在基准费率的基础上，可向上浮动至 120%、150%，二类至八类行业分为五个档次，即在基准费率的基础上，可分别向上浮动至 120%、150% 或向下浮动至 80%、50%（见表 5 - 15）。

表 5 - 15　　2003 年和 2015 年中国工伤保险行业分类

2003 年工伤保险行业分类		2015 年工伤保险行业分类	
行业类别	行业名称	行业类别	行业名称
一	银行业，证券业，保险业，其他金融活动业，居民服务业，其他服务业，租赁业，商务服务业，住宿业，餐饮业，批发业，零售业，仓储业，邮政业，电信和其他传输服务业，计算机服务业，软件业，卫生，社会保障业，社会福利业，新闻出版业，广播、电视、电影和音像业，文化艺术业，教育，研究与试验发展，专业技术业，科技交流和推广服务业，城市公共交通业	一	软件和信息技术服务业，货币金融服务，资本市场服务，保险业，其他金融业，科技推广和应用服务业，社会工作，广播、电视、电影和影视录音制作业，中国共产党机关，国家机构，人民政协、民主党派，社会保障，群众团体、社会团体和其他成员组织，基层群众自治组织，国际组织
		二	批发业，零售业，仓储业，邮政业，住宿业，餐饮业，电信、广播电视和卫星传输服务，互联网和相关服务，房地产业，租赁业，商务服务业，研究和试验发展，专业技术服务业，居民服务业，其他服务业，教育，卫生，新闻和出版业，文化艺术业

续表

2003 年工伤保险行业分类		2015 年工伤保险行业分类	
行业类别	行业名称	行业类别	行业名称
二	房地产业，体育，娱乐业，水利管理业，环境管理业，公共设施管理业，农副食品加工业，食品制造业，饮料制造业，烟草制品业，纺织业，纺织服装、鞋、帽制造业，皮革、毛皮、羽绒及其制品业，林业，农业，畜牧业，渔业、农、林、牧、渔服务业，木材加工及木、竹、藤、草制品业，家具制造业，造纸及纸制品业，印刷业和记录媒介的复制，文教体育用品制造业，化学纤维制造业，医药制造业，通用机械制造业，专用机械制造业，交通运输设备制造业，电气机械及器材制造业，仪器仪表及文化，办公用机械制造业，非金属矿物制品业，金属制品业，橡胶制品业，塑料制品业，通信设备，计算机及其他电子设备制造业，工艺品及其他制造业，废弃资源和废旧材料回收加工业，电力、热力的生产和供应业，燃气生产和供应业，水的生产和供应业，房屋和土木工程建筑业，建筑安装业，建筑装饰业，其他建筑业，地质勘查业，铁路运输业，道路运输业，水上运输业，航空运输业，管道运输业，装卸搬运和其他运输服务业	三	农副食品加工业，食品制造业，酒、饮料和精制茶制造业，烟草制品业，纺织业，木材加工和木、竹、藤、棕、草制品业，文教、工美、体育和娱乐用品制造业，计算机、通信和其他电子设备制造业，仪器仪表制造业，其他制造业，水的生产和供应业，机动车、电子产品和日用产品修理业，水利管理业，生态保护和环境治理业，公共设施管理业，娱乐业
		四	农业，畜牧业，农、林、牧、渔服务业，纺织服装、服饰业，皮革、毛皮、羽毛及其制品和制鞋业，印刷和记录媒介复制业，医药制造业，化学纤维制造业，橡胶和塑料制品业，金属制品业，通用设备制造业，专用设备制造业，汽车制造业，铁路、船舶、航空航天和其他运输设备制造业，电气机械和器材制造业，废弃资源综合利用业，金属制品、机械和设备修理业，电力、热力生产和供应业，燃气生产和供应业，铁路运输业，航空运输业，管道运输业，体育
		五	林业，开采辅助活动，家具制造业，造纸和纸制品业，建筑安装业，建筑装饰和其他建筑业，道路运输业，水上运输业，装卸搬运和运输代理业
三	石油加工，炼焦及核心燃料加工业，化学原料及化学制品制造业，黑色金属冶炼及压延加工业、有色金属冶炼及压延加工业、石油和天然气开采业，黑色金属矿采选业，有色金属矿采选业，非金属矿采选业，煤炭开采和洗选业，其他采矿业	六	渔业，化学原料和化学制品制造业，非金属矿物制品业，黑色金属冶炼和压延加工业，有色金属冶炼和压延加工业，房屋建筑业，土木工程建筑业
		七	石油和天然气开采业，其他采矿业，石油加工、炼焦和核燃料加工业
		八	煤炭开采和洗选业，黑色金属矿采选业，有色金属矿采选业，非金属矿采选业

资料来源：根据《关于工伤保险费率问题的通知》和《关于调整工伤保险费率政策的通知》整理。

中国工伤保险缴费率存在以下问题：第一，工伤保险行业分类过少。中国工伤保险行业分类按照《国民经济行业分类》进行，八个行业风险类别共计96个行业分类。第二，工伤保险费率水平不合理。中国工伤保险基金之所以出现高伤亡、低费率条件下的大量结余，原因包括：许多当前对工伤保险需求最紧迫的高风险行业劳动者仍被排除在制度之外；许多突发性工伤事故的受害者并未从工伤保险得到赔偿，职业病的某些特征（如潜伏期长等）使数量庞大的职业病患者和潜在职业病患者还没有形成对工伤保险基金的现实赔付威胁；中国工伤保险基金还主要用于工伤赔偿，工伤预防和工伤康复尚未成为基金的主要支出科目。[①] 现行费率在未来工伤保险覆盖面不断扩大、工伤预防、补偿和康复"三位一体"体系建设的背景下将会受到挑战。第三，工伤保险费率之间差距过小。中国工伤保险基准费率差距为0.2%或0.3%，基准费率之间差距过小；同时，八类行业与一类行业基准费率之间的差距仅为1.7%，这与西方国家风险费率的差距相比过小。工伤保险费率差距过小，尤其是最高风险行业和最低风险行业工伤保险费率差距较小，难以体现出行业风险的差别。

完善工伤保险缴费率机制，可以从以下几个方面入手：第一，做好工伤保险费率设计的基础工作。科学的费率机制建立在不同行业工伤职工伤亡数据的基础上。由于统计资料的缺乏、信息系统不完善等因素的影响，中国在工伤保险费率设计与行业风险程度之间还存在不协调，行业之间工伤保险费率差异与行业风险程度匹配不协调，因而难以有效激励企业的工伤预防。应加强工伤职工伤亡信息的统计工作，立足于现有数据测算未来工伤伤亡的数据，为费率的合理确定奠定基础。第二，根据工伤保险基金的结余情况合理确定工伤保险缴费率。当前，在社会保险负担水平过高、工伤保险结余规模较大的背景下，中国降低了工伤保险费率水平，但工伤保险收入主要用于补偿，工伤预防和工伤康复的使用不足，与其他国家工伤保险费率相比较，中国工伤保险费率较低。因而，现阶段可在基金结余规模过多的情况下维持制度的运行，并扩大工伤保险基金用于工伤预防的支出规模，未来在基金结余规模合理的背景下，应提高工伤保险基金的缴费率。第三，扩大不同风险行业基准费率的差距。应扩大一至八类风险行业基准费率，降低低风险行业费率，提高高风险行业费率，实现费率设计的公平。第四，完善工伤保险浮动费率机制。工伤保险浮动费率的设计应建立在以经验风险统计的基础上，应通过细化风险分类、细化风险级别、合理确定工伤保险基准费率的基础上，结合企业工伤伤亡情况，合理调整企业的浮动费率，提高企业风险成本，促使企业做好工伤预防工作。第五，加大工伤保险费的征缴力度。工伤保险费用征

① 乔庆梅：《完善工伤保险费率机制的思考》，《中国医疗保险》2012年第4期。

缴中还存在一些问题：一是缴费基数低于实际工资的情况。用人单位从自身利益考虑，在工伤保险费缴费中，按照最低缴费基数进行缴费。在劳动者出现工伤时，将会引起工伤保险纠纷，或者影响到受伤职工的工伤保险权益；二是外资企业、私营企业缴费状况较差。部分地方政府基于经济增长考量，对招商引资的外资企业、私营企业工伤保险费征缴力度不够。对于这些问题，应当通过严格执行法律法规、强化监督管理等手段，加强社会保险行政部门工伤保险费的征缴力度。

工伤保险待遇给付存在的问题包括以下几个方面。

第一，工伤保险待遇规定不明确。2010 年修订的《工伤保险条例》在一些具体问题的规定上还存在不足，一是职工就医治疗的费用由谁来垫付没有明确规定。有的工伤治疗费用高，需要垫付医疗费用进行救治，需要在相关条例中进行说明；二是工伤职工到统筹地区内就医所需的交通费、食宿费的开支，未做明确说明。尽管统筹地区内就医的交通费、食宿费较到统筹地区外就医的费用要低，但《工伤保险条例》中只规定了统筹地区外就医的交通费用可以从工伤保险基金中报销，对统筹地区内就医的交通费、食宿费未加说明；三是可能导致公平缺失的问题。《工伤保险条例》对职工因工致残的待遇进行明晰，如规定一级伤残的一次性伤残补助金为 27 个月的本人工资，伤残津贴为本人工资的 90%，然而，中国不同地区职工工资差异较大，同一地区不同行业的工资水平也存在差异，这就可能导致出现“同命不同价”的公平缺失问题；四是没有明确对超出工伤保险诊疗项目目录、工伤保险药品目录的治疗工伤费用的承担主体。修订后的《工伤保险条例》规定，治疗工伤所需费用符合工伤保险诊疗项目目录、工伤保险药品目录、工伤保险住院服务标准的，从工伤保险基金支付，但没有说明超出目录范围的治疗费用的承担主体问题。

第二，工伤保险待遇中缺少对特殊情况的关照。中国工伤保险待遇给付包括工伤医疗待遇、伤残津贴、供养亲属抚恤金、生活护理费，在待遇给付过程中，缺少对特殊情况给予政策的倾斜。另外，工伤保险待遇偏低还表现为伙食补助费、交通费等方面，如按照《辽宁省关于贯彻实施新〈工伤保险条例〉有关问题的通知》，职工在本市住院治疗工伤的日伙食补助费标准，按照统筹地区月最低工资标准乘以 70% 再除以 30 天计算，若以辽宁省月最低工资标准为依据，计算可得日伙食补助费标准为 23.8 元。[①]

第三，工伤“双重赔偿”问题。在工伤事故发生时，可能存在两种赔偿的诉求，如道路交通事故中的工伤，既应由事故责任人或投保的保险公司进行补偿，

① 辽宁省 2016 年第四档月最低工资标准为 1 020 元，计算可得日伙食补助费标准仅为 23.8 元。

也产生了工伤补偿问题。这种情况会引发“双重赔偿”问题。对于工伤保险待遇与民事侵权损害赔偿竞合，理论界存在以下四种模式：一是选择模式，即工伤职工只能在侵权损害赔偿与工伤保险待遇之间选择一种；二是替代模式，即工伤职工只能选择工伤保险待遇，不得主张侵权损害赔偿；三是补充模式，即工伤职工可以同时主张侵权损害赔偿和工伤保险待遇，但最终所得赔偿，不得超过实际遭受的伤害；四是兼得模式，即允许工伤职工同时获得侵权损害赔偿和工伤保险待遇。①

工伤保险给付的完善应该采取以下路径：第一，完善工伤保险待遇给付的法律法规。《工伤保险条例》主要是对工伤保险的关键问题提出了解决的办法，难以涵盖可能出现的细小问题。对此，应完善工伤保险法律法规，对一些可能出现的问题提出相应的解决办法。对于上文提出的三个问题，可在具体实施细则中进行统一规定。一是职工就医治疗的费用应由单位进行垫付，这笔费用可在工伤保险待遇给付后由职工偿付给单位；二是对于统筹地区内就医所需的交通费、住宿费等，应参考统筹地区之外的规定，由工伤保险基金进行报销；三是遵循“同命同价”原则，统一因工死亡职工的丧葬补助金、供养亲属抚恤金和一次性工亡补助金；四是建议由单位承担超出工伤保险诊疗项目目录、工伤保险药品目录的医疗费用，以减少工伤职工的负担。

第二，重视工伤保险待遇给付中的特殊照顾。如对于多子女家庭、经济困难家庭、家庭中老人患有慢性病等特殊情况，除按照法定工伤保险待遇给付办法进行补偿外，还应有特殊的补偿或服务等，另外，还应提高工伤职工就医过程中的伙食费、交通费标准。

第三，明确工伤“双重赔偿”的解决办法。在“双重补偿”的问题上，有学者提出依不同赔付项目分别判断的原则，将工伤保险待遇给付项目与侵权赔偿中的项目进行比较，从法律实践出发，将其分为重复填补和不重复填补两类，并将这两类不同项目的表现进行梳理，提出重复填补的项目解决办法为不得重复得利，即采取选择模式，不重复填补项目解决办法为可以向社会保险法或侵权法申请赔偿，即兼得模式。这种分类不会出现重复得利的问题，且保障了工伤职工的权益，可遵循这个思路解决工伤“双重赔偿”问题（见表5-16）。

① 殷俊：《工伤保险》，人民出版社2012年版，第215页。

表 5-16　　“双重赔偿”的解决办法

分类	表现	解决办法
重复填补	(1) 侵权赔偿中的医疗费、伙食补贴费、交通食宿费、护理费与社会保险待遇中的相应项目；(2) 误工费与停工留薪期工资福利；(3) 侵权赔偿中的残疾用具费与社会保险待遇中的残疾用具费、残疾赔偿金与一次性伤残补助金；(4) 丧葬费与丧葬补助金、死亡赔偿金与一次性工亡补助金	被侵权人不得重复得利；但因各自的计算标准不同，被侵权人在获得其中之一的补偿后，可以向各自的给付义务人请求补偿其仍然难以弥补部分的损失
不重复填补	营养费、失业保险金、伤残津贴、病残津贴、一次性伤残就业补助金、抚恤金、精神损害赔偿和惩罚性赔偿	被侵权人可依侵权法或社会保险法的规定分别向各自的给付义务人请求，不构成损益相抵或代位求偿的对象

资料来源：周江洪：《侵权赔偿与社会保险并行给付的困境与出路》，《中国社会科学》2011 年第 4 期。

四、预防、康复和补偿的协调机制

工伤预防、工伤康复和工伤补偿是“三位一体”的工伤保险体系的重要内容。工伤补偿是工伤职工受到事故或职业病伤害后，可以获取的医疗救治和经济补偿，包括因工致残的补偿、因工伤亡的补偿。工伤预防是通过采取有效措施预防事故和职业病的发生，使得劳动者在工作中免受职业伤害，且工伤预防的成本远远小于工伤预防的收益。工伤康复指利用现代康复技术与手段，为工伤职工提供医疗康复、职业康复和社会康复服务，降低事故和职业病对工伤职工身体机能的影响，恢复或提高其工作能力。工伤补偿和工伤康复侧重于后端，关注对意外事故的善后处理；工伤预防则将重点放在了前端，关注生产工作中意外事故和职业病的发生。完善的工伤预防机制可以降低企业事故和职业病的发生率，进而可以减少工伤补偿基金的支出和康复费用。在“三位一体”的工伤保险制度体系中，工伤补偿主要是保障职工生存权，工伤预防是从源头上避免事故和职业病对工人的伤害，工伤康复则承担恢复职工身体机能和功能能力的角色，促使工伤职工尽快回归工作岗位、回归社会。工伤预防、补偿和康复三者紧密结合，密不可分，功能互补，共同构筑起保障劳动者的屏障（见表 5-17）。

表 5－17　　企业“预防回报”成本收益比较分析

每年雇员人均预防成本项目	每年雇员人均预防成本值（欧元）	每年雇员人均预防收益项目	每年雇员人均预防收益值（欧元）
个人防护设备	168	因预防工伤事故和职业病而节约成本	566
安全技术指导和公司医疗支出	278	避免了可能发生的工伤事故和职业病耗费的时间成本	414
专项预防培训	141	通过提高雇员积极性和满意度创造附加值	632
预防性医疗检查	58	通过持续重视质量和改善产品价值创造附加值	441
组织成本	293	通过产品创新创造附加值	254
投资成本	274	通过改善公司形象创造附加值	632
启动成本	123	—	—
总成本	1 334	总收益	2 940

注：表中数据为国际社会保障协会和德国工伤保险同业公会对欧洲、北美和亚太地区共15个国家和地区（澳大利亚、奥地利、阿塞拜疆、加拿大、捷克共和国、德国、中国香港、罗马尼亚、俄罗斯联邦、新加坡、瑞典、瑞士、土耳其、美国和越南）300家企业的调查数据，分析工伤预防的成本和收益。

资料来源：郝玉玲：《基于国际视野的工伤预防研究》，《中国医疗保险》2017年第6期。

随着中国工伤保险制度的不断发展与完善，工伤预防、补偿与康复也得到了较快的发展。第一，工伤预防、补偿与康复的法律法规不断完善。国家层面的《工伤保险条例》《职业病防治法》《中华人民共和国安全生产法》《关于进一步做好工伤预防试点工作的通知》，与地方层面的法规及其不同行业的法律规范，共同构成了工伤预防、补偿与康复的法律法规体系。第二，工伤预防、补偿与康复实践不断推进。在工伤预防方面，通过建立和完善差别费率和浮动费率机制、工伤预防宣传机制、工伤预防教育与培训机制、以工伤保险基金支持开展职业危害防护技术研究、对安全生产突出企业给予一定的工伤保险基金返回、完善工伤信息交换机制等手段，推进工伤预防实践。如珠海、东莞等地通过建立费率浮动机制发挥杠杆调节作用、建立部门协作机制构建齐抓共管格局等手段，不断推进工伤预防实践。在工伤康复方面，通过建立康复机构、工伤职工康复评估、工伤职工康复待遇机制完善等方面，推进工伤康复实践。如广州、济南等地通过建立康复机构、完善康复计划不断推进工伤康复实践。

中国工伤预防还存在以下问题。第一，工伤保险存在“重补偿、轻预防”的问题。1993－2016 年，中国工伤保险基金收入和支出规模都不断扩大，且所有年份的基金收入大于支出。工伤保险基金的累积结余规模逐年扩大，从 1993 年 3.1 亿元增加到 2016 年的 1 410.9 亿元。工伤保险基金支出规模的扩大表明工伤保险对工伤职工的待遇给付规模不断扩大，但待遇给付主要用于工伤补偿，在工伤预防和康复方面支出较少。现行《工伤保险条例》对工伤预防规定的内容仍然是原则性、指导性的，如何系统建立工伤预防制度，落实工伤预防责任等问题的规定还不明确，条例在第 2 章第 12 条中规定，工伤预防费用的提取比例、使用和管理的具体办法，由国务院社会保险行政部门会同国务院财政、卫生行政、安全生产监督管理等部门规定。2013 年的《关于进一步做好工伤预防试点工作的通知》，指出用于工伤预防的费用控制在本统筹地区上年度工伤保险基金征缴收入的 2% 左右，工伤预防费主要用于开展工伤预防的宣传、培训以及法律、法规规定的其他工伤预防项目。可以发现，国家在工伤预防方面的法律法规、制度建设、资金投入等方面落后于工伤补偿（见表 5－18）。

表 5－18　1993－2016 年中国工伤保险基金收支及结余概况　单位：亿元

年份	基金收入	基金支出	累计结余
1993	2.4	0.4	3.1
1994	4.6	0.9	6.8
1995	8.1	1.8	12.7
1996	10.9	3.7	19.7
1997	13.6	6.1	27.7
1998	21.2	9.0	39.5
1999	20.9	15.4	44.9
2000	24.8	13.8	57.9
2001	28.3	16.5	68.9
2002	32.0	19.9	81.1
2003	37.6	27.1	91.2
2004	58.3	33.3	118.6
2005	92.5	47.5	163.5
2006	121.8	68.5	192.9
2007	165.6	87.9	262.6

续表

年份	基金收入	基金支出	累计结余
2008	216.7	126.9	384.6
2009	240.1	155.7	468.8
2010	284.9	192.4	561.4
2011	466.4	286.4	742.6
2012	526.7	406.3	861.9
2013	614.8	482.1	996.2
2014	694.8	560.5	1 128.8
2015	754.2	598.7	1 285.3
2016	736.9	610.3	1 410.9

资料来源：《中国统计年鉴》(2017)。

第二，工伤预防内容体系不完善。工伤预防内容应包括建立安全制度、实行安全作业监督、宣传工伤预防知识、进行工伤预防教育等内容。然而，从中国工伤预防的实践来看，中国工伤预防内容主要以宣传、教育培训为重点，在制度建设、劳动监察、工伤预防咨询等方面存在不足。

第三，差别费率和浮动费率机制不完善，影响工伤预防的积极性。完善的差别费率和浮动费率机制，有利于企业做好工伤预防工作。中国工伤保险差别费率和浮动费率机制不完善，工伤保险基准费率档次过少且差距过小，行业差别费率没有细化。这些问题影响了企业工伤保险的积极性，使得企业在工伤事故预防投资方面缺乏积极性，并且缺少改善工作条件、安全状况的主动性。

第四，工伤预防监管体制不完善。中国工伤预防管理体制不完善。中国工伤保险的主管部门为人力资源和社会保障部门，安全生产监督部门主管安全生产工作。在实践中，工伤预防、安全生产、职业病防治三项职能，分别由社会保障、安全生产监督管理、卫生部门的相应机构分别行使。中国安全生产管理和工伤保险管理权限不统一，难以实现安全生产管理和工伤保险管理部门的信息共享与联通，难以有效整合工伤预防资源。工伤预防监督机制不完善。中国工伤保险法规中，确定了工伤预防的主体包括政府、单位、个人等，但在实际运行中，中国工伤预防的监督主体主要是政府，难以有效发挥监督作用，工会、新闻媒体等社会力量参与度需要提升。

从工伤预防现状出发，可在以下方面完善工伤预防机制。第一，树立“兼顾补偿与预防”的理念。“重补偿、轻预防”的理念导致企业忽视工伤预防工作，消极对待安全生产管理工作，并增加了企业的工伤事故和职业病的发生率。“兼顾补偿与预防"的理念可以促使企业积极改善工作环境，减少工伤事故发生率。树立"兼顾补偿与预防"的理念，应将工伤预防置于与工伤补偿同等的地位，扩大工伤保险基金中用于工伤预防的支出规模。

第二，完善工伤预防法律法规。为了建立完善的"三位一体"工伤保险制度体系，中央、地方和企业应制定完善的、细化的、可操作性的工伤预防办法。可在《工伤保险条例》的原则性规定下，具体出台《工伤预防实施办法》。在法律内容上，工伤预防法规包括以下内容：一是明确工伤预防法律法规的制定、实施主体；二是明确社会保险部门在对企业进行安全检查、开展安全科研活动、实施安全教育与培训、开展安全知识宣传、发布安全信息等方面的权责范围；三是确定工伤预防所需经费的资金来源；四是明确工伤预防资金的使用去向；五是确定不同部门在工伤预防中的职责。同时，加快劳动安全环境标准的制定。

第三，完善工伤预防管理机制。要明确不同主体在工伤预防中的权责。在现有框架下，应明确安全生产监督部门与社会保险部门在工伤预防上的责任空间，避免责任的重复或空白。将安全生产管理和工伤预防的权限集中于安全生产监督管理部门，由法律规定从工伤保险基金中提取一定比例的资金作为安全管理投资，由安全生产监督管理部门使用，但必须接受工伤保险管理部门的监督；二是将安全生产和工伤保险事务集中于工伤保险管理部门，由单一部门行使全部安全生产管理和工伤保险管理的职责。[①] 由于工伤预防、补偿和康复的关联性特征，现阶段可在以社会保险部门为主、安全生产监督部门为辅的思路下对工伤预防管理进行改革，可将安全生产和工伤保险事务集中于工伤保险管理部门，实现两者在工伤预防中的职能上的整合。要建立不同主体间的沟通交流机制。建立联席会议制度，安全生产监督部门与社会保险部门应定期对工伤预防工作进行督查；要建立信息共享机制。充分利用现有计算机技术的发展，共享社会保险部门与安全生产管理部门工伤预防的信息；要建立工伤事故双向报告机制。工伤事故发生后，企业应同时向安全生产管理部门和社会保险部门进行汇报。

第四，推进工伤预防工作。运用"互联网 +"，对工伤保险参保单位信息、工伤保险政策信息、工伤伤亡信息、补偿信息等资料进行系统分析，探求工伤事故和职业病的地区、产业分布情况，以及工伤伤亡及职业病发病类型、成因等资料，并对工伤伤亡及职业病发展趋势进行预测。基于大数据为工伤预防工作的开展确定重点和难点，以此为突破口，做好工伤预防工作。完善工伤预防监督机制。构建包括社会保险部门、卫生部门、安全管理部门、工会、媒体共同参与的工伤预防监督机制，社会保险部门负责对企业参保、工伤预防宣传进行监督；安

① 乔庆梅：《基于工伤预防的工伤保险制度构建》，《中国劳动》2010 年第 6 期。

全管理部门负责监督企业安全教育培训、劳动环境安全、生产设施运行状况；卫生部门负责职业病监督和调查工作；工会承担依法维护职工合法权益，保障职工工伤保险权益的监督；新闻媒体通过对企业违反工伤预防法律法规情况报道实施监督。提高工伤预防支持力度。应合理确定工伤预防资金的需求额度。不同地区工伤预防支出规模的确定应与该地区工伤保险运行情况相协调，科学测算工伤预防中管理、监督、咨询、教育、培训、宣传的费用，探求其合理区间，避免工伤预防支出过高或过低，因为较高的资金支持会导致浪费，较低的资金支持难以有效防范工伤伤亡情况。拓展工伤预防资金来源。从当前工伤保险收支状况出发，可从工伤保险基金结余中扩大对工伤预防的支出规模，并提高工伤保险基金对工伤预防的支出比例。

目前，中国工伤康复存在以下问题：第一，存在“重补偿、轻康复”的问题。一是制度规定不明确。《工伤保险条例》对工伤康复的规定为，工伤职工到签订服务协议的医疗机构进行工伤康复的费用，符合规定的从工伤保险基金支付。然而，这项条款中，并没有说明符合什么规定。二是部分群体对工伤康复缺乏认知。《农民工工伤康复和再就业调查报告》显示，在所调查的73名伤残农民工中，70%以上是七到十级伤残，通过康复以后可能恢复到90%的功能，但只有不到10%的人有过康复经历。[①] 三是工伤保险制度发展中存在的“重赔偿、轻预防、轻康复”的传统。工伤保险制度建立至今，在制度建设、资金投入、管理监督方面，工伤赔偿优于工伤预防和工伤康复，造成工伤康复发展较慢。四是工伤职工存在认识误区。部分工伤职工认为，通过工伤康复恢复身体功能后，伤残评定等级降低、工伤补偿减少。

第二，康复需求与供给存在差距。2007－2015年，中国康复医院、康复科床位和从业人数增加。但结合康复医疗行业的需求来看，康复医疗行业资源短缺严重，其中，床位缺口68.87万张，缺口程度达84.19%，医护人员缺口7.83万人，缺口程度68.27%，医疗设备缺口6.73万台，缺口程度达83.09%。[②] 在总体康复供需矛盾的背景下，工伤康复需求与供给也存在较大差距，工伤康复需求人数增加，但供给资源不足。中国每年新增工伤病人100多万人，有康复价值的约有30万人，加上旧伤复发的，全国每年需要康复需求的工伤职工超过40万人[③]（见表5－19）。

---

① 北京致诚农民工法律援助与研究中心发布的《农民工工伤康复和再就业调查报告》。

② 《2017－2022年中国康复医疗行业市场前瞻与投资战略规划分析报告》。

③ 殷俊：《工伤保险》，人民出版社2012年版，第264页。

表 5 - 19　　中国康复医院、康复科床位、康复科从业人数数量及比重

年份	康复医院数量（个）	康复科床位数（张）	康复科床位数占医疗机构床位数比例（%）	康复科从业人员数（人）	康复科从业人员数占医疗机构从业人数比例（%）
2007	225	36 667	0.99	16 811	0.24
2008	216	41 310	1.02	16 506	0.23
2009	220	45 436	1.03	16 985	0.22
2010	235	49 926	1.04	18 547	0.23
2011	268	58 889	1.14	20 914	0.24
2012	290	72 626	1.27	22 473	0.25
2013	343	90 763	1.47	27 916	0.29
2014	396	109 198	1.65	31 445	0.31
2015	453	129 275	1.84	36 441	0.34

资料来源：《中国卫生和计划生育统计年鉴》（2008 - 2016）。

第三，工伤康复中职业康复和社会康复发展缓慢。工伤康复包括医疗康复、职业康复和社会康复。医疗康复是通过临床诊治和康复医疗手段，提高工伤职工身体功能；职业康复是通过职业评定、职业咨询、职业训练和就业指导促使工伤职工恢复就业能力，回归工作岗位；社会康复是通过政策指导、社会适应指导等方式促使工伤职工融入社会。可见，在工伤康复中，医疗康复是基础，职业康复和社会康复是重点和关键。然而，由于中国工伤康复发展的滞后与缓慢，以及对康复认识存在误区，认为工伤康复就是医疗康复，因而造成工伤康复落后于工伤补偿的发展，职业康复和社会康复落后于医疗康复的发展。在工伤康复实践中，康复资源主要配置到医疗康复上，职业康复和社会康复资源配置不足。此外，工伤康复中人、财、物等资源配置不足。中国工伤康复医院、康复人才较少。同时，中国还没有形成多元化的康复资金筹集机制，中国工伤康复所需资金主要来源于政府，慈善捐赠、社会筹资发展缓慢。

完善中国工伤康复机制，可以推进以下几个方面工作。

第一，树立“工伤补偿与工伤康复”均衡发展的理念。中国应树立起“工伤补偿与工伤康复”均衡发展的理念。从现行制度运行来看，“工伤补偿与工伤康复”的均衡发展关键是要“补短板”，即大力推进工伤康复的发展，使其与工伤补偿相适应。

第二，扩大工伤康复供给。一是扩大工伤康复医疗机构的供给量。积极推进

工伤康复社会化的发展，引入社会资源举办工伤康复医疗机构。探索政府购买工伤康复的模式，由社会力量举办工伤康复事业。同时，应实施康复医疗准入制度。康复医疗准入制度内容包括康复医疗治疗原则、治疗目的、治疗方法和手段、治疗流程与期限等内容。二是推进工伤康复人才队伍建设。工伤康复涉及医学、信息学、社会学、特殊教育等不同学科的专业人士，理疗师、社会工作者、心理咨询师等，都是工伤康复人才队伍的重要组成部分。应该推进多学科联合教学、产学研型人才培养与开发等方式进行工伤康复人才的培养。

第三，推进医疗康复、职业康复和社会康复的均衡发展。纠正工伤康复就是医疗康复的片面认识，全面认识工伤康复的内涵，树立医疗康复、职业康复和社会康复均衡发展的理念。本着医疗康复是基础、职业康复和社会康复是重点的原则，在对工伤职工进行医疗救治的基础上，加快职业康复和社会康复的发展。同时，工伤康复要适应工伤职工的特点，对于没有丧失劳动力的工伤职工，就业问题是其面临的关键问题，职业康复成为重点；对于有心理障碍的工伤职工，开展社会康复应对其心理问题就成为关键。因此，工伤康复的开展，就是身体机能恢复、职业能力恢复、社会适应能力恢复的过程，应进行工伤职工的健康评估、劳动能力评估、社会适应性评估，通过评估、培训、咨询和指导，促使其返回工作岗位、积极融入社会。

第四，构建工伤康复多元化筹资机制。积极构建包括政府、单位、社会、个人多元主体的筹资机制。政府以财政支持的形式为工伤康复提供资金，单位以缴纳工伤康复费用的形式为工伤康复提供资金，慈善组织以捐款的形式为工伤康复提供资金，个人以缴纳工伤康复费用、自付费用的形式为工伤康复提供资金。其中，在政府资金供给中，要合理确定中央政府和地方政府的责任。

第五，遵循“先康复、后评残”的原则。“先康复、后评残”是指工伤职工经过工伤康复之后，才能申请劳动能力鉴定，决定其残疾程度和待遇。“先康复、后评残”有利于工伤职工身体功能的恢复、就业能力的恢复以及社会融入，可以保证工伤职工及时进行工伤康复。

第六，早期介入康复。康复介入时间影响工伤职工的身体功能、就业能力、社会适应能力。康复介入越早越有助于提高工伤职工功能恢复的概率；康复介入越晚，可能耽误了工伤职工功能恢复的最佳期限，将会造成功能损失。因而，应早期介入康复。早期介入康复是指在提出工伤认定申请时，可由工伤康复机构对工伤职工身体功能、就业能力和社会适应能力进行评估，如果评估结果说明工伤职工能力恢复状况较好，可早期介入工伤康复。

第三节　从劳动安全到收入保护

一、劳动安全制度的完善

从1992年的《矿山安全法》到2014年《中华人民共和国安全生产法》的修订，中国颁布了一系列的劳动安全法律法规。这些法律法规成为中国劳动安全制度体系的依据。劳动安全制度体系包括劳动安全基本制度、劳动安全管理制度、特殊群体劳动安全制度等，其中，劳动安全基本制度主要为《劳动法》《安全生产法》《职业病防治法》等法律对保护劳动者劳动安全基本权益的制度。劳动安全管理制度由安全技术措施制度、安全生产责任制度、安全生产教育制度、安全生产检查制度、生产安全事故应急救援与调查处理制度等。特殊群体劳动安全制度主要包括女职工的特殊劳动保护、未成年工的特殊劳动保护等。在劳动安全制度体系不断完善的背景下，劳动安全取得一定的成果。2016年，中国发生各类生产安全事故6万起、死亡4.1万人，同比分别下降5.8%和4.1%。发生较大事故750起、死亡2 877人，分别下降7.3%和9.1%。发生重特大事故32起、死亡571人，同比分别下降15.8%和25.7%。[①]

中国劳动安全制度还存在许多问题，过劳死、强迫劳动、操作不当、工作环境差等问题引发的劳动安全事件仍然较为严重。中国劳动安全制度存在的主要问题包括：

第一，劳动安全法律法规分散。中国劳动安全制度从20世纪80年代才开始建立与发展，但制度建立过程中多是以条例、暂行条例、通知等较低层次的法规体现，缺少系统性的法律法规，且劳动安全制度多是分散于多个法律法规中。

第二，劳动安全法律理念存在经济目标导向。《安全生产法》是劳动安全领域的核心法律，《安全生产法》属于大陆法系，主要适用于中华人民共和国领域内从事生产经营活动的单位的安全生产（消防安全和道路交通安全、铁路交通安全、水上交通安全、民用航空安全以及核与辐射安全、特种设备安全另有规定）。原《安全生产法》强化经济政策导向作用，以促进经济发展为方向，立法方针为“安全生产管理、坚持安全第一，预防为主”。经济目标导向使得劳动安全形势不

① 国家安全监管总局网站。

容乐观，突出表现为“二大三多二薄弱”，“二大”为伤亡总量大、职业危害大，“三多”为事故总量多、重特大事故多、安全隐患多，“二薄弱”为安全意识薄弱、安全基础薄弱。这促使劳动安全法律目标导向的转变，催生了2014年《安全生产法》的修订，新修订的安全生产法强调经济社会目标，以促进经济社会持续健康发展为方向，以强化以人为本、生命至上为方针。

第三，部门分割降低了制度管理效率。中国劳动安全工作由不同的部门进行管理，国家安全生产综合监督管理责任、工矿商贸行业安全生产监督管理责任由国家安全生产监督管理总局负责，职业卫生监督管理由卫生和计划生育委员会负责，女工、未成年工的特殊劳动保护、劳动争议调解仲裁、工伤保险、职业病的管理由人力资源和社会保障部门管理，锅炉、压力容器、压力管道、电梯、起重机械、场（厂）内专用机动车辆等特种设备的安全监察监督工作由国家质量监督检验检疫总局负责。多部门的管理容易产生“多龙不治水”的问题，易产生缺少沟通交流、信息共享机制不健全等问题。在监管方式上，中国主要是行政监管，设立的职业安全健康标准较为宽泛。

第四，劳动安全制度实施效果差。由于雇主劳动安全意识不强、为提高收益而降低成本的需要、履行劳动安全制度不彻底、安全教育培训不足等原因，加上雇工劳动安全保护意识差、处于弱势地位等因素的影响，同时政府部门劳动安全监管乏力、劳动安全制度宣传不到位，工会劳动安全工作监督责任的缺位，使得劳动安全制度实施效果较差，导致出现各类问题。如各所有制企业在劳动环境方面普遍存在问题：职工受高低温作业危害比例在国有、集体、私营、外商企业（含港澳台）分别达到31.6%、24.4%、30.7%、31.4%，受粉尘污染比例在以上所有制企业分别为33.3%、14.8%、26.5%、32.1%，受噪声污染方面比例在以上所有制企业分别为35.6%、24.6%、26.5%、27%，受有毒有害气体污染比例在以上所有制企业分别为27.9%、15.2%、13.9%、27.2%，受辐射污染比例在以上所有制企业分别为26.1%、12.4%、14.3%、32.3%，受容易伤及肢体的机械故障隐患比例在以上所有制企业分别为30.8%、8.4%、24.2%、32%。①

完善劳动安全制度要从以下方面出发。建立综合性的劳动安全法律法规体系。将《安全生产法》和《职业病防治法》合并，颁布《职业（劳动）安全卫生法》，将其设定为劳动安全领域的综合大法，体现劳动安全法律的系统性、全面性，有助于改变制度碎片化带来的责权模糊和责权空白问题。职业安全和卫生一体化立法方向也符合劳动安全的现实状况。生产安全与劳工安全、财产安全与

① 中华全国总工会研究室：《当前我国企业职工劳动环境存在的突出问题》，《工运研究》2011年第4期。

生命健康安全，统一于生产活动之中，相关权益共存于同一领域和过程。二者不仅具有统一性，而且具有相互支撑、融合、促进的属性。[①]

促进劳动安全法律回归其社会性目标。《安全生产法》是劳动安全保护的立法，《职业病防治法》是劳动卫生的法律制度，两者衔接性较差。在立法理念上，侧重于经济目标，以促进经济发展为方向，而非社会目标，以以人为本为方向。保护劳动者的劳动安全权，目的在于保障劳动者有安全的生产环境，体现的是对劳动者生命的尊重。因而，应树立保障劳动者的劳动安全权理念。

完善安全生产责任制，提升劳动安全制度管理效率。一是整合国家安全生产监督管理总局、卫生和计划生育委员会、人力资源和社会保障部、国家质量监督检验检疫总局在劳动安全方面的职能，将其他相关部门的劳动安全的职能划归国家安全生产监督管理总局，由其进行单独管理；二是完善联通机制，通过定期举办联席会议解决劳动安全问题，关键在于划清不同部门的权责，实现信息共享。

第五，改善劳动安全制度的实施效果。一是加大劳动安全法律法规的宣传教育。中国人口众多，小微企业数量庞大，应举办“安全生产月”活动，大力宣传国家的各项劳动安全法律法规，普及劳动安全知识，提高雇主对安全生产重要性的认识，使雇员充分认识到个人安全保障权的意义，营造安全的生产环境。二是建立政府、媒体、社会的多元监管机制。关键在于强化政府监管机制，并大力发挥媒体和社会的力量，增强对劳动安全事件的督查。三是提升工会劳动安全工作参与效果。完善法律法规，明确工会参与劳动安全的职责与范围，通过立法参与、执法参与、政策参与，完善工会与党政组织、企业方的联系机制，建立省总工会、市工会、县工会、企业工会劳动安全信息沟通机制，并提升工会劳动安全卫生工作领域维护劳动者权益效果。

第六，建立劳动安全配套制度。一是建立职业卫生巡查制度。在企业设立职业卫生医师岗位，职业卫生医师由掌握劳动安全知识且具有多年职业卫生经验的医生担任，由其定期对工作场所进行巡查，并根据巡查结果对雇主提出工作场所环境、设施的改善意见。二是制定工作环境测量分级制度。设计工作环境测量评估量表，以此对工作环境、设施、从业人员健康、安全卫生教育培训等状况进行测定，根据测定结果划分工作环境等级，工作环境等级可以划分为两类：达标与不达标，对不达标的企业工作环境提出整改建议。

在女职工劳动安全问题上，《劳动法》《矿山安全法》《妇女权益保障法》《女职工劳动保护特别规定》《女职工禁忌劳动范围的规定》等法律法规成为中

① 任国友：《中美职业安全健康法对比》，《中国安全科学学报》2009 年第 7 期。

国女职工劳动安全权保障的依据。女工劳动保护制度的内容包括：(1) 普通女工保护。使她们避免在特定的劳动场所、劳动环境和劳动强度中劳动。(2) 经期女工保护。使她们避免在特定的劳动环境和劳动强度中劳动。(3) 孕期哺乳期女工保护。如孕期女工工作量减免或调换轻便工作，不上夜班等；还有产前产后工时优惠，如女工孕期检查时间、产后哺乳时间计作劳动时间等。(4) 女工卫生设施。如卫生室、冲洗器等。(5) 母婴保护设施。如哺乳室、托儿所、幼儿园等。[①]

中国女职工劳动安全制度还存在较多问题：

第一，女职工劳动保护与就业的矛盾。女职工劳动保护主要通过雇主责任制实现，即雇主承担对女职工的劳动保护成本。这引发的问题是，劳动保护制度越完善，雇主需要支付的劳动保护成本就越高；反之，劳动保护制度不完善，雇主承担的劳动保护成本低。女职工劳动保护政策成为其就业的障碍。如《女职工劳动保护特别规定》第 10 条规定，女职工比较多的用人单位应当根据女职工的需要，建立女职工卫生室、孕妇休息室、哺乳室等设施。就该条款而言，在计划经济时期，政府成为企业的后盾，企业盈亏均有政府的支持，为女职工建立相应设施不会成为企业负担。在市场经济时期，企业自负盈亏，此项规定会增加企业在劳动保护方面的投入。基于“经济人”假设考虑，为了以最小的成本获得最大的产出，雇主在权衡男女职工成本与收益的基础上，通常会选择雇用男职工，造成女职工劳动保护与就业机会的错位。

第二，女职工劳动安全制度不明晰。如《妇女权益保障法》第 23 条规定，各单位在录用职工时，除不适合妇女的工种或者岗位外，不得以性别为由拒绝录用妇女或者提高对妇女的录用标准。此处“不适合妇女”的工种或者岗位有哪些并未指出。《女职工劳动保护特别规定》第 10 条规定，女职工比较多的用人单位应当根据女职工的需要，建立女职工卫生室、孕妇休息室、哺乳室等设施，此处“比较多”并未说明具体数量。条款的不明晰造成了女职工劳动安全事件的模糊空间。

第三，女职工劳动安全的监管主体不明晰。《女职工劳动保护特别规定》第 12 条规定，“县级以上人民政府人力资源和社会保障行政部门、安全生产监督管理部门按照各自职责负责对用人单位遵守本规定的情况进行监督检查。工会、妇女组织依法对用人单位遵守本规定的情况进行监督。”这说明，人力资源和社会保障行政部门、安全生产监督管理部门、工会、妇女组织可对女职工劳动保护进行监管；《妇女权益保障法》第 6 条和第 7 条规定，“县级以上人民政府负责妇女儿童工作的机构，负责组织、协调、指导、督促有关部门做好妇女权益的保障工

① 潘锦棠：《中国女工劳动保护制度与现状》，《妇女研究论丛》2002 年第 4 期。

作”，“中华全国妇女联合会和地方各级妇女联合会依照法律和中华全国妇女联合会章程，代表和维护各族各界妇女的利益，做好维护妇女权益的工作。工会、共产主义青年团，应当在各自的工作范围内，做好维护妇女权益的工作。”这说明，县级以上人民政府、中华全国妇女联合会和地方各级妇女联合会、工会、共产主义青年团都承担维护妇女权益的工作。比较这两项法规，可以发现在女职工劳动安全监管机制上，出现“多龙治水”问题，且女职工劳动保护政策的具体实施为用人单位，由于缺乏具体的单独组织承担监管工作，此种规定会影响女职工劳动保护政策的落实。

完善女职工劳动安全制度可从以下方面着手。

第一，完善促进女工就业的“社会保护”政策。在女职工劳动就业领域存在“自然保护”与“社会保护”的区分，自然保护是对其特殊的生理特点（月经期、怀孕期、分娩期、哺乳期）的保护，社会保护是将女性看作是与男性相同的社会公民，对女性就业权利的保护。从概念界定出发，女职工劳动保护制度属于“自然保护”的范畴，女职工就业权、同工同酬权是“社会保护”的范畴。为了应对女职工劳动保护与就业的错位问题，需要加强对女职工的“社会保护”，保障女职工就业权利。一是贯彻落实促进女工就业的相关法律，努力消除就业市场中出现的性别歧视；二是建立促进女工就业的激励机制，如通过税收优惠、奖励补贴等手段，鼓励企业招聘女工；三是开展各种专项就业活动，如开展“女工专场招聘会”等方式，促进女工就业。

第二，完善女职工劳动安全法律法规。明确女职工劳动安全法律法规内容，颁布女职工劳动安全实施细则，对法律法规中出现的模糊规定进行详细界定，使得女职工安全法律法规的可操作性增强，

第三，完善女职工劳动安全的监管机制。女职工劳动安全问题属于劳动安全问题中的子问题，建议由安全生产监督管理部门负责女职工劳动安全管理工作，其他部门协办，但应明确各个部门的职责范围，将原则性规定进行详细界定。女职工劳动安全的监管工作可以由多部门联合完成，建议成立由人力资源和社会保障部门、安全生产监督部门、卫生部门、工会、妇联、劳动保护领域的专家组成女职工劳动保护监督管理委员会，委员会定期举行会议，对女职工劳动保护的监管制度、监管运行进行商讨和执行，定期对用人单位进行工作设施、工作环境、女职工健康情况进行检查，并畅通权益申诉渠道。

第四，推进孕期哺乳期女工保护费用的社会统筹。在女工孕期哺乳期因减少工作量、调换工作、产前检查工时损失、产后休假带来的工时减少情况，主要由用人单位负责，这就加剧了女工就业问题，因而，可以参考社会保险社会统筹的经验，实行女工孕期哺乳期女工保护费用社会统筹，减少企业的损失。

未成年工是年龄介于 16 – 18 周岁的劳动者。中国对未成年工实施劳动保护制度，主要依据为《劳动法》《未成年人保护法》《禁止使用童工规定》《未成年人特殊保护规定》等规定。尽管有相关法律法规的约束，但在现实生活中，依然出现未成年工劳动安全权侵犯问题。主要包括不履行法律法规对未成年工进行定期检查、安排未成年工参加禁忌从事的劳动、未成年工工作环境较差的问题。这些问题的原因在于未成年工劳动安全权保护意识差、用人单位降低劳动成本、政府监管不到位等问题，与上述劳动安全制度的问题有相似的地方。对于未成年工的劳动保护，也需要通过完善未成年工劳动保护制度、大力宣传未成年工劳动保护法律法规、完善监管机制等手段进行改善。

二、职业福利制度的完善

中国职业福利的发展经历了两个阶段：第一阶段是计划经济时期职业福利发展阶段，在该阶段，以“低工资、高福利”为特点的收入分配机制，使得职业福利在职工收入报酬中占有较高水平的比例，职业福利包括住房、教育、医疗、生活补贴等待遇。第二阶段是市场经济时期职业福利发展阶段，这一阶段，通过国有企业改革，企业成为自负盈亏的经济实体，计划经济时期的“单位办福利”模式难以为继，民营经济、外资经济、个体经济的非公有制经济的发展对传统模式的职业福利提出挑战，该阶段职业福利发生的变化有：在管理方式和项目设置上走向创新，企业自主性福利项目增多，不同单位在福利水平上的横向差异日趋明显。[①] 当前，中国职业福利的发展表现出工资替代型福利的供给多于法规补充型福利的供给（见表 5 – 20）。

表 5 – 20　　2013 年中国企业员工福利状况　　单位：%

福利类型		福利项目	供给企业比例	福利项目	供给企业比例
法规补充型	货币型	配偶医疗保障	26.5	商业保险	15.4
		企业年金	16.5	无息住房贷款	8.8
	非货币型	带薪假期	75.6	子女教育照顾	31.5
		加班调休	42.5	弹性工作制	16.7

① 杨艳东：《60 年来我国职业福利的回顾与反思》，《理论探索》2009 年第 5 期。

续表

福利类型		福利项目	供给企业比例	福利项目	供给企业比例
工资替代型	货币型	膳食补贴	84.2	轮岗补贴	34.5
		节日补贴	82.5	车辆补贴	33.5
		通信补贴	68.4	防暑降温费	27.5
		礼金（结婚等）	62.4	住房补贴	24.5
		交通补贴	56.4	慰问金	16.4
	非货币型	体检	87.5	拓展活动	28.5
		实物福利	48.5	健身卡	27.5
		培训福利	48.2	职业发展咨询	18.6

资料来源：丁学娜：《中国企业职业福利发展研究》，《浙江学刊》2016 年第 3 期。

中国职业福利存在以下问题：

第一，职业福利法律法规不完善。表现为职业福利分配缺少明确而持续的规则。完善的法律法规是职业福利供给的依据。职业福利既有法定福利，也有自愿福利，法定福利有相关法律法规的支持，如《关于建立企业补充养老保险制度的意见》对建立企业年金提供法律支持，《关于企业补充医疗保险有关问题的通知》对建立补充医疗保险提供法律支持。但自愿福利属于用人单位自主行为，弹性较大。同时由于财务制度对单位分配的规定不明确，如对于单位自创收入的分配不明确。加之福利分类不统一、福利项目设置不规范等问题的存在，使得自愿福利的设置常常因法律法规不完善而存在较大差异。

第二，职业福利供给不平衡。一是不同行业职业福利差距较大。表现为垄断行业与非垄断行业的福利差距。垄断行业的“福利腐败”是形成这种差距的主要原因。“福利腐败”是指一些垄断行业利用自己的垄断地位和优势，将掌握的行业资源无偿或者廉价地向本行业的职工和家属提供，即在福利的名义下形成的行业腐败现象。[①] 非垄断行业占有资源的不足缺少职业福利的供给。二是不同人群职业福利差距较大。按照工作单位的性质进行划分，可将中国不同群体分类为机关事业单位工作人员、国有企业职工、集体企业职工、外资企业职工、私营企业职工等。不同人群职业福利差距较大，机关事业单位工作人员享受到完善的职业福利，包括福利性补贴、伙食补助、退休退职费、生活补助、住房公积金、购房补贴、办公费、取暖费、交通费、电话费等补充保险、法定休假、集体福利、补

① 柯卉兵：《论初次分配领域中的政府责任问题——以“福利腐败”现象为例》，《学术论坛》2007 年第 7 期。

贴与补助类职业福利。国有企业职工可享受的福利包括休假制度、劳动保护福利、企业年金、补充医疗保险、住房补贴、补充住房公积金、集资建房、职工食堂、幼儿园、子弟学校、浴室、班车、医院等福利。集体企业以国有企业为参照对象，但职业福利较国有企业差。外资企业为吸引人才常会自设较为慷慨的福利，如“弹性福利计划”“福利套餐组合”就是从外资企业中发展的。相比之下，私营企业享受的职业福利就比较少。三是用人单位内部职业福利差距较大。表现为用人单位高层管理者与普通职工的福利差距，如企业高管的高福利补贴和隐形福利与普通职工职业福利差距悬殊。

第三，组织内职业福利的分配与公平理念的背离。由于缺乏完善的法律法规作为依据，职业福利供给常会出现不公平的现象，表现为自己的付出与回报不成比例，甚至出现付出大、回报小的问题。转型时期，各领域出现的福利待遇与技术能力、业绩不相匹配的问题很多。当前，因职业福利分配规则不合理导致分配结果与个人表现不匹配，出现了公平的损失。如单位中存在的职业福利分配的“人情分”，部分单位领导在职业福利分配时往往追求自身利益的最大化，或以“关系”远近作为职业福利分配的标准。另外，同工不同酬的现象也是职业福利分配不公平的表现，单位中的正式职工与临时工职业福利差距较大，临时工往往难以公平享受到与正式职工相同的职业福利。

完善职业福利制度可以从以下方面出发。

第一，正确认识职业福利。中国对职业福利的定位不清楚，部分社会成员错误地认为职业福利可有可无，影响了职业福利功能的有效发挥。应正确认识职业福利与社会保障的关系。职业福利属于社会福利的范畴，职业福利与老年人福利、残疾人福利、妇女儿童福利共同组成了社会福利制度体系，部分职业福利项目如企业年金、补充医疗保险制度，是多层次社会保险制度的重要组成部分。职业福利具有保障功能，是人力资源管理的重要激励工具，因而，职业福利是社会保障制度的重要组成部分。在劳动者的生存权得以保障、社会产品日益丰裕的背景下，应重视职业福利的发展，使其成为社会保障制度的重要支柱。

第二，实现职业福利分配的均衡化。中国劳动者所享有的职业福利因就业的行业、所有制、就业单位性质的差异而存在较大差距。劳动者职业福利差距主要是因计划经济体制下形成的做法的延续。计划经济时期延续的福利待遇一定程度上影响了现行职业福利的项目设置、福利水平等，而公有制经济的高福利在市场经济时期还在延续。私营经济较低水平的职业福利，或因制度排斥存在的职业福利空白与之形成较大的反差，将会影响社会的安定。应通过职业福利分配的均衡化应对这个问题。一是实现不同行业的职业福利分配均衡化。主要是缩小垄断行业与非垄断行业职业福利资源分配的差距，关键要约束和规范垄断行业的职业福利待遇，削减不合理的职业福利开支，为垄断行业职业福利资源分配定红线。同时提高非垄断行业的职业福利水平，尤其是低收入劳动者的职业福利待遇。二是实现不同人群的职业福利分配均衡化。主要是缩小机关事业单位工作人员、国有企业职工、集体企业职工、外资企业职工、私营企业职工职业福利的差距。应规范并简化机关事业单位工作人员的职业福利项目，实现项目设置统一化、规范化，合理降低职业福利支出比例，并公开职业福利的分配标准。加快国有企业改革步伐，推进国有企业工资与福利制度改革，规范职业福利开支，促使职业福利水平的适度化。推动非公有制企业实施集体协商制度，引导员工参照同行业其他可比性企业的职业福利提出自己的合理要求，以此确定福利开支项目和水平。三是实现单位内部的职业福利分配均衡化。合理确定高层管理者的职业福利待遇，取消其隐形福利，适度提高普通职工及临时工的职业福利，缩小企业内部职业福利差距。

第三，促进组织内职业福利分配的公平。一是政府应出台职业福利指南，对单位职业福利的项目设置、福利水平等提出方案，以供不同组织进行参考。二是在组织内部，应采用集体协商制度，讨论职业福利分配设计方案，职业福利分配应本着福利项目、福利水平与劳动者贡献相对等的原则进行设计。三是对职业福利方案可能出现的结果进行公平性评估，适时适度调整职业福利项目和水平。四是积极推动劳动合同制改革，促进同工同酬的改革，消除正式职工与临时工的职业福利差距。

三、收入保护制度的完善

1978 年以来，中国确立了以按劳分配为主体、多种分配方式并存的分配制度。在这种分配制度下，劳动者可以凭借资本、劳动力、土地、技术、企业家才能、信息等参与分配。由于不同劳动者所拥有的资源存在差异，多种生产要素参与分配的方式会造成收入差距的问题。尤其在效率优先、兼顾公平的原则指导下，收入差距不断扩大。收入差距的扩大促使政府加大收入分配调节力度。中国收入差距的问题主要表现在城乡差距、城乡内部收入差距、区域差距、人群差距及行业差距上。

第一，城乡间收入差距扩大。1980 - 2017 年，城镇居民家庭人均可支配收入由 477.6 元增加到 36 396 元，农村居民家庭人均可支配收入由 191.3 元增加到 13 432 元，城镇居民家庭人均可支配收入与农村居民家庭人均可支配收入比由 2.5 倍增加到 2.71 倍。

第二，城乡内部收入差距扩大。2003 - 2016 年，城镇居民人均可支配收入中，低收入户可支配收入由 3 970.03 元增加到 13 004.1 元，高收入户可支配收入由 21 837.32 元增加到 70 347.8 元，最高收入户与最低收入户人均可支配收入之差由 17 867. 29 元增加到 57 343. 7 元；农村人均纯收入中，低收入户人均纯收入由 865. 9 元增加到 3 006. 5 元，高收入户人均纯收入由 6 346. 86 元增加到 28 448 元，最高收入户与最低收入户人均纯收入之差由 5 480. 96 元增加到 25 441. 5 元。

第三，区域间收入差距扩大。2005 年，东北地区、西部地区、中部地区和东部地区城镇人均可支配收入分别为 8 729. 96 元、8 783. 17 元、8 808. 52 元和 13 374. 88 元，城镇人均可支配收入最高地区为东部地区，最低地区为东北地区，其差距为 4 644. 92 元；东北地区、西部地区、中部地区和东部地区农村人均纯收入分别为 3 378. 98 元、2 378. 91 元、2 956. 6 元和 4 720. 28 元，农村人均纯收入最高地区为东部地区，最低地区为西部地区，其差距为 2 341. 37 元。2016 年，东北地区、西部地区、中部地区和东部地区城镇人均可支配收入分别为 29 045. 1 元、28 609. 7 元、28 879. 3 元和 39 651 元，人均可支配收入最高地区为东部地区，最低地区为西部地区，其差距为 11 041. 3 元；东北地区、西部地区、中部地区和东部地区农村人均可支配收入分别为 12 274. 6 元、9 918. 4 元、11 794. 3 元和 15 498. 3 元，农村人均可支配收入最高地区为东部地区，最低地区为西部地区，其差距为 5 579. 6 元。

第四，人群间收入差距扩大。根据就业单位性质，可将城镇单位就业人员分为国有单位、城镇集体单位、股份合作单位、联营单位、有限责任公司、股份有限公司、其他内资、港澳台商投资单位以及外商投资单位的就业人员。1995 年，收入最低的人群为城镇集体单位就业人员，其平均工资为 3 934 元，收入最高的人群为外商投资单位就业人员，其平均工资为 8 812 元，两者差距为 4 878 元。2016 年，收入最低的人群为其他内资就业人员，其平均工资为 49 759 元，收入最高的人群为外商投资单位就业人员，其平均工资为 82 902 元，两者差距为 33 143 元。

第五，行业间收入差距扩大。1978 年，收入最低行业为农、林、牧、渔业，该行业职工平均月工资为 470 元，收入最高行业为电力、煤气及水的生产和供应业，该行业职工平均月工资为 850 元，两者差距为 380 元。2016 年，收入最低行业为农、林、牧、渔业，该行业职工平均年工资为 33 612 元，收入最高行业为信息传输、软件和信息技术服务业，该行业职工平均年工资为 122 478 元，两者差距为 88 866 元。

为了缩小收入分配差距，新时代应继续坚持按劳分配原则，完善按要素分配的体制机制，扩大中等收入群体，增加低收入者收入，调节过高收入，取缔非法收入。应履行好政府再分配调节职能，加快推进基本公共服务均等化，缩小收入分配差距。应不断提高农村地区、城乡低收入群体、行业低收入群体以及低收入人群的收入水平，强化举措推进西部大开发形成新格局，深化改革加快东北等老工业基地振兴，缩小东北地区与东部地区、西部地区与东部地区的收入差距，建立更加有效的协调发展新机制。

最低工资制度是收入保护制度的重要体现。中国政府1984年签署了由国际劳工组织于1928年制定的《制定最低工资确定办法公约》，1993年的《企业最低工资规定》，2004年的《最低工资规定》，2008年的《劳动合同法》以及各省、市、自治区颁发的最低工资规定，成为中国最低工资制度实施的法律依据。最低工资制度实施以来，保障了劳动者的劳动权益。1998－2007年，规模以上工业企业最低工资每增加10%，企业平均工资将增加0.3%－0.6%，劳动密集型行业将增加平均工资0.61%。[①] 最低工资制度的实施有利于推动企业平均工资的增长。

然而，中国最低工资制度还存在较多问题。第一，最低工资制度法律层级较低。最低工资制度立法有三种情况：一是在宪法中规定最低工资是劳动者的权利；二是在劳动法中写入最低工资制度；三是颁布专门的最低工资法，这三种情况是较高层次的立法，具有法律层次高、制度权威性强的特点，从而可以促使雇主严格履行最低工资制度。中国最高层次的最低工资法律的立法是《劳动法》，但该法只是强调“用人单位支付劳动者的工资不得低于当地最低工资标准”，并说明了最低工资标准的参考因素，并没有对最低工资的监管等问题进行说明。而《最低工资规定》属于社会保障部门发布的法规，约束力不强。法律层次低造成最低工资制度运行效果差，违反最低工资制度的行为仍然存在。

第二，最低工资标准较低。中国最低工资标准过低，2015年，最低工资标准占城镇单位在岗职工平均工资比重的平均值为31.31%，最小值为西藏自治区的15.14%，最高值为河南省的41.81%。同时，本文的数据计算采用最低工资的最高档，如果采用最低档计算，最低工资标准占城镇单位在岗职工平均工资的比重更低（见表5－21）。

表5－21　2015年中国不同地区最低工资标准与职工平均工资

地区	最低工资标准实行日期	年最低工资标准（元）	城镇单位在岗职工平均工资（元）	最低工资占城镇单位在岗职工平均工资比重（%）
北京	2016.09.01	1 890	113 073	20.06
天津	2016.07.01	1 950	81 486	28.72
河北	2016.07.01	1 650	52 409	37.78
山西	2015.05.01	1 620	52 960	36.71
内蒙古	2015.07.01	1 640	57 870	34.01

① 马双等：《最低工资对中国就业和工资水平的影响》，《经济研究》2012年第5期。

续表

地区	最低工资标准实行日期	年最低工资标准（元）	城镇单位在岗职工平均工资（元）	最低工资占城镇单位在岗职工平均工资比重（%）
辽宁	2016.01.01	1 530	53 458	34.34
吉林	2015.12.01	1 480	52 927	33.56
黑龙江	2015.10.01	1 480	51 241	34.66
上海	2016.04.01	2 190	109 279	24.05
江苏	2016.01.01	1 770	67 200	31.61
浙江	2015.11.01	1 860	67 707	32.97
安徽	2015.11.01	1 520	56 974	32.01
福建	2015.08.01	1 500	58 719	30.65
江西	2015.10.01	1 530	52 137	35.21
山东	2016.06.01	1 710	58 197	35.26
河南	2015.07.01	1 600	45 920	41.81
湖北	2015.09.01	1 550	55 237	33.67
湖南	2015.01.01	1 390	53 889	30.95
广东	2015.05.01	1 895	66 296	34.30
广西	2015.01.01	1 400	54 983	30.55
海南	2016.05.01	1 430	58 406	29.38
重庆	2016.01.01	1 500	62 091	28.99
四川	2015.07.01	1 500	60 520	29.74
贵州	2015.10.01	1 600	62 591	30.68
云南	2015.09.01	1 570	55 025	34.24
西藏	2015.01.01	1 400	110 980	15.14
陕西	2015.05.01	1 480	56 896	31.21
甘肃	2015.04.01	1 470	54 454	32.39
青海	2014.05.01	1 270	61 868	24.63
宁夏	2015.07.01	1 480	62 482	28.42
新疆	2015.07.01	1 670	60 914	32.90

注：数据截至 2016 年 12 月底。因最低工资标准最多的地区有一至五个档次，最少的地区只有第一档，表中年最低工资标准根据月最低工资标准第一档计算。

资料来源：最低工资数据来源于人力资源和社会保障部劳动关系司，城镇单位在岗职工平均工资来源于《中国劳动统计年鉴》（2016）。

第三，不同地区最低工资标准调整频率缺乏制度性规范。2004 年的《最低工资规定》，规定最低工资的调整频率被设定为每两年不少于一次。然而，最低工资运行状况表明，不同地区并未严格执行该规定，最低工资标准调整具有非制度化的特点。如 2011 - 2015 年，全国分别有 25 个、25 个、27 个、19 个、27 个省市自治区调整了最低工资标准。[①] 最低工资标准的调整周期应是固定的，不同地区最低工资标准调整频率缺乏制度性规范会带来一系列的问题，如调整依据不合理、雇主和雇员对调整缺少预期、调整地区和不调整地区的比较带来攀比、竞争的问题，这些问题影响到最低工资制度的平稳与可持续运行。

第四，最低工资制度监管机制不完善。2004 年的《最低工资规定》提出，由县级以上地方人民政府劳动保障行政部门对最低工资制度进行监督检查，各级工会组织进行监督。然而，在最低工资制度运行中，由于监督机制不健全，仍然出现了大量的违规违法现象，如部分劳动密集型企业采取延长加班时间、降低计件工资单价、减少提成比例等手段规避最低工资标准的提高。

完善最低工资制度可采取以下措施：

第一，提高最低工资立法层次。一是颁布专门的《最低工资法》，二是在《劳动法》中专门对最低工资制度进行说明。第一种办法将现行的《最低工资规定》提高到法的层次，而法律的权威要远远高于规章制度的权威，有利于制度的运行实施。第二种办法可采用专门章节的形式增加《劳动法》中最低工资制度的说明，只需对现有的《劳动法》进行修订，也可以起到必要的约束作用。从当前情况来看，可采用第二种办法，因法律修订比法律建立更容易接收，同时，《劳动法》中已经有最低工资制度的内容，但缺少详细说明。

第二，合理确定最低工资标准。一是要明确最低工资标准的统计口径，使得最低工资标准在全国范围内具有可比性。二是明确最低工资标准调整的程序。现行最低工资标准是由地方政府提出、人力资源和社会保障部门同意后确定的。这种方式考虑了不同地区经济社会条件的差异，但地方政府可能在利益驱动、经济目标优先的策略下降低最低工资标准，因而，应由国家层面确定最低工资标准，然后与地方政府进行沟通协调，最后再进行合理修正予以确定。三是确定适度水平的最低工资标准。最低工资标准的确定要考虑到劳动力市场的供求关系、企业效益、经济增长与财政收支等因素，同时应建立最低工资标准的评估机制，定期对其进行评估，以评估结果对下一次的最低工资标准进行调整。推进最低工资调整频率的制度化。各个地区应在《最低工资规定》中每两年调整一次的调整频率指导下，在本地区最低工资规定中，明确最低工资调整机制，固定最低工资调整

① 人力资源和社会保障部劳动关系司。

周期，如确定一年一次，或两年一次。

第三，完善最低工资制度的监督管理机制。一是加强社会保障部门的监督管理。建立专项检查与经常性检查相结合的机制，对重点行业（如建筑业、批发零售业、餐饮业）和重点人群（如农民工、灵活就业人员）进行专项检查，并定时对全行业领域和所有人群进行排查。二是强化工会的监督。工会是最低工资制度制定的主要参与人，是最低工资制度运行的监督者，是保障工人享受最低工资权利的维护者，应充分发挥工会的作用，畅通信息沟通渠道、强化利益表达机制，督促企业最低工资制度有效实施。三是建立多元监督管理机制。构建由政府、社会、媒体等多元主体参与的监督管理机制，并加强不同主体间的信息沟通。同时，还应通过加强最低工资制度的宣传教育、优化最低工资制度的运行环境、完善多元主体的沟通协商机制等手段，促进中国最低工资制度的完善。

第四节　失业保险、工伤保险、劳动保护与其他社会保障制度的衔接

一、失业保险制度与其他社会保障制度的衔接

在失业保险与医疗保险制度的衔接方面，《社会保险法》第5章第48条提出，失业人员在领取失业保险金期间，参加职工基本医疗保险，享受基本医疗保险待遇。失业人员应当缴纳的基本医疗保险费从失业保险基金中支付，个人不缴纳基本医疗保险费。这条规定兼顾到劳动者的面临的两个问题，即失业和疾病，因失业造成收入中断而无力缴纳医疗保险金的，可以由失业保险金代缴。

在失业保险与养老保险制度的衔接方面，《社会保险法》第5章第51条提出，享受基本养老保险待遇的失业人员，停止领取失业保险金。这说明，劳动者在达到退休年龄之前失业的，主要面临的是失业风险造成收入中断问题，在达到退休年龄后，失业风险就转变为老年风险，主要面临的问题是因老年风险造成收入中断。

在失业保险制度与就业服务衔接方面，就业服务和失业保险相互促进。就业服务对失业保险产生促进作用。随着职业介绍、就业指导、职业培训的开展，劳动者的劳动能力有所提升，从而增加了劳动者的就业机会，保障劳动者就业的稳定。尤其是当职业培训能有效改善劳动者素质时，劳动者拥有工作机会的可能性

越大。当劳动者通过就业服务参加工作之后，劳动者需要为失业保险制度的运行提供经济支持，即承担缴费供款责任。劳动者的缴费供款为失业保险制度的运行提供了经济支持，从而促使失业保险制度的可持续发展。失业保险也可以促进就业服务的发展。失业保险制度具有保障基本生活、促进就业和防止失业的功能。[①]失业保险制度促进就业功能的发挥可通过将失业保险基金用于购买就业服务来实现，而该功能的发挥则促进了就业服务的供给。失业保险与就业服务的关系要求将两者紧密结合，实现促进就业的功能。

中国当前失业保险与就业服务衔接不紧密，影响就业保障体系预防失业与促进就业功能的发挥。失业保险与就业服务的衔接可在以下方面探索：一是从失业保险基金中提取就业服务基金。为了发挥失业保险制度“保障生活、预防失业、促进就业”功能的有效发挥，可充分利用失业保险基金结余，在失业保险基金中提取一定比例的基金用于就业服务项目的购买。二是建立失业保险制度与就业服务体系的信息联通机制。《就业促进法》中提出，设立公共就业服务机构为劳动者免费提供就业政策法规咨询，职业供求信息、市场工资指导价位信息和职业培训信息发布，职业指导和职业介绍，对就业困难人员实施就业援助，办理就业登记、失业登记等事务及其他公共就业服务。可将就业服务开展的对象重点瞄准失业保险基金领取者，建立公共就业服务机构与社会保险部门的信息联通机制，共享失业者领取失业保险金、获取就业服务项目等信息，提高失业人员的就业能力。

二、工伤保险制度与其他社会保障制度的衔接

在工伤保险和养老保险衔接上，《社会保险法》第4章第40条提出，工伤职工符合领取基本养老金条件的，停发伤残津贴，享受基本养老保险待遇。基本养老保险待遇低于伤残津贴的，从工伤保险基金中补足差额。这说明对老年工伤职工，若基本养老保险待遇低于伤残津贴，可以同时获得基本养老保险待遇与工伤保险伤残津贴补差额。这种做法兼顾到老年风险和工伤风险，保障了老年工伤职工养老保险与工伤保险权益。

在工伤保险和医疗保险衔接上，《社会保险法》第3章第30条提出，应当从工伤保险基金中支付的医疗费用，不纳入基本医疗保险基金支付范围。《工伤保险条例》第5章第30条规定，工伤职工治疗非工伤引发的疾病，不享受工伤医疗待遇，按照基本医疗保险办法处理。这要求工伤职工受到伤害后，应严格区分因为工伤所受伤害的医疗费用和不因工伤的医疗费用，因为工伤所受伤害的医疗

① 吕学静：《我国失业保险制度功能的改革与优化》，《中国社会保障》2010年第9期。

费用由工伤保险基金报销，非因工伤的医疗费用由医疗保险基金报销。

在工伤保险和康复服务衔接方面，工伤康复是工伤保险的重要组成部分，工伤职工需要接受专业的康复服务。《工伤保险条例》第5章第30条规定，工伤职工到签订服务协议的医疗机构进行工伤康复的费用，符合规定的，从工伤保险基金支付。一是树立工伤预防、补偿和康复三者紧密结合的思路，加大工伤保险基金对康复服务的支持。二是促进工伤保险与社区康复的结合。社区康复依靠社区、家庭、政府力量，可对工伤职工进行全面的康复，较医疗康复具有便捷性、低费用的特点。中国工伤保险制度发展中，也在部分地区开展社区康复事业，工伤保险可与社会康复进行紧密衔接，在资料共享、数据联通、康复服务开展等方面实现合作。可采取以工伤保险基金购买社区康复服务的方式推进两者的衔接。同时，应完善《工伤保险条例》，对工伤保险支持康复服务的内容进行完善。

三、劳动安全制度与其他社会保障制度的衔接

劳动安全制度与社会保障制度的衔接主要表现在以下方面：第一，劳动安全制度与工伤保险制度的衔接。完善的劳动安全制度对减少工伤事故具有重要的作用，安全的劳动环境、工作流程、健康的员工可以保障生产的平稳运行，进而降低工作中的工伤风险。劳动安全制度与工伤保险制度的衔接表现为：一是职业病预防既是劳动安全制度的重要内容，也是工伤保险制度的重要组成部分。《职业病防治法》的颁布与实施为改善劳动环境提供了依据，从而是劳动安全制度的一部分，职业病的预防、补贴、康复是工伤保险制度的重要内容。可将《安全生产法》和《职业病防治法》合并，纳入劳动安全卫生制度中，从源头上预防职业病的发生。同时，加强工伤保险制度对职业病发生后的补偿与康复工作。二是可从工伤保险基金中提取一定比例的费用用于改善劳动环境，减少职业病的发生。

第二，女工劳动安全制度与妇女福利的衔接。不同标准的女工劳动安全保障水平与妇女福利的关系不同，较低水平的女工劳动安全保障水平只能满足女工基本劳动权益，在此条件下，提供低水平的女工劳动安全制度与妇女福利成为补充；较高水平的女工劳动安全保障水平既能满足女工基本劳动权益，又能提升女工福利水平，在此条件下，提供高水平的女工劳动安全制度与妇女福利就有替代关系的存在。由于中国不同类型就业中女工劳动安全制度保障水平不同，上述两种情况均存在。因而，这两种制度的衔接先要弄清楚女工劳动安全制度的保障水平，在保障水平较低时，应大力发展妇女福利，在保障水平较高时，应避免出现过度福利，造成福利依赖问题。

第三，未成年工劳动安全制度与儿童福利的衔接。与女工劳动安全制度和妇

女福利的关系类似，未成年工劳动安全制度与儿童福利的衔接，仍然要对未成年工劳动安全制度的保障水平进行评价，以评价结果为依据，调整儿童福利的发展。

职业福利与社会保险制度的衔接。职业福利中的补充养老保险、补充医疗保险属于多层次养老保险体系和多层次医疗保险体系的重要支柱，职业福利中的商业保险属于多层次养老保险（医疗保险）的第三支柱。因而，有效将社会保险制度与职业福利中的保险制度相结合，提升员工的总体福利水平，可以改善企业中员工的激励效果。

最低工资制度与社会保障制度的衔接。最低工资制度属于初次分配，社会保障制度属于收入再分配。同时，最低工资制度还具有缩小收入差距的功能，与社会保障制度缩小收入差距的功能相同。因而，尽管最低工资制度属于初次收入分配，但却具有与社会保障制度相同的功能。两者的衔接非常紧密，在最低工资制度不断完善，其缩小收入差距的功能充分发挥的背景下，可以减轻社会保障制度的压力；在最低工资制度不完善，其缩小收入差距的功能较小时，会增加社会保障制度的压力。中国最低工资制度还不完善，尽管最低工资保持较高的增长速度，但其缩小收入差距的功能还需要改善，需要充分发挥社会保障制度缩小收入差距的功能。

第六章

社会救助制度整合与体系完善的重大问题

第一节　从贫困救助到精准扶贫

一、贫困线及其动态调整

贫困线是我国制定和实施社会救助政策的重要前提，但因概念不清及计算口径不同，我国贫困线的使用也不统一，而且在方法上经历了变化过程。我们认为，贫困线在概念上既要保持一定的确定性，也需要一定的模糊性。即在贫困度量中将收入因素与非收入因素相结合，前者需要概念明确化及统一化，后者强调增加收入的能力与机会等因素，这样才更加符合社会政策特点，也有利于从根本上消除贫困。但非收入贫困线难以精确确定，所以在以上两种贫困线的认识与应用上，收入贫困线仍为基本贫困线。因为收入贫困毕竟是最基本的贫困，而且测量上更具客观性和操作性。阿玛蒂亚·森也认为，“在我们对贫困的看法中，有一个不可缩小的绝对贫困的核心”。[①] 这个核心就是收入贫困。

调整贫困线具有重要意义。一是有利于提升贫困者的消费水平，进而提升他

① A. B. 阿特金森：《论贫困衡量方法》，载国务院贫困地区经济开发领导小组办公室：《国外贫困研究文献译丛》（第 1 册），改革出版社 1993 年版，第 300 – 318 页。

们的生存质量。多年来全国各地制定最低生活保障标准，以国家统计局每年年底公布的贫困线作为参照依据，所以贫困线的高低直接影响到实际救助水平。二是有利于扩大受助人群范围。贫困线的提升意味着将更多边缘贫困人群纳入救助范围。研究表明，中国农村的贫困发生率远远大于官方公布的贫困发生率，一旦提高贫困标准，贫困救助受益范围会相应扩大。数据表明，目前相当一部分农户的人均收入处于较低水平，接近贫困边缘。[①] 但因为政策设计原因未达到低保等救助标准，处于艰难生存状态，需要适当救助。提高贫困标准有利于实现这一目标。三是有利于我国社会救助政策的创新。注重贫困者增加收入的能力、机会、权利、健康及社会关系等非收入贫困线的调查研究及调整，符合社会政策救助发展的特点与趋势，也有利于制定从根本上消除贫困的社会救助政策，消除收入贫困者贫困的深层次因素。

我国贫困线动态调整应遵循或符合以下原则。

第一，本国国情与国外借鉴相结合原则。我国对贫困线的研究起源于 20 世纪 80 年代，主要是借鉴和采用国外方法，其中马丁法及恩格尔系数法因为在可操作性及数据的可获得性方面的优势受到重视。世界银行的贫困线标准主要为了掌握发展中国家的贫困状况，并根据现实需求及时修正国际贫困线，2015 年 10 月世界银行将国际贫困线标准从每天 1.25 美元修改调整为每天 1.9 美元。2011 年将农村贫困线定为农民人均纯收入低于 2 300 元，其后每年还将根据物价指数、生活指数等动态调整，以反映农村贫困的程度和规模。所以，我国既不能完全采取国际贫困线标准，也不能脱离这一标准。随着我国贫困人口的减少和财政转移支付能力的增强，我国贫困线与世界接轨是必然趋势。

第二，以收入贫困线调整为基础，逐步探索其他贫困类型的贫困线。贫困线首先应对“满足基本需求”或者说“最低生活水平”进行度量，需要使用收入贫困线这一基本方法。国家统计局在 20 世纪 90 年代中期以前是按照食物贫困线的 60% 来确定非食物开支，1995 年后开始利用“马丁法”测算农村贫困线，1998 年后又采用恩格尔系数法。而对非收入贫困并没有明确测量方法。2008 年我国将绝对贫困线和低收入贫困线“合二为一”，统称为贫困线，低保与扶贫贫困线的统一已引起一些地方的重视。同时我们应认识到，贫困也是一个文化和伦理问题，贫困线的确定应当考虑这些因素，以便与社会救助整合目标的调整创新相适应。我国 2014 年《社会救助暂行办法》第 55 条已明确规定，县级以上地方人民政府应当发挥社会工作服务机构和社会工作者的作用，为社会救助对象提供

---

① 李力等：《对农村贫困线及贫困发生率的反思——基于国家统计局和民政部的数据》，《宏观经济研究》2012 年第 8 期。

社会融入、能力提升、心理疏导等专业服务。以上规定表明，社会救助中保障贫困者基本生存的现金和实物救助是必要的，但对于贫困者个人、家庭的脱贫发展来说，教育、劳动技能培训、医疗、社会交往及能力的提升救助是必不可少的。在保障贫困者基本生存的同时，应创新社会救助政策使被救助者获得更多的平等发展机会，从而提升其摆脱贫困的能力。为此，就需要尽可能明确非收入贫困线。

第三，变动性和统一性相结合原则。一方面贫困线不应当静止不变，绝对贫困线测量值的长期不变会造成贫困人口减少的表象，掩盖相对贫困恶化问题。因此可考虑设定相对贫困线，[①] 应随着社会经济发展而进行必要的调整，总的趋势应该是不断提高相对贫困线标准，以提升贫困者的生活水平。“在某种程度上，适当地确定人们维持生存需要什么是一个判断的问题，对于这一点的估计会随时间而变化，一般在一个进步的社区中，这种变化是向上发展的。”[②] 另一方面，从政策执行角度看，又应当具有方法与标准的相对统一性。以制度确定相对统一贫困线已成为国外重要经验，如 1997 年《俄罗斯联邦最低生活保障法》中对贫困线的解释是以生存为准则的，即以能够保障居民最起码的生活条件并维持人的劳动能力和健康需要为原则。1950 年日本制定了新的《生活保护法》实施后先是采用了“市场菜篮子”方法计算贫困线；此后又采用了“恩格尔系数”方法。为缩小普通家庭与被保护家庭之间差距，又采取了差距缩小方式和水准均衡方式[③]。通过制度形式确定相对统一的贫困线方法与标准有利于全国救助政策标准的整合衔接，有益于实现救助公平。

二、能力性救助与精准扶贫

能力贫困及其救助已成为目前我国扶贫脱贫的重要政策理念。我国新的《农村扶贫开发纲要（2011－2020 年）》强调，尊重扶贫对象的主体地位，充分发挥贫困地区、扶贫对象的主动性和创造性，提高其自我管理水平和自我发展能力，立足自身实现脱贫致富。《中共中央国务院关于打赢脱贫攻坚战的决定》再次强调，坚持群众主体地位，激发其内生动力，基本目的是让贫困者尽可能通过自身的劳动脱离贫困。应对能力贫困的扶贫与救助应采取以下基本策略：

---

① 陈宗胜等：《中国农村贫困状况的绝对与相对变动——兼论相对贫困线的设定》，《管理世界》2013 年第 1 期。

② 斯坦·林恩：《走向贫困衡量尺度的第三阶段》，载国务院贫困地区经济开发领导小组办公室：《国外贫困研究文献译丛》（第 1 册），改革出版社 1993 年版，第 11－31 页。

③ 韩君玲：《日本生活保护基准制定行为的法律规制》，《法学杂志》2007 年第 1 期。

第一，能力贫困的有效识别与精准扶持。应对能力贫困的首要前提是对贫困者能力贫困进行有效识别，并采取精准的扶持措施。贫困者尽管普遍存在能力贫困，但具体情况与贫困原因却又存在一定差异性。例如，青年人、老年人、残疾人、疾病患者等不同贫困人群的能力贫困状况都存在差异，因而脱贫需求也不相同。对具有劳动能力而缺乏教育者，应为其提供教育机会，防止贫困代际传递，解决教育机会缺失造成的个体知识储备不足的问题，增强其在就业市场的竞争力，从文化教育方面消除能力贫困，同时通过产业发展及就业帮扶进行扶贫；而对于老年人、残疾人、疾病患者，通过广泛的预防、医疗及康复等保健服务消除其健康体力或身体能力的贫困。总之，能力精准扶贫需要采取个性化方式。但我国目前主要依靠政府制订的统一资金救助政策，缺乏基于能力视角对贫困群体的细致化救助措施，应加以调整与创新。

第二，创新救助目标，注重发挥贫困者在自身脱贫发展中的主体性作用。在我国社会救助理念与实践的演进中，一直重视社会救助兜底性保障功能，注重“保温饱”“保生存”的物质帮助，忽视了其他救助目标。因此，我国社会救助对象一直存在较高的返贫率，贫困现象的改善也常常具有暂时性的特征。这要求我们从单一目标维度的贫困救助理念转化为多维目标的救助理念，合理借鉴国外政策理念，创新救助目标，将促进贫困者自我发展能力的提升作为和生存救助同等重要、甚至对部分人群来说是更为根本性的目标。

发挥贫困者在自身脱贫发展中的主体性作用是能力扶贫策略的集中表现。但长期以来，我国社会救助中的责任主体被定义为国家与社会，贫困者作为受益者处于被动的接受地位，缺少自我能动性发挥救助支持。实际上，社会救助过程中不仅需要发挥政府与社会的作用，也需要发挥贫困者自我脱贫的主体性作用。主体性首先表现为主体意识，它与参与意识、平等意识、发展意识等同属社会意识的范畴；在现实中，主体性表现为能够对现实社会问题进行理性思考，摆脱依赖走向独立性、自主性，突破义务本位走向权利与尊严诉求，从身份生存走向能力生存。[①] 目前我国社会救助中，贫困者主体地位尚未得到应有重视，存在有贫困者对扶贫过程参与不足、积极责任不明确及主体性能力不足等问题。调查显示，2014 年贫困地区劳动力中，不识字或识字不多所占比重为 8.7%，小学文化程度占 35%，初中占 45.7%，高中及以上文化程度占 10.5%，受过非农技能培训的劳动力占全部劳动力的比重为 37.4%。[②] 为发挥贫困者在自身脱贫发展中的主体性作用，应强化贫困者参与机制，通过教育、心理帮助、提供机会和信息等多种

① 徐贵权：《当代中国人生存方式嬗变的主体性向度》，《毛泽东邓小平理论研究》2010 年第 9 期。

② 国家统计局入户调查办公室：《2015 中国农村贫困监测报告》，中国统计出版社 2015 年版，第 32 页。

途径增强其主体能力。

第三，创新救助扶持手段和方式。

首先，注重非政府组织及个人的参与，特别是专业人员的参与。如社会工作的专业价值观是“助人自助”，将服务对象看作是具有优势资源的个体，相信贫困者也是具有潜能的人群。“增权”视角下专业社会工作者的介入强调的是，致力于服务对象潜能的开发与提升，提高个人的自信心与自决意识，增强其解决社区、家庭及个人问题的能力。消除多数贫困者内化的“无权感”及“等、靠、要”等观念，增强他们依靠自身力量改变命运的能力。目前我国对这种扶贫方式已给予重视。2012 年 9 月 28 日，由中组部、民政部及教育部联合发布的《边远贫困地区、边疆民族地区和革命老区人才支持计划社会工作专业人才专项计划实施方案》提出，从 2013 年起至 2020 年，每年选派 1 000 名社会工作者进入“三区”工作，同时培养 500 名“三区”专业人才，为“三区”发展提供人才支持和智力支撑。这对于发挥专业社会工作者的救助介入中的“增权”作用具有重要意义，但还需进一步完善政策。

其次，注重发挥贫困者组织的作用。从实践来看，贫困者组织化是提升他们脱贫能力和抗风险能力的有效途径。一般来看，贫困农户个体种养殖规模小，贷款不易，缺乏技术人员，抵御价格波动的能力弱，销售渠道窄，导致特色产品销售困难，而这些问题在实现规模生产后都能得到有效防范。2013 年 12 月海南定安县龙湖镇桐树村成立了天堂山黑山羊饲养专业合作社，刚开始大家都怕赔钱，只有 7 个社员参加。但后来随着前期参与社员生活的改善，加入的人越来越多。2015 年合作社已建设羊舍 32 间，种植牧草 70 亩，帮助 22 户贫困户发展养羊产业，有的贫困户年收入已达到 10 多万元。合作社采取“合作社 + 基地 + 农户”的生产经营模式，按照“以小农户形成大规模、建设产业链、扩大扶持覆盖面”的发展思路，打造特色产业，县扶贫办协调组织科技局、农业局、畜牧局等提供技术支持，效果非常好。[①] 所以贫困者组织化对提高贫困者脱贫能力具有不可忽视的意义。

最后，注重运用现代技术手段。如发展农民电商平台，提升农民通过市场参与脱贫致富的能力。为了帮助农民将土特产变成商品，重庆秀山县搭建起了农村电商平台“武陵生活馆”。村民可以将自家的土鸡蛋、中药材等土特产交到这里，通过电商平台卖出去。这一举措帮助了绝大多数不熟悉网络操作的村民实现“农产品进城”，取得了较好的效果。[②]

---

① 丁汀：《海南农村贫困人口如何年减七万》，《人民日报》2015 年 10 月 20 日。

② 何春中：《武陵山片区的精准扶贫之路》，《中国青年报》2016 年 1 月 18 日。

此外，对被救助者设定合理责任，防止其“政策依赖”。目前，我国农村反贫困政策多是关于贫困农民不得违反政策的消极责任规定，缺乏整合贫困者资源的积极责任规定。国外比较注重贫困者积极参与。如日本新《生活保护法》第60条规定，被保护者必须不断地根据自己的能力辛勤劳动，节约支出，并努力维持和提高生活，贫困者个人资产与能力的有效运用是其获得贫困救助的先决条件。

三、兜底性救助与精准扶贫

兜底性救助具有现实必要性。相当一部分贫困人口因残疾、大病及年老等原因失去了劳动能力，很难通过发展性扶贫政策改变其贫困状况，甚至维持基本生存，所以兜底性救助在我国扶贫中需要给予特别重视。2011－2020年《中国农村扶贫开发纲要》提出实行扶贫开发和农村最低生活保障制度的有效衔接。2015年11月《中共中央国务院关于打赢脱贫攻坚战的决定》也明确提出，实行农村最低生活保障制度兜底脱贫。兜底性救助作为到2020年使现有的农村贫困人口全部脱贫策略的一个重要组成部分，表明我国的扶贫策略实现了由区域扶贫到强调区域扶贫与贫困家庭及个体有机结合的重大转变，也是当今我国精准扶贫的基本政策设计。

精准扶贫中兜底性救助需要以下制度和实践策略：

首先，注重救助对象的精准性。兜底性救助需要具体关注贫困者家庭及个体情况，覆盖所有贫困者，尤其是低保人群（也包括老人、残疾人和儿童）。这些人群还需要进一步细分，如儿童包括流浪儿童、留守儿童、孤儿、疾患儿童等。贫困老人根据高龄、健康状况及自理能力将其分为全自理、半自理和完全不能自理等情形或类别，只有通过精细识别，兜底性救助才具有切实效果。但目前兜底性救助尚未真正达到这一目标，如有学者通过对福建省农村的调查发现，该省的瞄准偏差率为12.53%。[①] 由于瞄准误差，仅有58%的低保受益人是符合条件的，符合条件的人的低保覆盖率仅为38%，因此“错保”“漏保”等问题客观存在。[②] 目前不少地方采取入户调查、精准计算、个案访谈及数据比对等方式对受助对象的生存状况及救助需求进行识别，但仍然需要一些完善措施，包括进一步完善大数据掌握与比对，增强数据运用的精准性和全面性，增强基层民政工作人员对数据处理和把握能力；弥补兜底救助中的制度缺失，如对贫困儿童的兜底性

① 谢东梅：《农村最低生活保障制度分配效果与瞄准效率研究》，中国农业出版社2010年版，第174页。

② 米勇生：《社会救助与贫困治理》，中国社会出版社2012年版，第116页。

教育，有条件的地区可探索普惠型儿童教育，将困难家庭儿童纳入其中。当今我国针对贫困儿童家庭的全面救助制度已成为全面精准兜底扶贫的要求。

其次，注重兜底救助制度的全面性。要按照“兜底线、织密网、建机制的要求，全面建成覆盖全民、城乡统筹、权责清晰、保障适度、可持续的多层次社会保障体系”。[①] 此外，边缘贫困人群和临时贫困人群的兜底救助也应受到重视，他们的生存状况虽然略好于低保人群，但仍然生活艰难。由于低保人群除了可以享有低保金外，还可以享受低保政策的附带福利，实际结果是边缘贫困人群生活往往更加困难。为应对以上问题，一是通过补充或配套制度建设将边缘贫困人群纳入低保范围，并明确具体认定标准，确定救助办法及可享受的标准。对此辽宁沈阳及湖北武汉等地进行了具体实践。从 2007 年 9 月起，沈阳对边缘户按当地城市低保标准上浮 60 元。其救助项目主要包括以下几个方面：对低保边缘户中的未就业劳动力提供就业岗位援助，并免费培训；按城市低保户就学救助标准的 60% 给予就学救助；未参加城镇职工基本医疗保险的享受住院医疗救助，按住院医疗费用支出的 60% 给予救助，年最高救助限额为 2 000 元。在城市低保定点医院就诊的可享受免收挂号费、减半收取诊察费优惠等。[②] “十三五”期间武汉市将社会救助延伸到所有遭遇困难且需要救助的家庭，根据致困原因和救助需求，协调推进医疗、教育、住房、就业等专项救助，对所有遭遇突发困难的家庭都开展急难性临时救助。[③] 目前我国还需要更具体的制度措施，特别是体现统筹的制度体系。二是通过低保标准的提升将边缘贫困人群纳入其中，归入水平相对较低的低保范围内，并在附带福利上也保持一定区别。如有的地方具体分为一类、二类、三类、四类低保标准，这种细分会带来一定矛盾，[④] 但可以通过制度完善尤其是完善认定方法加以适当避免。三是创新兜底救助形式。如创新和完善贫困补贴制度等，包括完善老年补贴制度及残疾人补贴制度等。目前专项特殊救助的经费投入往往有限，如按照武汉市《城乡低保对象的严重功能性障碍残疾人实行定额生活补助的管理办法》规定，纳入农村低保的有严重功能性障碍的残疾人每人每月补助 20 元，所以需要适当提高补贴标准，并与残疾人就业促进制度加以衔接。四是对普通家庭特定人员的单独救助。如武汉市 2011 - 2016 年实施了对丧失劳动能力的重度残疾人、丧失劳动能力二级重度残疾人及丧失劳动能力三级的

---

① 习近平：《决胜全面建成小康社会夺取新时代中国特色社会主义伟大胜利》（在中国共产党第十九次全国代表大会上的报告）（2017 年 10 月 18 日），人民出版社 2017 年版，第 60 页。

② 《沈阳市对城市低保边缘群体予以政府专项救助》，来源于新华社 2007 年 9 月 5 日，http://leaders.people.com.cn/GB/6218753.html。

③ 马振华：《武汉：四类低保边缘人群今年纳入医疗救助》，《长江日报》2016 年 3 月 4 日。

④ 张浩：《分类施保也需精准——“兜底一批”政策中的一个问题》，《中国发展观察》2016 年第 17 期。

成年精神和智力残疾人单独全额施保。[①] 但如何帮助低保家庭中有劳动能力的残疾人提升自身人力资本还应进一步探索。完善儿童补贴制度也成为迫切要求，目前有地方已在进行这种尝试，如2016年《广东省人民政府关于加强困境儿童保障工作的实施意见》明确将五类困境儿童纳入保障范围，确保困境儿童基本生活费及时到位。到2020年，全省困境儿童基本生活、医疗、教育和就业保障体系更加健全，困境儿童监护制度更加完善。[②]

最后，将兜底性救助与发展性扶贫开发有机衔接。兜底性救助解决基本生存问题，而发展性扶贫解决脱贫发展问题，二者虽然同属于反贫困政策范畴，但具体功能及政策运行机制都存在一定差别，二者有机衔接才能实现贫困者生存与发展目标的有机结合。长期以来由于二者分属不同部门，衔接上存在困难，存在执行中的碎片化和分割化问题，这种情况可能是由于不同识别标准造成的，也可能是由于具体管理的原因，包括信息、部门关系及具体执行政策设计等，进而影响两种制度整体功能发挥，而且带来了一定的不公平性，对此我国目前已给予了一定重视。2009年国务院扶贫办、民政部、财政部、国家统计局、中国残疾人联合会联合发布了《关于做好农村最低生活保障制度和扶贫开发政策有效衔接试点工作的指导意见》，其基本精神是使两种制度相辅相成、相互配合，发挥二者的整体效益，既保障贫困农民的基本生活，又提高贫困农民的人口素质和自我发展能力。同时也提出了具体的衔接方式，县级民政部门在对农村最低生活保障对象进行复核时，筛选出有劳动能力者，建立农村低保户档案制度。对于其中有一定劳动能力的低保对象，根据其不同情况，由扶贫开发部门给予扶贫贴息贷款、产业扶贫项目、劳动力转移培训等方面的扶持政策，综合提高贫困农民自我改善的能力。对于无劳动能力者，只发放最低生活保障金。一些地方探索了更具体的衔接措施，如2016年2月江西省人民政府专门印发《关于加强农村低保与扶贫开发制度衔接实施方案的通知》，2017年2月进一步要求摸清四个方面的情况：一是现有贫困人口的分类情况、现有农村低保对象的分类情况以及两者之间的重合情况；二是2016年及以前年度脱贫人口的分类情况；三是现有贫困人口未纳入低保但需纳入低保兜底脱贫的情况；四是现有低保对象中未纳入扶贫的情况及原因，重点是因按户识别不符合纳入扶贫条件的家庭的人员构成。[③]

以上衔接模式有利于扶贫开发部门了解与掌握低保对象的具体情况，有利于

---

① 参加武汉市民政局、市残联市财政局联合制发的《武民政〔2011〕64号》《武民政〔2012〕58号》《武民政〔2013〕46号》《武民政规〔2014〕3号》《武民政〔2016〕12号》文的相关规定。

② 参见广东省人民政府—粤府〔2016〕129号文件，网址：http://www.gd.gov.cn/gkmlpt/content/o/145/post_145649.html

③ 虞烈东，袁慧：《农村低保制度与扶贫开发政策有效衔接及前景展望之我见》江西省民政厅网，2018年1月29日．网址：http://www.jxmzw.gov.cn/system/2018/02/26/016773870.shtml.

克服扶贫对象瞄准困难的问题，弥补了农村低保只维持生存而忽视发展的缺陷，值得肯定。但从实践看仍存在以下问题：一是行动成本问题。由于一些主客观原因，一些地方民政部门不能提供准确信息，或者信息对接不及时，甚至出现了"虚假衔接"情况。如不能及时加以纠正和避免，这必然降低衔接实效，增加衔接成本。二是扶贫开发部门难以持续承担农民发展能力的建设任务。一些贫困地区扶贫资金紧张，甚至使用不当，不能真正覆盖所有贫困农民。三是忽视了民政部门的优势。民政部门可以采取灵活简便、易于农民参与的方式。扶贫开发部门虽然可以给农民较大数额的资金帮助，但在具体实施过程中存在行动不便、涉及部门多、利益关系复杂等问题。以小额贷款为例，扶贫部门与贷款部门存在利益差别，贷款银行会考虑有无偿还能力，而这对于贫困农民十分不利。最低生活保障针对性强，易于操作，目标明确，更利于收到实际效果。四是对部分贫困农民不公正。通常来看，被确定为国家或省级贫困县以后，扶贫资金较有保障。而该区域外的农民也可能需要可持续生计能力发展的帮扶，但扶贫资金却难以得到，因此导致对他们的不公平待遇。在地方层面的实践中，虽然注重了制度的衔接配套，但制度化水平低，未能真正形成有机衔接的整合化、配套化的制度体系，呈现出分散化、碎片化的状态。特别是如何通过两种制度有机衔接，促进低保家庭就业脱贫，为贫困农民提供有效的服务和资金保障，但如何发挥贫困者自身的主体作用等问题都尚待解决。

建议探索我国农村低保与扶贫开发相结合的多种衔接模式，不仅要实现充分的信息衔接，还应进一步考虑资金、服务衔接，实现保障与帮扶一体化。一是通过民政部门为扶贫开发部门提供信息帮助的衔接模式。这种衔接便于扶贫开发部门对部分有劳动能力的贫困农民实行集中性和整体性帮助，如集中进行农业技术培训，对部分贫困农民实行移民安置，为部分有创业潜力和愿望的贫困农民实行小额贷款扶持等。二是民政部门直接对保障对象进行脱贫能力帮扶。通过专门的保障资金帮助贫困农民提高脱贫能力，如在支付其低保金时，通过特定救助形式的就业技能学习费用，帮助其实施简易富农项目等，而扶贫开发部门对民政部门予以一定的资金帮助。这种衔接适合分散居住、难以得到扶贫资金、具有一定劳动能力的贫困农民。三是以协议方式加以衔接。例如，对于具有一定劳动能力和就业需求的低保对象，民政部门、扶贫开发部门、低保对象、当地企业共同签订就业帮扶协议，明确各方权利义务，保证衔接效果，有关费用按适当比例由民政部门与扶贫开发部门共同支付，或者由扶贫部门单独支付。

在衔接过程中还应注重相关资源保障及贫困者自身参与保障，为此应采取以下三方面的配套措施：其一，充实相关衔接资金。特别是使农村最低生活保障资金大部分由中央、省级财政承担。在财政确实困难的省区，由中央财政予以解决。保障资金投入力度加大，以上衔接也有了可靠的物质保证。其二，注重增强低保对象认定标准与扶贫对象逐步统一，并注重对贫困者劳动能力状况的分析评估及合理分类。低保对象认定标准与扶贫标准各地尚不统一，也由此带来管理与识别困难。我国现行分类制度未以能力状况为依据，不利于民政与扶贫开发部门对其进行可持续生计能力建设的帮扶，故应对低保农民的劳动能力状况加以区分。其三，完善农民反贫困参与制度。包括通过一定激励及义务性制度规定，促使有一定劳动能力的低保对象参与。20 世纪 90 年代后，英、美等发达国家不再仅仅实行政府单方面的福利给付，而是实行政府与贫困人群的契约合作，贫困人群由救助福利的被动接受者转变为具有契约责任的主体，承担寻找工作和提高自我发展能力的责任，如参与就业能力培训；通过引入收入忽略、重返工作奖金等制度，促进更多贫困者摆脱福利依赖，走向自立，增加收入等，这些措施值得我们研究借鉴。

四、社会救助制度功能的提升

社会救助制度功能的提升即通过制度的完善实现功能的优化发展，强调社会救助的发展功能具有现实必要性。目前我国社会救助尽管取得了良好成效，救助对象生存状况有了明显改善。但不少被救助者难以脱离救助进行独立生存，更难以实现有效发展。调查表明，“对于接受过社会救助的这个群体来说，社会救助只降低了 10% 的贫困率”。① 从我国社会救助现实与未来发展看，除了基本的生存保障功能外，还应注重社会救助以下功能的提升：

其一，发展功能。社会救助发展功能意味着在保障贫困者最低生活水平的同时，尽可能满足其脱贫发展需求，为个人经济独立和潜力的发挥提供支持，“经济独立”取决于个人的能力和成就，也是决定单个家庭生活质量至关重要的决定因素。② 社会救助发展功能的基本策略是，救助中应关注人力资本投资，通过将社会投资思维应用于社会救助中，促进被救助者进入劳动力市场。强调发展功能也是国外社会救助研究新的趋势。发展型社会政策学者认为，传统思路是把提供福利当作社会政策的目标，而现在，减少贫困、社会保护、增强生存能力以及对抗社会排斥都已经成为社会政策的合理目标。③ 在国际社会政策文献中，“蹦床”

---

① 徐月宾，刘凤芹，张秀兰：《中国农村反贫困政策的反思——从社会救助向社会保护转变》，《中国社会科学》2007 年第 3 期。

② Murray C A. Losing ground: American social policy (1950 - 1980). New York: Basic books, 1984. p. 65。

③ ［英］安东尼·哈尔，［美］詹姆斯·梅志里：《发展型社会政策》，社会科学文献出版社 2006 年版，第 13 - 14 页。

效应已经取代"安全网"效应。其着眼点就在于社会救助的发展方向不应该局限于为民众提供最后的防范措施，而应该着眼于强化弱势群体的发展能力。[①] 阿玛蒂亚·森认为，应该从概念上将贫困定义为能力不足而不是收入低下，即是指对人们可行能力的剥夺。[②] 所以，发展功能的根本问题不是增加贫困者收入，而是建设和提升贫困者的可行能力，即促进贫困者脱贫能力的发展。

发展功能的实现依赖于进一步明确救助标准及具体政策。我国《社会救助暂行办法》规定，国家对最低生活保障家庭中有劳动能力并处于失业状态的成员，通过贷款贴息、社会保险补贴、岗位补贴、培训补贴、费用减免、公益性岗位安置等办法，给予就业救助。其中第43条规定了最低生活保障家庭有劳动能力的成员均处于失业状态的，县级以上地方人民政府应当采取有针对性的措施，确保该家庭至少有一人就业。在地方实践中，还需要运用更加具体的措施和更加多样化形式进行实践。以武汉市为例，《武汉市农村居民最低生活保障办法（试行）》第22条规定，低保家庭从事种植、养殖、加工等行业的，政府相关部门和村民委员会或村集体经济组织在技术培训、资金扶持等方面给予重点帮扶。《关于建立和完善我市农村低保配套救助政策的通知》规定了各级政府和农业、科技、扶贫等部门对低保对象在生产技术上给予重点帮扶。市科技局在开展星火计划培训工作中，优先为农村低保对象进行农业实用技术和专业技能的培训。在提升贫困残疾人创业能力方面，武汉市约2/3的农村残疾人处于贫困状态，低保家庭又占有较大比例。针对部分有劳动能力的残疾人，2008年武汉《黄陂区扶持农村贫困残疾人发展种植养殖生产的实施方案》出台，扶持了1 000户有生产能力的农村贫困残疾人发展种植养殖生产，取得了一定的脱贫效果。目前需要城乡统一的政策制度保障发展功能得到持续公平的实现，发挥社会救助的脱贫作用，而不仅仅是保障贫困家庭的基本生存。

其二，服务功能。贫困者不仅存在收入支持需求，而且保健、医疗、教育、劳动社会参与及照护等方面的服务需求也十分迫切。尤其贫困家庭中有疾病患者、老人及残疾人者，他们需要多种服务性救助。通过服务提供，不仅可以改善他们生存的消极被动性，而且能够发挥其自身潜能。强调对疾病、贫困等问题的预防性应对等，可以大大减轻其生存负担，提升其生活质量。所以，联合国在《2003年人类发展报告——千年发展目标：消除人类贫困的全球公约》中专门指出，为有效消除贫困，各国必须在一些关键领域达到基本要求，包括治理结构、卫生保健、教育、基础设施等。如果任何一个领域达不到基本要求，就会陷入

---

① ［英］安东尼·哈尔，［美］詹姆斯·梅志里：《发展型社会政策》，社会科学文献出版社2006年版，第389页。

② ［印度］阿玛蒂亚·森：《以自由看待发展》，中国人民大学出版社2002年版，第91页。

“贫困陷阱”。[①] 并提出通过教育、卫生、资金、赋权、专业化和激励其自身发挥作用的“摆脱贫困陷阱的政策组合”策略。我国应根据救助对象服务需要，拓展服务范围和方式，如残疾帮扶可与残疾人就业促进相互结合。在人口老龄化大背景下，老年服务救助十分必要和迫切。国际上一般把 60 - 75 岁年龄段叫“前老年时期”，到 75 岁之后才正式进入老年阶段。目前我国“前老年时期”人口占较大比例。此阶段的老年人完全可以通过疾病预防、教育等服务改善生存状态，提升和发展自己有质量生活的能力，尽量延缓被照顾期的到来。通过救助服务使老年人身心素质得以提升，文化素质与参与能力得到提高，这无论对老人自身还是社会都是十分积极有效的策略选择。而对于难以通过自身实现良好生存的老人应注重通过政策衔接提供基本照料服务。我们实地调查中了解到，辽宁抚顺民政部门将低保资金支付养老机构，使难以获得照料服务的低保老人获得机构养老服务，赋予了低保以服务功能。[②] 值得肯定和其他地方借鉴。

其三，风险预防功能。贫困人群是生存风险相对较高的人群，尤其是收入及健康方面存在很强的脆弱性。风险预防功能的实现需要创新救助内容，如身心健康知识教育救助有利于应对健康风险。贫困者身心健康知识的掌握情况对其身心健康有着重要影响。如老年人常见的高血压、高血脂、气管炎、脑血栓以及癌症等疾病都与他们的日常生活认知、习惯和自我照顾技巧有着密切的关系。国际上已普遍认同，健康不仅仅是身体机能问题，还包含了许多自身、他人与社会的文化教育因素，如对生活的认知、自我心理、自决技巧、自我照顾技巧、年龄与性别文化背景、生活品质以及立法、政策、家庭及社区文化环境等。[③] 应根据贫困群体的特点，系统规定身心健康教育救助内容。一是疾病预防知识教育。很多贫困者不了解基本的疾病预防知识，不做定期的健康体检，生病后很少去正规医院治疗。目前对老人健康的关照主要是疾病诊疗帮助，如 2015 年湖北在监利县启动“银龄行动”，协和等医院的医疗专家深入乡镇，免费为当地群众开展咨询和就诊，走访慰问优抚、贫困、空巢老人并送去药品和慰问金等。[④] 但持续性和预防性的健康知识教育较为少见，应通过疾病预防知识教育帮助老人形成有利于健康的行为和生活方式，自觉消除或减轻危害健康的影响因素。二是营养知识教育。营养风险目前已成为老年疾病的重要原因，一项针对 65 岁以上老年人的调

---

① 联合国开发计划署：《2003 年人类发展报告——千年发展目标：消除人类贫困的全球公约》，中国财政经济出版社 2003 年版，第 4 页。

② 资料来源于课题组 2016 年 11 月在辽宁抚顺的实地调研。

③ Bigby C., Frawley P. Social work practice and intellectual disability. London: Palgrave MacMillan, 2010. 19.

④ 杨康：《“银龄行动”拉开序幕》，《湖北日报》2015 年 5 月 2 日。

查显示，营养风险的发生率为55%。[①] 因此有必要将营养知识教育纳入老年健康教育。三是心理精神健康知识教育。政府可通过购买教育服务等形式保障专业人员参与，对存在心理精神健康问题的贫困者提供有效的心理疏导和调适服务。此外还应对参与风险预防教育的社会组织与个人给予更多激励和支持，包括资金、政策、场地、人员等，充分发挥政府购买服务制度的作用。

第二节　从"分类施保"到"按标施保"

一、最低生活保障制度对象的甄别

合理准确地甄别最低生活保障对象是有效实施低保的前提条件。在我国低保制度实践中，不少地方采取了分类施保制度，这相对于单纯以家庭为单位的低保模式而言是一个较大进步。一些地方还形成了具体制度措施，如上海民政部门实行救助标准层次化，即在分类施保基础上，救助的标准体现一定的层次性。主要包括针对有就业人员的低保家庭的救助渐退制度，对就业年龄段有劳动收入人员及部分退休早、养老金偏低的退休低保对象实行收入豁免政策，以及设立对特殊困难群体的帮困基金等项目等。[②]

以上分类具有一定的合理性，区别性的救助方式能够更加符合贫困家庭的救助需求。但也存在一定问题，主要表现为难以准确掌握贫困家庭的具体情况；以收入情况为标准进行分类，未能注重贫困者收入情况及其自身能力特点；"隐性收入"问题难把握；农村低保对象主要通过村民会议评议产生，家庭情况估算占据很大比重，这很容易形成"关系保""人情保"等不公平情况，也容易造成"错保"或者"漏保"，进而形成社会矛盾。为应对以上问题，有学者建议以实际的基线数据为基础，结合合理的统计方法（例如因子分析、主成分分析或者其他统计分析方法等），同时考虑困难家庭的具体状况和政府财政约束等相关因素进行分类。[③] 有地方已进行了新的探索，其中颇为值得研究的措施就是"按标施保"。

① 程永迪：《老年人需要营养教育》，《中老年时报》（天津）2015年5月5日。

②③ 刘斌，章晓懿：《城市低保家庭分类方法与分类施保研究——以上海市为例》，《南京人口管理干部学院学报》2012年第2期。

“按标施保”的突出特点是，注重救助申请者家庭收入、支出、财产等多种数据的比对与应用，以便准确掌握申请低保家庭的生存情况，并以村民会议评议作为重要补充。2014年湖北省推进“按标施保”工作，强调从三方面扎实做好社会救助尤其是城乡低保工作。一是坚持问题导向，查找低保对象认定中的现实问题。二是按标施保以保障标准为准绳，以居民家庭经济状况为依据，切实做到按政策施保、按标准施保、按收入施保、按程序施保，实行精细化管理。三是严格制度，严格追责。[①] 在具体执行中，各地进行了更具体的探索，如湖北黄陂民政部门采取个人申请与乡、村排查相结合，通过摸底排查，初步确定符合条件的对象户。对低保户的收入进行核算，对经过核算已经摆脱贫困的家庭“应退尽退”，对符合低保条件的贫困家庭“应保尽保”，做到不错不漏，进行及时公示和接受群众监督。[②]

“按标施保”大大提升了低保对象的甄别的客观性和准确性，值得肯定，但同时需要从以下几方面完善相关制度：（1）尽可能全面准确掌握贫困者各种信息。通过对家庭收入、家庭财产、申报程序和公开公示情况进行重点检查，及时纠正“人情保”“错保”、政策保、重复保、死亡保及不到位不规范现象。居民家庭经济状况核对中需要各有关部门积极参与，提供可靠信息，包括财政工资、工商登记、个人所得税、机动车登记、退休人员、农业补贴等多种信息。（2）针对目前基层民政部门人员不足，文化水平有限的问题，应充实基层民政力量，提升工作人员业务能力。例如丹东市公益性岗位公开招聘大学生，采取政府购买服务的方式，从大学生中招聘低保专职工作人员，按照城镇街道办事处不少于4人、乡镇不少于3人、社区（村）确定相对固定人员1人的原则配备。[③]（3）掌握低保家庭中具有劳动能力者的信息，并通过与精准扶贫衔接等形式提升其脱贫发展能力，还应防范因过于严格的计算或错误核算使本应得到救助的贫困家庭被排斥出在救助之外。

二、最低生活保障制度的政府责任

我国最低生活保障制度建立以来，政策发展及实践取得了不小成效。近年来该制度得到了较快发展，尤其是我国2014年《社会救助暂行办法》和2015年《中共中央、国务院关于打赢脱贫攻坚战的决定》出台，低保制度发展进入新阶

---

① 《湖北省推进农村低保“按标施保”暨低保“专项整治”工作》，http://www.mca.gov.cn/article/zwgk/dfxx/201410/20141000716099.shtml。

② 课题组于2016年8月在湖北黄陂的实地调研。

③ 闫洁，栾广成等：《丹东“招兵买马”完善救助体系建设》，《中国社会报》2017年4月7日。

段，但从现实和未来发展看，仍存在不少需要尽快解决的问题。在此过程中，政策责任制度的合理设计与完善具有关键性作用。

第一，制度创新责任。制度不足是制约救助功能提升的重要原因。低保等救助制度中政府发展创新的核心是以合理制度形式实现救助制度内容的规范设计和具体规定。制度创新也推动了救助创新，如救助中的各种责权内容更加具体，救助更加细化，措施也更具有针对性和个体化。我国虽然在原有制度基础上施行了《社会救助暂行办法》，但它只是一部行政法规，尚未成为全国人大及其常委会的正式立法。地方性的相关法制建设虽然也在逐步推进，但制度体系尚未建立起来，更未能走向细化。为改变这种状况可从以下三方面努力：一是先制定《社会救助暂行办法》的配套制度，对低保等制度做出更加精细化的规定。地方政府运用自身立法权对救助的相关事项进行精细化规定，将规范和监督政府管理行为作为规制的重点内容，包括对政府绩效的考评及奖惩措施进行细致性规定。二是修改《社会救助暂行办法》，最好是制定社会救助法，创新政府责任形式，采取更多的激励措施，而在此过程中个人承担必要的义务是不可忽视的。从现实实践看，一项调查显示，问及低保家庭在经济好转后是否能主动退保时，"20.0%的受访社会救助服务人员认为'没有人退保'，48.3%认为'少数人能退保'，认为'多数人能退保'的有27.6%，认为'全部能退保'的只有4.2%。总体而言，大部分低保救助家庭在经济状况好转之后并不会主动申请退出"。[①] 主要原因在于缺乏有效的激励与惩罚制度。三是激活每个被救助者脱贫发展潜力是我国低保制度创新不可忽视的任务。

第二，实现政府间合作参与责任。单一的政府部门提供的保障资源是有限的，难以满足贫困者多种生计需要，低保对象往往面临生存、受教育、健康及就业等多种需求，需要多部门采取联合行动。如果这些部门行动之间缺乏有机衔接，就会造成效率低下、增加行动成本、资源浪费甚至政策难以实施等多种不利后果。我国低保发展中，实现多主体共同合作参与责任主要包括民政部门及相关政府部门合作责任。我国2014年出台的《社会救助暂行办法》第3条虽规定了县级以上地方人民政府民政、卫生计生、教育、住房城乡建设、人力资源社会保障等部门，按照各自职责负责本行政区域内相应的社会救助管理工作。在第5条也规定了由民政部门牵头、有关部门配合、社会力量参与的社会救助工作协调机制。但由于救助项目分属不同的部门管理，呈现管理分割和碎片化的状态，民政部门也难以发挥统筹协调作用。完善基层社会救助工作的综合职能是社会救助运

① 民政部政策研究中心：《中国城乡困难家庭社会政策支持系统建设》，中国社会出版社2012年版，第340页。

行机制的落脚点，应进一步明确街道在社会救助工作中的综合职能，在地方政府成立社会救助工作协调小组，协调地方政府与社会救助相关部门的救助工作，整合各种救助资源和力量。① 目前有的地方已经进行了这方面的具体探索，如广东省通过制定《深圳建立社会福利和社会救助联席会议制度》，将这种统筹协调制度化，确保社会福利和社会救助精准化、有梯度、相衔接，大大提高了救助效率，② 但还需要更规范的制度设计。在中央政府，至少省级政府层面形成具体的制度要求，主要是规定相关部门的具体参与方式与责任，以保证可持续的实践效果。

第三，公平与效率有机结合责任。应将公平与效率有机结合原则贯穿于低保管理的全过程。我国贫困救助管理的核心目标是精细科学的救助服务，不忽视每个贫困者，应逐步使适度普惠性的救助管理成为一种常规和自觉行为。为此，既要充分发挥地方政府的能动性，多给予地方政府自主权，使其能够制定更加具体精细化的措施，同时加强对基层民政部门对资金使用情况的监督、检查、考核等，实现资金合理有效的使用，确保救助资金能够精准帮扶真正需要的贫困者。为提高救助管理公平，政府救助统筹责任具有关键意义，包括从基本低保制度到各种临时、专项救助。浙江省从 2001 年 10 月就开始实行城乡一体化居民最低生活保障制度，扩大救助对象范围，增加救助资金，这不仅需要围绕低保资金标准进行统筹，还需要确立从生存保障到消除多重贫困的目标，并实现多个救助项目及各种关系的全面统筹，这样才符合我国当今低保精准化的政策需求。公平效率有机结合责任应将政府救助资源投入力度逐年增加作为基本条件。我国社会救助支出虽然连年增加，但占 GDP 比重仍然较低。此外，目前我国城乡社会救助的覆盖面（以城乡低保对象为例）只占总人口的 5.7% 左右，其中城市社会救助的覆盖率平均不足 4%，有些城市甚至更低。③ 这虽然有利于减少政府开支，但不利于提升救助水平，更不利于对边缘贫困人口进行救助，消除贫困者的多维贫困。

第四，社会救助资源整合责任。我国《社会救助暂行办法》规定了为救助对象提供社会融入、能力提升及心理疏导等专业服务，目的也在于提升被救助者生活质量，但尚缺乏具体的管理措施，因此亟待补充和完善。核心问题是明确政府救助资源整合责任，以便充分整合和运用各种社会资源。社会工作者在为贫困者提供社会融入、能力提升、心理疏导等专业服务中能发挥更大优势，包括通过专业方法帮助有困难、有需要的社会成员获得社会资源，帮助社会成员建立社会关

① 李薇，丁建定：《主体整合：构建中国多元化社会救助制度》，《社会保障研究》2013 年第 2 期。

② 《深圳建立社会福利和社会救助联席会议制度》，来源：广东省民政厅，网址：http://smzt.gol.gov.cn/mzyw/shfl/gzdtuv/content/post_1693262.html.

③ 民政部政策研究中心：《中国城乡困难家庭社会政策支持系统建设》，中国社会出版社 2012 年版，第 343 页。

系网络和社会支持网络，帮助社会成员开发潜能，提高个人能力，这些作用是政府无法取代的。

政府对社会资源整合能力的提升除了需要观念及制度保障外，还需要操作化的具体方式。应通过契约形式使服务对象、目标、任务及参与各方权责都能清晰明确；通过给予参与农村贫困治理的社会组织、个人、家庭进行经济补贴从而达到整合的目的；依托特定低保项目进行整合，使各种主体发挥相应作用；政府通过购买服务为贫困者提供非物质反贫困服务。这种整合需要真正把握贫困者需求，在此方面购买社会工作服务是一种不可忽视的途径。在我国救助中，对于贫困者迫切需要的各种脱贫发展专业技术，除政府直接提供外，主要应通过购买服务形式为贫困者提供救助服务，并通过正式立法制度将其规范化，从而更好地把握和满足他们的救助需求，使政策运行更为保障。

三、最低生活保障待遇确定及其调整机制

我国最低生活保障待遇最初是由 1999 年《城市居民最低生活保障条例》确定的，其中第 6 条明确规定：“城市居民最低生活保障标准，按照当地维持城市居民基本生活所必需的衣、食、住费用，并适当考虑水电燃煤（燃气）费用以及未成年人的义务教育费用确定。”继该条例之后出台的多种规定，如 2012《国务院关于进一步加强和改进最低生活保障工作的意见》及 2014 年施行的《社会救助暂行办法》等，都要求省、自治区、直辖市或者设区的市级人民政府按照当地居民生活必需费用予以确定，公布各地的低保标准。根据相关政策，低保标准主要包括两个层次：第一层次是食物支出标准，相对于马丁法和菜篮子法以人为判断合适卡路里值存在的主观性，以线性支出系统法计算基本食物支出方法更为客观。第二层次是非食物支出标准，这部分低保标准需要按照政策所列的支出项目计算非食物支出以避免因政策交叉而造成重复保障。从具体政策实践看，最低生活保障待遇应能够在逐步缩小贫困者和普通居民的生活水平方面发挥更大作用，因为目前这种差距还较为明显（见表 6-1）。

表 6-1　全国农村常住居民与农村贫困群体人均消费支出比较

类别	全国农村常住居民		农村贫困群体	
	水平（元）	结构（%）	水平（元）	结构（%）
人均消费支出	8 383	100.0	2 527	100.1
1. 食品烟酒	2 814	33.6	1 172	46.4

续表

类别	全国农村常住居民		农村贫困群体	
	水平（元）	结构（%）	水平（元）	结构（%）
2. 衣着	510	6.1	132	5.2
3. 居住	1 763	21.0	660	26.1
4. 生活用品及服务	506	6.0	99	3.9
5. 交通通信	1 013	12.1	175	6.9
6. 文教娱乐	860	10.3	133	5.2
7. 医疗保健	754	9.0	127	5.0
8. 其他用品和服务	163	1.9	30	1.2

资料来源：国家统计局住户调查办公室：《中国农村贫困监测报告 2015》，中国统计出版社 2015 年版，第 17 页。

面对各地低保标准差异过大，低保水平与当地经济社会发展水平不相称等问题，统一低保标准的计算方法是必然趋势，也是当前我国社会保障制度整合的战略要求。统一低保标准计算方法不可能导致“一刀切”，因为低保标准依据当地居民的消费数据计算，其结果会因代入数据的不同而不同，完全可以体现区域差异。实践中应保持很强的适应性，可以根据低保对象支出差异、政策目标变化增加或减少支出项目，这样就可以适应“分类施保”“按标施保”或“精准扶贫”的政策实施需求，从而提高政策的灵活性。当经济社会发展引起低保对象的需求发生变化时，比如未来将基本通信、交通等刚性需求纳入低保，只需在第二层次增加该支出项，不需要对整个方法进行改动。总之，低保标准计算方法应在保留常用方法合理性的基础上具有更好的操作性和数据可取性，从而能更好地适应我国政策实施要求，也有助于解决低保实践中存在的一些问题。①

近年来，受物价波动和收入快速增长的影响，一些地方政府开始探索建立最低生活保障标准待遇调整机制。从各地的做法看，最低生活保障标准的调整机制存在调整手段单一、调整标准不规范、调整参数设置不当等问题。科学确立最低生活保障待遇的调整机制应着重考虑以下三方面因素：一是有利于提高保障者生存质量。这就需要除了保障个人和家庭的基本需求外，还应考虑社区服务、教育文化、医疗等基本需求。从“保生存”逐步提高到“保温饱”“保发展”的层

① 王三秀，常金奎：《城市低保标准的评价与重构——以武汉市为例》，《城市问题》2016 年第 10 期。

次。二是防止出现“福利依赖”现象，要能够激励受助者积极寻找工作，真正做到自救自立。为此，低保标准的调整不能孤立进行，应处理好与失业保险、最低工资标准、养老保险等保障项目之间的关系，避免因保障标准相差较小造成受助对象“福利依赖”。三是调整方法应尽可能统一，至少应在省级层面统一。但长期以来，我国各地计算调整方法存在较大差别，应尽快加以改变。建议国务院、民政部或省级人民政府出台相关规定，明确地方低保标准的考核原则、考核指标、考核办法和督导措施等，还可以为地方制定标准提供辅导、制定一些约束性指标，建立并完善低保标准的督导与考核机制。[①]

四、城乡居民最低生活保障制度的整合

城乡居民最低生活保障制度的整合核心是明确以下两方面的问题：其一，整合的现实必要性。首先，有利于保障低保公平。在我国城乡低保制度设计上，农村和城镇一直存在明显差异。城市最低生活保障制度最初是为了解决城镇下岗职工的贫困问题，因此，最低生活保障制度首先在城市建立。农村的社会救助制度建立较晚，国务院直到2007年才下发正式政策文件。最低生活保障制度主要由地方政府根据本地区居民实际生活消费情况制定最低生活标准，这就难免形成城乡及不同区域的差别。而农村低保由基层政府财政承担，不利于贫困地区低保水平提高，进一步增加了不公平性，因为1994年分税制的改革与推行，中央财政重获活力，财政支出能力大大提升。但同时我国县、乡财政却逐步陷入困境。加之新世纪推行的农村税费改革，使得县、乡两级财政更为困难，特别是乡镇财政。这种分割情况势必影响农村低保等社会救助的发展。同时，城乡在制定低保标准时所参照的对象是不同的，城镇低保标准主要参照“市场菜篮子法”，农村低保标准则参照贫困线，由于二者参照系不同，所以导致低保标准有很大差别。其次，有利于提高救助效率。城乡和地区分割不利于救助对象的统一管理和信息共享，造成管理成本增加，也不利于社会救助服务人员及时、全面、准确地了解低保救助家庭经济状况的变化。再次，符合社会保障整体制度的发展趋势。当前，我国城镇化速度加快，城乡人口流动更加频繁，城乡发展水平不断缩小，一些社会保障项目已逐步实现城乡统一。由于城镇化的快速发展，原本就紧张的耕地数量不断减少。近年来农村家庭结构出现了小型化趋势，子女供养老人的相对数不断增加，农村养老压力逐步增大，土地保障功能趋于弱化，大多仅能满足人

---

① 唐政秋，邹文开：《社会救助法律制度相关问题研究》，载王治坤、林闽钢主编，《中国社会救助：制度运行与理论探索》，人民出版社2015年版，第46－47页。

最基本的生存需要。所以，构建整合城乡居民最低生活保障制度对于农村人口生存保障及生活质量提升具有重要意义（见表6－2和表6－3）。

表6－2　　2007－2014年城市低保平均标准和农村低保平均标准的变化情况

项目	2007年	2008年	2009年	2010年	2011年	2012年	2013年	2014年
城市低保平均标准（元/人/月）	182	205	227.8	251	287.6	330	373	411
农村低保平均标准（元/人/月）	70	82.3	100.84	117	143.2	172	202	231

资料来源：民政部：《2005－2009年民政事业发展统计公报》和《2010－2014年社会服务发展统计公报》数据材料汇总而成。

表6－3　　2007－2016年全国城乡低保标准对比

年份	城市低保标准（元）	农村低保标准（元）	城乡低保标准之比（农村为1）	城乡低保标准之差（元）
2007	182	70	2.6	112
2008	205	82	2.5	123
2009	228	101	2.3	127
2010	251	117	2.1	134
2011	288	143	2.0	144
2012	330	172	1.9	158
2013	373	203	1.8	170
2014	411	231	1.8	180
2015	451	265	1.7	186
2016	495	312	1.6	183

资料来源：根据民政部网站数据整理 http：//www.mca.gov.cn/article/sj/tjgb/。

其二，整合路径。要取消体现城乡二元结构的歧视性政策，统一使公民权利的公平性得到了充分体现，同时在城乡整体上实现标准调整、对象审核、监督管理、信息化建设等方面统筹管理。

第一，建立统一的城乡居民最低生活保障标准。城市和农村低保标准主要以统计部门提供的居民基本食品费用支出和其他生活必需品费用支出为基础进行测算，并综合考虑公共交通价格、生活必需品价格等因素。除对普通低保对象给予城乡统一的低保标准外，还应对一些特殊困难群体实行分类救助。根据北京市民政局城乡居民最低生活保障分类救助制度，患重大疾病、重度残疾等特殊人群的社会救助金也大幅增加，上浮标准从15% -40%不等，[①] 体现了城乡统一。

第二，政府救助资金投入使用一体化。资金短缺是农村社会救助工作发展缓慢的一个重要因素。在加大对城镇社会救助资金投入的同时，政府财政支出应适当倾向农村地区，充实农村社会救助资金，使困难农民真正从中受益。在具备条件的地区可以实行更高层面的统一，如《江苏省城乡低保省级补助资金使用管理暂行办法》将城市与农村低保省补资金项目合并，统一分配。有利于在省级层面实现低保制度设计、操作流程、资金使用管理的城乡一体化。这种做法对其他地方具有重要启示。

第三，统一管理制度。将城乡居民最低生活保障纳入统一管理，统筹使用。农村低保制度建立后，资金匮乏一直是阻碍该项制度完善的瓶颈。解决的重要途径就是城乡资金统筹。同时各级民政、财政、审计等部门要加强低保资金监管，严格实行专户管理，坚决杜绝挤占、挪用和截留低保金的现象，以充分利用资金资源。

第四，注重对于城市流动人口主要是进城务工人员低保统筹。如具备在流入地工作达到一定年限及有稳定职业等条件要求，可纳入流入地低保制度的覆盖范围。对此我国有的地方已经进行有益尝试。[②] 这方面制度设计应当进一步具体化和规范化。此外，地区之间统筹也应引起一定重视，逐步实现不同地区间的相对公平性。

第三节　临时救助与救助制度体系的建立和体系完善

一、临时救助制度的建立与完善

临时救助是国家对遭遇突发事件、意外伤害、重大疾病或其他特殊原因导致基本生活陷入困境，其他社会救助制度暂时无法覆盖或救助之后基本生活暂时仍

---

① 《北京城乡低保标准统一至每月710元》，《新京报》2015年6月27日。

② 刘艳丽：《最低生活保障制度城乡统筹问题研究——基于山东省的调研》，载王治坤、林闽钢主编：《中国社会救助：制度运行与理论探索》，人民出版社2015年版，第60页。

有严重困难的家庭或个人给予的应急性、过渡性救助，主要救助对象为无法得到贫困救助而面临临时生存困难的"边缘贫困群体"。我国全国性临时救助制度建设的探索始于2007年，2014年国务院颁布《社会救助暂行办法》对临时救助进行了专门规定，包括因火灾、交通事故等意外事件及家庭成员突发重大疾病等原因，导致基本生活暂时出现严重困难的家庭，或者因生活必需支出突然增加超出家庭承受能力，导致基本生活暂时出现严重困难的最低生活保障家庭，以及遭遇其他特殊困难的家庭，生活无着的流浪、乞讨人员等也被纳入救助范围。

2014年10月3日，《国务院关于全面建立临时救助制度的通知》的发布及地方临时救助政策的制定，使临时救助获得较快发展。同时提出，通过完善政策措施，健全工作机制，强化责任落实，鼓励社会参与。明确了救助对象范围，包括：因火灾、交通事故等意外事件，家庭成员突发重大疾病等原因，导致基本生活暂时出现严重困难的家庭；因生活必需支出突然增加超出家庭承受能力，导致基本生活暂时出现严重困难的最低生活保障家庭；遭遇其他特殊困难的家庭。个人对象为因遭遇火灾、交通事故、突发重大疾病或其他特殊困难，暂时无法得到家庭支持，导致基本生活陷入困境的个人。其中，符合生活无着的流浪、乞讨人员救助条件的，由县级人民政府按有关规定提供临时食宿、急病救治、协助返回等救助。因自然灾害、事故灾难、公共卫生、社会安全等突发公共事件，需要开展紧急转移安置和基本生活救助，以及属于疾病应急救助范围的，按照有关规定执行。

临时救助制度有利于弥补低保及专项救助制度在贫困救助中覆盖范围的局限性。目前专项救助制度都是以农村低保制度为基础，如农村医疗救助对象为"享受农村居民最低生活保障的对象（含'五保'对象）"，农村教育救助制度的救助对象为"享受农村低保家庭子女"等。一些收入略高于低保线的边缘贫困者大多未被纳入低保范围，难以得到各类专项救助。低保边缘人群自身发展潜能不能得到有效激活和利用，难以实现脱贫发展。2009年武汉市出台《关于建立城乡困难群众临时救助制度的通知》，将"低保边缘户"等困难家庭纳入救助范围。这些家庭在遭遇急重病、灾害、车祸等突发事件或特殊困难时，均给予一次性临时补助。农村居民每户最高为1 000元，原则上每户每年救助一次。这对边缘贫困人群的经济困难确实起到一定的缓解作用，但这是一个临时的救助制度，且救助金额有限。

根据我国《社会救助暂行办法》规定，在具体救助过程中由各部门承担相应责任。救助金额较小的，县级人民政府民政部门可以委托乡镇人民政府、街道办事处审批。公安机关和其他行政机关的工作人员在执行公务时发现流浪、乞讨人员的，应当告知其向救助管理机构求助。对其中残疾人、未成年人、老年人和行动不便的人员，应当引导、护送到救助管理机构。对突发急病人员，应当立即通知急救机构进行救治。但各部门如何进行责任衔接仍是一个值得探讨的现实问题。边缘贫困户临时救助需要多部门参与才能改变其贫困状况，包括民政、教育、残疾人保障机构及劳动就业等部门。总体来看，我国临时救助制度中关于临时救助责任的规定还存在不少问题，包括民政部门、医疗部门、教育部门等责任关系模糊；对地方政府财政资金支持规定不具体；临时救助覆盖家庭范围有限；救助的对象与低保对象存在重合；边缘贫困家庭享受救助条件不明确等，直接制约了制度效果。应当通过系统构建和完善我国临时救助责任机制，并注重建立各部门共享的整合数据，建立相关民政数据信息库，从而使以上问题得到有效解决。

2014 年《国务院关于全面建立临时救助制度的通知》对我国临时救助制度的目标功能进行规定，临时救助工作要坚持应救尽救，确保有困难的群众都能求助有门，并按规定得到及时救助；坚持适度救助，着眼于解决基本生活困难、摆脱临时困境，既要尽力而为，又要量力而行；坚持公开公正，做到政策公开、过程透明、结果公正；坚持制度衔接，加强各项救助、保障制度的衔接配合，形成整体合力；坚持资源统筹，政府救助、社会帮扶、家庭自救有机结合。临时救助制度要以解决城乡群众突发性、紧迫性、临时性基本生活困难问题为目标，通过完善政策措施，健全工作机制，强化责任落实，鼓励社会参与，增强救助时效，补“短板”扫“盲区”，编实织密困难群众的基本生活安全网，切实保障困难群众的基本生活权益。

临时救助制度的目标功能在实践中也不断面临新的挑战。因为临时社会救助作为一种非常规化的社会救助手段，往往容易出现救助行为没有从弱势群体的受助需求出发，没有充分考虑受助机会与受助程度的公正问题。规定县级以上地方人民政府应当根据当地实际，制定具体的临时救助对象认定办法及救助类型与范围，容易形成制度实践不公平，需要在制度设计不断加以完善。

完善临时救助制度，需延伸和健全临时救助项目，同时注重与其他救助制度的衔接整合。但目前制度规定并不明确，相关制度衔接模糊，例如专项救助与临时救助的衔接不明。《社会救助暂行办法》规定“疾病应急救助制度应当与其他医疗保障制度相衔接”，但如何衔接以及具体的保障性措施等均不明确。要探索建立临时救助制度与低保制度的衔接机制，即当物价上涨到一定幅度时，及时向低保对象家庭发放临时救助。扩大临时救助的内涵，对救助对象除给予资金、实物上的帮助外，还应通过专业社工进行心理疏导、心理干预、资源链接、能力提升等。做好与特困人员、优抚对象等其他低收入困难家庭的救助衔接，在遇到临时性、突发性困难时，不符合低保条件但有特殊困难的低保边缘人群家庭和其他困难家庭，可以申请临时救助；申请临时救助后，生活仍长期困难的，应纳入低保。做好与专项救助制度的衔接。临时救助与专项救助制度不是简单的重复叠加。救助对象在享受专项救助后，仍无法维持基本生活时，才能申请临时救助。因病致贫的临时救助占临时救助比例很大，应健全基本医疗保障体系，确保居民参加城镇居民医疗保障和新型农村合作医疗。在参保的基础上，对医疗费用支出较大的进行临时救助，减轻其医疗支出负担。做好与慈善救助的衔接。慈善救助是临时救助的重要支持力量。慈善事业的捐款是临时救助资金的重要来源，慈善组织可以为临时救助提供专业救助服务。要扶持慈善组织的发展，实现政府与慈善组织的有效协作。[①] 临时救助应与财政资金筹集方式的改革创新相衔接。目前临时救助所需资金主要由地方政府筹集，不利于救助公平，更不利于贫困地区临时救助的发展。为此，一方面，应加大中央财政投入；另一方面，各级地方政府在临时救助资金保障方面的责任应清晰化，明确地方政府对临时救助资金筹集的配套比例。

二、医疗救助制度整合与体系完善

医疗救助制度作为基本医疗保险的有益补充，救助对象为社会底层最困难、最需要救助的人群。然而由于医疗救助范围、起付线和封顶线等方面的限制，有些大病重病患者一旦需要支付保障范围以外的大额自费医疗费用，往往陷入“因病返贫、因病更贫”的状态。目前有的地方进行了新的探索。2012 年苏州市吴江区探索建立了地方政府专项医疗救助机制，由政府筹资设立专项账户，专款专用，对患特殊病症的特定人员年度内发生的个人负担的合理医疗费用的再次救助成为必然要求。[②] 从整体制度看，还存在不少亟待改善的方面，可以从以下几方面进行制度整合与完善：

第一，加强城乡医疗救助制度整合。推进城乡医疗保障服务一体化，使农村贫困者也能享受到城市卫生服务资源，使城市健康资源按照对象精准和措施到户到人的要求，为农村健康贫困者安排针对性的医疗援助项目，提供优质的医疗服务，保证医疗卫生费用可负担。农村贫困群体的经济收入仅能维持基本的生存需要，根本无法顾及其他消费需要和个人发展需要。农村医疗救助资金筹集困难主要表现在资金筹集渠道不稳定，管理失衡。我国农村医疗救助资金由于投资分

---

① 王治坤，林闽钢：《中国社会救助：制度运行与理论探索》，人民出版社 2015 年版，第 215 - 216 页。

② 姚其华等：《城乡医疗救助制度深度拓展的探索与思考——基于吴江区“双特”再救助实践》，《中国医疗保险》2015 年 5 期。

散，投资力度小，缺乏统一管理，满足不了贫困人口对医疗救助的需求。中央和地方财政投入的农村医疗救助资金远远不能满足实际需要，资金供给与需求之间存在较大缺口。由于财政支出困难，现行救助政策对农村医疗救助病种范围限制较大，致使那些没有在救助范围内的患病者，得不到有效的医疗救助。

2009 年我国出台的《关于进一步完善城乡医疗救助制度的意见》推动了城乡医疗救助制度一体化，也意味着我国医疗救助工作从探索阶段进入规范发展阶段。各地普遍形成了政府领导、民政牵头、部门协作、社会参与的管理运行机制。为更好地推进即时救助机制，2010 年浙江省民政厅、财政厅发布了《关于进一步加强和改进城乡医疗救助工作》的文件，要求搭建医疗救助与医疗保险一体化的信息管理平台，实现医疗救助与各类医疗保险衔接的“一站式”服务；条件尚不成熟的地方，要指定定点医院，通过手工操作，实现低保、五保、三无对象医疗救助即时结报。由于浙江省各地经济水平存在差异，各地政府在救助标准的设定上更多从本地区财政情况出发，因而导致各地区医疗救助水平的差异。实际救助水平与救助需求的不对等主要体现在救助内容重大轻小、重治轻防及救助覆盖群体有限等方面。但在具体实践中，各地政府的医疗救助重点为救助大病、重病的住院救助并限制病种和范围，门诊救助支出比例太小。医疗救助范围仅局限于具有当地户籍的贫困人群，对孤儿、老人及临近低保线的群体开展医疗救助仍只是个别地区的政策。城乡医疗救助制度整合问题还有待进一步推进。

第二，强化医疗救助中社会资源的整合。贫困者疾病的预防、治疗及康复等救助服务需要创新社会参与机制。需要整合社区服务资源。因为如果病人随意选择较高层次的医疗服务，会存在一些限制因素，包括医生人数、公共服务资源的限制、开支增加等。建立健全以县级医院为龙头、乡镇卫生院为骨干、村卫生室为基础的农村三级医疗卫生服务网络，发挥好公共医疗卫生机构提供基本医疗卫生服务的骨干作用。在此过程中还需要创新政府管理方式。通过政府购买服务引入对贫困者专业心理精神疾病的专门治疗服务。政府不能无偿地要求医院提供公益性的医疗服务，可以选择有偿购买服务，可通过税收减免以及专项拨款等方式促进各种医疗机构参与健康服务。动员社会力量参与健康宣传教育，通过知识和信息的传播，影响乃至改变个人行为，减少健康风险因素等。

第三，加强医疗救助与医疗保险整合。首先，在医疗保险基础上实行多层救助。即通过医疗救助制度在救助对象得到新农合补偿的基础上给予适量的医药费用补偿，解决自费过重问题。为增强服务可获得性，可预先采取救助卡方式预支给救助对象或者预付给定点医院，事后经民政部门审核实报实销来提高医疗救助可及性。对于贫困家庭和个人，可通过慈善捐赠、个人帮扶等方式实施再次救助，形成多层次救助体系。为达到以上目标，贫困者参与医疗保险十分重要。

2007年以后，江苏各地医疗救助方案普遍要求日常医疗救助享受者和一次性大病医疗救助申请者参加主体医疗保障制度，否则不给予救助。在主体医保制度全面普及、财政对特困人群参保实行全额或大部分资助、对一般城乡居民实行普惠性参保（合）资助的大背景下，城乡居民个人缴费水平相对不高，一般居民可以承受。江苏省形成了三大主体医保制度，即城镇职工基本医疗保险制度、城镇（乡）居民基本医疗保险和新型农村合作医疗制度。与此相对应，资助特困群体参保（合）成为主要医疗救助形式。各地在资助对象和资助额度上有所差异，如苏州市区社会医疗救助办法规定对低保人员、低保边缘人员、三无人员、五保人员、特困职工、重症残疾人以及持有《残疾人证》且父母没有工作的残疾学生的全部资助参保费用；镇江市医疗救助办法规定资助三无人员参基本医疗保险，资助低保人员、五保人员、特困职工、在乡精简老职工以及政府集中供养孤残儿童等民政服务对象参加居民医保；盐城市区居民医保参保条款则规定财政对城镇低保人员、特困居民和重度残疾人员参保的个人缴费给予部分补贴。在整合过程中，医疗救助制度也需要进一步优化，如部分地方医疗救助还存在病种局限、起付线较高、救助水平不高等问题，造成贫困人口大病就医门槛相对较高，应取消医疗救助的病种限制、住院或特殊病种的起付线设置，以比例救助取代病种限额救助，逐步加大救助力度。其次，注重对低收入及贫困者参与其他医疗保险的扶持。如政府采取补贴的方式帮助穷人购买商业医疗保险，保险公司不能拒绝老人、儿童等弱势人群参保。我国农村实现农村医疗救助制度与新农合制度的无缝衔接，特别注重在扩大救助疾病范围时，加强对贫困家庭支出较大的慢性疾病患者的医疗救助，减轻其家庭医疗负担。

第四，加强医疗救助与低保制度整合衔接。目前较为常见的做法是，由政府资助低保家庭参加新型农村合作医疗，解决贫困农民缴费难的问题。在对低保家庭、特困家庭的患病老人准确识别的基础上，实现医疗保障有效衔接，增加其医疗救助、临时救助和医疗保险报销的可获得性；对其参加新型农村合作医疗缴费部分由财政给予补贴，在新型农村合作医疗和大病保险制度规定方面可对贫困老人、重度残疾人等深度贫困人群实行倾斜性政策帮助。目前一些地方已进行了新的探索。2014年10月，浙江省政府办公厅制定发布了《关于进一步完善医疗救助制度有关问题的通知》，要求打造医疗救助的“零门槛”。最低生活保障家庭成员不设医疗救助起付线，最低生活保障边缘家庭成员的医疗救助起付线要逐步取消，因病致贫人员医疗救助起付线由各地根据实际设定，一般不高于当地上年度城乡居民人均收入水平。为进一步解决特困低保对象看病难、看病贵问题，武汉市近年也加大了贫困农民医疗救助力度。2012年实施“大病救助工程”，城乡医疗救助标准每年提高20%，扩大城乡低保对象住院费用报销比例，减免城乡低保对象门诊医疗费用，有利于解决困难群众看病难问题。低保与医疗保险、医疗救助制度衔接，既防止贫困农民“因病致贫”与“因病返贫”，又提升了人力资本，增强了贫困农民的身体能力。

从现实实践看，部分低保家庭享受医疗救助后仍十分困难，难以负担医疗开支。为真正达到“救穷”目的，医疗救助仍需完善，除建立无病种限制的重特大疾病医疗救助制度外，还应按患病住院合规医疗费金额大小确定救助资格，对超过医疗费以及新农合包销后负担较重的重特大疾病医疗费用的家庭给予更高额度救助。2017 年黑龙江省民政厅、省人力资源社会保障厅、省卫生计生委等部门联合印发《关于进一步加强医疗救助与城乡居民大病保险有效衔接的通知》，规定减轻困难群众医疗负担为核心原则，着力破解因病致贫、因病返贫、因病弃医等民生难题，实现了“降低大病保险起付线、提高困难群众救助比例和封顶线、扩大医疗救助对象范围”三项新突破。大病保险起付线比普通患者降低 50%，报销比例在原基础上增加 5 个百分点，城乡居民大病保险向低保对象、特困供养对象以及低收入救助对象倾斜，建档立卡贫困人口执行脱贫攻坚期的大病保险倾斜政策；患有重特大疾病的救助对象在县域内定点医疗机构发生的合规住院医疗费用的个人负担部分，在年度救助限额内对特困供养人员按 100%，城乡低保对象按不低于 70%，建档立卡贫困人口等其他救助对象按不低于 50% 的救助比例给予救助，并首次从省级层面明确重特大疾病单病种医疗救助年度最高限额不低于 3 万元。将医疗救助对象范围由特困人员、低保对象、低收入重度残疾人扩大到“因病致贫”贫困家庭和建档立卡贫困人口，实现“因病致贫”困难家庭医疗救助全覆盖。

第五，医疗救助与健康服务整合。医疗救助的最终目标是保障公民健康权，健康服务则是其中的重要内容。同时医疗卫生服务又直接关系着劳动就业水平，预防性医疗救助有利于帮助其避免因疾病损害工作能力或退出劳动力市场。为促进医疗救助与健康服务整合，建议建立城镇基本医疗保险统筹基金正常划拨支付机制的同时，将医疗服务纳入其中，尤其是将医疗服务整合到医养结合中，为生活不能自理的慢性病患者提供照护服务和资金保障。为推动医疗服务资源与养老服务资源的整合，建议将政府“补救型”社会养老服务财政投入转化为个人筹资费用补偿，充实医养结合的社会养老服务资金，对个体医养结合的社会养老服务费用进行补偿。关注儿童、孕妇健康服务救助。通过基于生命周期理论的“上游干预”策略发挥积极作用，即在上游消除贫困产生的条件和机制，切断贫困产生的链条。

第六，医疗救助与救助管理改革的衔接。城乡医疗救助的“多头管理”问题突出，涉及民政局、财政局、人社局、残联、慈善总会、红十字会等。由于管理体制分割导致政策制定者各自为政、保障信息不能共享、经办机构多头设立、财政投入重复分散等，加大了医疗救助的总体成本，导致资源配置效率受损。建议整合分散的医疗救助资源，建立医疗救助"一体化"管理平台。在现阶段，可通过建立有效的部门协作机制、打造救助协作平台统一组织和协调的社会医疗救助。提升社会医疗救助的立法层次，制定和颁布系统全面的《社会医疗救助法》，从总体上对社会医疗救助的实施主体、对象、范围、期限、条件、监督、责任、义务等制定有效的法律规范。探索建立信息化医疗救助信息管理系统，这需要多部门共同制定和完成，信息化是即时救助、规范管理、高效运行的基础保障。

此外，应注重医疗救助中不同困难群体需求满足的适度平衡。目前最低生活保障对象、特困供养人员作为重点救助对象，享受住院救助等多重医疗救助待遇。而低收入家庭的老年人、未成年人、重度残疾人和重大疾病患者等困难群众与上述重点救助对象同属社会弱势群体，却被列为非重点救助对象，享受不到住院救助等相关待遇。[①] 这种问题应通过制度整合得到解决。

三、教育救助制度整合与体系完善

教育救助制度作为保障贫困家庭子女享有平等受教育权的基本制度，已经历了免费教育、普及义务教育及在校贫困大学生教育救助几个阶段。"两免一补"、助学政策和高等学校在校困难学生资助政策构成了其中主要制度，在实践中发挥了重要作用。但目前仍然存在一定的现实问题，主要表现为救助目标定位不明确，政出多门、力量分散、救助对象重叠等现象。教育救助缺乏专门机构统筹规划，救助部门职责不明确，教育救助措施缺乏系统性和完整性，部分贫困人群无法得到及时救助，未能从救助对象和贫困地区教育救助需求出发，形成国家主导和社会参与的救助体系，难以发挥救助整体效能等。目前加强教育救助制度的整合与完善是解决以上问题的基本途径。

教育救助制度整合与体系完善基本目标之一是保障贫困子女的平等受教育权。虽然各国立法普遍明确了受教育权的平等，但因为必须承担必要的教育支出，困难家庭适龄儿童和青少年难以享有平等的受教育机会。这就需要从物质、资金和服务上对其提供各种援助，由政府介入进行"手段干预"，通过有效的公共政策进行价值分配，帮扶处于教育困境的人群。由政府以公平价值为导向向公众提供相对均衡的教育资源，特别是加大对贫困地区、贫困人口的教育资源扶持力度，促进教育均衡发展。目标之二是促进扶贫脱贫目标的有效实现。长期以来，我国教育政策都比较注重促进整个社会经济增长和文化水平的提高，反贫困

① 宋国军：《完善医疗救助，助力脱贫攻坚》，《中国社会报》2016 年 10 月 24 日。

等社会政策目标通常被忽视。为改变这种状况，教育救助应注重提升贫困者人力资本，减轻贫困农民家庭负担，阻断贫困传递，提升其发展能力。研究表明，贫困家庭子女文化程度的提高对于家庭脱贫具有重要意义，特别是接受过职业教育和高等教育的农民子女走出农村、融入城市的机会更大，教育是使其能够最终摆脱“贫困恶性循环”怪圈的关键步骤。[①]《中共中央国务院关于打赢脱贫攻坚战的决定》提出加强教育脱贫，加快实施教育扶贫工程，让贫困家庭子女都能够接受公平有质量的教育，阻断贫困代际传递。并提出了一系列具体措施，为贫困地区教育脱贫提供基本政策依据。目标之三是促进特定人群生存质量的提升与发展。人的生存质量与其受到的教育有着密切联系。以老年人群为例，2016 年国务院发布《老年教育发展规划（2016－2020 年）》，提出了加快老年教育服务、扩大老年教育供给、创新老年教育体制机制、推动相关法规制度建设等政策要求。这些都表明在目前我国人口快速老龄化背景下加快老年教育服务与发展的重要性和迫切性，同时也为探索和实践我国教育养老新模式提供了有利契机。从现实情况看，我国老年教育在理念、内容、制度形式及教育方式等方面还存在不少缺失，难以真正实现教育养老目标。应基于国外经验及我国现实状况，形成以积极老龄化为理念基础，从理念、内容、制度及方式等方面构建我国教育养老服务的新模式。

教育救助制度整合与体系完善的基本路径包括以下方面：

其一，整合多种教育资源。救助资源不足，尤其是资金短缺是目前制约我国教育救助发展的重要因素，整合多种教育资源应着力于以下两方面：一是加大国家财政投入，并以此整合地方政府资源。近年来，随着我国对民生问题的重视，财政教育支出的总规模不断增加，但是财政教育支出仍存在规模相对不足的问题。根据 2001－2010 年统计数据，我国财政支出增加迅速，年均增长 19.0%，但同期财政教育支出的年均增长率却为 17.2%，低于财政支出的增长速度。与此同时，财政教育支出占财政支出的比重也呈下降趋势，从 2001 年的 16.2% 下降到 2010 年的 13.9%。[②] 在增加资金投入的同时，应注重形式多样化，这更加符合现实需要。二是加大对社会资源参与主体的整合力度。2014 年，在我国教育救助的资金来源中，中央与地方财政投入高达 69.6%，社会资金仅占 5.59%。[③] 国家应制定相关的救助政策与实施办法，如免费为贫困毕业生提供就业援助。包

① 肖云，赵品强：《农村低保家庭子女高等教育阶段教育救助研究——基于农村反贫困视角》，《农村经济》2010 年第 5 期。

② 吴桦：《我国教育救助制度完善探讨》，《西南农业大学学报》2012 年第 5 期。

③ 袁同成：《我国教育救助制度的变迁逻辑考察——代际流动与教育干预》，《学术界》2016 年第 9 期。

括提供就业援助资金，对于录用贫困毕业生的单位给予一定的税收优惠、减免费用等。目前我国有地方在整合教育资源促进农民脱贫方面已进行了有益探索，如海南农村让男孩子读书、女孩子打工的现象很普遍。但因为没有技能，她们被辞退、解聘的很多，回到农村之后就会变成新的贫困人口。针对这类现象，海南省经济技术学校联合省妇联创办扶贫巾帼励志中专班，让农村贫困女孩免费上中专，每个月还提供300元生活补助和勤工俭学岗位，鼓励学生学技术、立志向、强本领，帮助家庭脱贫致富，过上有尊严的生活。如今，在海南省，初中升高中与升中职的男女比例已达1∶1。教育扶贫一方面是要让各级各类学龄儿童上得了学，保证好的教育质量，另一方面是职业教育，让每个人都能掌握一技之长。[①]从顶层设计看，应通过具体政策措施整合更多的社会资源参与教育救助的发展。

其二，与扶贫脱贫制度的衔接整合。我国已关注到低保家庭子女的教育资助问题，近年来国家明确出台一系列加强对低保家庭子女的教育救助政策，形成以“奖、贷、助、补、免”为主体的贫困大学生资助体系，具体包括国家助学贷款、国家奖学金、国家励志奖学金、国家助学金、勤工助学、学费减免及“绿色通道”等七项内容。在地方实践中，2004年《武汉市农村居民最低生活保障办法（试行）》规定保障对象除享受最低生活保障待遇外，还可享受下列优惠政策：子女在义务教育期间，学校适当减免杂费，补助书本费等。为进一步加大教育救助力度，2005年武汉市出台的《关于建立和完善我市农村低保配套救助政策的通知》也作了同样规定。2012年8月起，武汉市民政局启动城乡贫困大学生助学工程，低保家庭子女考上大学可获得3 000元资助。以上制度设计对于保障低保子女教育权发挥了有益作用。但从总体上看，由于制度设计及其他相关因素的限制，这种作用仍是十分有限的，各救助主体责任履行尚存难点。教育救助水平的提高仅靠政府是不够的，需要多元化的救助主体，除作为第一责任主体的政府外，还应有学校、社会组织参与。然而，当前各主体在履行自己的救助责任时都存在难点，政府没能有效协调好各相关职能部门之间的责任，现实中教育部门是管理教育事业的专门机构，政府一般将教育救助交由教育部门负责。学校和社会组织实施教育救助时也存在难点。学校难以对学生家庭经济状况做出科学深入的调查，在组织助学贷款、勤工助学、减免学费等项目上可能存在不公正现象。不同高校的财政状况、行政级别和社会知名度等存在较大差异，因而其实施教育救助的能力与效果也不同，学校间救助水平难以统一。另外，教育救助又属于社会救助范畴，民政部门应承担组织开展教育救助的责任。两部门履行职责不同、相关政府部门协调度不够、不同地区的高校贫困生不能共享社会救助资源，导致各

① 董洪亮等：《教育扶贫：让知识改变孩子命运》，《人民日报》2016年7月10日。

教育救助项目缺乏有机整合，救助资源分散，救助成本高，救助效果不明显，应通过加强部门合作与制度整合，使这些问题得到有效改善。

教育救助与精准扶贫如何有效衔接是我国亟待研究和解决的现实问题。我国地区经济发展不平衡，各地区贫困程度差异性大，西部地区贫困尤为严重。地方教育救助在制度建设状况、统筹层次、救助水平上存在较大差异，教育救助在地区间发展严重失衡。一般说来，贫困程度越高的地区贫困学生数量越多，因而这些地区建立教育救助制度更具必要性和紧迫性。然而，出台贫困家庭高等教育阶段教育救助办法的地区却多为经济发展较好的地区，真正存在大量贫困人口的地区难以依靠当地财政开展有效的教育救助。目前亟待解决的问题是需要通过更具体的措施，如通过中央财政支持、东西部对口帮扶等促进西部地区与贫困地区教育的快速发展，实现劳动力有序转移等。

其三，加强城乡教育救助的整合。为应对教育救助城乡二元化问题，国家可在城乡一体化理念下，建立一个专门机构（如国家教育资助中心），对城乡教育救助进行统一管理、筹划，对农村和城市教育救助予以平等关注。国务院已制定《关于统筹推进县域内城乡义务教育一体化改革发展的若干意见》，确定到2020年城乡义务教育二元结构壁垒基本消除，义务教育与城镇化发展基本协调，基本实现县域义务教育均衡发展和城乡基本公共教育服务均等化，力图解决城乡二元结构矛盾突出、农村子女难以获得优质教育资源、城市务工农民随迁子女求学难的问题。在具体实践中应注重以下制度措施：首先，取消城市和农村户籍制度的准入条件限制，符合条件的居民就能无障碍地享受教育救助政策。建立全国统一的贫困生认定标准，实现教育救助的“城乡一体化”。[①] 国家应在政策和税收上给予优惠，鼓励社会力量的参与救助，畅通慈善捐赠渠道，坚持资金来源的多元化，形成共同关注、全民参与的救助支持系统，补充和优化贫困地区的教育人力资源。其次，国家应出台相关政策，对农村贫困地区优秀教师的流失加以规范管理，一方面，要通过待遇提高等途径避免教师流失，另一方面可要求流入地对流出地支付一定补偿金，用以聘用其他合适的教师，或为在岗教师提供学习进修的机会。再次，建立城市教师对农村贫困地区支教的长效机制。大力推进城市教师尤其是优秀骨干教师积极援助农村学校的支教政策，并将支教情况作为其晋升、参评优秀或特级教师的必备条件。最后，构建全国性的农村贫困家庭及其在学子女的统计网络，对教育救助的基本情况进行动态管理，让全社会了解教育救助的实施状况，[②] 以便采取针对性教育措施。

① 蒋悟真，杨娣：《我国教育救助法律困境及其制度完善》，《湘潭大学学报》2015年第5期。

② 王贤斌：《新时期我国农村教育救助面临的困境与对策》，《教育理论与实践》2014年第28期。

其四，教育救助内容的整合。我国教育内容长期偏物质救助，轻精神知识救助，尤其个性化教育救助缺乏。教育救助内容的整合意味着将经济救助与知识、技能、心理等各种教育内容相结合。贫困者尤其是其子女因其特殊的社会经济环境、家庭背景、成长与发展经历，往往心理相对脆弱，普遍自我调节能力和抗挫折能力差。一旦遭遇教育困境，极易导致心理失衡，并引发各种心理障碍。教育救助应注重帮助他们树立自立、自强、自信精神，提高其心理适应能力，克服因各种困境导致的自卑心理，通过教育救助不仅使他们掌握一定的现代科学知识与技能，还培养其主体意识、创造意识、竞争与合作意识等。对于儿童应加强和完善儿童少年保护的法律，预防和保护儿童少年免遭侵害。农民工子女在城市的社会交往中处于边缘地位，针对其教育融入和社会支持的需求，心理疏导和社会支持等教育服务十分必要。

其五，完善制度形式。目前我国基本形成了由国家根本大法、教育基本法、行政法规、部门规章和地方性规章构成的教育救助法律体系，为教育救助的实施提供了一定的法律依据。包括 1995 年的《教育法》，1998 年的《高等教育法》，2006 年的《义务教育法》《社会救助办法暂行条例》，2004 年民政部、教育部的《关于进一步做好城乡特殊困难未成年人教育救助工作的通知》，地方性规范性文件如 2005 年《南京市城乡困难家庭教育救助制度的实施办法》。但总体看我国教育救助立法层次不高，实用性不强。受到各级政府和部门意志的影响，各主体间的权责规范不明确，直接影响了教育救助的实施效果。为改变以上状况，必须从临时性资助向制度性补偿转变，制定弱势群体教育保障制度，成立专项资金。如美国、英国都有不少这方面的专门立法。目前可制定我国《教育救助条例》，推动教育救助相关配套法律法规的制定和执行，制定特定人群的教育救助立法。依法创新救助方式。我国目前教育救助的资助方式主要是补助、减免、奖学金、助学金、助学贷款等直接的财物资助，是一种输血型救助。而结合实际情况我国应更注重技能提升的“造血式”教育救助制度，改变教育救助中城乡居民间的差异，增加农村救助项目财政支持，改变管理体制上存在的“地方负责、分级管理”方式，比如助学金经费来源实行以地方为主、分级管理、分级负担的办法，主要从各级财政安排的教育事业费中统筹解决，并通过立法予以明确政府相关部门的责任。

具体救助管理制度，应依法明确各相关部门的具体职责。在理清政府、学校、社会责任的基础上协调好政府相关部门的权责，主要是保障民政部门、教育部门和财政部门之间的统一协调行动。政府应承担起制度安排、资金支持、组织实施及救助的兜底责任；高校是直接的教育培养机构，应在配合国家救助政策的基础上向贫困学生提供教育救助；社会组织应大力发展慈善事业，鼓励社会捐赠，发挥社会力量的巨大作用。应拓宽筹资渠道，确保资金支持。国家应加大教育救助的财政投入力度，建立起专项救助基金，增强教育扶持力度，降低公民受教育成本。国家财政和地方财政应分别建立起教育救助专项基金，在每年的财政预算中确定合理比例列支，保障资金来源的稳定性。为了保证贫困地区教育救助的可及性、有效性及可持续性，解决地区教育救助发展失衡问题，国家应当将教育救助统筹层次提升到省级统筹，并提取部分国家教育救助基金用于全国调度使用，提高地方政府实施教育救助的能力与积极性。实现教育救助与就业救助的"无缝"衔接，发挥更大的教育救助脱贫发展功能。如就业救助应免费为贫困毕业生发布就业信息、提供就业咨询、提供就业救助资金，更好地促进贫困学生就业。在政策安排和制度设计上实现教育救助与就业救助的配合；搭建统一的高校学生信息库，建立教育救助信息系统与就业救助信息系统，实现共享；管理运作上，民政部门设置专门机构统一管理教育救助与就业救助，确保二者统一、协调、有效地运行，最终实现教育救助与就业救助之间的"无缝"衔接。[①] 在促进贫困者就业脱贫中发挥积极作用。

四、住房救助制度整合与体系完善

1998 年国务院的《关于进一步深化城镇住房制度改革加快住房建设的通知》提出对不同收入家庭实行不同的住房供应政策，即最低收入家庭由政府或单位提供的廉租住房、中低收入家庭购买经济适用房，建立依据居民不同支付能力而分层的住房救助体系，包括 1999 年的《城镇廉租住房管理办法》、2004 年的《城镇最低收入家庭廉租住房管理办法》、2007 年的《廉租住房保障办法》和《经济适用住房管理办法》等。在地方实践中，为适应城镇化进程，2010 年以来重庆市加快推进公共租赁住房建设，公共租赁住房保障对象涵盖了廉租住房、经济适用住房的享受对象，并延伸到既不能享受廉租住房和经济适用住房，又买不起商品房的边缘贫困群体，以及新就业的大中专毕业生、外来务工及各类流动性人才等，建立起以公共租赁住房制度为主体的住房保障体系。2010 年 7 月《重庆市公共租赁住房管理暂行办法》提出了重庆市公共租赁住房保障制度的一系列创新举措，丰富了城镇住房保障制度体系的内容。[②] 我国城镇住房救助制度体系初步形成，但碎片化问题也十分严重，迫切需要城镇住房救助制度的整合与完善。

---

① 肖云，赵品强：《农村低保家庭子女高等教育阶段教育救助研究——基于农村反贫困视角》，《农村经济》2010 年第 5 期。

② 钱小利：《住房保障制度演进轨迹与现实响应：解析一个实例》，《改革》2012 年第 11 期。

其一，加强住房救助规范化建设。在住房救助的立法方面，当前中国住房保障立法层次低，缺乏统驭和协调不同住房救助制度的法律。现有的规范性文件属于部门规章或地方政府规章，法律效力低。应尽快制定社会保障基本法，以该法为依据，从总体上规划和指导住房保障的法制建设。国家应在社会保障基本法的立法思路指导下，制定住房保障的行政法规，将其作为国家住房保障工作的指南。[①] 在加强住房救助规范化建设中，要合理定位救助目标。住房保障的目标随着经济和社会的发展，大致依次可以分为"能有居""能宜居""能善居"三个阶段。"能有居"就是"住有所居"，这是住房保障的最低要求；"能宜居"是"人人享有适宜的住房"，不仅有房住，而且要能住上符合每个家庭状况的住房。[②] 要完善监管制度，建立调查制度和管理运行制度。目前政府对经济适用房的管理缺位，没有专门机构负责管理，导致违规现象屡见不鲜。政府部门将经济适用房开发和分配的相关职责交给开发商承担。开发商采取成本虚报、楼层加高、增加商品房比例、炒房号、利用物业公司补充利润等手段获取更多利益，政府的监督管理形同虚设。[③] 因此，由政府或者委托社会组织对贫困家庭的实际经济状况和住房情况进行的调查、核实和评估十分必要。目前第三方评估机制已越来越多地应用于政府绩效、重大决策和重大工程项目。政府可以委托第三方机构为贫困家庭提供住房可选方案，为改善住房状况奠定基础。为达到预期效果，应建立和形成良好的制度机制，实现评估主体的独立性，提高评估过程的科学性，增强评估结果的公正性。建立严格的申报、审查、登记及公示制度。要完善资源整合制度。无论是住房救助的管理问题还是房源问题，公私合作是必由之路。政府可建立保障性住房投融资平台或民间投入作为资本金及主要注册资本来源，利用房地产投资信托基金等创新型投融资平台及模式，来推动行政辖区内保障房的投资和运营。[④]

其二，创新救助方式。《社会救助暂行办法》第 38 条规定的住房救助方式包括配租公共租赁住房、发放住房租赁补贴、农村危房改造等。为贯彻落实《社会救助暂行办法》，切实保障特殊困难群众的住房需求，2014 年 11 月住房城乡建设部、民政部、财政部共同印发了《关于做好住房救助有关工作的通知》，对解决最低生活保障家庭、分散供养的特困人员的住房做了相应的制度安排，明确住房救助对象为符合县级以上人民政府规定的住房困难的最低生活保障家庭和分散供养的特困人员；规范了住房救助的基本方式，包括优先配租公共租赁住房、发

①② 郭士征，张腾：《中国住房保障体系构建研究——基于"三元到四维"的视角》，《广东社会科学》2010 年第 6 期。

③ 季璐等：《我国城镇住房救助体系研究综述》，《河北经贸大学学报》2015 年第 4 期。

④ 田焱，刘文杰：《城镇住房保障体系创新方略》，《人民论坛》2012 年第 5 期。

放低收入住房困难家庭租赁补贴性救助，其中对配租公共租赁住房的应给予租金减免；对农村住房救助对象，优先纳入当地农村危房改造计划，优先实施改造。但实践中一些具体政策并不利于贫困者，如采取“先建后补”的救助方式，意味着农村贫困家庭自行筹集资金建设住房，然后经过较为复杂的审批程序才可获得全部补贴。由于住房建设资金需要数万元，对于农村贫困残疾人及其家庭而言数额巨大，筹集足额资金的难度相当大，导致绝大部分农村贫困残疾人家庭无法依托该政策改善自己的住房，因此应当加以调整。① 各地在具体实践中应进一步推进制度完善，对申请人的最低生活保障或特困供养人员资格、住房状况进行确认、调查核实，细化救助程序。可借鉴国外经验采取多样化的救助形式，包括对中低收入家庭的直接补贴，为中低收入家庭提供购房、建房的金融、税收等优惠政策。我国政策中也提出了落实公共租赁住房筹集，发放低收入住房困难家庭的租赁补贴，农村危房改造的财税、金融和用地等优惠政策，为实施住房救助提供有力支持。但规定还不够具体，操作性不强，需要更加具体的措施加以落实，真正将直接补贴同政策优惠结合起来。

其三，加强对贫困弱势人群的住房救助。在目前资金及住房有限的情况下，应优先救助低保家庭及临时突发情况而造成住房难的家庭，然后是低收入人群。虽然廉租房和经济适用房制度保障对象主要都是低收入家庭，但在享受住房救助的资格条件方面并不能做到相互衔接，这样必然会产生两个制度都覆盖不到的边缘人群。② 国务院发布的《关于加快推进残疾人小康进程的意见》指出，优先保障城乡残疾人基本住房，在2020年完成农村贫困残疾人家庭存量危房改造任务。农村贫困残疾人在生存和住房等方面仍有许多困难，改善农村残疾人住房状况将是我国“十三五”时期的重点工作之一。对陕西某县的调查发现，农村贫困残疾人住房状况呈现极度边缘化的趋势，主要体现在居住地段较边缘、住房产权拥有率较低、危房比例较高、住房现代化水平较低、人均居住面积较小等五个方面。③ 我国目前贫困者住房救助与精准扶贫衔接是一种颇为有效的途径，如不少住房困难或者住在危房的低保家庭通过扶贫资金帮扶解决了住房困难问题。为实现贫困者住房精准识别和精准帮助，需要当地民政局、扶贫部门、村委会组织及驻村干部及当地村民共同努力，充分整合多方面力量参与到救助过程中。

---

① 梁土坤：《农村贫困残疾人住房问题及其对策思考——基于陕西省某县的调查分析》，《残疾人研究》2016年第2期。

② 赵伟，曾繁杰：《我国住房保障体系的症结与改革思路》，《甘肃社会科学》2010年第4期。

③ 梁土坤：《农村贫困残疾人住房问题及其对策思考——基于陕西省某县的调查分析》，《残疾人研究》2016年第2期。

五、法律援助制度整合与体系完善

1994年初我国司法部正式提出探索中国法律援助制度，并在一些大中城市开展了法律援助工作的试点。2003年国务院《法律援助条例》开始施行，地方也制定了法律援助条例或办法。法律援助进入了快速发展阶段，对于维护和保障被救助人群的合法权益发挥了重要作用。但法律援助发展中仍存在不少亟待解决的现实问题，其制度整合与体系完善则是其中应有之义。

第一，加强法律救助资源的供给，促进城乡法律援助整合。目前作为我国主要法律援助资源的专业律师主要集中在大中城市，而法律援助需求量并不小的小城镇及农村地区专业律师缺乏，法律援助供需矛盾导致需要法律援助的人群无法获得有效援助。法律援助经费不足制约了基层援助工作的开展，健全法律援助经费保障机制已成为亟待解决的问题。基层法律援助的投入相对较少，基层法律援助相对于其他案件来说，所需援助费用更多，特别是经济困难的基层民众。在经费的使用上，很多地方主要是用于法律援助工作者的办案补贴、法律咨询等方面，经费数额短缺、结构不平衡的现实成为制约法律援助发展的瓶颈，也直接制约了农村法律援助的发展。因此法律援助的县（市）区列入财政预算的经费需要调整提高，保障援助案件的数量与援助经费同步增长。可借鉴西方发达国家的做法，采取法律援助“国家责任”原则。[①] 在我国法律援助财力和人力均有限的情况下，不应通过缩小法律援助案件范围、限制法律援助对象缓解供需矛盾，而应加大中央政府资金支持力度，并向农村及贫困地区倾斜。《法律援助条例》第3条规定：“法律援助是政府的责任，县级以上人民政府应当采取积极措施推动法律援助工作，为法律援助提供财政支持，保障法律援助事业与经济、社会协调发展”。地方政府应将法律援助经费列入同级政府财政预算，加大投入力度，建立法律援助经费动态增长机制。但很多地方政府财政开源有限，经费预算困难，中央和地方应按比例分担法律援助经费，建立完善的经费保障体制。比如可设立省级法律援助专项资金，以此推动中央和省级财政加大对贫困地区的经费支持力度，提高基层尤其是贫困地区法律援助经费保障水平。

第二，扩大援助类型范围，加强弱势人群权益保障立法。我国法律援助的一般条件是有充分理由证明其为了维护自身的合法权益需要法律帮助，符合当地政府规定的经济困难标准。内容应包括对公民生命权、自由权的重点保护；对公民

---

① 孙文恺，李卫东：《对中国法律援助制度之“政府责任”的反思》，《学习与探索》2009年第4期。

生存权的重点保护，请求给付赡养费、抚育费、抚养费、抚恤金、救济金的法律事项；除责任事故外，因公受伤害请求赔偿的法律事项。在人群范围方面，对残疾人、未成年人、老年人及进城务工的农村劳动者等给予特殊保护。但从现实需求看，《法律援助条例》规定的援助对象范围过窄，如对农民的法律援助没有明确的规定，关于他们的权益保护规定不足。《法律援助条例》规定了一个最基本的法律援助范围，即生活困难的公民主张与基本生存有关的事项。受援范围包括交通事故、医疗事故、人身伤害、恶性欠薪、工伤伤害等与农民工生存、生活权益密切相关的事故，最大程度地为农民工群体提供方便。[①] 我国虽然制定了多种保护弱势人群权益的法律制度，但弱势人群“权利贫困”问题仍十分突出，进而影响其物质和精神权益的保障。以老人为例，有的子女不履行赡养义务使得一些老人失去了经济来源，形成养老经济困境。一些农村地区子女甚至虐待老年人。据调查，贫困老人约有70%遭遇了儿媳的辱骂与遗弃，不能从家庭中获得有效的生活来源，老人在家庭中不再具有决策权和参与权，逐步沦为边缘成员。[②] 我国法律援助应特别注意兼顾贫困者需求的共性和差异，建立贫困者分类制度，以便确立有针对性的援助内容和目标。将弱势人群权利维护作为立法制度的核心内容，规定政府相关机构的职责，保证充分的财政支持，注重法律规定的可操作性。法律援助应与弱势人群法律知识教育相结合，因为这部分人群法律知识十分缺乏，更不懂如何借助法律援助维权。一项对吉林省农村老人的调查显示，了解老年法的男性老人只有13.6%，女性老人为12.1%。知道一些农村政策的男性老人为36.8%，女性老人为30.8%。[③] 所以，政策法律知识教育不应被忽视。

第三，完善制度形式与内容规定。我国法律援助立法工作还处于零乱无序状态。根据我国《立法法》有关规定，作为国家司法制度的重要组成部分，我国的法律援助制度应通过立法程序，由全国人大或其常务委员会以法律的形式进行规定，才能够与刑事诉讼法、民事诉讼法等法律体系相衔接。而《法律援助条例》是法律的下位法，属于行政法规，无法体现法律的职能。与分散的制度规定相比，正式立法无论在内容、形式还是效力上都具有明显优势。而且《法律援助条例》规定不够明确。如经费的使用管理及监督规定笼统：“法律援助经费应当专款专用，接受财政、审计部门的监督”。但具体如何操作，并无相应的实施细则。我国制定《法律援助法》时，应在政府主导和社会参与的原则、具体内容、经费

① 张若恬，周敏：《我国农民工法律援助制度：意蕴、困境与优化路径》，《当代经济科学》2013年第6期。

② 仇凤仙：《社会排斥与贫困：农村老人贫困问题结构性分析》，《山东农业大学学报》2011年第1期。

③ 马琳琳，王晶：《吉林省农村老年人生存状况的性别差异》，《人口学刊》2015年第1期。

保障及程序方面做出更加详细的规定，倡导律师多做公益法律服务。应通过有效制度整合现有各种社会资源，加强各级部门与社会团体的联动机制。加强法律援助中心与工会、团委、妇联、残联等社会组织之间的协作。充分发挥高校的作用，高校可组织学生以实践、实习的形式从事法律援助的服务工作，既可以为社会公正尽责、为弱势群体服务，又可以积累专业经验，理论联系实际。此外，应大力倡导社会团体和志愿者工作。作为一项福利事业，法律援助工作的开展也离不开社会团体的协助。

第四，建立法律援助与精准扶贫的整合机制。贫困地区法律援助的需求大，不少贫困地区还出现了法律援助工作因资金紧缺而难以维持甚至搁浅的现象。2016 年以来，为深入推进贫困地区“法律进村（居）”工作，全椒县司法局将精准扶贫与法律服务职能相结合，不断建立健全贫困地区公共法律服务体系。针对当前贫困地区在经济社会发展过程中遇到的合同纠纷、山林权属、就业就医等各类法律难题，通过县扶贫办在全县范围内选取复兴村、夏集村、周湖村等 9 个贫困村作为试点村，免费为他们聘请了 7 名专业素质高、经验丰富的律师担任法律顾问。通过签订法律帮扶协议书，建立法律援助中心、贫困村、律师服务所三方互动协作机制，对律师担任法律顾问的职责与义务提出明确规定，要求法律顾问为贫困村在村域建设、重大项目实施、经济发展、山林土地等领域提供法律依据与意见，在征地拆迁、宅基地纠纷、环境污染和妇女儿童、残疾人等民生相关的事项中提供法律援助。[①] 值得肯定和借鉴。

第五，建立法律援助专门机构。目前基层法律援助机构的性质不统一，有的属于事业单位，有的类似行政机关，有的参照公务员管理的，有的挂靠司法局，更有只挂牌子而无编制。部分机构的编制问题很难得到妥善解决，没有专职的法律援助工作人员，而是由当地司法部门的有关人员兼任。中国法律援助中心职权不清，其既是法律援助的管理机构又是法律援助的服务机构。因此应进一步完善基层法律援助网络建设，发挥基层司法所和社区法律援助工作站的作用，注重农村法律援助联络员的作用，充分发挥其贴近基层、贴近群众、熟悉民情的优势。随着我国法律援助范围的不断扩大，民众对法律援助质量的要求越来越高，在法律援助中心建立一支专职办理法律援助案件的律师队伍显得尤为必要。国际国内的法律援助实践证明，没有一支专职法律援助律师队伍，仅仅依靠社会执业律师提供法律援助，将无法适应我国法律援助发展的形势要求。

---

① 叶琦：《安徽全椒：法律援助促扶贫》，《人民日报》2016 年 6 月 1 日。

第四节 社会救助与相关社会保障制度的衔接

一、最低生活保障与失业保险制度的衔接

失业保险建立最初与城市居民最低生活保障制度联系密切。1997 年国务院的《关于在全国建立城市居民最低生活保障制度的通知》规定，城市居民最低生活保障制度的保障对象是家庭人均收入低于当地最低生活保障标准，并持有非农业户口的城市居民，包括领取失业保险金期间或者失业保险期满仍未能重新就业，家庭人均收入低于最低生活保障标准的居民。也包括在职人员和下岗人员在领取工资或最低工资、基本生活费后其家庭人均收入仍低于最低生活保障标准的居民。根据上述规定，城市户籍的失业人员在失业期间，不管是否符合领取失业保险金的条件，只要家庭人均收入低于最低生活保障标准，就能够享受城市居民最低生活保障待遇。同样，失业人员在领取失业保险金期满后，不管其是否重新就业，只要家庭人均收入低于最低生活保障标准，均可以享受城市居民最低生活保障待遇。但目前这一制度仍然需要进一步完善，其中重要内容是通过最低生活保障与失业保险制度的衔接，既发挥低保保障功能，又发挥失业保险的就业援助功能。

失业人员领取失业保险金期满仍未再就业，符合条件的可给予最低生活保障。各级劳动保障部门应协同民政等部门通过有效就业援助促进其就业，各级民政部门要及时掌握城镇居民最低生活保障家庭的基本状况，将在法定劳动年龄内、有劳动能力、有就业愿望的失业人员名单提供给就业管理机构，就业管理机构要认真登记，建立台账，并办理《就业援助证》，为其提供政策咨询、职业指导和职业介绍等援助服务工作。各级劳动保障部门及其就业管理机构对领取《就业援助证》的享受城镇居民最低生活保障的人员提供就业援助，如减免费用的培训；对生产自救、非正规就业或通过其他形式自谋职业的低保对象，协助其领取有关证照；协调有关部门落实国家规定的减免税费优惠政策。劳动保障部门要加大空岗采集力度，尤其要广泛采集适合弱势群体就业的空岗信息，帮助被援助对象尽快实现就业。

应实现农民工低保与失业保险制度的完善与衔接。尽管 20 世纪 80 年代后期我国城市就已出现大量农民工，且快速增加，但农民工低保与失业保险问题并未

引起足够的重视。农民工因为其户籍所在地与居住地分离，难以申请农村低保，因为户籍原因也无法享受城市低保。有学者提出，“农民工长期处于低保制度救助的真空地带”。[①] 关于农民工失业保险，直到1999年国务院颁布《失业保险条例》才开始涉及。如该条例第21条规定，单位招用的农民合同制工人连续工作满一年，本单位已缴纳失业保险费，劳动合同期满未续订或者提前解除劳动合同的，由社会保险经办机构根据其工作时间长短，支付其一次性生活补助。这种政策有一定的进步意义，但由于农民工流动性较强，企业与其签订合同的也只是少数，实际上绝大多数农民工仍在失业保险制度之外。应将农民工统一纳入低保和城市失业保险，并加以衔接。近年农民工低保与失业保险有了一定发展，如在农民工低保方面，《山东省城镇化发展纲要（2012-2020年）》中将符合条件的农民工逐步纳入社会救济范围，全面实施居住证制度，为暂不具备城镇落户条件的流动人口提供劳动就业、医疗卫生、社会保障等公共服务，促进人口有序流动、合理分布和社会融合。在农民工失业保险方面，从2006年7月1日起，江苏实现失业保险城乡统一；2008年，湖北省宜都市也采取了这种模式，建立积极合理的失业保险资金筹措机制。目前应进一步促进两种制度衔接，第一，充分发挥失业保险的就业促进作用，使失业农民工尽快就业。对于不参加就业技能训练、不接受工作机会的参保农民工，可减发一定数额的失业金。如果领取失业保险金后仍难以维持基本生活，应将其纳入低保范围。第二，实行农民工渐进入保制度。条件较好的地区可以发展得快一些；不搞强制命令，分散、不稳定的农民工采取自愿原则；对一时不能纳入失业保险，但生活确实困难的农民工，要做好生活救助和就业培训工作，以体现基本公平。第三，采取灵活的保险金支付方式。我国失业金支付期限最长为24个月，不仅时间相对较长，而且缺乏灵活性。可采取不同的支付形式，对不能再就业者实行一次性支付，如年长、重病的农民工；对一般参保的农民工提供生活维持、福利给付及就业促进服务；对违反规定者暂不予给付。同时，加紧配套制度建设，包括对企业失业保险缴费行为的奖惩制度、保险资金调剂制度、异地效力制度及农民工享受其他城市社会保险的衔接制度等。另外，帮助企业与农民工个人正确认识失业保险政策法律，尤其要使他们意识到失业保险对实现自身利益的积极效果，进而转化为积极性、主动性参保行为。

二、专项、临时救助与相关社会保险制度的衔接

目前我国专项救助制度中救助对象的确定大都建立在是否享受最低生活保障

① 王美艳：《农民工贫困状况与影响因素——兼与城市比较》，《宏观经济研究》2014年第9期。

制度的基础上，这种捆绑式的专项救助制度对于收入略高于“低保群体”的“低保边缘群体”来说显然是不公平的。如老年贫困群体是一个存在多重贫困的较大弱势群体，需要作为救助重点对象，并提升其社会保险待遇。低收入“边缘”群体风险增加，大量低收入群体或灵活就业者由于收入不稳定无法持续缴纳保险费、因缺乏缴纳动力或激励等因素而没有参保，同时囿于户口及收入限制，往往又被排斥在最低生活保障制度外。此外，基于其工作性质，也不可能被列为特困人员进行供养。边缘群体在面临住房、教育等非暂时性困难时无法得到相应的社会救助。我国应探索边缘贫困群体支出型贫困专项救助模式，并与社会保险加以衔接。

为了解决困难群体在医疗、教育、住房等方面的特殊困难，应促进相关救助与保险制度的衔接。2003 年以来，我国出台了一系列关于医疗、住房、教育救助等方面的政策法规，如《关于实施农村医疗救助的意见》《关于进一步做好城乡特殊困难未成年人教育救助工作的通知》《法律援助条例》《城镇最低收入家庭廉租住房管理办法》等。由于这些政策法规出台时间较短，强制性不足，到目前为止，专项救助制度建设在各地的进程颇不一致，共性是缺乏整合性制度安排。目前有的地方已进行了相关尝试，如 2013 年 8 月北京市《关于进一步加强和改进社会救助工作的意见》提出，要做好社会救助与养老、医疗等社会保险制度的衔接。针对不同救助需求，建议分别设定准入条件的专项救助新模式，并与养老、医疗等社会保险制度进行衔接。以医疗保险为例，对于一些丧失劳动能力的低保家庭，政府先出资金支持其参加医疗保险，一旦低保家庭需要支付医疗费用时，将先由医疗保险进行报销，再进行社会救助。这也是对低保家庭进行分类救助的一种方式，值得其他地方借鉴。在资金筹措方面，目前专项救助制度的实施基本上是地方政府负责制，即专项救助的资金来源于各地方政府财政，因此财政状况不好的地区专项救助发展较为滞后。对地方财政困难、经济落后的地区，中央财政可以通过加大资助，帮助其进行专项救助制度建设，以防止不同地区之间困难居民生活状况差距的扩大。

应推进临时救助与相关社会保险制度的衔接。其一，通过救助方式创新与社会保险衔接。建议通过规定以贫困家庭发放临时救助金方式加强制度上的衔接，使临时救助在促进贫困家庭社会保险参与中发挥作用。减少贫困者因疾病支出、失业等原因而导致的贫困，同时也能有效缓解地方政府支付社会救助的财政压力。此外，其他保险参与也应引起重视，如广州市政府日前做出决定，今年将投入 1 500 万元为约 20 万困难群众购买重大疾病商业医疗保险。① 其二，通过具体

① 《社会救助不要止步于临时救助》，《广州日报》2013 年 11 月 1 日。

管理方式的创新促进整合衔接。如依托现代信息技术，建立社会救助“大数据”平台与信息共享机制。为急难风险防范提供有力数据，并降低民政调查成本，提高信息资料利用效率。所谓民政“大数据”，是指运用现代化的信息处理技术和手段，超越时间、空间和部门分隔的限制，掌握社区管理、优待抚恤、福利津贴等信息，挖掘和积累历年救助及其他部门掌握的救助信息与资料，从而构建精简、高效的民政数据运作模式，为主动发现急难对象和准确判断急难情形、化解急难风险等提供数据支持。建立各部门之间、政府部门和慈善组织之间的信息共享平台，实现民政与卫生计生、教育、房管、人社等部门的信息共享，在做好为相关社会救助管理部门提供低保对象、特困供养人员基本信息的同时，及时了解掌握专项救助和慈善救助的开展情况。目前一些地方实行的“一门受理、协同办理”制度是促进临时救助与相关社会保险制度衔接的颇为有效的形式。根据湖北宜都《关于建立社会救助“一门受理、协同办理”机制的通知》，各乡（镇、街道）要建立由乡（镇）人民政府（街道办事处）领导、民政部门牵头、有关部门配合、社会力量参与的社会救助工作协调机制。民政部门要发挥牵头作用，统筹协调卫生、住建（房管）、教育、人社等相关部门，进一步明确部门职责分工、落实部门联络人员、协调转办程序等相关事宜。通过建立相关部门定期会商制度，召开联席会议，及时沟通交流工作情况，针对基层群众普遍反映的问题，共同研究解决措施。①

三、社会救助制度与就业促进政策的衔接

1999 年 10 月 1 日起施行的《城市居民最低生活保障条例》规定，就业年龄内有劳动能力但尚未就业的城市居民，在享受城市居民最低生活保障待遇期间，应当参加其所在的居民委员会组织的公益性社区服务劳动。2007 年国务院发布的《关于在全国建立农村最低生活保障制度的通知》也明确提出，农村低保制度的基本功能是保障贫困农民生存，同时要与促进就业政策相衔接，促进个人自立，鼓励和支持有劳动能力的贫困人口脱贫致富。我国《社会救助暂行办法》增加了就业救助内容，第 42 条规定国家对最低生活保障家庭中有劳动能力并处于失业状态的成员通过贷款贴息等办法给予就业救助，政府应当采取有针对性的措施确保低保家庭至少有一人就业。

促进低保对象实现就业，需要一种整体化和衔接性的制度设计，具体来看需

① 《关于建立社会救助“一门受理、协同办理”工作机制的通知》，时间：2014 年 12 月 9 日，http://www.yidu.gov.cn/show.html? aid = 8&id = 34572。

要合理设定政策目标，促进各种政策相互关联，通过资源统筹安排获得预期效果。值得关注的是，我国一些地方进行了这方面的积极探索和实践。如 2009 年《湖北省最低生活保障工作规程》引入“低保渐退”制度，激励贫困者通过自身劳动实现脱贫发展。对农村家庭成员中有劳动能力的保障家庭实行 1－2 年的限期保障，对积极再就业的低保家庭实行低保渐退制度，对自主创业后家庭人均收入未超过当地低保标准 150% 的，可延长保障 1 年。有的地方进行了力度更大的探索，如就业帮扶政策。为鼓励城镇低保人员退出低保后稳定就业，重庆潼南区推出多种就业补贴及帮扶政策。在法定劳动年龄内、有劳动能力的城镇低保对象退出低保并实现就业的，若就业月收入低于全县职工最低工资标准两倍的，可享受不超过 36 个月的就业补贴。第一年按其家庭核减低保金总额的 100% 进行补贴；第二年按其家庭核减低保金总额的 70% 给予就业补贴；第三年按其家庭核减低保金总额的 60% 给予就业补贴等。同时，鼓励各类用人单位招用退保人员，给予用人单位岗位补贴。[①] 目前还需要更高层次的制度保障以上政策的有效运行。

为促进我国低保与就业促进的有效衔接，建议进行以下方面的政策完善：其一，进一步明确低保中就业促进的制度目标，并以此规定低保绩效评价中促进目标实现的重要依据。其二，创新完善政府管理制度。主要包括，在救助对象分类上，为利于就业参与扶持，应将劳动能力标准具体化；民政等政府部门善于发现和及时处理隐性就业问题，使之转化为一种正相的激励；创新完善就业机会创造制度，开发适合此类人群的公益性岗位，通过类似“以工代赈”的形式促进这部分人就业；注重对低保对象的综合性救助，将生存保障与劳动就业帮助、心理帮助、身体康复等有效结合，国外称之为“组合型”贫困治理政策，取得了十分理想的效果。如英国的残疾就业反贫困项目就包含了残疾人身体、精神健康及疾病康复项目，就业帮扶联动的“组合型福利”服务项目等。以上做法使残障男士和残障女士的就业率分别上升了 32% 和 23%，远超过了同期非残障人士 3% 和 4% 的就业上升率。[②] 其三，创新完善就业激励制度。形成相对完整的激励制度体系。具体需要从三个方面着手：一是将《社会救助暂行办法》相关规定具体化，形成操作化、系统化规范体系。二是将一些地方的临时制度正式化。例如不少地方已经形成了就业补贴制度，“低保渐退”制度等，但还不够正式，大多属于临时性规定应尽快转化为正式制度，以保障实践效果。三是吸收国外有益制度，补充我国制度缺失，如美国的收入豁免制度、工作所得退税激励制度、最低工资规定等，形成符合我国现实需求的贫困者就业激励制度措施。

---

① 李标洪，舒文：《政策联动　跟踪服务　潼南县建立退保对象帮扶机制》，《中国社会报》2014 年 1 月 22 日。

② ［英］简·米勒：《解析社会保障》，格致出版社、上海人民出版社 2012 年版，第 149 页。

第七章

社会福利制度与服务整合与完善的重大问题

第一节 从关注福利制度到重视服务体系

一、社会福利制度的完善

现阶段，中国社会福利制度的完善主要是以制度项目的增加和整合为基础，以制度对象的覆盖面扩展为核心，以制度提供主体的丰富为补充。

从内容层面而言，中国社会福利制度涵盖以针对弱势群体的住房福利、健康福利和安全保障制度等为内容的生活性福利，以教育福利、职业福利等为内容的发展性福利，以文化康乐福利、居住环境福利等为内容的幸福性福利。完善中国社会福利制度，在于不断完善作为基本社会保障制度补充的生活性社会福利制度，逐步构建作为基本社会保障制度扩展的发展性社会福利制度，稳步发展作为国民福利体系基础的幸福性社会福利制度。与此同时，逐步厘清中国社会福利制度项目构成，并形成明确的项目清单，应是完善中国社会福利制度的方向。换言之，中国社会福利制度发展至今已经具备了清晰的内容体系框架，但是相关政策法规的制定稍显落后，以至于社会福利项目并未形成明确的目标或领域归属。

之所以会出现这样的现象，与政府对社会福利的定位密切相关。《中华人民共和国国民经济和社会发展第十二个五年规划纲要》明确指出，推动社会福利由补缺型向适度普惠型转变。适度普惠型社会福利表明，未来很长的一段时间，中国的社会福利是以特殊人群特定福利需求为限度的小福利，但是以公民福利需求为基础的大福利将是逐步实现的方向。基于此，维持和发展小福利的同时，稳步发展并夯实大福利的基础是一种战略性的政策选择。

从结构层面而言，中国社会福利制度表现为特殊人群的社会福利和国民福利，其中，特殊人群的社会福利包括老年福利、妇女和儿童福利、残疾人福利和其他特殊群体的社会福利。《中华人民共和国国民经济和社会发展第十三个五年规划纲要》明确指出：健全以扶老、助残、爱幼、济困为重点的社会福利制度。现阶段，作为基本社会保障制度补充的社会福利，它是以特殊人群特定福利需求为限度的小福利。中国社会福利制度的完善表现为必须长时间维持小福利概念，健全各种特殊人群的社会福利，同时，完善特殊人群福利津贴制度。

虽然中国社会福利制度的发展一直以特殊群体为对象，但是对于这些制度对象的类型划分并未形成统一的规定，同时制度项目也未完全与不同类型的制度对象相匹配。究其原因，特殊人群的社会福利制度项目自身发展不健全，更不用谈及各特殊群体内部不同群体制度项目的存在。从制度发展状况来看，妇女和儿童福利滞后于老年福利和残疾人福利的发展，同时老年福利和残疾人福利未形成清晰的内容体系和结构体系。

国民福利制度的全面推进也是中国社会福利制度结构体系完善的内容之一，只是在适度普惠型社会福利发展的背景下，这是一个长期而漫长的过程。

二、社会福利服务体系的建立

作为社会福利制度的有效补充，社会福利服务体系的建立应该提上日程。从《国务院关于印发“十三五”推进基本公共服务均等化规划的通知》来看，中国基本公共服务包括公共教育、劳动就业创业、社会保险、医疗卫生、社会服务、住房保障、公共文化体育、残疾人服务 8 个领域的 81 个项目。其中，基本社会服务包括最低生活保障、特困人员救助供养、医疗救助、临时救助、受灾人员救助、法律援助、老年人福利补贴、困境儿童保障、农村留守儿童关爱保护、基本殡葬服务、优待抚恤、退役军人安置和重点优抚对象集中供养。社会服务往往被理解为狭义的社会福利服务，也就是为改善和发展社会成员生活福利而提供的服务。

应合理定位社会福利服务。现阶段，社会福利制度的完善凸显为以结构体系发展为核心和重点，与之相对应，社会福利服务体系也表现为与特殊人群社会福利和国民福利相对应服务内容的构建（见图7-1）。社会福利服务是一种以群体为导向、以规范的需求标准为基础，为保障和改善老年、妇女、儿童、残疾人等特殊困难社会成员的基本生活，提高全体社会成员生活和生命质量，通过国家和各种社会力量提供劳务形式的社会活动。

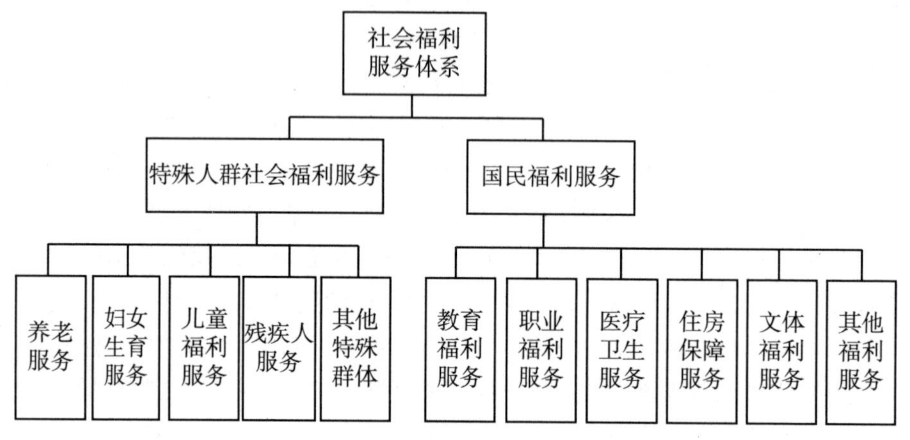

图7-1　中国社会福利服务体系的构建

基本公共服务的发展为中国社会福利服务体系建立提供了坚实的基础。2010-2015年，我国已初步构建起覆盖全民的国家基本公共服务制度体系。虽然国家基本公共服务制度体系涵盖社会成员不同阶段、贯穿一生的生存和发展基本需求，但是随着适度普惠型社会福利制度的发展，现有的服务显然无法满足社会成员日益增长的民生需求。同时，国家基本公共服务制度体系的建立主要凸显国家和政府的作用，对于社会福利社会化的要求而言，多元主体参与服务供给势必需要一个更加系统的服务平台进行规范和引导。中国社会福利服务体系的建立是明确服务供给重点群体、融合多元主体参与的良好战略选择。

针对全体社会成员的国民福利服务是基础，以养老服务和残疾人服务为重点的特殊人群社会福利服务是核心。目前，我国开展的社会福利服务已经涵盖了特殊人群社会福利服务和国民福利服务，只是缺乏顶层设计和系统的体系归纳。2010-2015年中国开展的基本公共服务内容，为建立社会福利服务体系明确了基本服务项目，并提供了现实基础。这些服务内容均是政府提供，凸显了社会成员的权利和政府的责任，但是服务的供给主体应该多元化，在政府为主导的国家基本公共服务体系基础上建立社会福利服务体系有利于丰富服务项目内容、提高项目对象覆盖率、增加服务提供主体（见表7-1）。

表 7 - 1　　2010 - 2015 年中国基本社会福利服务情况

类别	项目	服务内容
特殊人群社会福利服务	养老服务	基本养老服务补贴
	妇女生育服务	为育龄人群免费提供避孕药具和避孕、节育技术服务；为符合条件的育龄夫妇免费提供再生育技术服务；为城乡居民免费提供计划生育、优生优育、生殖健康等科普宣传教育和咨询服务；为符合条件的计划生育家庭提供奖励扶助
	儿童福利服务	孤儿养育保障
	残疾人服务	为 0 - 6 岁残疾儿童免费提供抢救性康复；为适龄残疾儿童、少年免费提供义务教育，并针对残疾学生的特殊需要适当提高补助水平；为残疾人免费提供就业服务和就业援助；为残疾人提供盲人阅读、聋人手语及影视字幕、特殊艺术、自强健身等公共文化体育服务；为残疾人提供无障碍环境
	其他特殊群体福利服务	为农村五保对象提供吃、穿、住、医、葬方面的生活照顾；为优抚安置对象提供优待抚恤和安置服务；为城乡居民免费提供婚姻登记服务；为身故者提供基本殡葬服务
国民福利服务	教育福利服务	为适龄儿童、少年提供免费九年义务教育，为农村义务教育阶段寄宿生提供免费住宿，并为家庭经济困难寄宿生提供生活补助；为贫困地区农村义务教育学生实施营养改善计划；为农村学生、城镇家庭经济困难学生和涉农专业学生提供免费中等职业教育；为家庭经济困难学生接受普通高中教育提供资助；为家庭经济困难儿童、孤儿和残疾儿童接受学前教育提供资助
	职业福利服务	为全体劳动者免费提供就业信息、就业政策咨询、职业指导和职业介绍、就业失业登记等服务；为就业困难人员和零就业家庭提供就业援助；为失业人员、农民工、残疾人、新成长劳动力等提供职业技能培训和技能鉴定补贴；为全体劳动者免费提供劳动关系协调、劳动人事争议调解仲裁和劳动保障监察执法维权等服务

续表

类别	项目	服务内容
国民福利服务	医疗卫生服务	为城乡居民免费提供居民健康档案、健康教育、预防接种、传染病防治、儿童保健、孕产妇保健、老年人保健、高血压等慢性病管理、重性精神疾病管理、卫生监督协管等国家基本公共卫生服务；实施国家免疫规划，艾滋病和结核病、血吸虫病等重大传染病防治，农村妇女住院分娩补助、适龄妇女宫颈癌乳腺癌检查等重大公共卫生项目；实施国家基本药物制度，基本药物全部纳入基本医疗保障药物报销目录，并实行零差率销售；为公众安全用药提供保障，确保药品质量和安全
	住房保障服务	为城镇低收入住房困难家庭提供廉租住房或租赁补贴申请服务；为城镇中等偏下收入住房困难家庭、新就业无房职工和城镇稳定就业的外来务工人员提供公共租赁住房申请服务；为符合条件的棚户区居民实施住房改造；为农村困难家庭危房改造提供补助申请服务
	文体福利服务	向全民免费开放基层公共文化体育设施，逐步扩大公共图书馆、文化馆（站）、博物馆、美术馆、纪念馆、科技馆、工人文化宫、青少年宫等免费开放范围；为全民免费提供基本的广播电视服务和突发事件应急广播服务；为农村居民免费提供文化信息资源共享、电影放映、送书送报送戏等公益性文化服务；加强文化遗产保护和综合利用；为城乡居民参加全民健身活动提供免费指导服务

资料来源：根据《国务院关于印发国家基本公共服务体系“十二五”规划的通知》相关内容制表。

中国社会福利服务体系的建立应该遵循的原则是以群体导向为重点，以政府主导基本公共服务为基础。以群体导向为重点，也就是要着力提供特殊人群社会福利服务，尤其是优先发展养老服务。养老形势严峻，养老服务发展滞后于老年福利制度。2013 年，为了解决养老服务和产品供给不足、市场发育不健全、城乡区域发展不平衡等问题，国务院出台《关于加快发展养老服务业的若干意见》。截至 2015 年，养老服务体系取得了长足发展，但是由政府主导提供的养老服务项目内容极为有限。以政府主导基本公共服务为基础，也就是要凸显中国社会福利服务的适度普惠性。国家基本公共服务体系初步建成，为社会福利服务体系的建立奠定了坚实的基础。现有的服务项目基本满足社会成员的生存和发展需求，并且这一服务内容将深入细致发展。与2010－2015年国家基本公共服务项目相比，2015－2020年国家基本公共服务项目更加清晰，项目数量有所增加，但是特殊人群社会福利服务内容仍稍显薄弱。在现有国家基本公共服务项目基础上，不断扩展项目内容将是社会福利服务体系建立的方向。只有政府主导设立了相关的服务项目，社会力量才能更好地参与社会福利服务的供给（见表7－2）。

表7－2　　2015－2020年中国基本公共服务清单

类别	项目	服务内容
特殊人群社会福利服务	养老服务	老年人健康管理、老年人福利补贴
	妇女生育服务	孕产妇健康管理、免费孕前优生健康检查、计划生育技术指导咨询
	儿童福利服务	儿童健康管理、困境儿童保障、农村留守儿童关爱保护
	残疾人服务	残疾人托养服务、残疾人康复、残疾人教育、残疾人职业培训和就业服务
	其他特殊群体福利服务	特困人员救助供养、基本殡葬服务、优待抚恤、退役军人安置、重点优抚对象集中供养
国民福利服务	教育福利服务	免费义务教育、农村义务教育学生营养改善、寄宿生生活补助、普惠性学前教育资助、中等职业教育国家助学金、中等职业教育免除学杂费、普通高中国家助学金、免除普通高中建档立卡等家庭经济困难学生学杂费
	职业福利服务	基本公共就业服务、创业服务、就业援助、就业见习服务、大中城市联合招聘服务、职业技能培训和技能鉴定、“12333”人力资源和社会保障服务热线电话咨询、劳动关系协调、劳动人事争议调解仲裁、劳动保障监察
	医疗卫生服务	居民健康档案、健康教育、预防接种、传染病及突发公共卫生事件报告和处理、慢性病患者管理、严重精神障碍患者管理、卫生计生监督协管、结核病患者健康管理、中医药健康管理、艾滋病病毒感染者和病人随访管理、社区艾滋病高危行为人群干预、农村部分计划生育家庭奖励扶助、计划生育家庭特别扶助、食品药品安全保障

续表

类别	项目	服务内容
国民福利服务	住房保障服务	公共租赁住房、城镇棚户区住房改造、农村危房改造
	文体福利服务	公共文化设施免费开放、送地方戏、收听广播、观看电视、观赏电影、读书看报、少数民族文化服务、参观文化遗产、公共体育场馆开放、全民健身服务

资料来源：根据《国务院关于印发国家基本公共服务体系“十三五”规划的通知》相关内容制表。

三、社会福利与服务的有效衔接

社会福利与服务作为中国社会福利供给的两大内容，为人民的福祉提升发挥着自身的作用。但是两者如果无法从项目构成、制度对象和提供主体方面做有效的衔接，势必造成资源的浪费和福利效用的降低。长期以来，作为社会福利给付形式之一的服务严重滞后于货币性福利和实物性福利的发展，提升社会福利与服务的有效衔接将有助于中国社会福利制度和服务体系的整合和完善。

社会福利与服务发展的不均衡性严重制约了两者的统一性，不利于两者的有效衔接。社会福利与服务作为中国社会福利制度的主要组成部分，只有两者协调一致才能更好发挥制度的最大效用，才能保障人民的最大福祉。社会福利与服务同属于社会福利制度，中国社会福利制度发展的特点使得社会福利与服务之间存在历史性的差异。中国社会福利项目体系已经建立，但是社会福利服务体系仍处于探索建立阶段。从福利供给内容来看，社会福利项目内容主要通过货币福利和实物福利来实现，服务项目内容是通过服务福利来实现。货币和实物是中国社会福利分配的两种基本的方式，也是福利供给非常重要的方式，服务则是21世纪初期慢慢发展起来的。2001－2015年，中国财政用于社会福利支出逐年攀升，同时，作为实物福利主要形式之一的社会服务机构和设施的兴建一直维持缓慢增长的趋势（见表7－3和表7－4）。

表 7-3　　2001-2015 年中国社会福利财政支出情况　　单位：亿元

年份	社会福利支出	合计
2001	90.6	444.7
2002	167.5	
2003	78.9	
2004	52.1	
2005	55.6	
2006	65.3	490
2007	87.6	
2008	103.1	
2009	124.1	
2010	109.9	
2011	232.2	1 993.1
2012	319.5	
2013	397.6	
2014	481	
2015	562.8	

资料来源：中华人民共和国民政部：《中国民政统计年鉴（2016）》，中国统计出版社 2016 年版，第 147 页。

表 7-4　　2001-2015 年中国社会服务机构和设施兴建情况（按行业分类分）　　单位：万个

年份	社会工作	成员组织		其他社会服务	其他事业单位	行政机关	合计
		社会组织	自治组织				
2001	9.2	21.1	79.2	0.3	—	0.6	101.4
2002	9.1	24.5	76.7	0.3	—	0.5	111.0
2003	8.9	26.7	74.0	0.3	—	0.4	101.3
2004	9.6	28.9	72.2	0.3	—	0.4	111.5
2005	9.5	32.0	70.9	0.3	—	0.4	113.0
2006	9.2	35.4	70.5	0.5	—	0.4	116.1
2007	9.0	38.7	69.5	0.5	—	0.3	118.0
2008	8.4	41.4	68.8	0.6	—	0.4	119.6
2009	13.8	43.1	68.4	0.6	—	0.3	126.2

续表

年份	社会工作	成员组织		其他社会服务	其他事业单位	行政机关	合计
		社会组织	自治组织				
2010	13.2	44.6	68.2	0.6	—	0.3	126.9
2011	14.6	46.2	67.9	0.7	—	0.3	129.7
2012	27.5	49.9	68	0.6	0.2	0.3	1 465
2013	32.3	54.7	68.3	0.6	0.2	0.3	156.4
2014	37.1	60.6	68.2	0.7	0.2	0.3	167.1
2015	41.3	66.2	68.1	0.7	0.2	0.3	176.8

注：2012 年开始社会工作中包含其他社区服务设施；—代表无统计结果显示。

资料来源：中华人民共和国民政部：《中国民政统计年鉴（2016）》，中国统计出版社 2016 年版，第 139 页。

从 21 世纪初期开始，中国社会福利服务的供给发展快速，但是供给不足的问题也日益凸显。服务供给主要是劳务输出的过程，其中最重要的就是服务人才的提供。2001－2015 年，从事社会服务工作的人员数量快速增加，但是与中国人口总量和特殊群体人口总量相比，这远不能满足社会成员的巨大的社会福利需求。2011 年，作为社会福利服务人才供给主要部门的民政部就明确了民政人才发展目标。2011 年 9 月 29 日，《全国民政人才中长期发展规划（2010－2020 年）》发布并明确提出：到 2020 年，培养和造就规模适度、结构合理、素质优良的民政人才队伍，为民政事业科学发展提供坚强人才保障（见表 7－5）。

表 7－5　2001－2015 年中国社会服务机构和设施职工情况　单位：万人

年份	社会工作	成员组织		其他社会服务	其他事业单位	行政机关	乡、镇民政助理员	合计
		社会组织	自治组织					
2001	202.4	—	362.8	—	—	12.1	4.6	581.9
2002	192.4	—	333.8	—	—	11.2	4.1	541.5
2003	193.0	—	358.8	—	—	10.8	3.7	566.3
2004	197.8	—	334.6	—	—	11.3	3.9	547.6
2005	189.5	—	311.1	—	—	8.4	5.5	514.5
2006	183.0	425.2	287.3	—	—	8.3	4.6	908.4
2007	190.4	456.9	282.7	—	—	8.4	4.7	943.1
2008	206.9	475.8	276.0	—	—	8.7	4.5	971.9
2009	207.5	544.7	277.1	—	—	8.8	4.7	1 042.8

续表

年份	社会工作	成员组织		其他社会服务	其他事业单位	行政机关	乡、镇民政助理员	合计
		社会组织	自治组织					
2010	234.0	618.2	277.3	—	—	8.9	5.0	1 143.4
2011	235.7	599.3	277.3	8.5	2.2	9.0	4.9	1 136.9
2012	241.4	613.3	279.2	8.6	2.0	9.3	5.2	1 159
2013	269.2	636.6	280.7	9.1	1.9	9.4	5.2	1 212.1
2014	277.3	682.3	280.2	9.3	1.8	9.5	5.4	1 265.8
2015	281.9	734.8	280.9	9.5	2.2	9.5	5.3	1 324.1

注：—代表无统计结果显示。

资料来源：中华人民共和国民政部：《中国民政统计年鉴（2016）》，中国统计出版社2016年版，第140页。

社会福利与服务的有效衔接在于项目构成的对应性、覆盖人群的同一性。社会福利项目与服务项目应该一一对应，体现货币福利、实物福利和服务福利的丰富性。社会福利项目覆盖人群应该与服务项目覆盖人群保持一致性，同一制度人群享有社会福利的同时，能享有适当的服务。确保社会福利与服务的有效衔接，还在于制度管理单位的合理分工，也在于制度人群信息的共享。在互联网+的时代背景下，社会福利与服务信息平台的建设无疑是确保两者有效衔接的良好方式之一。

四、提升社会福利与服务的共享性

社会福利与服务的共享性是指在福利供给中相关资源与要素被社会福利项目与服务项目共用，也就是社会福利与服务对福利供给的内容、结构和层次资源与要素的共同享有。从福利供给的内容资源与要素来看，社会福利与服务的项目构成缺乏承接性。比较生活性社会福利、发展性社会福利和幸福性社会福利与现有基本公共服务项目构成，有很多社会福利只有制度安排，没有服务项目以承接相应的内容。现有社会福利项目与基本社会服务有的基于同一内容提供货币福利、实物福利和服务福利；大多数社会服务项目的内容与社会福利项目缺乏匹配，它们都是基于不同福利目标而实施；有的社会福利项目无对应的社会服务配合。这使得福利供给缺乏内容的连贯性和统一性，同一福利需求满足方式也受到限制（见表7-6）。

表 7-6　　社会福利与中国基本社会服务项目构成比较

福利需求	福利类别	社会福利具体项目	基本社会服务项目
生活性福利需求	住房福利	住房公积金、限价商品房、宅基地 残疾人基本住房保障	城镇棚户区住房改造、农村危房改造
	健康福利	基本卫生保健、基本药物制度、农村部分计划生育家庭奖励扶助、计划生育家庭特别扶助	居民健康档案、健康教育、预防接种、传染病及突发公共卫生事件报告和处理、儿童健康管理、孕产妇健康管理、老年人健康管理、慢性病患者管理、严重精神障碍患者管理、卫生计生监督协管、结核病患者健康管理、中医药健康管理、艾滋病病毒感染者和病人随访管理、社区艾滋病高危行为人群干预、免费孕前优生健康检查、计划生育技术指导咨询、残疾人康复
	安全保障	校车安全、女职工劳动保护、无障碍环境建设、食品药品安全保障、困难残疾人生活补贴和重度残疾人护理补贴、无业重度残疾人最低生活保障	残疾人托养服务
发展性福利需求	教育福利	免费义务教育、农村义务教育学生营养改善、寄宿生生活补助、普惠性学前教育资助、中等职业教育国家助学金、中等职业教育免除学杂费、普通高中国家助学金、免除普通高中建档立卡等家庭经济困难学生学杂费 残疾人教育	无

续表

福利需求	福利类别	社会福利具体项目	基本社会服务项目
发展性福利需求	职业福利	法定节假日、公休假日、职业年金、职工生活困难补助等	基本公共就业服务、创业服务、就业援助、就业见习服务、大中城市联合招聘服务、职业技能培训和技能鉴定、"12333"人力资源和社会保障服务热线电话咨询、劳动关系协调、劳动人事争议调解仲裁、劳动保障监察、残疾人职业培训和就业服务
幸福性福利需求	文化康乐福利	公园、图书馆、博物馆、文化康乐中心等残疾人文化体育	公共文化设施免费开放、送地方戏、收听广播、观看电视、观赏电影、读书看报、少数民族文化服务、参观文化遗产、公共体育场馆开放、全民健身服务
	居住环境福利	无障碍环境支持	无
	养老福利	老年人补贴	养老服务

资料来源：根据丁建定：《中国社会保障制度体系完善研究》，人民出版社2013年版，《国务院关于印发国家基本公共服务体系"十三五"规划的通知》相关内容制表。

从福利供给的结构资源与要素来看，社会福利与服务的目标群体、资格认定缺乏统一性。社会福利项目的对象界定与服务项目的对象界定并非能一一对应，同时资格认定程序也不统一。从覆盖面而言，社会福利项目覆盖特殊群体和全体公民，服务项目覆盖的仅仅是部分特殊群体。从福利供给的层次资源与要素来看，社会福利与服务的供给水平有待统一。从现金待遇水平而言，社会福利项目的待遇水平相对较低，服务待遇水平更低。从供给主体来看，社会福利项目由政府主导，社会力量参与；服务项目虽然也是政府主导，尤其是政府购买社会服务，但是服务的提供主体相对较为单一，而且缺乏有效的监管。

因此，提升社会福利与服务的共享性，在项目内容方面，必须增强社会福利与服务项目内容的统一性；在项目对象方面，必须避免社会福利与服务对象的重复、建立项目对象的信息数据平台；在项目提供主体方面，必须建立统一的供给网络、加强统一管理，提高供给水平。

五、提升社会福利制度与服务资源的配置力

社会福利制度与服务体系的整合与完善在于提升社会福利制度与服务资源的配置力，即作为供给要素的社会福利制度与服务资源在不同项目和不同使用者之间的分配。合理的资源配置是力图将福利与服务供给要素的各组成部分按一定的比例结合，以使它们各自都得到充分利用，并产生最大的效能。责任与资源不可分，责任往往以资源的形式体现。提升社会福利制度与服务资源的配置力就是明确社会福利制度与服务供给主体的责任范围。

社会福利制度与服务资源配置是在一定的时间与空间范围内，社会对其所拥有的各种社会福利制度与服务资源在其不同用途之间进行的分配。社会福利制度与服务资源的稀缺性决定了社会必须通过一定的方式把有限的社会福利资源合理分配到社会的各个领域中去，用最少的资源耗费，生产出最适用的福利项目和劳务，获取最佳效益。在社会化大生产条件下，资源配置有两种方式：计划配置与市场配置。社会福利制度与服务资源配置也遵循计划配置和市场配置的方式，主要表现为供给主体的责任分工。

社会福利制度与服务的供给是以社会共同责任为本位，不能由任何单独的一方承担责任。社会共同责任本位倡导国家（政府）、企业、个人及社会共同承担社会福利责任，主张不同责任主体之间的分工与合作。[①] 共同责任理念必然要求关注资源配置。社会福利制度的基本功能是回应和满足人类的基本需要和福利需求。[②] 社会福利是达成需求者需要的资源和条件，具体包括现金、设施和人力资源等。社会福利服务是将相关资源传递给需求者进而达成其需要满足的过程，亦即利用相关社会福利资源实现需求者满足的途径，这些资源包括服务的提供者、服务的内容、服务的方式、服务的效果等。

社会福利制度与服务资源配置力也体现为社会福利与服务的供给与需求。福利供给既是福利资源的供给，也是服务供给的基础和条件。服务提供是满足对象需求的途径，是福利供给的传递过程。服务对象是需要通过某种服务获得和实现某种需求的个体或者群体。对象需求既需要福利供给作为条件，也需要服务提供作为途径，其满足的有效性取决于福利资源与服务之间协调的程度，亦即福利资源与服务提供配置的有效程度。社会福利制度与服务资源配置力由社会福利与服务供给客体的需求力、供给主体的承受力、社会福利与服务

① 田北海，钟涨宝：《社会福利社会化的价值理念》，《探索与争鸣》2009 年第 8 期。

② 景天魁等：《福利社会学》，北京师范大学出版社 2010 年版，第 180 页。

传递的配置力和对象需求的获得力共同决定。其中，社会福利与服务的供给主体是社会福利与服务的提供者，它解决的是“谁提供福利与服务”的问题；社会福利与服务的供给客体是指社会福利与服务的供给对象，具体指社会福利与服务的需求者、接受者和使用者，它解决的是“福利给谁”的问题（见图 7－2）。

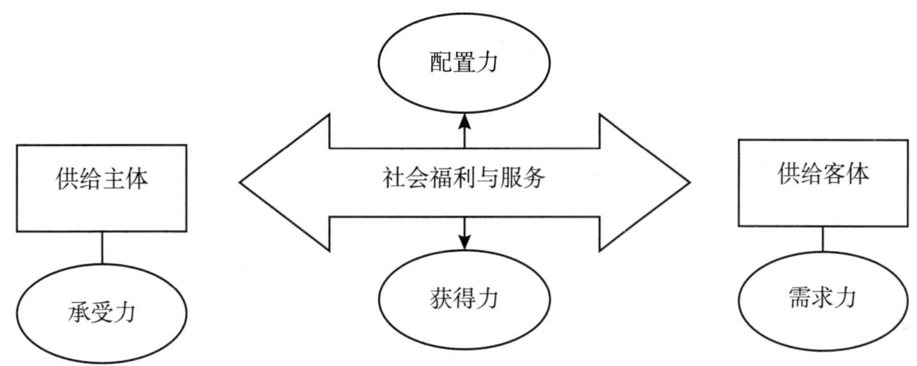

图 7－2　社会福利制度与服务资源配置分析框架

应关注社会福利与服务资源的需求力。良好的社会福利制度应该是以人为本、以需求为导向的，福利产品和服务围绕着服务对象的需求运转，以满足服务对象的需求、提升服务对象的福利水平为目标。① 福利需求是以福利需要为基础的，是福利对象表达出来的需要。我国社会福利制度的目标定位是国家如何将社会福利资源提供给社会群体以满足他们的需要，在当前中国转型到经济建设与社会建设并重的过程中，社会福利目标定位应由国家为本转变为需要为本。②社会福利与服务的需求力是建立在社会成员的福利需要基础之上。社会福利与服务的需求力是基于基本的福利需要，社会成员所表达出来的对社会福利现金支持、设施建设和劳务的要求。社会福利与服务的基本福利需求包括生活性、发展性和幸福性福利需求，分别基于社会成员的生存需要、发展需要和享受需要。社会福利与服务的需求力源于供给客体的界定，受社会福利与服务资源承受力的影响。有时社会福利与服务资源的承受力也会激发社会福利与服务的需求力。

要重视社会福利与服务资源的承受力。社会福利与服务的承受力是指国家和政府对社会福利供给和服务提供的接受能力，包括制定社会福利与服务政策法规、提供社会福利资金、兴办社会福利设施。一般来说，福利供给以人为本，以

① 景天魁等：《福利社会学》，北京师范大学出版社 2010 年版，第 179 页。

② 尚晓援：《社会福利与社会保障再认识》，《中国社会科学》2001 年第 3 期。

基于人类需要的福利需求为导向。一方面，人类需要的现实形态就是福利需求，可以以需要做准绳，甄别和校准福利需求，剔除不合理的需求；福利需求反映社会现实，预测未来社会福利发展趋势，为社会福利事业的发展指明方向。另一方面，在福利需求的形成中，供给方会诱导福利需求。[①] 社会福利与服务的承受力大小在于社会福利与服务政策法规覆盖面、社会福利资金充足程度、社会福利设施建设情况，它与福利对象需求力密切相关。

应提升社会福利与服务资源的配置力。社会福利与服务资源的配置力是指在福利与服务供给中分配社会福利与服务资源用于满足社会成员的福利需要的要素组合，包括福利提供主体的组合、社会资源再分配形式的组合。在社会福利与服务供给主体中，由于政府的特殊地位，唯有政府具备对其他主体进行整合的资格和能力。政府对其他社会福利与服务供给主体的整合主要包括三个方面：一是组织整合。所谓组织整合，就是政府要加强不同福利供给主体之间的联系，在不同福利供给主体之间建立通畅高效的沟通交流机制，及时协调与处理不同福利供给主体之间的关系特别是冲突关系，形成一个关系密切的组织网络。二是功能整合。所谓功能整合，就是政府应该为其他福利供给主体划定相对的功能边界与空间，明确各自的角色和作用，保证各个福利供给主体之间既相互分工，又相互配合、互相补充。三是行为整合。所谓行为整合，就是政府应该综合协调不同福利供给主体的行为，主要是福利资源的筹集行为与传递行为，避免和减少福利资源筹集中“福利争夺”现象，减少福利分配中的“福利不均”“福利扎堆”和“福利缺失”现象。[②] 社会福利制度与服务配置力的提升关键在于由政府主导福利与服务供给主体的组织整合、功能整合和行为整合。

重视提升社会福利与服务资源的获得力。社会福利与服务资源的获得力是指社会成员得到社会福利与服务资源的状态。社会成员作为社会福利和服务主体承担了提供福利的责任，但作为社会福利与服务客体，适当发挥主观能动性获取相应的资源也是提升其获得力的有效途径。社会福利与服务资源的获得力也是检验社会福利制度与服务供给效能的最有效指标，这种获得力也可以理解为社会福利与服务对象的幸福感，它是共享社会成果的最终体现，也是提高社会福祉的直接表现。

---

① 景天魁等：《福利社会学》，北京师范大学出版社 2010 年版，第 183 页。

② 景天魁等：《福利社会学》，北京师范大学出版社 2010 年版，第 244 - 245 页。

第二节　老年福利制度与养老服务体系的整合与完善

一、老年福利制度的整合

关注老年福利的需求力。老年人的基本需要是老年福利制度发展的动力，老年福利制度内容的完善也是以老年人的基本需要满足为方向的。老年人的福利需求涵盖政治、经济、社会交往和文化权利保障，涉及生活性福利需求、发展性福利需求和幸福性福利需求，具体包括基本权益保障、健康支持、经济支持、就业和工作、社会参与、婚姻家庭、宜居环境、精神文化生活等。

从基本权益保障需求来看，中国老年人对生活基本满意，其基本权益保障方面的需求力较弱。根据《2014 年中国老年社会追踪调查报告》显示，6.0% 的老年人对生活比较不满意。从健康支持需求来看，中国老年人健康状况尚佳整体需求力偏弱。74.7% 的老年人患有至少一种慢性疾病，但只有 28.2% 的老年人自报比较不健康或很不健康，有 26.6% 的老年人上个月身体疼痛比较强烈或很强烈，有 21.2% 的老年人过去 12 个月摔倒过，有 8.1% 的老年人偶尔或经常有大、小便失禁的情况，有 9.3% 的老年人失能。从经济支持需求来看，中国高龄老人有着较强的需求力。老年人生活来源最主要的三项分别为自己的离/退休金/养老金（46.3%）、子女的资助（24.4%）以及自己劳动或工作所得（15.4%）。随着年龄增加，老年人接受子女资助以及政府/社团补贴/资助的比例也逐渐升高，而依靠自己劳动所得、配偶收入以及房屋、土地的租赁收入的人群比例则逐渐降低。老年人基于收入的贫困率为 31.5%，略高于基于支出的贫困率 30.5%，即约 30% 的老年人可能陷入贫困。高龄津贴远不能满足高龄老年人的经济支持需求。2014 年，全国高龄津贴每月的发放金额中位数仅为 60 元，仅占人均月支出比例中位数的 18.2%，换言之，高龄津贴每月发放金额远不足高龄老年人均月支处的 1/5。从就业与工作需求来看，中国老年人具有一定的需求力。全国有 19.0% 的老年人仍在工作，男性老人工作的比例明显高于女性，分别为 24.3% 和 14.1%，城市户口的老年人在工作的比例明显低于农村户口的老年人，分别为 7.8% 和 28.8%；从职业类型来看，老年人主要从事的职业是农、牧、渔民，占 66.7%，其余依次是个体户/自由职业者（11.1%）、商业/服务业/制造业一般职工（8.2%）、专业技术人员（3.3%）、办公室一般工作人员（1.6%）、国家/企事业单位领导人员（0.8%）。从社会参与需求来看，中国老年人的需求力并不是很强。45.9%的老年人近三年参加过本地居/村委会的投票选举，男性的比例高于女性，分别为49.3%和42.8%，农村户口的老年人参加投票选举的比例略高于城市户口老年人，分别为46.7%和45.1%；从老年人参加社区活动的情况来看，大多数老年人（73.8%）从没有参加过社区活动，曾经参加过的比例为20.2%，最近三个月参加社区活动的比例只有6.1%。从婚姻家庭需求来看，中国老年人特别重视婚姻和家庭，但是其对再婚需求不大，对子女的需求力较强。只有19.7%的老年人选择同意再婚，而45.8%的老年人选择不同意，其余34.5%的老年人选择看具体情况而定；对于“养儿（子）防老”这个问题，总体来看，大部分的老年人同意这个观点（67.1%），不同意这个观点的占17.1%；在老年人对于孝敬的理解上，全国总体来看，“主动关心”占的比例最高，为48.0%，其次主要为“生活上照顾得周到”（占22.2%）和“儿女自己有出息，不让老年人操心”（占15.9%）。从宜居环境需求来看，中国老年人需求力较弱。有16.6%的老年人及其配偶没有属于自己的住房，有76.9%的老年人及其配偶有1套住房，而有两套住房和3套及以上住房的比例较低，分别为5.4%和1.1%。[①]从精神文化生活需求来看，中国老年人需求力偏低。重视老年人福利的承受力。2015年底，中国老年教育的参与率仅为3.5%。[②]

老年福利的承受力是指国家和政府对老年福利供给的接受能力，主要表现为老年政策法规的制定、财政的投入、老年福利设施的兴办。从基本权益保障需求来看，《中华人民共和国老年人权益保障法》（2012年、2015年）的两次修订较好地给予老年人基本权益以合法保障，包括老年人家庭赡养与扶养、社会保障、社会服务、社会优待、宜居环境、参与社会发展。这为老年人基本权益保障提供了明确的方向和框架，但具体内容的落实仍需进一步发展。

从健康支持需求来看，2015年，全国各类养老服务机构和设施11.6万个，其中：注册登记的养老服务机构2.8万个，社区养老服务机构和设施2.6万个，互助型养老设施6.2万个；各类养老床位672.7万张（每千名老年人拥有养老床位30.3张），其中社区留宿和日间照料床位298.1万张。[③] 这些养老服务机构和设施较有效地回应了老年人的健康支持需要，但相对于老年人口总量而言，显然是不足的。2017年，《国务院关于印发“十三五”国家老龄事业发展和养老体系

---

① 中国人民大学中国调查与数据中心：《2014年中国老年社会追踪调查（CLASS）报告》，第1－32页，http：//class. ruc. edu. cn/index. php？ r = data/report。

② 《国务院关于印发“十三五”国家老龄事业发展和养老体系建设规划的通知》，http：//www. cncaprc. gov. cn/contents/2/179240. html。

③ 中华人民共和国民政部：《2015年社会服务发展统计公报》，http：//www. mca. gov. cn/article/sj/tjgb/201607/20160700001136. shtml。

建设规划的通知》明确提出：到2020年，老年人健康素养提升至10%，二级以上综合医院设老年病科比例达到35%以上，65岁以上老年人健康管理率达到70%。

从经济支持需求来看，老年津贴制度的初步建立给予了经济困难的高龄、失能等老人一定的经济支持。截至2016年7月，全国高龄津贴惠及老年人数约为1 503万，养老服务补贴惠及老年人数约为874万，护理补贴惠及老年人数约为818万。[①] 虽然中国老年津贴制度迅速发展，惠及较为广泛的老年人，但与老年人口总数相比，现阶段的老年津贴制度只能给予较少范围老年人以有限的经济支持。2016年，《关于在全国省级层面建立老年人补贴制度情况的通报》明确提出，老年补贴制度力争在“十三五”期间在省级层面全覆盖；未出台相关补贴政策的地区，要结合当地实际，加快工作进度，尽快出台政策；已出台相关补贴政策的地区，要做好老年人评估工作，逐步提高补贴标准和覆盖面。

从社会参与需求来看，老年福利制度还没有涉及此方面的政策法规，但随着志愿服务和社会组织的发展，老年人参与社会生活的方式也开始受到官方的关注。2015年，全国老年志愿者占比10%。[②] 2017年，《国务院关于印发“十三五”国家老龄事业发展和养老体系建设规划的通知》明确提出：到2020年，老年志愿者注册人数占老年人口比例达到12%，城乡社区基层老年协会覆盖率90%以上。

从宜居环境需求来看，老年福利制度通过老年宜居社区、老年友好城市（城区）、老年人家庭及居住区公共设施建设较好地做出了回应。《关于开展老年宜居社区和老年友好城市（城区）试点工作的通知》和《关于加强老年人家庭及居住区公共设施无障碍改造工作的通知》，一定程度上保障了老年人宜居环境需要的满足。

从精神文化生活需求来看，老年福利制度主要是发展老年教育、兴办各类老年学校来丰富老年人的精神文化生活。2017年，《国务院关于印发“十三五”国家老龄事业发展和养老体系建设规划的通知》明确提出：到2020年，建有老年学校的乡镇（街道）比例达到50%，经常性参与教育活动的老年人口比例20%以上。此外，现有的老年福利制度对于老年人的就业支持和婚姻家庭需求并未给出明确的回应，也没有明确的制度项目对应。

提升老年福利资源的配置力。老年福利资源的配置力是指在福利供给中分配社会福利资源用于满足60周岁以上社会成员的福利需要的要素组合。资源配置

---

① 根据《关于在全国省级层面建立老年人补贴制度情况的通报》相关数据统计。

② 《国务院关于印发“十三五”国家老龄事业发展和养老体系建设规划的通知》，http://www.gov.cn/zhengce/content/2017-03/06/content_5173930.htm。

主要表现为责任配置，也就是老年福利责任的合理分担。政府承担了老年福利资源供给的主要责任，应该在经济条件范围内，适度提供老年福利。政府应该合理完善老年福利政策和法规的制定，加速老年福利制度法制化建设程度；政府也应该在财政允许的范围内，向老年群体适度提供福利资金保障、稳定老年福利设施建设；政府应该加强对其他老年福利供给主体的引导。家庭是老年福利资源的供给客体之一，也是老年福利资源的供给主体。除了正式的工具性支持，家庭更多承担了表达性支持的功能。以企业为代表的市场应该发挥自身的资本优势，在老年福利供给中更多承担其社会责任，发挥福利筹集者和福利输送者的作用。以社区、公益组织、机构为代表的社会，同样也是老年福利资源的筹集者，也是老年福利资源的输送者。

提升老年福利资源的获得力，关键在于老年群体本身。作为个人责任主体的担当者，老年人对自身的养老应该发挥主动获取老年福利资源的作用。老年人要积极了解自身权益，多多参与相关宣传活动，通过正式渠道获取老年福利资源。

二、养老服务体系的完善

关注养老服务的需求力。养老服务的需求力涉及居家养老服务需求、社区养老服务需求、机构养老服务需求和医养结合养老服务需求。从居家养老服务需求来看，家庭养老传统观念根深蒂固，绝大多数老年人偏好居家养老，其居家养老服务需求力较大。根据《2014 年中国老年社会追踪调查（CLASS）报告》，绝大部分的中国老年人是选择自己家和子女家养老，这个比例共占 94.1%。从社区养老服务需求来看，老年人社区养老服务需求较低。2014 年中国老年人对于社区医疗服务的需求比例较低，需要社区提供康复治疗、上门护理和上门看病的比例分别为 16.2%、17.0% 和 21.2%，而使用过这些社区医疗服务的老年人比例则更低，均不足 5%。从老年相关的社区服务来看，2014 年中国老年人使用社区老年服务的比例非常低，均不到 4%，比例最高的两项分别为上门探访（3.8%）和上门做家务（2.0%）。在老年人最希望得到的社区服务和帮助中，陪同看病和上门做家务的比例最高，分别占 4.5% 和 3.6%。从机构养老服务需求来看，老年人对机构养老服务需求较低。2014 年中国只有不到一半的老年人了解或有些了解养老院，而大部分的老年人不了解养老院（占 57.8%），而且随着年龄的增加，了解养老院的老年人比例越低，男性对养老院的了解稍好于女性，城市户口的老年人对养老院的了解好于农村户口的老年人；同时，目前老年人对养老院的接受程度非常低，有 72.0% 的老年人“无论如何都不会去养老院”，去养老院的主要原因是“身体不好，需要有人照料”（17.3%）。[①]

重视养老服务的承受力。养老服务的承受力主要表现为养老服务政策法规的制定、养老服务设施的兴建、养老服务资金投入和相关人力资源投入。从养老服务政策法规的制定来看，21 世纪以来，中国政府日益重视服务体系建设，制定了很多相关政策法规。我国养老服务政策法规内容涉及较为广泛，涵盖养老服务的整体性政策法规和养老服务体系各组成部分的政策法规。政策环境的良好发展为养老服务的推进奠定了坚实的基础。2015 年，民政部配合全国人大修订老年人权益保障法，将经营性养老机构许可改为“先照后证”，国务院办公厅转发了《关于推进医疗卫生与养老服务相结合的指导意见》，出台了鼓励民间资本参与养老服务业发展、规范养老机构服务收费管理促进养老服务业健康发展、进一步做好养老服务业发展有关工作、开发性金融支持社会养老服务体系建设、进一步加强城乡社区老年协会建设、评选表彰“全国老年法律维权工作先进集体”、进一步加强新形势下老年人体育工作等多项政策。

从养老服务设施来看，中国历来重视设施的投入和建设，但是就老年群体对养老服务设施使用率而言不甚理想。2015 年，我国实施养老服务设施建设“敬老爱老助老工程”，中央财政安排 28 亿元支持各地老年养护机构和社区日间照料中心建设，拨付 10 亿元中央专项彩票公益金支持地方 3.3 万个农村幸福院项目，安排 14 亿元部本级福利彩票公益金支持地方老年福利设施建设。[②] 截至 2015 年底，全国各类养老服务机构和设施 11.6 万个，其中注册登记的养老服务机构 2.8 万个，社区养老服务机构和设施 2.6 万个，互助型养老设施 6.2 万个；各类养老床位 672.7 万张（每千名老年人拥有养老床位 30.3 张，比上年增长 11.4%），其中社区留宿和日间照料床位 298.1 万张。[③] 虽然养老服务设施总量可观，但是面对庞大的老年群体，服务设施仍严重匮乏。从社区养老设施来看，2014 年中国只有 18.9% 的村/居有托老所/老年日间照料中心，有 17.2% 的村/居有养/敬老院。[④]

从养老服务的资金支持来看，中国政府积极对养老服务进行财政支持。政府通过购买服务、护理补贴、养老服务补贴等形式加大对养老服务建设的财政投

① 中国人民大学中国调查与数据中心：《2014 年中国老年社会追踪调查（CLASS）报告》，第 23 - 30 页，http://class.ruc.edu.cn/index.php?r=data/report。

② 中华人民共和国民政部：《2015 年民政工作报告》，http://images3.mca.gov.cn/www/file/201605/1462763666281.pdf。

③ 中华人民共和国民政部：《2015 年社会服务发展统计公报》，http://www.mca.gov.cn/article/sj/tjgb/201607/20160700001136.shtml。

④ 中国人民大学中国调查与数据中心：《2014 年中国老年社会追踪调查（CLASS）报告》，第 22 页，http://class.ruc.edu.cn/index.php?r=data/report。

入，并积极引导社会力量参与养老服务的提供。各省市政府具体出台政府向社会力量购买服务的实施意见、推进政府购买公共服务工作指导意见、政府向社会力量购买服务办法等综合性规范文件以及政府购买服务相关目录。

从养老服务的人力资源投入来看，养老服务人才奇缺。2015 年，我国社会服务职业技能合格人员 12 871 人，其中养老护理员 8 127 人（63.14%）。[①] 这是经过民政部职业技能鉴定指导中心鉴定人数，虽然养老护理员专业人才缺乏，但每年在不断增长中。根据《全国民政人才中长期发展规划（2010－2020 年）》，2010 年中国养老护理员达近 3.0 万人，到 2020 年将培养养老护理员 600 万。按照这一数据来看，中国养老服务的人力资源投入同样严重不足。

提升养老服务资源的配置力。养老服务资源的配置力表现为养老资源在满足 60 周岁以上社会成员养老服务需求时，各提供主体责任要素的组合方式，尤其是责任内容的明确。社会养老服务的责任主体包括家庭、社区、机构、政府、公益性组织和个人，各种社会养老服务主体的责任存在不同。

家庭具有基于伦理义务的道德责任。家庭的福利供给主要建立在伦理道德的基础之上，离开了家庭伦理与家庭道德的约束，家庭的福利供给难以维系。家庭成员之间的相互支持是一种道德义务，家庭福利供给的实现依靠道德力量。[②] 中国养老服务资源的配置力在于将家庭定位于基于伦理义务的道德责任。由子女或其他法定赡养人为老年人提供所需的养老服务，是一种道德和伦理上的要求。中华人民共和国老年人权益保障法规定："老年人养老以居家为基础，家庭成员应当尊重、关心和照料老年人；赡养人应当履行对老年人经济上供养、生活上照料和精神上慰藉的义务，照顾老年人的特殊需要"。这里的赡养人是指老年人的子女以及其他依法负有赡养义务的人。中华人民共和国婚姻法（2001 年）明确规定："子女对父母有赡养扶助的义务，子女不履行赡养义务时，无劳动能力的或生活困难的父母，有要求子女付给赡养费的权利"。不仅如此，该法还规定："有负担能力的孙子女、外孙子女，对于子女已经死亡或子女无力赡养的祖父母、外祖父母，有赡养的义务；由兄、姐抚养长大的有负担能力的弟、妹，对于缺乏劳动能力又缺乏生活来源的兄、姐，有扶养的义务"。虽然这些老龄政策背后也体现出了对弱势群体高度关怀的人道主义价值取向，但还是缺乏明晰的价值指导理念和比较完整的伦理支撑体系，其结果是各种涉老政策的制定和落实缺乏整体性和连贯性，呈现出了碎片化的特征，其实效性因而也大打折扣。[③] 家庭应该在养老服务中承担起精神慰藉的功能。

---

① 中华人民共和国民政部：《中国民政统计年鉴（2016）》，中国统计出版社 2016 年版，第 142 页。

② 景天魁等：《福利社会学》，北京师范大学出版社 2010 年版，第 237 页。

③ 彭希哲、郭德君：《孝伦理重构与老龄化的应对》，《国家行政学院学报》2016 年第 5 期。

政府应该是养老服务供给的第一责任主体，承担基于公民权利的财政责任。中国确立了政府养老服务责任的剩余模式，即由子女和家庭，或私人部门承担大多数老年人的照顾服务的责任，政府只承担非常有限的养老照顾服务责任，仅为没有子女和家庭照顾的少数老年人提供养老照顾服务，作为家庭养老照顾服务和私营部门提供的养老照顾服务的补充。具体来说就是政府只为“无劳动能力、无生活来源又无法定赡养、抚养、扶养义务人，或者其法定赡养、抚养、扶养义务人无赡养、抚养、扶养能力的”“三无”老人提供“吃、穿、住、医、葬方面的生活照顾和物质帮助”，其他的老年人则需要自我照顾或者由子女和家庭提供养老照顾服务。①

社区和机构具有基于契约责任的法律责任。社区作为一个居民自治组织面向所有社区居民，老年人是它服务对象群体的一部分。养老服务是社区服务的重要内容，但并非全部内容。社区是养老服务的依托，承载着兴建社区日间照料中心等养老服务机构、依托社区综合服务设施和建设社区公共服务综合信息平台的任务，同时提供助餐、助洁、助行、助浴、助医、日间照料等服务。机构养老服务主要是老年人离开原居住地，依靠国家资助、亲人资助或老年人自助的方式，集中居住在一定的区域由专业性较高的服务人员提供综合性全方位专项服务。它是一种入住服务，也是一种集中服务，其优势在于：减轻子女照顾老年人的压力，使老年人得到较为集中的照顾，老人在院舍中同辈群体的交流有益于老年人的身心健康等等。作为机构，同样也是基于契约责任的法律责任。机构应该严格进行老年人入住评估，优先保障特困供养人员集中供养需求和其他经济困难的孤寡、失能、高龄等老年人的服务需求。此外，公益组织或个人的责任比较复杂，如参与但无责任、道德责任、契约责任、法律责任。

养老服务资源配置需要按照功能整合相关资源。第一，社会福利机构的整合与功能综合化。将养老院、惠民医院、荣军院、社会福利院、残疾人阳光家园等具有同类功能的机构整合促功能综合化，满足多样化养老服务需求。第二，养老资金整合与功能综合化。将养老金、医保金、五保金、老年津贴、养老服务床位补贴等资金整合促功能综合化，满足整个养老服务需求。第三，人力资源整合与专业化。将护理员、医生、社工、家人、义工、老年互助等分散的人力资源整合与专业化并举。第四，家庭内部资源的合理配置。首先在于鼓励老年夫妇的相互照顾；其次明确子女对父母的照料的责任分担，如资金来源、日常照料、主要责任分担等，同时，应该理清经济支持与伦理责任的关系。

---

① 程胜利：《家庭还是社会：谁应当承担当代中国养老服务的责任》，《广东社会科学》2016 年第 4 期。

提升养老服务资源的获得力关键在于发挥老年人的自主能动性。虽然前文谈及个人在养老服务供给中责任比较复杂，但最起码对个人自身负责是毫无疑问的。老年人应该转换传统养老观念，逐步认识接纳现代养老服务理念，主动接受养老服务。同时，老年人在力所能及的范围内，适时提出申请，并主动参与养老服务的供给。发挥低龄老年人之间的互助养老，发挥低龄老人对高龄老人、失能或半失能老人的互助养老也是提升养老服务资源获得力的有效途径。

三、老年福利服务与相关社会保障制度的衔接

老年福利服务与相关社会保障制度内容体系的衔接凸显为制度项目的衔接。按照《社会救助暂行办法》，中国的社会救助包括最低生活保障、特困人员供养、受灾人员救助、医疗救助、教育救助、住房救助、就业救助和临时救助，而老年福利服务与社会救助制度的衔接，应着重老年福利服务与最低生活保障、特困人员供养、医疗救助、临时救助的衔接。衔接的内容在于对象和标准，老年福利服务是一种劳务性支持，社会救助更多体现为现金性支持或实物支持。老年福利服务与社会救助制度衔接的关键在于，将符合条件的老年人纳入相应的制度范围，并辅之以合适的服务内容。在生活救助方面，应该确保所有符合条件的老年人按规定纳入最低生活保障、特困人员救助供养等社会救助制度保障范围；在医疗救助方面，应该逐步将低收入家庭老年人纳入救助范围；在临时救助方面，加强对老年人的“救急难”工作，按规定对流浪乞讨、遭受遗弃等生活无着老年人给予救助。①

老年福利服务与最低生活保障制度的衔接，首先在于将目前被制度遗漏但符合条件的老年人纳入救助范围。这方面工作的落实在于相关政策执行者严格的资格审核，以及对于特困老年人家庭的优先关注。其次在于待遇标准的确定，是差别性平等还是绝对平等。按照当地最低生活保障标准统一执行，那么老年人的特殊困难需求则应该辅之以相关的老年福利服务优待作为补充；按照统一标准基础上的差别待遇，则要对差别额进行精确的计算，到底什么样的标准合适则是需要考量的问题。当所有符合条件的老年人进入到最低生活保障制度内时，则可以考虑在制度外的老年人生活性福利需求，适当提供老年生活性福利服务。

老年福利服务与特困人员救助供养的衔接，在于对象的审核和服务的供给。按照特困人员救助供养对象条件规定，做好资格审核，将符合条件的老年人纳入特困人员救助供养，同时辅之以该对象所需的老年福利服务。

---

① 中华人民共和国国务院：《“十三五”国家老龄事业发展和养老体系建设规划》，http：//www.cncaprc.gov.cn/contents/2/179240.html。

老年福利服务与医疗救助制度的衔接，主要是对象的认定。按照国务院办公厅转发民政部等部门《关于进一步完善医疗救助制度全面开展重特大疾病医疗救助工作意见的通知》，2015年底前中国城市医疗救助制度和农村医疗救助制度合并实施，全面开展重特大疾病医疗救助工作。该《通知》指出，最低生活保障家庭成员和特困供养人员是医疗救助的重点救助对象；要逐步将低收入家庭的老年人、未成年人、重度残疾人和重病患者等困难群众，以及县级以上人民政府规定的其他特殊困难人员纳入救助范围；适当拓展重特大疾病医疗救助对象范围，积极探索对发生高额医疗费用、超过家庭承受能力、基本生活出现严重困难家庭中的重病患者实施救助。合理界定医疗救助、重大疾病救助的对象是完成老年福利服务与医疗救助制度衔接的前提条件。当确保符合政策规定条件的老年人群体进入医疗救助制度范围后，在救助前、救助中和救助后辅之以咨询服务、心理疏导、支持陪伴等老年福利服务，势必能发挥医疗救助的最大效能。

老年福利服务与临时救助制度的衔接，同样在于对象的认定。对符合政策规定的老年人，在其通过正式程序确认救助资格后，提供生活性老年福利服务。对流浪乞讨、遭受遗弃等生活无着老年人，引导、护送到救助管理机构接受临时救助和服务。根据《民政部关于开展“救急难”工作试点的通知》，在“救急难”工作试点地区，对遭遇各种急难情形致使基本生活暂时出现严重困难的老年人则要加强关注。老年福利服务与这类临时救助的衔接，应该及时开展“救急难”工作，同时提供老年人所需的生活性福利服务。

老年福利服务与社会保险制度的衔接，应着重其与养老保险、医疗保险和长期护理保险制度的衔接，其衔接的内容主要涉及现金支持与服务支持如何有效组合或互补的问题。就养老保险而言，它主要是一种延期支付，当老年人开始领取基本养老金时，按其需求提供老年福利服务。这是一种政策选择，问题在于老年福利服务的成本谁来负担。通过建立资金来源多元化的老年福利服务体系，采取政府补贴一点、社会筹集一点、老年人自愿承担一点，或许是解决问题的关键。当基本养老金未开始领取时，老年人又有相应的福利服务需求时，养老保险能否允许其提前支付也是需要面对的问题。

与养老保险不同，医疗保险生效的时候是在老年人发生疾病之时，基本医疗保险或大病医疗保险解决的均是老年人医疗费用的问题。老年福利服务与医疗保险制度的衔接，主要是与作为补充医疗保险的大病医疗保险的衔接。而衔接的内容与医疗救助类似，主要仍是对象和内容的衔接。2015年底前，大病保险覆盖所有城镇居民基本医疗保险、新型农村合作医疗参保人群，其中的老年人为老年福利服务供给的目标人群。参保大病保险的老年人可以按照其需求申请老年福利服务，而服务成本不能占用相关的保险费用，不能增加老年人看病负担。而老年福利服务的供给在于给予大病老年人以表达性的支持，缓解其因病带来的心理负担。

老年福利服务与长期护理保险制度的衔接，相对于前面相关社会保障制度的衔接而言，是最可行而且重点十分突出的，尤其是护理服务与长期护理保险制度的衔接。《关于开展长期护理保险制度试点的指导意见》明确提出：充分运用费用支付政策对护理需求和服务供给资源配置的调节作用，引导保障对象优先利用居家和社区护理服务，鼓励机构服务向社区和家庭延伸；鼓励护理保障对象的亲属、邻居和社会志愿者提供护理服务。同时，该《意见》提出：建立健全对护理服务机构和从业人员的协议管理和监督稽核等制度；明确服务内涵、服务标准以及质量评价等技术管理规范，建立长期护理需求认定和等级评定标准体系，制定待遇申请和资格审定及变更等管理办法；探索引入第三方监管机制，加强对护理服务行为和护理费用使用情况的监管；加强费用控制，实行预算管理，探索适应的付费方式。

在结构体系方面，老年福利服务涉及的人群为60岁以上的社会成员，其与相关社会保障制度的衔接应注意目标人群的交叉或重叠，同时注意目标人群分类的制度保障情况。老年福利服务与相关社会保障制度结构体系的衔接是以内容体系为基础的，无论是与社会救助制度，还是与社会保险制度的衔接，都应该考虑符合政策条件规定的老年人群体是否要进行类型的划分。这不仅涉及现金支持的差别性平等问题，也涉及服务支持的针对性。对于老年群体的划分有很多标准，涉及年龄、失能状况等，无论何种类型划分，均需关注老年人独特的福利服务需求，以便于在制度衔接过程中，针对性地开展老年福利服务。

在层次体系方面，老年福利服务涉及服务供给的主体，即政府、家庭、市场、社会、个人等，与相关社会保障制度的衔接应该关注各主体责任的划分。对于老年福利服务供给而言，行政主体较为分散，社会救助供给的主体主要是民政部等相关部门，社会保险供给的主体主要是人力资源和社会保障部等相关部门。鉴于制度实施主体的不同，老年福利服务与社会救助制度的衔接应该明确第一责任主体，由其进行政策的制定、资源的配置，并搭建好各主体沟通的平台；老年福利服务与社会保险制度的衔接同样也要明确第一责任主体，保证相应的保险待遇，但重点在于具体的经办实施单位应该将待遇保障与服务保障有机结合。

四、城乡老年福利与服务体系的均衡发展

推动优势老年福利与服务资源共享。中国老年福利与服务体系发展过程中，存在一些优势资源，如政策法规、福利设施等。这些资源在城乡老年福利与服务供给过程中实现共享必将进一步促进城乡老年福利与服务差距的缩小。中国老年福利与服务政策与法规较为丰富，但这样的政策资源主要针对城市老年群体，鲜

有专门针对农村老年福利与服务的政策法规，同时，老年福利与服务试点也是从城市开始，试点地区多为省（区、市），如老年人补贴制度试点、老年宜居社区和老年友好城市（城区）试点、计划生育家庭养老照护试点、养老服务和社区服务信息惠民工程试点、公办养老机构改革试点、居家和社区服务试点；农村涉及的政策资源较为有限，如农村空巢老年人帮扶服务试点。城乡老年福利与服务体系的均衡发展在于扩展老年福利与服务政策与法规的覆盖面，改变重城市老年福利与服务发展轻农村发展的倾向性。

在福利机构方面，农村老年服务机构数量远高于城市，而城市的老年福利设施的种类和数量比农村的丰富。2009－2013年，城乡养老服务机构单位数量对比，农村老年服务机构数量总体高出城市4－6倍。从城镇老年人口与农村老年人口的比例来看，这样的服务机构数量对比存在较大差距。2000年，城镇和农村老年人口分别占全国老年人口的34.2%、65.8%；[①] 2015年，在全国老年人口中，城镇老年人口占52.0%、农村老年人口占48.0%。[②] 2000年中国城镇人口约为农村老年人口的一半，15年间城乡老年人口比例趋于平衡，在这期间城镇化水平在提高，城乡老年人口比例逐步缩小比重，但是从养老服务机构数量对比来看，差距仍较为明显。当然，这里面也不能排除服务机构规模大小的问题，致使统计数量上明显的差距。无论何种原因，机构服务城乡老年人口的比例趋于一致才是城乡老年福利与服务机构均衡发展的合理指标。

从老年福利与服务设施来看，城市相较于农村而言，占有较为明显的优势。2014年，中国城市地区无论是托老所/老年日间照料中心还是养/敬老院的比例不足30%，农村地区社区的养老设施更是匮乏，只有5.0%的农村社区有托老所/老年日间照料中心，有养/敬老院的比例仅为10.4%。[③] 城乡老年福利与服务体系的均衡发展在于扩展老年福利设施的覆盖面，在发展城市老年福利与服务设施的同时适当发展农村老年福利与服务设施的建设；在发展农村养老服务机构的同时合理发展城市老年服务机构。城乡老年福利与服务机构或服务设施的兴建不是以数量作为考量依据，应该以合适的床位比抑或是机构或设施服务的老年人口比重作为衡量城乡均衡发展的依据。

均衡配置老年福利与服务供给资源。除了政策法规资源、机构或服务设施资源外，老年福利与服务中的财政资源、人力资源应该得到均衡的配置。长期以来，

---

① 人民网：《第四次中国城乡老年人生活状况抽样调查》，http://world.people.com.cn/n1/2016/1010/c57506－28765327.html。

② 中华人民共和国民政部网站：《三部门发布第四次中国城乡老年人生活状况抽样调查成果》，http://www.mca.gov.cn/article/zwgk/mzyw/201610/20161000001974.shtml。

③ 中国人民大学中国调查与数据中心：《2014年中国老年社会追踪调查（CLASS）报告》，第22页，http://class.ruc.edu.cn/index.php?r=data/report。

国家财政资源侧重于养老福利与服务的基础设施建设，地方财政资源支出也凸显了这一特点。在福利与服务对象方面，我国财政资源更倾向于建立针对城镇养老困难老年人的服务补贴；在福利与服务内容方面，我国财政资源较多应用于城市居家养老和社区养老服务。当然，也有专门针对农村的财政资源投入。2015 年，我国拨付 10 亿元中央专项彩票公益金支持地方 3.3 万个农村幸福院项目。[①] 城乡老年福利与服务体系的均衡发展还应该均衡财政资源在城乡老年福利与服务项目中的比重。

同时，城乡老年福利与服务体系的均衡发展还应该合理配置老年福利与服务的人力资源。城乡老年人口比例差距逐年缩小，但是城乡老年福利与服务人力资源的投入比例差距较大。2009－2013 年，中国城乡养老服务机构职工人数近一倍的差距，相比于城乡老年人口比重不太合理。按照城乡老年人口比例，合理配置老年福利与服务人力资源是城乡老年福利与服务体系均衡发展的策略选择。

保障特殊老年人群体的福利与服务供给。城乡老年福利与服务体系的均衡发展并非绝对的平等和完全一样，应该凸显城乡的特点，尤其是保障城乡特殊老年群体的特殊福利需求。就货币福利而言，高龄津贴、养老补贴和护理补贴的发放原则上实行分类分档发放，体现了老年群体内部不同类型老年人的福利需求，也适当关注了城乡老年群体的不同福利需求。但从发放标准来看，城乡老年人的货币福利凸显的差异性并不十分明显，也未凸显城乡低收入、高龄、独居、残疾、失能等特殊老年人的独特福利需求。同时，城乡老年人的福利需求与货币标准之间的关系并不统一，标准的制定未凸显福利需求具体差别。以最早建立老年补贴的宁夏回族自治区为例，其发放标准：80－89 周岁城市高龄津贴标准每人每月 400 元；80－89 周岁农村高龄津贴标准每人每月 220 元；90 周岁以上城乡高龄津贴标准每人每月 450 元。城乡老年人高龄津贴 90 岁以下存在 180 元的差异，90 岁以上统一标准。城乡老年高龄津贴的差额试图要体现福利需求的差异，但具体标准并不明确。城乡老年福利与服务体系的均衡发展在于保障特殊老年人群体的货币福利供给标准的明确，凸显其特殊需求。

在实物福利方面，城乡老年福利与服务机构或设施的兴建应该适当凸显特殊老年群体的福利需求。鼓励有条件的地方推动扶持残疾、失能、高龄等老年人家庭开展适应老年人生活特点和安全需要的家庭住宅装修、家具设施、辅助设备等建设、配备、改造工作。[②] 同时，发挥农村独特的老年福利与服务设施的作用，如农村社区综合服务中心（站）、综合性文化服务中心、村卫生室、农家书屋、

① 中华人民共和国民政部：《2015 年民政工作报告》，http://images3.mca.gov.cn/www/file/201605/1462763666281.pdf。

② 中华人民共和国国务院：《“十三五”国家老龄事业发展和养老体系建设规划》。http://www.cncaprc.gov.cn/contents/2/179240.html。

全民健身等设施，提高其利用率。

在服务福利方面，城乡老年福利与服务的供给更应凸显老年群体特殊的福利需求。关注城乡老年人独特的性别福利需求也是城乡老年人福利与服务体系均衡发展的内容之一。2014 年，全国有 42.5% 的老年人日常活动需要照料和帮助，农村户口的老年人需要照料和帮助的比例要高于城市户口的老年人，分别为 54.6% 与 28.7%，女性需要照料和帮助的比例高于男性，分别为 49.9% 和 34.4%；进一步按照性别和户口细分后，农村户口的女性需要照料和帮助的比例最高，为 63.4%，其余依次为农村户口男性（44.4%）、城市户口女性（33.4%）和城市户口男性（24.0%）。[①] 从年龄趋势来看，日常活动需要照料的人比例随着年龄的增加而逐渐增加，农村户口的老年人需要照料的比例在各年龄组均高于城市户口的老年人。鉴于农村老年妇女特殊的照料需求，在老年福利服务供给方面应该以其需求评估为出发点。

同时，城乡其他特殊老年群体，尤其是失能、独居、空巢老年人，他们的特殊服务需求也应该成为关注焦点。从服务供给内容或方式来看，现代化的服务技术对于城市老年人而言更容易接受。整合建立居家社区养老服务信息平台、呼叫服务系统和应急救援服务机制，方便养老服务机构和组织向居家老年人提供助餐、助洁、助行、助浴、助医、日间照料等服务。这样的服务措施虽然是城乡老年福利与服务体系均衡发展的基础，但是可能更凸显城镇老年群体独特的服务需求。同样，实施"互联网+"养老工程，支持社区、养老服务机构、社会组织和企业利用物联网、移动互联网和云计算、大数据等信息技术，开发应用智能终端和居家社区养老服务智慧平台、信息系统、APP 应用、微信公众号等，重点拓展远程提醒和控制、自动报警和处置、动态监测和记录等功能，规范数据接口，建设虚拟养老院。这些对于城镇老年群体更加有效。城乡老年福利与服务体系的均衡发展并未一味强调两者标准化统一的建设，更应该凸显各自老年福利与服务特殊需求。在农村，通过邻里互助、亲友相助、志愿服务等模式和举办农村幸福院、养老大院等方式，大力发展农村互助养老服务。[②] 城乡老年福利与服务体系的均衡发展也在于寻求城乡独特的养老服务内容供给。

此外，城乡老年福利与服务体系的均衡发展，还应该加强老年福利与服务资源的协调和整合，明确各种福利与服务供给主体的责任和分工。政府始终是老年福利与服务最重要的供给主体，也是城乡老年福利与服务供给的主导者；家庭是

① 中国人民大学中国调查与数据中心：《2014 年中国老年社会追踪调查（CLASS）报告》，第 11 页，http：//class. ruc. edu. cn/index. php？ r = data/report。

② 中华人民共和国国务院：《"十三五"国家老龄事业发展和养老体系建设规划》。http：//www. cncaprc. gov. cn/contents/2/179240. html。

老年福利与服务最基础的主体，在城乡老年福利与服务供给中应凸显其基础性和伦理性；社会是老年福利与服务供给的输送者、筹集者，如企业、社区、非营利性组织等各自都是城乡老年福利与服务体系均衡发展的重要影响因素；个人是老年福利与服务的责任主体，除了共享社会建设成果，更要懂得表达自己独特的福利与服务需求，并主动获取相关资源。

第三节　儿童、妇女福利制度和服务体系的整合与完善

一、建立普惠型儿童津贴制度

建立普惠型儿童津贴制度是保障儿童权利的政策需要。1989 年 11 月 20 日第 44 届联合国大会第 25 号决议通过《儿童权利公约》，这是一部有关保障儿童权利且具有法律约束力的国际性约定。1990 年 8 月 29 日，中国常驻联合国大使代表中华人民共和国政府签署了《儿童权利公约》，中国成为第 105 个签约国。中国于 1991 年 12 月 29 日批准《儿童权利公约》。同时声明，中国将在符合其宪法第 25 条关于计划生育的规定的前提下，并据《中华人民共和国未成年人保护法》第 2 条的规定，履行公约第 6 条所规定的义务，即每个儿童有固有的生命权，各国应最大限度地确保儿童的生存与发展。

儿童津贴可以提供给孩子的父母充足的收入来适当抚养孩子，以保障儿童的生命权、生存权和发展权。即使贫困的母亲缺乏必要的儿童护理常识，给予每个家庭足够的现金支持，她们也能照顾好儿童，并逐渐学会抚养儿童。[①] 儿童津贴是一项儿童福利，也是一项权利。建立普惠型儿童津贴制度是实现对所有儿童保护的一种有效措施。儿童福利权是儿童在生存、发展的过程中，因为儿童之为人的尊严而从国家和社会获得保障或服务，以满足其基本生存、提高生活质量之需要的基本权利。[②]

建立普惠型儿童津贴制度是国家承担儿童养育责任的政策选择。长期以来，亲属家庭养育是我国整个儿童福利体系中居于基础性地位，[③] 养育儿童的责任完

---

① Paul H. Douglas, The family allowance system as a protector of children, The Annals of the American Academy of Political and Social Science, 1925, No. 121.

② 吴鹏飞：《儿童福利权体系构成及内容初探——以宪法人权理论为视角》，《政治与法律》2015 年第 2 期。

③ 曹艳春，王建云：《我国适度普惠型儿童福利体系构建及保障机制研究》，上海科学普及出版社 2016 年版，第 26 页。

全由家庭承担。国家只有在家庭功能失灵时才发挥其作用，这实际上是一种补缺性福利模式，即注重对问题儿童、困境儿童及其家庭的帮助。中国主导的儿童养育模式是家庭养育。对失去父母作为主要照料者的儿童，在有亲属的情况下，以亲属照料为主。政府主要为被遗弃儿童和没有亲属照料的儿童提供养育服务。[①]我国对儿童的福利供给也一直遵循这样的模式特点，不可否认，由于家庭是儿童社会化和身份认同的最重要的场所，家庭在儿童福利供给问题上始终是首位责任主体。[②] 但是国家作为儿童终极监护人，应对本国人民负责，应当发展公平和正义，使所有国民享有健康、幸福和安全的生活，国家具有保护儿童的责任。[③] 我国政府虽然一直在承担针对儿童的有限责任，但养育儿童的责任是无限的，尤其是经济责任。普惠型儿童津贴制度的建立将是我国政府继续承担起养育儿童经济责任的政策选择。子女补贴只能作为对父母的资助，不能把抚养子女的经济责任全部承担过来；对任何子女补贴制度，抚养孩子的费用都应当由父母和社会共同承担。[④] 国家分担儿童养育的责任，由全社会集体分担儿童养育的责任，实现儿童养育成本社会化和儿童受益社会化之间的可持续循环；国家把儿童视为（准）公共物品，把父母劳动视为公共服务，提供补贴来消除儿童养育的外部性或者作为父母劳动的薪酬。[⑤] 这正是普惠型儿童津贴凸显国家责任分担的方式。

建立普惠型儿童津贴制度是缓解儿童贫困的反贫困措施。儿童津贴基于家庭部分的收入补偿以维持其基本生活，进而降低贫困率，尤其是儿童贫困。儿童津贴作为一种现金支持，能有效缓解儿童贫困问题。如果将贫困儿童界定为生活在贫困家庭的儿童，贫困的界定以家庭收入计量。其中，农村地区的绝对贫困线和相对贫困线分别为 2 736 元/人・年、4 213 元/人・年；城镇地区的绝对贫困线、相对贫困线则分别为 4 476 元/人・年、9 659 元/人・年。2013 年，中国儿童处于相对贫困线以下的，占了中国儿童总人数的 16.7%，约为 4 008 万人，其中处于绝对贫困者仍有约 1 080 万人。[⑥] 儿童津贴会很好地改善儿童家庭的收入情况，

① 尚晓援等：《中国儿童福利政策报告（2011）》，http：//www.bnu1.org/uploads/soft/1_110601085027.pdf。

② 姚建平：《国与家的博弈：中国儿童福利制度发展史》，格致出版社、上海人民出版社 2015 年版，第 6 页。

③ 曹艳春，王建云：《我国适度普惠型儿童福利体系构建及保障机制研究》，上海科学普及出版社 2016 年版，第 38 页。

④ ［英］贝弗里奇：《贝弗里奇报告》（第 1 版），华迎放译，中国劳动社会保障出版社 2004 年版，第 175 页。

⑤ 马春华：《重构国家和青年家庭之间的契约：儿童养育责任的集体分担》，《青年研究》2015 年第 4 期。

⑥ 财新网：《中国贫童仍有 4000 万人占儿童总数 16.7%》，http：//china.caixin.com/2015-10-26/100866668.html。

在很大程度上降低儿童贫困率。①

建立普惠型儿童津贴制度是鼓励生育、优生的政策工具。儿童津贴通过现金补偿的方式分担家庭的育儿成本，无疑会对父母生育孩子的决定产生影响。低生育率催生了“单独二孩”“全面两孩”政策的落地。而影响育龄妇女生育意愿的因素之一是育儿成本，在我国现阶段经济社会发展水平下，生育二孩的基本成本绝大部分由家庭承担，生育成本严重私人化。② 普惠型儿童津贴制度的建立无疑是国家和家庭分摊儿童的养育成本，减轻了家庭的生育压力，势必有利于生育行为的发生，同时，也能增加优生的可能性。在普遍性的儿童津贴制度中，如果向所有家庭提供一样固定费率的津贴，可能会导致无节制的生育；如果每个孩子的津贴数量与父母的工资相称，则可能产生个体大量的优生。③

建立普惠型儿童津贴制度是对儿童人力资本的投资策略。在尚未建立社会保障制度和社会安全网的情况下，养育儿童是父母年老时候获得经济安全保障的重要来源，在现代社会中，儿童成为社会投资品，因为儿童代表着未来的人力资本，儿童的品质决定着国家的经济和社会发展，决定着国家在未来在全球的竞争优势，对儿童的投资就是对于未来的投资。④ 国家通过儿童津贴的实施，分担家庭对儿童早期发展的投入，这就是一种以儿童为中心的社会投资策略。根据这种理念，儿童人力资本的投入和积累不仅仅是个人和家庭的责任，还是福利国家的责任。⑤

普惠型儿童津贴制度的建立是在适度普惠型儿童福利制度建设基础上的凝练，它是以适度普惠型儿童福利制度建设为土壤的。现阶段逐步建立普惠型儿童津贴制度具有良好的现实基础，中国部分地区已经开始尝试建立困境儿童的生活补贴制度。2013 年 6 月，民政部发布《关于开展适度普惠型儿童福利制度建设试点工作的通知》明确提出，全国划分为东、中、西部，因地制宜制定适应本地区特点的儿童补贴制度。江苏省昆山市、浙江省海宁市、河南省洛宁县和广东省深圳市成为第一批适度普惠型儿童福利制度建设试点，其试点内容之一是建立惠及不同类型儿童的补贴制度。2014 年 4 月，民政部发布《关于进一步开展适度普惠型儿童福利制度建设试点工作的通知》明确提出，在全国 46 个市（县、

---

① Martha N. Ozawa, Baeg - Eui Hong, The effects of EITC and children's allowances on the economic well-being of children, *Social Work Research*, 2003, No. 27 (3).

② 王志章，刘天元：《生育“二孩”基本成本测算及社会分摊机制研究》，《人口学刊》2017 年第 4 期。

③ JDW Peace, Family allowances as a eugenic measure, Journal of Mental Science, 1934, No. 80.

④ 转引自马春华：《重构国家和青年家庭之间的契约：儿童养育责任的集体分担》，《青年研究》2015 年第 4 期。

⑤ Esping - Andersen, The incomplete revolution: Adapting to women ' s roles, The American Economic Review, 2009, No. 2.

区）建立惠及不同类型儿童的补贴制度。此后，我国部分试点地区及时出台了普惠型儿童福利制度实施方案，试点地区对保障对象进行了细致的分类，将焦点放在困境儿童群体，包括残疾儿童、重病儿童和流浪儿童3类（见表7-7）。

表7-7 中国适度普惠型儿童福利制度建设试点地区保障对象分类

试点地区	具体分类
江苏省昆山市	把困境儿童分成孤儿、受艾滋病影响儿童、监护人监护缺失、重度残疾儿童、重大疾病儿童、监护人无法履行监护职责、低保（低保边缘）家庭儿童、流浪未成年人、留守儿童、其他等10大类26项
山东省荣成市	把儿童分为事实无人抚养儿童、困境儿童、低保家庭儿童、孤儿、普通家庭儿童等5类、共49项
甘肃省积石山县	主要针对残疾儿童、重病儿童、流浪儿童和父母重度残疾或重病的儿童、父母长期服刑在押或强制戒毒的儿童、父母一方死亡另一方因其他情况无法履行抚养义务和监护职责的儿童

资料来源：根据民政部《各地积极开展适度普惠型儿童福利制度建设试点工作》相关内容制表，http：//www.mca.gov.cn/article/zwgk/mzyw/201411/20141100728386.shtml。

从部分试点地区的补助内容和标准看，困境儿童生活费是重点保障内容，各地补助标准差异较大。截至2015年5月31日，全国共有24个省（区、市）33个市（县、区）公布了困境儿童生活津贴标准。在各地实践中对困境儿童的界定有较强的灵活性，总体来看，主要覆盖了城乡困境儿童、城乡困境家庭儿童、流浪儿童、事实无人抚养儿童和重病重残儿童5大类别。各地困境儿童津贴标准从月人均90元到1 150元不等，平均约350元（见表7-8）。①

表7-8 中国适度普惠型儿童福利制度建设试点地区补助标准

试点地区	补助标准	
	涉及内容	具体标准
黑龙江省大庆市	为低保家庭、低收入家庭特殊困难儿童每月发放基本生活补贴	为社会散居孤儿基本生活费标准的30%；其他家庭特殊困难儿童基本生活费补贴，按照社会散居孤儿基本生活费标准的25%发放。 生活补贴救助资金由市区财政1∶1匹配，不计入家庭收入

① 王振耀主编：《系统建设普惠型儿童福利体系：中国儿童福利政策报告2015》，社会科学文献出版社2016年版，第15页。

续表

试点地区	补助标准	
	涉及内容	具体标准
江苏省昆山市	为父母服刑或无法履行抚养义务和监护职责的儿童，按孤儿生活保障标准发放生活费	重残儿童按低保标准的 100% 发放生活津贴；为父母重残、患重病且生活收入无来源的困境家庭，其家庭成员包括儿童全部按低保标准的 120% 发放生活补助
山东省济宁市	为身体重度残疾（二级以上残疾）或患重病、罕见病需长期治疗的自身困境儿童按月发放基本生活费	标准为不低于社会散居孤儿基本生活费的 30%。为事实无人抚养的困境家庭儿童（包括父母重度残疾或重病的儿童、父母长期服刑在押或强制戒毒的儿童、父母一方死亡另一方因其他情况无法履行抚养义务和监护职责的儿童）发放标准不低于社会散居孤儿基本生活费 60% 的生活费。为低保家庭中有儿童的，在该儿童享受低保补助的基础上，再增发基本生活费每人每月 100 元
贵州省大方县	对无依无靠、无经济来源、无自理能力的困境儿童临时或阶段性进行经济救助	每月发放救助金，集中供养不低于 1 000 元，分散供养不低于 600 元。对不能纳入孤儿保障体系的困境儿童，由县级财政部门每月分别发放救助金 400 元

资料来源：根据民政部《各地积极开展适度普惠型儿童福利制度建设试点工作》相关内容制表，http：//www.mca.gov.cn/article/zwgk/mzyw/201411/20141100728386.shtml。

2016 年 6 月 13 日，《国务院关于加强困境儿童保障工作的意见》发布，困境儿童的范围进一步明确，即包括因家庭贫困导致生活、就医、就学等困难的儿童，因自身残疾导致康复、照料、护理和社会融入等困难的儿童，以及因家庭监护缺失或监护不当遭受虐待、遗弃、意外伤害、不法侵害等导致人身安全受到威胁或侵害的儿童。截至 2017 年，中国约 20 个主要省市在全省（市）范围内推进儿童分类保障。困境儿童分类保障除了基本生活保障外，基本医疗和基本教育保障也是现阶段中国适度普惠型儿童福利制度建设的重点内容。同时，中国适度普惠型儿童福利制度建设在工作流程和保障措施方面也较为规范且凸显各地特色（见表 7－9）。

表7－9　中国适度普惠型儿童福利制度建设试点地区保障内容

试点地区	项目	内容
天津市	助学	困境家庭儿童中小学期间每人每年给予1 200元助学补助，考入大学每人每学年给予3 000元助学补助；同时对考入一类本科给予一次性8 000元助学补助，考入二类本科及专科给予一次性6 000元助学补助
	助残	困境家庭重度残疾儿童基本生活费每人每月为420元，轻度残疾儿童基本生活费每人每月为310元；同时重度残疾儿童每人每月享有价值100元的护理服务
	医疗康复	困境家庭患脑瘫0－7岁的儿童到指定医疗机构康复训练，每年每名儿童医疗康复补贴12 000元。对0－14岁脑瘫患儿医疗费个人支付部分给予35%的补贴，14岁以上25%补贴
黑龙江省大庆市	医疗	特殊困难儿童纳入城乡合作医疗保险范围，其个人参保缴费由财政承担
	教育	特殊困难儿童免除公办幼儿园全部保教费和代管费，免除中小学全部学杂费、课本费，免除高中学杂费、课本费、住宿费，定额补助就餐费
山东省济宁市	生活保障	困境儿童按照就高不就低原则，纳入儿童福利保障体系，除低保家庭儿童定额生活补助外，不重复实行
	教育	困境儿童教育全程免费，并提供营养改善计划
	医疗康复	困境儿童纳入城乡居民医疗保险范围，其个人参保缴费由财政承担；同时，为困境儿童投保意外伤害保险和重大疾病保险等商业健康保险或补充保险，所需费用由财政解决

资料来源：根据民政部《各地积极开展适度普惠型儿童福利制度建设试点工作》相关内容制表，http：//www. mca. gov. cn/article/zwgk/mzyw/201411/20141100728386. shtml。

中国儿童福利制度由补缺型向适度普惠型转变，其实就是从“补缺型”迈向“制度型”，或从“选择型”迈向“普惠型”。[①] 前者强调国家在儿童福利提供方面的责任，后者论述的是儿童福利提供的不同方式。补缺型或选择型儿童福利强调社会福利只给部分儿童提供，也就是现阶段特殊儿童补贴。而制度型或普惠型

① 彭华民：《从沉寂到创新：中国社会福利构建》，中国社会科学出版社2012年版，第101页。

则是未来中国儿童福利制度发展的方向。

普惠型儿童津贴制度的建立包括：（1）逐渐增加儿童津贴内容，即增加儿童津贴的项目，从涵盖生活性社会福利的儿童津贴项目到发展性社会福利的儿童津贴，再到幸福性社会福利的儿童津贴；（2）逐渐延伸儿童津贴结构，即扩大儿童津贴覆盖对象，从涵盖符合生育政策儿童到所有儿童，从覆盖第一个孩子到第二个孩子；（3）逐渐丰富儿童津贴层次，即增加儿童津贴提供主体，明确各主体财政责任，从政府和家庭合理分担到政府和社会共同承担。

普惠型儿童津贴制度的建立必然是一个从涵盖生活性开支到发展性开支再到幸福性开支的过程。普惠型儿童津贴首先应该是一种生活补贴，保障儿童的生存到生活的需求。这种儿童津贴应该根据生活所需的食品、衣着、就医等折合成现金，按照各地平均水平发放。其次，普惠型儿童津贴也是一种发展补贴，保障儿童发展需求，涵盖教育、培训等相应的费用支出，应该根据发展所需的学校教育、技能培训等折合成现金，按照各地平均水平发放。普惠型儿童津贴同样也是一种幸福补贴，保障儿童幸福性需求，涵盖儿童文娱康乐、住房、服务等相应费用的支出，应该根据幸福性需求所需的文化活动、娱乐活动、住房、儿童福利服务等折合成现金，按照各地平均水平发放。

儿童津贴的目标群体应该如何定位取决于现阶段中国社会经济状况，也受限于中国人口政策。随着全面两孩政策的落地，儿童津贴的保障对象应该以此为依据，保障符合生育政策家庭儿童的经济权利。儿童津贴的发放时长取决于儿童年龄界限的规定。《联合国儿童权利公约》和中国《未成年人保护法》等法律规定儿童0－18岁为儿童期。医学界以0－14岁的儿童为儿科。我国青年、少年、儿童工作在体制上划分为三个阶段：0－5岁主要由全国的妇联组织负责；6－14岁主要由共青团组织的少年儿童工作部负责；14岁以上为共青团组织的工作对象。同时，九年义务教育的上限约14岁左右，故此，本书认为将儿童年龄界定为0－14岁符合中国国情、有利于儿童津贴制度的落实。

普惠型儿童津贴是一种分区域补贴，其发放水平应该与当地的经济水平相适应。普惠型儿童津贴应该体现相对公平到绝对公平的过程。现阶段或较长时间段内，儿童津贴应该与当地的国民生产总值相匹配，中国东、中、西部儿童津贴标准存在差异属于正常现象，但应该保持各地津贴标准与国民生产总值的比例基本持平。这凸显了普惠型儿童津贴制度的相对公平。当经济水平发展到一定程度，普惠型儿童津贴在全国统一水平的基础上，各地明确待遇标准，这是一种绝对公平的体现。

儿童津贴提供的主要责任主体是政府，但是社会力量可以起到补充作用。普惠型儿童津贴的主体应该是由一元主体向多元主体发展的过程。普惠型儿童津贴由政府支付是个大前提，但是从资金来源而言，国家财政压力足以应对的前提下，国家财政可以作为唯一主体进行提供，或者说在低标准的儿童津贴供给时，国家财政在应对范围内可以作为也必然作为唯一主体。但是当儿童津贴的供给成为巨大的财政负担时，社会其他主体也可以积极参与资金筹集。通过社会力量，形成合理的财政负担比例，成立专门的资金项目用于儿童津贴资金筹集，再由政府财政统一专项拨付。这也是儿童津贴主体社会化的可选路径。考虑到子女补贴是一种普遍待遇，应把发放现金待遇的任务交给社会保障部门，儿童照顾和监督工作则交给有关的卫生和教育部门，在具体操作上由中央政府和地方政府相互合作进行。[①]

二、儿童其他福利与服务体系的完善

儿童生理健康需求中营养问题是基础中的关键。2017 年 6 月 30 日，国务院发布《国民营养计划（2017 - 2030 年）》明确提出：到 2020 年，5 岁以下儿童贫血率控制在 12% 以下，0 - 6 个月婴儿纯母乳喂养率达到 50% 以上；5 岁以下儿童生长迟缓率控制在 7% 以下，农村中小学生的生长迟缓率保持在 5% 以下，缩小城乡学生身高差别；学生肥胖率上升趋势减缓；到 2030 年，5 岁以下儿童贫血率控制在 10% 以下，5 岁以下儿童生长迟缓率下降至 5% 以下；0 - 6 个月婴儿纯母乳喂养率在 2020 年的基础上提高 10%，进一步缩小城乡学生身高差别；学生肥胖率上升趋势得到有效控制。中国儿童生理健康需求得到高度重视，但儿童健康福利与服务资源的承受力有限。在儿童健康福利与服务资金投入方面，儿童营养问题一直是政府财政支持的重点领域。自 2011 年底启动农村义务教育学生营养改善计划以来，中央财政累计安排资金 1 591 亿元，共有 29 个省份的 1 590 个县实施营养改善计划，覆盖学校 13.4 万所，受益学生总数达 3 600 多万人，贫困地区学生体质有了明显改善。[②] 在儿童健康福利与服务设施兴办方面，包括妇幼保健机构、妇产医院、儿童医院、综合性医院妇产科儿科和计划生育服务体系、学校体育设施等。2014 年国家发改委下达中央预算内投资 35 亿元计划，支持地方级及以上医院儿科（儿童医院）项目。[③] 2014 年，全国妇幼保健院（所、

---

① ［英］贝弗里奇：《贝弗里奇报告》（第 1 版），华迎放译，中国劳动社会保障出版社 2004 年版，第 179 页。

② 王浩，曲哲涵：《3600 万贫困地区学生受益营养改善计划》，《人民日报》2017 年 6 月 3 日 4 版。

③ 王振耀：《系统建设普惠型儿童福利体系：中国儿童福利政策报告 2015》，社会科学文献出版社 2016 年版，第 5 页。

站）3 098 个，床位数 18.48 万张。[①] 2016 年，全国共有义务教育阶段在校生 1.42 亿人，普通小学体育运动场（馆）面积达标学校比例 75.00%，体育器械配备达标学校比例 80.18%；初中体育运动场（馆）面积达标学校比例 85.36%，体育器械配备达标学校比例 89.60%。[②] 但是儿童健康福利与服务的财政投入仍不容乐观，尤其是儿童健康福利服务。许多理应国家免费提供的儿童健康福利服务演变为有偿的"商品化"服务，如儿童食品营养、预防接种和计划免疫接种和许多妇幼保健服务都是有偿的商品化服务，而且各种儿童福利服务之间缺乏应有的、内在的逻辑联系，各种服务彼此之间相互分离分隔。[③]

从儿童对健康福利与服务资源的获得力来看，儿童的总数与相关资源的巨大差距，使得提升儿童健康福利与服务资源的配置力显得尤为重要。通过组织整合，提升儿童健康福利与服务资源的配置力。儿童健康福利与服务分别由卫生和计划生育委员会、教育部、国务院妇女儿童工作委员会、民政部等政府部门来管理，应该明确第一责任部门，由其主导儿童健康福利与服务的供给，建立部门之间的交流沟通机制，推行子部门负责制度。儿童健康福利与服务的供给直接明确到部门下的子部门负责，以项目推动福利供给。在政府部门加强联系的同时，还应该建立政府部门和非政府部门的交流沟通机制，以项目为主导，推动政府与社会在儿童健康福利与服务供给中的合作。

通过功能整合，提升儿童健康福利与服务资源的配置力。政府主导儿童健康福利与服务的供给，应该合理划定政府各部门、政府与社会其他主体之间的边界与空间。政府各部门的工作职责很明确，但是涉及健康福利与服务的工作内容无法清晰界定，以至于福利与服务供给时，无法形成资源的良性对接，健康福利与服务无法有效传递给儿童。政府部门内部应该形成主次福利供给网络，而所有政府部门在儿童健康福利与服务供给中主要承担财务和主导责任，将事权尽可能下放给社会其他主体。社区、企业、医院、学校等具体履行儿童健康福利与服务的传递责任。

通过行为整合，提升儿童健康福利与服务资源的配置力。在健康福利与服务供给过程中，进一步明确福利与服务主体的行为范围。正如前面所说，政府部门主导儿童健康福利与服务的供给，具体福利与服务供给中起到良好的监督责任即可。社会其他主体直接面对福利与服务的供给对象儿童，企业等营利部门负责筹

① 中华人民共和国国家统计局：《国家数据 - 年度数据》，http：//data. stats. gov. cn/easyquery. htm? cn = C01&zb = A0P03&sj = 2014。

② 中华人民共和国教育部：《2016 年全国教育事业发展统计公报》，http：//www. nwccw. gov. cn/2017 - 07/11/content_166726. htm。

③ 刘继同：《国家责任与儿童福利：中国儿童健康与儿童福利政策研究》，中国社会出版社 2010 年版，第 167 页。

集健康福利与服务资源，社区、非营利组织等负责儿童健康福利与服务的具体传递。

此外，儿童健康福利与服务体系的完善还在于理清内容体系、结构体系和层次体系。从内容体系而言，生理健康需求是中国儿童健康福利与服务的重点，但是心理健康和社会健康需求的满足也是儿童健康福利与服务的重要组成部分，适当发展心理健康和社会健康福利与服务理应成为完善的路径选择之一。从结构体系来看，6 岁以下儿童的健康是中国儿童健康福利与服务的目标人群，但是 6－14 岁的儿童也有其独特的健康需求，增加与之相关的健康福利与服务与现有的小学和初中健康福利与服务衔接，也是完善中国儿童健康福利与服务的可选路径。从层次体系来看，单一的政府福利与服务供给，给政府财政带去巨大的压力，确立政府主导、家庭和学校共同监控、社会力量参与的健康福利与服务供给模式也应成为完善中国儿童健康福利与服务的路径选择。

教育福利制度与服务体系的完善首先要关注儿童教育福利与服务的需求力。从现有的教育福利现状来看，儿童在义务教育、高中阶段和特殊教育方面的福利需求得到了应有的重视，但是学前教育福利需求满足状况不佳。2016 年，全国共有幼儿园入园儿童 1 922.09 万人，在园儿童（包括附设班）4 413.86 万人；全国义务教育阶段招生 3 239.63 万人，在校生 1.42 亿人；全国共招收特殊教育学生 9.15 万人，在校生 49.17 万人；全国高中阶段教育招生 1 396.26 万人，在校学生 3 970.06 万人。[①] 学前教育福利的建立有利于关注儿童教育福利与服务的需求力。虽然政府十分重视学前教育，但是适度普惠型学前教育福利尚缺乏。《国家中长期教育改革和发展规划纲要（2010－2020 年）》明确提出政府在学前教育中的责任：把发展学前教育纳入城镇、社会主义新农村建设规划；建立政府主导、社会参与、公办民办并举的办园体制；大力发展公办幼儿园，积极扶持民办幼儿园；加大政府投入，完善成本合理分担机制，对家庭经济困难幼儿入园给予补助；加强学前教育管理，规范办园行为；制定学前教育办园标准，建立幼儿园准入制度；完善幼儿园收费管理办法；严格执行幼儿教师资格标准，切实加强幼儿教师培养培训，提高幼儿教师队伍整体素质，依法落实幼儿教师地位和待遇；教育行政部门加强对学前教育的宏观指导和管理，相关部门履行各自职责，充分调动各方面力量发展学前教育。政府虽然明确了学前教育中的福利责任，但是仅仅将家庭经济困难幼儿作为福利目标群体。逐步提供免费的学前教育福利与服务应该是对幼儿教育需求的良好回应。

---

① 中华人民共和国教育部：《2016 年全国教育事业发展统计公报》，http：//www.moe.edu.cn/jyb_sjzl/sjzl_fztjgb/201707/t20170710_309042.html。

重视儿童教育福利与服务资源的承受力。从儿童教育福利与服务的供给来看，中国政府在政策法规制定、福利与服务设施建设和福利与服务资金支持方面一直较好地履行着自己的责任。相对于义务教育、特殊教育和高中阶段教育而言，学前教育福利与服务资源的承受力较为有限。在政策法规制定方面，关于学前教育的政策法规有一定数量，但是专门涉及学前教育福利与服务的法规很少。2010 年 11 月 21 日，国务院发布《关于当前发展学前教育的若干意见》明确把发展学前教育摆在更加重要的位置，必须坚持公益性和普惠性，努力构建覆盖城乡、布局合理的学前教育公共服务体系；必须坚持因地制宜，从实际出发，为幼儿和家长提供方便就近、灵活多样、多种层次的学前教育服务。2011 年，教育部学前教育三年行动计划推进工作领导小组成立。学前教育的安全福利与服务一直是中国学前教育福利与服务较为关注的内容，但涉及生活性、发展性和幸福性福利与服务较少。从福利与服务设施和经费投入来看，2016 年全国共有幼儿园 23.98 万所[①]，2011 年幼儿园教育经费 10 185 761 万元，幼儿园社会捐赠经费 50 189 万元。[②]

提升儿童教育福利与服务资源的配置力，在于明确各福利与服务主体的责任分工，增强儿童教育福利与服务的传递效率。教育部及其各级部门作为儿童教育福利与服务的主要责任主体，负责儿童教育福利与服务的整合。在福利与服务供给过程中，应该注意搭建协调和处理不同福利与服务供给主体的沟通机制，明确各主体的角色和作用，同时分配好福利与服务资源筹集和传递的各个环节。学前教育福利与服务资源在中国儿童教育福利与服务中较为短缺，提升其配置力在于动员各福利与服务供给主体的积极性。《国家教育发展十三五规划》提出：继续扩大普惠性学前教育资源，提高幼儿园保育教育质量。具体而言，以区县为单位实施学前教育行动计划及后续行动；支持企事业单位和集体办园，扩大公办学前教育资源；完善普惠性民办幼儿园扶持政策，鼓励地方通过政府购买服务、补贴租金、培训教师等方式，加快民办普惠性幼儿园发展；发展 0－3 岁婴幼儿早期教育，探索建立以幼儿园和妇幼保健机构为依托，面向社区、指导家长的公益性婴幼儿早期教育服务模式。同时，强化省级政府的统筹责任，落实县级政府发展学前教育和幼儿园监管的主体责任；加大对贫困地区、民族地区学前教育薄弱环节的扶持力度；立学前教育质量评估监管体系，落实《幼儿园工作规程》，加强对各类幼儿园准入、安全、师资、收费、卫生保健及质量等方面的日常指导和监

---

① 中华人民共和国教育部：《2016 年全国教育事业发展统计公报》，http：//www. moe. edu. cn/jyb_sjzl/sjzl_fztjgb/201707/t20170710_309042. html。

② 中华人民共和国国家统计局：《国家数据－2011 年》，http：//data. stats. gov. cn/easyquery. htm? cn = C01&zb = A0M0Y05&sj = 2015。

管，落实信息公示制度，强化社会监督；着力提升学前教育教师、保育员素质。[①]

提升儿童教育福利与服务资源的获得力，关键在于增强儿童监护人及其社会化主体对于教育的重视程度。2016 年，学前教育毛入园率达到 77.4%，九年义务教育巩固率 93.4%，高中阶段毛入学率 87.5%。[②] 儿童作为典型的弱势群体，不具备民事行为能力，无法为自己的教育做出选择，但是作为其监护人或其他社会化主体而言，应该积极促进其获取教育福利与服务。

儿童文化康乐福利与服务涉及内容较广，并未形成清晰的内容框架。2014 年，全国共有 209 种儿童期刊，3.3 万种儿童图书，共出版儿童刊物 5.2 亿册，儿童图书 5.0 亿册，儿童音像制品 1 681 万盒（张），与 2010 年相比，以上文化产品的增幅均超过或接近 50%。2014 年，全国有公共图书馆 3 117 个，有少儿图书馆 108 个，少儿图书馆藏书量由 2010 年的 2 159 万册增加到 3 392 万册，增长近 60%。公共图书馆中有少儿文献 6 377 万册，增长一倍多。全国少儿广播节目播出时间 21.6 万小时，少儿电视节目播出时间 48.6 万小时，动画电视节目播出时间 30.5 万小时。2014 年，全国未成年人参观博物馆达 2 亿人次，比 2010 年增加近一倍；全国未成年人参观科技馆人数达 1 891 万人次，也比上年有所增加。[③] 中国儿童文化康乐福利与服务涉及儿童文化康乐福利设施的兴建和实物的供给，同时涉及大众传媒服务、福利设施参观服务。就其项目内容而言，并未体现儿童文化康乐的具体需求类型。儿童文化康乐福利与服务的完善应该以儿童需求为出发点，适度拓展项目构成。

儿童居住环境福利与服务涉及社会成长环境和法律保护服务。社会成长环境的建设是中国儿童居住环境福利的主要内容，但并未凸显针对儿童特点的居住环境安排。2014 年全国环境污染治理投资总额持续增加，达 9 575.5 亿元，比 2010 年增长 40% 以上，人均公园绿地面积比 2010 年增加近 2 平方米。城市建成区绿化覆盖率为 40.1%；城市污水处理率为 90.2%；城市生活垃圾无害化处理率为 91.8%；农村改水累计受益人口为 9.2 亿人，累计受益率达 95.8%；农村卫生厕所普及率达 76.1%。[④] 儿童的生存环境显著改善，但是这些环境与儿童需求的相关程度较低，未凸显儿童所需的环境改善，尤其是居住环境。儿童居住环境福利的完善同样应该以儿童需求为出发点，针对性地建设满足其日常居住安排所需的环境设施。

---

① 《国务院关于印发国家教育事业发展“十三五”规划的通知》，http：//www.moe.edu.cn/jyb_xxgk/moe_1777/moe_1778/201701/t20170119_295319.html。

② 中华人民共和国教育部：《2016 年全国教育事业发展统计公报》，http：//www.moe.edu.cn/jyb_sjzl/sjzl_fztjgb/201707/t20170710_309042.html。

③④ 中华人民共和国国家统计局：《2014 年〈中国儿童发展纲要（2011 - 2020 年）〉实施情况统计报告》，http：//www.nwccw.gov.cn/2017 - 05/24/content_158091.htm。

法律保护服务是中国儿童居住环境服务的主要内容之一，其内容涉及法律援助服务、打击针对儿童犯罪行为服务、控制未成年犯罪行为服务。2014 年，全国共有法律援助机构 3 737 个，有未成年人法律援助工作站点 2 354 个，得到法律机构援助的未成年人数为 15.5 万人；2014 年，全国共破获拐卖儿童案件数 1 460 起；2014 年，全国未成年人犯罪人数为 50 415 人，未成年人犯罪人数占同期犯罪人数的比例为 4.26%，青少年作案人员占全部作案人员的比重为 24.8%。[①] 这些法律保护服务基本上是一种治疗性服务，缺少相应的预防性服务内容。儿童居住环境服务的完善应该在注重治疗性的同时强调预防性，关注特殊儿童的同时注重一般儿童被保护的需求。

三、儿童福利制度与服务体系的整合发展

城乡儿童福利与服务差距是长期以来城乡经济不平衡、政策向城市倾斜及由此形成的路径依赖的产物，目前儿童福利在城乡间的差异较大。[②] 从儿童福利城乡一体化评价指数来看，2009 - 2013 年，城乡儿童福利的一体化程度受到基础教育普及化的很大影响，即农村儿童在生活和医疗两方面明显落后于城市儿童，存在显著的不平等；而基础教育由于受到国家重视和强力推行，一定程度上缩小了城乡儿童的生存质量（见表 7 - 10）。

表 7 - 10　2009 - 2013 年中国儿童福利城乡一体化指标统计数据

福利维度	指标	城乡	2009 年	2010 年	2011 年	2012 年	2013 年
生活福利	生均幼儿园校舍面积（m^2）	城市	8.20	7.02	6.39	5.39	4.00
		农村	2.24	2.79	2.60	2.39	2.24
		指数	0.27	0.40	0.41	0.44	0.56
	幼儿园生师比	城市	0.07	0.06	0.06	0.06	0.05
		农村	0.02	0.02	0.02	0.02	0.02
		指数	0.29	0.33	0.33	0.33	0.40

① 中华人民共和国国家统计局：《2014 年〈中国儿童发展纲要（2011 - 2020 年）〉实施情况统计报告》，http：//www.nwccw.gov.cn/2017 - 05/24/content_158091.htm。

② 曹艳春，王建云：《我国适度普惠型儿童福利体系构建及保障机制研究》，上海科学普及出版社 2016 年版，第 254、259 页。

续表

福利维度	指标	城乡	2009 年	2010 年	2011 年	2012 年	2013 年
医疗福利	新生儿死亡率（‰）	城市	4.50	4.10	4.00	3.90	3.60
		农村	10.80	10.00	9.40	8.10	7.90
		指数	0.42	0.41	0.43	0.48	0.46
	5 岁以下儿童重度营养不良率（%）	城市	2.41	2.15	2.21	1.66	2.20
		农村	1.21	1.12	1.03	1.25	0.90
		指数	0.50	0.52	0.47	0.75	0.41
教育福利	生均图书册数（本/人）	城市	17.20	17.46	17.11	18.50	19.81
		农村	13.81	14.47	14.61	16.52	19.30
		指数	0.80	0.83	0.85	0.89	0.97
	小学、本科及以上教师比	城市	0.44	0.49	0.50	0.56	0.56
		农村	0.12	0.15	0.18	0.28	0.35
		指数	0.27	0.31	0.36	0.50	0.63
	生均校舍面积（m^2）	城市	0.16	0.18	0.17	0.22	0.25
		农村	0.20	0.23	0.33	0.33	0.36
		指数	1.30	1.29	1.92	1.48	1.45

资料来源：曹艳春，王建云：《我国适度普惠型儿童福利体系构建及保障机制研究》，上海科学普及出版社 2016 年版，第 258 – 259 页。

儿童福利城乡一体化评价指数是从总体上反映中国城乡儿童福利现状的一种方法。中国城镇化的加快为儿童福利制度与服务体系的一体化奠定了良好的基础。但是，从政策法规、福利与服务机构或设施、现金支持等方面来看，城乡儿童福利与服务状况仍存在较为明显的差异。在政策法规方面，儿童福利制度与服务的相关政策法规并未明确倾向城市抑或是农村，但是就其政策发展而言仍体现为补缺型，政策资源较多用于补短板，倾向农村特殊儿童群体，如《国家贫困地区儿童发展规划（2014 – 2020 年）》、儿童福利示范项目、《国务院关于加强农村留守儿童[①]关爱保护工作的意见》等。其中，儿童福利示范项目为每个村设立了儿童福利主任，由他来了解掌握每个困境儿童的情况，为儿童及其家庭提供急需的福利支持，从而建立起深入村级、综合全面的儿童社会福利体系。[②] 为解决资

① 留守儿童是指父母双方或一方流动，留在原籍不能与父母双方共同生活在一起的儿童。农村留守儿童是指留守儿童中户籍所在地为农村的儿童。

② 联合国儿童基金会：《助福儿童》，http：//www. unicef. cn/campaign/201311cwa/。

源分散和村级服务断层的问题，2010 年以来由民政部、联合国儿童基金会、北京师范大学中国公益研究院联合实施。[①] 项目第一周期为五年，覆盖山西省、河南省、四川省、云南省和新疆维吾尔自治区 5 省区 12 县 120 个行政村，逐步惠及近 10 万名儿童。项目将儿童福利递送体系延伸到村（社区），探索出一套为所有儿童托底的基层儿童福利服务体系。2016 年试点将扩展到全国百县千村，为 50 余万名儿童提供福利服务，守护他们的童年。2015 年，该项目为 396 名无户籍儿童成功申请户籍，为 307 名大龄儿童申请到职业培训机会，为 147 名儿童申请到孤儿津贴，为 595 名儿童申请到最低生活保障金或困境儿童津贴，帮助 102 名辍学儿童返校，为 220 名儿童申请到教育补贴，为 288 名儿童申请到大病救助补贴，儿童之家共开展 2 600 余次活动，累计参与人次 5 万余人。[②] 在福利和服务机构或设施方面，城市儿童福利与服务机构或设施较农村丰富，但是农村儿童福利与服务机构或设施较为分散，数量较大。2014 年，全国城市公办幼儿园有 1.6 万所；农村公办幼儿园有 3.2 万所。[③] 在儿童福利与服务经费支出方面，城市儿童占据着优势地位。虽然儿童福利与服务经费支出未明确倾向于城市，但是从制度受益群体来看，城市往往是制度或服务试点的覆盖范围。以适度普惠型儿童社会福利制度试点为例，从试点地区的分布可以看出，第一批试点和第二批试点地区中涉及城市儿童的 38 个市、区，涉及农村的儿童的 12 个县。而其中以儿童补贴为代表的福利与服务经费支出大部分用于城市儿童。

城乡儿童福利制度与服务体系一体化是中国社会福利制度发展的趋势，可以从三个维度构建一体化的城乡儿童福利制度与服务体系。内容维度的一体化即城乡儿童福利与服务项目构成的统一。城乡儿童福利与服务内容体系的一体化是以城乡儿童福利与服务的需求为出发点的，是以生活性、发展性和幸福性福利与服务需求为依据的。城乡儿童福利与服务内容体系的一体化是福利与服务项目的协调一致发展，类似的福利项目对应类似的福利服务（见表 7 - 11）。

---

① 王振耀：《系统建设普惠型儿童福利体系：中国儿童福利政策报告 2015》，社会科学文献出版社 2016 年版，第 3 页。

② 联合国儿童基金会：《中国儿童福利示范项目年度报告 2015》，http：//www. unicef. cn/cn/index. php？ m = content&c = index&a = show&catid = 229&id = 4048。

③ 中华人民共和国国家统计局：《2014 年〈中国儿童发展纲要（2011 - 2020 年）〉实施情况统计报告》，http：//www. nwccw. gov. cn/2017 - 05/24/content_158091. htm。

表 7-11　　城乡儿童福利与服务内容体系

需求类型	城乡儿童福利项目	城乡儿童福利服务项目
生活性	生活福利、安全福利、健康照顾福利	计划生育服务、儿童权利保障服务、出生缺陷干预与卫生保健、母婴保健与妇幼保健、食品营养与体制发育服务、儿童家庭保护与家庭福利服务、意外伤害预防等
发展性	教育福利、工作福利	义务教育、学校卫生与学校保护服务、就业培训、职业技术教育、就业支援服务与生活技能训练等
幸福性	文体康乐福利、宜居环境福利	文体康乐服务、儿童司法保护服务、社会环境建设服务等

结构维度的一体化即城乡儿童福利与服务目标群体的一致。城乡儿童福利与服务结构体系的一体化是以相同的儿童福利群体作为福利与服务发展的依据。目前，中国儿童福利与服务涉及四类群体，如前文所述，具体包括孤儿、困境儿童、困境家庭儿童和普通儿童。城乡儿童福利与服务项目的提供应该保持同一群体内部结构的一致性。目前，孤儿基本生活费制度是城乡儿童福利与服务结构体系一体化的典型示范，孤儿基本生活费保持了地区内部城乡集中孤儿与散居孤儿津贴标准的一致性。2010 年，全国统一了孤儿最低养育标准，集中供养孤儿不低于每人每月 1 000 元，社会散居孤儿不低于每人每月 600 元；各省（自治区、直辖市）在民政部制定的孤儿最低养育标准基础上，根据各地区实际情况，科学确定孤儿生活津贴标准。虽然全国各省（自治区、直辖市）标准不一，但只要符合当地的经济发展水平、居民生活水平、物价水平等，这也是一体化的城乡孤儿基本生活费制度。

层次维度的一体化即城乡儿童福利与服务提供主体的均衡。城乡儿童福利与服务层次体系的一体化是不同的提供主体应该在城乡之间均衡配置儿童福利与服务资源。城乡儿童福利与服务资源的配置必须坚持政府主导的原则，在政府的统一规划和协调下进行。一是组织整合，政府要建立畅通的沟通渠道，引导政府部门对儿童福利与服务资源的分配，同时合理定位不同提供主体在城乡儿童福利与服务中的作用；二是功能整合，政府应该将各个提供主体功能边界与空间合理界定，但是又要保持相互配合、相互补充；三是行为整合，政府应该综合协调不同提供主体在儿童福利与服务供给中的筹集、传递行为，避免相互冲突现象或重复提供福利与服务现象。例如，贫困地区、特殊儿童等一直是儿童福利与服务供给的重点区域和人群，不同福利与服务供给主体重复提供相应的支持势必会对其他地区和儿童造成制度的不公平。

要重视和推进儿童福利制度与社会救助制度等的整合与衔接。儿童福利与社会救助制度内容体系的衔接，关键在于将领域或内容相似的项目连接，完成社会救助兜底功能的同时适当扩展相关的项目。首先，儿童货币性福利与最低生活保障、特困人员供养、临时救助的衔接。按照《社会救助暂行办法》，国家对共同生活的家庭成员人均收入低于当地最低生活保障标准，且符合当地最低生活保障家庭财产状况规定的家庭，给予最低生活保障；对获得最低生活保障后生活仍有困难未成年人，县级以上地方人民政府应当采取必要措施给予生活保障。儿童福利性津贴项目则是从儿童需求出发，从其生活质量考虑。在最低生活保障制度无法彻底兜底之时，通过儿童福利津贴项目的补充，较好地实现了制度的最大效能。儿童货币性福利项目与最低生活保障制度的衔接，在于最低生活保障制度家庭审计时对儿童生活性福利需求的评估，确保其制度资格；当其无法进入制度内，但生活状况仍困难时，帮助其链接儿童货币性福利项目未尝不是一个良好的制度选择。特困人员供养涵盖其法定赡养、抚养、扶养义务人无赡养、抚养、扶养能力的未满16周岁的未成年人，内容涉及提供基本生活条件。儿童货币性福利也能适度提高其基本生活条件，两者在项目上对接，让符合条件的未成年供养对象得到适当的儿童货币性福利改善其生活条件是现实可行的。临时救助涵盖生活暂时出现严重困难家庭的儿童、流浪乞讨儿童等，从项目功能来看，它与儿童货币性福利类似，主要是对儿童生活进行保障。儿童货币性福利与临时救助项目的对接，实质上就是确保受临时救助的儿童获得两项制度保障。

其次，儿童教育福利与教育救助的衔接。中国儿童教育福利主要涉及“两免一补”的义务教育为核心的基础教育福利、以助学金为特色的高中阶段（含中等职业教育）教育福利和以特殊儿童为对象的特殊教育福利。这基本上是一种适度普惠型福利或普惠型福利，它与教育救助的衔接在于对象资格条件的确认。按照《社会救助暂行办法》，国家对在义务教育阶段就学的最低生活保障家庭成员、特困供养人员，给予教育救助；对在高中教育（含中等职业教育）阶段就学的最低生活保障家庭成员、特困供养人员，以及不能入学接受义务教育的残疾儿童，根据实际情况给予适当教育救助。对于普惠型的义务教育和特殊教育福利而言，它们与教育救助的衔接就是确保教育救助的资格；对于适度普惠的高中阶段教育福利而言，儿童只有先成为教育救助对象，在享受福利时才具有优先资格。

再次，儿童健康福利与医疗救助的衔接。中国儿童健康福利多为预防性的福利，针对的人群主要是低龄儿童，从项目内容看，儿童健康福利与医疗救助应该有机衔接，但是从方式而言，两者衔接的空间较为狭小。按照《社会救助暂行办法》，医疗救助采取下列方式：对救助对象参加城镇居民基本医疗保险或者新型农村合作医疗的个人缴费部分，给予补贴；对救助对象经基本医疗保险、大病保险和其他补充医疗保险支付后，个人及其家庭难以承担的符合规定的基本医疗自负费用，给予补助。医疗救助主要是现金支持，儿童健康福利虽然有一些免费项目，但货币性健康福利范围多为常见性疾病的预防。从救助方式而言，儿童健康福利与医疗救助的衔接需要发展儿童健康福利的经济支持功能。

应推进儿童福利与社会救助制度的结构体系衔接，也就是目标对象的衔接，按照儿童类型与社会救助对象实现对接。首先，孤儿基本生活费与特困人员供养、最低生活保障的衔接。根据民政部制定了《特困人员认定办法》，未满 16 周岁的未成年人同时符合特困人员救助供养条件和孤儿认定条件的，应当纳入孤儿基本生活保障范围，不再认定为特困人员。孤儿基本生活费与特困人员供养衔接要解决的核心问题就是资格认定的问题，两个制度项目只能享受一项。孤儿基本生活费与最低生活保障的衔接主要是社会散居孤儿基本生活费与最低生活保障的衔接，涉及对象、政策、管理和工作的衔接。在对象衔接方面，社会散居孤儿符合条件申领基本生活费时，不能影响其本人及其家庭其他成员继续享受城乡低保、五保等社会救助政策。在政策衔接方面，应该明确出台相应的政策法规便于两个制度项目的衔接；在管理衔接方面，应该加强相应的资格审核动态调整，明确退出机制；在工作衔接方面，应该加强部门之间的信息沟通，建立信息共享平台。

其次，困境儿童补贴与最低生活保障的衔接。鉴于困境儿童补贴尚处于试点阶段，其与最低生活保障的衔接是较为困难的问题。各地困境儿童补贴具体做法不同，使得其与最低生活保障的衔接无法统一，但是就其基本的内容而言，在对象、标准、政策、管理和工作完成对接应该成为未来两者整合的基础。从对象衔接来看，困境儿童补贴对象资格的认定不应该与最低生活保障对象资格认定相冲突，两者是相对独立的；从标准衔接来看，困境儿童补贴的标准是以孤儿基本生活费或城乡最低生活保障制度的生活费标准为基础；从政策衔接来看，应该明确两者衔接的政策法规作为指导性文件；从管理衔接来看，在两项制度经管过程中实现信息共享是关键；从工作衔接来看，两者虽然属于不同的制度性质，但功能相同，为保障困境儿童的基本生活，两项制度的管理需要明确责任部门或统一责任部门。

儿童福利与社会救助制度层次体系的衔接，也就是制度主体责任的明确，即监护人责任、政府责任和社会责任的衔接。社会救助制度主要体现的是政府责任，政府承担了对儿童基本生活的保障，出台了相关的政策法规、提供了相关的制度资源。面对毫无民事行为能力的儿童，其监护人应该为其提供获取这些资源的途径。当社会救助制度不能有效解决儿童基本生活所需，儿童社会福利应该凸显其提高生活质量的作用。在儿童社会福利中，更多体现的是共同责任。政府主导儿童福利的供给，监护人协助儿童获取福利资源，社会主体分担儿童福利的提供，并监督儿童福利的供给。

四、妇女生育福利制度与服务体系的完善

关注妇女生育福利与服务的需求力，也就是关注育龄妇女的福利与服务需求。2014 年，孕产妇住院分娩率继续保持较高水平，达到 99.6%。[①] 对于育龄妇女而言，住院床位是满足其生育需要的最为直接的设施保障。截至 2015 年底，中国平均育龄妇女人数为 5 667 870。育龄妇女一旦面临生育问题，必然要求相应的生育福利与服务。但是中国现有的妇女生育福利与服务供给水平较为有限，妇女生育福利与服务的承受力较为单薄。从相关福利机构或设施来看，生育相关的床位远不能满足庞大的育龄妇女需求。截至 2015 年底，中国妇幼保健院（所、站）床位数 19.54 万张，医院床位数 533.06 万张。[②] 妇幼保健院（所、站）床位数与育龄妇女数量相比，存在很大空缺。即使算上医院床位数，不考虑其他病患的需求，医院床位也难以有效满足育龄妇女的生育需求。从政策法规来看，中国与妇女生育福利与服务相关的政策法规非常有限。2010 年以前中国陆续出台了妇女生育福利与服务相关的政策法规，2010 年以后仅仅 4 部相关的政策法规。2012 年 4 月《女职工劳动保护特别规定》颁布实施，法定产假时间由原来的 90 天延长到 98 天，妇女享有生育保障的待遇不断提高。[③]

我国妇女生育福利与服务资源的配置力较为单薄。中国妇女生育福利与服务责任单位主要是民政部、国家卫生计生委，妇女生育福利与服务在民政部相关政务中较少涉及，国家卫生计生委主要涉及计划生育相关服务的供给。提升妇女生育福利与服务资源的配置力关键在于与生育保险的良好衔接，各责任单位分工的明确。

妇女生育福利制度与服务体系的完善，在于关注妇女生育福利与服务的需求力，重视妇女生育福利与服务的承受力，提升妇女生育福利与服务资源的配置

---

① 中华人民共和国国家统计局：《2014 年〈中国妇女发展纲要（2011－2020 年）〉实施情况统计报告》，http：//www.nwccw.gov.cn/2017－05/24/content_163726.htm。

② 中华人民共和国国家统计局：《中国统计年鉴》，http：//data.stats.gov.cn/easyquery.htm？cn＝C01&zb＝A0O05&sj＝2015。

③ 中华人民共和国国务院新闻办公室：《中国性别平等与妇女发展》，http：//www.nwccw.gov.cn/2017－05/22/content_157471.htm。

力，提升妇女生育福利与服务资源的获得力。妇女生育福利制度与服务体系的完善，在于建立妇女生育福利制度和服务内容体系，适当发展结构体系，并关注层次体系。妇女生育福利制度内容体系是妇女生育福利的项目构成，理清与妇女生育相关的项目内容有利于更好地保护妇女的生育功能。按照供给内容划分，妇女生育福利制度包括各种与妇女生育相关的货币福利项目和实物福利项目，如妇女生育津贴、妇女生育带薪假期、妇女福利设施等；按照供给过程划分，妇女生育福利制度包括生育前福利项目、生育福利项目、生育后福利项目，如婚前保健、孕产期保健、孕后带薪假期等。无论怎么的项目划分，关键在于明确的项目构成，这是妇女生育福利制度内容体系构建的基础。目前，中国现有的妇女生育福利已经具备了政策法规保障，但是缺乏明确的项目构成。2005 年 8 月 28 日，《全国人民代表大会常务委员会关于修改〈中华人民共和国妇女权益保障法〉的决定》通过，明确提出：国家发展社会福利，保障妇女享有社会福利权益。此外，有很多与妇女生育相关的规定。

除了内容体系的建立，妇女生育福利制度应适当发展结构体系，关注不同类型妇女的不同生育需求。目前，妇女生育福利制度关注了贫困妇女的生育需求，对其实施适当的生育救助，也关注了符合计划生育要求妇女的生育需求，对其进行了适当的奖励。在适当发展妇女生育福利制度结构体系的同时，也应该关注层次体系。政府虽然主导了妇女生育福利的提供，但其他妇女生育福利供给主体应该多元化，并明确责任分工。

第四节　残疾人福利制度与服务体系的整合与完善

一、残疾人福利制度的完善

残疾人的福利需求包括以基本生活、康复为主要内容的生活性福利需求，以教育和劳动就业为主要内容的发展性福利需求和以文化体育、环境为主要内容的幸福性福利需求。截至 2016 年底，全国持证残疾人 3 219. 4 万人。面对如此庞大的残疾人群需求，中国残疾人福利制度已经形成清晰的内容体系。从生活性福利需求而言，其政策法规涉及困难残疾人生活补贴、残疾人护理补贴、助残扶贫、康复等；从发展性福利需求而言，其政策法规涉及残疾人教育、残疾人就业、残疾人辅助性就业机构扶持、福利企业相关规定等；从幸福性福利需求而言，其政策法规涉及残疾人文化建设、残疾人小康进程、无障碍环境建设等。

除了政策法规支持以外，中国残疾人福利供给还包括提供社会福利资金、兴办社会福利设施。对残疾人的福利资金支持，主要是通过残疾人两项补贴和福利项目供给。国务院出台《关于全面建立困难残疾人生活补贴和重度残疾人护理补贴制度的意见》，决定自2016年1月1日起，在全国范围内实施困难残疾人生活补贴和重度残疾人护理补贴制度。2017年6月22日，民政部办公厅发布《残疾人两项补贴信息平台建设规范》，加强残疾人两项补贴制度的信息化建设。针对困难残疾人，中国还通过残疾人扶贫项目提供资金支持。2016年，康复扶贫贴息贷款扶持2.2万农村残疾人，完成8.2万户农村贫困残疾人危房改造，各地投入危房资金8.9亿元。① 与此同时，中国政府每年还通过彩票公益金支持残疾人福利。2016年，财政部批复民政部彩票公益金本级项目预算17 104万元，用于民政部本级直接实施或者采取向社会力量购买服务等形式开展残疾人福利项目资金达4 752万元。② 此外，残疾人事业专项彩票公益金助学项目的实施，有效满足了残疾人教育需求。2016年，该项目为全国1.4万余人次家庭经济困难的残疾儿童享受普惠性学前教育提供资助，同时，各地也多渠道争取资金支持，对2 607名残疾儿童给予学前教育资助。

在残疾人福利设施建设方面，针对不同的福利需求，中国残疾人福利机构或设施较为丰富。截至2016年底，在生活方面，残疾人扶贫基地达到7 111个；在康复方面，全国已有残疾人康复机构7 858个，其中，残联办康复机构3 049个；在教育方面，全国共有特殊教育普通高中班（部）111个，残疾人中等职业学校（班）118个，全国有9 592名残疾人被普通高等院校录取，1 941名残疾人进入高等特殊教育学院学习；在就业方面，保健按摩机构达到18 605个，医疗按摩机构达到1 211个；在文化方面，全国省地县三级公共图书馆共设立盲文及盲文有声读物阅览室850个；在维权方面，全国成立残疾人法律救助工作协调机构1 921个，建立残疾人法律救助工作站1 670个；在无障碍建设方面，1 623个市、县、区系统开展无障碍建设，为93万户残疾人家庭实施了无障碍改造，其中包括13万户贫困重度残疾人。③

从残疾人福利需求力和福利资源承受力来看，中国残疾人福利制度通过较为丰富的项目内容较为有效地满足了残疾人的各种福利需求。但是残疾的程度和类

---

① 中国残疾人联合会：《2016年中国残疾人事业发展统计公报》，http：//www.cdpf.org.cn/zcwj/zxwj/201703/t20170331_587445.shtml。

② 《民政部2016年度彩票公益金使用情况公告》，http：//xxgk.mca.gov.cn：8081/n1360/143139.html。

③ 中国残疾人联合会：《2016年中国残疾人事业发展统计公报》，http：//www.cdpf.org.cn/zcwj/zxwj/201703/t20170331_587445.shtml。

型在现有的残疾人福利供给中未能凸显出差异性。现有的残疾人福利制度项目涉及了困难残疾人和重度残疾人，这也凸显了适度普惠型社会福利制度的特点，但是其他类型残疾人的福利则受到限制。残疾人福利制度的完善在于依据残疾人的不同福利需求健全残疾人福利制度内容，而残疾人的不同类型使得其福利需求也表现得更有差异，如何让现有福利制度覆盖残疾人福利需求更为细致将是完善的一个方向。同时，不同残疾类型其残疾程度，对生活的影响程度也不同，如何凸显出差别性的平等，也将是残疾人福利制度完善的另一个方向。

从残疾人福利资源的获得力来看，中国残疾人对福利资源的幸福感逐年提升，其对福利资源的获得力也在逐年提高。2007 年，中国开始对残疾人小康进行监测，到 2013 年，残疾人生活状况得到较大改善，残疾人小康指数已达 71.1%，[①] 从 2007 年上升了 24.3%。残疾人生活性福利资源获得状况良好，但是发展性福利资源和幸福性福利资源获得力较弱，尤其是发展性福利资源。2013 年度，残疾人发展状况指数为 56.6%，残疾人发展状况水平仍然较低，其中，残疾人就业形势严峻，城镇残疾人登记失业率高达 10.8%，实际失业率不止如此，这不仅直接影响残疾人的生活状况，也制约了残疾人全面参与社会生活。[②]

残疾人福利制度的完善还在于稳定生活性福利资源配置力，提升残疾人发展性和幸福性福利资源的配置力，尤其是发展性福利资源，它是残疾人基本生活的保障，也是独立自力的前提。提升残疾人福利资源的配置力，也就是提升残疾人福利资源的传递效果。政府针对残疾人需求提供了很多好的政策环境，生活性福利资源的传递目标对象明确且重点突出，但其覆盖对象仍需慢慢扩展。提升发展性福利资源配置力，在于资源配置组织的整合、功能的整合和行为的整合。残疾人发展性福利资源的配置由中国残疾人联合会、劳动与社会保障部、民政部等部门主导，其应该做好相应的政策制定与宣传；福利企业、学校等福利传递主体应该创造条件以利于残疾人发展性福利资源的获取；作为福利客体的残疾人本身，也应该积极发挥自主能动性，主动通过正式程序获取相应的福利资源。提升幸福性福利资源配置力，在于社会整体无障碍环境的建设、社会民众对残疾人的尊重。

二、残疾人服务体系的完善

与残疾人福利需求相对应，残疾人福利服务需求也包括生活性福利服务需求、发展性福利服务需求和幸福性福利服务需求。具体就是以基本生活、康复、住房为

①② 中国残疾人联合会：《2013 年度残疾人状况及小康进程监测报告》，http：//www.cdpf.org.cn/sjzx/jcbg/201408/t20140812_411000.shtml。

主要内容的生活性福利服务需求，以教育和就业为主要内容的发展性福利服务需求和以文化体育和无障碍建设为主要内容的幸福性福利服务需求。针对这些残疾人福利服务需求，中国政府一直致力于各种福利服务供给。2014 年 4 月 23 日，财政部、民政部、住房和城乡建设部、人力资源社会保障部、国家卫生和计划生育委员会、中国残疾人联合会发布《关于做好政府购买残疾人服务试点工作的意见》，标志着中国残疾人服务供给进入试点阶段。该《意见》明确提出：力争到 2020 年，在全国基本建立比较完善的政府购买残疾人服务机制，形成残疾人公共服务资源高效配置的服务体系和供给体系，显著提高残疾人公共服务水平和质量。同时，该《意见》明确了残疾人服务的基本内容，试点阶段中国残疾人服务包括残疾人康复辅具配置（辅助器具适配）服务、残疾儿童抢救性康复服务、残疾人照料服务、残疾人就业培训与岗位提供服务和残疾人家庭无障碍改造服务。

2014 年 9 月 3 日，中国残联办公厅印发《政府购买残疾人服务试点工作实施方案》提出残疾人服务建设三步走：2014 年 12 月底前，各省（自治区、直辖市）全面启动试点工作；2015 年 12 月底前，各省（自治区、直辖市）加快实施进度，认真总结试点经验，完善试点工作；2016 – 2020 年，各省（自治区、直辖市）在试点工作基础上，逐年扩大试点范围，力争实现在区域内全面推行政府购买残疾人服务工作。该《实施方案》提出了明确的残疾人服务发展的时间节点，为中国残疾人服务推进明确了方向。在上述《意见》和《实施方案》的指导下，中国各地政府也开始积极的探索购买残疾人服务。截至 2015 年 5 月 15 日，中国 17 个省市区政府购买残疾人服务试点取得初步成效。在试点的基础上，中国残疾人服务也在适度扩展项目内容，初步形成了基本的内容体系。从 2016 – 2020 年中国残疾人公共服务项目定位来看，基本涵盖了生活性福利服务、发展性福利服务和幸福性福利服务（见表 7 – 12）。

表 7 – 12　　2016 – 2020 年中国残疾人服务主要内容

服务类型	服务项目	服务对象	服务指导标准	支出责任	牵头负责单位
生活性福利服务	残疾人基本住房	残疾人	对符合基本住房保障条件的城镇残疾人家庭给予优先轮候、优先选房等政策；同等条件下优先为经济困难的残疾人家庭实施农村危房改造，完成农村贫困残疾人家庭存量危房改造任务	由地方人民政府负责，中央财政安排补助资金、地方财政给予资金支持、个人自筹等相结合	住房城乡建设部、中国残联

续表

服务类型	服务项目	服务对象	服务指导标准	支出责任	牵头负责单位
生活性福利服务	残疾人托养服务	就业年龄段智力、精神及重度肢体残疾人	支持日间照料机构和专业托养服务机构为100万残疾人提供护理照料、生活自理能力和社会适应能力训练、职业康复、劳动技能培训、辅助性就业等服务	地方人民政府负责，中央财政适当补助	中国残联、财政部
	残疾人康复	有康复需求的持证残疾人、残疾儿童	提供康复建档、评估、训练、心理疏导、护理、生活照料、辅具适配、咨询、指导和转介等基本康复服务；开展残疾儿童康复救助，逐步为0－6岁视力、听力、言语、智力、肢体残疾儿童和孤独症儿童免费提供手术、辅助器具配置和康复训练等服务	地方人民政府负责，中央财政适当补助	中国残联、国家卫生计生委、民政部
发展性福利服务	残疾人教育	残疾儿童、青少年	逐步为家庭经济困难的残疾学生提供包括义务教育、高中阶段教育在内的12年免费教育；对残疾儿童普惠性学前教育予以资助；对残疾学生特殊学习用品、教育训练、交通费等予以补助	地方人民政府负责，中央财政适当补助	财政部、教育部、中国残联
	残疾人职业培训和就业服务	有劳动能力和就业意愿的城乡残疾人	各级公共就业服务机构及残疾人就业服务机构按规定为城镇残疾人提供有针对性的职业技能培训、岗位技能提升培训、创业培训等就业创业服务；为50万中西部地区农村贫困残疾人提供农业实用技术培训	地方人民政府负责，中央财政适当补助	中国残联、人力资源社会保障部、农业部

续表

服务类型	服务项目	服务对象	服务指导标准	支出责任	牵头负责单位
幸福性福利服务	残疾人文化体育	残疾人	能够收看到有字幕或手语的电视节目，在公共图书馆得到盲文和有声读物等阅读服务；为基层残疾人体育活动场所和残疾人综合服务设施配置适宜的器材器械	地方人民政府负责，中央财政适当补助	中国残联、文化部、新闻出版广电总局、体育总局
	无障碍环境支持	残疾人、老年人等	推进公共场所和设施无障碍改造；对贫困重度残疾人家庭继续开展无障碍改造；逐步开展互联网和移动互联网无障碍信息服务	地方人民政府负责	住房城乡建设部、工业和信息化部、中国残联

资料来源：《国务院关于印发“十三五”推进基本公共服务均等化规划的通知》，http://www.gov.cn/zhengce/content/2017－03/01/content_5172013.htm。

中国残疾人服务内容体系发展的同时，结构体系也在逐步发展，尤其是生活性福利服务中的康复服务，凸显了不同类型残疾人的福利服务需求。通过精准康复服务，不同类型残疾人得到了不同福利服务项目（见表7－13）。

表7－13　　2016年中国残疾人接受精准康复服务情况　　单位：万人

残疾人类型	服务项目	人数	总计
视力残疾人	白内障复明手术、辅助器具适配、定向行走及支持性服务	21.5	40.0
	辅助器具适配及视功能训练服务	18.5	
听力残疾人	0－6岁残疾儿童得到人工耳蜗植入手术、助听器适配、听觉言语功能训练及家长支持性服务	2.0	18.5
	7－17岁残疾儿童得到辅助器具适配及家长支持性服务	1.5	
	成年残疾人得到辅助器具适配及适应性训练服务	15.0	

续表

残疾人类型	服务项目	人数	总计
肢体残疾人	0－6岁残疾儿童得到矫治手术、辅助器具适配、运动及适应训练、家长支持性服务	5.0	135.7
	7岁及以上残疾人得到辅助器具适配、康复治疗及训练、重度残疾人支持性服务	130.7	
智力残疾人	0－6岁残疾儿童得到认知及适应训练、支持性服务	5.6	23.1
	7－17岁残疾儿童及成人得到认知及适应训练、支持性服务	17.5	
精神残疾人	0－6岁孤独症儿童得到沟通及适应训练、支持性服务	1.8	62.6
	7－17岁孤独症儿童得到沟通及适应训练、支持性服务	1.4	
	成年精神残疾人得到精神疾病治疗、精神障碍作业疗法训练或支持性服务	59.4	

资料来源：根据中国残疾人联合会《2016年中国残疾人事业发展统计公报》相关内容制表，http：//www.cdpf.org.cn/zcwj/zxwj/201703/t20170331_587445.shtml。

虽然中国残疾人服务体系在快速发展，但是从服务的需求和供给来看，仍然存在急需完善之处，也就是服务需求和供给的不均衡性。从残疾人服务资源的获得力可以看出，中国残疾人服务供给已经较好地满足了残疾人的各种福利服务需求，但覆盖面仍较为有限。截至2016年底，279.9万名残疾儿童及持证残疾人得到基本康复服务，其中，视力残疾人40.0万名，听力残疾人18.5万名，肢体残疾人135.7万名，智力残疾人23.1万名，精神残疾人62.6万名；城乡持证残疾人就业人数为896.1万人；20.4万残疾人提供了托养服务，接受居家服务的残疾人达到83.8万人；87.8万人通过扶贫开发实际脱贫；接受实用技术培训的残疾人达到75.6万人次。而截至2016年底，全国残疾人人口基础数据库入库持证残疾人3 219.4万人。[①] 相对于残疾人总数而言，获取残疾人服务资源的人数毕竟是有限的。而且这一残疾人总数只是持证的，如果按照第六次全国人口普查我国总人口数及第二次全国残疾人抽样调查，我国残疾人占全国总人口的比例和各类

① 中国残疾人联合会：《2016年中国残疾人事业发展统计公报》，http：//www.cdpf.org.cn/zcwj/zxwj/201703/t20170331_587445.shtml。

残疾人占残疾人总人数的比例推算，2010 年末我国残疾人总人数 8 502 万人。①

从残疾人对福利服务资源的整体获得力而言，现阶段的残疾人服务体系急需完善，而完善的关键在于提升残疾人服务资源的配置力。长期以来，在补缺型福利供给过程中，残疾人福利服务更多体现为对重度残疾或困难残疾人群的关注。要体现残疾人福利服务的普惠型，转变资源配置理念，朝服务均等化方向迈进。同时，明确配置主体责任。政府、个人和社会在残疾人福利服务资源配置中要明确分工。政府一直是福利服务供给的主导，其主要承担政策法规的制定，相应的制度安排和部门协调工作；个人应该改变消极福利观念，积极参与社会生活，主动获取残疾人福利服务资源改善自己的生活状态；社会在协助传递残疾人福利服务过程中，应该充分体现责任分担。企业应该发挥残疾人福利资源筹集的功能，非政府组织应该发挥其提供专业服务和技巧的功能，社区应该为残疾人福利服务提供有效载体，社会其他个人应该主动参与相关的志愿服务供给。

三、残疾人福利服务与其他社会保障制度的衔接

残疾人福利服务与社会救助制度的衔接。残疾人基本住房服务与住房救助的衔接主要是对象和工作的衔接。残疾人基本住房服务是对符合基本住房保障条件的城镇残疾人家庭给予优先轮候、优先选房等政策；同等条件下优先为经济困难的残疾人家庭实施农村危房改造，完成农村贫困残疾人家庭存量危房改造任务。②按照《社会救助暂行办法》，住房救助通过配租公共租赁住房、发放住房租赁补贴、农村危房改造等方式实施。残疾人基本住房服务与住房救助内容和方式都是一致的，只是一个侧重劳务支持，一个侧重实物或现金支持。在对象衔接方面，符合住房救助资格的残疾人可以享受残疾人基本住房服务；在工作衔接方面，住房救助的审核实施部门应该将住房救助与残疾人基本住房服务有机结合。

残疾人托养服务与最低生活保障、特困人员供养的衔接。残疾人托养服务目标人群与最低生活保障和特困人员目标对象交叉性较高，它们之间的衔接也主要是对象、管理和工作的衔接。在对象衔接方面，确定三者对象是否重叠，针对重叠的人群在其享受最低生活保障和特困人员供养的同时提供残疾人托养服务；在管理衔接方面，服务供给主体与救助制度供给主体不一致，在对残疾人目标群体进行管理的过程中，应该建立协商沟通的平台，实现信息互通；在工作衔接方

① 中国残疾人联合会网站：《2010 年末全国残疾人总数及各类、不同残疾等级人数》，http：//www. cdpf. org. cn/sjzx/cjrgk/201206/t20120626_387581. shtml。

② 《国务院关于印发“十三五”推进基本公共服务均等化规划的通知》，http：//www. gov. cn/zhengce/content/2017 -03/01/content_5172013. htm。

面，服务供给主体与救助制度供给主体在具体实施操作过程中，应该加强相关工作人员的沟通。

残疾人康复服务与医疗救助的衔接。残疾人康复服务与医疗救助的衔接在于对象和主体的衔接。在对象衔接方面，涉及两部分人群，即有康复需求的持证残疾人、0－6岁残疾儿童，明确其医疗救助资格后提供残疾人康复服务即可完成两者的对接；在主体衔接方面，明确残疾人康复服务供给主体，让其与医疗救助办理部门建立沟通协调机制，完成两者的对接。

残疾人教育服务与教育救助的衔接。教育救助主要是针对义务教育和高中阶段教育的儿童，残疾人教育服务与教育救助的衔接主要是在残疾人教育服务对象中关注教育救助群体，确保交叉的残疾人群体享有了相关服务与救助。残疾人教育服务与教育救助的衔接主要是对象衔接。在对象衔接方面，从残疾人教育服务对象中确保教育救助对象。

残疾人福利服务与社会保险制度的衔接。首先，残疾人托养服务与养老保险的衔接。作为残疾人托养服务的目标人群，就业年龄段智力、精神及重度肢体残疾人参加了基本养老保险的，涉及制度衔接问题，其衔接的内容涉及基本养老保险能否具有优先或优惠资格条件、其能否享受现期给付的待遇，这些都是值得探究的问题。就目前而言，两者的衔接只涉及达到领取基本养老金的残疾人和享受残疾人托养服务残疾人的交叉人群。在工作衔接方面，相关实施主体应该保证这部分残疾人享有现金支持的同时享受残疾人托养服务。其次，残疾人康复服务与医疗保险的衔接，在于对象和内容的衔接。在对象衔接方面，确定基本医疗保险参保残疾人与残疾人康复服务的交叉人群；在内容衔接方面，确保享受基本医疗保险的参保残疾人享有适当的残疾人康复服务。最后，残疾人职业培训和就业服务与失业保险的衔接。残疾人职业培训和就业服务是针对有劳动能力和就业意愿的城乡残疾人，各级公共就业服务机构及残疾人就业服务机构按规定为城镇残疾人提供有针对性的职业技能培训、岗位技能提升培训、创业培训等就业创业服务；为中西部地区农村贫困残疾人提供农业实用技术培训。[①] 残疾人职业培训和就业服务与失业保险的衔接在于明确程序，领取失业保险金的残疾人，办理相关登记手续时应该积极接受了职业培训和就业服务。

残疾人福利服务与其他社会福利制度的衔接。残疾人福利服务与其他社会福利制度的衔接，涉及老年人福利、妇女福利、儿童福利。在这些特殊人群福利中都涉及残疾人群体，而残疾人福利服务与这些福利制度的衔接也就是福利

---

① 《国务院关于印发“十三五”推进基本公共服务均等化规划的通知》，http：//www.gov.cn/zhengce/content/2017－03/01/content_5172013.htm。

与服务的衔接。当涉及残疾老年人、妇女、儿童时，提供福利与服务时要考虑特殊人群需求的同时重视残疾人群独特的需求。同时，当福利与服务对象重叠或交叉时，在衔接的时候，应该建立各种福利与服务的信息共享平台。但这种平台不应该成为削减残疾人整体福利的工具，只是作为了解福利与服务供给状况的载体。残疾人群的福利与服务由于其特殊性可以在现有老年福利、妇女福利、儿童福利基础上有所提升，这也是体现福利供给差别性公平的实现路径。

四、城乡残疾人福利制度与服务体系的一体化

城乡残疾人福利制度与服务体系的一体化是符合中国社会福利制度发展规律的，是体现底线公平的有效措施。中国城乡残疾人福利与服务存在不均衡性。从生活性、发展性和幸福性福利与服务状况来看，残疾人福利制度与服务体系存在城乡分隔现象。从生活福利与服务来看，城乡残疾人基本生活稳定，基本生活需求得到了有效保障，城镇残疾人生活状况较农村残疾人而言相对较好。2013 年度，城镇残疾人家庭人均可支配收入 15 851. 4 元，农村残疾人家庭人均纯收入 7 829. 9 元；城镇残疾人家庭人均消费性支出为 9 674. 5 元，农村残疾人家庭人均消费性支出为 5 788. 8 元，其中人均消费性支出排在前三位的依次是食品支出、医疗保健支出和居住支出。[①] 从住房福利与服务来看，城乡住房福利与服务涉及对符合基本住房保障条件的城镇残疾人家庭给予优先轮候、优先选房等政策；同等条件下优先为经济困难的残疾人家庭实施农村危房改造，完成农村贫困残疾人家庭存量危房改造任务。目前，城乡残疾人住房条件有所改善。2013 年度，残疾人家庭人均住房面积指数为 82. 3%，城镇残疾人家庭人均住房面积为 18. 9 平方米，农村残疾人家庭人均住房面积为 23. 9 平方米。[②] 从康复福利与服务来看，城乡残疾人接受过康复服务的比例较低，城镇残疾人接受过康复服务的比例普遍高于农村残疾人。残疾人康复服务涉及治疗与康复训练、辅助器具配置、心理疏导、康复知识普及、诊断和需求评估、居家服务、日间照料及托养、残疾人及亲友培训、随访和评估服务和其他康复服务，2007 – 2013 年城乡残疾人接受康复服务的比例日趋增加，但普遍比例较低。在各项康复服务内容中，城乡残疾人较重视康复知识普及和治疗与康复训练（见表 7 – 14）。

---

①② 中国残疾人联合会：《2013 年度残疾人状况及小康进程监测报告》，http：//www. cdpf. org. cn/sjzx/jcbg/201408/t20140812_411000. shtml。

表 7－14　2007－2013 年城乡残疾人接受过各项康复服务比例　单位：%

	2007 年		2008 年		2009 年		2010 年		2011 年		2012 年		2013 年	
	城镇	农村	城镇	农村	城镇	农村	城镇	农村	城镇	农村	城镇	农村	城镇	农村
治疗与康复训练	13.8	8.4	15.5	9.0	13.0	9.5	14.1	13.3	15.6	12.7	24.5	18.7	27.1	22.1
辅助器具配置	7.6	3.0	9.1	4.4	8.4	3.9	11.5	6.7	12.3	7.3	18.4	12.8	20.7	14.9
心理疏导	6.1	3.6	10.0	4.6	6.4	4.5	7.0	6.6	8.8	8.0	15.6	11.8	16.4	13.1
康复知识普及	10.5	3.6	14.8	4.9	11.9	4.7	18.1	11.4	24.0	15.7	35.4	24.1	37.4	29.1
诊断和需求评估	—	—	—	—	—	—	—	—	12.4	16.1	13.7	10.4	13.6	12.1
居家服务、日间照料与托养	—	—	—	—	—	—	—	—	11.9	11.8	14.2	13.8	13.5	14.6
残疾人及亲友培训	—	—	—	—	—	—	—	—	3.0	3.6	7.2	6.0	8.3	6.5
随访和评估服务	—	—	—	—	—	—	—	—	4.6	5.0	10.9	11.6	13.4	11.7
其他康复服务	—	—	—	—	—	—	—	—	11.4	11.4	18.2	19.8	21.5	25.3
至少参加过一项康复服务	29.5	15.7	36.6	19.2	29.8	19.3	38.5	30.8	51.4	45.4	63.0	52.6	64.8	56.1

资料来源：根据中国残疾人联合会《2013 年度残疾人状况及小康进程监测报告》相关内容制表。

从教育福利与服务来看，残疾人教育福利与服务涉及为家庭经济困难的残疾学生提供包括义务教育、高中阶段教育在内的 12 年免费教育；对残疾儿童普惠性学前教育予以资助；对残疾学生特殊学习用品、教育训练、交通费等予以补助。目前，城乡残疾人义务教育普及率不太理想。2013 年，全国 6－14 岁残疾儿童接受义务教育的比例为 72.7%，还有 27.3% 的学龄残疾儿童没有接受义务教育，而全国非残疾学龄儿童基本上都接受义务教育，二者差距较大。①

从就业福利与服务来看，残疾人除了享有一般的职业福利外，在就业上享有更多的扶持政策。残疾人就业形式包括按比例就业、集中就业、扶持创业带头人工程、公益岗位就业工程、社区居家与辅助性就业、扶持盲人按摩业发展、劳动就业和毕业生就业。2013 年，劳动年龄段生活能够自理的城镇残疾人就业比例为 37.3%，农村为 47.3%；在生活能自理的 18 到 59 岁的男性和 18 到 54 岁的女性残疾人中，未就业原因中排在前三位的是：城镇依次为丧失劳动能力（占 29.4%）、离退休（占 20.6%）、其他原因（占 20.2%）；农村依次为丧失劳动能力（占 34.7%）、其他原因（占 29.6%）、料理家务（占 28.0%）。城乡残疾

① 中国残疾人联合会：《2013 年度残疾人状况及小康进程监测报告》，http：//www.cdpf.org.cn/sjzx/jcbg/201408/t20140812_411000.shtml。

人就业福利基本相似的前提下，农村残疾人的就业状况比城镇残疾人的稍好。

从文化康乐福利与服务来看，城镇残疾人文化康乐活动较农村丰富，但是城乡残疾人对文化康乐福利的重视程度并不高。2013 年，全国残疾人经常参加社区文化、体育活动的比例仅为 8.2%，其中城镇残疾人经常参加社区文体活动的比例为 10.4%，农村残疾人经常参加社区文体活动的比例为 7.5%。

从宜居环境福利与服务来看，残疾人宜居环境福利与服务涉及社会环境的改善与建设、残疾人无障碍设施建设与服务、残疾人社会保护等。中国城乡残疾人宜居环境福利与服务持续改善，城乡虽有差别，但各有优劣。2007－2013 年，城镇残疾人对无障碍设施和服务表示非常满意或满意的比例持续上升，2013 年满意度达到 84.6%；在接受过法律服务的残疾人家庭中，感到非常满意或满意的家庭比例有所下降，2013 年为 87.2%；在接受过法律援助或司法救助的残疾人家庭中，持非常满意或满意态度的比例为 84.6%。

从残疾人托养服务来看，城乡残疾人依托于社区进行。城乡残疾人对社区服务的满意度直接反映其对托养服务的感知状况。2013 年，残疾人接受社区服务的比例由上年度的 43.6% 上升至 44.3%，其中城镇残疾人接受社区服务的比例从 52.3% 提高到 52.6%，农村由 40.7% 提高到 41.5%。① 城镇残疾人接受社区服务的比例稍高于农村，城镇残疾人较农村残疾人而言对托养服务的认可度稍高。

城乡残疾人福利制度与服务体系一体化包括内容维度、结构维度和层次维度的统一。内容体系的一体化主要是城乡残疾人福利与服务项目构成的一致。城乡残疾人福利与服务项目内容是以残疾人的福利与服务需求为依据的，中国残疾人福利与服务内容体系基本框架已经形成。按照生活性、发展性和幸福性福利与服务需求，城乡残疾人福利与服务涵盖三个层面九个方面。城乡残疾人福利与服务内容体系的一体化就是残疾人福利制度与服务项目的一致发展，也是城乡残疾人福利与服务项目的均衡发展（见表 7－15）。

表 7－15　　　　中国城乡残疾人福利与服务内容体系

需求类型	残疾人福利	残疾人福利服务
生活性福利与服务需求	基本生活、住房、医疗康复	基本生活服务、康复服务、住房服务
发展性福利与服务需求	教育、就业	教育服务、职业培训和就业服务
幸福性福利与服务需求	文体康乐、宜居环境	文体康乐服务、托养服务、无障碍环境支持、社会保护

① 中国残疾人联合会：《2013 年度残疾人状况及小康进程监测报告》，http：//www.cdpf.org.cn/sjzx/jcbg/201408/t20140812_411000.shtml。

结构体系的一体化主要是城乡残疾人福利与服务目标群体的统一。残疾人群体的划分基本形成统一的标准，按照经济困难情况和残疾程度划分。无论何种划分标准，应该使城乡残疾人福利与服务项目对残疾人群体的覆盖是统一的。城乡视力残疾、听力残疾、言语残疾、肢体残疾、智力残疾、精神残疾、多重残疾人在福利与服务享有方面应该遵循统一的福利标准和内容，但是因为残疾类型不同其福利与服务需求有所差别，在不同残疾群体之间应该提供差别性福利与服务。如果实行不同的标准，应该明确各种残疾的差别以及明确标准制定的依据。但是以残疾等级人数来划分的话，重度残疾、中度和轻度残疾人由于残疾对生活造成的影响程度不同，就其福利标准而言应该是差别性的统一，就其服务内容而言也是不同的，但应该遵照残疾人的独特福利与服务需求。

层次体系的一体化主要是城乡残疾人福利与服务提供主体的均衡。城乡残疾人福利与服务供给中，政府、市场、社会和个人都相应承担了各自的责任。作为资源配置的主体，政府应该主导城乡残疾人福利与服务资源的配置，引导城乡残疾人福利与服务资源均衡配置。

第八章

社会保障管理体制整合与机制完善的重大问题

第一节　从财政补贴到社会保障预算管理

一、提升财政补贴的公平性

健全的社会保障制度是市场经济体制得以存在和正常运转的基本条件，而作为市场型的公共财政的基本功能之一，就是支持社会保障制度的建立。财政资金是社会保障资金的重要来源甚至是主要来源渠道，政府对社会保障所承担的责任也主要是通过财政供款来体现，财政在社会保障制度发展进程中担负着重要的责任，而中国政府社会保障财政责任不清甚至有些混乱的现状，严重制约着社会保障制度的完善，因此，社会保障制度整合与体系完善的改革必然带来对政府财政补贴公平性的要求。

目前中国的社会保障支出分为预算内和预算外两部分。预算内的社会保障支出主要包括小口径的就业与社会保障支出，主要是针对社会救助支出和社会福利支出，预算外的社会保障支出主要是政府举办的五大社会保险支出，包括养老、医疗、失业、工伤和生育保险支出，这部分社会保险支出目前不纳入国家预算，但要纳入财政专户管理。中国的社会保障制度目前还很不健全，其中一个主要原因就是政府没有直接承担起应有的职责，没有为社会保障制度提供应有的财力支持。虽然改革开放以来特别是21世纪初以来，中国的社会保障支出呈现快速增长的趋势，社会保障支出占GDP比重和占财政支出比重都在稳步上升，但近年来的增速放缓，其年增长速度和增长弹性都有所下降。

因此，在未来一段时间内，中国的财政支出要更多地向普通民众的民生诉求上倾斜。为了使人民群众更好地分享改革发展的成果，政府需要不断在教育、住房、医疗和社会保障等领域承担更多的支出责任。而这其中，政府需要更加重视其对于社会保障领域的投入，促使中国的社会保障体系不断完善，因为社会保障制度不仅是人民群众民生诉求的基础组成部分，而且是短期内缓解民生困境、应对民生诉求最有效的方式，社会保障支出有助于社会整体福利水平的提高。只有这样，才能为积极应对民生诉求、妥善解决民生问题打下最坚实的基础，才能在短期内最有效地缓解目前民生领域出现的严峻问题。社会保障制度的完善需要财政支出的紧密支持，而这种现实的资金需求同时也会促使财政支出结构的不断调整和优化。[①] 具体来讲，需要从以下几个方面着手提升财政补贴的公平性。

第一，将社会保障支出列为财政投入的优先次序，加大社会保障财政投入力度。公共财政投入的优先次序不仅事关社会的公正问题，而且直接影响到社会经济发展的整体质量。然而，许多贫困地区的地方政府只有较低的社会保障需求，或者说贫困地区的地方政府为社会保障提供资金的意愿是价格无弹性的或者至少是弹性系数很小的。因为他们的主要任务是加快本地区的基础设施建设和发展地方经济，从而取得更大的政绩来取悦中央政府。[②] 例如，中国地方政府在安排地方财政支出项目时，通常按如下的顺序排列：政府工作人员工资、福利和其他行政管理费、住宅、宾馆招待所建设、直接生产项目投资、工业交通商业等部门事业费等等，而科教文卫、社会保障则位于稍后的位置上[③]。因此，即使一个财政收入极度匮乏贫困地区，优先得到满足的也只会是行政管理费，而不可能是社会保障费用。

但是，社会保障是事关民生的基本问题，健全和完善社会保障体系对构建社会主义和谐社会至关重要，政府对社会保障制度建设的主导责任不仅仅是社会保障的保底责任，而且也承担着社会保障制度建设与发展责任。目前，中国社会保障制度的改革严重滞后于经济社会的发展，社会保障主要体现为基本生活保障，

---

① 朱青：《中国社会保障制度完善与财政支出结构优化研究》，中国人民大学出版社2010年版，第288－291页。

② 柯卉兵：《分裂与整合：社会保障地区差异与转移支付研究》，中国社会科学出版社2010年版，第134页。

③ 朱玲：《转移支付的效率与公平》，《管理世界》1997年第3期。

保障水平相对较低，保障范围相对较窄。随着人口老龄化的加剧、失业人员的增加，现有的社保基金规模根本无法满足未来支付的需要，而财政方面的制约是阻碍社保制度改革的重要原因。因此今后一个时期国家在财政安排的公共投入中不仅应当次序优先，还需要进一步加大财政对社会保障的投入，而且应当是各级财政资金投入的重点项目并逐步探索建立社会保障财政投入的长效机制。为了进一步提高中国经济社会发展的公平性与可持续性，需要建立全民共享的发展型社会福利体系，预计到2020年，要基本实现“人群全覆盖”，需要财政投入约57 400亿元。[①] 增加社会保障财政投入应结合经济社会发展的实际情况量力而行，还要动员社会投入和个人缴费发展社会保障。

第二，深化行政管理体制改革，适当压缩行政管理和经济建设以及其他支出。经过30多年的改革，行政管理支出和经济建设支出占财政支出的比重虽有所下降，但中国仍然是世界上行政成本最高的国家之一，其行政管理支出和经济建设支出每年要占财政总支出的一半左右，这部分开支具有很大的压缩空间。而公共财政的根本目标就是政府逐步退出竞争性领域，立足于提供能够弥补市场失灵的公共产品，让市场自发地进行资源配置。行政管理支出和经济建设支出在整个国家财政支出中的比重如此之高，严重妨碍了公共财政体制的建立。

因此，在中国建立公共财政的过程中，一方面，应当进一步深化行政管理体制的改革，大力压缩行政管理开支，另一方面，应该继续缩减财政投资性支出，同时加紧培育民间投资体系，加快金融体制改革的步伐，创造出一个良好的适应经济发展的投资环境，或将基本建设支出中的一部分通过发行建设债券筹集资金的方式，为社会保障腾出更多的财政支出。唯有如此，才能从经济建设费中抽出大量财政资金，充实社会保障资金，加大社会保障建设和完善的力度。

第三，在财政支出增量上面逐步增加社会保障的支出额度和比重，优化财政支出结构。财政支出结构的调整，关系到各方面的利益，难度是比较大的，试图通过存量调整来优化财政支出结构是不太可行的。从各年度财政支出规模的发展变化情况来看，在绝对量上压缩下一年度财政支出规模的情况也是比较少见的。因此，对不合理的既得利益格局只能采取渐进的调整方式即在增量上做文章，提高社会保障支出比重也主要靠增收和超收收入来完成。在新增加财政收入中，除了要保证法定支出外，首先要考虑财政社会保障支出的安排，并且应当占有适当的比重。今后相当长一段时期内做实基本养老保险个人账户试点工作的推开，支持困难群体参加基本养老保险，推进城乡居民基本医疗保险制度以及完善城乡社会救助体系等社会保障工作将要求公共财政体制给予越来越大的支持，需要根据

① 何平等：《中国发展型社会福利体系的公共财政支持研究》，《财政研究》2009年第6期。

我国公共财政体制的目标，进一步加大财政对社会保障的投入。应当利用好财政增量，尽快形成固定的财政拨款增长机制，逐步探索建立社会保障财政投入的长效机制，逐步提高社会保障支出占财政支出的比例，并最终达到国务院在2000年《关于完善城镇社会保障体系的试点方案》中确定的15% -20%的目标，使财政支出结构真正体现公共财政的特征，以确保政府真正担负起主导社会保障制度建设和维护社会公平的责任。

具体来讲，基本生活保障的投入虽然是最基本的投入，但是所占财政支出的比重相对较小，而且可以通过发展和完善其他的保障项目来减少贫困人口的数量和最低生活保障需求。近期内政府医疗卫生支出应该尽快提高到财政支出的6%，以后逐步增加，到2020年争取达到财政支出的8% -10%。在教育投入方面，国家财政性教育经费支出占国内生产总值的比重到2020年要达到5%以上，占财政支出的比重达到20%。在住房保障方面，考虑到低收入家庭对廉租房的巨大需求，财政在近期内急需增加投入，2020年，达到7 000亿元左右。① 在养老保障方面，根据未来老龄化程度的加快对养老保障的需求，到2020年达到14 000亿元左右，② 近期投入的重点是城乡无保障老人和农村居民。

第四，优化社会保障财政支出内部结构，提高社会保障支出绩效水平。随着中国就业压力日益提高，失业人数会扩大，失业保险亟需加强，而目前的失业保险支出占整个社会保险基金支出的比重还是很低的，需要改革失业保险制度，提高失业保险在缓解就业压力中的作用。另外，就业补助是财政对社会保障补助的重要内容之一，包括劳动力市场建设、再就业培训补贴、职业介绍补贴、社会保险补贴、岗位补贴、小额担保贷款贴息、小额贷款担保基金等。加大财政对就业的补助支出是缓解压力的重要途径，也是培育市场、鼓励再就业的重要财政支持方式。③

同时，一方面要增加抚恤和社会福利支出，应将社会救助以及提高社会福利水平作为社会保障支出的重点，加大对失地农民、进城务工人员、孤寡老人、残疾人、流浪儿童、城镇失业人员和困难企业职工等社会弱势群体的支持力度，至少要保持目前的财政被动式支出项目如社会优抚、自然灾害救助等项目的支出水平，要保证城乡最低生活保障制度、残疾人福利事业等项目随着经济社会的发展而逐步提高其支出比重，从而优化抚恤和社会福利支出内部结构。另一方面要进一步深化行政事业单位医疗和养老保险制度改革，打破制度的双轨制，将其也纳入社会保险体系，形成个人、单位和政府三方共同出资的局面，降低行政事业单

---

① 王延中，龙玉其：《改革开放以来中国政府社会保障支出分析》，《财贸经济》2011年第1期。

② 何平等：《中国发展型社会福利体系的公共财政支持研究》，《财政研究》2009年第6期。

③ 林双林等：《中国社会保障体制探索》，中国财政经济出版社2008年版，第94页。

位医疗和离退休费支出，也要减少社保经办机构的不必要支出，实现社会保障支出内部结构的优化。在调整社会保障财政支出结构的过程中，既要确保实现财政支出的公平性，又要提高财政支出的效率，建立社会保障财政支出绩效评估体系，从政治绩效、经济绩效、社会绩效等方面提高社会保障财政支出的绩效水平。

二、建立社会保障预算制度

1999年6月15日，财政部、劳动和社会保障部颁布了《社会保险基金财务制度》，按照该财务制度的规定，社会保险基金纳入单独的社会保障基金财政专户，实行收支两条线管理，专款专用，任何地区、部门、单位和个人均不得挤占、挪用，也不得用于平衡财政预算。这一个改革举措意味着我国社会保险基金预算管理将保持社会保险基金专款专用性作为我国社会保障预算管理实践的基本政策取向。2010年1月6日国务院发布了《关于试行社会保险基金预算的意见》，明确规定：社会保险基金预算单独编报，与公共财政预算和国有资本经营预算相对独立、有机衔接，社会保险基金不能用于平衡公共财政预算，公共财政预算可补助社会保险基金。这一改革举措标志着我国社会保险基金预算被正式纳入政府预算管理体系，将加强社会保险基金政府财政控制力度作为我国社会保障预算管理实践的首要政策取向。

2014年8月31日，第十二届全国人大常委会第十次会议通过《关于修改〈中华人民共和国预算法〉的决定》，新预算法第5条规定："预算包括一般公共预算、政府性基金预算、国有资本经营预算、社会保险基金预算。"至此，有关我国是编制社会保障预算还是社会保险基金预算的争论有了结论。新预算法明确提出我国社会保险基金收支纳入公共预算体系实行预算化管理，社会保险基金预算是我国公共预算体系中与政府一般公共预算并行、独立的子系统，这就确立了社会保险基金预算在我国公共预算体系中的地位，界定了我国社会保险基金预算与政府一般公共预算的关系。新预算法还提出社会保险基金预算按统筹层次和社会保险项目编制、实行收支平衡，目前来讲这种预算管理模式属于以专项基金预算的形式将社会保险基金预算纳入公共财政预算管理。

现阶段我国社会保障预算管理的探索取得了阶段性的建设成果，并且通过建立社会保险基金预算，确定了社会保障预算管理模式的基本雏形，规范了社会保险基金收支行为，加强了财政对社会保险基金预算的整体控制力度。但在人口老龄化背景下，面对人口年龄结构老化引发的社保财务危机、社会保险基金预算收支失衡风险以及社会保障水平不断提升、保障覆盖面不断完善的情况下，我国社会保障预算管理制度建设还存在一些问题：管理主体责任划分不清，基金收支缺乏科学设计，社会保障预算期限短，社会保障资金缺乏长期测算规划等等。完善我国社会保障预算制度的政策取向包括以下几个方面的内容：

第一，坚持社会保险基金预算的依法建立、规范统一的原则。依据国家法律法规建立，严格执行国家社会保险政策，按照规定范围、程序、方法和内容编制，统筹编制，明确责任。社会保险基金预算按统筹地区编制执行，统筹地区根据预算管理方式，明确本地区各级人民政府及相关部门责任，专项基金，专款专用。社会保险各项基金预算严格按照有关法律法规规范收支内容、标准和范围，专款专用，不得挤占或挪作他用，相对独立，有机衔接。在预算体系中，社会保险基金预算单独编报，与公共财政预算和国有资本经营预算相对独立、有机衔接。社会保险基金不能用于平衡公共财政预算，公共财政预算可补助社会保险基金；收支平衡，留有结余。社会保险基金预算坚持收支平衡，适当留有结余。

第二，拓宽社会保险基金预算的编制范围。现阶段我国社会保险预算并不完整，仅仅包括了城镇职工的养老、医疗、工伤、生育、失业的传统五个社会保险项目，而城乡居民养老保险、城乡居民医疗保险却以分散的形式由政府预算和民政部门负责，2010 年《关于试行社会保险基金预算的意见》在试行工作中，社会保险基金预算编制范围包括社会保险法明确的 9 项社会保险基金，已留有将来扩大编制范围的接口。也就是说，随着我国经济社会的快速发展和国家社会保障预算制度不断走向规范化的趋势，纳入社会保险基金预算的范围将越来越广。①

第三，完善社会保险基金筹资机制。从理论层面来看，判断社会保险基金预算收入是以税的形式还是以费的形式更好，单纯就社会保险基金预算管理而言，只要能够及时、足额形成社会保险基金预算收入，两种方式都是无差异的。然而，在实际中考虑到征缴成本和对社会保险制度可持续发展的影响，社会保险基金预算收入征缴方式的选择，牵涉到社会保险基金预算收入是否能够及时、足额收缴，如何客观评判不同征缴方式的优点和弊端是未来一段时期内社会保险基金筹资政策选择的重点。已有研究表明，在现有的社会保险制度安排下，对于社会保险费的征缴主体选择，地方税务机构征收社会保险费更有利于扩大社会保险覆盖面，有利于促进社会保险基金收入增长②。鉴于此，现阶段可以探索以专项税的形式对社会保险税进行税制设计，逐步将社会保险费的征缴主体过渡到地方税务机构，待税制设计成熟时再来评判两种征缴方式孰优孰劣。

第四，整合社会保险基金预算的管理体制，完善预算审批程序。目前我国社

① 邵凤琼：《对开展社会保险基金预算审计的思考》，《中国审计报》2015 年 6 月 17 日。

② 刘军强：《资源、激励与部门利益：中国社会保险征缴体制的纵贯研究（1999 – 2008）》，《中国社会科学》2011 年第 3 期。

会保险的征收、经办机构、财政以及税务等主体间的社会保险管理权责交叉，征收主体不一，存储账户多样，严重影响着社会保险基金预算的编制和管理。首先，要明确社会保险基金预算的主管部门，因为社保基金预算同政府预算的关系密切，公共性很强，由财政部门代政府实行预算的管理，可以防止公共预算的碎片化，利于公共预算的统一性和权威性，利于后期整个社会保障预算的统一，这也是目前各国比较通行的做法。其次，逐步将所有社会保险项目都归入到人社部门进行统一管理，尤其是城镇居民医疗保险和新农合纳入人社部门管理，同一险种统一管理，以完善社会保险基金预算管理体制，为下一步拓宽现行社会保险基金预算编制范围创造条件。最后，明确人大在社会保险基金管理中的监督作用，将社会保险基金预算纳入人大审议的范畴，以加强人大的法制化监督。

三、完善社会保障转移支付制度

中国近年来的一些社会保障转移支付政策和措施基本上是出于应急项目的考虑的，问题出现了就采用一套新的社会保障转移支付方案，社会保障转移支付内容单一，项目安排缺位，社会保障转移支付资金总量不足，转移支付的水平偏低，“撒胡椒面”式的社会保障转移支付方式和“地方配套政策”脱离实际，使得项目资金的政策目标难以实现。既没有一个良好的包括社会保障财政支出及其结构、政府间财政转移支付制度、中央和地方政府之间社会保障权责的合理划分等外部环境，也没有真正地立足于长远发展的属于社会保障领域内的制度化、规范化、公式化的转移支付制度，更是缺乏一套系统有效的社会保障转移支付资金运用的监管和评估机制。这既是中国社会保障制度和财政转移支付体制的诸多不合理因素发展的必然结果，又与新型的科学合理的社会保障制度和财政体制的发展要求格格不入，甚至在一定程度上制约其发展。中国社会保障制度和财政体制的实践发展，证明了构建中国社会保障转移支付制度的重要性和必然性。

在中央与地方财政体制及其他支出责任比较明晰、资金安排有保障的条件下，有必要建立对那些社会保障支出超出其承受能力的财力薄弱地区的社会保障专项转移支付制度，保证中央与地方各级政府间社会保障财权、财力与事权的匹配，逐步实现地区间社会保障供给的均等化，以真正体现社会保障制度“维护公平”的价值取向。为了避免地方产生依赖思想，社会保障转移支付方案要引入“因素法”。要制定明确的、客观的标准，规定转移支付的条件、规模、方式。应考虑各地人均财政收入、社保补差水平、社保人口比重等影响较大的、可量化的、易于全国统一的客观因素，主要有基础因素包括人口密度、土地面积、行政机构等，社会因素包括抚养比、贫困率、医疗卫生状况、失业率等，经济发展因素如人均GDP、人均财政收入、物价水平等，特殊因素如老少边穷地区、少数民族人口比重、经济特区等，以此指标作为制定标准的社会保障转移支付公式、确定转移支付数额的尺度。通过有效的转移支付逐步实现地区间社会保障供给的均等化，从而使得各地居民相对公平地享有社会保障的权利。

社会保障转移支付作为协调政府间社会保障财政分配关系的基本手段，其目标是实现各地区间社会保障公共服务水平的基本一致性，使不同经济发展水平地区的居民都能享受大体相同的社会保障服务内容和相似的服务效果，这是建立社会保障转移支付制度的远期目标。然而从近期来看，由于中国生产力水平还比较低，而且各地区经济发展水平极不平衡，各地社会保障服务水平均等化的目标不可能一蹴而就，只能是分步骤分阶段地逐步实现。社会保障转移支付的终极目标是各地社会保障均等化。所谓社会保障的均等化，是指一个国家或地区在一定时期内每一个居民都能享受到的、政府提供的社会保障的质与量的规定性，即完善社会主义市场经济体制下的分税制财政管理体制，理顺中央与地方的社会保障财政关系，增强中央政府在社会保障领域内的宏观调控能力，抑制地区间社会保障的不平衡发展，实现全国范围内各级政府提供社会保障能力的均等化，使全国各地的居民都能享有同等的就业、就医、养老、住房等方面的机会和服务。均等化的社会保障能力意味着落后地区财政有能力为本地居民提供与发达地区大致均等的养老保险、失业保险、医疗保险、工伤保险、生育保险、优抚安置、社会救助与社会福利等社会保障，意味着生活在贫困线以下的居民都能得到社会救助，不至于因部分居民丧失基本生产生活条件而酿成社会的动荡。

社会保障转移支付的直接目标是提供最低标准的社会保障。从中国目前的经济社会情况来看，在各地区经济发展、财政收入极不平衡的条件下，中央对地方的社会保障转移支付还不可能完全以全国各地的社会保障均等化为目标。一方面，由于主体税种上划，地方政府收入受到制约，全国有不少地区尤其是中西部地区，单纯依靠自身的固定收入不可能实现纵向平衡。另一方面，中国东部沿海同西部边远地区经济状况差异很大，各种基础设施的条件大相径庭，社会公共服务水平高低悬殊。因此，目前提出实现社会保障在全国范围内的均等化是不现实的。既然如此，就不得不降格以求，把社会保障均等化目标定位在至少具备基本社会保障供给的目标层次上，以保障各地以及各级政府至少提供最低标准的社会保障。近期的工作重心应当是重点资助那些欠发达的中西部地区、偏远边疆地区和少数民族地区，加大对这些地区的社会保障转移支付力度，尤其是加大非配套社会保障转移支付的份额，满足这些地区最低标准的社会保障需求，抑制地区间社会保障水平的进一步拉大，维护社会稳定。

在分税制财政管理体制下，建立规范的社会保障转移支付制度主要是为了平衡政府间的社会保障财政能力，提高社会保障资金的使用效益，逐步实现社会保障均等化。中国是一个多民族、人口众多、地理复杂和社会保障地区差距悬殊的发展中国家，这就要求在建立社会保障转移支付制度时，必须遵循科学的基本原则。

第一，公平与效率兼顾原则。社会保障转移支付本质上属于财政再分配的范畴，因此社会保障转移支付应以社会公平为主要目标，调节地区间的社会保障财力差异，确保各地居民享受大体一致的社会保障。同时，保持各地社会保障水平的大致均等，有利于克服地方政府因自身利益局限而对社会保障资源优化配置的阻碍，从而有利于全国统一社会保障体系的形成，达到效率的目标。在强调公平原则的同时也不能忽视效率原则，缺乏效率的制度设计必然会影响到公平目标的实现。对于社会保障产品而言，地方政府往往因其巨大的外溢性和收益的长期性而对其财政投入不足。如果中央政府一味强调通过对地方政府的转移支付来弥补其社会保障财政缺口，就不仅会导致中央财政负担的加重，而且会在打击发达地区地方政府提供优质社会保障积极性的同时，降低落后地区地方政府筹集社会保障收入的努力程度，诱发其推卸其应有的社会保障责任，从而造成效率的损失。由此可见，社会保障转移支付制度的设计如果脱离制度目标，片面追求公平或效率，将不仅会偏离社会保障转移支付的约束条件，而且有损于社会保障财政制度的健康有序运行。

第二，法制化与规范化原则。中国在构建社会保障转移支付制度时，应当大力加强相关法律法规建设，以立法的形式明确中央政府与地方政府的社会保障权责划分标准，确立中央对地方的激励机制，确保中央对地方社会保障转移支付形式和内容的相对稳定，即使某些内容需要进行修改，也必须按照规定的程序进行修订和审批。在此基础上还要做到制度设计的规范化，中国以往的社会保障转移支付的规定和做法相当杂乱无章，稳定性差，随意性大，很不规范。因此构建新的社会保障转移支付制度要确保从形式到内容都要符合规范化要求，不论是收入能力的估算、支出需求的估算，还是拨款数额的支付，都应尽量公式化、程序化、制度化、法制化，消除或尽量减少人为因素的影响。在测算社会保障标准收入能力与标准支出需求以及由此决定的中央政府补助数额时，要从制度上保障对不同地区一视同仁，不搞偏袒或歧视，公正地测算出每个地方提供基本社会保障所需财力和接受社会保障转移支付的数额，真正做到合理、规范。

第三，客观性与透明性原则。中国实行的是社会主义市场经济，而国家财政的主要职能之一，就是要保证国家机器的正常运转，所以，制定社会保障转移支付制度时，既要符合社会主义市场经济的要求，又要满足政治体制的要求，即要符合客观实际。中国地区之间的经济和社会差异很大，在测算社会保障收入和支出时应充分考虑这些差异，无论是收入能力的测算，还是支出需求的测算，都需要对大量社会保障相关指标进行分析和处理，这些相关数据来源的客观性，决定了社会保障转移支付制度的质量或公正性。另外，要适当考虑照顾民族地区、贫困落后地区和社会保障收入水平低的地区的特殊支出需求。同时，社会保障转移支付制度的运作既要保持相对稳定性，又要随着国情的变化在一定时期内进行必要的检验和调整，及时修正与国家宏观经济社会政策相左的内容。社会保障转移支付制度的设计不仅要符合中国的客观实际，而且应当是公开透明的，在社会保障转移支付的总体规模安排、因素测算、计算公式的设计、标准核定以及各个因素所占比重、资金的分配和管理等操作程序的每一个具体环节都要有明确、公开的规定。这样就可以使各级政府都能明确自己的收支责任，避免讨价还价现象，同时便于接受社会的广泛监督，便于制度的操作和正常运转。

第四，纵向为主、纵横交错原则。国际上政府间转移支付的基本模式有两种：一是单一的自上而下的纵向财力均衡。即上级政府通过规范的、定型的管理体制，把各地区所创造的财力数量不等地集中起来，再根据各地区财力状况和需要，运用科学的方法，将集中起来的部分财力数量不等地分配给各地区，以此实现各地区间财力资源配置的相对均衡。二是以纵向为主、纵横交错的财力均衡。即对于政府间的转移支付，中央直接通过特定手段进行纵向的转移支付，但又同时负责实现国家的宏观调控政策目标；而横向的转移支付则主要用于解决贫困落后地区的财力不足问题，同时，横向的转移支付也有利于减轻中央政府的财政负担，促进地区经济合作和社会融合。由于地方政府对社会保障投入的积极性不高，横向转移支付的实施基础不牢，所以，社会保障转移支付制度应当采用以纵为主、纵横交错的模式，充分发挥中央政府的主导作用，同时又要调动地方政府的积极性。在纵向转移支付上，从目前基层政府财力困难的现实出发，中央可以考虑越过省一级政府，直接安排面向县一级的社会保障转移支付，减少层层截留现象的发生，提高社会保障转移支付资金的利用效率。

第五，公式化为主、相机抉择原则。社会保障领域内的许多项目（如养老保险）具有长期性的特征，这就必然要求制度能够稳定地、可持续性地运作，而稳定的转移支付制度是确保社会保障财政体制良性运转的保障，也是维护政府信誉的关键所在。同时，制度稳定能够确保公平，因为随意变化的制度往往使制度丧失基本的公正性。从国际经验看，以公式化为基础的转移支付制度逐渐发展成为规范性的政府间转移支付的主流模式，并被广泛看作是一个良好的转移支付制度的基本特征。另外，必要的灵活性和自由度是政治决策过程的一部分，受诸多不确定因素的制约，政府间转移支付制度和社会保障制度都不是一成不变的，政府间社会保障转移支付制度也要表现出一定的灵活性。因为公式化虽然可以适应许多变化，但有些变化来得很急，在年度预算执行过程中随时都可能发生，而以公式化为基础的测算很可能来不及做出调适。所以在实际操作过程中，社会保障转移支付的标准、数量、方法和用途都应该随着经济增长、人口结构变化、社会发展、中央调控政策的调整而做出适时的调整。基于上述理由，中国构建社会保障转移支付制度的一个基本原则应当是以公式化为基础、公式化与相机抉择相结合的原则。

第六，均衡供求、循序渐进原则。社会保障转移支付制度的建立，就是把富裕地区的部分社会保障资金调剂给贫困地区，使贫困地区的社会保障能力得到提高，均衡地区间社会保障负担，促进区域经济与社会的协调发展。但是社会保障转移支付的财力保证，要兼顾需要与可能的矛盾，既要考虑到社会保障的现实需要，又要考虑到财力的可能；既要考虑生产力发展水平和市场经济的完善程度，又要考虑到国家、企业和个人的承受能力。在目前中国财力状况还不具备社会保障转移支付制度全部到位的条件下，只有缓急并举、逐步推进，才能顺利推进社会保障转移支付制度的建立和运行。在目前的社会保障体系中，社会保障资金管理处于条块分割管理的状态，优抚安置、社会救助和部分社会福利资金一直都是由财政拨款来管理的，可以考虑首先把这部分财政直接管理的资金建立起转移支付制度，然后，根据各种社会保险资金集中管理的程度，出台新的社会保险转移支付制度。因此，在制定社会保障转移支付制度时，就应该同时制定分步实施、循序渐进的办法，努力做到既保证社会保障转移支付制度总体目标的逐步实现，又保证这一制度的开始运行顺利和今后的不断完善。

四、建立社会保障审计制度

我国各级审计机关都在积极开展社会保障资金审计工作，取得了一定成绩。《2012 年第 32 号审计公告》（简称《审计公告》）是我国政府首次对社会保障资金进行全面审计，第一次明确使用社会保障资金而非基金的概念，也是我国迄今为止最为全面的社会保障资金信息披露，但还存在一些不足之处：一是审计的内在逻辑主线尚未确立。《审计公告》依据现行社会保障制度类别和项目，将社会保险基金和财政社会保障资金混合在一起进行审计，忽视了两类资金的不同来源和性质，从而使得财政社会保障资金审计失去了根本的逻辑基础。同时，《审计公告》按社会保障制度项目公布审计结果，与财政部门按预算科目公布财政社会保障资金支出之间无法对应，也与财政向业务部门拨款不对应，这样财政社会保障资金审计的逻辑主线就模糊不清。虽然按照社会保障类别和项目进行审计，便于核对财政资金与最终受助者的资金收支关系，但无疑忽视了财政拨款与业务部门接收和发放之间的审计。二是审计的完整性仍有待加强。《审计公告》虽然体现了社会保障资金总体的概念，但所审计的财政社会保障支出只相当于全部财政社会保障支出的38%，距离摸清我国财政社会保障资金总量的目标还有相当差距。三是重收入，轻支出、轻管理、轻绩效。《审计公告》所披露的18项社会保障资金，其收入审计既有分项的，也有分险种的，信息较为全面具体，但其支出和结余的审计信息，相对收入明显不足，虽然《审计公告》第一次对社会保险基金结余的层级、形式做了披露，但并没有像收入那样对应到险种，暴露出政府对社会保障资金支出及其绩效的审计，仍然不及对资金收入和分配的重视。第四，多部门分散管理，信息各自披露，数据矛盾，严重影响财政社会保障资金审计。我国目前社会保障管理部门多达12个，有关财政社会保障资金信息披露的主体主要有：财政部门每年的财政决算、审计部门不定期的审计公告，人社部门每年的人社事业发展统计公报，全国社会保障基金理事会的基金年度报告以及民政、卫生等部门的事业发展统计公报等。①

针对社会保障资金审计存在的种种问题，必须建立完善的社会保障审计制度。

第一，重视社会保障审计制度的建设工作。社会保障审计工作必须立足于对社会保障制度的总体设计、资金安排和政策执行情况开展审计。在开展社会保障资金审计时，审计机关要充分利用好现代信息技术，做好社会保障资金审计的宣传工作。加强综合分析，整合审计成果，注重从宏观层面揭示和反映社会保障制度、机制方面存在的问题，提升审计成果质量。审计机关内部要从上而下的提高对社会保障资金审计的重视程度，成立专门的社会保障资金审计部门，突出社会保障资金审计的重点、目标等，并结合社会保障审计业务特点，以举办审计专业培训班和专题研讨班等方式，加强审计队伍建设，从而提高审计工作的质量和效率，促进社会保障制度的不断完善。

第二，加强社会保障审计信息化建设，将社会保障资金与其他相关信息进行计算机联网，实现资源共享。随着我国社会保障范围及资金规模的不断扩大与社会保障信息化程度的迅速提高，社会保障审计工作必须与时俱进，提升社会保障计算机审计应用水平，实现社会保障审计方式的转变。一是加强信息化基础工作。尽快建立各类社会保障资金的数据规划，加快审计资料数据库和计算机审计方法体系的建设。二是全面开展数据式审计。通过对社保信息系统数据的审计，检查社保经济业务活动的真实性、合法性和效益性。在此基础上，探索对社会保障部门开展信息系统审计，注重发现社会保障信息系统中存在的漏洞和问题，规

① 林治芬，吴玲：《财政社会保障资金跟踪审计研究》，《南京财经大学学报》2016年第4期。

避审计风险，提升审计质量。三是试点联网审计。审计机关通过与社会保障部门网络连接的试点，探索对其经济业务活动进行实时监督，逐步实现“预算跟踪+联网核查”的审计工作模式，充分发挥审计的预警作用。①

第三，建立起完善的社会保障资金审计的监督机制。审计机关要建立健全数据定期报送制度，加大数据集中力度，对获取的数据资料严格保密。社会保障管理机构加强内部控制的一个重要内容就是内部审计，内部审计对社会保障资金的筹集、管理和使用也起到了重要的监督作用，可以在社会保障资金审计的任何一个环节发挥出其独特的功效，加大业务数据与财务数据、单位数据与行业数据以及跨行业、跨领域数据的综合比对和关联分析力度，以此来强化社会保障资金审计的力度，完善审计监督机制。构建大数据审计工作模式，提高审计能力、质量和效率，扩大审计监督的广度和深度。同时，在专项审计调查的基础上设计专项数据信息，与相关的审计部门进行联网共享，发现问题即刻进行修正，保证社保审计监督的科学性和全面性。

第二节　从行政多头管理到按功能整合管理

一、政府相关管理部门功能的协调与整合

我国社会保障资金分为六种性质来源、七大支出部门、八条收入系统以及多级政府管理。2007 年我国进行政府收支分类改革后，针对社会保障资金专门设立了“社会保障与就业”和“社会保险基金支出”两类支出，且每年都进行了适当的调整。根据其社会保障的收支可将我国社会保障资金大致分为六类：公共财政预算安排的社会保障资金、社会保险基金、企业年金、住房公积金、福利彩票公益金以及全国社会保障基金。这六类资金的基本含义、特点、资金用途和来源一般比较固定。我国社会保障资金主要来源于两大收入渠道：一是社会保险缴费，二是政府税收。社会保险费征收部门主要有两个即税务机构和社会保险经办机构。目前全国 31 个省份中有 19 个实行税务征收，其余实行社保经办机构征收。企业年金有三种收入管理部门：商业保险机构、社会保险机构和企业行业协会，基本是三分天下的管理模式。住房公积金由地方政府成立专门的住房公积金

① 李建新：《社会保障审计服务于加快转变经济发展方式的若干思考》，《审计研究》2011 年第4 期。

办公室进行集中管理。福利彩票资金由民政部门负责收入管理，全国社会保障基金由专门的理事会负责管理。我国社会保障资金支出通过七个部门进行：其中民政部门支出的社会救济抚恤以及社会福利费用、全国社会保障基金都是来源于财政资金的具体分配，即来源于政府财政税收（见表8-1）。

表8-1　　社会保障各项目基金来源及收支主体

项目	特点以及资金用途	资金来源	收入主体	支付主体
公共财政性社会保障资金	财政预算内安排：行政事业单位离退休、抚恤、退役安置，自然灾害，城市居民最低生活保障，生活救助，社会福利，补助社会保险基金，补充全国社会保障基金等21项支出	政府公共财政税收	税务部门	财政部门
社会保险资金	财政预算外安排：基本养老、基本医保、工伤、生育、失业等项目	企业、个人按比例缴费	税务部门、社保经办机构	社保经办机构
企业年金	企业自行建立，市场化运作：补充雇员养老保险，退休一次性或定期领取	企业及其职工缴费	社保经办机构、商业保险、行业协会	社保经办机构、商业保险、行业协会
住房公积金	预算外：用于职工购买、建造、翻建、大修自住房支出，离退休、出境定居也可申请领取	企业及其职工缴费	管理中心	管理中心
全国社会保障基金	财政预算拨款：用于投资以实现保值增值以弥补日后人口老龄化高峰的社会保障资金缺口	中央财政预算拨款、国有减持划入资金等	社保基金理事会	社保基金理事会
福利彩票资金	国家发行福利彩票筹集，用于社会福利、体育等社会公益事业以及一些社会福利项目	福利彩票净收入	福彩中心	民政部门

资料来源：根据政府部门相关文件材料整理。

长期以来，虽然经过了数次机构调整，我国社会保障管理工作仍然出于多龙治水、政出多门的局面。目前的格局是“两家主管”社会保障事务，人力资源和社会保障部为城镇职工基本养老保险、城镇职工基本医疗保险、失业保险、工伤保险、生育保险、新型农村社会养老保险、城镇居民社会养老保险、城镇居民医疗保险的行政主管部门，负责管理全国的社会保险事务和补充保险；民政部负责监管社会救助、社会福利和慈善公益事业；另外，卫生部设有农村卫生管理司，承担着新型农村合作医疗工作的管理职责；住房和城乡建设部设有住房保障司、住房公积金监管司，负责住房保障及住房公积金监管等事项；财政部设有社会保障司，负责管理中央财政社会保障支出及财务制度等；审计署设有专门的社会保障审计司，负责对社会保障事务进行审计监督；国家发展与改革委员会就业和收入分配司下设有社会保障处，负责分析社会保障体系运行状况，提出完善社会保障制度、健全社会保障体系的政策和发展规划；全国社会保障基金理事会为全国社会保障基金的管理运营机构。可以预见，我国的社会保障行政体制在未来相当长的时期内，可能都将维持着一个“两家主管、多家协管”的行政管理格局。

在这样的管理体制下，我国社会保障管理呈现出管理主体多元化的格局，社保、卫生、民政等部门分别对各自主管的社会保障项目的资金预算进行管理，并与同级财政部门相协调。条块分割、分散管理下潜藏着很多的管理问题，管理职能的分散化使得一些部门可能会从自身利益出发，有选择的确定受益对象；某个部门提供的社会保障项目在涉及到其他部门时，可能会因部门间缺乏有效的沟通协调而使民众难以便利地受益；也有可能因部门间缺乏协调导致保障项目的重复提供或难以提供。社会保障管理统筹层次不高、管理主体多元化，造成财政部门在社会保障管理中的主体作用不突出，各部门之间沟通协调成本大，利益主体过多，降低了社会保障管理的科学性和规划性。在今后相当长时期内要按照“保稳定、求发展”的思路安排各项社会保障资金。

社会保障管理体制没有固定的模式，但从发展趋势看，我国社会保障管理体制应向集中化、专业化和社会化发展。一是应加强社会保障事务各主管部门的分工与协作。社会保障涉及领域很广，有养老、医疗、生育、失业、最低生活保障等；涉及人群也很广，基本上覆盖了各行各业的所有群体。这么一项庞大的事项，不可能由一个部门包揽。应根据社会保障项目的特点，把各个项目在相关部门之间进行合理分工，明确每个社保项目的直接负责部门，其他部门职能有涉及的则应明确其配合与合作的职责。尽量不要把某个特定的社保项目分拆为几个部门负责，不要把一个管理机构能管辖的权限分散到多个部门。二是突出管理机构间的分工与制衡。社会保障管理机构设置应遵循“决策、执行、监督”三项职能分工制衡的原则，并使每项职能有明确的责任主体，避免某个管理部门同时具有多项职能，也不应把三项职能中的某一项分散于多个部门。三是加强财政部门在社会保障管理中的作用。随着我国财政社会保障支出的增加，财政在社会保障事业发展中的作用越来越大。财政部门有着财政税收政策制定、预算管理、财政监督等各项职能，都与社会保障管理有关，其在社会保障管理的决策、执行与监督方面都起着不可忽视的作用。现阶段，应重点加强财政社保支出的预算管理，把社会保障收支全面纳入财政预算，使社会保障资金管理实现规范化①。

二、中央与地方政府管理职责的厘清

现行社会保障管理体制中政府间的社会保障权责划分仍十分模糊，使得各级政府的社会保障主管部门也在权责上难以协调，成为制约中国社会保障制度发展的“瓶颈”问题。

第一，中央政府与地方政府社会保障责任边界划分模糊不清。2018 年 1 月 27 日，国务院办公厅颁发了《关于印发基本公共服务领域中央与地方共同财政事权和支出责任划分改革方案的通知》，对基本养老保险、基本医疗保障、基本卫生计生、基本生活救助、基本住房保障等基本公共服务领域中央与地方共同事权和支出责任进行了明确划分，但立法层次较低，没有上升到法律高度。在现实生活中，中央政府对基本社会保障制度给出框架性制度安排，中央政府一直力图统一全国的社会保障管理、组织实施和监督等各项事务及其变革，地方或行业的改革往往需要经过中央主管部门的批准。但由于缺乏法律规范，中央政府在社会保障统一管理方面的权威不够，在实践中不可能面面俱到，不能够依法管理地方政府尤其是对社会保障基金管理。地方政府的责任不明确，往往想方设法逃避社会保障的一般性行政管理职责和具体组织实施工作。地方政府常常在社会保障改革方案设计、基金管理以及改革步骤与方式等方面与中央政府或者上级政府的政策不一致。

第二，各级政府之间存在相互转嫁责任的道德风险。中央政府与省级政府、省级政府与市县级政府之间在社会保障尤其是社会保险领域呈现相互转嫁责任的博弈与制约关系。下级政府通过人为扩大资金缺口索取补助而过度依赖上级政府。由于社保基金统筹层次大多数仍然由市县两级统筹，有的地方社会保险收支有结余时，便自行提高支付标准，盲目降低企业费率，自行出台鼓励提前退休的政策甚至突击发放结余资金，人为制造或扩大了资金缺口，迫使上级政府补助。

① 胡若痴，武靖州：《从分立到整合：我国社会保障制度改革趋向探讨》，《财政研究》2013 年第 11 期。

上级政府也会通过企业改制等形式向下级政府转嫁社会保障财政责任。相当一批中央所属国有企业其实是老企业、社会保险负担很重的企业，随着这些企业的下放，其直接压力也从中央政府转移到地方政府身上了。这种责任分担机制不符合市场经济的要求，也与各级政府财政的承受能力不匹配。

第三，社会保障的事权重心下移和支出责任过于分散化。中国之所以能够将社会保障的事权重心定位于地方政府，主要是因为在改革开放初期还没有能力构建覆盖全体人民的社会安全网，而且各地区的经济发展水平差异过大，而独特的城乡二元经济社会结构以及严格的户籍制度是其运行的前提条件。同时中国社会保障的支出责任过于分散化。中国采取“下管一级”的办法，即由上级政府顺次决定下级政府的支出划分，这必然会导致各级政府间事权划分的错位，政府的事权层层下移，最终主要的社会保障补助支出责任落在了地市和县乡两级政府身上，地方政府尤其是基层政府的支出责任过大。社会保障支出责任过于分散化，容易导致社会保障资金筹集方法政出多门，筹资方式不规范，缺乏法律保障。其结果是筹资的刚性不足，手段软化，拖欠、不缴或少缴统筹金的现象比较普遍，很难为社会保障及时足额地提供资金。

我国社会保障制度中，除了社会保险制度以外，其他社会保障项目并没有专门的资金来源，一般都是依靠地方财政支持，在财力紧张的基层政府，则主要依靠上一级财政转移支付支持。社会保障预算的管理主体主要是各个统筹地区的地方政府，社会保障预算管理体制与财政管理体制联系紧密。在刚性很强的社会保障支出面前，地方财政的筹资压力非常大。而且在各级政府承担的财政责任不明晰的情况下，编制社会保险基金预算无疑会使各级政府的财政责任显性化，不可避免出现“上级政府向下级政府压责任、下级政府向上级政府要补助”的双方博弈现象①。

第四，中央政府与地方政府社会保障事权和财力严重不匹配。1994 年的分税制改革中，由于政府间事权与财权划分不清，再加上上级政府在政治上对下级政府享有绝对的权威，上级政府很容易发挥机会主义的行为，将责任下放到下级政府，将资金尽量向上集中，中央政府收走了大部分的财政税收，而把大部分的财政支出责任尤其是社会保障支出责任留给地方政府，从而形成了社会保障制度实施过程中的“财权层层上收、事权层层下移”的局面。这种上级财政集中度较高而基层财政集中度较低的责任分摊机制是不合理的。尤其是经济不发达的市县政府，财政收支缺口严重，为典型的“吃饭财政”。一个财政收入极度匮乏贫困地区在社会保障资金收不抵支的情况下，优先得到满足的也只会是行政管理费，

① 肖俊：《社保基金预算收支平衡实现路径》，《人民论坛》2011 年第 17 期。

而不可能是社会保障费用①（见图 8－1 和图 8－2）。

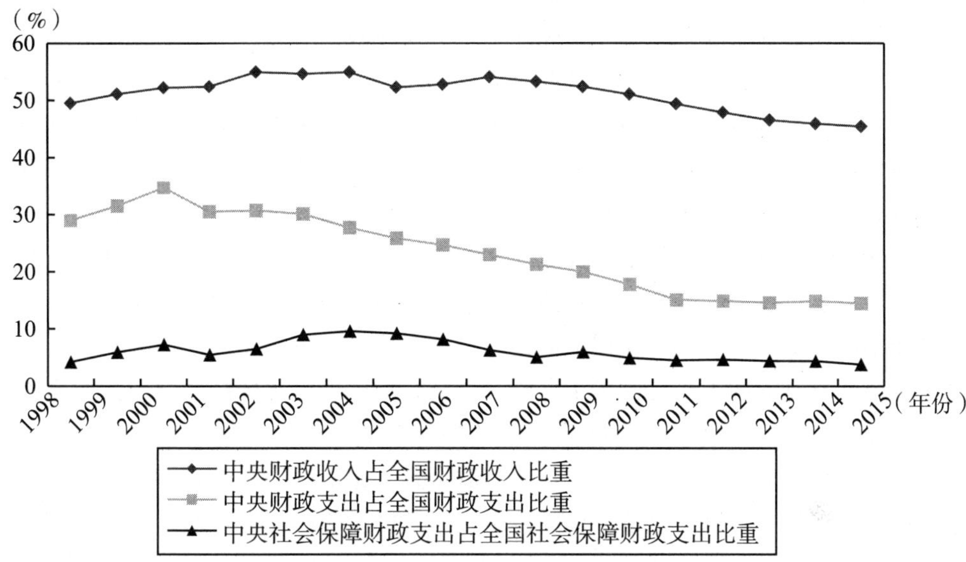

图 8－1　1998－2015 年中央财政收支及社会保障支出所占比重

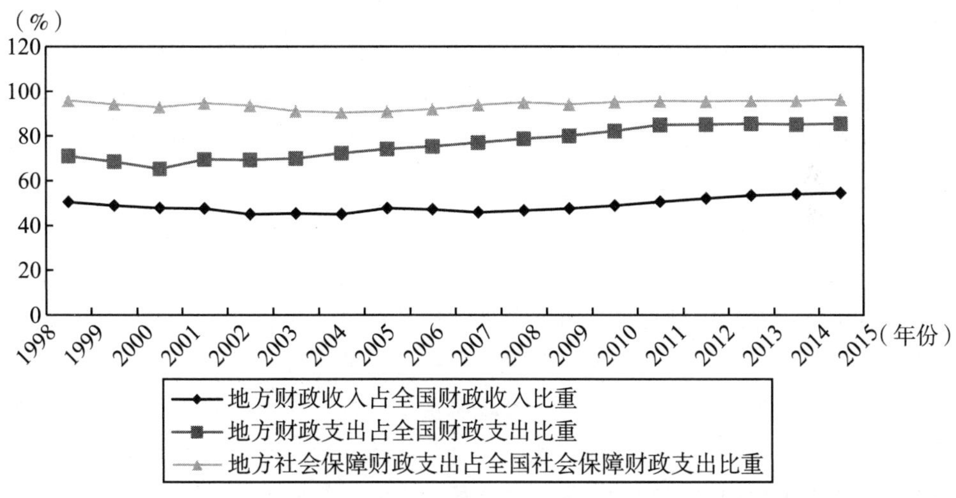

图 8－2　1998－2015 年地方财政收支及社会保障支出所占比重

加强社会保障财政投入，既不能完全由中央政府全部负责，也不能加重地方

① 根据《中国统计年鉴》和《中国财政年鉴》相关数据计算整理。其中，1998－2006 年社会保障财政支出为抚恤和社会福利救济费、社会保障补助和行政事业单位离退休经费三项支出之和；2007－2015 年社会保障财政支出数据为统计年鉴里的“社会保障和就业支出”。

政府负担，而应该在明确中央和地方政府社会保障事权的基础上，明确各级政府在不同社会保障项目中的财政投入责任。具体来说，基本养老保险具有较强的收入再分配效应，除了在职职工与退休职工之间发生收入再分配外，高收入职工与低收入职工之间也会发生收入再分配，需要中央政府进行统一决策。与其他社会保障项目相比，基本养老保险中的养老金待遇给付相对来说有一定的客观标准可循，该标准以严格的规定，特别是准予领取养老金的年龄规定为基础，为中央政府进行集中管理创造了条件。所以，基本养老保险制度应由中央财政承担主要的补贴责任，但地方也有承担地方公职人员和农民的缴费责任。医疗保险和失业保险项目既具有较强的地方性公共产品特征，又具备相当程度的效用外溢性。医疗保险面临的一个主要挑战是保证最低收入群体获得医疗服务。风险分担和互济的水平取决于所覆盖的人群规模大小，收入公平分配和更为有效的风险分担均需要集中予以保障，全国统一的保险计划通常拥有有效的风险分散和互济机制。然而，实施医疗保险计划所涉及到的复杂性和信息不完全性、不对称性，既限制了集中的潜在功能的发挥，也使得单凭集中机制难以保障广大群众医疗卫生需求的满足及社会公平的实现。失业保险既有稳定经济的职能，又有收入再分配的职能，同时又可以有效纠正地区间的政策性外溢，理应由中央政府提供，但由于一方面就业形式多样化导致失业状态的认定十分复杂，另一方面各国逐步倾向于实施积极的就业政策，把促进就业的积极措施融合在失业保险制度里，加大了失业保险管理的实际困难，信息不完全挑战各级政府的行政管理能力，也给地方政府发挥积极作用留下了空间。所以对于医疗保险和失业保险这类准全国性公共产品而言，中央政府与地方政府应当充分发挥各自的优势，按其效用外溢程度大小合理分摊其职责。

社会救助和社会福利中的政府财政责任需要区别对待。其中，对于更多地具有全国性公共产品特征的保障项目或部分，如既没有劳动能力又没有生活来源的残疾人、孤老、孤儿、优抚对象以及灾民的社会救助项目，由于这部分人的受援助资格较易确定且相对稳定，应由中央政府主要负责，并承担其中主要的财政责任和组织实施工作。这样既可以实现收入再分配的公平目标，又可以避免政府间层层转移可能发生的资金损失，从而降低社会保障运行成本。而对于具有较强的地方性公共产品特征、受益范围也一般局限于本地区居民，如城市居民最低生活保障，则应由地方政府主要负责，并承担相应的财政投入和组织实施工作。因为此类社会救助对象的资格确认需要掌握较多信息，通常涉及家庭财产调查的具体问题，并且变动性较大，难以采用较为客观的标准，中央政府获取信息的不完全制约了其在社会救济上承担更大的责任，而地方政府承担此项责任则可以及时调整救助对象，提高社会保障的运行效率。对于社会福利制度，中央财政应当承担最基本的福利项目支出如基础教育补贴等，适当分担公共住房福利补贴及其他福利项目补贴，地方政府则可以适当发展地方性补充福利项目。

同时，对地方承担的社会保障项目，中央财政也可根据需要安排一定的专项转移支付给予支持，但是专项转移支付的设计一定要兼顾公平与效率的原则，做到合理、规范、公开、透明，采用制度化、公式化的方法，既考虑地方资金需求情况，又与地方努力程度和工作成效等因素挂钩，资金分配重点向财政确有困难的地区倾斜，以调动其完善制度、规范管理和增加投入的积极性。

三、建立社会保障制度管理问责机制

尽管我国政府已经明确提出建立健全行政问责制，并将其作为国务院的工作制度。但是，我国在行政问责机制建设上取得重大成就的同时，仍然存在诸多不足和问题。问责的标准不统一，问责面临制度上的缺失。目前所形成的行政问责制主要源于政策指导而非法律规定，已有的问责依据多为地方性的规章而非全国性的法律，行政问责的内容体系尚不完善，权力与责任之间存在不平衡。在我国政府部门中上下级领导体制的影响下，执行的权力向上集中而责任却向下分散，决策的权力和责任又往往同时集中于政府部门领导身上，导致其所担负的决策责任过大而难以进行有效分配。行政问责的力度不够，对于政府官员的外部问责不力，对政府官员的内部问责力度也不足，未充分发挥问责机制本身应有的监督功效。

针对我国社会保障管理行政问责机制存在的问题，应建立社会保障信息公开制度，保障公民的知情权。构建完善的行政问责制，其前提在于使公民充分了解政府社会保障制度运行的全过程。因此，要将政府官员尤其是各级领导类官员行使公共权力的过程及后果等基本内容依法公开，满足民众的知情权。各级政府部门应当设立并畅通广泛的制度渠道，加强并扩大政府的社会保障信息公开，以保证公共权力始终置于人民群众的外部监督之下。实现民众参与社会保障问责的基本权利，强化社会监督，提高政治透明度，促进社会保障政务公开。

加快制定行政问责法，依法规范行政问责的实施。为保证行政问责落到实处，从根本上有赖于设立专门的法律规范。当前我国问责制存在着问责立法相对滞后、问责对象不够全面和问责内容过于狭窄等问题。现有针对行政问责的文件只是中央政策而不是法律，专门规定问责办法的只有一些部门规章和地方规章，而且更多的是在行政机关内部进行行政问责，很少涉及权力机关和社会公众的问责，更多的是对行政主要负责人进行问责，很少涉及一般的行政人员。我们现行的问责制基本上都是针对公共管理中因过失或过错导致突发事件发生的官员的领导责任，还没有将政策制定、选择或执行纳入问责制范畴。[①]

规范被问责官员的复出机制，提高政府的公信力。伴随着我国经济社会的迅速发展和急剧转型，人民群众参与社会治理的民主意识不断增强，只有从完善法律制度、严格复出程序着手，规范被问责官员的复出机制，使其符合制度化的程序，才能保证政府官员在重新履职中汲取前车之鉴，才能增进政府在人民群众心目中的公信力。

健全社会保障问责机制设置，加强对社会问责者的权利保护。规范问责主体及权力，既要完善同体问责外，更要加强异体问责，尤其是公众和新闻媒体在问责中的作用和权力。问责标准就是要建构一种制度化、系统化的责任划分体系，使公众和政府对政府行为的性质、依据以及由此产生的结果一目了然。同时要强化保护问责者的人身安全、工作安全和家庭安全，遏制打击报复者的嚣张气焰，防止来自当权者的再度侵害。

第三节　从信息化建设到经办能力提升

一、社会保障制度信息化建设

1998 年以前，中国的社会保障信息化工作处于“分散建设、各自为政”的状态。2000 年初，劳动和社会保障部在全国范围内开始着手进行“五险合一”的核心平台建设，拉开了社会保障信息化建设的帷幕。2002 年 8 月，中共中央、国务院专门下发文件将社会保障信息化建设列为国家电子政务重点建设和完善的十二个业务系统之一，中国社会保障信息化建设开始逐步发展并取得了初步成效。目前，我国部 - 省 - 市三级劳动保障系统网络已基本形成，社会保险管理信息系统核心平台已经推广到 340 个以上统筹地区，劳动力市场管理信息系统已经推广到 200 多个地市。[②]

但总的来看，信息化建设工作的总体水平还比较落后，存在着诸如社会保障信息资源部门化、管理体制不畅、技术升级需求快、系统稳定性差、资金和人才投入不足、社会保障业务繁杂、跨地区流动障碍重重、数据难以实现共享等诸多

① 王文苹：《政策责任评估与问责探讨》，《河南工程学院学报》2016 年第 1 期。

② 吴立梅：《浅谈社会保障管理信息化》，《四川劳动保障》2016 年第 10 期。

问题，全国统一的社会保障信息管理机制远未建立起来，在很大程度上已经成为制约社会保障制度整合和体系完善、社会保障工作开展和社会保障服务水平提高的主要瓶颈。因此，适应社会保障事业高速发展的需要，加快社会保障信息机制建设已经被提上了议事日程。

按照到2020年基本建立覆盖城乡居民的社会保障体系、实现人人享有基本社会保障的目标，加强社会保障信息化建设的战略目标是，社会保障信息化建设需要与社会保障制度发展相适应，新的信息化平台要涵盖社会保险、社会救助和社会福利等主要制度，覆盖到制度设计中的所有人员，同时要有一定的前瞻性；社会保障信息化建设要与社会保障管理模式相适应，要根据中央、省、市、县各级政府管理和服务的不同需要，分层次、有侧重、分步骤地进行建设；社会保障信息化建设要体现社会保障经办和管理并重，不仅要为各项业务经办提供支持，还要加强管理信息系统建设，加强对宏观管理和决策的信息支撑；社会保障信息化建设要充分整合资源并注重可持续发展，既要充分整合已有资源，提高公共资源利用效率，也要统筹兼顾系统未来的运行维护，实现可持续发展。①

加快社会保障信息机制建设应注重以下几个方面：一是规范信息系统制度保障建设。结合实际情况，编制信息化建设的长远规划；制定统一的软硬件核心设备标准，避免接口不一、信息不畅的现象；信息建设经费应实行专项管理，充分发挥有限资金的作用；造就一支信息化建设所需的高素质专业技术人员队伍；将行政管理、信息技术和业务经办形成互动机制。二是拓展信息网络化建设。充分发挥互联网的优势，实现信息采集、信息处理、信息传递和信息查询无纸网络化办公；把社保信息网站作为宣传保险制度政策的重要阵地，直接面向参保人员提供服务；开发相应的应用软件，用于医院、药店等机构业务的监控，充分发挥社保系统监督稽查的职能；适时地开展一些跨局域网业务的可行性研究，为社保信息联网的进一步扩大奠定技术基础。三是规范业务流程。优化业务流程，减少不必要的重复劳动，提高工作效率和服务质量；规范办事程序，使各个环节紧紧相扣，相互制约；对所有操作人员的岗位职责和业务管理范围、操作权限都有严格的规定；充分考虑政策的延续性，加大宣传力度，使广大参保职工能够及时了解掌握系统的工作流程。四是规范社会保障卡的管理。要加大宣传力度，让每一位参保人都了解社保卡的重要性；加强相应配套制度的完善，例如完善卡的挂失、加密、锁定和更换管理等服务。②

① 郑功成：《中国社会保障改革与发展战略（总论卷）》，人民出版社2011年版，第221页。

② 吴立梅：《浅谈社会保障管理信息化》，《四川劳动保障》2016年第10期。

二、社会保障经办服务能力提升

随着社会保险制度改革的推进，社会保险经办管理服务体系建设取得了重要进展。一是经办组织体系基本建立。截至 2014 年底，全国县及县以上经办机构 8 031 个，实有工作人员 178 598 人。二是基本公共服务网络初步形成。据统计，全国城镇的街道、社区，农村的部分乡镇及行政村建立的基层服务站所超过 19 万个，专兼职工作人员 37.6 万人。三是管理服务手段不断提升。覆盖全国的社会保障信息网络架构初具规模。全国实现省、部联网，社会保障卡已发行 6.6 亿张。国家在部分地区开展了社会保障服务中心和基层就业社会保障服务设施建设试点。四是服务保障功能得到较好发挥。基本养老保险、医疗保险、失业保险、工伤保险、生育保险的参保人数稳步增长，各项社会保险待遇水平持续提高，并全部做到按时足额支付。但与社会保险制度建设发展和人民群众的需求相比还存在较大的差距，主要是社会保险经办管理服务体系在体制和机制方面还存在一些突出的矛盾和问题。

一是管理体制不顺、资源分散，社保经办机构人员人均负荷过大，服务保障能力滞后于事业发展。大部制改革取得明显成效，但体制分治、城乡分割、征缴分离、资源分散依然存在，如城乡居民医保分由人社和卫生计生部门管理、社保基金分由税务和社保部门征收、按险种分设经办机构的情况仍较普遍、经办机构名称不统一等等，不利于优化行政管理和公共服务资源配置。经办人员的素质和服务水平对于我国社会保险事业的发展至关重要。随着社会保障的快速发展，各级经办机构的建设也得到加强，但经办系统人员的增长速度远赶不上社会保险制度的发展速度。虽然经办人员规模在过去的十几年里增加了 1 倍多，但社会保险几个险种合计参保人次却增加了 7 倍（不含新农合与失业保险），经办系统人员的增长速度远赶不上社会保险制度的发展速度，于是，全国经办系统相对应的各个险种的参保人次人均负荷比即 1 个经办人员对应服务的参保人次不断攀升，从 2000 年的 1:2 757 即 1 个经办人员对应 2 757 参保人次，提高到 2012 年的 1:9 692。[①] 经办人员经常处于超负荷的状态，必然影响社会保险经办服务的质量，造成社会保险经办服务的效率损失。据人社部社保中心调查，全国经办机构工作人员与参保人次之比，2014 年底为 1 : 10 174，部分中心城市达到 1 : 20 000—1 : 30 000，远超国际社会保障协会（ISSA）所统计的 1 : 1 043

① 郑秉文：《中国社会保险经办服务体系的现状、问题及改革思路》，《中国人口科学》2013 年第 6 期。

的平均水平及1∶5 559的上限。同时，地区发展不平衡问题突出，全国无专门服务场所的经办机构有1 963个，占全部机构的27%；已有服务场所也普遍存在面积狭小、功能不全的问题，部分县级经办机构和基层服务网点仍是手工操作，加剧了人手不足矛盾。①

二是社会保险经办机构经费保障不足、标准化和专业化建设跟不上时代要求。尽管99.9%的经办机构实现了财政全额拨款，但是与实际需要相比，仍然存在较大差距。地区发展水平的差异也导致各地区经办机构的办公条件参差不齐，如广东省珠三角地区的社会保险经办机构多拥有独立办公场所，而粤东、粤西和粤北等地区的社会保险经办机构以租赁办公场所为主，有的甚至在居民楼的夹层里办公，经办场所稳定性差，办公条件简陋，纸质档案四处堆放，参保人信息资料管理的风险较大，给参保人业务办理造成很多问题。社会保险经办机构经费保障不足，使得基本的办公条件难以保障，业务办理过程漫长，进一步导致了社会保险经办的效率损失。② 由于编制和经费的限制，大部分经办体系的末端只能聘用各种缺少专业培训和职业训练的人员，人员身份复杂，硬件的标准与国家标准相比存在很大差距，服务质量与标准化技术委员会制定的国家标准相去甚远。③

三是社会保险经办机构信息化建设严重滞后。我国部分地区社会保险经办机构信息化建设严重滞后，难以满足社会保险业务发展的需要。有的省份城镇职工基本养老保险实现了全省经办软件的统一，但未实现全省数据联网；城乡居民社会养老保险实现了全省统一的软件和联网，但数据提取、交换仍有困难；医疗保险、生育保险仅在兰州、金昌、嘉峪关等部分市州实现了信息化管理；失业保险、工伤保险仍以手工和电子表格方式进行业务登记和操作。信息化程度不高，甚至依靠手工的方式办理社会保险业务，严重影响了社会保险经办的效率。③社会保障各业务领域的公共服务项目需要进一步整合，管理服务还应实现联动，信息化资源还需进一步共享，各领域的信息化手段还需加强。管理服务手段陈旧，信息化的公共服务手段不足，就业信息不对称，关系转续比较难，异地就医难和获取服务不便，各项制度之间的相互衔接、地区之间的流动、业务之间的状态变化等还需在统一平台上进一步畅通。“金保工程”存在上述问题，主要是投入体制分散化造成的，即“金保工程”的投入是由中央（部委）、省级、地（市）级、

① 课题组：《加快健全社会保险管理体制和经办服务体系》，《中国社会保障》2015年第6期。

②③ 刘杰，王静思，张欣欣：《我国社会保险经办服务体系存在的问题及对策研究》，《北京化工大学学报》2014年第4期。

③④ 郑秉文：《中国社会保险经办服务体系的现状、问题及改革思路》，《中国人口科学》2013年第6期。

县市级等四级财政分别为当地信息化进行投入的体制，在全国层面未形成统一的规模效应，导致“金保工程”投入分散化、平台“碎片化”，从而导致全国统一建设的核心平台难以真正建立起来。④

四是机构建设滞后，工作人员素质偏低，基层服务平台薄弱。与快速增长的社保服务需求相比，我国社保经办服务体系的供给能力明显不足，经办机构建设长期处于滞后状态，发展中存在着人员编制和经费等方面的瓶颈制约因素，已在很大程度上影响到社保制度的可持续发展。近年来，随着城乡居民社会保险制度的快速发展，各项社保经办业务逐步呈现出向基层下移的趋势，城市街道（社区）和农村乡镇承担的社会保险经办业务工作量越来越大。但是，从机构设置情况看，目前全国县级以下经办机构建设十分薄弱，普遍存在着经办人手少、服务网点少、办公场所狭小、服务窗口拥挤、信息系统建设落后等问题。在一些缺乏基层社保网点的地区，经办业务探索了由邮储银行、农村信用社等合作单位代理的做法，办公场所和服务都由合作单位提供。由于经办机构属事业单位，在许多地区，尤其是县级经办机构经费紧张，财政资金投入少，基础工作薄弱，信息化条件落后，管理人员素质参差不齐，管理漏洞较多，导致数据安全存在隐患。①

针对以上社保经办服务过程中存在的问题，必须推进以下几个方面措施：

第一，必须重视整合资源提升社保经办服务能力建设。长期以来，我国社会保险经办机构按险种分设，机构繁多，职能重复，造成经办资源分散，经办能力和经办效率低。社保经办资源整合，就是把现有的企业养老、医疗、失业、工伤、生育、城乡居民养老按不同险种分设的经办机构统一整合成为一个机构，对五个险种涉及登记、申报、缴费和稽核等共性业务的，逐步实行由一个机构或一个窗口提供经办服务，实行“多险合一”，业务统一经办、统一管理。同时积极推进相同险种机构整合并打破行政区划或隶属管理的限制，逐步将城镇企业职工基本养老保险和城乡居民社会养老保险整合到一个机构进行管理。同时探索将提供医疗保障的险种业务整合到一个机构进行管理。实现所有服务窗口可以受理同一统筹地区不同行政区划和隶属关系参保人员的所有社会保险业务。只有实现经办资源整合，才能提高经办管理服务能力，才能为广大参保群众提供更加方便快捷的服务。

第二，加强标准化建设，提升社会保险经办工作的绩效。首先是业务经办流程的标准化、规范化。目前，全国各地都制定了分险种单一的业务经办流程和操

① 房连泉：《社会保险经办服务体系改革：机构定位与政策建议》，《北京工业大学学报》2016 年第 6 期。

作指南，但是，随着社会保险制度覆盖面扩大、参保人员流动性增强，社会保险关系的转续量必然增加，在实际工作中出现了各险种的社会保险关系转移接续经办流程不统一，各险种的信息数据不能对接与交换，业务经办信息资源不能共享，异地就医费用无法即时结算等问题。针对这些问题，必须加快研究解决办法和制定统一业务经办处理办法，才能确保社会保险关系转移接续工作的正常开展。其次，随着社会保险经办资源整合，必须制定统一的多险业务合一经办流程，构建“一站式服务、一个窗口经办、一次性办结、一票征收”的业务经办模式，实现经办管理服务的规范化、标准化、一体化，确保社会保险制度全覆盖目标的实现。①

第三，必须加快社会保障信息系统建设步伐。要注重利用信息技术改进管理服务手段，加强社会保险信息系统的顶层设计，在各省自治区、直辖市范围内实现业务经办管理信息系统的统一应用，实现社保数据信息大集中、联网数据全覆盖和信息资源共享。在此基础上尽快建立起覆盖全国的统一的社会保险实时经办系统平台，全面实现经办业务处理信息化和信息网络的互联互通。坚持以社会保障公共服务为核心，优先保证信息系统开发和设备、网络等基础设施建设投入。以“金保工程”二期为抓手，以向基层延伸为重点，建设覆盖全国、联通城乡的社会保障公共服务信息网络，实现街道、乡镇服务平台和社区、行政村服务站点与县、市、省三级社会保障管理服务机构的业务联网。加大对县级经办机构信息化建设的支持力度，逐步取消手工操作，实现经办管理全区域、全过程的信息化管理。② 为养老保险实现全国统筹以及医疗保险的跨地区结算奠定基础，实现全国社会保险关系转移接续、异地领取待遇资格协查认证和比对查询、异地就医费用结算等信息系统跨地区应用。努力推进互联网及移动应用，开展以解决全国人员流动无障碍和各项制度衔接为重点的社会保障卡业务规范和环境建设，制定实施统一的编码体系、信息标准和业务流程，实现全国“社保一卡通”，参保人员流动到哪里，社保网络服务到哪里，方便参保单位和参保职工足不出户办理社保业务。

第四，必须加强对经办人员的培训，建设社会保险经办人才队伍。应当根据社保经办的工作性质和特点，合理确定各级社保经办机构的人员配比，并确保必要的经费保障。人员编制应当与参保人次、管理的基金数量、技术水平和工作难度联系起来，建立动态的人员编制调整方案，这样既有利于缓解经办人员的工作负荷，也有利于经办服务的专业化、标准化和规范化。此外，经办机构可以通过

① 罗俊鑫：《提高社会保险经办管理服务能力的六点思考》，《中国社会保障》2013 年第 7 期。

② 课题组：《加快健全社会保险管理体制和经办服务体系》，《中国社会保障》2015 年第 6 期。

与大学及科研机构合作的方式，为经办人员提供培训。指导各地开展对基层服务网点工作人员的业务培训，提高业务操作技能。增强理论素养和研究能力，提高经办人员的服务能力和服务水平。积极探索社会保险业务培训的规律，逐步推进各级各类培训常态化和制度化。最后需要采取有效的激励方式留住经办人才，保证经办队伍的人员稳定。

三、社会保障转移接续机制的建立

随着经济的快速发展，我国人口的跨地区流动日益频繁，对基本社会保险制度及其管理提出了很大的挑战。由于养老保险自身的独特性，决定其缴费、享受待遇的跨度时间长，一旦参保者的工作单位、工作性质、工作地区等发生跨统筹区域的较大变化时，就会面临养老保险关系转移接续问题。这里以养老保险为例，讨论社会保险在地区和城乡之间的转移接续问题。

首先，养老保险在不同地区之间的转移接续问题。2009 年国务院出台了《城镇企业职工基本养老保险关系转移接续暂行办法》（以下简称《暂行办法》），该办法的主要内容之一就是规定劳动者的基本养老保险关系可随其跨省就业转移。不仅个人账户资金可以随之转移，而且单位缴纳的统筹基金也能够转移 12%。对于多地参保的劳动者，缴费年限合并计算，养老金全国统一计算。这样就规范了养老保险转移接续程序，大大便利了广大参保人员。这一政策不仅有利于化解劳动者养老保险关系转移接续的困难，保护劳动者的养老保险权益，而且有利于促进劳动力自由合理流动，进而实现劳动力资源合理配置。

《暂行办法》中关于基础养老金转移接续的主要规定：在户籍所在地的，由户籍所在地负责。不在户籍地的分为三种情况：一是在工作地累积缴费满 10 年的，由工作地负责；二是不满 10 年的，将关系转回到上一个满 10 年的参保地，由该地负责；三是没有累积满 10 年的，由户籍所在地负责。基础养老金以本人各年度缴费工资、缴费年限和待遇领取地对应的各年度在岗职工平均工资计算其基本养老金。统筹基金（单位缴费）的转移资金计算方法是：以本人各年度实际缴费工资为基数，按 12% 的总和转移。[①]

针对《暂行办法》实施过程中出现的一些导致部分参保人员养老保险关系转移接续困难的新情况和新问题，2016 年 11 月 28 日人力资源和社会保障部发布《关于城镇企业职工基本养老保险关系转移接续若干问题的通知》，对于视同缴费

① 郑春荣：《养老保险转移接续三大模式比较》，《中国社会保障》2016 年第 5 期。

年限计算的问题、缴费信息历史遗留问题的处理、临时基本养老保险缴费账户的管理、一次性缴纳养老保险费的转移、重复领取基本养老金的处理、退役军人养老保险关系转移接续、城镇企业成建制跨省转移养老保险关系的处理、户籍所在地社会保险经办机构归集责任等等问题，都做了统一和详细的规定。该通知解决了《暂行办法》实施过程中出现的一些问题，为不同地区间城镇企业职工基本养老保险关系转移接续的顺利实施扫清了一些障碍，但还有诸多问题需要进一步解决。

其次，养老保险在城乡之间的转移接续问题。作为我国最重要、覆盖群体最广的两大城乡社会养老保险制度——“城职保”和“城乡居保”，在我国市场经济深化、城镇化加快、产业结构调整的大经济社会背景下，二者之间的转移接续问题将成为我国养老保险关系转移接续制度体系政策设计的重点和难点。城乡间社会经济形态的差异性加大了养老保险关系转移接续的难度。改革开放以来，我国农村实行以家庭为单位的联产承包责任制，这种分散小农经营模式，不存在雇用关系，因此就没有雇主为其缴纳社会保险统筹账户。以村为单位的集体经济已经普遍“空壳化”①。农村经济发展的资源禀赋劣势和农业弱质性的产业属性决定了农民缴费能力的有限。实际供款主体的单一性以及自身缴费能力的有限性决定了农村社会养老保险基金与城镇社会养老保险基金之间存在差额，而这正是城乡基本养老保险制度并轨的一个关键所在。两种制度在保险费的征缴、待遇计算方法上存在的明显差异性以及制度统筹层次的不一致，导致这两类养老保险关系制度间跨统筹区域的转移接续存在障碍。② 因此，与已建立的城镇企业职工基本养老保险制度（以下简称“城职保”）相比，城乡居保在资金来源、账户结构、待遇计发等方面完全不同。这样一来参保人在城乡之间流动时就产生了城乡居保和职保转移接续问题。

2014 年 2 月，人力资源和社会保障部发布《城乡养老保险制度衔接暂行办法》（下文简称《城乡暂行办法》），解决参加“城职保”、城乡居民基本养老保险两种制度的转移接续问题。《城乡暂行办法》充分考虑城镇职工养老保险和城乡居民养老保险两大制度的不同特点和差异性，遵循了四大基本原则：一是保持制度大格局不变。我国养老保险制度基本上形成了职工养老保险和城乡居民养老保险两大制度平台。两者在筹资渠道、缴费水平、支付结构、待遇计发办法上有很大不同，因而待遇水平也相应有所差别，实行职工与城乡居民既有衔接、又有区别的基本养老保险制度符合现阶段我国国情，城乡养老保险制度衔接政策应在

① 谢冰：《贫苦与保障—贫困视角下的中西部民族地区农村社会保障研究》，商务印书馆 2013 年版。
② 魏毅娜：《社会养老保险关系城乡转移接续政策研究》，《公共管理与政策评论》2014 年第 3 期。

保持这一基本制度格局基础上，加强制度之间的衔接。二是顺应发展大趋势。随着城镇化的发展，将会有越来越多的农民转变为市民并在城镇就业参保，农村人口从乡村转入城市是社会结构发展变化的大趋势，城乡养老保险制度衔接政策要顺应这一发展大趋势。三是照顾大多数。社会群体的利益需求是多方面的，衔接政策应要考虑多数人的利益需求。《城乡暂行办法》应从维护大多数参保人员的权益出发，鼓励参保人员通过参保缴费甚至延长缴费的形式享受到较高的养老保险待遇。四是构建政策大框架。我国养老保险制度还处于不断完善的过程中，城乡养老保险制度间相互衔接要考虑未来的发展。然而，已有的关于养老保险关系城乡转移接续政策具有很强的分散性和针对性，这和我国基本养老保险制度碎片化、统筹层次低是密切相关。因此，城乡养老保险制度衔接政策应具有一定的弹性，首先搭建起一个大的政策框架，并为今后进一步完善养老保险制度留有空间。

第四节　从外部风险管控到内部风险预防

一、社会保障外部风险的管控机制

目前，中国社会保障制度面临的外部风险包括以下几个方面的风险：

一是全球化带来的风险。全球化打开了世界市场的机遇之门，但是也带来了许多风险，使人们的生活变得更加不确定。在开放经济条件下，我国日益融入到全球化的世界风险社会之中，外部经济形势对我国经济发展的影响是十分明显的。外部经济形势良好将对我国经济发展、社会保障制度运行带来积极的影响，反之亦然。

二是国内经济波动带来的风险。社会养老保险制度运行态势与经济周期有着密切的关系，当经济处于高涨时期的时候，一国的社会养老保险制度运行态势倾向于良好状态，而当经济处于萧条或危机时期的时候，经济增长缓慢，失业率居高不下，就必然影响社会养老保险制度的安全运行，甚至导致社会保障危机的爆发。[①] 社会保障风险随着社会市场经济的变迁而有所变化，企业的破产、金融危机等都会导致许多的企业不堪社会市场形势的挤压而倒闭，许多的企业员工就会

① 李珍：《论社会保障个人账户制度的风险及其控制》，《管理世界》1997 年第 6 期。

因此而失业，从而导致社会保障制度面临很大的经济风险。

三是人口老龄化带来的风险。我国人口的过度增长曾经给中国的发展带来了风险，因此国家出台了计划生育政策，在一定程度上缓解了中国的人口压力，但是这项政策发展到现在，导致中国人口出生下降，人口老龄化加快，家庭规模日趋小型化，这对我国的养老保险制度的发展也产生了一定的负面影响。

四是道德风险。对社会保障的道德风险能否有效规避，直接影响我国社会保障制度的发展。在养老保险领域中，由于政策原因或者监管不力，存在提前、超额或者冒领养老金的行为。在医疗保险领域中，由于医疗信息在保险人、保险机构、被保险人之间互为不对称，人们产生道德风险的动机更加复杂，实施途径更加多样和隐蔽。在失业保险中，失业人员隐性就业领取失业保险金的行为，失业者找到工作但不通知失业保障部门而仍旧领取失业金，造成社会保障基金的流失。①

鉴于以上社会保障的外部风险，必须构建起完善的社会保障外部管控机制。

首先要提高全民社会保障风险意识，以利于更好地防范风险。只有当公众真正意识到社会保障风险及其可能产生的重大消极影响后，才有可能主动配合社会保障风险防范计划的实施，把社会保障风险解决在萌芽状态。其次，重视社会保障制度设计的科学性、前瞻性及其支持系统。制度设计系统包括法制系统、管理系统和监督系统，三个系统是相互联系、相互制约的关系，这种制约关系使整个社会保障运行机制具备了内在的免疫力，从而是社会保障制度正常运行、健康发展的基本保证。法制建设的体系化、管理组织的严密化、监督机构的权威化，是社会保障制度正常运行、良性发展的基本标志。② 最后，必须对社会保障制度的动态性有充分地把握，应当密切跟踪制度环境风险因素的发展、演变动态，及时采取相应的对策，以保证政府及时修正社会保障制度运行中的失误，维护社会保障制度沿着健康的、可持续的道路发展下去。

社会保障制度是一个复杂的系统，它不仅与社会、经济、政治等各种外部要素相互影响和联系，而且其自身也会存在风险，其发展方向可能会发生错误、产生不利后果。社会保障基金的安全问题包括社会保障基金的筹集、运营、支付过程中产生的风险、养老保险基金在人口老龄化的巨大压力和相当部分资金“空账”运行下可能出现的财务收支缺口、各类保险基金因缺乏精算或精算有误导致的风险等。这类风险可通称为社会保障的内部风险，可以被看作是社会保障自身具有的风险，即社会保障子系统在社会系统环境因素的影响和

① 秦莉：《转型期我国社会保障制度的风险及其防范研究》，《甘肃理论学刊》2013 年第 4 期。

② 武萍：《从风险传导机制看社会保障制度风险防范机制的构建》，《经济体制改革》2008 年第4 期。

干扰下出现的风险，以及社会保障子系统自身运转失灵，从而导致其不可持续运行。

自1993年起，我国开始从“现收现付制”向基本养老金的“部分积累制”转轨。“部分积累制”正常运行的前提是“社会统筹”部分的基金应能满足没有缴纳退休金但已退休或将退休人员的退休金需要，但是在转轨过程中实施基金积累制前已经退休的老职工（“老人”）和新制度实施前参加工作的职工（“中人”），并没有直接为自己进行养老金的积累，国家承担了这部分“隐性债务”，也可以成为“历史债务”。在实际运行中，个人账户的“空账”规模逐年扩大。空账运营不仅为未来养老金的支付留下隐患，而且使现行部分积累制存在蜕化成现收现付旧体制的可能。同时，由于我国人口老龄化的加快，领取养老金的人数在不断增多，养老金的支付金额也随着生活水平的发展不断增加，加剧了我国养老金的支付压力。由于长期以来我国养老金的运营缺乏有效的监管，养老金被挪用的事件时有发生，养老金投资渠道单一也限制了基金的保值增值的能力。①

我国社会保障基金在运营管理上主要有两大风险：一是由于未实行专户管理、违规投资、用于弥补行政经费、管理混乱账目不清等原因导致社保基金流失的风险；二是由于金融危机、投资不当、通货膨胀等多方面的影响而导致的社保基金贬值的风险，甚至出现社保基金由于存款利率低于通货膨胀率而出现负增长的情况。在社保基金面临运营风险的同时，还不得不承受着很大的支付风险。由于全球经济环境不景气，就业压力增大，下岗人数大量增加，老龄人口增多，这些都意味着缴费人数的大幅减少，而需要社保基金支付的人数在增多。同时，社会保障支付标准也随着社会发展逐年提高，这给社保基金的支付带来了更大的压力。而我国的社保基金的投资运营管理又缺乏规范化管理，基金流失贬值风险加大，这进一步考验着社保基金的支付能力。

社会保障内部风险一旦发生，必然波及整个社会。因而建立一个科学灵敏的社会保障内部风险预防机制是防范社会保障内部风险的重要措施。在对风险的预防机制中，对风险可能发生的环境进行分析和预先判断显得十分重要。科学、灵敏的社会保障内部风险预防机制包括设置合理的社会保障预警指标，建立迅捷的信息资料收集与传导机制，开展人口老龄化、失业规模、社会保障支出的中、长期趋势预测，定期发布社会保障运行情况的有关信息等。社会保障风险预警指标应该主要包括人口老龄化指标、失业率指标、基尼系数、社会保障基金增值率、社会保障基金收支比、养老保险替代率、社会保障水平等预警指标。社会保障预

① 秦莉：《中国社会保障制度的风险管理》，《社会科学家》2013年第7期。

警系统可以设计成：资料收集→总结分析→预警反馈→国家调控→正常运行。对社会保障运行中的非正常现象，通过社会保障预警指标及时反映出来，国家应采取积极措施进行调控，使风险得到消除。①

二、社会保障监管机制的完善

完备的社会保障监管机制必须一方面通过社会保障经办机构的内控机制实施对自身的监管，另一方面通过由行政监管、专门监管、法律监管和社会监管组成的外部监管系统来促使社会保障制度实施符合法律法规的要求，严格的内部监管、健全的行政监管、规范的专门监管、权威的法律监管和有效的社会监管共同构成一个“五位一体”的社会保障监管体制（见图 8 - 3）。

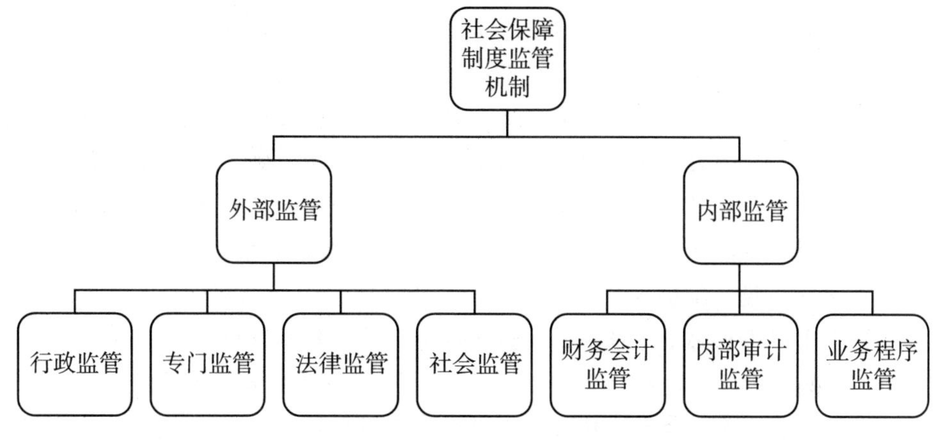

图 8 - 3　“五位一体”的社会保障制度监督机制

社会保障内部监管包括财务会计监管、内部审计监管和业务程序监管三方面的内容。财务会计监管主要是通过建立会计制度，设置必要的凭证和报表以反映经济活动，并运用会计学基本原理确保会计资料的准确性和完整性。内部审计监管是在社会保障机构内部建立独立于财务部门的审计机构，对本单位财务收支、款项拨付的合理性和合法性，以及会计信息的真实性和完整性进行审计和评估，通过独立于财务的内部审计可以及时发现经办中的违规行为和基金漏洞。另外，社会保障是一个系统工程，其实施管理过程包括诸多环节，每个环节有其相应的规则和制度，各个环节的相应操作部门可以相互监督、彼此制衡，形成上级对下级进行监督和本机内部相互监督相结合的综合监督机制，从而加强社会保障制度

① 邓大松，薛惠元：《社会保障风险管理国际比较分析》，《学习与实践》2011 年第 2 期。

运行监管，使社会保障各个环节有效、合法地操作。①

理顺中国社会保障行政监管体制的关键是要明确社会保障主管部门对社会保障事务进行集中监管的权力和责任，设置尽可能统一的社会保障监管机构，同时让财政、审计、监察等部门履行其法定监管职责。具体来讲，人力资源和社会保障部门要制定社会保险基金监管制度和社会保险经办机构管理制度，制定基金运营准入资格标准，认定基金运营机构资格，监管基金运营、查处基金管理重大违规违纪案件。民政部门要对社会福利、社会救助、优抚安置等事务的财政拨款、待遇发放等是否符合规定、民营公益事业团体和慈善团体的运行是否规范等问题进行监管。财政部门要对社会保障机构遵守财经法纪和财务会计制度的情况进行财政监管。审计部门要定期或不定期审计社会保障基金财务收支、社会保障基金使用和投资运营的效益，对违法违纪行为及时纠正。证监会、银监会和保监会要根据各自职能对属于其监管范围内的社会保障基金实施监管，等等。

社会保障涉及到政府、企业和社会成员个人的切身利益，社会保险基金更是劳动者共同的后备基金，所以有必要建立社会保障的专门监管机构，如社会保障管理委员会等，负责社会保障体系的专门监管，确保社会保障目标的实现。社会保障管理委员会应该具有独立性，直接对各级人大负责，其人员构成也要体现独立性和专业性，包括政府代表、缴费单位代表、社会保障学者和专家、劳动者个人代表等。社会保障管理委员会要定期审查社会保障基金的收支及其运行情况，反映非官方的意见，维护各方利益。

中国目前社会保障立法滞后，对社会保障法律监督重视也不够，各级人民法院必须尽快成立专门的社会保障仲裁委员会，负责审理涉及社会保障管理部门的决策和公众的投诉和上诉，人民法院对社会保障领域发生的违法违规行为要进行及时合理的处理，让各级司法机关切实承担起社会保障监管责任。为了更好地解决专业性问题，仲裁委员会可以吸收社会保障相关专家、律师，以提供专业服务。这是矫治现阶段社会保障领域中的违法犯罪现象和维护社会保障制度规范有序运行的重要保证。

社会监管的主体主要包括工会组织、妇联组织、企业团体、雇主组织、新闻媒体、非营利组织和社会公众等。社会成员和非营利组织能够在社会监管中发挥重要作用，社会成员在有些环节上比监管机构更有优势，因为他们掌握着更多更详细更真实的信息；而非营利组织将社会公众信任度视为安身立命之本，通过宣传组织，强化公众参与社会保障监管的意识，推动社会保障监管体系的执行。就必须唤醒社会公众的权益意识，引导公众主动参与社会保障监管，同时要充分发

① 邓大松，刘昌平：《社会保障管理》，中国人民大学出版社 2011 年版，第 51 - 52 页。

挥非营利组织的作用，督促社会保障管理机构公开社会保障政务，让社会各方在知情的情形下监督社会保障制度的运行，从而提高社会保障管理的责任意识和工作效率，改善社会保障政策的实施效果。

第五节　从构建政策调整机制到完善社会保障法制

一、构建社会保障政策调整机制

改革开放以来，中国的许多公共政策包括社会保障政策的制定都是“摸着石头过河”，社会保障政策的出台有些是局部、地方的“尝试”，效果不错后演变为全国性政策。这种特定背景下的政策制定模式不可避免存在着时间长、成本高和风险大的缺点。因此，社会保障政策的制定更多地需要利益相关者的参与，例如出现矛盾较多的历史遗留问题，企业兼并重组中的人员安置问题，同类人员计划经济时期的国家安排和市场经济时期的待遇差距过大引发的问题等等，都需要公众的参与。

我国公众参与社会保障政策制定存在着许多问题。公众参与的总体水平不高。一是公民整体文化素质偏低，加上受传统政治文化的影响，公民的参与意识还不强，民主法治意识淡薄，进而失去了参与的主体资格。二是公民参与能力有限，许多公民不熟悉政治规范，对自己在政治系统中的作用不清楚，也没有参与政治活动的技能，对政策制定、调整所带来的利益格局的变化和可能引发的冲突不能预知。公众参与的渠道单一且不畅通。一是人民通过选举人民代表和推荐政协委员的方式参与政策过程，二是党和政府开设的来信来访、领导接待日、各种不定期的座谈会等渠道。前者为主要渠道，对于普通公众来说能够直接参与的机会毕竟太少，后者为辅助渠道，很大程度上是为了密切联系群众。

因此，要提升社会保障政策制定的有效性，就要着力提高广大公众的参与意识，着力培养公众的参与能力和参与水平。要加强对公众社会保障政策知识和技能的传授。要打破地域的界限，拓宽公众参与社会保障政策制定的方式和渠道。政府在制定社会保障政策的时候，要借助互联网、微信微博等新媒体、电子布告栏等现代信息和通信技术建立政府与公民、第三部门之间的联系，充分了解民意，在最大程度上实现与社会公众的沟通。要不断完善社会保障政策的听证制度和电子政务制度，要保证听证会参与者的广泛代表性以及利益分配的公正性，加强政府社会保障信息公开制度建设，形成人人呼吁、参与、监督社会保障制度建设的社会氛围。

当前中国社会保障执行职能分布在多个部门，各个部门只评估自己的一部分，社会保障制度评估比较零碎，偶然性和随意性很大，缺乏相应的法律和制度作保障，缺乏一种常态化、系统化和科学化的评估机制和体系，使得已有的评估不能从整个社会保障体系与经济社会发展的适应性角度进行客观地、综合分析。同时，社会保障制度评估目标界定不清，评估方法不够科学，评估手段落后，评估标准比较单一，指标设置过于笼统，评估结果缺乏实质性应用。由此可见，中国的社会保障评估还只是刚刚起步，要真正建立起中国特色的社会保障评估机制，尚需相当一段时期的探索和尝试。

社会保障制度的评估标准是整个评估机制的关键，评估标准的选择既与一定的社会保障目标相联系，也与评估者的情况和评估方案的选择密切相关。确定社会保障制度评估的标准应遵循下列原则：第一，科学性原则，社会保障政策评估是否科学取决于评估标准的科学性，社会保障政策评估标准要真实而科学地反映社会保障发展的基本状况；第二，定量与定性相结合原则，社会保障政策评估标准应该尽量采用量化标准，对那些不能量化的方面应该让更多公众参与评估；第三，趋向性原则，社会保障政策评估标准应体现社会保障改革与发展的基本趋向；第四，普遍性与国别性相结合原则，社会保障政策评估标准既要遵循国际社会保障发展的普遍规律，符合国际社会保障政策评估的一般做法，更要符合本国社会经济与社会保障发展的实际情况。社会保障政策评估既要设立客观事实标准，也要设立社会价值标准，前者包括社会保障效率、社会保障政策效能和社会保障政策绩效，后者包括社会生产力的发展、社会公正和社会健康发展等。①

社会保障政策与特定的社会、经济、政治与思想文化紧密联系在一起，因此，随着社会、经济、政治与思想文化的变化，必须对社会保障政策进行调整，只有这样才能不断完善社会保障政策，保持社会保障政策稳定与社会和谐发展。科学合理的社会保障政策调整机制必须做到以下几点：

首先，宏观协调与微观协调相结合。社会保障政策的调整机制应该与国家宏观社会经济发展状况保持协调一致，最主要的是与国家经济发展水平、整体物价水平以及区域社会经济发展的差别保持一定的协调，社会经济发展水平是决定社会保障政策是否调整以及调整幅度的基础因素，物价水平是影响社会保障政策调整幅度的直接因素，区域社会经济发展差别是社会保障政策调整中必须客观面对的现实问题。与此同时，社会保障政策调整还必须与最低工资水平相协调。只有

① 丁建定：《社会保障概论新编》，中国人民大学出版社 2016 年版，第 284－285 页。

与社会经济发展及其相关因素相协调的社会保障政策调整机制才是合理的机制。单纯强调社会保障政策应该不断调整，或者不能根据社会经济发展以及相关因素的变化，而对社会保障政策做出调整都是不可取的。

其次，保障基本生活与收入获得能力培养相结合。在建立合理的社会保障政策调整机制时，应该改变单一性保障生活的制度目标，将提高社会保障对象获得收入的能力作为实施社会保障政策的重要目标之一，从而将社会保障政策的基本生活保障目标，与提高社会保障对象收入获得能力目标结合起来，实现社会保障对象的基本生活保障与发展能力培养有机结合，使现行社会保障政策从保证对象人口生存的标准，转变为满足对象人口基本生活的标准，进而转变为促进社会保障对象收入能力提高的标准。

再次，常态主动调整与动态及时调整相结合。社会保障制度对象是一个对物价水平与工资水平的些微变化具有最高敏感度的群体，因此，社会保障待遇发放标准不应该是一个静态的标准，而应该是一个动态的标准。社会保障政策的调整应该把常态主动调整与动态及时调整相结合。社会保障政策应该根据经济发展、社会变化、物价水平、工资水平以及相关社会津贴等因素的变化而主动做出调整，并明确规定社会保障政策调整的具体时间、财政来源途径、调整幅度、调整频率等，主动定期对社会保障政策标准进行调整。在建立一种常态主动调整机制的基础上，还应当对市场价格、居民生活、经济发展等与其息息相关的变化有更大的敏感性，善于从现实状况出发去预测未来，及时根据影响民众生活水平的相关因素的变化，尤其是对贫困群体生活水平具有直接影响的物价水平的变化及时调整社会保障政策，建立一种动态及时调整机制。

最后，常态增长机制与动态补贴机制相结合。随着社会经济的发展以及人们生活水平的逐渐提高，社会保障发放待遇标准调整的总体趋势应该是一种不断提高的趋势，即是一种常态增长的机制，政府社会保障政策管理部门应该根据经济发展、社会进步与工资提高的状况逐步提高标准，从而使保障对象的生活水平能够随着社会经济的发展而不断得以提高。与此同时，经济发展、物价水平、就业状况以及工资水平也会出现短期内的变化，这些因素会对对象群体的生活带来更加显著的影响，因此，政府社会保障管理部门在建立常态增长机制的同时，还必须建立动态补贴机制。[①]

① 丁建定：《建立合理的城市居民低保标准调整机制的几个理论问题》，《中南民族大学学报》2009年第4期。

二、提升社会保障制度建设的法制化

首先，完善社会保险法。《中华人民共和国社会保险法》于2010年10月28日，经第十一届全国人民代表大会常务委员会第十七次会议通过，于2011年7月1日正式生效实施。尽管《社会保险法》对原有的社会保险制度有所突破和创新，取得了重大的成绩，但它还有以下几个方面的缺陷和不足，如城乡有别的做法有损制度的公平性，社会保险费征收主体不明确，影响制度的顺利实施，授权性条款过多而刚性权利义务条款不足，导致制度的操作性大打折扣，重要概念的使用混乱甚至相互冲突，影响了法律的威严性。针对上述的《社会保险法》存在的缺憾和不足之处，应尽快明确社会保险费征收主体及其法律责任。社会保险费的征收是社会保险制度得以建立的基础和前提，社会保险费的征收机构的选择是社会保险制度设计的关键环节。为了顺利实施《社会保险法》，必须尽快明确社会保险的征收主体。明确社会保险的征收主体以后，就要明确规定其应承担的法律责任。根据权利与责任相对称的原则，社会保险费的征收主体作为公法人，应具体承担国家对参保公民的保护照顾义务。但在现实生活中，社会保险费的征收主体，如果没有征收到本应征收的社会保险费，其结果不是征收主体的利益受损，而是参保人不能享受社会保险待遇，征收主体却不用负任何责任。因此，一定要明确社会保险费征收主体失职对私法上的参保人，以及对公法上的国家所应承担的法律责任。①

尽快制定法律的实施细则和相关配套措施。《社会保险法》过多授权性条款的存在，加大了执法的难度和不确定性，降低了实施中的可操作性和法律效力。社会保险法作为保障公民社会保险权利的基本法律，既没有社会保险缴费的具体比例，没有中央政府与地方政府对各类保险基金补贴的具体比例，没有社会保险待遇的计算办法，没有保险待遇的具体数据等等。② 这需要国务院有关部门尽快制定出台具体实施细则和相关配套措施，比如养老保险中病残津贴待遇的条件和标准、缴费不满15年的转入新型农村养老保险和城镇居民社会养老保险的具体规则、城镇居民社会养老保险、新型农村合作医疗制度和新型农村养老保险制度的缴费主体、缴费标准、缴费年限、待遇标准以及政府是否给予补助问题、医疗保险和工伤保险先行支付后的追偿、生育保险中未就业配偶生育医疗待遇的领取规则、单位缴费基数确定的方法、强制征缴的具体实施办法等等问题，均需要做

① 冯祥武：《实施社会保险法应解决的十四个问题》，《中国劳动》2011年第8期。

② 冯祥武：《论社会保险法的制度创新与立法不足》，《中国人力资源开发》2011年第6期。

出具体的、可操作性较强的规定，使其有法可依，以保证《社会保险法》能顺利推广实施。

其次，制定和实施社会救助法。颁布实施《社会救助法》是构建中国特色社会保障法律体系的核心和基本框架的需要。《社会保险法》已经颁布并开始实施，该法对中国特色的社会保险制度的基本框架和相关机制做出了法律规定。因此，作为社会保险制度必要补充的社会救助制度立法必须尽快制定、颁布和实施，从而构建起具有中国特色的社会保障制度法律体系的核心框架。颁布和实施《社会救助法》也是中国社会救助制度科学和健康发展的需要。目前，中国社会救助制度的项目基本建立，以最低生活保障制度为核心，教育救助制度、医疗救助制度、住房救助制度、法律援助制度、灾害救助制度、流浪乞讨人员救助制度和五保供养制度等均已出现，但现行社会救助制度项目之间存在不协调，从而导致制度项目间的重叠或空白，急需通过颁布和实施《社会救助法》，对现行社会救助制度项目加以整合和协调，对社会救助制度的基本机制做出法律规定，从而构建起具有中国特色的社会救助制度的基本法律基础。

社会救助立法应当遵守的主要原则有：一是平等原则。只要救助对象的收入或经济状况符合当地政府规定的贫困标准，通过法定程序向有关部门申请，经核实符合条件者均可平等地获得救助。二是维持基本生活需要的原则。社会救助的标准通常比较低，低于当地的最低工资标准，但必须满足救助对象的基本生活需要，否则，社会救助制度就难以发挥其正常作用。三是协助自立原则。社会救助并非纯粹的金钱资助，还应当考虑如何为贫困者脱贫，对于有劳动能力者，救助的方式还可以是提供职业培训，或者是以工代赈，对于农村贫困人口则可以采取各种扶贫措施，使他们真正实现脱贫致富。四是确定合理的贫困线原则。贫困线的确定应当与各地区生活水平、平均收入、经济发展状况等因素结合起来考虑，贫困线标准必须能满足救助对象的基本生活需要。[①]

社会救助立法还需要注意以下几个方面的问题：

一是社会救助法必须合理确定救助目标与理念。从社会救助法立法的目标层面上来说，应该有助于推进中国的社会救助制度目标从被动地选择单一性制度目标，向主动地选择多种目标协调的转变，避免由于片面地追求单一性目标所导致的其他目标的受损，实现社会救助制度多种目标之间的相互协调与发展，推动社会救助制度不断完善。从立法理念上来说，社会救助法还应该确立积极社会救助的理念，强调社会救助是实现和维护公民权利的基本手段，不是政府或者社会对贫困人口的一种施舍；强调救助标准为保障救助对象的基本生活水平，而非基本

① 林嘉：《社会保障法的理念、实践与创新》，中国人民大学出版社2002年版，第263－264页。

生存水平；强调对贫困人口自我获得劳动收入能力的培养，而非仅向其提供有限的经济或实物救助；强调综合型而不是单一型的社会救助。

二是社会救助法必须合理规定救助内容及其内在关系。社会救助法必须在完善和规范以提供基本生活保障为主的最低生活保障制度的基础上，推进专项救助制度和临时救助制度的建立和完善。中国社会救助制度的核心内容是生活救助制度，其补充内容应该是专项救助制度，其特色内容应为特殊救助制度，社会救助制度内容之间应该具有相互补充和相互协调的关系。以城市最低生活保障制度、农村最低生活保障制度和五保供养制度为核心的生活救助制度，以医疗救助、住房救助、教育救助为主的专项救助制度，以自然灾害救助、流浪乞讨人员救助和法律援助为基本内容的特殊救助制度，共同构成中国社会救助制度内容体系；以农村最低生活保障制度和农村五保供养制度为核心的农村生活救助制度，以农村教育救助制度、农村医疗救助制度和农村住房救助制度为主的农村专项救助制度，以农村临时救助制度、农村灾害救助制度、农村扶贫开发制度和农村法律援助制度为基本内容的农村特殊救助制度，共同构成中国农村综合型社会救助制度内容；以城镇居民最低生活保障制度为核心的城镇生活救助制度，以教育救助制度、医疗救助制度和住房救助制度为主的城镇专项救助制度，以灾害救助制度、流浪乞讨人员救助制度和法律援助制度为基本内容的城镇特殊救助制度，共同构成中国城镇综合型社会救助制度体系。

三是社会救助法必须合理规定救助的财政责任。政府在社会救助中的主体责任主要是建立社会救助制度，承担大部分社会救助资金，并合理承担社会救助管理责任。政府在社会救助制度中的主体责任包括各级政府承担社会救助责任的合理化，特别是各级政府合理分担社会救助财政负担。[①] 在强调和落实政府在社会救助制度中作为责任主体的同时，社会救助法必须对非政府组织、企业或个人等多种主体在社会救助中的作用和地位做出科学合理的规定，一方面完善和健全政府救助，另一方面推进非政府组织、单位、企业和社会成员参与相关社会救助，逐步建立一种以政府为主导、以非政府为补充的社会救助财政支持系统。构建主体多元化的社会救助制度是完善中国社会救助制度层次体系的必然选择，社会救助制度应该体现政府主体、社会主体与个人主体之间的共同责任，三者之间应该相互协调，缺一不可。多元化社会救助制度是以政府主体为主导，社会主体为补充，同时发挥个人主体的主动性。

四是社会救助法必须合理确定救助标准的调整机制与衔接机制。科学合理的社会救助标准调整机制必须做到宏观协调与微观协调相结合，保证最低生存标准

① 丁建定：《构建我国新型城市社会救助制度的原则与途径》，《东岳论丛》2009 年第 2 期。

与保障基本生活标准相结合，基本生活救助与收入获得能力培养相结合，常态主动调整与动态及时调整相结合。另外，社会救助法除了规定社会救助制度内部生活救助制度、专项救助制度和特殊救助制度之间要相互衔接与协调以外，还必须规定社会救助制度与社会保险、社会福利以及扶贫开发制度的衔接，避免交叉重复与空白现象的出现，同时也要注重发挥作为社会救助制度重要延伸和扩展的社会服务的作用，从内容体系、结构体系和层次体系三个方面实现社会救助制度与服务的衔接整合。①

制定和实施社会福利法。必须加快社会福利立法，尽早出台一部综合型的《社会福利法》，合理确定国民福利的理念和目标，从机构、管理、人员、服务、资金的来源与使用、受益的主体和内容等各个方面对现行社会福利制度予以整合与完善，从而构建适度普惠型的社会福利制度。《社会福利法》要明确规定社会福利制度的内容体系，社会福利制度的内容体系应该是以生活性福利制度为基础，以发展性福利制度为核心，以幸福性福利制度为补充的社会福利制度，其中，生活性福利制度主要包括针对弱势群体的住房福利、健康福利和安全保障制度及服务，发展性福利制度主要包括教育福利、职业福利等，幸福性福利制度主要包括文化康乐福利、居住环境福利和养老服务等。在社会福利立法中，要逐步完善包括老年人福利、儿童福利、残疾人福利、妇女福利等在内的特殊人群社会福利制度内容，提升特殊人群社会福利水平，建立特殊人群福利津贴制度，发展特殊人群的福利服务，应当消除城乡之间、不同所有制企业之间、大中城市与小城市之间社会成员享受福利待遇的区别，实现城乡社会福利制度的协调发展，在此基础上，全面推进包括公共教育福利、公共卫生福利、公共设施福利和社区福利在内的国民福利制度的发展。在社会福利立法中，必须明确国家、社会、家庭和个人等不同主体和福利对象在提供和享受社会福利过程中的权利和义务。必须明确规定社会福利事业预算和投资，合理划分中央政府与地方政府在社会福利制度与基本社会保障服务中的定额性或比例性财政责任，推进中央政府对地方社会福利制度与基本社会保障服务财政转移支付的均衡化与公平化，通过法律的强制性规定来保障国家对社会福利资金的投入。合理确定单位、个人与各种社会组织在国民福利制度以及基本社会保障服务方面的责任，规范发展基于企业责任的职业福利制度，建立以社区互助为基础、家庭照顾为核心、社会组织为支撑、个人主体为补充的多元化社会福利制度责任主体。

尽快完善军人社会保障立法。《中华人民共和国军人保险法》（以下简称《军人保险法》）已于2012年4月27日由第十一届全国人民代表大会常务委员会

---

① 丁建定，张巍：《关于我国社会救助法几个问题的思考》，《苏州大学学报》2011年第5期。

第二十六次会议通过，自2012年7月1日起施行。但《军人保险法》并没有对军人保险的缴费比例和待遇水平做出详细明确的规定，因此必须明确军人保险法的制度定位，妥善处理军人保险与社会保险之间的关系。应当明确军人保险是中国社会保险的组成部分，其特殊性只是专门向广大现役军人提供保险保障。需要注意的是，确立军人保险与地方政府经办的社会保险之间的平等并存关系不仅是界定各自的适用范围，更是处理它们相互之间衔接转移关系的必然要求。因为军人保险只对现役军人提供保险保障，而军队保卫国家安全的职业特点决定了绝大多数军人的服役期限是有时间性的，这些军人一旦服役期满，即要回归社会，这就需要确保其在退役后继续接受社会保险的保障，因此，将其军人保险关系继续转移给相关的地方政府，接续该退伍军人依据国家规定继续享受地方政府经办的社会保险待遇成为不可缺少的工作内容，应当有《军人保险法》对此提供法律依据。

研究结论

社会保障制度整合与体系完善的基础表现为制度基础、理论基础及宏观环境。社会保障制度的发展与完善是中国社会保障制度整合与体系完善的制度基础。经过 1978 - 1986 年的改革起步阶段、1986 - 2011 年的改革深化阶段以及 2012 年以来的创新发展阶段，中国社会保障制度取得了较快发展。推进社会保障制度整合、衔接与协调，着力推进针对低收入群体的社会保障制度，着力推进养老服务和健康服务的发展，构建养老保险与养老服务、医疗保险与健康服务、养老服务与健康服务衔接、协调的基本社会保障制度新体系，实现不同社会成员社会保障制度的衔接成为新时代中国社会保障发展的主要表现。党对社会保障制度功能目标、制度理念、发展道路及对扶贫开发与反贫困的认识构成了中国社会保障制度整合与体系完善的理论基础。在社会保障功能认识上，经历了从建立合理的个人收入分配和社会保障制度，到提出加快建设与经济发展水平相适应的社会保障体系，到提出完善社会保障制度，保障群众基本生活，进而明确提出社会保障是保障人民生活、调节社会分配的一项基本制度的变化；在社会保障制度目标认识上，提出了保障和改善民生，全面建成小康社会，满足人民对美好生活的需要等发展目标；在社会保障制度理念认识上，提出了就业是民生之本，促进社会公平正义，共享发展等系统的社会保障制度发展理念；在社会保障制度发展道路认识上，强调社会保障度的中国特色、城乡统筹与可持续发展；在扶贫开发和反贫困认识上，提出了从“救济式扶贫”到“扶贫开发”，从“扶贫攻坚”到“大扶贫格局”，从“精准扶贫”到“精准脱贫”。经济因素、政治因素、社会因素共同构成了社会保障制度整合与体系完善的主要影响因素。经济变化、收入分配、劳动力市场、财税体制构成了影响中国社会保障制度整合与体系完善的经济因素；执政理念、党的认识、法制建设和行政体制构成了中国社会保障制度整合与体系完善的政治因素；人口结构、社会结构、民生需求和社会问题构成了社会保障制度整合与体系完善的社会因素。新时代中国社会保障制度所面临的宏观环境发生了巨大的变化，社会保障制度整合与体系完善应建立在新的宏观环境上。

养老保险制度顶层设计的核心问题主要有设立全国统筹的基础养老金、提升基本养老保险的筹资有效性、建立基本养老保险待遇调整机制、构建合理的延迟退休年龄政策机制、推进基本养老保险制度的整合与衔接以及建立多层次的养老保险体系等六方面。第一，推动基础养老金制度实现全国统筹是养老保障体系改革的聚焦点。在巩固当前省级统筹的基础上，全国统筹的基本思路是通过转移支付和中央调剂金制度在全国范围进行补助和调剂以逐步形成中央与省级政府责任明晰、分级负责的基金管理体制。第二，保证养老保险基金来源的可持续性是确保养老保险制度可持续运行的重要因素。其理性策略是通过实现基金的保值增值积极稳妥地夯实制度可持续运行的物质基础，具体手段包括提升基本养老保险缴费的有效性、优化基本养老保险的财务模式以及推进养老保险基金的投资运营。第三，构建制度性的基本养老金调整机制对于保障退休人员的生活质量意义重大。在不断提高退休人员养老权益的发展目标下，基本养老保险待遇调整机制要求尊重现收现付制养老金的调整理论，在精算原则、公平原则和程序化原则的指导下不断健全参保缴费激励约束机制。第四，构建渐进式延迟退休年龄机制是形成和完善中国养老金制度体系的有效举措。其政策目标不仅在于扩大经济活动人口的规模，也在于有效调节代际间的福利资源分配，为最大化参保者的养老保险权益发挥有益作用。第五，推进基本养老保险制度的整合与衔接是社会保障制度体系完善的核心内容之一。其工作重点包括城乡居民基本养老保险整合、机关事业单位养老金并轨以及城镇职保和城乡居保的制度衔接，改革焦点是平衡养老保险的权利和义务。第六，多层次养老保险制度的完善对于满足老年群体多样化的养老需求发挥着重要作用。在我国养老保障三支柱体系初步建立的基础上，对企业年金、职业年金和商业保险等第二、第三支柱补充性养老保险的协同推进将从根本上推动我国养老保险多层次体系的发展。

中国医疗保险制度整合与体系完善必须着力解决以下几方面的核心问题：在基本医疗保险筹资方面。逐步淡化并取消职工医疗保险个人账户，职工医疗保险缴费由企业和个人对半分担，建立可持续的居民参保缴费机制，提高居民个人缴费水平。在基本医疗保险管理方面。实行地市级统筹。对初级医疗保健医生实行按人头付费，对住院服务实行按病种付费，对医院门诊专科服务实行总额预算制度下的点数法。实行风险调整机制，应建立全国单一的基金池，根据各地参保人的年龄、性别、慢性病等风险因子，向各地市医疗保险经办机构拨付资金，促进医疗资源配置公平。基本医疗保险各项待遇应由统一的机构支付，并逐步实行待遇均等化。在基本医疗保险制度整合方面。加快推进三保合一试点。考虑将基本医疗保险基金、医疗救助资金、生育保险资金、工伤保险资金以及公共卫生资金整合为基本医疗保障资金，统筹使用、统一购买医疗服务。尽快整合职工医疗保险与生育保险制度，同时考虑城乡居民医疗保险制度的医疗待遇与生育待遇整合问题。优化大病保险制度设计，由同一机构经办基本医疗保险和大病保险。实行由商业保险公司共同分担风险和共享利润模式。通过流程再造实现大病保险的一站式结算，大病保险结算金额可以先由社会医疗保险垫付，再由大病保险与社会医疗保险结算。在制度间关系方面。分级诊疗制度的核心问题是吸引优秀医生在基层执业，关键是提高基层医生收入。医疗保险制度应实行大小病统包；提高对医生人力服务的支付标准；应放开全科医生准入门槛，逐步转变为自雇执业，实行自由竞争，通过与居民签约或竞争患者的方式获得补偿；提升存量全科医生质量等。长期护理保险应依托基本医疗保险经办机构，从医疗保险基金中划拨基金。不宜限制受益人年龄，但是应定位于迫切需要长期护理服务的人群，待遇水平亦不能设置过高。制度设计要充分考虑精算平衡，确保财务可持续性。应同时提供医疗护理和生活护理，提供方式可以以实物为主；商业健康保险不是提供国民医疗保障待遇的主体制度，商业健康保险与医疗保险应形成互补而非替代或竞争关系。中国商业健康保险公司未来应定位于提供基本医疗保险不覆盖的医疗服务项目，或者为参保人提供更加快捷、个性化和高质量的医疗服务内容。

中国失业保险与工伤保险制度整合与体系完善必须重视和重点推进以下措施。在失业保险方面。高失业风险群体参保率低，失业保险受益率低。应扩大农民工、灵活就业人员、低收入劳动者失业保险覆盖面，提高失业保险统筹层次，完善失业保险浮动费率制度，降低失业保险享受条件。提高失业保险替代率，发挥基金预防失业与促进就业功能。应树立保障生活、预防失业、促进就业、功能均衡的发展理念，以“生活保障 + 预防失业 + 促进就业”为主要内容，完善雇佣保险制度相关服务为指导，建立中国特色的雇佣保险制度。在工伤保险方面。应重点推进关键领域劳动者覆盖面工作，建立扩大覆盖面的不同管理主体的联动机制，提高工伤保险参保的宣传；加强相关法律学习，简化工伤认定程序，建立第三方工伤认定机构，完善工伤认定制度。做好工伤保险费率设计的基础工作，合理确定工伤保险缴费率及差距，完善工伤保险浮动费率机制，加大工伤保险费征缴力度，完善工伤保险待遇给付法律，重视工伤保险待遇给付中的特殊照顾，明确工伤“双重赔偿”的解决办法。树立“补偿、预防与康复兼顾”的理念，完善工伤预防法律，设计合理的费率机制，完善工伤预防管理、监督机制，借力“互联网 +”推进工伤预防工作，提高工伤预防支持力度，同时应扩大工伤康复供给，推进医疗康复、职业康复和社会康复均衡发展，构建工伤康复多元化筹资机制，遵循“先康复、后评残”的原则早期介入康复。在劳动保护方面。应弘扬生命至上、安全第一的思想，建立综合性的劳动安全法律体系，完善安全生产责任制，改善劳动安全制度的实施效果，建立劳动安全配套制度。应正确认识职业福利，实现职业福利分配均衡化，促进组织内职业福利分配的公平。以科学理论为指导，实施协调发展战略。提高最低工资立法层次、合理确定最低工资标准、促使最低工资调整频率的制度化、完善监督管理机制。

社会救助制度整合与体系完善必须关注和解决以下几个方面的核心问题：制度功能上应实现从贫困救助到精准扶贫的转变。应注重贫困线的动态调整，以提升贫困者的消费水平和生存质量，并适当扩大受助人群范围，使每个真正贫困者得到精准性和兜底性救助式扶贫。贫困线调整中应遵循变动性、统一性、国情相结合的原则。应注重兜底性救助与能力性救助精准衔接，特别是农村低保和扶贫开发政策的有效衔接，既要精准保证贫困者的基本生存，又要通过消除能力贫困达到其最终脱贫的目标。通过制度整合实现社会救助的发展功能、服务功能及风险预防功能等功能的有机整合。低保制度应实现由“分类施保”到“按标施保”的创新发展。应尽可能全面准确掌握贫困者的信息，充实基层民政力量，提升工作人员的业务能力，完善政府相关责任和低保待遇确定与调整机制，加快城乡低保在资金使用及管理等方面的整合，从而使按标施保策略得到进一步完善。临时救助制度应完善政府相关责任机制，完善救助对象类型等制度设计，同时探索建立临时救助制度与低保制度、专项救助等制度的衔接机制。专项救助制度应加强城乡医疗救助制度的整合，促进医疗救助与医疗保险、低保及健康服务的整合衔接。促进教育救助制度的整合与体系完善，包括加大对教育社会资源参与主体的整合力度，与精准扶贫衔接整合，促进教育脱贫，同时创新完善教育救助内容与目标。促进住房救助制度的整合与体系完善，在目前资金及住房有限的情况下，应优先救助低保家庭及因临时突发情况而造成住房难的家庭。加强法律援助制度的整合与体系完善，包括城乡法律援助整合，扩大援助类型范围，加强弱势人群权益救助立法，与精准扶贫衔接，维护贫困者扶贫中的权益。促进最低生活保障与失业保险及医疗保险的衔接，对失业人员领取失业保险金期满仍未再就业的，符合条件的可给予最低生活保障，各级劳动保障部门应协同民政等部门通过有效的就业援助促进其就业。促进临时救助与相关社会保险制度的衔接，以临时救助金方式促进贫困家庭的社会保险参与。促进低保与就业的有效衔接，明确低保中的就业促进制度目标，完善激励、义务措施及绩效评价等制度，促进具有一定劳动能力的低保家庭通过就业参与实现其最终脱贫。

社会福利制度与服务体系整合与完善的首要目标是体系建设，即从关注福利制度到重视服务体系。它包括以制度项目的增加和整合为基础，以制度对象的覆盖面扩展为核心，以制度提供主体的丰富为补充的社会福利制度的完善；以群体导向为重点，以政府主导基本公共服务为基础的社会福利服务体系的建立；以项目构成的对应性、制度覆盖人群的同一性为内容的社会福利与服务的有效衔接；社会福利与服务共享性的提升。以关注社会福利与服务资源的需求力、重视社会福利与服务资源的承受力、提升社会福利与服务资源的获得力为路径的社会福利与服务资源配置力的提升。促进老年福利制度与养老服务体系的整合与完善，通过关注老年福利的需求力、重视其承受力、提升其配置力、增强其获得力进而整合老年福利制度；通过关注养老服务的需求力、重视其承受力、提升其配置力、增强其获得力进而完善养老服务体系；从内容体系、结构体系和层次体系方面推动老年福利服务与相关社会保障制度的衔接；通过推动优势老年福利与服务资源共享、均衡配置老年福利与服务供给资源、保障特殊老年人群体的福利与服务供给，使得城乡老年福利与服务体系均衡发展。促进其他社会福利制度与服务体系整合与完善，建立内容丰富、结构延伸、层次多元的普惠型儿童津贴制度；通过组织整合、功能整合和行为整合手段，厘清内容体系、结构体系和层次体系，进而完善儿童健康福利与服务体系；通过关注福利与服务需求力、重视其承受力、提升其配置力、增强其获得力进而完善教育福利制度与服务体系、文化康乐和居住环境福利与服务；通过内容维度的一体化、结构维度的一体化、层次维度的一体化整合发展普惠型儿童福利制度与服务体系。通过关注妇女生育福利与服务的需求力、重视其承受力、提升其配置力、增强其获得力进而完善妇女生育福利制度与服务体系。进一步完善残疾人福利制度与服务体系，包括残疾人福利制度的完善、残疾人服务体系的完善、残疾人福利服务与其他社会保障制度的衔接、城乡残疾人福利制度与服务体系的一体化。

中国社会保障制度管理体制整合与完善需注意以下几个方面。从财政管理来看，要做到从财政补贴到社会保障预算的系列改革。一是提升财政补贴的公平性，二是建立社会保障预算制度，三是完善社会保障转移支付制度，四要建立社会保障审计制度。既要重视社会保障审计制度的建设工作，又要加强社会保障审计信息化建设，将社会保障资金与其他相关信息进行计算机联网，实现资源共享，同时建立起完善的社会保障资金审计的监督机制。从行政管理来看，要做到从多头管理到按功能整合。政府相关管理部门的功能必须重新协调与整合。中央政府与地方政府的社会保障责任划分存在诸多问题，亟待重新厘清边界。同时还要建立现代社会保障制度管理问责机制。即要建立社会保障信息公开制度，保障公民的知情权；要加快制定行政问责法，依法规范行政问责的实施；要规范被问责官员的复出机制，提高政府的公信力；要健全社会保障问责机制设置，加强对社会问责者的权利保护。从经办管理来看，要做到从信息化到经办机构能力的提升。要加强社会保障制度信息化建设。社会保障经办服务能力提升有赖于各方重视整合资源；加强标准化建设，提升社会保险经办工作的绩效；加快社会保障信息系统建设步伐；以及加强对经办人员的培训，建设社会保险经办人才队伍。社会保障转移接续机制的建立，重中之重在于解决养老保险在不同地区之间以及城乡之间的转移接续问题。从风险管理来看，要做到从外部风险管控到内部风险预防。社会保障外部风险包括全球化、经济波动、人口老龄化等带来的风险；社会保障内部风险的预防机制则主要是要建立社会保障风险预警机制；完善的社会保障监管机制应该是包括外部监管和内部监管在内的“五位一体”的监管机制。从政策调整来看，要逐步从即时措施过渡到机制构建，包括提升社会保障政策制定的有效性、评估社会保障制度实施的有效性、建立社会保障政策的调整机制、提升社会保障制度建设的法制化等等。

参 考 文 献

[1]《邓小平文选》(第二卷),人民出版社 1994 年版。

[2]《江泽民文选》(第三卷),人民出版社 2006 年版。

[3]《胡锦涛文选》(第三卷),人民出版社 2016 年版。

[4] 胡锦涛:《坚定不移沿着中国特色社会主义道路前进为全面建成小康社会而奋斗》,人民出版社 2012 年版。

[5]《习近平谈治国理政》,外文出版社 2014 年版。

[6]《习近平谈治国理政》(第二卷),外文出版社 2017 年版。

[7]《习近平总书记重要讲话文章选编》,中央文献出版社、党建读物出版社 2016 年版。

[8] 习近平:《决胜全面建成小康社会夺取新时代中国特色社会主义伟大胜利》,人民出版社 2017 年版。

[9] 中共中央文献研究室:《十二大以来重要文献选编》(中),人民出版社 1986 年版。

[10] 劳动和社会保障部、中共中央文献研究室:《新时期劳动和社会保障重要文献选编》,中国劳动社会保障出版社、中共中央文献出版社 2002 年版。

[11] 中共中央文献研究室:《十六大以来重要文献选编》(上),中央文献出版社 2005 年版。

[12] 新华月报社:《时政文献辑览(2006.3-2007.3)》,人民出版社 2007 年版。

[13] 中共中央文献研究室:《十四大以来重要文献选编》(上册),人民出版社 1999 年版。

[14] 中共中央文献研究室:《江泽民论有中国特色社会主义》,中央文献出版社 2002 年版。

[15] 中共中央文献研究室:《十五大以来重要文献选编》(第一册),人民出版社 2000 年版。

[16] 中共中央文献研究室：《十八大以来重要文献选编》（中），中央文献出版社 2016 年版。

[17] 中华人民共和国国家统计局：《中国统计年鉴》（2017），中国统计出版社 2017 年版。

[18] 中华人民共和国国家统计局：《中国统计年鉴》（2011），中国统计出版社 2011 年版。

[19] 曹艳春，王建云：《我国适度普惠型儿童福利体系构建及保障机制研究》，上海科学普及出版社 2016 年版。

[20] 储福灵：《中国社会保障发展指数报告 2012》，经济科学出版社 2013 年版。

[21] 邓大松：《中国社会保障改革与发展报告》，人民出版社 2011 年版。

[22] 邓大松：《社会保障管理》，中国人民大学出版社 2011 年版。

[23] 邓大松等：《可持续发展的中国新型农村社会养老保险制度研究》，经济科学出版社 2014 年版。

[24] 丁建定：《中国养老服务发展研究报告》，华中科技大学出版社 2018 年版。

[25] 丁建定：《社会保障与社会服务研究》，华中科技大学出版社 2017 年版。

[26] 丁建定：《社会保障制度论：西方的实践与中国的探索》，社会科学文献出版社 2016 年版。

[27] 丁建定等：《中国社会保障制度体系完善研究》，人民出版社 2013 年版。

[28] 丁建定等：《完善社会保障体系》，湖北人民出版社 2012 年版。

[29] 郭林：《公共养老金个人账户制度嬗变研究》，社会科学文献出版社 2016 年版。

[30] 胡秋明：《可持续严老金制度改革的理论与政策研究》，中国劳动社会保障出版社 2011 年版。

[31] 黄瑞芹：《民族地区农村社会保障难点问题研究》，人民出版社 2015 年版。

[32] 柯卉兵：《中国社会保障转移支付制度研究》，人民出版社 2014 年版。

[33] 林义等：《统筹城乡社会保障制度建设研究》，社会科学文献出版社 2013 年版。

[34] 凌文豪等：《农村老年人口长期照护问题研究》，中国社会科学出版社 2014 年版。

[35] 鲁全：《转型期中国养老保险制度改革中的中央与地方关系研究》，中国劳动社会保障出版社 2011 年版。

[36] 米勇生：《社会救助与贫困治理》，中国社会出版社 2012 年版。

[37] 民政部政策研究中心：《中国城乡困难家庭社会政策支持系统建设》，中国社会出版社 2012 年版。

[38] 梅哲：《中国老年人收入保障体系研究》，经济管理出版社 2013 年版。

[39] 彭华民：《从沉寂到创新：中国社会福利构建》，中国社会科学出版社 2012 年版。

[40] 谭磊：《中国城镇社会福利事业社会化转型研究》，华中科技大学出版社 2014 年版。

[41] 童星等：《中国农村社会保障》，人民出版社 2011 年版。

[42] 王超群：《中国卫生费用的增长与控制》，华中师范大学出版社 2016 年版。

[43] 王国军：《中国社会保障制度一体化研究》，科学出版社 2011 年版。

[44] 王齐彦：《中国新时期社会福利发展研究》，人民出版社 2011 年版。

[45] 王三秀：《中国扶贫精细化：理念、策略、保障》，社会科学文献出版社 2017 年版。

[46] 王三秀：《中国政府反贫困规范重构》，中国社会科学出版社 2012 年版。

[47] 王三秀：《农民福利可持续发展与政府治理创新》，吉林大学出版社 2011 年版。

[48] 王延中：《中国社会保障收入再分配状况调查》，社会科学文献出版社 2013 年版。

[49] 王治坤：《中国社会救助制度：制度运行与理论探索》，人民出版社 2015 年版。

[50] 王振耀：《系统建设普惠型儿童福利体系：中国儿童福利政策报告 2015》，社会科学文献出版社 2016 年版。

[51] 吴永求：《中国养老保险扩面问题研究》，中国人民大学出版社 2014 年版。

[52] 谢东梅：《农村最低生活保障制度分配效果与瞄准效率研究》，中国农业出版社 2010 年版。

[53] 谢琼：《国际视角下的残疾人事业》，人民出版社 2013 年版。

[54] 谢冰：《贫苦与保障—贫困视角下的中西部民族地区农村社会保障研究》，商务印书馆 2013 年版。

[55] 薛惠元:《新型农村社会养老保险风险管理研究》,中国社会科学出版社2013年版。

[56] 杨翠迎等:《社会保障可持续发展研究》,中国社会出版社2014年版。

[57] 杨立雄等:《中国残疾人社会保障制度》,人民出版社2011年版。

[58] 杨立雄:《当代中国社会救助制度回顾与展望》,人民出版社2012年版。

[59] 姚建平:《国与家的博弈:中国儿童福利制度发展史》,格致出版社、上海人民出版社2015年版。

[60] 俞贺楠:《新型城镇化下农业转移人口养老保险问题研究》,中国言实出版社2016年版。

[61] 张怡恬:《社会养老保险制度效率论》,北京大学出版社2012年版。

[62] 赵曼等:《成本转嫁——养老保险待遇研究》,中国劳动社会保障出版社2012年版。

[63] 郑秉文:《中国基本养老保险个人账户基金研究报告》,中国劳动社会保障出版社2012年版。

[64] 郑功成等:《中国社会保障改革与发展战略:总论卷》,人民出版社2011年版。

[65] 郑功成等:《中国社会保障改革与发展战略:养老保险卷》,人民出版社2011年版。

[66] 郑功成等:《中国社会保障改革与发展战略:医疗保障卷》,人民出版社2011年版。

[67] 郑功成等:《中国社会保障改革与发展战略:救助与福利卷》,人民出版社2011年版。

[68] 郑功成:《中国残疾人事业发展报告》,人民出版社2011年版。

[69] 郑功成:《中国社会保障发展报告2017》,人民出版社2017年版。

[70] 郑功成:《中国社会保障发展报告2018》,人民出版社2018年版。

[71] 邹东涛等:《社会保障:体系完善与制度创新》,社会科学文献出版社2011年版。

[72] 白维军:《社会保障新风险及公共服务治理回应》,《青海社会科学》2017年第2期。

[73] 白维军:《"稳定省级统筹,促进全国调剂"》,《社会科学》2011年第5期。

[74] 毕天云:《论普遍整合型社会福利体系》,《探索与争鸣》2011年第1期。

[75] 毕天云：《社会福利公平与底线福利制度建设》，《云南民族大学学报》2013 年第 5 期。

[76] 曹艳春：《我国需求导向型老年社会福利内容确定与提供机制分析》，《浙江社会科学》2012 年第 8 期。

[77] 陈喜梅：《城乡统筹的社会保障制度一体化战略初探》，《人口与经济》2010 年第 4 期。

[78] 陈埙吹等：《医疗救助制度与基本医疗保险制度衔接的优化模型研究》，《中国卫生经济》2011 年第 9 期。

[79] 陈云凡等：《新型农村社会养老保险激励机制分析》，《湖南师范大学学报》2015 年第 12 期。

[80] 程胜利：《家庭还是社会：谁应当承担当代中国养老服务的责任》，《广东社会科学》2016 年第 4 期。

[81] 程肇基：《社会救助改革：从碎片化走向积极整合》，《江西师范大学学报》2014 年第 3 期。

[82] 褚福灵：《关于基本养老保险全国统筹的思考》，《中国社会保障》2013 年第 6 期。

[83] 戴建兵：《论我国适度普惠型社会福利制度的构建与发展》，《华东师范大学学报》2012 年第 1 期。

[84] 戴卫东：《中国社会保障制度建设的包容性发展》，《中国软科学》2016 年第 9 期。

[85] 邓大松：《社会保障风险管理国际比较分析》，《学习与实践》2011 年第 2 期。

[86] 邓大松等：《制度替代与制度整合：基于新农保规范分析》，《经济学家》2011 年第 4 期。

[87] 邓微：《我国城乡居民大病保险筹资机制探讨》，《中国医疗保险》2015 年第 8 期。

[88] 邓悦：《社会保障风险及管理基本理论研究》，《贵州社会科学》2014 年第 5 期。

[89] 丁建定：《居家养老服务发展中的几个重要问题》，《开放导报》2018 年第 11 期。

[90] 丁建定：《试析习近平新时代中国特色社会保障思想》，《当代世界与社会主义》2018 年第 2 期。

[91] 丁建定：《改革开放以来党对社会保障制度重大理论认识的发展》，《社会保障评论》2018 年第 4 期。

[92] 丁建定：《改革开放以来中国共产党对社会保障制度理念的认识》，《河北学刊》2018 年第 4 期。

[93] 丁建定：《共享发展理念视域下中国农村养老保障制度体系的完善》，《学海》2017 年第 6 期。

[94] 丁建定：《改革开放以来党对社会保障制度发展道路的认识》，《社会保障研究》2017 年第 6 期。

[95] 丁建定：《养老保险城乡统筹：有利条件、理性原则与完善对策》，《苏州大学学报》2014 年第 5 期。

[96] 丁建定：《延迟退休年龄政策的目标选择与机制构建》，《社会保障研究》2015 年第 1 期。

[97] 丁建定：《论中国社会福利制度类型的完善》，《贵州社会科学》2015 年第 6 期。

[98] 丁建定：《论中国居家养老服务体系建设的核心问题》，《探索》2014 年第 5 期。

[99] 丁建定：《论中国养老保障制度整合与体系完善》，《中国行政管理》2014 年第 7 期。

[100] 丁建定：《新型农村社会养老保险国家财政责任的优化》，《江汉论坛》2014 年第 6 期。

[101] 丁建定：《中国共产党对社会保障制度功能认识的变化及其影响》，《当代世界与社会主义》2013 年第 5 期。

[102] 丁建定：《论中国养老保险制度结构体系整合》，《武汉大学学报》2013 年第 6 期。

[103] 丁建定：《居家养老服务：认识误区、理性原则与对策建议》，《中国人民大学学报》2013 年第 2 期。

[104] 丁建定：《中国企业职工基本养老保险名义个人账户制度》，《社会保障研究》（京）2012 年第 2 期。

[105] 丁建定：《中国社会保障制度整合与体系完善综论》，《学习与实践》2012 年第 8 期。

[106] 丁建定：《我国企业基本养老金调整机制》，《保险研究》2011 年第 9 期。

[107] 丁建定：《关于我国社会救助法几个问题的思考》，《苏州大学学报》2011 年第 5 期。

[108] 董春晓：《福利多元视角下的中国居家养老服务》，《中共中央党校学报》2011 年第 4 期。

［109］董红亚：《我国社会养老服务体系的解析和重构》，《社会科学》2012年第3期。

［110］段沁江等：《新型农村合作医疗大病保险省级统筹探讨》，《中国卫生经济》2014年第10期。

［111］段婷等：《新农合大病保险制度受益归属与实施效果分析》，《中国卫生政策研究》2014年第11期；

［112］范围：《基本养老保险缴费年限制度研究》，《社会保障研究》2012年第2期。

［113］江树革：《论中国社会救助管理法治化》，《辽宁大学学报》2015年第2期。

［114］高和荣：《底线公平：社会保障制度建设的内在根据》，《社会科学辑刊》2016年第3期。

［115］顾海：《中国统筹城乡医疗保障制度模式与路径选择》，《学海》2014年第1期。

［116］顾昕：《中国医疗保障体系的碎片化及其治理之道》，《学海》2017年第1期。

［117］顾昕：《走向全民健康保险：论中国医疗保障制度的转型》，《中国行政管理》2012年第8期。

［118］辜毅：《城乡养老保险制度整合的可持续性发展研究》，《经济体制改革》2015年第4期。

［119］关信平：《论我国社会保障制度一体化建设意义及相关政策》，《东岳论丛》2011年第5期。

［120］关信平等：《当前城市民办养老服务机构发展中的问题及相关政策分析》，《西北大学学报》2012年第5期。

［121］关信平：《朝向更加积极的社会救助制度》，《中国行政管理》2014年第07期。

［122］郭林等：《人口老龄化背景下城市老年人生活保障机制研究》，《武汉大学学报》2014年第6期。

［123］郭林等：《民间资本参与养老服务体系建设》，《探索》2014年第4期。

［124］郭林等：《积极救助述评》，《学术研究》2014年第4期。

［125］郭林：《论中国医疗保险制度结构整合与体系完善》，《人文杂志》2014年第4期。

［126］郭林：《公共养老金个人账户制度研究》，《保险研究》2014年第

2 期。

[127] 郭林：《制度嵌入性与个体化社会政策：全民医保的社会整合研究》，《学海》2014 年第 1 期。

[128] 郭林：《优化〈社会救助法（草案）〉：社会救助与侵权责任的衔接和协调》，《贵州社会科学》2014 年第 1 期。

[129] 郭林：《试论完善中国社会保障制度体系的基本原则》，《华中师范大学学报》2013 年第 1 期。

[130] 韩克庆：《中国社会救助制度的改革与发展》，《教学与研究》2015 年第 2 期。

[131] 韩伟：《农民工失业保险制度研究》，《中国软科学》2010 年第 8 期。

[132] 胡若痴：《从分立到整合：我国社会保障制度改革趋向探讨》，《财政研究》2013 年第 11 期。

[133] 何文炯：《建设更加公平可持续的医疗保障制度》，《中国行政管理》2014 年第 7 期。

[134] 何文炯：《论社会保障的互助共济性》，《社会保障评论》2017 年第 1 期。

[135] 何文炯：《中国生育保障制度改革研究》，《浙江大学学报》，2014 年第 4 期。

[136] 何文炯：《大病保险辨析》，《中国医疗保险》2014 年第 7 期。

[137] 黄承伟：《党的十八大以来脱贫攻坚理论创新和实践创新总结》，《中国农业大学学报》2017 年第 7 期。

[138] 黄佳豪：《“医养结合”养老模式的必要性、困境与对策》，《中国卫生政策研究》2014 年第 6 期。

[139] 黄健元等：《公平视域下机关事业单位养老保险新政的功效分析》，《社会保障研究》2016 年第 2 期。

[140] 黄清封：《农村社会保障制度变迁的演进逻辑与路径选择》，《社会保障研究》2014 年第 3 期。

[141] 贾洪波等：《基础养老金省级统筹到全国统筹再分配效应的比较静态分析》，《保险研究》2015 年第 1 期。

[142] 贾丽萍：《我国机关事业单位养老保险并轨现存阻碍及对策建议》，《经济纵横》2017 年第 7 期。

[143] 蒋云赟：《我国城乡大病保险的财政承受能力研究》，《财经研究》2014 年第 11 期。

[144] 金维刚：《重特大疾病保障与大病保险的关系解析》，《中国医疗保

险》2013 年第 8 期。

[145] 景天魁：《社会福利发展路径：从制度覆盖到体系整合》，《探索与争鸣》2013 年第 2 期。

[146] 柯卉兵：《中国社会保障支出水平与结构》，《地方财政研究》，2017 年第 11 期。

[147] 柯卉兵：《央地政府间社会保障权责划分的理论与实证分析》，《社会保障研究》（京），2016 年第 2 期。

[148] 柯卉兵：《“投入-产出”视角下的社保服务均等化》，《中国社会保障》，2016 年第 6 期。

[149] 柯卉兵：《如何划分中央与地方政府的社会保障权责》，《中国医疗保险》，2015 年第 3 期。

[150] 柯卉兵：《社会保障转移支付的博弈分析》，《社会保障研究》（京），2014 年第 2 期。

[151] 柯卉兵：《社会保障转移支付的基本目标》，《中国社会保障》，2013 年第 11 期。

[152] 柯卉兵：《论社会保障转移支付制度的理论依据》，《中州学刊》，2013 年第 7 期。

[153] 柯卉兵：《社会保险法的实施困境》，《社会保障研究》（京），2013 年第 1 期。

[154] 柯卉兵：《社会保障转移支付制度的效应分析》，《社会保障研究》（京），2011 年第 1 期。

[155] 李长远：《统筹城乡医疗保障制度的典型实践模式及优化策略》，《社会保障研究》2015 年第 3 期。

[156] 李红浪：《和谐社会背景下构建城乡社会保障体系的思考》，《江西社会科学》2012 年第 12 期。

[157] 李建新：《社会保障审计服务于加快转变经济发展方式的若干思考》，《审计研究》2011 年第 4 期。

[158] 李静：《“人口与家庭福利”研究》，《社会科学研究》2011 年第 6 期。

[159] 李静萍：《区域商业养老保险与社会养老保险发展协调度分析》，《中南民族大学学报》2014 年第 3 期。

[160] 李敏：《社会救助政策“碎片化”表现及其整合》，《人民论坛》2016 年第 8 期。

[161] 李玉玲：《建立高龄补贴制度提升老人生活质量》，《社会福利》2011

年第 7 期。

[162] 李琼：《统一的城乡居民基本养老保险筹资机制构建研究》，《甘肃社会科学》2015 年第 2 期。

[163] 李薇：《结构整合：构建中国公平型社会救助制度》，《社会保障研究》2014 年第 5 期。

[164] 李薇等：《主体整合：构建中国多元化社会救助制度》，《社会保障研究》2013 年第 2 期。

[165] 林嘉等：《论社会救助法的价值功能及其制度构建》，《江西社会科学》2013 年第 2 期。

[166] 林闽钢：《中国适度普惠型社会福利体系发展战略》，《中共天津市委党校学报》2011 年第 4 期。

[167] 林闽钢：《中国社会保障制度优化路径的选择》，《中国行政管理》2014 年第 7 期。

[168] 林闽钢：《我国社会保障体系协调发展战略研究》，《苏州大学学报》，2011 年第 5 期。

[169] 林闽钢：《医疗服务体系的纵向整合模式及其选择》，《苏州大学学报》，2014 年第 4 期。

[170] 林艳琴：《论和谐社会下的社会救助制度之完善》，《东南学术》2011 年第 3 期。

[171] 林毓铭：《体制改革：从养老保险省级统筹到基础养老金全国统筹》，《经济学家》2013 年第 12 期。

[172] 林治芬：《财政社会保障资金跟踪审计研究》，《南京财经大学学报》2016 年第 4 期。

[173] 刘宝臣：《中国反贫困政策的分裂与整合》，《广东社会科学》2016 年第 6 期。

[174] 刘军强：《资源、激励与部门利益：中国社会保险征缴体制的纵贯研究》，《中国社会科学》2011 年第 3 期。

[175] 吕明晓：《中国社会救助制度的发展方向》，《社会保障研究》2011 年第 4 期。

[176] 马勇：《城镇居民大病保险保障绩效实证研究》，《中国医疗保险》2015 年第 8 期。

[177] 马千慧等：《新型农村合作医疗大病保险受益公平性分析》，《中国卫生经济》2015 年第 10 期。

[178] 毛瑛等：《我国大病保险政策评价》，《中国卫生经济》2015 年第

8 期。

［179］穆光宗：《我国机构养老发展的困境与对策》，《华中师范大学学报》2012 年第 2 期。

［180］庞凤喜等：《基础养老金全国统筹资金安排与财政负担分析》，《财政研究》2016 年第 12 期。

［181］彭华民：《中国社会救助政策创新的制度分析》，《学术月刊》2015 年第 1 期。

［182］彭华民：《中国组合式普惠型社会福利制度的构建》，《学术月刊》2011 年第 10 期。

［183］彭希哲：《孝伦理重构与老龄化的应对》，《国家行政学院学报》2016 年第 5 期。

［184］乔庆梅：《完善工伤保险费率机制的思考》，《中国医疗保险》2012 年第 4 期。

［185］青连斌：《推进社会保障制度的法制化建设》，《中国特色社会主义研究》2017 年第 3 期。

［186］仇雨临：《城乡医疗保障制度统筹发展的路径研究》，《人口与经济》2011 年第 4 期。

［187］仇雨临：《城乡医疗保障的统筹发展研究》，《中国软科学》2011 年第 4 期。

［188］仇雨临：《“大病保险”终归是一个医疗费用的概念》，《中国医疗保险》2013 年第 6 期。

［189］仇雨临：《大病保险中政府与市场的作用分析》，《中国医疗保险》2015 年第 3 期。

［190］睢党臣：《对城乡居民养老保险并轨问题的思考》，《北京社会科学》2014 年第 7 期。

［191］申曙光：《全民基本医疗保险制度整合的理论思考与路径构想》，《学海》2014 年第 1 期。

［192］申曙光：《论医疗保险对医疗服务的制衡与监管》，《湖南师范大学学报》，2014 年第 4 期。

［193］沈毅：《机关事业单位养老保险改革：现状、难点及其突破》，《经济体制改革》2016 年第 3 期。

［194］孙淑云：《顶层设计城乡医保制度：自上而下有效实施整合》，《中国农村观察》2015 年第 3 期。

［195］沈焕根：《大病保险按病种划分公平吗》，《中国医疗保险》2013 年

第4期。

[196] 石人炳：《应对农村老年照料危机》，《湖北大学学报》2013年第4期。

[197] 石人炳：《长期失能老人照料决策研究》，《南方人口》2012年第5期。

[198] 石人炳：《我国农村老年照料问题及对策建议》，《人口学刊》2012年第1期。

[199] 石人炳：《农村奖扶制度的风险及改革建议》，《人口研究》2011年第2期。

[200] 宋占军：《大病保险制度推广对各地城居医保基金可持续性的影响》，《保险研究》2014年第1期。

[201] 谭中和：《城乡养老保险关系转移接续问题研究》，《社会保障研究》2011年第2期。

[202] 王超群等：《城乡居民医保制度整合面临的三大挑战及应对》，《卫生经济研究》2016年第4期。

[203] 王超群等：《中国医疗保险制度整合研究》，《中州学刊》2015年第10期。

[204] 王超群等：《从顶层设计角度看城镇职工基本医疗保险个人账户出路》，《东岳论丛》2015年第2期。

[205] 王超群等：《大病保险制度对城乡居民家庭灾难性卫生支出的影响》，《中国卫生事业管理》2014年第6期。

[206] 王超群等：《我国城镇职工基本医疗保险制度改革的经验与问题》，《中国卫生政策研究》2014年第1期。

[207] 王超群：《城镇职工基本医疗保险退休老人终生缴费制研究》，《江西财经大学学报》2013年第5期。

[208] 王超群：《城镇职工基本医疗保险个人账户制度的起源、效能与变迁》，《中州学刊》2013年第8期。

[209] 王超群：《中国医疗保险制度整合研究》，《中州学刊》2015年第10期。

[210] 汪国华：《城镇化与城乡社会保障制度统筹发展研究》，《天府新论》2013年第2期。

[211] 王丽丽：《整合城乡基本医保制度研究范畴之诠释》，《中国行政管理》2015年第9期。

[212] 王三秀：《能力精准扶贫：理论阐释、国际经验及其价值应用》，《社

会保障研究》（京）2017 年第 1 期。

[213] 王三秀：《农村残疾人就业能力构建与就业援助困境应对》，《青海社会科学》2017 年第 1 期。

[214] 王三秀：《积极老龄化与健康贫困老人精准医疗保障》，《中国医疗保险》2016 年第 2 期。

[215] 王三秀：《积极老龄化理念下老年精准扶贫的困境及应对路径》，《探索》2016 年第 2 期。

[216] 王三秀：《从生存维持到生活质量：社会救助功能创新的实践审思》，《中州学刊》2016 年第 9 期。

[217] 王雯等：《基本养老保险全国统筹的再认识》，《中州学刊》2016 年第 2 期。

[218] 王延中：《改革开放以来中国政府社会保障支出分析》，《财贸经济》2011 年第 1 期。

[219] 王振军：《新形势下城乡居民社会养老保险的优化设计》，《人口与经济》2017 年第 1 期。

[220] 魏毅娜：《社会养老保险关系城乡转移接续政策研究》，《公共管理与政策评论》2014 年第 3 期。

[221] 邴玉红等：《机关事业单位养老保险制度改革新探》，《中山大学学报》2017 年第 4 期。

[222] 武萍：《从风险传导机制看社会保障制度风险防范机制的构建》，《经济体制改革》2008 年第 4 期。

[223] 谢勇才：《从生存型救助到发展型救助》，《中国软科学》2015 年第 11 期。

[224] 谢勇才：《失独群体养老保障中的政府责任困境及对策研究》，《社会保障研究》（京），2015 年第 1 期。

[225] 谢勇才：《社会救助暂行办法实施的局限性及其完善》，《中州学刊》2016 年第 3 期。

[226] 谢增毅：《中国社会救助制度：问题、趋势与立法完善》，《社会科学》2014 年第 12 期。

[227] 许琳：《基于基本公共服务均等化视角下的我国农村残疾人社会保障制度建设研究》，《西北大学学报》2011 年第 6 期。

[228] 严妮：《全民医保：基于城乡居民医保整合背景下的制度反思》，《社会保障研究》2017 年第 3 期。

[229] 杨斌等：《“五维”框架下中国养老保险制度政府财政责任机制改革

的环境分析》，《社会保障研究》2015 年第 1 期。

[230] 杨斌：《城乡居民养老保险政府财政责任和负担的地区差异》，《西部论坛》2016 年第 1 期。

[231] 杨斌：《经济增长视角下城乡居民基本养老保险地方财政责任评估》，《江西财经大学学报》2016 年第 3 期。

[232] 杨斌：《农村丧偶老年妇女养老保障方式研究》，《华中农业大学学报》2016 年第 3 期。

[233] 杨斌等：《新型社会救助制度：成就、问题与发展方向》，《长安大学学报》2015 年第 3 期。

[234] 杨斌：《中国养老保险制度政府财政责任》，《中央财经大学学报》2015 年第 2 期。

[235] 杨斌：《从城乡分立到城乡统筹：中国养老保险制度结构体系发展研究》，《社会保障研究》2014 年第 1 期。

[236] 杨斌：《我国养老保险个人账户研究》，《保险研究》2012 年第 6 期。

[237] 杨林：《中国城乡社会保障的制度差异与公平性推进路径》，《学术月刊》2016 年第 11 期。

[238] 杨宜勇等：《论我国居家养老服务体系的发展》，《中共中央党校学报》2011 年第 5 期。

[239] 杨影等：《我国城乡社会保障一体化机制之构建》，《学术交流》2012 年第 12 期。

[240] 袁涛：《从形式公平到实质公平：居民医保城乡统筹驱动路径反思》，《社会保障研究》2016 年第 1 期。

[241] 殷俊：《中国城镇居民医疗保险和新型农村合作医疗衔接路径探讨》，《社会保障研究》2012 年第 3 期。

[242] 岳宗福：《城乡养老保险关系转续与制度衔接的路径思考》，《中州学刊》2013 年第 5 期。

[243] 张翠娥等：《统筹城乡基本医疗保险制度的路径研究》，《卫生经济研究》2013 年第 2 期。

[244] 张光等：《基本养老保险覆盖面扩展决定因素实证研究》，《社会》2007 年第 27 期。

[245] 张巍：《完善财政性社会保险支出的规模与结构》，《中国社会保障》2013 年第 9 期。

[246] 张再生：《医疗保险制度评价指标体系构建及其应用研究》，《中国行政管理》2015 年第 1 期。

［247］郑秉文：《机关事业单位养老金并轨改革：从“碎片化”到“大一统”》，《中国人口科学》2015 年第 1 期。

［248］郑秉文：《企业发展和养老保险制度变革》，《中国人民大学学报》2016 年第 30 期。

［249］郑秉文：《中国失业保险基金增长原因分析及其政策选择》，《经济社会体制比较》2010 年第 6 期。

［250］郑秉文：《中国社会保险经办服务体系的现状、问题及改革思路》，《中国人口科学》2013 年第 6 期。

［251］郑功成：《中国社会福利改革与发展战略：从照顾弱者到普惠全民》，《中国人民大学学报》2011 年第 2 期。

［252］郑功成：《城乡医保整合态势分析与思考》，《中国医疗保险》2014 年第 2 期。

［253］郑功成：《中国社会保障改革：机遇、挑战与取向》，《国家行政学院学报》2014 年第 6 期。

［254］郑功成：《中国社会福利的现状与发展取向》，《中国人民大学学报》2013 年第 2 期。

［255］周辉：《我国延迟退休年龄限制因素分析与建议》，《学术交流》2011 年第 2 期。

［256］周湘莲：《居家养老服务中的政府责任》，《学海》2011 年第 6 期。

［257］朱铭来：《大病保险补偿模式的思考》，《保险研究》2013 年第 1 期。

［258］邹海贵：《罗尔斯差别原则对弱势群体利益的关注》，《天津大学学报》2010 年第 5 期。

［259］邹晓旭等：《分级医疗服务体系构建》，《中国卫生经济》2015 年第 2 期。

教育部哲学社會科学研究重大課題攻關項目
成果出版列表

序号	书　名	首席专家
1	《马克思主义基础理论若干重大问题研究》	陈先达
2	《马克思主义理论学科体系建构与建设研究》	张雷声
3	《马克思主义整体性研究》	逄锦聚
4	《改革开放以来马克思主义在中国的发展》	顾钰民
5	《新时期　新探索　新征程 ——当代资本主义国家共产党的理论与实践研究》	聂运麟
6	《坚持马克思主义在意识形态领域指导地位研究》	陈先达
7	《当代资本主义新变化的批判性解读》	唐正东
8	《当代中国人精神生活研究》	童世骏
9	《弘扬与培育民族精神研究》	杨叔子
10	《当代科学哲学的发展趋势》	郭贵春
11	《服务型政府建设规律研究》	朱光磊
12	《地方政府改革与深化行政管理体制改革研究》	沈荣华
13	《面向知识表示与推理的自然语言逻辑》	鞠实儿
14	《当代宗教冲突与对话研究》	张志刚
15	《马克思主义文艺理论中国化研究》	朱立元
16	《历史题材文学创作重大问题研究》	童庆炳
17	《现代中西高校公共艺术教育比较研究》	曾繁仁
18	《西方文论中国化与中国文论建设》	王一川
19	《中华民族音乐文化的国际传播与推广》	王耀华
20	《楚地出土戰國簡册［十四種］》	陈　伟
21	《近代中国的知识与制度转型》	桑　兵
22	《中国抗战在世界反法西斯战争中的历史地位》	胡德坤
23	《近代以来日本对华认识及其行动选择研究》	杨栋梁
24	《京津冀都市圈的崛起与中国经济发展》	周立群
25	《金融市场全球化下的中国监管体系研究》	曹凤岐
26	《中国市场经济发展研究》	刘　伟
27	《全球经济调整中的中国经济增长与宏观调控体系研究》	黄　达
28	《中国特大都市圈与世界制造业中心研究》	李廉水

序号	书　名	首席专家
29	《中国产业竞争力研究》	赵彦云
30	《东北老工业基地资源型城市发展可持续产业问题研究》	宋冬林
31	《转型时期消费需求升级与产业发展研究》	臧旭恒
32	《中国金融国际化中的风险防范与金融安全研究》	刘锡良
33	《全球新型金融危机与中国的外汇储备战略》	陈雨露
34	《全球金融危机与新常态下的中国产业发展》	段文斌
35	《中国民营经济制度创新与发展》	李维安
36	《中国现代服务经济理论与发展战略研究》	陈　宪
37	《中国转型期的社会风险及公共危机管理研究》	丁烈云
38	《人文社会科学研究成果评价体系研究》	刘大椿
39	《中国工业化、城镇化进程中的农村土地问题研究》	曲福田
40	《中国农村社区建设研究》	项继权
41	《东北老工业基地改造与振兴研究》	程　伟
42	《全面建设小康社会进程中的我国就业发展战略研究》	曾湘泉
43	《自主创新战略与国际竞争力研究》	吴贵生
44	《转轨经济中的反行政性垄断与促进竞争政策研究》	于良春
45	《面向公共服务的电子政务管理体系研究》	孙宝文
46	《产权理论比较与中国产权制度变革》	黄少安
47	《中国企业集团成长与重组研究》	蓝海林
48	《我国资源、环境、人口与经济承载能力研究》	邱　东
49	《“病有所医”——目标、路径与战略选择》	高建民
50	《税收对国民收入分配调控作用研究》	郭庆旺
51	《多党合作与中国共产党执政能力建设研究》	周淑真
52	《规范收入分配秩序研究》	杨灿明
53	《中国社会转型中的政府治理模式研究》	娄成武
54	《中国加入区域经济一体化研究》	黄卫平
55	《金融体制改革和货币问题研究》	王广谦
56	《人民币均衡汇率问题研究》	姜波克
57	《我国土地制度与社会经济协调发展研究》	黄祖辉
58	《南水北调工程与中部地区经济社会可持续发展研究》	杨云彦
59	《产业集聚与区域经济协调发展研究》	王　珺

序号	书　名	首席专家
60	《我国货币政策体系与传导机制研究》	刘　伟
61	《我国民法典体系问题研究》	王利明
62	《中国司法制度的基础理论问题研究》	陈光中
63	《多元化纠纷解决机制与和谐社会的构建》	范　愉
64	《中国和平发展的重大前沿国际法律问题研究》	曾令良
65	《中国法制现代化的理论与实践》	徐显明
66	《农村土地问题立法研究》	陈小君
67	《知识产权制度变革与发展研究》	吴汉东
68	《中国能源安全若干法律与政策问题研究》	黄　进
69	《城乡统筹视角下我国城乡双向商贸流通体系研究》	任保平
70	《产权强度、土地流转与农民权益保护》	罗必良
71	《我国建设用地总量控制与差别化管理政策研究》	欧名豪
72	《矿产资源有偿使用制度与生态补偿机制》	李国平
73	《巨灾风险管理制度创新研究》	卓　志
74	《国有资产法律保护机制研究》	李曙光
75	《中国与全球油气资源重点区域合作研究》	王　震
76	《可持续发展的中国新型农村社会养老保险制度研究》	邓大松
77	《农民工权益保护理论与实践研究》	刘林平
78	《大学生就业创业教育研究》	杨晓慧
79	《新能源与可再生能源法律与政策研究》	李艳芳
80	《中国海外投资的风险防范与管控体系研究》	陈菲琼
81	《生活质量的指标构建与现状评价》	周长城
82	《中国公民人文素质研究》	石亚军
83	《城市化进程中的重大社会问题及其对策研究》	李　强
84	《中国农村与农民问题前沿研究》	徐　勇
85	《西部开发中的人口流动与族际交往研究》	马　戎
86	《现代农业发展战略研究》	周应恒
87	《综合交通运输体系研究——认知与建构》	荣朝和
88	《中国独生子女问题研究》	风笑天
89	《我国粮食安全保障体系研究》	胡小平
90	《我国食品安全风险防控研究》	王　硕

序号	书　名	首席专家
91	《城市新移民问题及其对策研究》	周大鸣
92	《新农村建设与城镇化推进中农村教育布局调整研究》	史宁中
93	《农村公共产品供给与农村和谐社会建设》	王国华
94	《中国大城市户籍制度改革研究》	彭希哲
95	《国家惠农政策的成效评价与完善研究》	邓大才
96	《以民主促进和谐——和谐社会构建中的基层民主政治建设研究》	徐　勇
97	《城市文化与国家治理——当代中国城市建设理论内涵与发展模式建构》	皇甫晓涛
98	《中国边疆治理研究》	周　平
99	《边疆多民族地区构建社会主义和谐社会研究》	张先亮
100	《新疆民族文化、民族心理与社会长治久安》	高静文
101	《中国大众媒介的传播效果与公信力研究》	喻国明
102	《媒介素养：理念、认知、参与》	陆　晔
103	《创新型国家的知识信息服务体系研究》	胡昌平
104	《数字信息资源规划、管理与利用研究》	马费成
105	《新闻传媒发展与建构和谐社会关系研究》	罗以澄
106	《数字传播技术与媒体产业发展研究》	黄升民
107	《互联网等新媒体对社会舆论影响与利用研究》	谢新洲
108	《网络舆论监测与安全研究》	黄永林
109	《中国文化产业发展战略论》	胡惠林
110	《20世纪中国古代文化经典在域外的传播与影响研究》	张西平
111	《国际传播的理论、现状和发展趋势研究》	吴　飞
112	《教育投入、资源配置与人力资本收益》	闵维方
113	《创新人才与教育创新研究》	林崇德
114	《中国农村教育发展指标体系研究》	袁桂林
115	《高校思想政治理论课程建设研究》	顾海良
116	《网络思想政治教育研究》	张再兴
117	《高校招生考试制度改革研究》	刘海峰
118	《基础教育改革与中国教育学理论重建研究》	叶　澜
119	《我国研究生教育结构调整问题研究》	袁本涛 王传毅
120	《公共财政框架下公共教育财政制度研究》	王善迈

序号	书　名	首席专家
121	《农民工子女问题研究》	袁振国
122	《当代大学生诚信制度建设及加强大学生思想政治工作研究》	黄蓉生
123	《从失衡走向平衡：素质教育课程评价体系研究》	钟启泉 崔允漷
124	《构建城乡一体化的教育体制机制研究》	李　玲
125	《高校思想政治理论课教育教学质量监测体系研究》	张耀灿
126	《处境不利儿童的心理发展现状与教育对策研究》	申继亮
127	《学习过程与机制研究》	莫　雷
128	《青少年心理健康素质调查研究》	沈德立
129	《灾后中小学生心理疏导研究》	林崇德
130	《民族地区教育优先发展研究》	张诗亚
131	《WTO 主要成员贸易政策体系与对策研究》	张汉林
132	《中国和平发展的国际环境分析》	叶自成
133	《冷战时期美国重大外交政策案例研究》	沈志华
134	《新时期中非合作关系研究》	刘鸿武
135	《我国的地缘政治及其战略研究》	倪世雄
136	《中国海洋发展战略研究》	徐祥民
137	《深化医药卫生体制改革研究》	孟庆跃
138	《华侨华人在中国软实力建设中的作用研究》	黄　平
139	《我国地方法制建设理论与实践研究》	葛洪义
140	《城市化理论重构与城市化战略研究》	张鸿雁
141	《境外宗教渗透论》	段德智
142	《中部崛起过程中的新型工业化研究》	陈晓红
143	《农村社会保障制度研究》	赵　曼
144	《中国艺术学学科体系建设研究》	黄会林
145	《人工耳蜗术后儿童康复教育的原理与方法》	黄昭鸣
146	《我国少数民族音乐资源的保护与开发研究》	樊祖荫
147	《中国道德文化的传统理念与现代践行研究》	李建华
148	《低碳经济转型下的中国排放权交易体系》	齐绍洲
149	《中国东北亚战略与政策研究》	刘清才
150	《促进经济发展方式转变的地方财税体制改革研究》	钟晓敏
151	《中国—东盟区域经济一体化》	范祚军

序号	书　名	首席专家
152	《非传统安全合作与中俄关系》	冯绍雷
153	《外资并购与我国产业安全研究》	李善民
154	《近代汉字术语的生成演变与中西日文化互动研究》	冯天瑜
155	《新时期加强社会组织建设研究》	李友梅
156	《民办学校分类管理政策研究》	周海涛
157	《我国城市住房制度改革研究》	高　波
158	《新媒体环境下的危机传播及舆论引导研究》	喻国明
159	《法治国家建设中的司法判例制度研究》	何家弘
160	《中国女性高层次人才发展规律及发展对策研究》	佟　新
161	《国际金融中心法制环境研究》	周仲飞
162	《居民收入占国民收入比重统计指标体系研究》	刘　扬
163	《中国历代边疆治理研究》	程妮娜
164	《性别视角下的中国文学与文化》	乔以钢
165	《我国公共财政风险评估及其防范对策研究》	吴俊培
166	《中国历代民歌史论》	陈书录
167	《大学生村官成长成才机制研究》	马抗美
168	《完善学校突发事件应急管理机制研究》	马怀德
169	《秦简牍整理与研究》	陈　伟
170	《出土简帛与古史再建》	李学勤
171	《民间借贷与非法集资风险防范的法律机制研究》	岳彩申
172	《新时期社会治安防控体系建设研究》	宫志刚
173	《加快发展我国生产服务业研究》	李江帆
174	《基本公共服务均等化研究》	张贤明
175	《职业教育质量评价体系研究》	周志刚
176	《中国大学校长管理专业化研究》	宣　勇
177	《“两型社会”建设标准及指标体系研究》	陈晓红
178	《中国与中亚地区国家关系研究》	潘志平
179	《保障我国海上通道安全研究》	吕　靖
180	《世界主要国家安全体制机制研究》	刘胜湘
181	《中国流动人口的城市逐梦》	杨菊华
182	《建设人口均衡型社会研究》	刘渝琳
183	《农产品流通体系建设的机制创新与政策体系研究》	夏春玉

序号	书　名	首席专家
184	《区域经济一体化中府际合作的法律问题研究》	石佑启
185	《城乡劳动力平等就业研究》	姚先国
186	《20 世纪朱子学研究精华集成——从学术思想史的视角》	乐爱国
187	《拔尖创新人才成长规律与培养模式研究》	林崇德
188	《生态文明制度建设研究》	陈晓红
189	《我国城镇住房保障体系及运行机制研究》	虞晓芬
190	《中国战略性新兴产业国际化战略研究》	汪　涛
191	《证据科学论纲》	张保生
192	《要素成本上升背景下我国外贸中长期发展趋势研究》	黄建忠
193	《中国历代长城研究》	段清波
194	《当代技术哲学的发展趋势研究》	吴国林
195	《20 世纪中国社会思潮研究》	高瑞泉
196	《中国社会保障制度整合与体系完善重大问题研究》	丁建定
	……